RELIGION
ET
IMAGINATION RELIGIEUSE :
leurs formes et leurs rapports
dans l'œuvre
d'ERNEST RENAN

BIBLIOTHÈQUE FRANÇAISE ET ROMANE

publiée par le

Centre de Philologie et de Littératures romanes
de l'Université des Sciences Humaines de Strasbourg

Directeur : Georges STRAKA
Série C : ÉTUDES LITTÉRAIRES

─────────────── 63 ───────────────

Déjà parus :

1. — *Saint-John Perse et quelques devanciers (Etudes sur le poème en prose)*, par Monique PARENT, 1960, 260 p., 4 pl.

2. — *L'« Ode à Charles Fourier »*, d'André BRETON, éditée avec introduction et notes par Jean GAULMIER, 1961, 100 p., 6 pl.

3. — *Lamennais, ses amis et le mouvement des idées à l'époque romantique* (1824-1834), par Jean DERRE, 1962, 768 p. (épuisé).

4. — *Langues et techniques poétiques à l'époque romane (XIᵉ-XIIIᵉ siècles)*, par Paul ZUMTHOR, 1963, 226 p. (épuisé).

5. — *L'humanisme de Malraux*, par Joseph HOFFMANN, 1963, 408 p.

6. — *Recherches claudéliennes*, par M.-F. GUYARD, 1963, 116 p.

7. — *Lumières et Romantisme, énergie et nostalgie de Rousseau à Mickiewicz*, par Jean FABRE, 1963 (en réimpression).

8. — *Amour courtois et « Fin'Amors » dans la littérature du XIIᵉ siècle*, par Moshé LAZAR, 1964, 300 p. (épuisé).

9. — *Nouvelles recherches sur la littérature arthurienne*, par Jean MARX, 1965, 324 p. (épuisé).

10. — *La religion de Péguy*, par Pie DUPLOYE, 1965, 742 p. (épuisé).

11. — *Victor Hugo à l'œuvre : le poète en exil et en voyage*, par Jean-Bertrand BARRÈRE, 1965 (nouveau tirage 1970), 328 p., 13 pl.

12. — *Agricol Perdiguier et George Sand (correspondance inédite)*, publiée par Jean BRIQUET, 1966, 152 p., 6 pl.

13. — *Autour de Rimbaud*, par C.-A. HACKETT, 1967. 104 p., 3 pl.

14. — *Le thème de l'arbre chez P. Valéry*, par P. LAURETTE, 1967, 200 p.

15. — *L'idée de la gloire dans la tradition occidentale (Antiquité, Moyen Age occidental, Castille)*, par M.-R. LIDA DE MALKIEL, traduit de l'espagnol (Mexico, 1952) par S. ROUBAUD, 1968, 320 p.

16. — *Paul Morand et le cosmopolitisme littéraire*, par Stéphane SARKANY, 1968, 291 p., 3 pl.

17. — *Vercors écrivain et dessinateur*, par R. KONSTANTINOVITCH, 1969, 216 p., 16 pl.

18. — *Homère en France au XVIIᵉ siècle*, par N. HEPP, 1968, 864 p., 8 pl.

19. — *Philosophie de l'art littéraire et socialisme selon Péguy*, par J. VIARD, 1969, 415 p.

20. — *Rutebeuf poète satirique*, par Arié SERPER, 1969, 183 p.

voir la suite à la fin du volume

LAUDYCE RÉTAT

RELIGION
ET
IMAGINATION RELIGIEUSE :
leurs formes et leurs rapports
dans l'œuvre
d'ERNEST RENAN

KLINCKSIECK
PARIS

ISBN 2-252-01967-0

A la mémoire de François BERNAMONTI,

mon père.

Monsieur Pierre Georges CASTEX, Monsieur Jean GAULMIER, Monsieur René POMEAU, surent toujours nous aider de leur science et de leur générosité. Nous leur exprimons notre profonde et respectueuse reconnaissance.

Nous remercions Madame Corrie SIOHAN et la Société des Etudes Renaniennes, pour l'intérêt témoigné à nos travaux.

SIGLES ET ABREVIATIONS

Sauf exception, toutes nos références aux œuvres de Renan porteront le sigle de l'ouvrage, suivi de la tomaison (en chiffres romains) et de la pagination (en chiffres arabes) des *Œuvres Complètes,* éd. H. Psichari, Paris, Calmann-Lévy, 1947-1961, 10 vol. in-16.

A.S. : *Avenir de la science*
An. : *l'Antéchrist*
Ap. : *Les Apôtres*
Av. : *Averroès et l'averroïsme*
C.A. : *Conférences d'Angleterre*
C.C. : *Cantique des Cantiques*
C.J. : *Cahiers de jeunesse*
D.C. : *Discours et conférences*
D.P. : *Dialogues philosophiques*
Dr. P. : *Drames philosophiques*
E.C. : *L'Eglise chrétienne*
E.H.R. : *Etudes d'histoire religieuse*
E.M.C. : *Essais de morale et de critique*
Ecc. : *L'Ecclésiaste*
Ev. : *Les Evangiles*
F.D. : *Feuilles détachées*
F.I.R. : *Fragments intimes et romanesques*
F.P. : *Fragments philosophiques*
H.O.C. : *Histoire des origines du christianisme*
H.P.I. : *Histoire du peuple d'Israël*
L.F. : *Lettres de famille*
M.-A. : *Marc-Aurèle*
M.H.V. : *Mélanges d'histoire et de voyages*
N.E.H.R. : *Nouvelles études d'histoire religieuse*
R.I.M. : *Réforme intellectuelle et morale*
Q.C. : *Questions contemporaines.*
S.E.J. : *Souvenirs d'enfance et de jeunesse*
S.P. : *Saint-Paul*
V.J. : *Vie de Jésus*

INTRODUCTION

Le lien de Renan à la religion peut sembler complexe jusqu'à l'ambiguïté. Ce n'est pas un rapport unique, mais un faisceau de relations, et d'opposition et d'influence, qui unissent à elle l'ancien clerc, l'idéaliste, l'exégète des livres fondamentaux du christianisme. Aussi croyons-nous nécessaire d'éclaircir le sens de notre recherche. Nous ne saurions aborder les problèmes de pure critique religieuse ni discuter, dans son application précise aux Evangiles, une démarche historique et philologique. Nous ne traiterons pas non plus des rapports de Renan et de l'Eglise, pour dégager l'image du penseur anticlérical, exacte à coup sûr en ses linéaments généraux, mais consacrée surtout par l'époque du ministère Combes, isolée, peut-être durcie par l'orientation idéologique des premières années du vingtième siècle. Sans doute, il ne serait pas indifférent de dégager les diverses lectures possibles de Renan ; ce penseur hardiment tourné vers l'avenir, attaché à la propédeutique morale du christianisme, mais dans la seule mesure où reste possible et nécessaire l'émancipation future, ce tenant de « l'esprit moderne, élevé sans doute en partie par le christianisme mais affranchi du christianisme » [1], peut offrir selon les déplacements d'accent, ressource et référence à bien des fanatismes. Puisqu'il eut, pour un temps du moins, ce que l'*Histoire du peuple d'Israël* définit comme le privilège des grands hommes, « la gloire d'être un de ceux que choisit successivement l'humanité pour les aimer et les haïr » [2], peut-être pourrait-on chercher à élucider le sens de sa gloire temporaire, comparer à Renan une certaine image de marque ; c'est une revendication républicaine, laïque et anticléricale qui fit sans doute, au début du siècle, dans une commune comme celle de Vénissieux, donner son nom à une rue, ce nom s'étendant ensuite, par une contagion qui le vide de tout contenu précis, à des écoles, à tout un groupe d'habitations de type H.L.M. Signe consolant de survie, à la fois justifiée et paradoxale, pour une pensée d'aristocratisme moral et intellectuel, qui s'offre à nous dans les impulsions humanitaires de 1848, puis à travers les retombées successives

---

1. *Q.C.*, I. 288.
2. *H.P.I.*, VI, 424.

d'après 1851 et 1871 : « On peut aimer le peuple avec une philosophie aristocrate, et ne pas l'aimer en affichant des principes démocratiques » [3]. Cette aventure du nom de Renan, son ancienne transformation en symbole, sa fin actuelle en signe ou pur repère topographique, échappe à notre étude. Pas plus que l'apostolat anticlérical, n'entre dans notre visée un certain œcuménisme rétrospectif, que tenterait la récupération posthume, ou la conversion de la critique en hagiographie. Retenons la mise en garde, relevée d'humour, que lançait naguère J. Pommier, dans un tout autre contexte : « Que le seul « saint Renan » soit pour nous celui de la Cornouaille » [4] (encore ce saint tel que l'évoquent les *Souvenirs* n'était-il pas fort orthodoxe et n'eût-il rien gagné à un procès en béatification).

Le lien de Renan à la religion, ce problème ne se confond pas pour nous avec celui de la religion de Renan ; notre objet n'est pas essentiellement de constater et de décrire une transposition, au moins temporaire, du Dieu de la foi à celui du progrès par la science, mais plutôt de fonder psychologiquement cette transposition, et toutes les autres variantes renaniennes du « *Nil nisi te, Domine* » [5]. D.G. Charlton, dans son étude *Positivist though in France during the second Empire,* définit Renan comme « *a religion intoxicated man* » [6]. Nous voudrions montrer Renan pénétré, psychologiquement déterminé, dans une grande mesure, par une religion à laquelle il ne croit plus. A la fin de l'*Avenir de la science,* Renan déclare sous une forme assez solennelle, qui masque la rupture en même temps qu'elle l'achève : « J'ai été formé par l'Eglise, je lui dois ce que je suis, je ne l'oublierai jamais » [7]. Notre objet serait au fond de reprendre cette formule, mais dans une tout autre orientation, celle du fait psychologique acquis et d'une mémoire quasi organique. La religion semble une composante psychologique essentielle en Renan parce que toutes ses réactions intimes ont en quelque sorte passé par elle. Sans doute le catholicisme était-il particulièrement apte à libérer une mythologie capable de survivre à la ruine absolue de la foi ; une religion plus abstraite eût permis peut-être d'éviter la crise et la rupture, mais eût façonné moins intimement une forme de sensibilité. Nous n'entendons point par là insister sur un attachement sentimental au passé, mais examiner le problème d'une macération psychologique, d'une nature acquise à travers la religion. Le jeune Renan, accordant portée universelle à son expérience propre, se prenait comme mesure des choses : « Celui-là ne sera jamais parfait qui n'a pas été chrétien dans son enfance » [8]. Selon Renan vieilli, « la foi disparue, la morale reste » [9] ; la morale, mais aussi une imagination modelée irréversiblement. Renan, dans la Préface des *Dialogues philosophiques*, évoque la

3. *D.P.,* I. 556.
4. *Revue d'histoire littéraire de la France,* janv.-fév. 1972, p. 156.
5. *F.D.,* II, 1130.
6. P. 125.
7. *A.S.,* III, 1121.
8. *C.J.,* IX, 121.
9. *S.E.J.,* II, 892.

force du « pli contracté » [10] et les *Souvenirs* traduisent encore cette loi du vide suppléant au plein, par l'image du réflexe physiologique : « La poule à qui l'on a arraché le cerveau continue néanmoins, sous l'effet de certains excitants, à se gratter le nez » [11]. L'analogie physiologique apparaît à la fois comme éclairante et incomplète : car la poule n'est qu'objet d'expérimentation, elle ne s'arrache pas à elle-même le cerveau dans une sorte de nécessité intérieure. Au contraire, l'extirpation du Dieu conscient et personnel (opération peut-être « mortelle pour l'humanité » [12] selon l'historien du peuple d'Israël), Renan la tente sur lui-même, dans une exigence intime absolue. A travers la libération, conçue et accomplie comme un devoir, se réalise une subtile insinuation religieuse qui teinte la spéculation de Renan. Nous voudrions entreprendre l'histoire de cet investissement psychologique.

Sans marquer pour autant aucun mépris de l'histoire, nous ne nous proposons pas d'étudier Renan et son temps, mais plutôt de saisir une évolution intérieure à son œuvre, et pour cela d'en souligner les repères temporels, tout en analysant, le cas échéant, ce que Renan put recevoir de son époque : influence de certains esprits (Victor Cousin par exemple et son interprétation de Kant, des Ecossais et de Hegel), attrait de ce que nous appellerons les pensées de la globalité — ainsi celle de P. Leroux, combattue pourtant en Renan par les exigences critiques —, étranges affinités, mêlées aussi de réticences, avec certains aspects de la pensée saint-simonienne etc. Mais, autant qu'une succession historique, nous tenterons d'élucider une syntaxe imaginaire, ses réseaux, ses figures ; le faisceau de la religion et de l'imagination religieuse, comment ces deux lignes essentielles coexistent, ou s'enchevêtrent, selon quelle alternance elles se font jour, quelles causes, selon les époques, les mettent l'une ou l'autre en relief, quelle peut être la loi d'échange de ces deux vases communicants.

Qu'entendre ici par religion sinon ce que Renan entendait lui-même lorsque, séminariste en rupture, il affirmait respecter à sa manière l'engagement sacerdotal, par une recherche exclusive et passionnée du vrai ? Le *Dominus pars haereditatis meae* parcourra, nous le verrons, toute son aventure. Sans doute, par « religion », l'auteur de l'*Avenir de la science* consacrait en dignité, en idéalisme, tous les substituts de la foi de son enfance : la science, les grandes affirmations éthiques qui reconstruisent, à travers le rationalisme, l'absolu et la transcendance. En analysant les substituts, nous tenterons sans doute de décrire l'histoire d'une transposition, mais surtout de mettre en son jour ce qui la fonde : il serait triste et vraiment aberrant que le jeune Renan ait vu se résoudre la recherche vitale du vrai par un changement de vocables. Aussi, bien qu'il soit essentiel de souligner dans l'*Avenir de la science*, tout ce qui, dans l'affirmation d'un rationalisme idéaliste, traduit en langage religieux les postulations

---

10. *D.P.*, I, 557.
11. *S.E.J.*, II. 892.
12. *H.P.I.*, VI, 707.

scientifiques et morales, il importe plus encore peut-être de chercher en quoi la science, par son mouvement interne, put sembler susceptible de reproduire, aux yeux de Renan en 1848, le mouvement même de la « foi », et l'adhésion du « croire ». Nous y insistons dès à présent : ce n'est pas vraiment la science acquise, réalisée, qui put figurer alors pour Renan l'analogue d'une religion, c'est surtout sa virtualité conçue comme infinie, l'intimité même de son dynamisme, la grande promesse qu'elle lui paraît contenir : elle fonde la possibilité de l'adhésion, qui grâce à elle installe, irréfutable, la foi critique : « on croit à la possibilité de croire »[13]. Et Renan de projeter à l'horizon le rêve d' « un siècle dogmatique par la science »[14] ; tout l'opposé d'un dogme acquis, figé en arbitraire, celui-ci s'annonce comme aux confins du savoir total, et par là même justifié. Toujours futur, toujours rêvé, il ne s'accompagnera jamais chez Renan d'une cristallisation dogmatique à la façon des religions positives ou des doctrines déterminées ; il est rêve de totalité, d'emprise entière sur le monde et sur la raison des choses, sur Dieu. Rêve de doctrine, non d'endoctrinement. Du « dogme », il n'a que la passion qui le fait naître, et l'exigence du dogme total/savoir total, frappera pour Renan tous dogmes acquis de caducité comme d'arbitraire (la totalité d'une exigence dogmatique de ce type ne pouvant finir qu'en scepticisme). Renan croira longtemps à la possibilité, pour la certitude scientifique, de s'étendre aux « sciences morales », de fonder le sens du monde, de l'homme et de Dieu : « Ma conviction est qu'on arrivera, dans les sciences morales, à des résultats tout aussi définitifs, bien que formulés autrement et acquis par des procédés différents »[15]. La formule et le procédé autres, voilà le magique secret que la religion de la science ne livrera jamais à Renan, consacrant ainsi l'échec de ses visées métaphysiques. Certes, la Préface de l'*Avenir de la Science,* en 1890, pose les affirmations de permanence : « Ma religion, c'est toujours le progrès de la raison, c'est-à-dire de la science »[16] ; sans doute, mais l'intime vertu de la science ne s'est-elle pas évaporée pour laisser place à une conception beaucoup plus « positiviste » ? La science, affirme Renan dans la même Préface, « préserve de l'erreur plutôt qu'elle ne donne la vérité »[17]. La virtualité « dogmatique » intimement religieuse s'est retirée de cette conception, lui laissant le simulacre d'une analogie verbale. Nous ne prétendons évidemment pas que la science ait alors perdu sa valeur — non, elle reste sans aucun doute la seule méthode de connaissance, mais elle a perdu sa vertu intime, son noyau de dogmatisme futur, divin. Elle garde toute sa valeur, mais elle n'est plus dans le même sens qu'en 1848, la Valeur.

L'ouvrage de 1848, nous tenterons de le montrer, n'est pas pour Renan début intégral, ni acte de naissance à la pensée. Bien au contraire, il résulte

---

13. *A.S.,* III, 1082.
14. *Ibid.*
15. *A.S., ibid.*
16. *A.S.,* III, 719.
17. *A.S.,* III, 727.

d'une ascèse à maîtriser toute l'effervescence qui anime les *Cahiers* et travaux de jeunesse, et, avant eux encore, la correspondance intime. Il représente le premier effort pour synthétiser une pensée et ses aspirations au vrai postulé comme existant et accessible, un effort pour conjurer les suggestions du doute. Deux faits peuvent, au seuil même de notre étude, retenir l'intérêt : l'accent résolument porté sur les sciences historiques, philologiques, et, corrélativement à elles parce qu'elle se place au centre de l'étude de l'homme, la psychologie, l'étude du spontané.

C'est par l'étude du spontané, à l'œuvre surtout dans la fonction religieuse de l'homme, que Renan pourra retrouver, la dominant sans doute par la mise en œuvre critique, l'ancienne séduction de la volupté chrétienne, les puissances de l'imagination religieuse, vidées comme dogmes, préservées comme mythes, survivant d'une vérité poétique, mais aussi régénérées objectivement, en un sens, comme création fantastique, pneumatique, « inspirée », de l'humain. L'étude des sciences « précises » attacherait-elle plus sûrement Renan aux exigences du positivisme ? Lorsque dès 1863, dans sa Lettre à Marcellin Berthelot, il regrette d'avoir préféré les sciences historiques aux sciences de la nature, quel intime mouvement s'amorce en lui ? Celui qui l'animait déjà sourdement, lorsque, séminariste, il définissait le secret de la vie comme sa plus intime sollicitation, son « idée fixe » [18] : « j'aime à m'y perdre » ajoutait-il alors. Et du point de vue du positivisme strict, ou d'un désertique rationalisme, ne peut-on dire qu'il s'y perdit, dès l'élaboration des *Dialogues philosophiques,* lorsqu'il déroula dans les *Rêves* la fantastique épopée du Dieu organisme, infinie projection du secret de la vie ? « Secret » qui suscita en Renan l'imaginaire, au moins autant que la tendance à la science objective. C'est avec ce Dieu « bouche », ce Dieu « émission de vie » que Renan traduisit, pour la première fois peut-être, l'appel charnel dans sa plus élémentaire impulsion. Carrefour de sa pensée où allaient se muer définitivement le souvenir des impressions « religieuses » de sa jeunesse (l'union de l'amour et du Dieu idéal telle qu'elle s'exprimait en Patrice, Ernest et Béatrix, laissant maintenant tout l'espace imaginaire au Dieu chair, expression de la vie sensuelle). L'installation de l'appel charnel, dans les *Rêves,* domine toute la trajectoire future de la pensée de Renan : la science est devenue, à travers les *Rêves,* fiction de l'appel érotique, et la brèche ainsi ouverte à l'irrationnel, l'imaginaire déverse ses symboles : l'emblématique religieuse de la jeunesse revit alors, mais reçoit du grand mythe de la chair une signification et une couleur autres : la féminité religieuse consacrée, devenant à travers les *Drames* et les *Feuilles détachées,* le lieu privilégié de l'imagination amoureuse. Il n'est pas étonnant que le mouvement de bascule religion/imagination religieuse ait pu s'amorcer avec le premier fléchissement des espoirs « dogmatiques » par les sciences humaines (en 1863) ; il est plus étrange que ce soit la notion de vie (scientifique pourrait-on croire, mais, dans l'imaginaire renanien, consacrée bientôt en valeur

---

18. *C.J.,* IX, 158.

magique) qui, dans la religion de la science, ait ouvert et élargi la fissure par où devait s'insinuer l'imagination religieuse. Si la « religion » rananienne de la science avait ses preuves (la certitude acquise des sciences physiques postulant pour lui, en 1848, la possibilité d'une certitude dans celles qui touchent à l'humain) l'imagination religieuse a ses figures. Dans l'œuvre (sinon dans la vie) de Renan, les preuves ont précédé les figures, la religion, l'imagination religieuse.

L'histoire de ce cheminement laisse apparaître quatre grandes époques : depuis les années de séminaire (depuis 1842 surtout, année décisive de la classe de philosophie à Issy) se dessine, à travers les angoisses et les retours, la mise en cause des certitudes de la foi, qui s'achève en 1848 par l'instauration de la « foi critique », dans la science et l'idéalisme moral. Cette postulation du vrai, « religion » en dehors de toute positivité doctrinale, suppose un sens du monde, un au-delà du divers, un ordre à découvrir, accessible à l'esprit, une adéquation au moins conceptuelle, un lien idéal, entre l'homme et Dieu. Cette époque est une mise en exercice des facultés rationnelles à la recherche du vrai. Quelques figures éparses traversent fugitivement cette vie, cette pensée que Renan construit en philosophe : Patrice éprouve parfois des moments de « très doux affaissement »[19], détente ou dégel psycho-physiologique livrant passage aux rêves de l'ancienne foi. Autant et plus qu'Alexandre ou que Newton, noms mythiques du pouvoir par la science ou la guerre, les sortilèges de la féminité, plus puissante d'être religieuse, le sollicitent en Catherine de Sienne[20]. Sollicitations diverses que l'*Avenir de la Science* résorbera pour tenter l'établissement d'un nouveau symbole.

De 1848 à 1871 environ (jusqu'à l'élaboration des *Dialogues philosophiques*) on observe, chez l'historien des origines du Christianisme — *Saint Paul parut* en 1869 — une tentative à la fois scientifique et morale de saisie du vrai ; scientifique, car la critique historique élabore en science les anciennes données de foi ; morale, car à travers les figures évangéliques, puis l'apostolat de Paul, Renan trace les lignes de force de l'éthique idéaliste, l'adoration en esprit et en vérité. Jésus est ici à la fois la preuve et la figure : la preuve, car il incarne un ordre du divin-humain, un cas limite et pourtant une possibilité de l'homme, sorte de miracle non miraculeux, issu de la nature créatrice, spontanéité du miracle psychologique ; la figure aussi, car l'amour des apôtres, l'adoration extatique de Madeleine, l'entourent d'un halo « divin » et, par le souvenir, le ressuscitent. Preuve et figure, Jésus apparaît donc comme le dessin de l'idéalisme et donne sa force à une « religion » purement humaine en réinstallant dans l'homme le divin ; « Fils de Dieu », c'est-à-dire « grande âme », selon la terminologie de 1863, il reste aussi le « dieu » de l'apparition à Madeleine et, dans sa coloration nostalgique, la présence irréelle du *Noli me tangere* ouvre

19. *F.I.R.*, IX, 1519.
20. *F.I.R.*, IX, 1554.

encore des avenues à l'imagination religieuse que l'idéalisme prétend absorber.

Entre 1871 et 1876, la période dominée par les *Dialogues philosophiques* (entre la date de composition et la date de publication), s'annonce le tournant le plus extraordinaire, à notre sens, de la pensée religieuse de Renan : postulation de la science, sans doute, en ces *Dialogues* qui partent de certitudes — mais ce sont les Rêves qui, avec Théoctiste, fondent Dieu. Par une fantastique inflation de la valeur de vie, Dieu devient vie totale et unique, Dieu mythique organisme de la pan-génération. C'est l'invasion du rêve dans la science et de la présence charnelle en Dieu. Brèche par laquelle la science s'ouvre à la fiction. Elle rencontrera bientôt l'imaginaire charnel et les emblèmes religieux, comme nous le verrons à travers l'*Eau de Jouvence,* en 1881. En même temps que la science de la vie, l'Histoire a délivré ses virtualités d'imagination érotique : l'*Antéchrist,* en 1873, épuise « le philtre chrétien », et Renan, bien plus que Néron, découvre à travers les martyres le ferment charnel de l'extase religieuse. Ainsi, entre 1871 et 1881, la science se transfigure selon l'imaginaire qui exalte les premiers symboles de féminité religieuse, reconstruisant ainsi peut-être un nouveau sacré.

Après l'*Eau de Jouvence,* s'installe la nappe de l'imagination religieuse. *Le Prêtre de Nemi,* l'*Abbesse de Jouarre,* puis les *Feuilles détachées* découvrent, en la virginité consacrée, l'équivalence totale de l'amour et de la religion. L'imagination religieuse — (faisceau d'emblèmes immédiatement significatifs d'*éros*) — s'impose, d'autant plus aisément que la religion de 1848 — (non point morte) — n'est plus vivante pourtant que d'une permanence voulue et verbale : toujours considérée comme la seule pourvoyeuse de vrai, la science n'est plus pourtant celle dont on attend les certitudes vitales. La Préface de 1890 ne fait d'elle que la sauvegarde de l'erreur, tandis que les deux articles sur F.-H. Amiel et l'Examen de conscience philosophique découvrent que l'idéalisme, noble gageure, et les postulats de la vie morale peuvent manquer de fondement : « Gardons-nous de croire que nos postulats soient la mesure de la réalité » [21]. La ruine, non de la science, mais de toute visée « dogmatique » par la science, frappe celle-ci d'incapacité à enfanter une religion, tandis que l'imagination religieuse, inattaquable en son ordre mythique, restitue à Renan, mais dans une intensité charnelle totale, ses anciennes intuitions de jeunesse (alors spiritualistes), l'identité de l'amour et de Dieu. Dieu postulé par la science et l'idéalisme, Dieu reconverti en amour, en vie charnelle, telles nous semblent en somme les idées-forces qui, à travers religion et imagination religieuse, purent déterminer, en ses détours et ses retours, l'intime circuit de Renan.

Toutefois, la délimitation de ces zones temporelles, la tentative de suivre historiquement les oscillations d'une pensée autour de deux pôles,

---

21. *F.D.,* II, 1179.

ne sauraient nous détourner d'une piste autre : l'organisation de l'imaginaire autour de figures, elles-mêmes cohérentes en leur infinie plasticité ; ainsi, Jésus est le Jésus « ami » mais aussi le Jésus « problème », objet de science et de critique (dès les Travaux de jeunesse), schéma moral de l'idéalisme, mais aussi séduction de la « personne », relais de la force vitale, image de la vie par l'œuvre, mais encore pour finir nom quasi magique (jusque dans le dernier chapitre de l'*Histoire du Peuple d'Israël*). Ces éléments ne sont pas totalement isolables selon les repères temporels, ils s'éclairent l'un l'autre de leurs appels intérieurs, qui constituent aussi un principe unificateur de l'œuvre. De même, la recherche du secret de la vie, présente au début comme au terme d'une démarche intellectuelle, se donnant dans les *Cahiers* comme sollicitation scientifique, dans les *Rêves* comme fabuleuse excroissance de l'imagination, dans l'*Eau de Jouvence* selon la double figure de la science et de la magie, ne reçoit-elle pas son intensité de ses variations mêmes, du prolongement continuel de la science par la visée magique, de la magie par la science ? L'image féminine enfin, idéalisée, spiritualisée dans les *Fragments intimes,* reste encore elle-même, malgré sa métamorphose, lorsqu'elle unit dans les drames érotisme et religion : elle s'éclaire pourtant encore des reflets d'autrefois, et l'image de jeunesse reçoit d'elle aussi, en contre-coup, ses virtualités érotiques. Sans doute, Renan se transforme selon l'aventure temporelle — mais celle-ci put lui restituer, non sa jeunesse, mais un retour, *dans la différence,* à certaines images premières. L'imagination n'a-t-elle pu jouer le rôle pleinement re-créateur, tel que le définit Bachelard dans *La poétique de l'espace* : « La poésie nous donne, non pas tant la nostalgie de la jeunesse, ce qui serait vulgaire, mais la nostalgie des expressions de la jeunesse (...). Il semble qu'en habitant de telles images, des images aussi stabilisantes, on recommencerait une autre vie, une vie qui serait nôtre, à nous dans les profondeurs de l'être. A contempler de telles images (...) *on rumine de la primitivité* » [22].

Poésie à « parler » de soi, poésie plus profondément peut-être à se créer à la fois autre et semblable, à travers les images restituées dans la métamorphose. Et l'historien des origines accomplirait alors le cycle total du temps sacré, en revivant, (sur un mode nouveau) les siennes propres, — « en ruminant », au terme de son histoire, sa propre « primitivité ».

Aussi avons-nous tenté, au risque de quelques anticipations et retours, de quelques chevauchements parfois, de saisir cette résille mouvante et vivante, cette aptitude des idées mais surtout des images, à se composer, se défaire, se prolonger, animant l'œuvre de leurs signes réciproques, à travers le devenir des thèmes, et l'aventure renouvelée des obsessions.

---

22. P. 47.

PREMIÈRE PARTIE

Vers l'instauration de la « foi critique »

CHAPITRE I

LA CORRESPONDANCE DU SEMINARISTE
ET L'EPREUVE DES CERTITUDES

La correspondance intime du séminariste, de 1838 à 1845, mais surtout à partir de 1842 (époque où il aborda l'étude de la philosophie à Issy), éclaire la lointaine genèse d'une crise et la progressive concrétion du doute en Renan. Entré à Saint Nicolas en septembre 1838, l'adolescent revêtit, à la Pentecôte 1839, l'habit ecclésiastique, avec une « joie véritable » [1], comme en témoigne une lettre à sa mère du 30 mai 1839. Outre une certaine exaltation de piété, d'effusion sensible, que la communication avec la mère contribue à nourrir, que peut représenter le « sentiment indéfinissable » [2] éprouvé lors de la cérémonie à Notre-Dame ? Vagues délices de l'ineffable, stéréotype entr'aperçu du « grand » sous les « voûtes majestueuses », anticipation d'un quelconque analogue du bovarysme ? Nous pensons qu'on peut lire ce passage en corrélation avec celui des *Souvenirs* qui superpose Dieu et la gloire dans la méditation enfantine sous les voûtes de Tréguier [3]. Le « je ne sais quoi » divin et le rêve de célébrité s'y fondent dans le goût du sublime. Ainsi, en 1839, la prise d'habit coïncide avec une élévation de soi, une prise de conscience de soi, équivalent spirituel de quelque toge virile, mais son contraire aussi, car elle ne marque pas l'insertion dans le monde — bien plutôt la consécration, aussitôt traduite en séparation, et même, dirions-nous, en apesanteur : ainsi, évoquant, dans la même lettre à sa mère, l'insurrection de Barbès et Blanqui (le 12 mai 1839) Renan dépeint les séminaristes comme « infiniment plus gais ce jour-là que les autres » [4]. « Notre excellent professeur nous engageait à bien travailler, disant qu'en ces temps d'émeute on semblait ne

---

1. *O.C.*, IX, 510.
2. *O.C.*, IX, 509.
3. II, 795.
4. IX, 510.

toucher terre que de la plante des pieds et en effet il est certain qu'on a l'esprit beaucoup plus dégagé » [5]. La condition ecclésiastique développe donc naturellement en lui une sorte de bénédiction de la clôture, une surévaluation de l'écart. Une fois accomplie la formalité charitable de la bonne pensée — le frisson à l'idée de la mort « de beaucoup de nos frères qui peut-être n'y étaient pas disposés » [6] — l'adolescent chrétien est rendu à ce qui déjà peut-être se dessine à son insu pour lui comme l'unique nécessaire, l'étude, sous les formes puériles encore qu'elle présente aux yeux d'un garçon de quinze ans (« nous composions le lundi... » [7]).

Lorsqu'en juillet 1839, E. Renan demande l'échange de certains volumes reçus comme prix, — ainsi la *Bible du prédicateur* contre l'*Histoire des variations des Eglises protestantes* — son tempérament intellectuel ne s'affirme-t-il pas déjà ? Sa vocation à choisir dans le sacerdoce ce qui n'est pas le ministère paroissial, en même temps que son désir d'emprise sur un vrai conçu comme immuable, le besoin d'analyser une certitude, de la fonder en raison, se trouvent ici préfigurés. C'est pourtant l'époque de son attachement aux apologistes durs, passionnés dans leur conviction : passion d'intransigeance mais aussi d'argumentation, comme en ce Tertullien qu'évoque, deux ans plus tard, la correspondance [8]. Tertullien est senti alors comme « force et verdeur de génie » et l'admiration que lui vouait Bossuet le lave de tout soupçon d'hérésie. Le schismatique n'apparaît pas ici en tant que tel, mais l'admiration du jeune Renan va tout **entière à un élan de spontanéité nue**, entraînante. (Dans *Marc-Aurèle* encore, l'historien, après avoir usé dans l'investigation scientifique, finalement décevante, son vieux capital de ferveur pour le vrai total, retrouvera en Tertullien l'expression d'une vérité autre, mythique mais forte, celle de la passion qui affirme son objet : « Le rude Africain opposera aux énervantes faiblesses des apologistes helléniques le dédain du *Credo quia absurdum* » [9].) « Que j'aime cet homme-là » [10] ! Dans cette lettre de jeunesse s'affirme, directe, la relation aux côtés passionnés du christianisme, que l'historien des Origines tentera toujours de vivre à un second degré — (en croyant la maîtriser, l'élaborer intellectuellement par la critique, ce qui n'est peut-être encore qu'une façon d'y céder). La correspondance livre l'instinctif entraînement que la critique historique fera passer à l'état réfléchi — mais l'abolira-t-elle ?

Est-ce une piété sagement conventionnelle, est-ce une inquiétude déjà qui inspire à Renan, lors de la mort de Guyomard, en 1840, ce singulier retour, ou plutôt cette anticipation sur lui-même : « Que je m'estime-

---

5. *Ibid.*, IX, 510.
6. *Ibid.*
7. *Ibid.*
8. IX, 568 (24 février 1841).
9. *M.A.*, *O.C.*, V, 809.
10. IX, 568.

rais heureux si à la fin de ma vie je pouvais en être où il en était ! » [11]. Quoi qu'il en soit, le jeune Renan semble donner une bonne preuve d'orthodoxie, lorsqu'il expose à François Liart (le 1er mars 1841), avec une admirative chaleur, l'argument de M. de Ravignan, lors d'une conférence à Notre-Dame :

« Le Christianisme, c'est l'Eglise, l'Eglise, c'est le Christianisme. (M. de Ravignan) l'a prouvé par la nature même du Christianisme, par le bon sens, par l'histoire, par les Pères, et a réfuté avec une grande vigueur le système de certaines écoles modernes qui ont voulu séparer ces deux noms inséparables » [12]. Le sentiment de la vérité une et rationnellement accessible, qui s'exprime en jubilation, ne doit point nous dérober l'inquiétude rationnelle (ici résorbée en euphorie, puisque les « preuves » sont là). Camouflé par la victoire, crue définitive, du *Quod erat demonstrandum*, le besoin critique ne perce-t-il pas, dans la formule même de l'adhésion : « je ne l'ai jamais trouvé si beau, peut-être parce que je ne l'ai jamais si bien compris » [13]. Sensible à la verdeur du « génie », Renan n'est pourtant point, même à dix-huit ans, le tenant du *quia absurdum*. Mais la prémonition critique ne joue ici encore qu'au second degré : non pas sur le Christianisme lui-même, mais sur l'équivalence du catholicisme et de l'Eglise, ébranlée par Lamennais. Aucune virtualité mennaisienne ne se manifeste en Renan, qui ne propose point ici de mise en cause, et se tient dans une sorte de stabilité, de présent, sans regard sur l'avenir. La première apparition nette d'une inquiétude n'apparaît qu'à la fin de l'année 1841. C'est alors que l'avenir cesse d'être perçu comme un présent continué, mais se formule en interrogation, porteuse virtuelle de changement, problématique. Après les grandes vacances bretonnes, la lettre à François Liart, du 6 novembre 1841, qui se veut rassurante et naturelle, dessine pourtant la nouveauté. A travers les préoccupations quotidiennes ou banales, dans l'insouciance affirmée de l'avenir « dont je ne m'occupe guère » [14], pourrait se tapir l'angoisse d'un certain type d'avenir. Car enfin, le passage « de la Bretagne à Paris, de la vie de vacances à celle du séminaire » [15] peut-elle suffire à expliquer, dans sa littéralité immédiate, le malaise diffus en ces réticentes confidences : « Il y aura tant de changements d'ici au temps où nous pourrions être réunis (...). O mon Dieu ! que j'ai de choses à te dire ! Si tu savais tout ce qui m'est passé par la tête et par le cœur depuis que je t'ai quitté ! Voilà bien assurément le mois le plus singulier de ma vie » [16].

Ce mois de l'entrée au séminaire d'Issy constitue, semble-t-il, le vrai passage à l'âge adulte [17]. De plus, si l'aspect archaïque des lieux entraîne

11. Lettre du 8 novembre 1840, IX, 552.
12. IX, 567.
13. *Ibid.*
14. IX, 578.
15. *Ibid.*
16. IX, 579-580.
17. Voir lettre à sa mère, IX, 585.

l'éveil d'un sentiment du relatif dont l'irrévérence, vu les objets auxquels elle s'applique, reste fort inoffensive (ainsi « les corridors sont comme un musée d'images toutes plus drôles les unes que les autres » [18]), le malaise se mêle au grotesque dans le sentiment d'être hors du temps : « Nous sommes en retard d'au moins deux siècles » [19]. Accès à la responsabilité totale — « on n'est plus traité comme des élèves » [20] — discours critique sur le milieu, vont de pair. Mais surtout, c'est l'étude de la philosophie qui, en cette année 1841-1842, marquera, dans la vie intellectuelle et morale du jeune homme, un très sensible tournant.

« C'est un vrai plaisir que de faire sa philosophie ; ce n'est pas vraiment difficile (...) N.B. J'ai changé d'avis là-dessus depuis le commencement de ma lettre ; depuis que nous sommes enfoncés dans la certitude, je trouve au contraire que c'est *fort difficile* » [21]. Depuis « le commencement de [sa] lettre » (lettre à François Liart du 24 janvier 1842) un revirement s'est curieusement amorcé, et c'est un branle total, car il porte sur l'examen de la certitude. C'est elle que le jeune Renan cherchait dans Bossuet, qu'il avait cru trouver dans les « preuves », précairement victorieuses, de M. de Ravignan. La philosophie fera l'épreuve des preuves. La lettre du 24 janvier révèle combien apparaît nécessaire à Renan l'examen des certitudes : valeur du témoignage humain, de la tradition historique... Il faut la preuve à sa foi et c'est la philosophie qu'il considère, en janvier 1842, comme l'instrument de la découverte objective, rationnelle, le témoin de la certitude. Dans une conception encore dogmatique de la philosophie, il compte sur elle pour étayer la foi religieuse. Sa déception vient d'abord de ce que la philosophie manque à ce rôle de pourvoyeuse de certitudes : « Quant à la philosophie, quoique j'y trouve un attrait fort sensible, je suis loin pourtant d'être satisfait de ce que nous voyons (...). Tout l'effet qu'a produit sur moi ce que nous avons vu jusqu'ici (...) n'a été que de trouver des difficultés partout » [22]. L'attrait de la philosophie, son sens même, vont alors se déplacer. Le jeune séminariste en attendait des solutions, le philosophe naissant y découvrira les problèmes, et avec eux la vraie fonction philosophique, la mise au jour des « difficultés ». Attendue d'abord comme une mise en forme logique et rationnellement rassurante du « vrai » chrétien, la philosophie se donne d'abord à Renan dans une sorte de dérobade — déception fondamentale, bientôt muée en valeur. Le passage capital, du dogme à l'interrogation, n'est pas encore accompli en janvier 1842 mais s'annonce sous la mauvaise humeur du clerc — qui se sent vaguement trahi. Il résiste encore à la montée critique et tente d'opposer savoir à savoir, raison à raison, territoire philosophique à territoire philosophique : « Il faut avouer que nous serions bien malheureux,

---

18. IX, 581.
19. IX, 580.
20. IX, 585.
21. IX, 588.
22. IX, 589.

s'il fallait rejeter tous les systèmes contre lesquels on peut faire des objections. Mais heureusement, nous avons appris le contraire en logique » [23].

Cette fausse sécurité scolaire n'oblitère pourtant pas la faculté de remise
en cause, sinon encore tout à fait consciente d'elle-même, du moins dans
son aptitude naissante à s'exercer. Ainsi, alors que, moins d'un an auparavant, le jeune Renan s'extasiait sur la profusion des « preuves » dont
savait s'armer l'apologétique de M. de Ravignan, le voici (toujours d'après
la même lettre), mis en défiance par la multiplicité même des arguments
de l'orthodoxie : « Notre auteur veut qu'on regarde le sens intime, l'évidence, la mémoire, la relation des sens et l'induction comme premiers principes de certitude (...) mais pour moi, je ne me résoudrai jamais à en
admettre un si grand nombre » [24]. Et toute la propension critique se fait
jour dans une attitude de circonspection d'autant plus accentuée que
« l'évidence » semble plus grande : « Il y en avait un qui me disait l'autre
jour : je comprends tout cela *trop vite*. Ce mot m'a semblé fort juste » [25].
Déjà la pensée de Renan, toute de propension à l'ascèse intellectuelle,
refuse le don, où elle flaire un leurre, et qui, de plus, la frustrant d'exercice,
anéantit jusqu'à sa raison d'être.

L'esprit d'examen s'alimente d'influences diverses ; ainsi la présence,
parmi les séminaristes, de deux anciens journalistes, dont un ancien
collaborateur de Lamennais dans l'*Avenir* [26]. Fit-il cheminer les notions
d'Eglise progressive, en accord avec la montée successive de l'humain,
celle de nécessité historique et vitale des hérésies, ou de régénération de
l'idée même de catholicité ? [27] Le jeune Renan n'analyse pas des arguments,
mais livre la globalité d'une impression, née d'une commotion confuse
mais sûre : « c'est l'être le plus singulier que j'aie jamais vu ; mais je suis
loin de le regarder maintenant comme un fou, ce que je crus d'abord » [28].
C'est sans doute l'idée de progression, de forme nécessairement mouvante
du dogme, qui faisait le fond de ces préoccupations et put rencontrer
en Renan le problème de l'invariable certitude. Dans un même mouvement de plume et de pensée, entre autres condisciples « remarquables » il
cite « un ancien professeur d'histoire, d'un esprit fort élevé, à cela près
qu'il ne peut pas digérer notre thèse sur la certitude historique. Il dit
qu'il suffit d'avoir un peu étudié l'histoire pour devenir sceptique sur ce
point » [29]. « A cela près »... Ainsi se déterminent les zones encore ambi-
guës où les valeurs de demain se montrent comme tares, ou ne s'avouent
qu'en se dérobant. Cette même lettre du 24 janvier 1842 traduit une pre-

23. *Ibid.,* IX, 590.
24. *Ibid.,* IX, 590.
25. IX, 590.
26. IX, 591.
27. Voir Louis le Guillou, *L'évol. de la pensée religieuse de Lamennais*, p. III,
112...
28. IX, 591.
29. IX, 591.

mière approche de Kant, très rapide, mais conçue comme une direction possible du vrai [30].

L'examen du fond même de la certitude, du sens des notions de preuve ou de vrai, forme donc maintenant le nœud de cette pensée, qui se multiplie, semblable à elle-même, sur des registres divers : s'il offre à sa mère, le 26 février 1842, un badinage affectueusement anodin sur « les philosophes (...) les plus drôles de gens du monde : ils doutent de tout » [31] c'est à Henriette qu'il se révèle, le 23 mars 1842, dans une véritable naissance philosophique où le doute et l'esprit d'examen sont, pour la première fois, sans ambages ni réticences, reconnus pour valeurs :

« Le propre de la philosophie est moins de donner des notions bien assurées que de lever une foule de préjugés. On est tout étonné, quand on commence à s'y adonner, de voir que jusque-là on a été le jouet de mille erreurs, enracinées par l'opinion, la coutume, l'éducation (...), on est surpris de voir les jugements qui paraissaient les plus certains mis au rang des problèmes » [32].

Exprimée en termes conceptuels, sa recherche ne nomme pas le doute religieux, mais compose tout l'univers mental qui le préfigure, le détermine, le convoque nécessairement ; c'est en mai 1842 que Renan, dans une lettre à François Liart [33] ,formule pour la première fois le doute sur la vocation, qui dominera maintenant sa vie intérieure. Contrairement donc à l'affirmation péremptoirement énoncée dans les *Souvenirs* [34], la réflexion philosophique fut responsable, au moins autant que l'étude de l'Hébreu et avant elle, de la crise sur la foi. « Ma foi a été détruite par la critique historique, non par la scolastique ni par la philosophie » [34], écrit Renan en 1881. Mais la destruction commença par l'ébranlement, et la recherche historique par l'exigence philosophique, cette passion, dès 1842, à fouiller les « certitudes » — (mot qui laissera à Renan un douloureux arrière-goût, et qu'il ne pourra plus reprendre qu'en l'accompagnant, comme à l'époque des *Dialogues,* de la douteuse mais essentielle contrepartie des Rêves).

C'est donc en 1842 que le problème de la connaissance se voit explicitement exprimé comme une menace sur la vocation : à F. Liart qui, appelé à la cérémonie de la tonsure, lui demande ses prières, E. Renan répond, le 3 mai : « Hélas, mon cher ami, tu t'adresses bien mal (...). Pour toi (...) je ne te demande qu'une part de tes prières le jour où tu te consacreras à Dieu : demande-lui surtout qu'il me fasse persévérer dans la vocation où il semble m'avoir appelé » [35]. C'est alors (et selon le témoignage de la même lettre) que Renan tenta de prendre appui sur Pascal : « Voilà un homme qui était au-dessus des préjugés et pourtant il a été chrétien, cela

---

30. IX, 590.
31. IX, 595.
32. IX, 601.
33. IX, 604.
34. *S.E.J.,* II, 849.
35. IX, 605.

est démonstratif » [36]. C'est assez dire que Pascal opère sur Renan plus par son *cas* que par son argumentation. Renan n'a recours ni au mécanisme des *Pensées,* fondant la foi sur la raison, par la nécessité de postuler le péché originel pour comprendre les « contradictions » de l'homme, ni à la philosophie du pari. Renan connut les *Pensées* dans une édition conforme à celle de Port-Royal. Peu d'annotations de sa main figurent sur l'exemplaire conservé à la Bibliothèque Nationale. En revanche, il commenta abondamment les *Discours sur les Pensées de M. Pascal,* par M. Du Bois de La Cour, datés de juillet 1671, édités à la suite des *Pensées,* et faisant partie du même volume. Ceux-ci représentent une tentative d'explication anachroniquement rationaliste de l'Ancien Testament, et visent, avec l'approbation des docteurs de Sorbonne, à démontrer par exemple comment Moïse s'y prit pour imprimer aux Juifs l'idée du Messie... méthode qui inspire à Renan, tout au long du texte, le même type de remarques abruptes ou agacées : « Ignorance complète des lois selon lesquelles s'introduisent les idées des peuples et fait historique faux » [37]. Ou encore : « Radoteur, va ! » [38]. Ainsi, jusque dans sa lecture des *Pensées* comme autour des *Pensées,* Renan peut paraître moins sensible à une tentative dialectique apologétique (même géniale), qu'à un discours (surtout médiocre), sollicitant en lui, par contrecoup, l'exercice d'une certaine critique de psychologie historique, imprégnée du sentiment des origines.

S'il affirme s'être, en 1842, si passionnément attaché à Pascal pour conserver la foi, Renan livre-t-il de lui, à travers cette tentative, une tendance profonde ?

Il reste bien problématique d'évaluer ce qui en lui combat Pascal (puisqu'il s'y attache avec cette force) ou au contraire (en retournant le même argument) ce que cette démarche suppose d'affinité. Aussi ne prétendrons-nous tester, ni graduer, une action de Pascal sur Renan en 1842.

Pourtant, des notes manuscrites, apparemment postérieures à la rupture (l'un des feuillets de cette série porte la date du 26 juin 1848), révèlent ce qu'il y eut de passionné en Renan, tout ce qu'eut à combattre en lui l'effort critique, combien enfin sa volonté rationnelle, dans son extrême tension, put toucher au risque de « folie » religieuse :

> « Les esprits forts sont les plus exposés à devenir fous. De même que les tempéraments forts. Cette force a quelque chose de terrible ·
> il arrive que l'esprit n'est plus capable de la supporter ; alors il se brise. Témoins (...) les prodigieux égarements de M. Lamennais, l'esprit le plus fort du siècle, Pascal, le fou sublime, moi-même. Et cependant les esprits faibles deviennent fous aussi fort souvent :
> (...) l'un est un vase vide, l'autre un vase brisé et vide par consé-

---

36. *Ibid.,* IX, 605.
37. P. 44.
38. P. 59.

quent. Mon Dieu, ayez pitié de moi. Ces esprits forts sont aussi
fort exposés à ces faiblesses des faibles : superstition par exemple » [39].

L'équation Lamennais — Pascal — moi, fondée sur la plénitude explosive, qui rend « fou », révèle en tout cas que la démarche philosophique
n'est pas en lui la négation d'une passion, mais l'expression d'un trop-
plein, dangereusement voisin de son contraire. Dans le texte que nous
empruntons à des notes intimes, Renan *craint* un état de paroxysme, de
religion, de folie, et rencontre l'analogie de Pascal ; en 1842, avant la
rupture, il tenta, avec l'aide des *Pensées,* de susciter ou ressusciter l'élan
de la foi. La référence à Pascal joue donc (de part et d'autre de la rupture)
selon deux directions opposées, mais toujours dans le même sens de
paroxysme passionnel, de « folie », que Renan avant la crise désire pro-
voquer en lui, mais qu'il tente, après la crise, d'exorciser définitivement.
La virtualité pascalienne, le risque, pour « l'esprit fort », de devenir
« fou », expliquera peut-être une approche passionnelle de la science
« religion » (et pour finir sa fantastique projection en rêve). En 1842,
Pascal offrit à Renan un exemple, plus que des preuves ; une figure para-
digmatique, une monstration plutôt qu'une démonstration. Ce serait beaucoup s'il ne s'agissait justement pas, pour Renan, de fonder en raison la
foi religieuse. Ce soutien ne sera pas durable car un exemple humain ne
fonde pas longtemps une certitude qui se veut invincible à l'analyse critique. Or la lettre du 3 mai décèle la tendance « violente » de Renan « au
scepticisme ou plutôt au kantisme » [40]. Comment Kant lui est-il connu ? Ce
n'est point par ses manuels, du moins pas à travers les *Institutiones philosophicae* du Père Joseph Valla [41]. Si le doute à la façon des Pyrrhoniens
s'y trouve combattu (t. I, p. 112-113), le scepticisme Kantien n'y apparaît
nullement, fût-ce dans les *Solvuntur objecta.*

La lecture de Mme de Staël l'aida à connaître la critique de la raison
pratique et les postulats moraux de Kant ; « la morale dans la nouvelle
philosophie » se trouve exposée dans le traité *De l'Allemagne* (T. I, p. 320-
325) où l'auteur développe à partir de Kant l'idée qui deviendra une des
constantes de l'idéalisme renanien : « la destination de l'homme n'est pas
le bonheur mais le perfectionnement » (p. 320). Quant à l'aspect du pur
criticisme kantien, Renan semble l'avoir surtout connu à travers V. Cousin

---

39. *N.A.F.*, 11 478 bis, folio 42.
40. IX, 606.
41. L'exemplaire de Renan comporte peu d'annotations de sa main. Renan
pratiqua aussi le manuel de Noget-Lacoudre, en usage dans les séminaires, connu
sous le nom de « Philosophie de Bayeux ». Moins succinct que le précédent, cet
ouvrage examine les théories de Kant, ainsi que les doctrines allemandes de
l'idéalisme selon Fichte et Schelling (Tome II, p. 161 et suiv.) présentées comme
dérivées de Kant et s'achevant par la contradiction interne sur la question de
l'objectif et du subjectif. Conclusion : « *In se absurda sunt* » (p. 163).

et le cours de 1818, puis par l'ouvrage de J. Kinker [42], *Essai d'une exposition succincte de la Critique de la Raison pure*, traduite du Hollandais (1801) dont le fonds Renan de la Bibliothèque Nationale comporte un exemplaire. Présentant fort peu d'annotations, mais de nombreuses traces de lecture, ce livre a été étudié de près par le jeune Renan.

Paradoxalement, mais selon la rigueur d'un mécanisme psychologique dont nous tenterons l'analyse, c'est alors le point le plus avancé peut-être du scepticisme en Renan ; il reviendra en arrière, après sa rupture avec l'Eglise ; mais c'est avant cette rupture que nous paraît se situer sa vraie rencontre avec Kant, sa tentation de critique totale, conçue comme examen des fondements de la certitude. Rencontre ou demi-rencontre ? Dès 1842, sa saisie de Kant paraît ambiguë et laisse leur chance à bien des revirements philosophiques. Car dans la lettre même où il exprime sa « violente propension (...) au Kantisme » [43], il se rabat immédiatement sur une position plus moyenne, ne remettant pas en cause la raison, mais le bon sens, ce qui rétrécit singulièrement la perspective critique. Il fait un amalgame de cette interprétation de Kant et d'un scepticisme de type pascalien, qui maintient l'idée d'une vérité que « nous verrons » :

> « Je suis persuadé que la vérité est loin de tout ce qu'on appelle le bon sens (...) ; quand nous la verrons, la vérité, nous serons tout étonnés de la trouver et chacun dira : je ne croyais pas que ce fût cela. C'est là l'idée qui me domine, le peu de certitude de nos connaissances, le peu de vérité que nous possédons, et sur ce point la lecture de Pascal est loin de me détromper » [43 bis].

Dans la lettre à Henriette du 23 mars 1842, après avoir exprimé la tentation de critique radicale, il se reprend, ou plutôt remodèle la pensée de Kant selon ses propres incertitudes : « A la vue de ces innombrables erreurs, la première impression est de vouloir douter de tout ; mais c'est mal raisonner (...) Kant lui-même (...) est plus réservé ». C'est pourtant à cette époque et dans le même texte que se formule avec le plus de netteté sa virtualité kantienne, son aptitude à mettre « les jugements qui paraissaient les plus certains (...) au rang des problèmes » ; il est vrai que ces termes ne dénoncent pas les illusions de la raison comme nécessaires en elles-mêmes (bien plutôt le jugement serait-il ici dénaturé par la coutume, ou toute autre déviation analysée par Pascal).

Un kantisme affirmé, ambigu, interprété ; et pourtant nous insistons sur cet aspect de Renan séminariste : car, aussitôt après la consommation de la crise, il se détournera presque totalement du Kant de la Raison pure, au profit de certaines formes de conviction, scientifiques, mais qui

---

42. J. Kinker, *Essai d'une exposition succincte de la Critique de la raison pure* traduite du Hollandais par J. le F., Amsterdam, 1801, N.A.F. 11547, folio 41.
43. IX, 606.
43 *bis*. IX, 601.

toutes postulent la foi en l'infaillibilité de l'instrument rationnel, ainsi qu'en une finalité de la raison même. Soulignons qu'après la rupture religieuse, la référence de Renan à Kant ne sera plus la même : le Kantisme de la Raison pure, approché en 1842, s'effaçant pour lui au profit de celui de la Raison pratique, fondant le devoir, lui-même absolu (et preuve d'une transcendance). C'est peut-être le séminariste, entre 1842 et 1845, qui en Renan fut le plus proche d'une critique de type kantien. Autour de 1845, nous tenterons de voir selon quelle démarche et peut-être sous quelles influences il s'éloignera du criticisme pour fonder l'analogue scientifique de la religion qu'il appellera la « foi critique ».

La tentation de critique radicale a pu opérer surtout au temps du séminaire, pour rejeter la possibilité de la cléricature et de la foi positive. Mais il fallait ensuite à Renan construire une autre forme d'absolu et donc éliminer à leur tour Kant et la *Critique de la Raison pure,* qui rendaient impossible l'opération survie. Déplacement qui ne se donnera pas comme un escamotage, car Renan, ayant « critiqué » une fois, aura bonne conscience ; comment ne pas croire radical l'examen qui put conduire à la rupture ? Ce n'est pourtant qu'un leurre et la rupture clôt pour Renan, bien plus qu'elle ne l'inaugure, la période « Kantienne ». La critique totale de la notion de vrai, superposition de Pascal et de Kant, si elle manifeste une tendance de Renan dans sa première approche (peut-être la plus authentique) de la philosophie, ne pourra survivre au besoin du vrai absolu, qui poursuivra son aventure dans les transpositions scientifiques et les métamorphoses par l'imaginaire.

C'est en 1842, avec l'interrogation philosophique, que se lézarde la certitude de la vocation, avec l'idée même de certitude. L'année suivante, marquée par l'entrée à Saint-Sulpice et l'étude de l'Hébreu, ouvre cette période de délais et de reculs débouchant enfin sur la décision : Renan reçoit la tonsure en décembre 1843, puis, quelques mois après, sur sa lancée psychologique, les ordres mineurs. C'est alors que reprendront les incertitudes, à l'idée de l'ultime engagement. Nous ne suivrons pas le détail anecdotique ni purement chronologique des faits. Bien plutôt, nous tenterons de soulever trois questions : celle de la survie du problème, après 1842 (pourquoi en effet la crise de la certitude n'a-t-elle pas entraîné aussitôt la rupture ?) ; celle d'un certain schéma répétitif en Renan (que peuvent signifier le retour de phénomènes semblables ou analogues chaque fois que se présente un parti à prendre ?[44]) ; celle enfin du rôle d'Henriette, de la constitution du personnage de la sœur, et de l'éclairage que projette sur le jeune Renan cette donnée nouvelle.

En juin 1843, Renan, qui n'a pu se décider encore à recevoir la tonsure, semble n'apercevoir dans ses hésitations aucune véritable remise en cause de son entrée dans les ordres : « Je dois, il est vrai, à la vérité, de dire que l'idée de faire un pas en arrière de la carrière sacerdotale ne s'est pas

----

44. Voir IX, 646.

présentée à moi : je n'ai jamais envisagé la question que comme un délai » [45]. Interrogeons-nous sur cette demi-mesure : c'est trop s'il a la foi, ou alors pas assez, à s'en tenir à la seule logique. Car la lettre à Liart du 3 mai 1842 nous semble, par son contenu conceptuel, définir une exigence interne de rupture. La rupture intellectuelle consommée par l'éveil philosophique, la crise religieuse tardera deux ans encore à se formuler et se dénouer. Pourquoi ? Si la crise sur la vocation n'était que la conséquence intellectuelle de prémisses de même nature, cette conséquence aurait dès longtemps imposé sa nécessité. Or, pendant deux ans, Renan voit coexister la démarche de sa pensée philosophique et la survie de son intimité avec la religion. Si l'on compare, à partir de mai 1843, les lettres d'Henriette et d'Ernest, on ne peut qu'être frappé de la résistance (ou de la force d'inertie ?) que Renan oppose aux initiatives de sa sœur. A vrai dire, dès septembre 1842, le jeune homme, opérant un retour critique sur lui-même, sur son enfance, entend rétrospectivement les mises en garde d'Henriette (lointaines déjà semble-t-il), auxquelles l'éveil de la crise prête pour la première fois présence et sens : « Jusqu'ici, je l'avoue (...) je m'étais contenté de suivre les impulsions que l'on me donnait. J'ai commencé enfin à y porter un examen attentif (...). *Je me suis alors rappelé tout ce que tu m'as souvent répété, mais que je ne comprenais guère autrefois* » [46]. Ainsi, quand le doute s'éveille, c'est comme une voix d'Henriette en lui. C'est peut-être ainsi qu'obscurément l'influence d'Henriette fut la plus sûre et la plus subtile : le doute sur la foi, quand il apparut à Renan, n'avait plus tout à fait son visage de nouveauté totale ; non pas souvenir, certes, mais réminiscence, il rencontrait une voix amie et se faisait découvrir selon toute une archéologie, avec sa lointaine origine, dans l'enfance, lui aussi — comme la foi. Il n'était ni l'inconnu, ni le scandale, et dans la « sœur » pouvait rencontrer, lui aussi, une sorte de « mère ».

Pourtant, Renan demeure lié à l'Eglise d'un lien dont la nature reste à préciser, et si les lettres d'Henriette, explicites malgré leurs réticences, évoquent en mars 1843 la nécessité d'échapper à la subordination ecclésiastique... [47], Renan s'évertue encore à tromper sa propre faculté critique qu'il nourrit parfois d'agencements verbaux, en forme, mais confus. C'est ainsi qu'il « prouve » à Henriette que le christianisme répond (ou peut répondre) à la raison :

> « Le christianisme une fois posé, comme cela se peut rationnellement, il a bien une autre fin à remplir [que le bonheur]. Rien ne prouve mieux la divinité de la théorie chrétienne de l'homme et du bonheur que les reproches que lui font si amèrement les écoles modernes d'obliger l'homme à sortir sans cesse de lui-même,

---

45. Lettre à Henriette, 16 juin 43, IX, 662.
46. 15 sept. 42, IX, 619 (nous soulignons).
47. IX, 638.

à refluer, pour ainsi dire, contre sa nature, à placer son bonheur hors du moi et des jouissances. En vérité, je leur pardonne bien volontiers de n'admettre pas le christianisme ; l'homme n'est pas chrétien par lui-même mais par Dieu ; (...) mais je ne leur pardonne pas de n'avoir pas vu que cette théorie n'est que l'expression d'un fait, la déchéance et la misère actuelle de l'homme. La simple étude expérimentale de l'homme aurait dû les y conduire » [48].

Ne tenterait-il pas d'adapter l'argument pascalien de la misère de l'homme sans Dieu ? Mais loin d'aboutir comme Pascal à l'établissement d'un postulat péremptoire, il pose seulement une non-impossibilité, une hypothèse, et l'idée de la « déchéance » ne joue pas ici le même rôle que chez Pascal : car Pascal associe étroitement misère, contradiction, nécessité « logique » du péché originel, donc *vérité* de la religion chrétienne. Renan, reprenant l'idée de déchéance, ne la saisit qu' « expérimentalement » ; il fait siennes certaines analyses psychologiques, non la démarche logique des *Pensées*. Pourtant sa prétention est aussi de « prouver » — mais, et c'est selon nous capital — son vocabulaire même fait proliférer l'ambiguïté ; ce n'est pas la vérité de la religion, mais sa « divinité » que démontrent selon lui les attaques faites au christianisme : c'est évidemment beaucoup, mais dans une argumentation logique, c'est trop. La « déchéance », dissociée du péché originel, traduite en refus d'idéalisme, c'est pour Renan la recherche du bonheur ; expérimentale, sans doute, en quoi cette donnée de la recherche du bonheur peut-elle être conçue comme « déchéance » en dehors d'une perspective chrétienne hors de laquelle Renan accepte « bien volontiers » qu'on se place ? Enfin, si l'homme n'est chrétien que « par Dieu », à quoi pourrait tendre un quelconque effort d'argumentation apologétique ? C'est un raisonnement qui pose le christianisme au départ (« une fois posé, comme cela se peut rationnellement ») et donc le retrouve à la fin, mais avec un jeu intermédiaire de lâchage et de distanciation, qui se pose comme preuve. L'armature syntaxique tient ici lieu de rigueur à un discours flottant. Ce type de pesanteur insistante apparaît surtout dans les lettres à Henriette : elle est beaucoup moins prononcée non seulement, bien sûr, dans les lettres à sa mère (qui éludent encore le drame), mais dans la correspondance avec François Liart, où Renan laisse passer sa prescience de l'avenir, sorte de goutte-à-goutte de l'angoisse : mention insistante du « petit point » [49], du « point scabreux », imagination effrayée de la « suite » : « Mon Dieu ! si c'est comme cela par la suite, comment ferai-je pour arriver jusqu'au bout ? » [50]. On peut donc supposer, en comparant l'abandon des lettres à Liart et la volonté de reprise démonstrative des lettres à Henriette, que Renan se raidit encore, en 1843, contre celle qu'il sent irré-

---

48. 16 juin 43, IX, 663.
49. IX, 667 (20 juin 43).
50. IX, 671.

ductiblement hostile au projet clérical, (ainsi lorsqu'il s'épuise à définir et analyser les diverses formes d'indépendance, l'une d'elles, tout intérieure, pouvant fort bien convenir au prêtre) [50 bis]. Ne va-t-il pas jusqu'à poser pour lui la possibilité du sacerdoce dans la loi du silence absolu ? « Est-il donc si pénible de ne penser que pour soi, et n'est-ce pas par un secret mobile de vanité que l'on est si empressé de communiquer ses réflexions aux autres ? » [51]. Mais cette volonté tendue n'est-elle pas à elle seule un aveu ? Pourtant Renan se refuse à en voir le sens ou du moins les virtualités diverses. Loin de l'interpréter en preuve du doute (ce silence n'est-il pas l'une des quatre possibilités que propose Strauss au « penseur spéculatif » ?) [52], Renan tente de l'aménager en attitude de sagesse convenable à tout « honnête homme », mieux encore à tout prêtre — et de citer son « habile directeur » : « Mon cher, si je savais que vous n'eussiez pas la force de vous taire, je vous supplierais de ne pas entrer dans l'état ecclésiastique » [53].

Ainsi, sans vouloir sonder plus avant les modalités diverses du silence, Renan résorbe le silence-doute sous une notion globale de silence indéfini (partiel ? total ? susceptible de toucher à l'essentiel ? silence de prudence ? d'intériorité ?) qu'autorise finalement l'image du prêtre.

C'est ce recours (presque désespéré) au silence, pour sauver en lui le prêtre, que les *Souvenirs* transposeront, dans le dessin d'une carrière fictive, en l'anodine malice du « bon ecclésiastique », poussant « la hardiesse jusqu'à dire (...) après le Concile du Vatican : *Posui custodiam ori meo* » [54]. Le frère d'Henriette se voit près d'entrer dans le silence comme on entre en religion (et pour entrer en religion) — sens et destination du silence qui ne peuvent plus apparaître avec la même intensité au parleur final — (lequel glose la rupture, devenue « souvenir »).

Bien que, selon les termes de sa lettre à Liart (20 juin 1843), le « fameux petit point » soit « devenu une montagne » [55], Renan ne le nomme guère à son ami et s'en tient à la paradoxale formule d'un aveu qui tourne court (« je te le dirai. Encore est-ce avec toi que j'ai été le plus explicite » [56]). Il redoute de figer, de constituer, dans l'épaisseur d'un mot, l'obstacle qu'il reconnaîtra — deux ans plus tard ! — dans une lettre à Henriette : « je ne crois pas assez » [57]. Il reste pour l'instant bien loin de toute formulation, puisque le coup porté par M. Gottofrey — le « vous n'êtes pas chrétien » que rapportent les *Souvenirs* [58] — ne passe pas directement dans la cor-

---

50 *bis.* IX, 664.
51. *Ibid.*
52. Voir un commentaire de la pensée de Strauss sur ce point dans Albert Lévy (*D.F. Strauss, La vie et l'œuvre*, p. 70 et suiv.).
53. IX, 664.
54. *S.E.J.*, II, 800.
55. IX, 670.
56. IX, 670.
57. *L.F.*, IX, p. 749.
58. *S.E.J.*, II, 850.

respondance. Evoqué dans l'affolement, exorcisé par l'indéfini (« quelque chose qui me met dans un état terrible », aurait dit Renan à son directeur) [59], il est présenté, dans la même lettre à Liart, comme la cause directe du délai, et surtout donne la mesure d'une effervescence intime : le doute est loin d'avoir fait place nette, la révélation de Renan à lui-même l'ébranle dans la mesure où elle rencontre le vrai, mais aussi où il refuse cette forme du vrai.

Le souci constant de Renan est d'épargner à sa mère l'idée même d'une crise possible. Le 12 mai 1843, alors qu'il se décide à recevoir sans retard la tonsure (décision sur laquelle il reviendra), il lui écrit : « Je vois même venir avec joie le moment définitif. Le tout est de prendre un parti et de ne plus regarder en arrière » [60]. Ce n'est point allégresse que cette « joie » mais le soulagement final du « tout est consommé », auquel la mère se trompe. Le parti à prendre présenté comme total, excluant tout regard en arrière, se donne à lui comme une déchirante sécurité. C'est en ce sens que souvent, au cours de son aventure spirituelle, Renan a regretté de ne pas être soumis à un destin, ou s'est réjoui de s'en remettre à son directeur des décisions à prendre (ainsi, à F. Liart le 31 octobre 1842 : « qu'on est heureux de trouver des hommes qui les prennent pour vous ! » [61]). Le jeune Renan, plutôt que de décider, préfère suivre une impulsion donnée, en la jugeant, au besoin même en l'aménageant de l'intérieur. Donnée par autrui, l'impulsion maintient une disponibilité totale, elle permet de critiquer un choix, ou plutôt de l'interpréter de l'intérieur, sans cesser d'adhérer passionnément à soi. Nous tenterons de nous expliquer en nous aidant d'une lettre à Henriette (15 septembre 1842) où le jeune homme expose qu'il n'a fait jusque là que suivre les impulsions données, mais en même temps les élabore et les transmue en choix éthique personnel : Renan part donc de l'idée d'une demi-contrainte, pour saisir la coïncidence exacte entre ses goûts et l'état sacerdotal, et conclut en faisant concorder l'incidence extérieure avec le choix profond, secret (quitte à interpréter le sacerdoce dans un sens d'étude, de spéculation intellectuelle) : « J'ai d'abord craint d'avoir fait quelques démarches téméraires (...). Toutefois, après y avoir mûrement réfléchi, après avoir étudié mes goûts et le fond de mon caractère, après avoir examiné l'esprit de l'état que je voulais embrasser (...) j'ai cru que je n'avais pas à me repentir des premiers pas que j'avais faits, et que, si j'étais à refaire le choix, je ferais le même » [62]. C'est la première fois que l'avenir se formule pour lui sous forme de carrière (celle-ci se dessinant par l'engagement sacerdotal). Mais, dans les mois suivants, si Henriette insiste sur cette idée en la dissociant du sacerdoce [63], Renan revient toujours à la

59. IX, 668.
60. IX, 648.
61. IX, 631.
62. IX, 619.
63. IX, 622... (Lettre du 30 oct. 42).

réunion des deux notions, parfois avec la caution de Malebranche [64]. C'est ainsi qu'il aboutit en 1842 à cette définition du prêtre, qui, si elle n'ignore pas la charité, la place en surcroît, en codicille : « Le prêtre est le dépositaire de la sagesse et des conseils, c'est l'homme de l'étude et de la méditation, et c'est avec cela l'homme de ses frères » [65]. Cet état qu'il n'a pas vraiment choisi, il le refond et le redéfinit jusqu'à le transformer en « ce qu'il aurait choisi »... (l'irréel du passé n'est-il pas la patrie de bien des idéalismes ?). C'est donc *comme s'il* avait choisi. Nous apercevons ici ce qui constituera un mécanisme fondamental de la pensée de Renan : le « comme si », assorti du « quand bien même », s'inscrit dès 1842, dans sa syntaxe profonde. Ainsi dans la même lettre à Henriette : « quand même le christianisme ne serait qu'une rêverie, le sacerdoce n'en serait pas moins un type divin » [66]. Pour le séminariste de 1842, le Christianisme est vrai, — (pas assez toutefois pour qu'il ne lui assure pas une vérité d'un autre ordre, une vérité de remplacement...). Ce « vrai » serait encore vrai d'une autre manière (beau, « divin ») au cas où il ne serait pas objectivement vrai. La pensée comme le langage passent par une série de gonflements, résorptions, gonflements nouveaux, du vrai, du non-vrai, une autre forme de vrai. C'est peut-être ici, dans le lexique du séminariste, la première virtualité d'équivoque du mot « divin ». Elle préfigure ce besoin de permanence, au moins métaphorique, qui longtemps, sinon toujours, se survivra en Renan.

Renan se place donc alors, par rapport à Henriette, dans une sorte d'inadéquation : si Henriette sépare immanquablement sacerdoce et « carrière », son frère ne peut les dissocier — non pas qu'il réduise l'état de prêtre à un « état » tout court. Profondément marquée d'idéalisme, la spéculation reste pour lui un état d'ascèse, de séparation. Fondamentale existe en lui — et, croyons-nous, fondamentalement marquée de religion ou du moins de cléricature — la volonté de refuser le « monde », l'aversion de l'utile ou du vide, ou simplement du profane, poussée jusqu'au « dégoût » [67].

Par rapport à sa mère, c'est le malentendu plein, total, aimant. Lorsqu'en mai 1843, il lui dit sa « joie » d'en finir (par cette décision de recevoir la tonsure, sur laquelle il reviendra) elle voit dans cette annonce la preuve rétrospective de la spontanéité d'une démarche, et libère alors ses propres rêves, en même temps qu'elle se délivre de tout soupçon d'emprise ou d'influence (formulé à rebours) : « j'avais promis dans le secret de mon cœur de ne jamais mettre d'obstacle si le bon Dieu te réservait à son service » [68]. Naïvement et totalement, elle exprime ses désirs et ses promesses secrètes en termes de quasi prédestination : au moment même

64. IX, 636.
65. IX, 634.
66. 15 sept. 42, IX, 620.
67. IX, 638.
68. IX, 644.

où la foi s'interroge en son fils, elle lui fabrique à travers son rêve l'infaillibilité d'une vocation : « j'ai souvent pensé (...) que le bon Dieu avait
des vues sur toi (...). Un (...) digne emploi t'est réservé, servir Dieu dans
son sanctuaire, voilà toute mon ambition » [69].

Très curieux du point de vue logique, mais psychologiquement très
vraisemblable, nous semble le retour de foi qui suivit, pour Renan,
l'épreuve du délai. « Jamais je n'ai cru plus intimement » [70], écrit-il à Henriette le 16 juin 1843, et à F. Liart, le 20 juin : « tout cela a singulièrement affermi ma vocation (...). N'est-ce pas une contradiction ? C'est pourtant la vérité, quoique je ne puisse m'en rendre compte à moi-même » [71].
L'accomplissement de la rupture ne pouvait, sentimentalement, être sup-
porté par Renan qu'en plusieurs étapes. Il explique à Liart combien le
simple délai lui coûta parce qu'il l'obligeait à « faire abstraction complète
du sentiment le plus cher à [son] cœur » [72], (comme en 1845, il se déses-
père, au bord de la rupture, de devoir « percer le cœur de sa mère ») [73].
Un peu suranné dans sa forme, ce sentiment d'une plénitude absolue
s'adresse à la mère réelle comme à la mère allégorique, à cette atmosphère
d'enfance, à cette enveloppe maternelle de la religion, à cette Vierge aux
pieds de laquelle il va « pleurer » [74], dans la chapelle. Après le délai, qui
confirme sa volonté d'examen, son « sacrifice de ce qu'il a de plus cher » [75],
il peut se rendre cette justice d'avoir satisfait à la critique. Elle a eu ses
droits — jusqu'au prochain péage — et le sentiment reflue, passionné.
Renan ne peut tout accorder d'un coup au sens critique : il a différé (cédant
aux droits de la raison et aux impératifs de la conscience), il n'a que
différé (ce dont s'enchante encore le sentiment). C'est une sorte d'équilibre
vital, de rythme respiratoire. Quand il dit sa vocation affermie, il traverse
la phase de détente, presque d'euphorie par épuisement. L'idéal serait sans
doute le paradoxe du délai total, ou renouvelé, l'abstraction de la décision
à prendre : « Je n'avais été heureux pendant les vacances qu'en m'imposant la loi de la plus sévère abstraction à cet égard », écrit-il à Henriette
le 27 novembre 1843. « C'est maintenant un devoir pour moi de reprendre
l'examen » [76]... A la même époque, une lettre à Liart témoigne de l'effort
de Renan pour s'installer, par l'étude, dans le séjour protégé de l'intemporel :

> « J'ai presque eu le mal du pays, au moins durant la retraite, et
> ce n'est que quand j'ai recommencé à tenir l'esprit occupé par
> l'étude, que le cœur a cessé de crier famine. C'est un remède que

69. 4 mai 1843, IX, 645.
70. IX, 663.
71. IX, 669.
72. *Ibid.*
73. IX, 793.
74. IX, 668.
75. IX, 669.
76. IX, 696.

j'avais déjà employé et dont j'ai mieux que jamais reconnu l'excellence. O mon cher, que cela m'a fait faire des réflexions, et que j'ai bien compris que ceux-là sont vraiment heureux qui mettent leur bonheur en Celui que l'on trouve partout, et que l'on ne saurait perdre ! Il y a dans cette théorie une si profonde connaissance du cœur humain, que je crois qu'elle suffirait pour convaincre de sa divinité un homme qui y réfléchirait. Je me demandais à moi-même : Et si ma pauvre mère venait à mourir, que deviendrais-je ? Je ne pouvais y penser sans frémir. Heureux ceux que Dieu a détachés de tout pour les attacher à lui seul ! Mais cela ne vient pas de l'homme et *non datur omnibus* » [77].

L'abandon de la lettre intime fait interférer plusieurs zones : c'est d'abord l'étude, qui trouve son répondant immédiat en « Celui que l'on trouve partout », en Dieu. Il serait léger, à notre sens, d'en conclure que le Dieu de Renan, c'est l'étude, et que c'est pour mieux honorer ce Dieu-là qu'il changea de « carrière ». Formuler ainsi le problème, n'est-ce pas le poser d'emblée du dehors, l'exprimer en termes d'extériorité (le croire résolu) ? alors que justement la pensée de Renan dessine ici une aire incertaine où l'aperception intellectuelle se figure comme un harmonique du divin, qui, de son côté, lui donne sens. « Celui qu'on trouve partout et qu'on ne saurait perdre », ce Dieu appelé par l'analogie de l'étude n'est pas quelque Dieu géomètre, horloger, ou premier moteur, c'est ce qui rassure la précarité en désarroi, ce qui se donne comme la protection totale. Certes, il se livre à Renan dans l'étude, non dans la retraite, mais enfin il n'est pas conçu seulement selon l'intellection pure, puisque sa fonction est d'abord de consoler. De l'étude, la pensée de Renan glisse à l'idée de la « théorie » chrétienne, et le Dieu, répondant de l'étude, s'achève (au moins virtuellement) en analogue affectif de la mère. *Non datur omnibus* : aveu d'exclusion, de la part du séminariste repris par ses « anciennes perplexités », annonce d'un processus de reprise, d'un désir d'adhésion ? L'un et l'autre sans doute à la fois et selon une oscillation essentielle : Renan, remarquons-le, s'il imprègne ici l'étude des vertus consolatrices du Dieu chrétien, ne parle pas en revanche de foi, mais de « théorie » chrétienne, c'est-à-dire d'une élaboration déjà intellectualisée de la foi, justifiée par sa connaissance de l'homme, sa science du bonheur. Lieu de tous les possibles, intellectuels, affectifs, mystiques, ce Dieu s'unifie dans l'ordre de la sauvegarde, de la consolation, de la permanence.

Deux mois plus tard, le clerc tonsuré donne à sa sœur l'interprétation de sa démarche : « Je ne l'ai faite que parce que je voyais que ne pas la faire, c'était faire la démarche contraire, à laquelle après tout je me sentais plus opposé » [78]. Renan a donc clairement senti qu'une abstention est un

---

77. 18 novembre 1843, IX, 686.
78. IX, 707.

acte, il a agi pour la décision de cléricature de peur d'agir contre elle ; or malgré la réticence de « l'après tout », il ne peut refuser la cérémonie qui préfigure « une vie consacrée à la vérité et à la vertu » [79].

Dans cette lettre du 16 avril 1844, s'il écarte toute perspective de ministère paroissial, Renan affirme au contraire le choix éthique absolu consacré par sa décision : « soit que j'eusse embrassé ou non l'état ecclésiastique, je dis plus, quels qu'eussent été mes sentiments sur la religion dans laquelle j'ai cru trouver la vérité, une vie sérieuse et retirée, éloignée des superfluités et des plaisirs, eût toujours fixé mon choix » [78]. Entendu comme la formule de l'idéalisme intellectuel et moral, le *Dominus pars* ne peut-il apparaître comme épreuve initiatique totale, rite d'accès à la pensée pure comme à l'éthique noble ?

> « Si j'eusse été le chef de quelque école de philosophie, j'eusse imposé à mes disciples la cérémonie que l'Eglise a institutée au premier pas de la consécration sacerdotale, puisque son esprit se résume dans le renoncement à ce qui n'est ni beau, ni bon, ni vrai, et que, sans ce renoncement, il n'y a pas de philosophie. Si jamais je devenais un homme vain et futile, attaché à ces méprisables biens d'un jour ou à une opinion plus misérable encore (je ne parle pas de la gloire, qui n'est pas une vanité, quand on sait l'entendre), alors seulement je croirais avoir manqué à ma promesse » [80].

Ainsi Renan transpose et dilate la promesse du clerc, qui n'est plus sentie par lui comme contrainte mais comme lieu géométrique des choix, langage symbolique et polyvalent d'une volonté libre ; l'engagement s'inscrit alors dans une catholicité autre, vraiment totale. En même temps ce texte laisse deviner le dessin de l'exaltation personnelle, consacre la gloire en valeur, et même, avec la pudeur qui traduit le rêve du futur en conditionnel passé de la fiction impossible, grandit et transfigure jusqu'à l'idée de carrière. Consacré au vrai, au bien, au beau (qu'il présente dans l'ordre inverse), peut-être le jeune homme projette-t-il sa propre image comme une régénération de ce Victor Cousin, qu'il commence à lire, et qui lui apparaît encore, à bien des égards, comme un « charlatan » [81] — faute d'avoir prononcé le *Dominus pars*, sans doute. Les rites de la consécration sacerdotale se confondent alors avec la mise en drame du rêve et de la « gloire » — noyau secret, ardent, d'une « vie retirée ».

En même temps qu'il interprète le statut sacerdotal en choix moral et philosophique, Renan voit s'ouvrir devant lui une nouvelle attente, de sens double, car si elle prépare un degré dans la démarche ecclésiastique, n'en représente-t-elle pas un aussi dans la nécessité d'examen ? Les ordres

---

79. *Ibid.*
80. IX, 708.
81. Voir *Cahier renanien* n° 3.

mineurs, reçus en mai 1844, n'ajoutant « aucun lien, aucune obligation à l'état qui [les] précède » [82], ont permis à Renan l'économie d'une crise. Il n'en sera plus de la sorte, le prochain engagement se présentant comme irrévocable. En juillet 1844, Renan évoque pour sa sœur cet avenir éloigné (d'un an au moins) mais porteur d'angoisse : « Je ne peux y penser sans crainte, et quand je pense aux angoisses du passé, ô Mon Dieu, m'écrié-je, éloignez de moi ce calice ! » [83] De palier en palier, Renan s'accoutumera par phases à la possibilité, puis à la nécessité de la rupture, qu'il fractionne, semble-t-il, dans une sorte de réflexe vital pour l'assumer moins douloureusement.

C'est l'époque où Renan lit en Hébreu les Psaumes (« où la tristesse religieuse de nos races a trouvé », selon l'historien du Peuple d'Israël, « une expression si parfaite » [84]). Mais sa communication avec le Dieu consolateur se double d'une autre rencontre : celle de la philosophie hébraïque et de la lecture directe. « Sans déroger au respect dû à la version adoptée par l'Eglise, en la lisant, on ne lit pas l'original » écrit Renan à Liart, le 22 mars 1844 [85]. En juillet, il exprime à Henriette, en formules déjà fermes, ce que seront plus tard ses vues sur le sens de la vertu poétique, les phénomènes pneumatiques de la faculté spontanée, l'intérêt scientifique et psychologique des manifestations religieuses : « Envisagés à ce point de vue, ces antiques fragments ont une valeur inestimable, et si quelque psychologiste s'occupait jamais de développer la théorie de l'une des facultés les moins étudiées de l'homme, la faculté d'inspiration spontanée ou de poésie, c'est là qu'il devrait chercher ses matériaux » [86]. D'instinct, c'est aux livres inspirés du christianisme que le séminariste applique la distinction cousinienne du réflexe et du spontané ; peut-être convient-il à ce propos de faire reculer, de quelques mois, la date approximative proposée par Jean Pommier (fin de 1844, début de 1845) [87], pour la lecture du Cours de 1818, et spécialement celle de la 10e leçon.

« Maman eût été si contente et moi si tranquille ! » [88] écrira nostalgiquement Renan, le 11 octobre 1845, quelques jours après la rupture. A l'occasion du dernier choix, qui, définitif, rendait plus difficiles les transpositions analogiques, il dut accepter de mettre en péril ce que, dans un sens général, nous appellerons l'univers maternel, la mère sans doute, mais aussi le lien avec le passé, le paradis d'enfance depuis longtemps menacé, mais affectivement présent. C'est alors que le personnage de la sœur va se constituer comme pôle essentiel. Nous ne voulons pas seulement parler de l'aide, matérielle ou morale, apportée par Henriette à celui qu'à

---

82. IX, 723, Lettre à Henriette, 11 juillet 1844.
83. *Ibid.*
84. *H.P.I.*, VI, 1077.
85. IX, 704.
86. IX, 728-729.
87. *Cahier renanien* n° 3, p. 110.
88. Lettre à Henriette, IX, 804.

l'annonce de la tonsure elle appelait « son pauvre ami » [89]. Nous ne choisissons pas non plus de nous placer au point de vue descriptif (les sentiments des personnages !) et de conclure, par exemple, à une affection
accrue du frère pour la sœur... Non, nous voudrions définir la qualité
d'influence d'Henriette, c'est-à-dire de ce qui deviendra enfin une sorte
d'envoûtement à distance, phénomène qui fera passer le jeune homme de
la mère à la sœur — celle-ci se concevant à son tour comme une autre
mère. Nous tenterons de montrer comment, à l'occasion de la rupture, le
personnage de la sœur s'est constitué si puissant, si obsédant, par cette
façon même de re-créer Renan. Notre approche n'est point strictement
biographique : ainsi (biographiquement parlant), il serait absurde de supposer un quelconque fléchissement de piété filiale en Renan, et pourtant,
le personnage archétypique de la sœur va s'accroître maintenant de tout ce
que la mère (du même point de vue) perdra : si, jusqu'en 1845, toutes les
émotions de Renan passent par la mère, il vient alors un moment qui
consacre la sœur en quelque chose d'unique — figure à la fois réelle
et emblématique dont il pourra dire en 1862 : « Elle régna sur ma vie
morale comme il ne fut jamais donné à personne de régner » [90]. A l'annonce
de la tonsure, préfiguratrice d'autres engagements, Henriette, pour la première fois (le 9 mai 1844) se met directement en scène, non seulement
comme alliée de cœur et de sympathie, mais comme participant direct à
un drame, bien plus, comme victime possible : « Le dernier malheur de
ma vie serait de te voir entraîné dans des voies qui ne sont point celles
de ton âme » [91]. Tout en suggérant qu'elle voit clair en son frère et le
déchiffre tel qu'il refuse encore de se reconnaître, elle se met en jeu, lui
donne vis-à-vis d'elle une sorte de responsabilité, se constitue enfin en
centre vital, en mère ; ainsi le 28 février 1845 : « L'une de *tes mères,* tu
parviens à lui persuader que tu es heureux ; mais celle qui dans ce
moment pleure si douloureusement avec toi (...) » [92]. On ne saurait trop
insister sur la lenteur du jeune Renan à prendre la décision de rupture
(on sait du reste comment les circonstances extérieures brusquèrent la fin
du drame, rompant ainsi « tant de liens en quelques heures » [93]). L'inlassa-
ble énergie d'Henriette s'use à faire « percer la résolution », pour aider
son frère à devenir autre chose que ce qu'elle appelle « un grand enfant » [94].
Ce passage, qu'elle s'efforce de susciter, à l'état adulte, elle l'exprime, à
son insu peut-être, comme créant, entre Ernest et elle, un lien d'enfantement selon l'esprit qui fait d'elle la véritable mère : « on n'est un *homme*
qu'à condition d'avoir beaucoup lutté. Mon frère, mon ami, mon enfant
bien-aimé ! » [95] écrit-elle le 5 août 1845. A la mère de l'enfance, se subs-

---

89. IX, 713.
90. *Ma sœur Henriette,* IX, 462.
91. IX, 714.
92. IX, 742.
93. Voir IX, 804.
94. IX, 768, lettre du 7 août 1845.
95. IX, 769.

titue cet étrange composé féminin mère-sœur-amie-initiatrice, qui déborde
de toutes parts le pur lien familial de la fraternité, qui ne se situe selon
lui que pour le dépasser en mythe, ainsi par exemple lorsque (le 15 août
1845) elle figure à son frère toute l'horreur d'un engagement sacerdotal
irrévocable qui l'installerait, elle, dans un rôle de bourreau, de fratricide
— de Caïn : « Ce serait là, mon Ernest, une douleur qui pèserait sur mon
existence entière. Et moi aussi j'entendrais au fond de mon âme une voix
qui me dirait : qu'as-tu fait de ton frère ? Epargne-moi de tels regrets,
cher bien-aimé » [96]. Si bien qu'en énonçant sa responsabilité morale vis-à-
vis de son frère, elle suscite la réciproque, la responsabilité de son frère
envers elle, et donc le lie, le détermine, le constitue.

Après même que Renan ait quitté le séminaire, Henriette s'inquiète de
possibles concessions (celle, par exemple, de garder quelque temps l'habit
ecclésiastique) et se pose comme sa conscience, instance à la fois intérieure
et supérieure : « Moi qui connais le fond de ta pensée, je les regarderais
comme coupables, et je ne puis croire que mon opinion soit à tes yeux de
nulle valeur. Songe qu'il s'agit non seulement de toute ta vie, mais du
repos de la mienne, du seul bonheur que la terre puisse me donner (...).
Je voudrais (...) envoyer vers toi la voix de mon âme » [97].

Si Ernest, après la rupture, avoue à sa sœur l'enchantement qu'il trouve
à se tromper lui-même par l'illusion d'un possible retour, cette nostalgie
toute sentimentale n'éveille en Henriette aucun écho. Son rêve est autre ;
sur la rupture avec l'Eglise elle a fondé sa chimère : « *notre* avenir, oui,
notre avenir, cher Ernest, car je ne puis croire qu'aucun événement puisse
séparer désormais nos intérêts ni nos cœurs » [98]. Aussi bien pendant la
crise que dans le vide affectif qui suivit le « sacrifice » [99], Henriette se
constitua pour son frère en personnage solidaire, nécessaire. « Henriette,
que serais-je sans toi, et à présent, et dans l'avenir surtout », écrit Renan
le 5 novembre 1845 [100]. Elle devient d'autant plus sûrement l'irremplaçable, que le lien fraternel est alors vécu dans l'éloignement, dans la conscience, il n'est pas usé par la familiarité, le réel quotidien. Le lien familial devient alors fraternité archétypique. Ainsi s'unissent la totale intimité
et cette distance, qui donne à l'être individuel sa consécration d'emblème.
C'est ce que nous semble suggérer Renan (très finement, très spontanément
aussi, sans l'expliciter par l'analyse) dans sa lettre du 31 octobre 1845 :
« Il n'est pas bon à l'homme d'être seul ; mais est-il seul quand il a une
sœur ? Sais-tu bien, bonne amie, que quand nous nous reverrons, nous
nous reconnaîtrons à peine (...). Nous n'avons réellement fait connaissance que dans nos lettres » [101]. Cela n'est pas là pour Renan un amenui-

---

96. IX, 773.
97. 16 sept. 45, IX, 786.
98. 12 sept. 45, IX, 780.
99. IX, 804.
100. IX, 837.
101. IX, 825.

sement du lien, au contraire, ainsi se façonne idéalement ce rapport fraternel, par ce qu'on pourrait appeler une communication des essences.

L'étude des lettres intimes rend sensible la distance qui sépara, pour le jeune Renan, la saisie conceptuelle d'une impossibilité d'adhésion à la foi, et l'acte qui la sanctionne ; elle révèle le lien, de nature affective et sensible (moins sentimental que nourricier) à la religion chrétienne, mais en même temps, selon un mouvement solidaire et de sens opposé, elle consacre en valeur privilégiée, sinon unique, l'exercice intellectuel, à la fois ascèse et jouissance. « Qui m'aimera » ? [102] s'épouvante le clerc en rupture — mais cette rupture n'achève-t-elle pas pourtant la réconciliation avec soi, dont une lettre à Henriette livrait, en février 1845, l'aveu le plus direct, et comme l'heureux abandon : « Mon progrès intellectuel sera toujours la plus chère de mes intimes pensées » [103]. La vocation intellectuelle de Renan, si elle s'affirme contre une vocation autre, reçoit de celle-ci pourtant sa formule, sa coloration transcendante, son éthique de la clôture (ainsi son besoin de morale autour de lui, pour en penser la raison d'être), son esthétique d'idéalisme. Il nous paraît essentiel de souligner que cette effervescente traversée, d'une *vocation* vers une *vocation*, révèle plus qu'aucune autre époque de la vie de Renan, la profondeur en lui de la tentation « sceptique » ; c'est à vingt ans qu'il côtoya les arguments de la critique de la raison pure, tout un aspect de Kant que son œuvre future (l'influence cousinienne aidant) s'efforcera d'éliminer ; c'est dans la spontanéité de sa correspondance qu'il put, à vingt et un ans, retrouver, transposer familièrement l'accent de l'*Ecclésiaste* (dont la sagesse lui semblera plus tard si savante à sa manière, si usée de vieillesse, si exténuée de subtilité). « Comme le temps passe, mon bon ami (...) ! Comme cela est efficace pour nous engager à regarder ce qui passe comme n'étant pas (...), niaiserie des niaiseries et tout est niaiserie » [104] écrit-il à F. Liart le 29 mars 1844 et à Henriette, le 11 juillet, à propos des vaines controverses auxquelles se passionne l'humanité : « Quand ils seront morts et que je serai mort, cela leur servira et me servira beaucoup que j'aie perdu pour eux le peu de calme qui fait le charme de nos quelques instants ici-bas » [105]. Préfiguration du « renanisme »et de la « sagesse » finale ? Nous y verrions, pour notre part, un mouvement plus authentiquement sceptique, une approche du vide (du vide même de ce moi passionné) — dont l'ironie finale, attifée d'esthétisme, nous offrira peut-être une image d'aloi moins sûr. Car, pour finir, le doute aura passé par l'œuvre, celle-ci s'étant constituée en existence, en plénitude irréfutable. Le doute changera de sens — moins interrogation vitale que retombée d'optimisme. L'œuvre tient par sa masse, existe et fait exister (le plus sûr des dieux de remplacement, en somme !). Renan devenu Renan ne prononcera plus de la même façon le :

---

102. Lettre à Alain Renan, 11 oct. 45, IX, 800.
103. IX, 739.
104. IX, 702.
105. IX, 724.

« quand je serai mort... » alors que le séminariste vit intensément l'irremplaçable union de la passion du vrai et d'un doute sur le vrai même.

Ainsi se laissent entrevoir les soubassements de la pensée de Renan — intime configuration, d'enchevêtrements et superpositions, sorte de palimpseste mental : sa première expression, non pas publique, mais construite (et destinée plus ou moins nettement à un public), l'*opus* de 1848, figure déjà l'étape avancée d'une intime construction : car, sous l'*Avenir de la Science*, les *Cahiers de jeunesse* ouvrent déjà une brèche, la menace que la lecture de Lucrèce [106] jette sur la certitude du progrès ; sous les *Cahiers de jeunesse*, la correspondance, journal de la crise religieuse, tente la véritable et totale épreuve des certitudes. L'auteur des *Dialogues* commencera par un énoncé des certitudes — le séminariste, dans un examen où se joue, avec la possibilité du bonheur, la possibilité même du vrai, met en cause jusqu'à la notion de certitude, qu'il s'impose et s'effraie tout à la fois de dénoncer.

---

106. Voir *C.J.*, *IX*, 377.

CHAPITRE II

SENS POSSIBLE DE LA CRISE

Une question se formule au seuil de cette étude — fondamentale, et que nous ne prétendons point résoudre, mais poser : quel fut le sens de la crise initiale ? Urgente, à vrai dire, plus que préliminaire, cette question s'éclairera d'un jour rétrospectif, et ne recevra pleine richesse que de ses prolongements. Nous la proposons dès l'abord, pourtant, car il nous semble essentiel de ne pas reléguer la dislocation première de la foi dans une sorte de ténébreux préambule — désastre obscur ? non moins obscur triomphe ? — qui n'ouvrirait l'histoire que pour s'y faire oublier, donc s'y perdre.

Barrès parle de la « fausse crise religieuse »[1] de Renan et J. Pommier, après un minutieux examen des écrits de la vingtième année, définit cette rupture comme un « changement de carrière »[2]. Renan vieilli n'a-t-il pas lui-même proposé semblable interprétation : à force de répéter, à travers ses *Souvenirs*, qu'au fond, il est bien resté le même[3], lui qui était « prêtre a priori »[4], il nous pousse à comprendre que jamais il ne l'a été plus qu'au moment même où il parle, donc qu'il ne le fut jamais, que la chrysalide cléricale n'avait de sens que dans l'éclosion du papillon idéaliste ; sa vocation n'était ici qu'aptitude, orientation intellectuelle ; il n'était clerc que par les livres, par ce prestigieux latin, que, dans la mentalité paysanne, « on étudie quand on doit être prêtre »[5]. Dans une mythologie plus appuyée, les livres, potentiel magique, représentent aux yeux de Caliban la force même de Prospero, à la fois réceptacle et concrétion d'on ne sait quel fluide. « A bas le latin ! (...) prenez-lui ses livres. Là est le secret de sa force. C'est par là qu'il règne sur les esprits »[6]. Toute cette affabu-

---

1. *Journal*, t. XIII, p. 53.
2. *Cahiers renaniens*, n° 4, p. 7.
3. *S.E.J.*, II. p. 892...
4. *S.E.J.*, II, p. 798.
5. *S.E.J.*, II, p. 799.
6. *Dr. P.*, III, p. 408.

lation se dessine selon l'équivalence essentielle du pouvoir et du savoir, ce dernier terme permettant le glissement du prêtre au savant. L'aventure de Renan se confond-elle avec l'évolution historique du savoir, l'invasion du rationnel laïcisant, sans toujours les exorciser tout à fait, les antiques formes de puissance ?

Le *cursus*, honorable et fictif, que Renan, dans les *Souvenirs*, imaginera rétrospectivement pour lui-même, prolonge bien cette perspective : « Ma carrière eût été celle-ci : à vingt-deux ans, professeur au Collège de Tréguier, vers cinquante ans chanoine, peut-être grand-vicaire à Saint-Brieuc »[7]. Selon le même texte, il suffit, pour changer tout cela, « d'un incident extérieur »[8], d'un verrou qui saute, d'un silence qui se renie en paroles : « plus de *custodia oris mei* »[9]. Seule différence entre les deux « carrières » : un silence observé ou rompu. Pourquoi avoir envisagé l'étude d'une crise *initiale* par l'examen d'un texte tardif ? Pourquoi refaire ce que Renan fit lui-même (mais pouvait-il, lui, faire autre chose ?) relire sa vie à partir de la fin, dans la vérité reconstruite de l'après-coup ? Il nous semble plus parlant, dans ce cas précis, de suivre le temps à rebours : une certaine attitude critique, parfaitement justifiée, saisit l'ambiguïté de toute parole sur soi, et, refusant avec raison « la problématique stérile de la sincérité »[10], conduit à la conclusion que, si l'on ne dit pas la vérité sur soi-même, ce n'est pas qu'on tienne à la cacher, « c'est qu'on ne la sait pas »[11]. Il nous semble donc que si, remontant d'un texte tardif aux témoignages premiers, nous trouvions entre eux quelque consonance, ce serait pour nous un bonheur et une garantie, la découverte d'un jaillissement ; tandis que, suivant la démarche inverse (et plus naturelle, sans doute), nous apprécierions moins les traces de l'état premier, forcément transformées, nous sentirions le changement plus facilement qu'une possible permanence. L'œuvre, dirions-nous, a fait son œuvre, et le changement de carrière n'est que fable de vieillesse.

Or, J. Pommier a très rigoureusement mis en évidence, à travers l'*Examen des marques de la vocation*, pages sans date rapportées par lui à la crise du printemps 1843, ces raisons de carrière[12], qui frappent d'extériorité la prétendue vocation cléricale. J. Pommier cite la suite du même texte, dans son (apparent ?) retournement : « Toutefois, foi, et quand ces idées me viennent, je déclare bien devant Dieu que, s'il fallait donner ma vie je le ferais — avec sa grâce »[13] ; il conclut, et commente avec fermeté : « Comment être surpris si Renan a quitté l'Eglise ? l'étonnant serait plutôt

---

7. *S.E.J.*, II, p. 800.
8. *S.E.J.*, II, p. 801.
9. *S.E.J.*, II, p. 801.
10. P. Lejeune, *L'autobiographie en France*, p. 8.
11. P. Lejeune, p. 8.
12. *Cahiers renaniens*, n° 4, p. 7.
13. *Cahiers renaniens*, n° 4, p. 8.
14. *Op. cit.*, p. 8.

qu'il y soit entré et qu'il ait tant hésité à en sortir ». S'y est-il attardé par goût de la « solution paresseuse » ? [15].

Nous donnerons, pour notre part, tout son sens à cette intuition que J. Pommier semble nous découvrir, (mais comme incidemment), et nous en ferons notre problème : pourquoi ne pas déplacer la question ? Au lieu de dire : pourquoi est-il sorti de l'Eglise ? nous dirons : pourquoi a-t-il *tant hésité* à en sortir ? A côté des arguments de carrière, n'en est-il point d'autres ? Après tout, les *Souvenirs* eux-mêmes évoqueront « la fièvre de celui qui lutte pour la vie » [16], répondant au *Nephtali* [17] des *Cahiers de jeunesse.* Héroïsation de la paresse ? Renan, dès les *Cahiers,* se guinde-t-il sur le noble et le grand ? Possibilité d'un monde chaotique où se mêlent le déchirement intérieur et l'intérêt quasi professionnel ?

Nous fonderons notre étude sur un long et capital fragment des *Principes de Conduite,* rédigés en décembre 1843, peu après la cérémonie de la tonsure et « la singulière retraite » [18] qui l'avait précédée :

> « Mon Dieu, je ne sacrifie rien de matériel, car je n'ai rien ; mais j'ai mon moi, j'ai mon esprit, mon indépendance, ma hardiesse, voilà ce que je lie, ce que je vous offre. *Propositum adulescentiae meae.* Guyomard, Liart, quand causerons-nous ensemble de nos *propositions* ? (...) On me proposerait la plus délicieuse position, la plus conforme à mes souhaits que je dirais encore *Dominus pars* (...). Mon cher ami Guyomard, j'ai fait ce que tu désirais tant faire, ce que tu étais plus digne que moi de faire. (...) Pauvre ami, comme je t'ai été infidèle, comme il y a des orages dans mon esprit depuis nos entretiens d'autrefois ! Très Sainte Vierge, qui avez été notre mère commune, et sous les auspices de qui s'est formée notre amitié, gardez-moi, car je suis perdu, si je suis abandonné à moi-même » [19].

Il serait évidemment simpliste d'extraire la phrase consacrant le refus de la « position la plus délicieuse », pour conclure à la victoire du mysticisme. Faut-il au contraire que l'appel soit tentateur ! Cette suggestion, son démon intérieur la lui fit sans doute bien des fois, pour que Renan l'éloigne avec cette vigueur forcenée, peu voisine sans doute de l'abnégation totale. Que révèle cette oblation, si passionnée peut-être de se sentir si fragile ? En affirmant la permanence du *propositum adulescentiae,* n'est-ce pas sa propre intégrité que Renan veut sauver ? Tout l'appel, remarquons-le, se fait de lui-même à lui-même : à travers Guyomard, auquel il s'efforce de se substituer (« ce que tu désirais tant faire, ce que tu étais

15. *Op. cit.,* p. 12.
16. *S.E.J.,* II, p. 752.
17. *C.J.,* IX, p. 119.
18. *F.I.R.,* IX, p. 192.
19. *F.I.R.,* IX, p. 1491-92.

plus digne que moi de faire ») ne reconquiert-il pas un moi, qu'à travers la foi chrétienne, il sent comme absolu, et délivré de ses « orages » ? La Vierge est invoquée non comme la mère du Christ, ni même tout à fait comme sa mère à lui, mais comme sa mère dans le souvenir de Guyomard (... « qui avez été notre mère commune, sous les auspices de qui s'est formée notre amitié »...). Le véritable intercesseur, n'est-ce pas Guyomard, ce Christ à sa mesure, ce moi non entamé ? Réfléchissons-y : il ne s'agit pas ici pour Renan d'*une autre* carrière, mais, dans cet effort pour sauver en lui une sorte d'enfance absolue, la carrière est aperçue comme l'*altérité même,* menace sur la survie du moi. Le souci de la « position », il le sent comme la faille et la mort en lui. Ce refus de la carrière traduit donc la tentation, mais en même temps la fige et la renie, dans son altérité avec le projet voulu fondamental, la coïncidence de soi à soi : par l'invocation du pur en lui, — Guyomard sacré par sa « proposition », sa vocation, sa mort, Guyomard, sorte de Christ-pour-lui — Renan s'efforce de recréer une sorte de micro-climat spirituel, protégé. La fissure de sa « proposition » lui apparaît comme la fissure de son être. Dans le désarroi du « je suis perdu », la crise est vraiment vécue comme crise. La paresse, le désir frileux de s'installer dans le *statu quo* clérical, ne suffisent pas à définir en 1843 le lien de Renan à l'Eglise. Quand, dans les *Souvenirs,* le désordre se sera résorbé en harmonie, au moins littéraire, et que (le désarroi depuis longtemps apprivoisé) l'abandon se sera mué en libération, alors se fera le subtil déplacement d'accent, opération qui ne crée point à partir du néant, sans doute, mais infléchit le « vrai » : et le souci de faire carrière, — dont nous ne nions pas la réalité en 1843, mais dont nous contestons qu'il soit seul alors, et même qu'il soit essentiel —, rencontrera, à travers tout un système d'interférences et d'échos, une plus grande, une trop grande vraisemblance. Nous ne prétendons pas qu'il n'y ait, pour le séminariste de 1843, qu'appel mystique ; mais nous pensons, après l'étude des *Principes de conduite,* que l'exclusive mise en avant du souci de carrière peut venir, malheureusement, de ce qu'un texte n'est jamais nu, et qu'on connaît la suite.

« Mais si, mon Dieu, le christianisme est vrai, vous me l'avez fait sentir au cœur... »[20]. Un changement de vérité ne se laisse-t-il pas percevoir pourtant, à travers la fièvre des affirmations et dans la tortueuse parenthèse : « et si (ce qui est aussi éloigné que possible de ma pensée, et ce que je dirais impossible, si l'homme n'était pas un mystère inexplicable). l'avenir me montrait ailleurs la vérité, eh bien ! c'est à la vérité que je suis attaché... »[21]. Nous rencontrons ici le Renan pascalien, ou du moins le jeune séminariste, qui sans Pascal, ne croirait plus déjà « depuis plus de six mois »[22] et cela dès sa lettre à Liart, le 3 mai 1842. Car la distance de Renan à Pascal apparaît malgré la terminologie, et au-delà d'elle : d'abord cette façon de sentir le christianisme « au cœur » n'est-elle pas

20. *F.I.R.,* IX, p. 1491.
21. *Id.*

une démarche tout opposée à celle des *Pensées* ? Car pour Pascal, le mystère de l'homme fonde, postule la foi chrétienne, dans sa première assise, le dogme du péché originel, seule explication de notre nature. Pour Renan, au contraire, le mystère de l'homme légitime la possibilité des reniements : c'est parce que l'homme est énigme qu'il peut s'éloigner du vrai, c'est-à-dire du christianisme... Mais la pensée de Renan glisse ici de façon significative : s'exprimer ainsi, c'est affirmer seulement, semble-t-il, que l'homme est capable d'errer, de suivre des vérités illusoires, que l'homme est si étrange qu'il peut céder à des visions. Or, considérons la phrase : « si (...) l'avenir me montrait ailleurs la vérité... je suivrais la vérité... ». Le texte a posé d'abord comme aberration, à travers l'étrangeté de l'homme, ce qu'il donne en fait comme possible vérité. Il y a là un saut de l'illusion (vision d'un être inexplicable) à *la* vérité, unique, et autre que celle du christianisme. Ainsi, dans une formulation qui se veut rassurante pour le chrétien, les réticences, malgré elles, s'abolissent, les précautions se nient, les négations enfantent l'affirmation d'une possible vérité autre. L'apaisante et sous-jacente référence à Pascal dessine en réalité une sorte de contre-Pascal, encore ignorant de lui-même.

La crise peut n'être pas spécifiquement religieuse, dans la mesure où il s'agit surtout d'une sauvegarde du moi dont notre étude tentera de saisir les implications diverses [22 et 23]. Mais elle se noue et se dénoue à propos de la religion, à travers le rapport au christianisme, dans sa fonction double et première d'aliment et d'obstacle. Il est bien vrai que Renan, dans sa lettre du 11 avril 1845 [24], donne à Henriette la raison fondamentale de la rupture : « Je ne crois pas assez ». Mais, un mois après encore (mai 1845), l'*Examen psychologique de Jésus-Christ* nous le montre, tentant désespérément le dernier recours : « Ici, j'ai été prier Jésus à la chapelle et il ne m'a rien dit » [25]. Sans doute, comme le note à ce propos Jean Pommier « la tentative mystique a échoué, et l'on pouvait s'y attendre » [26], mais n'est-il pas essentiel, aussi, qu'elle ait été possible ? L'échec ne suffit pas à l'abolir.

N'est-ce pas un attachement quasi voluptueux au christianisme qui retint Renan (et qui fait dévier peut-être l'authenticité religieuse de sa démarche) ? Etudiant en 1843 la philosophie écossaise, il trouve sécurité, paix intellectuelle en D. Stewart, « esprit bon et solide » qui « rassure et calme » [27]. Mais, à cette solidité du bon sens écossais, ne manque-t-il pas la séduction, pour lui si ancienne qu'elle est sans date : « On a beau dire, il n'y a que le christianisme qui entende quelque chose au bonheur. C'est dommage que ce Stewart soit païen... » [28]. En 1860 encore, l'auteur de

---

22. *L.F.*, IX, p. 604.
23. Voir aussi *Dr. P.*, III, p. 632.
24. *L.F.*, IX, p. 749.
25. Ed. J. Pommier, p. 30.
26. *C.R.*, n° 4, p. 27.
27. *C.R.*, n° 3, p. 95.
28. *C.R.*, n° 3, p. 96.

l'essai sur l'*Avenir religieux des sociétés modernes,* ne sera-t-il pas tenté,
« avec le prophète infidèle, de bénir celui qu'(il) voulait maudire et de
s'écrier : « que tes pavillons sont beaux ! que tes demeures sont charmantes ! » [29]. Mais en 1843, le jeune Renan pense le bonheur comme
bonheur vital, sans les prolongements esthétiques qui donneront son sens,
plus tard, à la permanence en lui du rêve chrétien. Quand il déclare « délicieuse » la cérémonie de la tonsure, ces délices sont encore pour lui senties comme nécessaires ; — ineffable don de Dieu [30] ; pourtant, dès lors,
la fissure se dessine entre délices et vrai : « Oh ! le christianisme ne serait
pas vrai que cette cérémonie serait délicieuse » [31].

L'intuition d'un écart entre christianisme et vérité se fond ici, et se
résorbe, dans l'irréfutable vérité sensible des « délices », qui, pour peu de
temps encore, voile toute objection critique et restitue le christianisme
dans l'inattaquable. Précaire restitution ! Elle se doublera bientôt d'une
autre démarche, intellectuelle et critique, mais par laquelle Renan se
sent lié au fait religieux : sa passion à questionner les religions. Un écrit
sur le *Talmud* (daté par J. Pommier d'avril 1845) livre l'effervescence de
son être intérieur : « O Sainte Eglise romaine, j'aime à retrouver ses titres
de vérité. O singulière position » [32], mais surtout le cri qui révèle, à son
insu peut-être, une unité déjà préfigurée, sinon tout à fait conquise :
« Comment tous les hommes réfléchis (...) ne voient-ils pas que l'étude
psychologique des religions est la plus extraordinaire et la plus belle » [33] ?
C'est désormais le fait religieux pour lui-même, dans son foisonnement
multiple, qui le sollicite, c'est la fonction religieuse spontanée, intime, se
livrant à la psychologie, donc à la science, et se résorbant dans l'humain.
Par cette fascination qui ne se reniera jamais, le jeune Renan, en 1845,
glisse définitivement hors de la foi religieuse ; mais ce dehors qu'il ouvre
devant lui, ne le prend-il pas toujours, dans une certaine mesure, pour
un dedans ?

Besoin vital de sauvegarde du moi, délices, dans leur fusion, pressentie
fragile, avec le vrai, fascination du fait religieux — tout cela nous semble
nouer en Renan, de 1843 à 1845, une crise qui n'est ni purement intellectuelle, ni spécifiquement religieuse : sorte de *para*-religion, passionnément
sincère.

---

29. *Q.C.,* I, p. 271.
30. *F.I.R.,* IX, p. 1492.
31. *F.I.R.,* IX, p. 1491.
32. *C.R.,* n° 5, p. 53.
33. *Ibid.*

CHAPITRE III

VERTU DE L'INCONSEQUENCE

Les *Cahiers de Jeunesse* livrent cette réflexion du jeune Renan : « Dans quelques siècles, il sera beau de traiter ce sujet : De la position des hommes du XIXe siècle vis-à-vis des religions et du Christianisme en particulier »[1]. A travers la formulation générale — les hommes du XIXe siècle — ne pouvons-nous deviner ce moi qui, sous l'orgueilleuse modestie du « nous », préoccupe Renan dès cette époque ? « Serons-nous objet d'érudition ? »[2]. La relation essentielle des hommes aux idées, c'est pour Renan celle qui fit sa propre raison d'être, et, par le déchirement même, donna sens à sa vie. Les *Souvenirs* évoquent la crise de sa jeunesse comme vitale, puisqu'un « impérieux devoir » l'obligea alors à résoudre, « non avec le laisser aller du spéculatif, mais avec la fièvre de celui qui lutte pour la vie, les plus hauts problèmes de la philosophie et de la religion »[3]. Le lien des hommes de son temps avec le Christianisme sera-t-il perçu de l'avenir ? Quel sera l'écho du *Nephtali*[4] de 1846 ? Ces préoccupations recouvrent, sans les masquer, le rêve de se survivre, le tourment d'immortalité, la passion d'une vie par influence, qui semblent constituer, dès la jeunesse, une des idées-forces de Renan.

Ce que nous voudrions étudier, c'est la relation vécue de Renan à la religion « à l'ombre de laquelle il a d'abord senti l'idéal »[5]. Il serait puéril de croire que le 6 octobre 1845, en précipitant le dénouement d'un drame de conscience, ait rompu ce rapport. Ce qui se trouve alors rompu, c'est l'engagement formel du clerc, l'exacte et fidèle adhésion au dogme. Le catholicisme est « une barre de fer ; (...) on ne raisonne pas avec une barre de fer »[6]. Renan devra tenter d'assumer la rupture, de liquider

---

1. *C.J.*, IX, p. 200.
2. *C.J.*, IX, p. 299.
3. *S.E.J.*, II, p. 752.
4. *C.J.*, IX, p. 119.
5. *H.O.C.*, IV, p. 1776.
6. Lettre à son directeur, 6 sept. 1845, *S.E.J.*, II, p. 880.

son passé catholique, mais dans la mesure où l'on peut liquider un passé : ce n'est pas le noyau que l'on retire du fruit ; renier son état antérieur, n'est-ce pas souvent l'accepter sous d'autres formes, l'exorciser, l'aménager ? De toute façon, c'est face à lui qu'il faut se situer, ou face au vide qu'il laisse. Et encore Renan, au moment même de la rupture, ne renie-t-il pas absolument ce passé. Il lui est doux d'imaginer qu'il reviendra, tout en pressentant une certaine forme de retour — dogmatique, précise, catholique — comme impossible. Mais enfin, il a besoin d'une illusion pour accomplir le passage, pour dépouiller définitivement la chrysalide. Illusion à demi sentie comme telle — la lettre à Henriette du 13 octobre 1845 [7] en témoigne : « j'ai terminé dignement et gravement mes relations avec ces messieurs de Saint-Sulpice (...). Ils sont persuadés, eux, que je reviendrai ; mon Henriette, croirais-tu que, moi, j'aime à me le figurer, et que quand ils me le disaient, cela me faisait plaisir ? » Peut-être y a-t-il quelque inconséquence à demander, à une religion que l'on quitte, d'enchanter ce moment difficile où on la quitte. N'est-ce pas trouver en elle une sorte d'anesthésie ? Mais cette inconséquence même est révélatrice d'une aventure non terminée. Nécessaire au bonheur, à la paix, à la grandeur même de l'être intérieur, l'inconséquence est affirmée, dans la phase la plus aiguë de la crise, comme l'unique principe de survie : « (...) au milieu de tous ces troubles, je tiens encore à l'Eglise, ma vieille mère. Je récite les psaumes avec cœur (...). Tout cela ne peut coexister sans contradiction avec mon état général. Mais j'ai pris là-dessus franchement mon parti ; je me suis débarrassé du joug importun de la conséquence, au moins provisoirement » [8]. Cette nécessité de ne trouver l'équilibre qu'en acceptant l'instable, la cohabitation des contraires, est encore son état intérieur un an après. Témoin la lettre à l'Abbé Cognat, du 6 septembre 1846 : « Il faut se garder, mon cher ami, de croire sur le bonheur certaines généralités très fausses, supposant toutes qu'on ne peut être heureux que conséquemment (...). Nous sommes heureux grâce à une inconséquence et un certain tour qui nous fait prendre en patience ce qui, avec un autre tour, deviendrait un supplice » [9]. Jamais sans doute Renan ne parviendra à harmoniser parfaitement son système intellectuel, et cette nécessité de l'inconséquence restera une des constantes de sa pensée [10]. Il n'est certes pas ce Lamennais qui, changeant sans se transformer, pourra inspirer à l'auteur des *Essais de morale et de critique* une sorte de tendre regret : « Oh, pourquoi un de ces rayons de grâce qui si souvent l'avaient touché ne vint-il pas à sa dernière heure, je ne dis pas le fléchir, mais le rendre sur quelque point légèrement inconséquent » [11] ! A l'inverse, la tendance propre à Renan, se transformer sans changer, suppose un effort du penseur

---

7. *L.F.*, IX, p. 805.
8. Lettre à son directeur, 6 sept. 1845, *S.E.J.*, II, p. 881.
9. *S.E.J.*, II, p. 926.
10. Cf. *A.S.*, III, 140 ; *E.M.C.*, II, p. 146 ; *H.P.I.*, VI, p. 1206 ; VI, p. 1176.
11. *E.M.C.*, II, p. 146.

pour chercher « des conciliations souvent impossibles, entre sa vieille foi et celle à laquelle il est arrivé par le progrès de sa pensée » [12].

Foi vieillie, foi niée dans sa régénération même, les deux éléments resteront longtemps solidaires mais irréductibles l'un à l'autre. De là l'impression d'un chaos, mais nécessaire et créateur au début de l'aventure d'une pensée qui se libère. La confusion est ici ferment, qui permet à l'être de se créer et de se survivre. Renan ne peut trouver l'équilibre dans une foi, ni dans une négation également tranquilles. La religion n'est vraie qu'à travers le doute, par la vertu duquel elle meurt et devient, et qui, seul, marque d'authenticité la recherche du divin. « Le doute est si beau que je viens de prier Dieu de ne jamais m'en délivrer... » [13]. Cette paradoxale prière n'est-elle qu'une inconsciente parodie de celle du fidèle de l'orthodoxie catholique : « Seigneur, je crois, mais augmentez ma foi ». A vrai dire, demander un accroissement de foi tout en affirmant cette foi même, n'est-ce pas un effort pour masquer le doute, pour refuser de reconnaître une tentation d'incrédulité ? Renan au contraire, loin de déguiser le doute en foi, consacre sa recherche de l'absolu par le doute ; de même, au lieu de cacher la faille que laissait en lui l'effondrement du credo catholique, il a fait de ce vide le centre même de son être moral et l'a mué en plénitude.

Certes, on ne saurait nier l'attrait esthétique qu'exerce bientôt le doute, sur cette nature essentiellement réflexe, qui se regarde douter : « je serais moins beau, quoique plus heureux » [14]. Remarquons, à travers cet extrait des *Cahiers,* un apaisement de la crise ; il ne s'agit plus de sauvetage, ni même de bonheur, mais de beauté. L'idée de ne pouvoir être heureux « qu'à la dérobée » [15] s'est vidée de son amertume. C'est dans le refus du bonheur même que Renan trouve un raffinement de bonheur, de beauté. Mais cette beauté du doute ne se suffit pas à elle-même ; elle se fonde sur la conviction que le doute crée le mérite moral, en ruinant la placide facilité de jeu de la certitude. Sans l'intime et perpétuel travail de la mise en cause, du négatif, que serait le divin, sinon un cliché statique, traduction abâtardie de l'idée ? Le doute n'est pas scepticisme mais effort pour « maintenir en face les contradictoires » [16]. Ainsi le Renan des *Cahiers* s'arrête devant « son bivium : monadisme, panthéisme » [17] ; ainsi pressent-il que l'âme n'est qu'une « résultante » tout en affirmant « le besoin de Dieu, au moins comme idée » [18]. La faculté d'appréhender l'un par l'autre les contraires est perceptible dès les *Cahiers de Jeunesse.* L'horreur des systèmes, ou de l'exclusivité d'un système, ne semble donc pas le point d'arrivée d'une pensée mûrie, blasée en sagesse, mais apparaît avec

---

12. *H.P.I.,* VI, p. 1176.
13. *C.J.,* IX, p. 397.
14. *Ibid.*
15. Lettre de l'abbé Cognat, 6 sept. 1846, *S.E.I.,* II, p. 927.
16. *F.I.R., Patrice,* IX, p. 1551.
17. IX, p. 278.
18. IX, p. 399.

la juvénile contre-sagesse des *Cahiers,* qui refuse le bonheur au nom du beau, la certitude au nom de la foi même. Déjà nous apercevons comment, pour le jeune Renan, la richesse de la pensée critique pulvérise l'opposition des opinions ou des dogmes, comment les contraires s'évanouissent à un certain degré de profondeur. Blanc ? Noir ? « C'est l'esprit qui voit blanc ou noir. La décomposition ne se fait que dans l'œil » [19]. Près de quarante ans plus tard, en 1882, Renan, recevant Pasteur à l'Académie française, n'entendra pas sans une perceptible irritation le savant exprimer son espoir de trouver en ce lieu refuge pour les doctrines spiritualistes. Toute sa crispation intérieure face à ces mots fétiches se trahit alors dans la formule par laquelle il s'affirme incapable, pour sa part, de déclarer s'il est matérialiste ou spiritualiste. Comme la mystique dont parle Joinville, il voudrait par moments « brûler le paradis par amour de Dieu » [20], de peur d'être trop sûr. Mais cette vocation quasi mystique du doute est ancienne en lui, elle est première, et s'affirme dès l'inquiète recherche des notes intimes. Le principe de cohérence, dès 1845, et avant même, c'est donc l'éventuel éclatement de toute cohésion, c'est une sorte de foi au doute, le doute n'étant pas conçu comme négateur, mais, en un certain sens, comme passionné.

C'est bien comme l'envers d'une foi qu'apparaît le doute à travers les écrits de jeunesse ; mais c'est en même temps l'opposé d'une foi acceptée, reçue en dépôt comme un objet, sans adhésion véritable et personnelle. Etre un « mystique déterminé », sûr de son credo, mais défini aussi par une foi qu'on lui transmet, par une vérité qu'il n'a pas trouvée, voilà, avoue Renan à l'abbé Cognat, une hypothèse qui se présente à lui « plus affreuse que la mort » [21]. Il se résoudrait à l'accepter pourtant, « si (sa) conscience morale ne s'y opposait pas, si Dieu venait ce soir (lui) dire que cela lui est agréable » — deux conditions qui, se présentant d'elles-mêmes comme des impossibilités, frappent de néant l'hypothèse dès l'instant où elle est émise, et ont pour seul effet, en lui donnant simple consistance verbale, de mieux faire éprouver le sacrifice qu'elle supposerait. En même temps, ce veto de la conscience morale, irréductible à tout effort pour le contredire ou le contourner, met en avant ce postulat, essentiel à la pensée de Renan, dès sa jeunesse : il n'est pas au pouvoir de l'homme de croire ou de ne pas croire [22]. L'Abbesse de Jouarre, cette tardive et féminine réplique de Renan, dira-t-elle autre chose ? « Il n'y a pas de vœu pour la croyance. On croit ce qu'on trouve vrai, non ce qu'on désire » [23]. Le refus d'intervenir dans son drame, l'idée qu'il n'a pas le droit de s'immiscer entre le vrai et la part rationnelle de lui-même, s'exprime avec la netteté d'un commandement absolu dès les *Principes de conduite,* datés de décembre 1843 :

---

19. IX, p. 223.
20. *D.C.,* I, p. 768.
21. Lettre du 24 août 1845, *S.E.J.,* II, p. 918.
22. *Loc. cit.,* II, p. 914.
23. Acte II, sc. 1, III, p. 632.

« Je me garderai de gêner en rien la marche naturelle de mon esprit, le laissant faire son chemin comme ses développements successifs l'amèneront »[24]. Telle est la forme que, dès la vingtième année, prend aux yeux de Renan le devoir vis-à-vis de soi-même. Sa pensée est et doit rester formation indépendante de sa sensibilité, de son secret vouloir. Ce côté scientifique de l'absolue conversion de Renan à la pensée abstraite resta énigme pour beaucoup de ses proches : aimer son passé clérical et rompre avec lui, quelle gratuité dans le scandale ! C'est cette motivation, le sentiment d'une vérité impersonnelle, qui devait, par exemple, selon les *Souvenirs*, échapper totalement à Mgr Dupanloup[25]. Mûrissant dès 1843, l'idée d'un vrai objectif devait dominer la vie intellectuelle de Renan et trouver sa plus solennelle consécration dans l'*Examen de conscience philosophique* de 1889 :

> « Le premier devoir de l'homme sincère est de ne pas influer sur ses propres opinions, de laisser la réalité se refléter en lui comme en la chambre noire du photographe, et d'assister en spectateur aux batailles intérieures qui se livrent dans le fond de sa conscience. On ne doit pas intervenir dans ce travail spontané ; devant les modifications internes de notre rétine intellectuelle, nous devons rester passifs. Non que le résultat de l'évolution inconsciente nous soit indifférent et qu'il ne doive entraîner de graves conséquences ; mais nous n'avons pas le droit d'avoir un désir quand la raison parle (...). La production de la vérité est un phénomène objectif, étranger au moi, qui se passe en nous et sans nous, une sorte de précipité chimique que nous devons nous contenter de regarder avec curiosité »[26].

Et le dernier volume de *l'Histoire du peuple d'Israël* interprétera l'hypostase divine de la Sagesse de Dieu dans la *Sophia Salomontos,* livre sacré émanant de l'école juive d'Alexandrie, comme une allégorie propre à symboliser l'impersonnalité de la raison : « La Sagesse est une chose extérieure, qu'on reçoit ; on ne la crée pas, elle est la même pour tous les hommes. Elle émane de Dieu, qui la donne à qui il lui plaît ; on l'a ou on ne l'a pas sans qu'on y soit pour rien. Et, en réalité, on ne fait pas la vérité, on la voit »[27].

Cette vérité, que les textes postérieurs présentent comme acquise, nous la voyons en train de se fonder, — c'est-à-dire de devenir authentiquement vérité pour celui qui la trouve — à travers les écrits de jeunesse. Cette faculté critique qui plus tard s'exaltera d'elle-même, ou du moins trouvera sa maîtrise, nous apparaît d'abord comme subissant sa propre nécessité, s'éprouvant dans la souffrance. *L'essai psychologique sur Jésus-*

---

24. *F.I.R.,* IX, p. 1486.
25. II, p. 882.
26. *F.D.,* II, p. 1162.
27. *H.P.I.,* VI, p. 1460.

Christ semble, dans sa véhémence, comme un écho intellectualisé de la plainte de Job : « Maudit soit le jour où je naquis à la pensée. Heureux celui qui dormit toujours du sommeil de sa raison » [28] ! C'est que, selon les *Cahiers de jeunesse*, « il ne faut pas trop critiquer, sous peine de mort ». La faculté critique comblée ne fait que rendre plus douloureux le vide du cœur, mais, « au premier jour où le cœur cesserait de battre si fort, la tête recommencerait à crier famine » [29].

Quel est donc le sens du mot doute ? La volonté, déjà marquée en 1843, de chercher un vrai objectif ne s'affirme que dans la douleur — il faut, comme Rachel, « lutter des luttes de Dieu » [30]. Le doute ne s'accompagne donc pas d'un scepticisme natif, au contraire, il représente la retombée critique d'une affirmation souvent passionnée, qui se pose, mais aussitôt s'abolit parce qu'elle se juge. Patrice analyse le mouvement critique, dans le dynamisme intérieur qui extrait le doute de la passion : « Ce n'est pas que par moments, très souvent même, je ne m'échauffe, je ne me prononce avec vigueur par oui ou par non (...). Mais cet élan n'est jamais simple et sans retour comme dans l'homme qui a conservé la naïveté de sa nature. Le regard critique suit immédiatement l'élan spontané. Voilà, me dis-je, comment se passent les choses, comme la nature humaine se passionne » [31]. Ce passage du je à « la nature humaine », de l'expérience intime à la loi, nous indique la direction d'une pensée pour qui le vrai ne se confond pas avec l'accent, prétendument infaillible, d'une postulation affective individuelle. Le doute apparaît comme conclusion nécessaire de tout mouvement de passion. La grande précarité de la foi, c'est donc de ne pouvoir échapper à cette dialectique de l'élan et du doute, du fait même qu'elle n'est pas vérité impersonnelle, mais vérité de sentiment, voulue, aimée, rêvée. Quand Renan écrit à l'abbé Cognat : « Le catholicisme suffit à toutes mes facultés, sauf à ma raison critique » [32], il fait basculer cette foi hors de l'ordre de la vérité, à l'intérieur duquel « toutes les facultés », hormis la raison critique, comptent pour zéro. Le mouvement passion-doute aboutit donc, non pas à nier la foi religieuse, mais à l'évacuer hors du champ du vrai objectif. Pour la maintenir comme vraie, il faut l'infléchir dans le sens du vrai poétique, du mythe. Sans doute, cette conversion répond aux exigences intimes de Patrice, de Renan, mais il ne s'abuse pas sur elle au point de confondre les ordres. S'agit-il du vrai objectif ? Tous les prestiges de la foi aimée viennent se briser contre ce mot fatal : « Cela n'est pas vrai » [33] dans lequel l'ancien séminariste a cessé depuis longtemps d'entendre une suggestion satanique. Mais n'y aurait-il pas moyen de « rationaliser » le catholicisme ? Ne peut-on, en le dépouillant de ses impossibilités, décaper en lui le mythe jusqu'à trouver

28. Ed. J. Pommier, p. 94.
29. Lettre à l'abbé Cognat, 12 nov. 1845, II, p. 921.
30. *C.J.*, IX, p. 119.
31. *F.I.R., Patrice*, IX, p. 1547.
32. 24 août 1845, II, p. 918.
33. *F.I.R., Patrice*, IX, p. 1529.

le vrai ? La loyauté critique de Renan refuse ces demi-mesures et ces demi-absurdités ; il ne peut s'agir pour lui d'accepter un dogme moyennant quelques retouches ou quelque effort de restriction mentale, selon la méthode hypocrite ou a-scientifique des catholiques dits libéraux, qui refusent en détail ce qu'ils acceptent en bloc : « Je ne suis pas, mon cher, écrit-il le 5 septembre 1846 à l'abbé Cognat, de ceux qui prêchent sans cesse la tolérance aux orthodoxes ; c'est là, pour les esprits superficiels de l'un et l'autre parti, la cause d'innombrables sophismes »[34]. L'inconséquence, prônée par Renan dans la même lettre comme principe de survie, ne sera ni compromis, ni mauvaise foi. Elle résulte d'une double exigence — sensible et critique — qui s'achève en une double vérité : le vrai poétique, le vrai objectif qui ne peuvent rien s'ajouter ni se retrancher l'un à l'autre. Les données du problème que pose Patrice ne sont donc contradictoires qu'en apparence, ou plutôt ne semblent telles qu'à qui les place sur le même plan : « La question est donc posée pour moi en ces termes : n'y a-t-il pas moyen d'être catholique sans croire au catholicisme »[35] ?

Il ne s'agit donc pas d'aménager le catholicisme en semi-rationalisme (pauvre consolation que celle de délirer avec mesure !), ni de le nier dans son ordre (ce serait méconnaître les exigences d'une sensibilité formée par la volupté chrétienne), mais affecter sa vérité d'un autre sens : « Notre mythe à nous (...) c'est le Christianisme (...). Le Christianisme doit cesser d'être un dogme pour devenir une poétique »[36]. Cette formule de *Patrice* préfigure, en l'expliquant d'avance, la déclaration plus enveloppée, mais plus polémique aussi, en tout cas plus voisine du défi, que Renan prononcera en 1882, à l'Académie française, dans sa réponse au discours de réception de Pasteur : « Quand on affirme (les dogmes) autrement qu'en beaux vers, je suis pris d'un doute invincible »[37].

Quelle attente peut combler en l'homme, selon Renan, le christianisme devenu mythe ? Il répond à un appel venu du fond le plus intime, d'une sensibilité instinctive et quasi organique. Tout ce qui touche ne tient-il pas « toujours un peu au corps »[38] ? L'être « élémentaire », la femme, est, par vocation, religieux, la brutale référence de Patrice à la physiologie féminine nous en assure[39]. Plus discrète dans *l'Avenir de la science* — (le caractère de cet ouvrage réduit la part de l'intime) —, la même idée s'affirme pourtant, mais reléguée parmi les notes[40], et noyant dans la généralité d'une loi ce qui, dans les *Fragments,* est confidence. Patrice sent en lui les impressions religieuses si anciennes et si fortes qu'« elles se mêlent dans une proportion indéfinissable aux instincts les plus inti-

---

34. *S.E.J.*, II, p. 926.
35. *F.I.R., Patrice*, IX, p. 1532.
36. *F.I.R., Patrice*, IX, p. 1550.
37. *D.C.*, I, p. 768.
38. *A.S.*, III, p. 939.
39. *F.I.R., Patrice*, IX, p. 1534.
40. *A.S.*, III, p. 1126, n. 21.

mes de (sa) nature » [41]. A cette expansion intime, l'*Avenir de la science*
substitue l'expérimentation générale : « Une rigoureuse ananlyse psychologique classerait l'instinct religieux inné chez les femmes dans la même
catégorie que l'instinct sexuel » [42].

La religion devient donc objet de désir. lieu du rêve, promesse de bonheur, sauvegarde de l'intime. Toute l'argumentation de Renan sur l'esthétique chrétienne, qui s'exprime en 1850 dans l'article sur *Feuerbach et
la nouvelle école hegelienne* [43] pour aboutir au double mouvement de la
Prière de 1876, se trouve contenue en germe dans *Patrice*. La délectable
« perversion » chrétienne, la fascination romantique du maladif, « la maigre image d'un dieu tiraillé par les clous » [44], ne sont qu'un instant dépré-
ciées au profit d'Apollon et des dieux grecs d'une nature enchantée, mais
restée saine ; car « la déviation a tant de charme et la droiture est si
ennuyeuse en vérité (...) » [45]. L'accusation de fini, l'ennui né de la mesure
même, n'est-ce pas le « blasphème » [46] que pourra inspirer à Renan l'exacte
perfection d'Athéna ? La beauté chrétienne donne au contraire le bonheur,
mais subtilement, à travers l'émoi, la douce irritation des larmes. Elle sait
nous mettre au bord de l'infini, car ses affirmations mêmes sauvegardent
ce demi-jour où l'idée de la mort, l'angoisse de la destinée, la confusion
des rêves d'outre-tombe savent recréer le doute. Le dogme même perd de
son tranchant, de sa choquante certitude, quand il s'exprime et se nuance
à travers la gracile vénusté des vierges martyres : « Il y a quelque chose
d'infiniment délicat dans cette gracieuse timidité de la jeune fille alliée
à l'assurance du dogme religieux » [47]. Par ce besoin de « supernaturalisme » [43], Renan n'évoque-t-il pas Baudelaire commentant Delacroix, ces
figures de femmes qui, par la nitèscence de leur regard, exaltent la beauté
de l'étrange et jettent sur le « normal », le joli ou le sain, le discrédit du
facile, du borné ou du vulgaire ? Ce goût baudelairien des femmes en
deuil — « J'aime les femmes de croix, leurs mains sont fines » [49] — cet
accent de modernité qui rappelle *les Curiosités esthétiques,* nous laisse
pourtant, par bien des côtés, loin de Baudelaire. Renan semble toujours
avoir ignoré la « double postulation » ; ce n'est pas non plus,
comme Hugo, la fin de Satan qu'il annonce, bien plutôt sa
métamorphose, sa conversion, à travers l'intime fusion du bien
et du mal. L'optimisme moral de Renan inonde tout le commentaire du tableau d'Ary Scheffer, *La Tentation du Christ.* Bien avant
les articles sur Amiel, Renan a supprimé le péché, car Satan a pour lui
dépouillé le vieil homme : « Satan s'est adouci peu à peu dans son long

---

41. *F.I.R.*, IX, p. 1529.
42. *A.S.*, III, p. 1126, n. 21.
43. *E.H.R.*, VII, p. 286.
44. *F.I.R.*, IX, p. 1560.
45. *F.I.R.*, IX, p. 1562.
46. *S.E.J.*, II, p. 759.
47. *F.I.R.*, IX, p. 1548.
48. *F.I.R., Patrice,* IX, p. 1561 et *H.E.R.*, VII, p. 291.
49. H. Psichari, *Renan d'après lui-même,* p. 136.

voyage depuis la Perse jusqu'à nous ; il a dépouillé toute sa méchanceté d'Ahriman (...). Le Satan de M. Ary Scheffer nous paraît un signe consolant de progrès. Pour peindre le mal avec si peu de colère et tant de pitié, il faut que le règne du mal soit fort affaibli : on ne traite avec douceur que l'ennemi désarmé » [50]. Ce qui sépare le plus profondément Baudelaire et Renan, c'est, pourrait-on dire, le péché originel, le dogme pour lequel Renan en ses dernières années avouera, non sans humour, avoir « le moins de goût » [51]. Pour lui, la beauté de l'étrange, c'est celle de la martyre ou du « divin lépreux » [52], non pas celle des « lorettes » de Constantin Guys. Sa quête exclut toute litanie à Satan, puisque Satan, perdant son sens de principe absolu du mal, n'est plus lui-même. Elle reste finalement cet élan instinctif que *les Cahiers de Jeunesse* définissent comme la « religion naturelle » [53]. Etrangère à ce que l'on appelle communément de ce nom et qui n'est que philosophie pure, la religion naturelle équivaut pour lui à l'instinct religieux, purifié des formes. C'est « la religion qu'on se fait à soi seul, le besoin de prier en dehors des religions établies » [54]. L'instinct religieux, qui fait la substance même des êtres délicats, n'attend pour reparaître chez le penseur que les instants d'abandon ; Patrice avoue éprouver, « le soir, des moments de très doux affaissements » [55]. Jamais, avant le deuxième article sur Amiel, Renan ne se représente nettement cet instinct comme pouvant n'être, après tout, qu'un acquis ancien, une habitude devenue nature. Longtemps, au contraire, il lui apparaîtra comme portant sa preuve en lui-même, dans sa beauté intime. Le lien de Renan à la religion peut donc apparaître dans la double perspective de l'inconséquence et d'une « instinctive » nécessité.

Renan se résigne-t-il à reconnaître une sorte de fissure dans la traditionnelle triade spiritualiste du bien, du vrai, du beau, consacrée par l'éclectisme cousinien ? A vrai dire, un clivage se fait pour lui au cœur même de ces notions, la beauté de la religion étant vérité à sa manière, vérité subjective trouvant sa preuve dans l'instinct religieux de l'homme, tandis que la vérité de la science est aussi beauté en son ordre, beauté abstraite découvrant l'harmonieuse raison du monde objectif. A l'époque des premiers écrits, Renan est donc déjà, dans la complexité contradictoire de ses exigences intimes et critiques, l'analogue de l'ancien « hircocerf », ou de « cet animal fabuleux de Ctésias qui se mangeait les pattes sans s'en douter » [56]. Il reconnaît l'impossibilité d'anéantir en lui l'idée religieuse, et même de lui accorder une certaine vérité : Son « vieil ami » [57], le christianisme l'est resté, et il souffre d'entendre dire contre lui des

---

50. *E.H.R.*, VII, p. 300-301, art. paru en 1855.
51. *F.D.*, II, p. 1150.
52. *E.H.R.*, VII, p. 291.
53. *C.J.*, IX, p. 410.
54. *C.J.*, IX, p. 410.
55. *F.I.R., Patrice, IX*, p. 1519.
56. *S.E.J.*, II, p. 760.
57. *C.J.*, IX, p. 149.

paroles dures, mais dès qu'il s'agit « d'en venir au fin mot, d'y croire tout de bon » [58], il réagit par l'élusive ambiguïté ou la négation brutale : ainsi, à travers Béatrix, nous apercevons toute la délicate équivoque d'une religion féminine mais épurée, traversée de demi-doutes inconscients, parvenue à « cette limite où il y a peu de différence entre tout croire et ne rien croire » [59] ! Patrice, au contraire, face plus cassante mais non moins révélatrice de Renan, se raidit dans une opposition que l'on sent irréductible : « Nous voudrions employer nos plus précieux parfums à embaumer le christianisme et déposer sur sa tombe nos lacrymatoires, s'il voulait consentir à se tenir pour bien mort (...) ; mais, au nom du ciel, qu'il se tienne pour mort ! Que si un jour, fier de nos aumônes, ce vieillard se tournait contre nous (...), oh, qu'il meure alors, et que cette fois la pierre soit si bien scellée qu'il ne ressuscite plus le troisième jour » [60] ! La violence a besoin, pour mieux s'éprouver, de reprendre et de nier le mythe ; offrande funèbre en même temps que souhait de mort, le mouvement intérieur de Renan ne trouve sa voie qu'à travers l'image de la mise au tombeau (Vendredi-Saint obstiné qui ne verra jamais son matin de Pâques), et le rappel quasi parodique de Jésus ressuscité. Ce trait, dans sa brutalité, peut étonner, venant de « l'ami » [61] de Jésus que révèlent les *Cahiers de jeunesse*. A vrai dire, dès avant 1845, la résurrection véritable se dissocie pour lui de toute prodigieuse mise en drame, mais se recompose de façon tout intime et symbolique, par l'amour des disciples et des saintes femmes. Voltairien parfois dans l'analyse du contenu, (superstition, crédulité — imposture ?) Renan nie pourtant fondamentalement la démarche de Voltaire en déplaçant le sens du texte ou du fait religieux, de sa matérialité au fondement psychologique qui le légitime.

Demi-doutes qui, tout en maintenant la tonalité affective de la foi, en ruinent le contenu, vérité subjective et poétique, sur un autre plan, négation ; ce sont là les éléments descriptifs du rapport qui, vers 1848, unit Renan à la religion. Ces éléments ne vivent pas dans une dispersion inorganique ; quel peut être le principe intérieur qui les détermine, ou du moins leur donne forme ? Les *Cahiers de jeunesse*, les *Fragments intimes*, trahissent un rêve de Renan, celui de rentrer en vainqueur dans le christianisme et par là de le régénérer, d'être le chrétien de la preuve, de la foi critique : « Mon Dieu, mon pauvre ami, ton idée est maintenant de rentrer bravement, en fier-à-bras, dans le Christianisme, la lance au poing ; peut-être que tu y rentreras comme une petite fille » [62]. Patrice poursuit le rêve, rêve déçu au moment même où il s'exprime : « J'ai cru longtemps que je reviendrais au catholicisme la tête haute et par la voie de la critique. Hélas ! j'y reviendrai peut-être humble comme une petite fille, vaincu

---

58. *C.J.*, IX, p. 150.
59. *F.I.R.*, *Ernest et Béatrix*, IX, p. 1509.
60. *F.I.R.*, *Patrice*, IX, p. 1537.
61. *C.J.*, IX, *passim*.
62. *C.J.*, IX, p. 334.

par une madone » [63]. Ce rêve de régénération scientifique du christianisme s'alimentait de l'exemple — réel et mythique à la fois — de l'Allemagne, mythe dans la mesure où Renan projette sur les penseurs allemands son idéal : « C'est mon idéal que j'aime en eux. Maintenant sont-ils conformes à ce type ? C'est ce qui m'importe assez peu » [64]. Dégager le christianisme d'une compromettante et aliénante surcharge de révélation, le concentrer dans la beauté morale des Evangiles, telle était, dès 1845, la vocation de Renan : « Ah ! si j'étais né protestant en Allemagne ! Là était ma place (...) » [65]. De même dans la Lettre à son Directeur du 6 septembre 1845 : « A tout prix, je veux être chrétien, mais je ne puis être orthodoxe (...). Je vous avouerai que je crois avoir trouvé dans quelques écrivains allemands le vrai mode de christianisme qui nous convient » [66]. Il ne s'agit pas seulement pour lui de reprendre la distinction fondamentale reconnue par Benjamin Constant, entre le sentiment religieux et les formes, et de vivre cette différence dans une aventure individuelle. Le projet premier de Renan était de faire opérer cette conversion à la religion établie elle-même, de régénérer le Christianisme, d'humaniser Jésus tout en restant chrétien. Le désir de rentrer en vainqueur dans le Christianisme, ce n'est pas pour Renan « prouver Jésus » à la manière pascalienne, prouver Jésus au libertin. Non, c'est prouver Jésus comme idéal moral incarné dans l'homme, et faire de cette humanité du divin le seul fondement véritable du christianisme. Ramener la religion à l'idéalisme moral, c'est épurer Dieu. Ainsi s'explique l'insistance de Renan à cerner Jésus dans sa nature, dès 1844 : « Qu'est-ce donc que cet être ? (je l'appelle ainsi pour ne pré-judicier aucune solution) : de l'homme à Dieu le champ est ouvert aux hypothèses » [67]. Dès les *Cahiers* il prépare la lointaine « séance d'ouver-ture » en refusant tout anthropomorphisme psychologique et en réintégrant dans la critique le Christianisme [68].

Il écrit encore en mai 1845 : « Ce même homme (cette expression est juste en toute hypothèses. Que personne n'en soit choqué ; il faut que je l'appelle de quelque nom avant d'avoir résolu mon problème) » [69] (...). Le mot « homme » appliqué au Christ parcourt tout l'*Essai psychologique* (mai 1845) et cette ligne critique (il s'agit de poser le problème de Jésus, de le prouver comme homme, idéal moral, car il n'existe pas avant la

---

63. *F.I.R., Patrice*, IX, p. 1529.

64. Lettre à l'abbé Cognat, 24 août 1845, *S.E.J.*, II, p. 915.

D'après les *Souvenirs,* Herder est l'auteur allemand que Renan connaissait le mieux en 1845 (II, p. 875). Or, la même année, dans une lettre à Henriette (22 septembre 1845, IX, p. 791), il dit qu'il commence seulement à voir s'estomper les difficultés littérales de la langue allemande. Le jeune Renan dut donc lire Herder dans la traduction d'E. Quinet (1834).

65. *Ibid.*, p. 914.

66. *S.E.J.*, II, p. 880.

67. Essai inédit cité par J. Pommier, « Un grand moment dans un destin », *Le Monde* du 26 septembre 1970.

68. *C.J.*, IX, p. 217.

69. Fragment cité par J. Pommier ; voir n. 67.

preuve) est parfois pathétiquement troublée par un scrupule, une résurgente angoisse : « O Jésus, pardonne-moi ce que je dis, si tu es Dieu » [70] (le fait que ces mots peu lisibles, aient été, nous dit J. Pommier, barrés de la main de Renan, traduisant l'affolement et la reprise). Plus tard, lorsque Gobineau (le 20 juillet 1862) demandera à Renan quelle était, dans sa leçon d'ouverture, la raison d'être philosophique de la formule sur Jésus homme, il semblait ne pas voir qu'il ne s'agissait pas seulement pour Renan d'une conviction individuelle, mais d'un rêve à portée universelle — ou plutôt, en 1861, du résidu de ce rêve : moins de se séparer du Christ que de le transformer.

Dès les fragments intimes et les *Cahiers,* le rêve du retour par la critique triomphale s'achève sur un accent de dérision (« rentrer en fier à bras » [71]), d'amère fanfaronade ; il nous est toutefois permis d'apercevoir que le rapport rêvé de Renan au Christianisme reste, dans son principe premier, un rapport de force : qui doit vaincre, sinon celui qui sait ? « Tant mieux, si tu es Dieu ; mais alors, fais-le moi connaître » [72]. C'est ainsi que dans les *Cahiers* Renan s'adresse à Jésus, qu'il vient de recevoir « dans l'hostie ». Un retour à la foi ne pourrait s'opérer qu'à travers l'acte intellectuel du connaître, la foi n'est plus la foi de la soumission, la foi du croyant, mais celle du sujet. Le problème se pose en termes de domination, jamais d'obéissance. Dans la lettre du 24 août 1845 à l'abbé Cognat [73], Renan affirmait qu'il s'amputerait de sa faculté critique si Dieu, le soir même, lui en demandait le sacrifice — hypothèse qui tendait à se nier elle-même, mais, après tout, se posait, existait au moins d'une existence fictive et verbale. Les *Cahiers,* dans la section *Moi-même,* lui ôtent jusqu'à cette demi-consistance : « Veux-tu que je me fasse petit enfant, que je renonce même à la science ? Je le veux bien, mais ne puis croire que tu demandes cela de moi (...) » [74].

Ainsi se trouve éludée l'hypothèse, éloigné le calice. Jésus ne saurait exiger semblable sacrifice, de celui qui déjà s'enchante, comme l'exprimeront les *Souvenirs,* de s'entendre demander : « Abandonne-moi pour être mon disciple » [75]. Ce n'est pas là, du reste, simple échappatoire : le « je ne puis croire que tu demandes cela de moi » se conçoit, et du point de vue de Renan, et de celui du Jésus de Renan, car la science critique, en un sens, est pour Renan la seule condition de survie de Jésus ; sans elle, il est vrai d'une vérité mythique, par elle, il peut le devenir d'une vérité vraie. Renan, tout en exaltant la supériorité morale de Jésus, pose (bien que dans ce contexte il l'atténue) sa propre préexcellence scientifique : « J'ai bien une idée de plus que toi que tu ne pouvais ni ne devais avoir, c'est *science,* qui

---

70. Ed. Pommier, p. 89.
71. *C.J.,* IX, p. 334.
72. *C.J.,* IX, p. 216.
73. *S.E.J.,* II, p. 918.
74. IX, p. 216.
75. *S.E.J.,* II, p. 876.

a aussi des droits (...) » [76]. Nous voici loin de Pascal et du fragment des
trois ordres, dans leur incommunicabilité et leur hiérarchie. Au début de
la crise, en 1842, Renan tentait de sauver, par la lecture de Pascal, sa foi
en déroute : « Il est sûr que Dieu s'est servi de cet homme pour me
conserver la foi ; sans lui, je ne l'aurais plus, il y a plus de six mois » [77].
L'auteur des *Cahiers* a dépassé le stade où l'on se rattache, à toute force,
à un appui cru providentiel : « Je suis sûr que si le 18ᵉ siècle eût dit son
mot, il [Pascal] eût lâché la colonne à laquelle il se tenait cramponné par
désespoir » [78]. Ainsi Renan se projette en un Pascal qui ne se « cramponne »
que parce qu'il doute, et, le voyant à travers son drame, il se découvre
avec lui, malgré la distance critique, certaines affinités. Pascal ne serait-il
pas un Renan d'avant le 18ᵉ siècle ? Renan, un Pascal qui aurait traversé
et la philosophie des lumières et Herder et Strauss, et donc repensé l'ordre
de la sainteté ! Ce qui perce en Renan, à travers les *Cahiers de jeunesse*,
c'est l'impossibilité d'adorer au sens religieux traditionnel, de reconnaître,
de Dieu à lui, une altérité, une absolue transcendance : « J'admire l'adoration, mais j'ai peine à y monter. J'admire, mais je ne puis me prosterner.
Je me pose en quelque façon comme partie de ce qui est admiré » [79].

Le sentiment de faire partie du divin — de l'idéal, par la science et
l'élévation morale — supprime les rapports de créateur à créature, d'objet
de foi à croyant. Outre le posé que le surnaturel particulier n'existe pas,
qu'une religion révélée est nécessairement fausse comme système scientifique, il existe en Renan une fascination du divin en l'homme, en lui-
même, comme participant de l'idéal. Jésus aurait-il pu concentrer en lui
le divin ? On reconnaît ici toute l'influence de la pensée de Strauss, surtout de la Préface de la première *Vie de Jésus* dont en 1849 l'article sur
les Historiens critiques de Jésus condensera la substance :

« Tel n'est pas le procédé selon lequel l'idée se réalise : elle ne pro-
digue pas toute sa richesse à une seule copie pour en être avare envers
les autres (...). Une incarnation continue de Dieu n'est-elle pas plus
vraie qu'une incarnation bornée à un point du temps » [80] ? Plus que Strauss,
Renan fait sa part au « divin fondateur » — l'équivoque qui fera le fond
de la *Vie de Jésus* est dès longtemps nouée — mais le nom de Fils de Dieu,
entendu comme exclusif, serait plus qu'une erreur — une spoliation scandaleuse de l'humanité : « Je reconnaîtrai, si l'on veut, qu'entre les fils de
la femme, il n'en est pas né de plus grand, mais (...) » [81]. Aussi Renan ne
s'adresse-t-il jamais, comme l'apôtre, à son Seigneur et son Dieu. Jésus est
son « ami » [82], et même après une confession, il nie la divinité du Christ,

---

76. *C.J.*, IX, p. 216.
77. Lettre à Liart du 3 mai 1842, IX, p. 605.
78. IX, p. 333.
79. IX, p. 189.
80. VII, p. 132.
81. *F.I.R.*, Patrice, IX, p. 1532.
82. *C.J.*, IX, p. 216.

tout en l'exaltant dans son essence morale, humaine : « C'est le seul homme devant lequel je me ploie (...) » [83]. L'idéalisme de Renan se fonde en fait sur un refus du spiritualisme. La divinité de Jésus est humaine, et, en ployant devant lui, Renan ne fait pas acte d'humilité, au contraire : c'est l'orgueil de l'homme à reconnaître en l'homme le parfait. Ce n'est pas la pliante prosternation du moine, c'est l'acte raisonné de celui qui apprécie, et par là même, domine : reconnaître la supériorité de Jésus, c'est en quelque sorte se poser comme son égal (son supérieur, peut-être ?). « Je lui ai dit (mon admiration), et je pense que cela lui aura plu » [84]. Celui qui ploie est ici celui qui juge et dont l'hommage a du prix. Jésus est la chose pensée et Renan, selon le rêve de sa jeunesse passionnée d'Herder et de Goethe, « le penseur-roi (...) jugeant tout et n'étant jugé par personne » [85].

Il existe pourtant aussi, le Jésus d'avant la preuve et le problème, et l'ivresse de la possession critique se surimprime sur fond de nostalgie aimante. Les Cahiers de jeunesse évoquent un rêve dont Renan se dit « embaumé » [86]. Dans cette vision intime et renouvelée de la Passion, Renan communie, dans une fraternité tendre, avec Jésus condamné : « Je m'élance, je parle pour lui (...). Je parlai de sa jeunesse, de son air pur et doux (...). Oh ! je priai bien cette fois, Je l'embrassai, nous étions comme deux frères, je lui dis tout bas qu'il demandât à Dieu pour moi la foi que j'avais perdue » [87].

Le rêve n'est suivi d'aucune retombée critique. Au contraire, Renan l'authentifie et tente de le cristalliser par le terme de « vision », au sens ancien ou biblique. Retour non contrôlé de la croyance catholique ? Survivance sentimentale ? Jésus est bien ici le médiateur, et la foi que Renan demande à travers lui au Père est bien la foi au sens chrétien. Ce Jésus fraternel reste proche, humain, il est bien le Fils, mais sans que soit affirmée la dualité de sa nature. Ce point de dispute théologique n'est pas soulevé par le rêve, qui comble seulement les exigences intimes. Jésus est avant tout la victime, le jeune inconnu condamné sans savoir pourquoi. Ce qui parle en sa faveur, ce ne sont pas les preuves et les figures, les arguments de l'attente messianique, mais son « air pur et doux ». A travers les lignes floues de la vision nocturne, son image se confond avec celle, adolescente, d'anciens condisciples, Liart, Guyomard, tous deux sacrés à leur manière (l'un est mort, l'autre est prêtre), « faibles de corps », dit Renan, « faibles aussi d'âme, sentant vivement, compléments de mon acier par leur flexibilité, doux et chastes » [88]. Révélateurs sont, à travers la faiblesse, ces harmoniques de Jésus. Renan reste l'élément fort, qui défend, qui protège, et Jésus est objet de ce vague d'amour, qui ne sait sur quoi déverser son trop plein. « Qu'à certains moments j'éprouve d'étranges sen-

---

83. *Ibid.*
84. *Ibid.*
85. *C.J.,* IX, p. 211.
86. IX, p. 244.
87. IX, p. 243.
88. IX, p. 245.

timents, c'est de l'amour sans objet, un vase plein qui ne sait de quel côté déborder et dont la liqueur hésite, incertaine, sur les lèvres »[89].

Ce besoin d'aimer, à travers une incarnation de faiblesse souffrante, est bien plus sensible dans la seconde vision — surgie quelques mois plus tard — : une jeune fille au grand œil noir, « sans rien d'intellectuel », symbole de résignation désarmée, se substitue à l'image de Jésus[90]. « Le jeune Renan s'est-il rendu compte qu'il était dupe du corps ? » note à ce propos J. Pommier[91].

Jésus, Liart, Guyomard, la jeune fille, autant d'images de tonalité féminine, au travers desquelles éclate un unique désir : « Idéal, idéal, que n'es-tu chair à mes côtés »[92] ! Renan a besoin de Jésus moins pour être aimé de lui que pour l'aimer : « Oui, je voudrais quelqu'un à côté de moi pour l'aimer, Guyomard par exemple »[93] (cette face plus accessible d'une autre image). Sans doute est-ce le désarroi intérieur de la solitude qui se fait jour pathétiquement dans l'appel à Jésus : « Ah ! qui aurais-je donc si même au-delà de tes dix-huit siècles tu m'échappais »[94] ! Aussi est-ce pour lui une nécessité vitale que Jésus ait vécu, et vécu selon l'image que donnent de lui des Evangiles, qu'il n'ait pas été un type, que son nom ne soit pas la formule abrégée et symbolique d'un phénomène historique et moral : « Il me faut que tu aies vécu, (...) que tu aies été mon semblable, ayant comme moi un cœur de chair »[95].

Mais ce désarroi ne libère-t-il pas cependant quelque indice de force ? C'est une complémentarité à son « acier » que Renan recherche dans la faiblesse, la tendresse résignée. L'expression active et comme immédiatement protectrice du besoin d'amour semble traduire moins une faiblesse innée que la dilatation en tendresse d'une volonté forte. Le Jésus rêvé n'est nullement transcendant, il existe surtout par la séduction de sa faiblesse. Ce Jésus n'est pas Rédempteur, il n'a pas « été fait péché par moi » comme le Jésus de Pascal, il souffre pour rien, semble-t-il, il meurt sans raison, il a besoin qu'on l'aime. Les rapports traditionnels du Christ (fort par le mérite de son sang) au fidèle sont ici renversés : nous voyons s'installer plutôt le lien fraternel du faible (Jésus) au fort. Cette plénitude vitale de Renan, on la sent dans l'élan qui suit le premier rêve, c'est un désir de mourir, dans une sorte d'expansion amoureuse : « Oh ! quel sentiment nouveau et pur vient de jaillir en mon âme en ce moment de délicieux transport ; un goût suave de la mort, un hyménée, un baiser à ces chastes amis (...) »[96] et l'ivresse se mue en force, en désir de se multiplier, pour se saisir plus

89. *Ibid.*
90. IX, p. 247.
91. *La pensée religieuse de Renan,* p. 195.
92. IX, p. 245.
93. *Ibid.*
94. IX, p. 244.
95. *Ibid.*
96. IX, p. 246.

pleinement dans une lecture distanciée de soi-même : « Plût à Dieu que j'eusse dix vies pour en consacrer une à faire de tout cela une épopée (...) » [97] ! Une épopée, non pas une élégie. Remarquable est surtout le mouvement quasi spasmodique par lequel le désir de mort se convertit aussitôt, se contredit en désir de vie décuplée, héroïque. Ce rêve de la vie « comme un char à huit ou dix chevaux » [98] parcourt tous les écrits de cette jeunesse où Renan n'est que « feu, espérance, vie et avenir » [99].

C'est de la faiblesse que surgira donc l'épopée — d'une faiblesse mise en œuvre par la force multiplicatrice. Comment ? Dès les *Cahiers de jeunesse*, Renan est hanté par l'idée de l'aventure du christianisme, de la vie de Jésus : « Ah mon Dieu ! qui me donnera de pouvoir faire un livre sur le Christianisme » [100] ? Ecrire la vie de Jésus, ce n'est pas seulement faire le récit de sa vie terrestre, c'est capter sa présence à travers le monde et l'histoire. C'est saisir cette mutation de la faiblesse en force, c'est retrouver l'énergie vitale du Christianisme. « On se contente d'ordinaire dans la biographie des grands hommes d'écrire leur vie terrestre, mais il faudrait d'ordinaire y ajouter une autre vie, bien plus intéressante encore, dans le point de vue de l'humanité. C'est leur vie d'outre-tombe, leur influence sur le monde (...) » [101].

Ne pourrait-on suggérer, dans le même sens, que Renan évoquant la vie de Jésus, c'est encore Jésus se continuant, agissant, se transfusant en l'être qui le perpétue ? C'est comme si l'image de Jésus allait se charger, par et à travers cette épopée rêvée, par et à travers celui qui la rêve, d'élan dynamique. Rêvant d'écrire l'épopée du Christ, Renan se fait le conducteur de cette vie par influence, il en draîne le sens et la vertu, la force. Rappelons-nous sa hâte à écrire la *Vie de Jésus,* à faire reposer sa construction sur le sommet, raison d'être de tout l'ensemble. Les vies par influence s'engendrent l'une l'autre. Renan même, captant celle de Jésus, libèrera la sienne. Dès les *Cahiers*, il s'exalte à l'idée d'une puissance qui n'est pas action, mais vie occulte et multiplication par les autres — rêve d'éclatement de sa force, foisonnement à l'infini de sa vie : « ma sortie du séminaire ; (...) ce que je prépare, on verra. Je me délecte dans cette imagination ; c'est mon plaisir ; j'aime à me voir, les bras tendus, comme le poulpe dans le monde, et cela augmentant » [102].

Ainsi, nous voyons l'idée de force colorer jusqu'à la tendresse, et s'accroître à travers elle. Parfois, elle apparaît seule, à travers l'orgueil critique, qui refoule à l'arrière plan les élans de l'affectivité. Pourquoi cette hantise du Christianisme ? A côté de la fascination sentimentale et sans rapport apparent avec elle, c'est une intuition scientifique, un calcul

97. *Ibid.*
98. IX, p. 360-361.
99. IX, p. 160.
100. IX, p. 146.
101. IX, p. 87.
102. IX, p. 122.

d'amour propre du critique, comme le révèlent les *Cahiers* : « Quand je suis ma logique, je serais porté à un concept dur et tranché pour le christianisme ; mais un instinct supérieur me retient, je sens que [si] je suivais cela, l'avenir me dépasserait et on m'accuserait de n'avoir pas tout vu (...). Je fais donc comme si j'avais tout vu (...) » [103].

La valeur objective de cet instinct n'est pas à examiner ici (si Renan pressent un avenir pour le christianisme, c'est peut-être parce qu'il le désire, et s'il le désire, c'est peut-être par tendresse — ce qui nous ramènerait au problème précédent). Mais cet avenir entr'aperçu du christianisme, n'est-ce pas aussi, pour Renan, une garantie de survie à sa pensée, une consécration de sa force, qu'une disparition prochaine de la doctrine chrétienne atrophierait, limiterait dans ses prolongements ? Si la doctrine de Jésus est en possession de l'avenir, Renan se prolonge à travers elle, dans la force de sa pensée critique souveraine. Le lien de Renan au christianisme d'après les *Cahiers de jeunesse* apparaît donc comme multiforme : trop plein d'amour en quête d'objet,

> « grand baiser
> qui fou de naître pour personne
> ne peut jaillir ni s'apaiser » [104].

Comme l'affirmation passionnée de Madeleine ressuscita le Christ, l'amour de Renan reste invincible au matérialisme, et affirme hardiment son objet : non pas le Christ ressuscité en son corps, mais Jésus idéalement, fraternellement vivant : « Frappez-vous la tête de cette pensée, vous en verrez l'horreur. Jésus-Christ n'était qu'un agrégat de molécules. J'ai essayé de me le figurer. Impossible. Je l'ai senti, je l'ai touché, il est mon ami » [105].

En même temps, à travers cette doctrine chrétienne qu'il croit porteuse d'avenir, Renan affirme son propre désir de survie, et prolonge sa propre vie par influence à travers la vie par influence de Jésus.

---

103. IX, p. 135.
104. Mallarmé, *Œuvres complètes*, Pléiade, p. 58.
105. IX, p. 347.

CHAPITRE IV

L'ELABORATION DU « DOGMATISME CRITIQUE »,
RENAN ET V. COUSIN.

Si, avant Saint-Sulpice, Renan connut V. Cousin, surtout à travers
l'abbé Maret et le marquis de Cavour [1], il entreprit en 1844 la lecture du
Cours de 1818. Comme le souligne Jean Pommier [2], la remarque liminaire
de la 1ᵉ leçon « Grandeur de l'homme qui préfère la vérité à lui-même »
fournira à Renan le trait final de l'*Essai psychologique sur Jésus Christ*. En
attendant, elle offre au séminariste la formule même de sa propre aventure,
et la réfléchit dans le sublime — tentation qui, dans ses métamorphoses,
restera vivace en Renan.

Renan eut en mains la première édition du Cours, donnée en 1836
par Adolphe Garnier, d'après les notes rédigées par les élèves de Cousin.
De ces leçons, les éditions suivantes allaient émousser le sens et la portée,
puisque, selon Paul Janet, « La métaphysique n'est plus, dans l'édition de
1846, qu'une sorte d'introduction générale » [3]. P. Janet condense en ces
termes la nouveauté de l'entreprise cousinienne, dans sa forme originale :
« Ce qui est certain, c'est que pour V. Cousin comme pour Schelling et
Hegel, les deux écoles du XVIIIᵉ siècle étaient incomplètes et qu'elles avaient
négligé un troisième monde, qui plane au-dessus du moi et de la nature
extérieure, et qui est aussi nécessaire que les deux autres : c'est l'absolu.
C'est par Victor Cousin que cette expression fait son apparition dans la
langue philosophique de la France » [4]. On voit combien ce problème de
l'objectivité de la connaissance s'accordait aux préoccupations du sémi-

---

1. Voir *C.R.* n° 3, p. 111 et J. Pommier, *la jeunesse cléricale d'Ernest Renan,*
p. 171 et suivantes.
2. *C.R.*, n° 3, p. 115.
3. *V. Cousin et son œuvre*, p. 13.
4. P. Janet, *ibid.*, p. 70.

nariste, à son serment de fidélité au vrai, traduction philosophique du premier engagement sacerdotal.

Annotant le cours de 1818, le jeune Renan remarque, à propos de la troisième leçon : « Le point de vue de Kant et Fichte est présenté avec une admirable précision et clarté »[5]. Nous suivrons l'analyse de Kant par Cousin en deux points principaux (la substance conçue comme catégorie et le problème de la possibilité d'une connaissance objective) et tenterons de situer, par rapport à cette double question, Renan lecteur de Cousin. Examinant les conditions du vrai, Cousin, dans la troisième leçon, traduit ainsi la démarche kantienne :

> « [la raison] ne pourra se mouvoir, pour ainsi dire, que sous certaines conditions ou certaines lois, qu'on appellera, si l'on veut, catégories, et qui la forceront d'envisager toutes choses sous le point de vue de la cause et de l'effet, de la substance et du mode, de l'unité et de la multiplicité, etc. C'est par ces formes de la raison que nous poserons les existences ; c'est par la catégorie de substance que nous concevrons l'âme et la matière ; c'est par la catégorie de cause que nous nous élèverons jusqu'à Dieu. Mais ces formes étant des lois constitutives de la nature humaine, de pures formes du MOI, elles sont *miennes,* personnelles, subjectives. On ne peut donc, à l'aide de ces lois, rien conclure d'absolu ; la vérité devient relative : je suis sous le joug d'une fatalité intime et personnelle ; je deviens l'esclave de moi-même, je ne relève plus de la raison »[6].

La réduction de la substance à l'état de catégorie, c'est-à-dire la substitution, à une chose pleine et pleinement existante (ainsi la substance conçue par les théologiens), d'un mode, relatif à la raison humaine, d'appréhender les êtres et le monde, semble acceptée par Cousin, et Renan le suit pleinement dans cette démarche qui supprime l'irritant problème de la distinction de l'âme et du corps. Renan commente ainsi cet aspect de Cousin : « Y a-t-il deux substances, l'une sentante, l'autre par laquelle on sent ? Il n'en dit mot et il a raison. Je crois même qu'il croit qu'il n'y en a qu'une : il est donc, dites-vous, matérialiste ou spiritualiste absolu. Il est l'un et l'autre, et il a raison ; car il n'y a qu'un cheveu entre les deux. L'important est de dire : il n'y a qu'une substance ; appelez-la corps, appelez-la esprit, qu'importe ? Pourvu que vous mainteniez la réalité des deux ordres de faits »[7].

Ce qui peut laisser supposer que Cousin accepte de ramener la substance à la catégorie, c'est l'aspect essentiellement *psychologique* de sa démarche, qui laisse toujours en dehors les termes traditionnels de séparation entre âme et corps. Seulement, si cette façon de comprendre la subs-

---

5. *C.R.* n° 3, p. 117.
6. Cousin, *Cours de 1818*, p. 25-26.
7. *C.R.* n° 3, p. 117.

tance semble rencontrer Kant, elle ne vient pas, nous semble-t-il, d'un quel-conque kantisme de Cousin, elle est bien plutôt la conséquence naturelle de son point de départ affirmé comme psychologique, et s'apparenterait plutôt aux vues de l'école écossaise (ainsi D. Stewart envisageant, dit Renan, « la spiritualité de l'âme comme une question de méthode » ... « pour nous, mais gardons-nous de prononcer en soi ») [8]. Donc il n'y a pas vraiment convergence entre Kant et Cousin sur ce point, bien plutôt une sorte de rencontre, que l'on pourrait dire fortuite, puisque les deux esprits ne partent pas de la même zone philosophique, Kant suivant la critique de la raison, Cousin l'approche psychologique de l'homme. L'aménagement de l'idée de substance, n'est donc, chez Cousin, qu'une forme apparente de kantisme.

Cousin s'éloigne fondamentalement de la *Critique de la Raison pure*, dans sa volonté de maintenir un absolu accessible à l'homme. S'écartant de Kant et de Fichte, il note : « d'une part comme de l'autre, la vérité abso-lue et indépendante fut entièrement méconnue. C'est à la restitution de cet élément précieux de la pensée humaine que doit travailler la philo-sophie de nos jours » [9]. L'édition des *Fragments de philosophie contempo-raine* de 1855 est précédée d'une Préface (de 1826), où Cousin exprime avec netteté à quel rôle il se croyait réservé : sauver, par la méthode psy-chologique, la philosophie, réduite par Kant à l'échec :

> « Ce grand homme, après avoir si bien constaté toutes les lois qui président à la pensée, frappé du caractère de nécessité de ces lois, c'est-à-dire de l'impossibilité où nous sommes de ne pas les recon-naître et les suivre, crut voir précisément dans ce caractère un lien de dépendance à l'égard du moi (...). Je m'efforçai de leur ôter le caractère de subjectivité que celui de nécessité leur impose en apparence, de les rétablir dans leur indépendance, et de sauver la philosophie de l'écueil où elle était venue échouer au moment même de toucher au port. Plus que jamais fidèle à la méthode psycholo-gique, au lieu de sortir de l'observation, je m'y enfonçai davan-tage » [10].

Il prétend ainsi saisir l'absolu par aperception pure, l'idée même de l'absolu étant immédiatement livrée par la conscience ; « sous la relativité et la subjectivité apparente des principes nécessaires, j'atteignis et démêlai le fait instantané, mais réel, de l'aperception spontanée de la vérité » [11]. Cousin ne semble pas apercevoir le sens même de la recherche de Kant, car, dans cette même Préface, il se présente comme ayant poussé son exa-men de la conscience « à un degré où Kant n'avait pas pénétré » [12], sans

8. *C.R.* n° 3, p. 71.
9. *Cours de* 1818, p. 27.
10. *Fragments de philosophie contemporaine*, p. 20.
12. *Ibid.*
11. *Ibid.*, p. 20.

accepter que puisse exister un type d'examen mettant en cause les données mêmes de la conscience. En somme, vu dans cette perspective cousinienne, Kant présenterait une sorte d'empirisme psychologique incomplet ? (C'est avec raison que Maximilien Vallois dans son étude sur la formation de l'influence kantienne, juge confuses les vues de Cousin sur Kant) [13].

Renan ne commettra jamais l'erreur de confondre différence de degré et différence de nature, aussi l'investigation psychologique ne peut-elle lui paraître un *plus* par rapport à la critique de Kant, fondamentalement *autre*. Toutefois, la tentation cousinienne en lui est celle d'un rétablissement de l'absolu connaissable, par la possible et totale objectivité du savoir. L'idée de l'absolu, apparaissant dans la conscience, mais indépendante d'elle, vraie à la façon d'une idée platonicienne, et distincte du monde sensible, peut seule fonder la recherche du « vrai », laïcisation du Dieu de la foi et de la promesse ; Cousin, dans le Cours de 1817, offre déjà une formule, presque un *credo,* en accord avec cette exigence : « nous croyons à l'absolu sur la foi de l'absolu et à l'objectif sur la foi de l'objectif » [14]. Mais Renan, sans se référer directement à Kant, amorce à propos de semblables orientations philosophiques, une critique de type kantien :

> « Monsieur Cousin a parfaitement raison quand il nous assure que jamais on ne réussira à conclure l'absolu du nécessaire et que l'absolu est indémontrable (...), il n'essaie pas, comme je le supposais, de tirer l'absolu du nécessaire, mais il prétend saisir l'absolu par perception pure (...). Resterait donc seulement à prouver le fait de l'aperception de l'absolu. Or, je ne vois pas pourquoi on ne l'admettrait pas à autant de titres que la perception du nécessaire. Pourtant il y a cette différence que la perception du nécessaire est un fait de conscience, purement psychologique, et que celle de l'absolu entre dans l'ontologie et juge du dedans au dehors. C'est pour cela que la perception du nécessaire nous paraît inattaquable, mais non celle de l'absolu. Tout se réduit donc à savoir s'il y a quelque chose hors de la conscience et hors de la psychologie. Or c'est la question » [15].

C'est la question qui *demeure* pour Renan, mais que la démarche même de Cousin (aller « plus avant » que Kant dans l'observation psychologique) suppose résolue. Cousin place « l'absolu » au-delà du nécessaire (les formes a priori de la sensibilité, les catégories etc.), mais, selon une même ligne, accessible aussi à l'analyse, sans voir que l'analyse est frappée de relativité et ne peut réduire l'écart, ou plutôt l'altérité qui subsiste entre psychologie et ontologie. Remarquons, à travers cette note du jeune Renan, combien sa réflexion élargit la fissure, et se découvre progressivement en objection ; ce n'est d'abord qu'une réticence, mais elle s'achève en

---

13. M. Vallois, p. 288...
14. Cité par P. Janet, p. 78.
15. *C.R.* n° 3, p. 126.

une question qui réinstalle Kant et l'insoluble problème. Nous y insistons car, dès l'*Avenir de la Science,* l'abolition de ce scepticisme essentiel sera presque totalement réalisée. Ressurgie en 1876, à un détour des *Dialogues,* l'objection se verra éludée, comme menant à une « voie sans issue » [16] si bien que nous aboutissons à la question suivante : n'est-ce pas Cousin qui, préparant de très loin le Philalèthe des *Certitudes,* put aider, dès avant 1848, à l'élimination progressive — (nécessaire à qui cherche le vrai, l'analogue du Dieu de vérité) — d'un criticisme à la façon de Kant ? Le cousinisme ne put-il jouer comme un instrument de fixation autour d'une foi autre, et qui devait se croire critique, pour fonder en toute sécurité une religion de rechange, substitut scientifique de la foi ? Dans l'édification d'une religion par la science et la philosophie, un certain ébranlement donné par Cousin pourrait s'être montré déterminant, non pas en définissant cette religion ni cette science, mais en fondant l'idée même de leur possibilité, leur condition d'existence : l'absolu appréhendé dans le sentiment même de l'absolu.

L'idée de « raison impersonnelle » [17], telle que la présente Cousin dans la préface de 1826, qui est en moi sans être moi, qui est mon rapport au vrai, lui-même indépendant de tout rapport, dut rencontrer en Renan une constante tentation intellectuelle. Dès décembre 1843, le séminariste, formulant ses *Principes de conduite,* s'exprime comme si, relatif à lui-même, à ses conditions internes, comme aux influences du dehors, son esprit était pourtant en lui une fonction autonome, directement agissante (en accord sans doute avec quelque essence du Vrai) : « Je me garderai de gêner en rien la marche naturelle de mon esprit, le laissant faire son chemin, comme ses développements successifs l'amèneront, et j'aurai soin en tout état de tenir compte de sa relativité, et d'affirmer très sobrement » [18]. Tendance consacrée pour finir en 1889 dans l'*Examen de conscience philosophique,* figurant l'esprit comme la « chambre noire » où dans une opération extérieure au moi, se produit le vrai [19]. Aux deux extrémités d'une histoire intellectuelle, se traduit, incertaine, puis décisive, la postulation du Vrai-essence, auquel l'Athéna de la Prière sur l'Acropole ne fait que donner figure, en une mythologie renouvelée, de sens abstrait.

Ce n'est pas sans réticence que le jeune Renan s'ouvrit à l'influence de Cousin. Dès décembre 1843, les *Principes de Conduite* nous révèlent un manque essentiel à ses yeux, irrémissible lacune philosophique : « Par exemple, M. Cousin etc. on veut paraître philosophe, métaphysicien, et on dit bien des choses vraies, mais avec cela qu'on est indifférent pour la vérité ! » [20].

16. *D.P.,* I, p. 562.
17. *Fragments de philosophie contemporaine,* p. 20.
18. *F.I.R.,* IX, 1486.
19. *F.D.,* II, 1162.
20. *F.I.R.,* IX, 1491.

« En cédant, je crains », notera-t-il encore à la lecture du Cours de 1818, tout en y découvrant pourtant « des endroits vrais et beaux » [21]. En 1843, Renan opposait au philosophe de profession, le philosophe total, à Cousin « M. Jouffroy, parce que lui, au moins, il voyait là une affaire personnelle. Ce qui le prouve et ce qui fait son éloge, c'est qu'il était horriblement malheureux » [22]. La recherche du vrai sera donc convulsive ou ne sera pas — à coup sûr ne se confondra pas avec le repos théorique dans un système. J. Pommier a très subtilement analysé le faisceau d'influences — et peut-être le revirement d'influences — opérées sur le séminariste de 1844 par l'antithèse Cousin-Jouffroy : « La compassion [pour Jouffroy] n'allait pas sans des réflexions où se mêlait une secrète angoisse : eh quoi ! est-ce donc là que mène le doute ? Ah ! pour échapper à ce lent suicide, qu'il fait bon d'avoir une certitude ! Et le jeune homme de se raccorder à la foi ou à ce dogmatisme personnel qu'il n'en distinguait pas très bien » [23]. Ce « dogmatisme personnel », n'est-ce pas déjà, en Renan, une signature cousinienne ? La lecture de l'*Avenir de la Science* nous semble garder quelque trace de la double tendance de Renan, mouvement qui, en 1848, achève son inflexion vers Cousin : établissant une sorte d'étalonnage philosophique de l'humanité, selon sa densité, son poids de vrai, l'*Avenir de la Science* évoque le « grand, terrible, sublime scepticisme, Kant, Jouffroy, Pascal » — et plus haut encore, sommet rêvé de la pensée, « la vue complète de l'esprit humain, la considération de l'humanité aspirant au vrai et s'enrichissant indéfiniment par l'élimination de l'erreur (...), le dogmatisme critique qui ne redoute plus le scepticisme, car il l'a traversé, il sait ce qu'il vaut... » [24]. Cousin, il est vrai, n'est pas nommé — peut-être ce trône philosophique reste-t-il libre encore, illustre « part d'héritage », avenir rêvé du clerc. Mais enfin, l'*Avenir de la Science* présente la pensée de Cousin sinon à ce degré, du moins dans cette direction philosophique : « La gloire de Monsieur Cousin sera d'avoir proclamé une méthode nouvelle en philosophie, méthode qui peut mener à des résultats aussi *dogmatiques* [25] que la spéculation abstraite » [26]. Ainsi Cousin put-il agir sur Renan, en lui faisant, non pas renier, mais « dépasser » le doute, ou éprouver l'illusion de ce dépassement, dans la constitution d'un « dogmatisme critique ». En 1848, Renan, s'il faut reprendre son propre terme, a « cédé ».

Cession qui n'est point totale : car, remarquons-le, encore en 1848, Victor Cousin n'est présenté que comme précurseur, rendant possible dans le futur, par la résorption du doute, une habilitation philosophique de la critique à devenir création, à engendrer pour l'humanité, non pas un

21. *C.R.* n° 3, p. 147.
22. *F.I.R.*, IX, p. 1491.
23. *La jeunesse cléricale d'Ernest Renan*, p. 172.
24. *A.S.*, III, 1086.
25. Nous soulignons.
26. *A.S.*, III, 851.

système, mais une doctrine ou une foi. Renan, dès 1844, pressent les possibilités d'application de la méthode psychologique. Il juge toutefois insuffisamment organique la pensée de Cousin, puisque, s'il relève avec intérêt, dans la dixième leçon, « l'explication psychologique des miracles, prophéties, que donne en cette leçon M. Cousin » [27], il regrette de ne pas la voir rattachée à l'idée du spontané, « des facultés primitives » — (idée qui est pourtant une des constantes de Cousin, une « vraie création » dira Renan commentant la treizième leçon) [28]. Cousin n'a donc pas, selon Renan, suivi tout le réseau des conséquences issues de sa distinction entre le spontané et le réfléchi — surtout, il n'a pas adapté cette découverte psychologique à ce qui, pour Renan, demeure le point d'application privilégié de la recherche du vrai : l'examen du christianisme, le sens même du fait religieux. « Il est remarquable que Jésus-Christ n'est pas nommé une seule fois en ce livre. Il fait encore peur » [29]. L'analyse prudente, qui s'effraie du sacré, mutile de sa meilleure part la critique totale. L'élimination du fait religieux risque donc de faire de l'éclectisme une fausse totalité. Il nous semble essentiel de noter sur ce point, et dans l'appréciation de Cousin, une parenté frappante entre Renan et P. Leroux : que reprochait à son vieil adversaire l'auteur de la *Réfutation de l'éclectisme,* sinon le manque même dont s'indignait le jeune Renan ? « Quelle absurdité, en effet, écrit Leroux, d'estimer la philosophie la science par excellence (...) et néanmoins d'exclure de la philosophie tous ces grands hommes religieux, de tenir, par exemple, Jésus, Saint Paul, et tous les Pères du Christianisme, ces grands législateurs, pour indignes de figurer au rang des philosophes (...) ? L'avenir, donc, nous l'affirmons, reviendra sur cette séparation qui mettait Dieu d'un côté, l'homme de l'autre » [30]. Il est vrai que si, pour Leroux, les figures religieuses sont aussi figures de philosophes et de législateurs, ce n'est point par le même biais qu'elles pénètrent pour Renan dans l'aire philosophique : bien plus que des exemples de législation ou de sagesse, elles offrent le réservoir psychologique des facultés spontanées, et si l'on peut risquer ce mot, en le vidant de ses virtualités péjoratives, le matériau premier, le corps même du vrai, en ce sens, l'incarnation d'un Dieu. La volonté de Renan est de totalité ; ne serait-elle pas mieux comblée par Leroux que par Cousin, dont l'ignorance systématique du Christianisme révèle l'irrémissible lacune ?

S'il s'agit pour Renan, entre 1845 et 1848, d'embrasser le vrai total, celui-ci est revendiqué par lui à travers la science, religion par son sens et sa finalité, mais expérimentale (non seulement intuitive), en ses méthodes. Or Leroux jette le discrédit sur la science en tant que telle : sur la psychologie définie par lui comme « recherche glaciale et inféconde » [31],

27. *C.R.* n° 3, p. 123.
28. *C.R.* n° 3, p. 124.
29. *C.R.* n° 3, p. 121 ; voir aussi p. 135.
30. Préface, p. X.
31. *Réfutation de l'éclectisme,* p. 118, 120.

sur les tendances de la philosophie moderne, « élucubrations des philosophes de l'Ecosse et des moindres penseurs de l'Allemagne » [32], dont il
reproche à Cousin de subir la suspecte séduction.

Par ces manifestations antiscientifiques, Leroux se situe au rebours du
mouvement qui porte le jeune Renan, chez qui le désir de totalité ne peut
aller sans la rigoureuse canalisation scientifique. C'est par la psychologie,
non par des vaticinations de myste en délire, que Renan veut restituer
Jésus et le problème religieux au cœur de la science. Mais d'autre part,
la science n'est rien pour lui si elle ne débouche sur un au-delà de la
science — sur le sens même du monde, sur Dieu. On dirait qu'en Renan
un appétit de globalité, à la Leroux, se satisfit par les méthodes de Cousin,
et son appareil psychologique expérimental. Sa pensée philosophique s'installe ainsi dans une sorte de porte-à-faux. De là pourrait venir l'attitude
toujours un peu mitigée de Renan à l'égard de Cousin (sauf dans l'*Avenir
de la Science,* nous avons tenté de dire pourquoi : il fallait alors une formule pour fonder la démarche future). Lorsqu'en 1885, Renan affirmera
devoir à V. Cousin bien des « cadres » de son esprit, et voudra reconnaître en lui, non un « père » mais un « excitateur » [33], peut-être ces demi-
réticences formelles font-elles écho à l'ancienne équivoque : un refus de
génération intellectuelle — mais plus et autre chose qu'une source ; un
dessein où couler sa forme, une stimulation à franchir le doute : c'est Cousin qui, par la mise en avant de la science psychologique, lui fit dépasser la
tentation du scepticisme, lui fit franchir (ou esquiver ?) le problème kantien.

A vrai dire, le postulat de l'objectivité de la connaissance — si essentiel pour fonder la légitimité de toute entreprise future — avait été découvert à Renan, avant même la lecture de Cousin, par la philosophie écossaise. Les *Esquisses de Philosophie morale* à l'usage des étudiants de la
faculté d'Edimbourg, parues à la fin du XVIIIe siècle, avaient été tra-
duites en France par Jouffroy et par l'abbé Mabire. C'est cette seconde traduction, nous apprend J. Pommier, que Renan eut en mains, peut-être
dès l'année 1841 [34]. Renan commente ainsi la pensée de D. Stewart, touchant la certitude :

> « Ces Ecossais ont seuls compris la vraie théorie de la certitude.
> En définitive, pour donner un fondement à la croyance humaine, il
> faudra toujours avoir recours à votre constitution, ou à l'impossi-
> bilité de douter (...). Mais qui vous dit que votre constitution est
> vraie ? Rien du tout. (...) Vous êtes donc sceptique objectif ? Non et
> oui ; mais fou est celui qui se laisse embarbouiller dans cette diffi-

---

32. *Ibid.,* p. 82.
33. *F.D.,* II, 1111.
34.*C.R.* n° 3, p. 10.

culté. Il faut marcher tout de même. Il n'est permis ni de reculer ni de rester là » [35].

Nous apercevons donc le maintien d'une objection de type kantien, mais en même temps une sorte de nécessité expérimentale, pour Renan à la suite des Ecossais, de dépasser le doute sans pour autant le réduire. Notons la différence entre cette démarche et celle de Cousin devant le même problème : D. Stewart, partant d'une constitution donnée, la nôtre, en extrait l'impossibilité humaine de douter, qui se livre à l'observation. Il n'en tire pas argument pour un saut dans l'ontologie, mais se maintient dans les limites du réel vérifiable, qui lui livre une sorte de postulat expérimental. Cousin ,au contraire, franchit le pas, de *notre* impossibilité de doute total, à l'impossibilité métaphysique de ce doute. Et pourtant, il n'apporte qu'une preuve, celle d'une donnée de notre conscience, et donc, en réalité, retombe dans le raisonnement des philosophes écossais, tout en prétendant à une portée autre, ontologique. C'est du reste sur ce point précis que la lucidité de son jeune commentateur le taxe de « charlatanisme » : « Comment M.C. établit-il l'existence de l'absolu, par l'existence psychologique de la croyance nécessaire, pas autrement que les Ecossais. Je ne lui reproche pas de faire comme eux, mais tout en faisant comme eux (...) de prétendre mieux faire » [36].

Entre le lecteur de 1844, et l'auteur de l'*Avenir de la Science,* exaltant en Cousin le précurseur du dogmatisme critique, on mesure le chemin parcouru : « Le dogmatisme critique qui ne redoute plus le scepticisme, car il l'a traversé, il sait ce qu'il vaut » [37] se pose en philosophie de l'absolu, non en nécessité expérimentale. L'absolu n'est plus une hypothèse ni même un postulat, puisque, selon Renan en 1848, la méthode de V. Cousin (méthode psychologique) « peut mener à des résultats aussi *dogmatiques* que la spéculation abstraite » [38]. Le pavillon métaphysique couvre maintenant la marchandise de l'expérimental.

Etrange zone que celle où s'opposèrent, en Renan, l'effort d'élimination du doute et l'exigence critique totale. Il ne put comme Pascal laisser coexister l' « impuissance de prouver, invincible à tout le dogmatisme », l' « idée de la vérité invincible à tout le pyrrhonisme » [39], car, si Pascal avait déjà son Dieu, le jeune Renan, en quête du sien, devait « marcher tout de même » sans pouvoir « ni reculer, ni rester là ». Cette nécessité d'une issue contribue sans doute à expliquer, pour une intelligence critique, le passage brusqué à la preuve — le succès, en 1848, de l'opération Cousin.

Cousin n'a-t-il pu, avant l'*Avenir de la Science,* imprimer en Renan une certaine lecture de Hegel ? « Quand d'Heidelberg je continuai ma course

---

35. *C.R.* n° 3, p. 22.
36. *C.R.* n° 3, p. 117.
37. *A.S.,* III, 1086.
38. *A.S.,* III, 851. (Nous soulignons).
39. *Pensées,* VI, 395, p. 508.

en Allemagne, je l'annonçai partout, je le prophétisai en quelque sorte »
écrit-il dans ses *Fragments de philosophie contemporaine* [40], et Paul Janet
cite une lettre qu'il adressa en 1825 au philosophe du devenir : « Hegel,
dites-moi la vérité, puis j'en passerai à mon pays ce qu'il en pourra comprendre » [41]. A force de « mesurer » (selon son expression dans la même
lettre) « la force du vent sur celle du pauvre agneau », Cousin n'a-t-il pas
faussé le discours hegelien ? Ainsi, par exemple, en traduisant l'esprit ou
le savoir absolu par l'humanité, puis par les grands hommes, dans son
Cours de 1828 ? L'idée cousinienne de raison impersonnelle, telle qu'elle
s'exprime en 1826 dans la *Préface des Fragments,* semble une adaptation
figée du savoir absolu selon Hegel dans la *Phénoménologie de l'Esprit*[41 bis].
Car, si pour Hegel cette unité des contraires est saisie dans les conditions
mêmes de l'esprit, Renan comme Cousin, se fondant uniquement sur le
déroulement des époques, dans leurs caractéristiques psychologiques distinctes, saisissent la succession (religion, intellection) dans la mesure où
elle est expérimentalement accessible : aux époques de foi positive (âge
du spontané, pour Renan) succède l'esprit analytique et révolutionnaire
(le XVIIIᵉ siècle français)... Hegel, loin de décrire une succession ou une
alternance, part d'une analyse des notions mêmes, qui lui découvre l'unité
dialectique (non la succession chronologique) de foi et d'intellection :
c'est ainsi qu'au tome deuxième de la *Phénoménologie* [42], il définit la foi
comme le contenu, et l'intellection pure comme le refus du contenu, la
pure pensée négative ; mais, par sa négation même, cette pensée se donne
un contenu — car le refus du contenu de la foi détermine lui-même un
autre contenu, une positivité. Il en résulte une contradiction pour la pure
raison, qui, en combattant la foi, croit combattre son contraire et s'affronte
en réalité à un autre soi-même.

« Ainsi ce que la pure intellection énonce comme son autre, ce qu'elle
énonce comme erreur ou mensonge, ne peut être rien d'autre qu'elle-
même ; elle peut seulement condamner ce qu'elle est. Ce qui n'est pas
rationnel n'a aucune *vérité,* ou ce qui n'est pas conceptuellement conçu
n'est pas. Donc, quand la raison parle d'un *autre,* elle parle seulement de
soi-même » [43].

Cousin, dans la *Préface* de 1826, taxe d'hypothétique la démarche de
Hegel : « Hegel débute par des abstractions qui sont pour lui le fondement et le type de toute réalité ; mais nulle part il n'indique ni ne décrit
le procédé qui lui donne ces abstractions » [44]. (...) « moi, je débute par la
psychologie et c'est la psychologie elle-même qui me conduit à l'ontologie
et me sauve à la fois du scepticisme et de l'hypothèse » [45]. Donc l'effort de

---

40. P. 74.
41. P. 202.
41 bis. *Phénoménologie,* II, 100.
42. P. 95-96.
43. *Phénoménologie,* II, 100.
44. Préface aux *Fragments de philosophie contemporaine,* p. 79.
45. *Ibid.*

Cousin est de partir du donné expérimental (analyses des états différents de l'humain selon les différents âges), sans voir que le devenir qui se dessine alors n'a plus rien de commun avec la perspective hegelienne, car pour Hegel, le devenir n'est pas une espèce de modalité d'un être donné qui s'écoulerait dans le futur, mais il finit par faire disparaître l'idée même d'un être donné, ou installé :

> Le tort selon Hegel « consiste à prendre pour quelque chose de vrai, de solide et d'effectif des formes abstraites telles que « le même » et « pas le même », l'identité et la non-identité, et de s'appuyer sur ces formes. Ce n'est pas l'une ou l'autre de ces formes qui ont vérité, mais proprement leur mouvement, au cours duquel le simple « le même » est l'abstraction et ainsi la différence absolue, tandis que cette différence absolue, comme différence de soi, de soi-même différente, est donc l'égalité avec soi-même (...). La difficulté qui se trouve dans ces concepts a sa seule source dans la ténacité avec laquelle on maintient le *est,* en oubliant la pensée dans laquelle les moments *sont* autant qu'ils ne *sont pas* — c'est-à-dire sont seulement le mouvement qui est l'esprit » [46].

C'est peut-être quelque souvenir de l'unité dialectique qui se trouve transposé par Cousin, sur le mode moral, dans une appréciation générale de l'humanité (tour à tour religieuse ou critique..., lieu de réunion des contraires). Ainsi, dans le Cours de 1828, Dixième leçon (Des grands hommes) : « Ne vous hâtez jamais d'attribuer rien de vil à l'humanité (...). On ne fait jamais attention que tout ce qui est humain, c'est l'humanité qui l'a fait, ne fût-ce qu'en le permettant » [47]. Cette idée parcourt aussi l'*Avenir de la Science ;* ainsi à propos des dogmes, qui, tyranniques pour finir, furent une expression immédiate et en son temps authentique de l'humain : « On ne déclame que parce que l'on se figure la chaîne comme imposée par une force étrangère à l'humanité. Or l'humanité seule s'est donné des chaînes » [48]. Par Renan et Cousin, les contraires (les deux mouvements simultanés et solidaires de l'esprit selon Hegel) sont vus comme successifs, et leur vraie réunion est alors historique, elle se confond avec le lieu même de l'évolution : le devenir de l'humanité.

C'est, semble-t-il, faute de saisir ce que Hegel nomme « le mouvement qui est l'esprit » que Cousin a substitué la psychologie à l'ontologie, prétendant ensuite passer d'un ordre à l'autre : par l'étude psychologique des faits de conscience, il croit saisir l'union du fini et de l'infini, le fini étant le moi, l'homme, l'infini, ce qui se donne au moi dans l'aperception pure. Mais Cousin maintient terriblement le verbe être, « la copule sans esprit » [49]

---

46. *Phénoménologie,* II, 283.
47. Cousin, *Cours de* 1828, p. 221-222.
48. *A.S.,* III, 1035.
49. *Phénoménologie,* II, 283.

selon Hegel, et sa prétention expérimentale lui fait une nécessité de saisir l'esprit *étant* en l'homme, donné dans le fait de conscience. C'est sans doute l'interprétation cousinienne de Hegel qui, influençant Renan, lui suggéra une objection contre Hegel qu'une note de l'*Avenir de la Science* juge « insoutenable dans le rôle exclusif qu'il attribue à l'humanité » [50] : et Renan croit élargir le point de vue de Hegel en déplaçant, de l'homme à l'instinct vital, au spontané, le centre du devenir : « la considération exclusive de la nature humaine (...) mènerait, ou à l'ancien finalisme, qui faisait de l'homme le centre de l'univers, ou à l'hégélianisme pur, qui ne reconnaît d'autre manifestation de la conscience divine que l'humanité (...). La physiologie et l'anatomie comparées, la zoologie, la botanique, sont à mes yeux les sciences qui apprennent le plus de choses sur l'essence de la vie, et c'est là que j'ai puisé le plus d'éléments pour ma manière d'envisager l'individualité et le mode de conscience résultant de l'organisme » [51].

Ce prétendu élargissement de la pensée de Hegel ne fait que dilater la pensée de Cousin (par des vues vitalistes influencées de Herder), mais Cousin comme Renan restent ici en dehors de la conception hégélienne : l'un et l'autre plaquent sur le « mouvement » hégélien la catégorie de l'être ; qu'il s'agisse de l'homme, qu'il s'agisse d'un vivant allant vers la conscience, l'un et l'autre présentent d'abord un état puis un développement. Devenir humain et dynamisme vital partent tous deux d'un état. Ni l'un ni l'autre ne figurent le constant et primordial mouvement du concept et de la nature, tel que le définit J. Hyppolite commentant Hegel :

> « L'esprit est précisément le mouvement de l'identification de la nature et du logos et de leur différence, il est leur unité dialectique et concrète, mais cette unité ne doit jamais être posée comme un être » [52].

Nous voyons donc que l'orientation de Cousin, à laquelle adhère Renan dans l'*Avenir de la Science* (tout en la prolongeant de vues naturalistes et vitalistes) trahit une lecture partielle de Hegel, dont la pensée est dénaturée par une installation dans l'être, qui figure chez Cousin la base même du devenir. Le devenir, selon Cousin et Renan, se greffe sur un verbe être, tandis que chez Hegel c'est le verbe être qui se trouve lui-même désinstallé par le mouvement dialectique. Cousin, et à travers lui Renan, ont vu le rapport dialectique selon une traduction psychologique ou physiologique, celle-ci suivant un devenir, mais partant d'un fait, d'un état. Le mouvement qu'ils analysent n'est pas celui que définit la *Phénoménologie*. Il semble donc que l'interprétation de Hegel par Cousin tende à le figer, du moins dans la mesure où elle restitue l'état au départ même du devenir. Il fallait à Cousin la garantie de l'expérience pour « se sauver de l'hypo-

---

50. *A.S.*, III, 1125.
51. *A.S.*, III, 933-934.
52. *Phénoménologie*, II, p. 283, n. 61.

thèse » et fonder l'absolu, croyait-il, en toute rigueur (sur la foi même du fait de conscience). C'est par cette illusion qu'il s'imposa, semble-t-il, à Renan. De même qu'il avait contribué à mettre Kant entre parenthèses, de même il rabattit totalement Hegel sur le devenir historique, psychologique... Projection simplifiante et déformante — mais qui fournissait à Renan ce que désirait sa faim de « vrai » en 1848 : la possibilité de fonder une certitude, le dogme scientifique, le divin-humain.

Cousin joua donc un rôle d'importance, fonctionnant, si l'on peut dire, dans l'esprit de Renan, pour évacuer le scepticisme (kantien), et conjurer l'hypothèse (hégélienne), mais surtout infléchir celle-ci dans le sens de l'être. Le verbe être se trouvera ainsi restitué. Renan aura beau insister sur l'importance du *fieri*, celui-ci part toujours pour lui d'un état. Pour Renan, le divin se trouvera, sans doute, dans le devenir de l'homme ou même des premiers organismes s'élargissant en conscience de plus en plus claire. Mais Dieu ne sera pas, comme chez Hegel, le fait de penser Dieu, le mouvement du savoir absolu qui se pense lui-même.

Renan dans l'*Avenir de la Science,* s'il regrette les « nécessités extérieures » qui ont forcé V. Cousin « à embrasser exclusivement certaines doctrines particulières qui l'ont rendu presque aussi étroit qu'elles-mêmes », exalte en contrepartie « le grand éclectisme des cours de 1828 et 1829 » [53]. Or, le Cours de 1828 définit « le grand homme » comme le moteur même de l'histoire, sorte d'instrument providentiel et nécessaire. Ainsi, dans la Dixième leçon : « Le grand homme n'est point une créature arbitraire qui puisse être ou n'être pas. C'est le représentant plus ou moins accompli que tout peuple suscite nécessairement (...). Trop et trop peu d'individualité tue également le grand homme » [54]. Dans son désir d'équilibre entre le trop et le trop peu, c'est pourtant vers l'individualité (sans doute représentative, mais pure) que penche Cousin ; il affirme la mission transcendante du grand homme qui « vient pour représenter une idée » [55], mais en même temps son unicité, consacrée par son nom : « Ouvrez des livres d'histoire, vous n'y verrez que des noms propres » [56]. A cette exaltation de la figure, cristallisation d'un temps dans un individu (« Tout dans le monde entier travaille à former la merveille du grand homme » [57]) se joint une justification de l'histoire : ce n'est plus, comme chez Hegel (dans l'*Introduction aux Leçons sur la philosophie de l'histoire*) une nécessité dialectique qui entraîne échec et succès, mais une justification morale et totale du succès : « Il faut aller plus loin, il faut prouver que le vaincu a mérité de l'être, et que le vainqueur non seulement sert la civilisation, mais qu'il est plus moral que le vaincu, et que c'est pour cela qu'il est vainqueur » [58]. Renan se montre sur ce point

53. *A.S.,* III, 851.
54. *Cours de* 1828, p. 213-214.
55. *Ibid.,* p. 218.
56. *Ibid.,* p. 217.
57. *Ibid.,* p. 218.
58. *Ibid.,* p. 201.

plus nuancé, dès les *Cahiers de Jeunesse,* le droit ne consistant pas pour lui dans le fait même, mais le fait pouvant signifier, manifester un droit : « Les droits de l'homme vont se fondant, à mesure que l'homme avance (...) ; ce qui constitue objectivement la légitimité de la Révolution française, ce n'est pas le fait de son accomplissement ; mais ce qui nous fait connaître cette légitimité, c'est ce fait même. Il y a dans cette distinction un germe très fécond... » [59]. Des conceptions analogues, non point sur la « moralité » du succès, mais sur le succès, signe d'une idée mûre, s'expriment dans l'*Avenir de la Science,* au chapitre XVIII [60]. Il faudra attendre certaines pages de la *Réforme* pour que Renan (encore ne le fera-t-il que par intermittences !) attribue le succès à la « vertu » du vainqueur [61] ; il faudra de même attendre les *Dialogues philosophiques* pour que Théoctiste (le fondateur de Dieu) énonce hardiment : « la fin de l'humanité, c'est de produire des grands hommes » [62]. Dans l'*Avenir de la Science,* l'humanité, porteuse du Divin, semble porter ce sens dans sa globalité même.

Si, pour le jeune auteur des *Cahiers,* le grand homme est « celui qui prend le ton de son siècle » [63], l'*Avenir de la Science* dépasse ce qui pouvait sembler rapport extérieur d'expression presque mimétique, pour faire, du tout humain, le sens et la raison d'être des grandes figures : « Que me fait cet homme qui vient se placer entre l'humanité et moi ? Que m'importent les syllabes insignifiantes de son nom ? Ce nom lui-même est un mensonge » [64]. Ainsi Renan désindividualise le grand homme bien plus que ne l'a fait Cousin — Et le futur historien (biographe ?) de Jésus n'hésite pas à écrire : « En général, la bonne critique doit se défier des individus » [65]. Ne serait-ce point qu'ici encore le désir de globalité, à la façon de P. Leroux, combatte l'influence de Cousin ? Dans son ouvrage *De l'humanité, de son principe et de son avenir,* Leroux définit l'humanité globalement et syncrétiquement, l'Eglise ancienne n'en étant que la figure, la prophétie annonciatrice. C'est la réalité vécue du lien qui pour lui détermine le sens même de l'humanité, son équivalence divine, et qui restitue dans sa vérité la formule mystique : *In Deo vivimus et movemur et sumus* [66]. L'*Avenir de la Science* définit aussi le divin comme une coopération du tout et de l'un, de la foule et du génie, échange essentiel qui seul crée le « grand » : « Presque toujours l'admirable, le céleste, le divin, reviennent de droit à l'humanité » [67]. Aussi n'est-ce pas, selon nous, dans l'*Avenir de la Science,* que la pensée de Renan touchant l'humanité doit le plus ouvertement à Cousin. Il semble qu'en

---

59. *C.J.,* IX, 163.
60. *A.S.,* III, 1026.
61. *R.I.M.,* I, 433, 405.
62. *D.P.,* I, 610.
63. *C.J.,* IX, 320.
64. *A.S.,* III, 883 ; voir aussi p. 884-885.
65. *A.S.,* III, 885.
66. *De l'humanité,* P. V, ch. 4, p. 231.
67. *A.S.,* III, 885.

1848, Renan, dans la formulation de son symbole philosophique, tente d'ouvrir le génie à l'humanité plutôt que de le concentrer en figures. Tout en faisant l'éloge du « grand éclectisme de 1828 », Renan (à son insu peut-être) adapte la pensée de Cousin en l'habillant à la façon de Leroux.

Dilatation de son symbole philosophique — certes, mais lorsque sa déclamation fait éclater les limites individuelles et jusqu'au nom-mensonge, Renan n'atteint-il pas le point limite où sa pensée se dépasse elle-même ? Attendrons-nous 1876 et les formules de Théoctiste, pour constater que, sur ce point comme sur tant d'autres, Renan s'est « contredit » au cours de son histoire etc. etc ? Peut-être une lecture patiente de l'*Avenir de la Science* nous permettra-t-elle une suggestion, en nous ouvrant un aperçu des virtualités internes qui (si ténues qu'elles restent encore dans leur expression) peuvent préfigurer les « contradictions » futures. Revenons donc sur le royal morceau du nom-mensonge — l'individu masquant l'humanité, *seule vraie, divine, géniale* [68]. Renan y évoque les théories de Wolf niant l'individualité d'Homère et restituant son génie à l'esprit même de la Grèce héroïque ; renchérissant sur les théories germaniques, il déclare que, Homère aurait-il vécu d'une existence individuelle, aurait-il composé ses poèmes, ceux-ci seraient encore l'œuvre de l'humanité. Supposer le contraire ? Autant vaudrait soutenir — enchaînement attendu chez l'ancien séminariste — que ce sont Matthieu, Marc, Luc et Jean qui ont inventé *Jésus* » [69]. Ainsi s'impose le nom que Renan ne vida jamais de son essentielle unicité, qui jamais pour lui ne fut « mensonge », et qui, dans la dérision voulue de l'individuel, lui ménage pourtant l'avenir. Jésus fonde l'humain, mais Jésus fonde l'unique, Jésus est poème et poète, singulier et universel, une œuvre et un homme. Par lui se voit réintégrée (quoiqu'ici sur le mode de la parenthèse et de la concession) l'irréductible unicité : « Sans doute ce n'est pas le hasard qui a désigné tel individu pour l'idéalisation » [70]. Le circuit qui traverse l'humanité totale de Leroux ne débouche-t-il pas pour finir sur une figure et sur un nom ?

La tentation individualiste est ancienne en Renan ; il est vrai qu'il la dilate, dans l'*Avenir de la Science,* et, sans la renier tout à fait, en repousse la séduction, séduction qu'exprimaient spontanément les *Cahiers de Jeunesse*, dans le juvénile dessin du « grand homme » (lequel superposait — n'est-ce qu'une coïncidence ? — Cousin et le jeune Renan) : « M. Cousin a un trait de caractère très nettement dessiné et qui le peint tout entier. C'est d'être un homme à s'enthousiasmer des *autres grands hommes* et à se monter à leurs idées (...). Moi-même je suis porté à cela » [71].

---

68. *A.S.*, III, 883.
69. *A.S.*, III, 88 (nous soulignons).
70. *A.S.*, III. 886.
71. *C.J.*, IX, 164 (nous soulignons).

L'*Avenir de la Science* nous paraît révéler à la fois une ouverture sur l'humanité à la façon de Leroux, et déjà une possibilité de repli sur l'individu-figure (qui n'est pas exactement un retour à Cousin, pour qui Jésus ne fut jamais archétype. Or, pour Renan, l'individualisme idéaliste passe nécessairement par Jésus). Les tendances de Renan à dilater l'humain, se prolongeront en 1852 dans l'interprétation de l'averroïsme, et la théorie de l'intellect actif dont l'immortalité représente le véritable Dieu, l'immortalité du genre humain : « Une *humanité vivante et permanente,* tel semble donc être le sens de la théorie averroïstique de l'unité de l'intellect. L'immortalité de l'intellect n'est ainsi autre chose que la renaissance éternelle de l'humanité » [72]. Leroux se reconnaîtra dans cette page, non comme un père, mais comme un auteur spolié. Les analyses de Charles Jourdain, auteur d'une *Philosophie de St Thomas d'Aquin,* décelant dans cette « humanité vivante et permanente » « un système analogue à celui qui s'étalait, il y a quelques années, dans un ouvrage sur l'Humanité qui a eu en France quelque retentissement » [73], loin d'amener Leroux à l'idée d'une quelconque parenté avec Renan, le lui firent dénoncer comme plagiaire : « Eh bien ! vous avez lu mon livre, puisque vous en avez fait usage (sans me nommer, bien entendu) et vous ne comprenez pas pourquoi Job dit qu'il retournera dans le ventre de sa mère ! » [74]. C'est dire l'antipathie intellectuelle de Leroux pour Renan, c'est dire aussi que l'humanité vivante et permanente n'est peut-être, de l'un à l'autre, qu'imparfaitement (ou trompeusement ?) analogique. (Sur le problème de l'humanité divine, nous reviendrons, à propos du commentaire polémique, donné en 1860 par Leroux du Job de Renan). L'anticipation que nous proposons ici ne représente qu'une mise en perspective, un effort pour départager les lignes, enchevêtrées en 1848, pour dessiner les mobiles réseaux d'influence, de l'éclectisme et du contre-éclectisme sur Renan. Mais, déjà pour l'auteur de l'*Avenir de la Science,* « quelle différence du philosophe qui s'est appelé autrefois Pierre Leroux, au patriarche d'une petite église » [75]... A une philosophie dégénérée en secte, Renan préfère les méthodes de V. Cousin et ses prétentions à l'œcuménisme scientifique.

L'absolu selon Cousin ne représente-t-il pas la superposition de deux formes d'idéalisme : l'idée platonicienne, séparée du monde sensible, essence de vrai, correspondant à la raison impersonnelle selon Cousin, l'idée hégélienne, signifiant la relation dialectique du monde et de l'esprit, mais interprétée par Cousin en devenir historique ? Le vocable même d'idée, qui pour Platon consacre la différence, traduit pour Hegel le retour à l'un, la réconciliation dans l'unité dialectique. Cousin lisant Hegel, retourne malgré lui à une sorte de dérivé platonicien. De là

72. *A.S.,* III, 117.
73. *Philosophie de Saint Thomas d'Aquin,* t. II, p. 393.
74. Leroux, *Le livre de Job,* p. 255.
75. *A.S.,* III, p. 813.

peut-être les prolongements éthiques et esthétiques de cet idéalisme, visant à séparer le Beau du sensible. Ainsi, d'après le Cours de 1818 (22e leçon) : « le propre de la beauté est, non pas d'exciter le désir, mais de tendre à l'étouffer »[76]. Reprises dans l'édition de 1846, ces notations se développent : « Plus une femme est belle, non de cette beauté commune et grossière que Rubens anime en vain de son ardent coloris, mais de cette beauté idéale que l'antiquité et l'école romaine et florentine ont seules connue et exprimée, plus le désir est remplacé par un sentiment exquis... »[77]. Cette spiritualisation rencontrait en Renan des harmoniques (ainsi dans l'ébauche romanesque d'*Ernest et Béatrix*, mais, pour Renan, cette vue du beau et de l'art, alliée au suprasensible, se fond avec une imagination irréductiblement religieuse, comme en témoignent, dès la jeunesse, les fragments intimes, puis en 1850 l'article sur Feuerbach et la nouvelle école hégélienne, qui célèbre, contre le beau de la tradition profane, « l'enthousiasme de la souffrance » et le « divin lépreux »[78]).

Devant le dépaysement de l'extase, de l'ascétisme chrétien, de tout mysticisme, Cousin se borne à énoncer la règle du juste milieu et se félicite du « spiritualisme raisonnable »[79] qui le garantit des « chimères ». Ces « chimères », qu'il juge selon la norme traditionnelle, ne figurent pour lui ni vrai, ni bien, ni beau, mais aberration, alors que Renan, dans l'*Avenir de la Science*, exalte (à travers Sainte Eulalie, par exemple) la fascination de l'ascétisme. Le jeune commentateur du Cours de 1818 considère en 1844 la vingt-deuxième leçon comme « irréprochable »[80], mais son accord avec Cousin s'opère surtout sur l'idée fondamentale de « l'indépendance du beau et des arts » par rapport à l'utile, ou à une quelconque pédagogie sociale. Il reste que si, pour Renan comme pour Cousin, le beau est perçu selon l'idéalisme, l'auteur de l'*Avenir de la Science* se plaît à la « chimère » de la souffrance chrétienne, du mysticisme, qui délivrent pour lui tous les ferments du spontané.

On retrouve donc, transposé dans l'analyse du beau, le manque même qui frappait pour Renan l'analyse cousinienne du vrai, et lui faisait remarquer combien une certaine philosophie, tout en découvrant des vérités, restait indifférente à l'idée même de vrai. Pour Renan, le beau propre au Christianisme est une quintessence de vérité puisqu'il livre le spontané dans son exercice le plus libre. Cependant, avec le manque, Cousin n'offrait-il pas à Renan les virtualités mêmes de la plénitude, puisqu'au témoignage de l'*Avenir de la Science*, la doctrine du spon-

---

76. P. 218.
77. P. 140.
Sur les conceptions esthétiques de Renan, son rapport avec V. Cousin, lire « Aux sources de la pensée esthétique de Renan », de J. Pommier (*Humanisme actif*, p. 222-223).
78. *E.H.R.*, VII, p. 290.
79. *Cours de* 1818, éd. 1846, p. 95.
80. *C.R.* n°, p. 132.

tané, la distinction des âges primitifs et des âges de réflexion pénètrent grâce à lui dans le champ philosophique ? Dans une lettre à Henriette, du 22 septembre 1845, Renan, qui « consacre [ses] études de vacances à étendre [ses] connaissances sur la littérature allemande » (et commence à peine à voir s'évanouir « les difficultés de l'interprétation littérales ») place V. Cousin, face aux penseurs allemands, dans le rapport de Socrate à Jésus [81]. (Une sérieuse restriction s'impose, touchant l'ampleur de ces lectures allemandes, dont le deuxième *Cahier renanien* nous offre le détail — essentiellement des « auteurs d'explication » — Il est vrai que Renan poursuivait, parallèlement à ces exercices, la lecture de Madame de Staël). Si l'Allemagne évoque toujours idéalement, pour le jeune Renan, le christianisme à la façon de Herder, le nom de Socrate se voit souvent prolongé de résonances vaguement péjoratives : ainsi, dans l'*Avenir de la Science,* il symbolise un « dogmatisme raisonnable, mais sans profondeur » [82] — ou encore, dans la correspondance de 1848, il offre matière à un tableau de genre : le faux sublime de V. Cousin qui, dans le bouleversement révolutionnaire « parle déjà du sort de Socrate » [83]. Quoi qu'il en soit, véhiculant la théorie du spontané, que le jeune Renan combinait avec le système de Wiseman [83 bis] et l'hypothèse des lois extraordinaires (en rapport avec la nature même du monde primitif), ce nouveau Socrate, lui-même peu perméable au sens comme à la beauté du fait religieux, aidait pourtant son commentateur à poser en termes neufs le problème — « psychologique » — de Jésus.

Si, jusqu'en 1848, Renan souligne comme une lacune l'ignorance systématique, par Cousin, du christianisme, c'est d'un point de vue moins affectif que critique et scientifique. Elargissant la sicence, réintégrant en elle le phénomène religieux, lieu d'élection du spontané, des forces vives, pneumatiques et poétiques de l'humain, Renan croit élargir Dieu même, et, du même coup, le rendre accessible, car la science ainsi conçue sert de médiation avec Dieu en même temps qu'elle en fonde la certitude. L'éclectisme réadapté par Renan selon sa propre interrogation intérieure, les points d'application s'en trouvent aussi déplacés par rapport à ceux auxquels tendait Cousin. Mais en l'aidant à écarter Kant, à aplanir et interpréter Hegel, V. Cousin, grâce à l'affirmation (à figure de preuve) d'un absolu accessible par la psychologie expérimentale, rendit possible pour Renan l'espoir de fonder un « dogmatisme critique » [84].

La pensée de Cousin joua un rôle déterminant pour aider Renan à maîtriser le doute, à fonder l'objectivité de la connaissance, et achever

---

81. IX, 791.
82. III, 1086.
83. IX, 1050.
83 *bis. A.S.,* III, 1086. Sur La lecture de Wiseman par Renan, voir Jean Pommier, *Cahiers renaniens* n° 4, p. 24 et 25.
84. *A.S.,* III, 1086.

la résorption du criticisme kantien. Pour préfigurer une philosophie de l'absolu, le jeune Renan, en même temps qu'il commentait le Cours de 1818 (et à la lumière de cette étude) découvrait un répondant inattendu, précurseur de Cousin lui-même, et véritable initiateur : Bossuet, auteur de la *Connaissance de Dieu et de soi-même*. Annoté d'abondance, commenté d'enthousiasme, l'exemplaire de Renan (*N.A.F.* 11 547, 30) nous permet de suivre sa lecture (concomittante à son étude de Cousin et des Ecossais ou la suivant de peu). C'est la découverte d'une réfutation anticipée du kantisme, une élaboration, complète déjà, des prétendues découvertes de V. Cousin : Bossuet affirme-t-il que « l'intelligence a pour objet des vérités éternelles, qui ne sont autre chose que Dieu même, où elles sont toujours subsistantes et toujours parfaitement entendues »[85] ?

Renan de commenter : « Il a dit en ce paragraphe tout ce que Monsieur Cousin a fait valoir comme une découverte »[86]. La volonté qu'expriment toutes les notes et réflexions marginales est de rendre à Bossuet ce qui, selon Renan, lui appartient, c'est-à-dire la révélation « cousinienne » de la vérité impersonnelle. « Toutes ces vérités, écrit Bossuet, et toutes celles que j'en déduis par un raisonnement certain subsistent indépendamment dans tous les temps »[87] — appelant cette remarque : « C'est du Cousin tout pur »[88]. L'entraînement intellectuel du jeune Renan est total à suivre une pensée qui pose un Dieu raison pure, lieu immuable, intemporel du vrai, et qui, bien avant Cousin, détermine en l'homme l'élément subjectif, le moi connaissant, et l'objet, raison pure immuable dont je participe sans me confondre avec elle : « Parfaite distinction de l'objectif et du subjectif (...), M. Cousin identiquement. En vérité cet homme n'a rien trouvé »[89].

Ainsi l'idée, sinon le vocable, d'absolu, la différence en l'homme de l'objectif et du subjectif, portent Renan à découvrir en Bossuet une sorte de début philosophique intégral, garantie contre le scepticisme et tout risque futur d'asservir la raison humaine à sa constitution, aux formes a priori de la connaissance. Ce n'est point, selon Renan, pur énoncé affirmatif que celui de Bossuet ; sa conception, comme celle de Cousin et avant elle, se fonde sur l'analyse psychologique de l'acte même d'adhésion à l'idée d'un Dieu : « Car quand j'entends *Dieu est,* cette vérité n'est pas dans mon intelligence »[90] conclut Bossuet, aussi éloigné du scepticisme que du panthéisme. « Magnifique point de vue »[91], selon Renan. Si Bossuet, d'après cette lecture, n'a laissé à V. Cousin aucune chance d'innovation, il se voit même parfois jugé supérieur, pour la

---

85. P. 198.
86. *Ibid.*
87. P. 200.
88. *Ibid.*
89. *Ibid.*
90. P. 208.
91. *Ibid.*

profondeur de l'analyse psychologique, aux philosophes écossais qu'il annonce. Bossuet écrit (§ 11, 5e alinéa) :

« Singulière chose que l'homme ne se plaise pas à lui-même tel qu'il est, et qu'il lui faille (...) une hypothèse pour expliquer ce qu'il appelle sa dégradation » [92]. Et Renan de crier au miracle (non point psychologique, mais de psychologie) : « Quel psychologiste ! C'est un vrai prodige que cette découverte de l'esprit écossais par Bossuet ! » [93]

Ainsi, lisant en même temps et selon les mêmes préoccupations intérieures (la nécessité de fonder le vrai objectif), Bossuet, les Ecossais, V. Cousin, Renan découvre en Bossuet l'anticipation préfiguratrice. Tout l'éclat novateur de V. Cousin s'en trouve sensiblement terni. Cousin reste celui qui tenta (et réussit, aux yeux de Renan) à désamorcer Kant, mais l'affirmation du vrai immuable, la démonstration psychologique de la « raison pure », c'est à Bossuet que les restitue l'enthousiasme de Renan.

Fait remarquable — toute la démarche scientifique, critique de Renan pour fonder le vrai, sa lecture de Cousin, de la philosophie écossaise, se doublent donc au départ de cette insistante référence sous-jacente à une pensée dogmatique (et religieusement dogmatique). Il s'exalte de voir la pensée moderne déjà présente et contenue dans le dogme du Dieu-Vérité, et les prolongements cousiniens qu'il prête à Bossuet authentifient en même temps son retour en arrière car ils l'assimilent à une marche en avant. Le Dieu que l'on adore par la connaissance, telle est la hantise de Renan et c'est ainsi que la religion par la science accède à un sens autre que superficiellement analogique. Lorsqu'il souligne, dans le texte de Bossuet, les passages qui assimilent la recherche des vérités au culte pur (« les voir, c'est me tourner à celui qui est immuablement toute vérité ») [94], Renan fonde sa propre recherche du vrai total par la science sur un amalgame du dogmatisme de Bossuet reconstruit comme scientifique, et de l'approche psychologique de l'absolu par Victor Cousin. « Encore Monsieur Cousin, Culte de Dieu par la pensée et la recherche du *vrai*. Cette manière d'arriver à Dieu est aussi celle de Monsieur Cousin et de son école » [95].

Renan, vers 1845, s'il élabore sa pensée selon ses exigences critiques et se prépare à la saisie scientifique du Dieu, trouve en Bossuet la sauvegarde même de l'idée de science, et de sa légitimité. Parfois s'ouvre aussi l'échappée sur le rêve pur, immédiatement dominé par la méthode inductive. C'est ainsi que tout à la fois Renan rêve et s'empêche de rêver, s'abandonne et se reprend en mains à la lecture de cette évocation, par Bossuet, des origines de l'homme :

---

92. P. 215.
93. *Ibid.*
94. P. 201.
95. *Ibid.*

« Dieu avait uni l'âme immortelle à un corps immortel » [96]. Le commentaire étouffe l'intime tendance à l'enthousiasme, par la douloureuse mais nécessaire reprise critique : « Que cela ressemble à ces beaux rêves des poètes qui s'effacent devant l'étude du réel. Comment concevoir un *corps immortel* dans l'état actuel du globe terrestre. Et il faut admettre que depuis l'apparition de l'homme sur la terre il n'y a eu aucune révolution assez considérable pour expliquer un tel changement. Et puis le genre humain a-t-il commencé par les délices ? Induction, induction, que tu es cruelle et destructive ! » [97]

Si la science détruit le mythe des origines, ne saura-t-elle (elle-même devenue fictive) le reconstruire, le lancer à la fin des temps, ce « corps immortel » et total, qui, dans la 3ᵉ section des *Dialogues,* devenu centre des Rêves, sera devenu aussi corps de Dieu ?

Ainsi l'influence de Cousin reste à expliquer en partie d'après les réticences dont elle s'accompagne, et cette doublure étrangère dont l'assortit la lecture passionnée de Bossuet. Cousin, et, dans une bien moindre mesure, les philosophes écossais, furent sentis à travers cet autre, c'est-à-dire à travers une restructuration, non certes doctrinale, mais religieuse, du vrai : consécration de la science de l'homme en science de Dieu — « Admirable jonction, écrit Renan en marge de la conclusion du traité *Les saints et les philosophes.* Ce sont en effet deux pousses de la même tige, le sens du beau ou du bon, la conception noble de la vie. Oh que j'aime cette (*fin ?* mot illisible) ! Nos petits esprits jugeaient cela pitoyable et haussaient les épaules » [98]. De cette passion du vrai qui soit un tout, Cousin est-il le seul, est-il même le véritable instaurateur ?

96. P. 219, § XI.
97. P. 219.
98. P. 276.

CHAPITRE V

CROIRE A LA POSSIBILITE DE CROIRE.
RENAN ET SAINT-SIMON.

L'effort vers un dogmatisme critique est un effort de fondation. Il s'inscrit dans une démarche que l'on peut dire religieuse, ou à destination religieuse, car elle doit aboutir à l'équivalent d'une foi. Changer de religion, ce n'est pas, pour Renan, changer d'opinion par une sorte de transhumance intellectuelle, mais fonder ou découvrir, ailleurs que dans la foi positive, le sens de l'homme et du monde, donc de Dieu. Changer de religion, c'est donc changer *la religion* même, non point manifestation de subjectivisme sentimental, mais rénovation des fondements de l'acte de croire.

Cousin, nous l'avons souligné, aida Renan dans cette recherche, mais non point par une influence qui ne serait que contact : ainsi, remarquons-le, Renan n'a pas directement « hérité » du panthéisme ou du spinozisme qu'il décèle en Cousin dès 1844 (et dont le maître, soucieux d'orthodoxie, se défend si fort à travers toute son œuvre). Renan, à cette époque, se montre critique ou du moins circonspect devant une doctrine qui n'est encore pour lui qu'une doctrine. Or, il se veut fondateur, il s'agit pour lui non pas de choisir dans un échantillonnage philosophique donné, mais de poser les conditions de la recherche du vrai. Sans doute une note de l'*Avenir de la Science*, définit le « panthéisme » de Renan comme croyance à « une raison vivante de chaque chose »[1] ; mais, loin de s'approprier un quelconque contenu positif de l'éclectisme, il trouve en lui plutôt tout un appareil (ici, d'expérimentation psychologique) nécessaire à la fondation de la connaissance totale. Il emprunte, non point un code de croyances, mais ce qui lui permet de chercher à fonder la croyance. Cousin, loin de lui fournir un objet, l'aida à façonner les conditions d'une recherche.

Nous savons combien les mots de « dogme » ou de « dogmatisme » choquent, quand il s'agit d'analyser la pensée de Renan, en qui l'on a

---

1. *A.S.*, III, p. 1125, n. 14.

pu, avec quelque légèreté peut-être, en le jugeant d'après la fin (et sans considérer qu'une fin ne porte pas tout son sens en elle-même) ne voir qu'un maître du flou, un virtuose du scepticisme, un amateur. Ou encore, et plus profondément à coup sûr, ce lexique du « dogme » surprend, quand on a pu, à travers l'absolue sincérité d'une correspondance intime, de 1842 à 1845, voir naître et s'affirmer la propension au doute total. L'*Avenir de la Science* prend son sens dans une volonté absolue de résorber les doutes, de les condenser en certitude. « La vieille foi est impossible : reste donc la foi par la science » [2] ; la déduction immédiate, absolue, rejette hors du champ des possibles l'idée d'une vacance du sens du monde, d'un simple « être-là » des choses, d'une nature sans signification, sans virtualité de système, fût-il naturaliste. Il faut à Renan une lecture du monde, une signification encore à découvrir, et l'auteur de l'*Avenir de la Science* s'épuise à nommer, à susciter par le nom même, l'avènement nécessaire d'un «dogmatisme » nouveau : « il faut trouver un relais des religions, une grande forme dogmatique (...). L'indifférence est en politique ce que le scepticisme est en philosophie, une halte entre deux dogmatismes, l'un mort, l'autre en germe » [3] ; et encore : « J'en suis bien fâché, mais rien ne dispense de la question dogmatique. Nos délicats, qui maintiennent toujours cette question en dehors, s'interdisent en toute chose les solutions logiques » [4]. L'*Avenir de la Science* pourrait représenter l'analogue de l'*Essai sur l'Indifférence*. Grande entreprise de conjuration du doute, cet effort d'absorption du scepticisme ne pourra aboutir. C'est en ce sens que l'on peut retoucher le vocabulaire du « dogmatisme » proposé en 1848 : le « dogmatisme » de Renan est toujours futur, de projet et de désir, à fonder ; il ne sera *jamais* un dogmatisme de fait, parce qu'il est bien difficile de fonder Dieu : Théoctiste n'apparaîtra que dans les Rêves. Nous n'exclurons donc pas ce terme de dogmatisme, élu par Renan lui-même, mais nous l'affecterons de ce sens qui le distingue fondamentalement de toute forme dogmatique existante ou passée : il rêve de se fonder, en toute rigueur, sur un savoir certain et scientifiquement reconnaissable comme total ; aussi ne sera-t-il jamais réalisé ; mieux, son exigence critique absolue frappant de caducité tous autres systèmes, il ne pourra que s'achever par le contraire même du dogmatisme. C'est la ferveur dogmatique de l'intention (le rêve du dogme authentique) qui, par son impossibilité à être, entraînera nécessairement l'anti-dogmatisme effectif, et pour finir, le scepticisme universel de Renan.

En 1848, remarquons-le, la religion *par* la science n'est pas exactement conçue comme la religion *de* la science. Renan, même dans l'*Avenir de la Science*, n'a jamais proféré que dans son état actuel, la science pût être objet de culte, mais affirme que la science peut donner la *voie*, la

---

2. *A.S.*, III, p. 1082.
3. *A.S.*, III, p. 1004.
4. *A.S.*, III, p. 1007.

méthode et l'instrument pour aller à l'Etre ; qu'elle-même, dans son état présent, n'est qu'une propédeutique de la certitude. Elle prouve seulement la possibilité de savoir et de croire, mais l'objet essentiel du savoir et du croire reste projeté dans l'avenir :

« On admet la certitude scientifique ; on trouve seulement que l'on possède cette certitude sur trop peu de sujets. L'effort doit tendre à élargir ce cercle ; mais enfin, l'instrument est admis, *on croit à la possibilité de croire* [5]. Ma conviction est qu'on arrivera, dans les sciences morales, à des résultats tout aussi définitifs, bien que formulés autrement et acquis par des procédés différents » [6].

Ainsi, dans le monde physique, la science ne nous livre pas encore l'Etre, l'objet du croire, mais elle donne comme un échantillonnage de ce qu'elle peut ; elle légitime l'acte de croire, dont elle nous fait encore espérer l'objet. L'avenir de la Science, c'est une sorte de destination transcendante de la science, à travers les méthodes de la certitude. Faire d'une possibilité de religion par la science, la religion de la science, ne voir dans la démarche de 1848 qu'une substitution métaphorique de la science à Dieu, c'est rabattre sur un transfert lexical, analogique et vain, tout ce qui reste pour Renan une possible religion, c'est-à-dire une justification de la croyance totale. Quant à introniser religieusement les lois physiques en tant que telles, Renan n'y pensa jamais. Il se verra bien obligé pour finir (comme le montreront les *Feuilles détachées* ou encore, en 1890, la Préface de l'*Avenir de la Science*) de se replier sur la science, même sans « avenir ». Mais en 1848, il croit à la science *future,* en dessine la formule et la visée. La science existante n'est pas encore conçue comme la science, loin d'être déifiée ! — mais elle dessine, par l'analogie avec la certitude des résultats obtenus, la possibilité d'une croyance totale. « On croit à la possibilité de croire » ; le vrai sens de la science existante, c'est de fournir la matrice d'une foi.

On oublie parfois (Renan lui-même oublia, pour finir) cette perspective, cet horizon de sa pensée, cet au-delà de la science qui se traduisit par un avenir, cette différence métaphysique entre la science des faits et la science de l'Etre, qu'une formulation optimiste voulut réduire à un écart dans le temps. Entre la science et l'avenir de la science se recrée tout l'irréductible noyau de la transcendance. En 1890, l'auteur de la Préface, redéfinissant ainsi la science : « elle préserve de l'erreur plutôt qu'elle ne donne la vérité ; mais c'est déjà quelque chose d'être sûr de n'être pas dupe » [7] rabattait la science transcendantale sur une conception positiviste du savoir (et cela en affirmant qu'il avait au fond, peu changé). Pourtant, la science, dont en 1848, il inaugurait l'avenir, allait être science de l'homme et science de Dieu ! « Alors viendra un

---

5. Nous soulignons.
6. *A.S.,* III, p. 1082.
7. *A.S.,* III, p. 727.

siècle dogmatique par la science » [8]. Encore un tour du futur des prophéties ! Révélé vain, il frappe d'inanité jusqu'au passé qui lui a donné l'être, et le dénature aux yeux même de ceux qui l'ont vécu.

En 1848, Renan considérait la science comme seule capable de fonder une véritable catholicité, une universalité de doctrine ; de doctrine, non de savoir, car « la culture savante et lettrée étant absolument indispensable dans le sein de l'humanité, lors même qu'elle ne pourrait être le partage que d'un très petit nombre, ce privilège flagrant serait excusé par la nécessité » [9].

Elle reste cependant un langage universel, virtuellement accessible à l'esprit humain en général, elle peut donc constituer le lien entre les êtres, et l'approche du sens du monde, en dispensant « l'aliment suprasensible » [10].

Sans doute, de la foi en une restauration scientifique de la transcendance idéale, il ne reste plus rien en 1890 ; pour définir la science, le mot religion n'est alors plus qu'un mot, et Renan le prononce toujours, selon un retour illusoire, schéma de la répétition vide : « ma religion, c'est toujours le progrès de la raison, c'est-à-dire de la science » [11]. Si bien que, publiant son ouvrage de jeunesse, il en efface le sens par une préface qui prétend s'inscrire pourtant dans une constatation de la permanence.

Traduire en termes purement positivistes la foi de 1848, c'est lire le texte à travers la Préface, superposer deux états de Renan sans en analyser les rapports, que seule peut dégager l'étude de toute son aventure intellectuelle et spirituelle. On insiste souvent, à juste titre, puisque c'est à la suite de Renan lui-même, sur l'influence adoucissante de son voyage en Italie, en 1849, et sur son retour à son livre qu'il découvrit alors comme « âpre, dogmatique, sectaire et dur » [12]. On s'interroge moins sur les raisons qui purent le pousser à le publier, une fois sa vie presque entièrement écoulée, en tout cas sa course philosophique achevée, dans l'eurythmie parfaite.

« J'ai pensé que quelques personnes liraient, non sans profit, ces pages ressuscitées » [13]. De ces pages qu'il ressuscite, n'attend-il pas en retour une résurrection ? Il se disait d'abord que le vieux manuscrit « serait publié après [sa] mort, (...), que de là peut-être viendrait pour (lui) un de ces rappels à l'attention du monde dont les pauvres morts ont besoin » [14]. Nous remarquons donc qu'en publiant lui-même ces

8. *A.S.*, III, p. 1082.
9. *A.S.*, III, p. 814.
10. *A.S.*, III, p. 812.
11. *A.S.*, III, p. 719.
12. *A.S.*, III, p. 716 (Préf.).
13. *A.S.*, III, p. 718, Préf. (nous soulignons).
14. *A.S.*, III, p. 717 (Préf.).

pages, en brusquant la nécessité d'un retour à lui, Renan a déplacé
sa hantise d'immortalité, en reprise de vie à l'intérieur de la vie même.
Ce n'est point d'un rappel à l'attention d'autrui qu'avait besoin pourtant
sa glorieuse vieillesse — mais peut-être d'un retour à lui-même, d'un rapport, non plus avec les autres, mais avec une image lointaine de ce qu'il
avait été. Toute sa préface, en affirmant le maintien de ses idées, en
nivelle les reliefs, en élimine la postulation dogmatique ; mais le seul
acte de se publier peut apparaître de sa part comme une communication
voulue avec un état de lui-même où résidait la force vitale. Très différente de la démarche des *Souvenirs d'enfance et de jeunesse,* celle qui le
porta à ressusciter son être « dogmatique » ne peut-elle figurer (parmi
d'autres possibles), la recherche d'un contact avec ce qu'il y eut en lui
d'absolu ? Renan, se faisant son « éditeur », se traitait lui-même comme
un « pauvre mort ». Se sentait-il déjà posthume, pour procéder, par la
mise au jour de l'ouvrage de 1848 (« *os ex ossibus meis (...) caro de
carne mea* ») à un ré-ensemencement de lui-même ?

Lorsque le jeune Renan croit voir se dessiner, dans la science, l'analogue d'une religion, susceptible de dégager un dogmatisme critique,
le rapport science-religion n'aboutit pas seulement à une sacralisation
de la science, ni à quelque pauvre *topos* de la sainteté laïque du savant.
Ce qu'exprime Renan, en définissant la science comme fondement de la
foi *future,* ce n'est pas une simple possibilité de transposition verbale,
mais le problème même des conditions de l'acte intellectuel du « croire » :
à quelle condition une foi est-elle possible ? Comment faire passer la
pure intimité subjective de la foi à une adhésion totale et totalement
justifiable, comment laisser sa ferveur à la foi en la muant en certitude, comment remplacer la spiritualité religieuse par l'énergique postulation d'un idéal qui, fondé sur la science et elle seule, se donne pourtant comme la parole et la promesse, « la vérité et la vie » ? [15] Si bien que
l'*Avenir de la science* trouve son sens dans une dynamique de la conquête
transcendante, que l'on ne peut rabattre sur une manifestation de positivisme immédiat. Il serait plus inexact encore d'y voir le germe de
quelque ésotérisme ; peut-être l'étrange équilibre (fait de tension, de
désir, de projection dans le futur) que suppose la foi en la science nous
sera-t-il plus perceptible à travers le rapport (vague, mais susceptible
d'analyses et de prolongements) implicitement institué par Renan entre
sa visée et celle de Saint-Simon :

« Je suis persuadé que, si cette école célèbre fût restée dans la ligne
de Saint-Simon qui, bien que superficiel par défaut d'éducation première, avait réellement l'esprit scientifique, et sous la direction de
Bazard, qui était bien certainement un philosophe dans la plus belle
acception du mot, elle fût devenue la philosophie originale de la France
au XIXᵉ siècle » [16]. On peut sans doute s'étonner à prime abord de

---

15. *A.S.,* III, p. 1120.
16. *A.S.,* III, p. 811.

voir rapprocher, du premier diffuseur du mot « industriel », le jeune
nazaréen qui flétrissait en ses *Cahiers* les industriels comme un *porten-
tum* [17], et pour qui l'avenir, s'il se figura en mystique de la science, ne
fut jamais mystique de l'économie. Pourtant Renan, sensible à tout
effort de projection dans le futur, est loin de méconnaître la virtualité
philosophique du saint-simonisme originel. Ce qui peut permettre, entre
Renan et Saint-Simon, un rapprochement signifiant, ce n'est pas, chez
l'un ou chez l'autre, le contenu positif d'un magasin idéologique —
bien plutôt un mode d'aperception du futur, une tendance à modeler
l'avenir selon de grandes lignes de forces, une syntaxe de l'esprit ; ainsi
par exemple, cette idée, constante en Renan, que la philosophie est un
tout, non une spécialité, s'inscrit comme le fondement de la pensée
saint-simonienne : « Très peu de personnes conçoivent clairement les
rapports existant entre les travaux philosophiques et les autres travaux
intellectuels (...). La philosophie est la science des généralités » [18]. Inver-
sement, l'idée que la philosophie doit informer la vie appelle, pour
l'auteur de l'*Avenir de la Science,* l'image exemplaire de Saint-Simon :
« Que serait-ce donc si, à l'expérimentation scientifique, on pouvait
joindre l'expérimentation pratique de la vie ? Saint-Simon mena, comme
introduction à la philosophie, la vie la plus active possible, essayant
toutes les positions, toutes les jouissances, toutes les façons de voir et
de sentir » [19].

Le principal point de convergence entre ces deux formes de pensée,
c'est le besoin de « doctrine » (entendue comme le contraire même d'endoctrinement). Dans son mémoire *De l'organisation sociale,* Saint-Simon
affirme la nécessité de produire une « nouvelle doctrine politique » [20] —
celle-ci frappant de nullité tous expédients gouvernementaux et partisans, mais redéfinissant la politique dans une vue globale et philosophique ; sous cet éclairage, la Révolution même perd son caractère de
renouvellement, de début intégral : « La Révolution, malgré sa violence, n'a point déterminé le changement que réclame le progrès des
lumières, parce qu'elle n'a point changé les principes sur lesquels se
fonde le système féodal » [21]. Notre effort ne tend point ici à comparer
les opinions de Saint-Simon et de Renan sur la Révolution, sur Napoléon,
ou sur la Sainte Alliance. Notre point de vue reste syntaxique : nous
voulons souligner que ces deux penseurs, émettant sur tous ces points
des jugements parfois opposés, et se situant eux-mêmes à une distance
de plus de quarante ans (si nous prenons comme repères principaux
l'*Avenir de la Science* et le *Mémoire sur la science de l'homme,* de 1813),
se placent pourtant selon le même axe d'approche du monde : tel mou-

---

17. *C.J.,* IX, p. 308.
18. T. V, p. 51, *Quelques opinions philosophiques à l'usage du* XIXe *siècle.*
19. *A.S.,* III, p. 1133, n. 68.
20. V, p. 155.
21. *Ibid.*

vement est-il porteur de *doctrine* ? engage-t-il l'humain dans sa totalité ?
Saint Simon conçoit la politique comme un tout, comme une sorte de
dogme à fonder pour l'humanité, elle-même considérée comme un être
total. Remarquons aussi que le jeune Renan, s'il a jeté le discrédit sur
la politique, c'est par suite de la définition qu'il en donnait et dont il
sentait lui-même qu'il *voulait* la donner ainsi, que son jugement était
en fait un choix et une exclusion — qu'il n'était pas impossible qu'elle
fût autre en dehors de sa sphère à lui, où elle *devait* n'être rien, sous
peine de compromettre sa propre construction idéale. Ainsi, dans les
Cahiers de Jeunesse : « Tout mon système intellectuel, moral et politique
est fort bien lié. Par exemple, c'est en vertu de ma conception des gou-
vernements comme purement répressifs que j'arrive à mon type de perfection toute spéculative et idéale. Si je croyais qu'il fût de l'office du
politique de moraliser les hommes, je voudrais être le (politique) » [22]. Le
choix de Saint-Simon est autre, il croit qu'il est de l'office du politique
de « moraliser les hommes », de fonder une doctrine et va jusqu'à lui
donner, en 1814, avec une main-mise totale sur l'humain, un prolongement quasi religieux :

> « Le moment des demi-mesures est évidemment passé ; il faut
> marcher directement au bien public. (...) Le moment de la crise
> est arrivé. Cette crise est celle qui a été prédite par plusieurs des
> Saintes Ecritures qui composent l'Ancien Testament. (...) Cette
> crise est celle dont l'existence présente est démontrée par l'insti-
> tution de la Sainte Alliance, dont l'union est fondée sur les prin-
> cipes les plus généraux en morale et en religion (...). Cette crise
> enfin, tend directement à établir une religion vraiment univer-
> selle, et à faire adopter par tous les peuples une organisation
> sociale essentiellement pacifique » [23].

Nous nous interdisons d'opposer Renan et Saint-Simon, sur le *contenu*
de leurs convictions politiques — (ainsi par exemple le fait que l'un
exalta la Sainte Alliance alors que l'autre en ses *Cahiers* libéra sa fureur
contre le tsarisme) — nous les rapprochons uniquement dans la recherche d'une forme doctrinale autre, d'une « religion », qui ne soit pas une
complaisance analogique, mais une promesse pour l'humanité, une
parole. Une révolution « religieuse », dans le sens que Renan donne à ce
mot en 1848, c'est une approche du parfait dans sa double traduction
intellectuelle et éthique ; pour Saint-Simon, cela signifie un aménagement social dans le pacifisme, un « nouveau christianisme ». Entre les
deux tendances, la véritable bifurcation se fait de l'idée de bonheur par
la fraternité (Saint-Simon), à celle, toute renanienne, de perfection à
tentation élitaire (intellectuelle, éthique, esthétique). Mais, de l'un à
l'autre, c'est la même postulation essentielle d'un paradis *en avant*, la

22. *C.J.*, IX, p. 302.
23. *De l'organisation sociale*, V, p. 160.

même rétroversion des anciens mythes, figurant l'âge d'or comme toujours aboli.

Ainsi, Saint-Simon, dans son mémoire *De la physiologie appliquée à l'amélioration des conditions sociales* : « Que les artistes, par un effort d'imagination, dépouillent le passé de l'âge d'or et qu'ils en enrichissent l'avenir » [24], et Renan selon une formulation voisine, mais qui fait passer l'imagination à l'acte : « le salut n'est jamais en arrière » [25].

C'est, selon nous, se condamner à ne pas comprendre l'idée d'une foi en l'avenir de la science (ou, ce qui revient au même, à accepter le titre de 1848 comme un donné, classé, et pour finir purement décoratif) que de ne pas approfondir la parenté de Renan, à cette époque, avec la pensée saint-simonienne. La corrélation de la religion et de la science, l'une n'étant que la face spontanée de l'autre et variant avec elle, constitue la substance du *Mémoire sur la Science de l'homme* :

> « La philosophie deviendra une science positive. La faiblesse de l'intelligence humaine a forcé l'homme à établir dans les sciences la division entre la science générale et les sciences particulières. La science générale, ou philosophie, a pour faits élémentaires les faits généraux des sciences particulières, ou, si l'on veut, les sciences particulières sont des éléments de la science générale. Cette science, qui jamais n'a pu être d'une autre nature que ses éléments, a été conjecturale tant que les sciences particulières l'ont été. Elle est devenue mi-conjecturale et positive quand une partie des sciences particulières est devenue positive, l'autre restant conjecturale. Tel est l'état actuel des choses (...). Le système religieux sera perfectionné. Dupuis a démontré jusqu'à l'évidence, dans son ouvrage *Sur l'origine des cultes* que toutes les religions connues ont été fondées sur le système scientifique et que toute réorganisation du système scientifique entraînerait par conséquent réorganisation et amélioration du système religieux » [26].

Il est à remarquer que Saint-Simon cite l'œuvre de Dupuis (et sa réduction astronomique de la religion des Anciens) non comme un bilan assimilateur de la religion à la science, mais comme un point de départ de métamorphoses de la religion par la science (d'un même point de vue l'*Avenir de la Science* voit dans le *Cosmos* de A. de Humboldt le témoignage d'un élargissement religieux, « suprasensible » de l'humain [27], non une élimination de cet élément par la science). L'avenir de la science se confond pour Renan avec celui de la religion, puisque celle-ci, non point en ses contenus positifs et successifs, mais en sa démarche

---

24. V, p. 196.
25. *A.S.*, III, p. 805.
26. V, pp. 29 et 30.
27. *A.S.*, III, p. 868.

profonde, se définit comme la science, par le besoin absolu d'un système de l'univers : « Vivre sans un système sur les choses, c'est ne pas vivre une vie d'homme » [28] et encore : « La science, et la science seule, peut rendre à l'humanité ce sans quoi elle ne peut vivre, un symbole et une loi » [29].

Renan exprime en 1848 une conception germinative de l'humanité, considérée comme un vivant, une unité multiple et totalement progressive : « L'humanité (...) vit et se développe comme tout être organique » [30]. Cette pensée fait la substance d'un essai de Saint-Simon, *De la physiologie appliquée à l'amélioration des institutions sociales*. Mais, partis d'un fonds commun, d'une vision totale, Renan et Saint-Simon bifurquent en deux sens différents : direction hygiéniste pour Saint-Simon (mesures à prendre pour soigner le corps social), humaniste pour Renan, dans la mesure du moins où l'élan vital a pour but selon lui la conscience. Selon Saint-Simon, la philosophie « deviendra positive quand la physiologie sera basée dans son ensemble sur des faits observés car il n'existe pas de phénomène qui ne puisse être observé du point de vue de la physique des corps bruts ou de celui des corps organisés qui est la physiologie » [31]. Si, en 1848, Renan pressent que la physiologie peut inonder le champ psychologique (ainsi dans *Patrice* et certaines notations de l'*Avenir de la Science)* [32], sa lecture du monde ne se fait pas selon le clivage des corps bruts et des corps organisés, bien plutôt l'humanité, organisme vivant, garde encore pour lui les résonances plus ou moins religieuses, nous ne dirons pas du fait physique de la vie, mais plutôt de la valeur de vie. La vie est pour lui investie d'une valeur transcendante, et c'est pourquoi il imagine le développement qui traverse l'humanité comme moteur de Dieu [33], tandis que cette grande projection divine du vivant n'existe pas chez Saint-Simon, pour qui la science sociale s'achève par l'organisation d'une communauté fraternelle, d'un « nouveau christianisme ». Renan, en dépit de quelques réticences, de quelques percées du doute essentiel [34], évoque la science future comme totale, embrassant l'infini :

« Qu'il me suffise de dire que rien ne doit étonner quand on songe que tout le progrès accompli jusqu'ici n'est peut-être que la première page de la préface d'une œuvre infinie » [35]. C'est par ce type de prolongements, que la religion-science de Renan se distingue de celle de Saint-Simon. Nous savons en effet, d'après les *Lettres philosophiques et*

28. *A.S.*, III, p. 746.
29. *A.S.*, III, p. 752.
30. *A.S.*, III, p. 747.
31. *Mémoire sur la science de l'homme*, t. V, p. 30.
32. Voir *A.S.*, III, p. 768.
33. *A.S.*, III, p. 757.
34. III, p. 1125, n. 14.
35. *A.S.*, III, p. 757.

sentimentales, de 1811, que l'admiration vouée par Saint-Simon à Condorcet s'associait à une vue insistante de ce qu'il appelle ses fautes, la majeure d'entre elles restant selon lui « d'avoir considéré l'intelligence humaine comme étant d'une perfectibilité indéfinie ; idée fausse, puisque les facultés que l'esprit acquiert ne se cumulent point avec celles qu'il possédait et qu'elles remplacent seulement celles qu'il perd, ainsi que l'histoire nous le prouve » [36].

« Condorcet ne s'est pas aperçu que le développement de l'intelligence générale était soumis à la même loi que celui de l'intelligence individuelle » [37]. Renan exprime-t-il en 1848 l'idée d'un progrès infini de la science ? Oui, sans doute, quoique, dans une vue mêlée d'interprétations de Hegel et de Lucrèce, il pose l'idée d'un devenir infini, mais non d'un infini pour l'humain (comme l'atteste la note 14 de l'*Avenir de la Science*). Il reste que l'idée d'un progrès infini, libéré par l'idéologie du XVIIIe siècle et les vues de Condorcet s'allient curieusement dans l'*Avenir de la Science* à une vue mystico-panthéistique de Dieu, « âme de l'univers », et de l'univers « corps de Dieu » [37 bis].

Par rapport à la science et à ses virtualités infinies, telles que les exprime Condorcet, efforçons-nous de situer Saint-Simon et Renan : Renan irait alors dans le sens de Condorcet, c'est-à-dire d'un progrès indéfini, mais en l'affectant d'une virtualité transcendante, par l'idée même, omniprésente dès 1848, d'une aventure déifique de la science ; mais il rejoindrait la direction saint-simonienne pour replacer la religion contrairement à Condorcet dans sa signification de science primitive. L'objection de Saint-Simon à Condorcet, telle qu'elle s'exprime dans les *Lettres philosophiques et sentimentales* — « n'avoir pas fixé clairement le point de départ de l'intelligence humaine » [38] — est bien celle que Renan formule à l'encontre de tout le XVIIIe siècle : l'inintelligence du spontané, du sens des origines — lacune et déception premières enrayant selon Renan toute la marche de l'investigation telle que la conçut l'époque analytique et révolutionnaire. Saint-Simon décèle en Condorcet la corrélation de deux idées selon lui erronées : c'est parce qu'il n'a pas vu le sens des religions comme philosophies primitives, que Condorcet a pu présenter « les religions comme ayant été un obstacle au bonheur de l'humanité » [39]. Pour Saint-Simon, au contraire, « les religions n'ont jamais été, n'ont jamais pu être autre chose que des systèmes philosophiques matérialisés » [40]. Ainsi, pour Saint-Simon comme pour l'auteur de l'*Avenir de la Science,* et contrairement à la philosophie des Lumières, science et religion sont une — leur unité de

---

36. T. I, p. 116.
37. *Ibid.,* p. 118.
37 bis. A.S., III, p. 1130, n. 42.
38. T. I, p. 114.
39. *Lettres philosophiques et sentimentales,* t. I, p. 115.
40. *Ibid.*

visée répondant au besoin absolu d'ordonner le monde autour de principes unificateurs, mais non pas immuables, puisque la philosophie primitive (religion) s'élabore et s'achève par la science ; la mue des principes n'est donc que celle de la religion en science, et c'est pourquoi la
« grande forme dogmatique » recherchée par Renan comme par Saint-
Simon (à travers les voies différentes de la philosophie sociale et de la
spéculation), s'inscrivant elle-même dans le devenir, n'est jamais conçue
comme acquise ni comme immuable. Tout Royaume de Dieu est par
essence futur — et le dogmatisme rêvé de l'*Avenir de la Science* se désolidarise, par sa destination même, de tout dogme installé, périmé du
seul fait de son actualisation.

Pour Renan, en 1848, la science se définit par un au-delà de la
science, une visée de science totale ou science de Dieu, et cette aura
transcendantale de la science reste perceptible dans le fait que Renan
n'en présente pas encore d'incarnation directe précise, la science englobant les savants jusqu'à les faire oublier dans sa totalité, seule affirmée souveraine. Sans doute certains passages laissent-ils deviner une
mentalité qui pourrait être interprétée comme un terrorisme de la science
/ des savants : « Je vais jusqu'à dire que, si jamais l'esclavage a pu
être nécessaire à l'existence de la société, l'esclavage a été légitime ; car
alors les esclaves ont été esclaves de l'humanité, esclaves de l'œuvre
divine (...). Avec une moralité plus parfaite, des droits qui sont maintenant faux et dangereux seront incontestés ; car la condition de ces
droits sera posée et elle ne l'est pas encore. Cela se conçoit du moment
que l'on attribue à l'humanité une fin objective (...) la réalisation du
parfait, la grande déification » [41]. La « moralité plus parfaite » est celle
qui accompagnera un état de science plus proche lui-même du parfait,
lequel déterminera, en raison et justice, des « droits » nouveaux : nouvelles formes de l' « esclavage » et du sacrifice, justifiées selon Renan par
« la grande déification ». La science, ce nouvel effort « *ad majorem Dei
gloriam* » aurait encore besoin des hommes, de leur clivage en exerçants
et exercés, détenteurs et patients de la science, puisque « il serait permis
d'être tyran pour procurer le triomphe de l'esprit » [42]. Néanmoins, quoique
virtuellement présente, la figure individualisée des savants ne se surimprime pas encore nettement sur l'idée globale de science. La fantasmagorie des *Dialogues* ne déroule pas encore ses figures, ses maléfiques
incarnations du divin scientifique. En 1848, le concept de « science » ou
d' « esprit », auquel renvoie « tyrannie », parvient à en masquer le
scandale, par une sorte de choc en retour transcendantal. Inoffensive
par sa projection dans le futur (lui-même reculé, jusqu'à l'avènement
des conditions du parfait !), habillée du lin blanc lexical de ses répondants idéalistes, la science, posée en analogue et en relais des religions,

41. *A.S.*, III, p. 1031.
42. *A.S.*, p. 1147, n. 158.

rassure encore car elle cristallise, dans la notion de progrès, les rêves humanitaires comme les rêves intellectuels.

Notre insistance sur ce point — (substitution de la science à la religion) — n'a pas pour objet cette idée même, dont le contenu se laisse découvrir à toute lecture du texte de 1848 ; mais nous voudrions la débarrasser de son caractère d'immédiateté, presque de banalité, celui-ci pouvant tenir à une vue extérieure du texte, réduisant la démarche de Renan à un placage pur et simple du « positif » sur le « mystique » ; nous tenterons de montrer ce que put contenir de ferveur le rêve scientifique, et que la projection sacerdotale de la science n'est pas réductible à la seule transposition verbale (en elle-même, d'aloi douteux). C'est pour tenter d'accéder à l'intimité même d'une mentalité (perdue et donc crue simpliste), que nous l'investissons à travers ses analogues (qui représentent peut-être aussi, dans une certaine mesure, ses sources, globales sinon ponctuelles, et le lien de Renan avec son siècle) ; nous pensons au rêve qui livra à Saint-Simon l'image étrange, à la fois rigoureuse et hallucinée, du Conseil de Newton, anticipation des Dévas des *Dialogues philosophiques*, et substrat de toute une conception sacrale de la science, telle que Renan l'exprime en 1848. D'après les *Lettres d'un habitant de Genève à ses contemporains* (1803), c'est Dieu même qui parle ainsi à Saint-Simon :

> « Tous ceux qui ont établi des religions en avaient reçu de moi le pouvoir ; mais (...) ils ont tous négligé la partie la plus essentielle de leur mission, celle de fonder un établissement qui fît suivre à l'intelligence humaine la route la plus courte pour se rapprocher indéfiniment de ma divine prévoyance ; ils ont tous oublié de prévenir les ministres de mes autels que je leur retirerais le pouvoir de parler en mon nom quand ils cesseraient d'être plus savants que le troupeau qu'ils conduiraient (...) ; apprends que j'ai placé Newton à mes côtés, que je lui ai confié la direction de la lumière et le commandement des habitants de toutes les planètes. La réunion des vingt et un élus de l'humanité prendra le nom de conseil de Newton ; le conseil de Newton me représentera sur la terre » [43].

Et ce gouvernement scientifique de droit divin s'achève par le rêve de la toute puissance, dans son sens le plus rigoureux — le droit de vie et de mort, ultime fascination : « Si Newton juge qu'il soit nécessaire, pour remplir mes intentions, de transposer dans une autre planète le mortel descendu dans son mausolée, il le fera » [44]. Sans doute Renan est loin d'imaginer, comme l'auteur des *Lettres d'un habitant de Genève*, mausolée, présentation des enfants au Temple, pélerinage annuel à la

---

43. T. I, p. 49.
44. *Ibid.*, p. 53.

Jérusalem nouvelle [45] ; le culte et ses pratiques rencontreront leur chance avec Auguste Comte bien plus qu'avec Renan ! Pourtant l'image même du savant selon l'*Avenir de la Science* nous semble très proche de la conception saint-simonienne, car il s'agit pour Renan (non pas comme pour Auguste Comte d'une traduction plus ou moins administrative de la fonction scientifique en fonction sacerdotale), mais, dès le principe, d'une fusion religion-science, d'une vocation, d'une rédemption intellectuelle. Pour Renan comme pour Saint-Simon, la religion est un absolu dans le besoin qu'elle révèle, de même que la science est un absolu dans l'appétence et la promesse d'un savoir total. C'est ainsi que Dieu même suscite le nouvel Adam saint-simonien, et le salut n'est plus alors que la surenchère même du péché originel, la perfection dans la connaissance :

« J'avais défendu à Adam de faire la distinction du bien et du mal, il m'a désobéi ; je l'ai chassé du paradis mais j'ai laissé à sa postérité un moyen d'apaiser ma colère : qu'elle travaille à se perfectionner dans la connaissance du bien et du mal, et j'améliorerai son sort ; un jour viendra où je ferai de la terre un paradis » [46]. Paradis social pour Saint-Simon, paradis spéculatif pour Renan, l'un comme l'autre en avant et accessibles par la science.

Cependant, si la science, dans son lien avec la religion, est pour Saint-Simon un état déjà réfléchi, politique en son dessein même — « la religion (...) la seule nature d'institution politique qui tende à l'organisation générale de l'humanité » [47] — Renan voit au contraire en elle le travail intime du spontané pour percer le secret des choses. La foi religieuse est pour lui une pensée immédiate, alors que pour Saint-Simon la religion s'installe à deux niveaux — celui des « croyants », celui des « pensants », comme il le souligne dans son analyse de l'antique clergé d'Egypte [48] — et, se localisant au degré le plus réfléchi, inaugure aussitôt par-là même sa fusion avec le scientifique, conçu à travers les prêtres dans ses applications politico-sociales.

Ce qui permet de maintenir, entre Renan et Saint-Simon, l'idée d'une ressemblance au moins analogique, c'est la récurrence de certaines structures essentielles, l'idée « d'organiser » l'humanité autour de « principes » qui ne soient pas, du même coup et arbitrairement, posés en « préceptes », c'est le caractère très particulier (anti-dogmatique) du dogmatisme rêvé. A propos de l'aménagement politique, Saint-Simon pose la question qui sera celle de Renan dans l'organisation du champ spéculatif : « A-t-on un principe fondamental ? » [49]. Les scrupules et retouches dont

45. *Ibid.*, p. 53.
46. *Ibid.*, p. 48.
47. *Lettres d'un habitant de Genève*, t. I, p. 58.
48. *Mémoire sur la science de l'homme*, t. V, p. 134.
49. T. I, p. 182.

il nuance ses propositions (dans l'essai *Recherche d'un principe général en politique*) sont ceux que Renan apporte à son effort pour fonder la science pure : le mécanisme analysé par Saint-Simon entre principes et préceptes est bien celui que l'*Avenir de la Science* découvre dans l'adéquation quasi organique entre une forme dogmatique et son temps, qui lui donne (temporairement aussi, mais authentiquement) la valeur d'un absolu.

« On ne saurait trop se défier des mots, écrit Saint-Simon, quand on travaille sur des idées, et nous croyons ici devoir éveiller l'attention du lecteur sur ce mot de *principe,* dans la crainte qu'il ne le confonde (comme c'est l'ordinaire), avec celui de *précepte* (...). Il est possible que ce principe devienne un précepte, mais ce n'est pas l'affaire du philosophe ; le principe une fois découvert, le reste se fait nécessairement de soi-même si le principe est vrai, il se convertira naturellement en précepte (...) » [50]. Corrélativement à l'introduction d'un rapport d'identité de visée entre science et religion, Saint-Simon et Renan éprouvent la même répulsion pour toute discrimination (matérialisme/spiritualisme) qui, posant les problèmes vitaux en termes de formalisme scolastique, s'achève dans on ne sait quelle misérable perspective de distinction des genres. « Corporifier une abstraction, n'est-ce pas être matérialiste, écrit en 1813 Saint Simon dans le *Mémoire sur la Science de l'homme.* De l'être Dieu extraire l'idée loi, n'est-ce pas être spiritualiste ? » [51].

Pour l'auteur de l'*Avenir de la Science,* l'esprit, dans sa double postulation — intellectuelle et spirituelle — se donne dans l'ordre de la force, comme une conquête sur la conquête même. Ne verra-t-on qu'une grandiloquente déclamation, reprise délavée de la hiérarchie pascalienne des ordres, dans ces lignes inspirées à Renan par sa visite au « palais-musée » ? [52] : « J'avais vu des sacres de rois et d'empereurs (...) Je ne vois pas Gerson, Calvin, Molière, Rousseau, Voltaire, Montesquieu, Condorcet, Lavoisier, Laplace, Chénier (...). C'en est fait, me disais-je. L'esprit est déshérité. Mais non. Au-dessus des uniformes terrasses (...) voyez s'élever ce majestueux édifice que couronne le signe du Christ (...). Napoléon, dont le nom a fait des miracles, ne trône pas sur un autel. Dieu soit loué ! La plus belle place est encore à l'esprit. Les autres ont le palais, lui a le Temple » [53]. Remarquons l'assimilation immédiate de l'intelligence et du spirituel, dans ce *Christus vincit* si totalement renouvelé qu'il recouvre jusqu'à Voltaire ; philosophie, science, pèsent-elles ici d'un poids de sainteté, ou l'ordre de la sainteté se renverse-t-il en règne de l'Idée conquérante ? C'est bien à une exaltation de la conquête qu'aboutit cette méditation sur le Christ-esprit, et cette même page de l'*Avenir de la Science,* qui déprime en Napoléon la fausse

---

50. *Recherche d'un principe général en politique,* t. I, p. 189, n. 1.
51. *T. V,* p. 300.
52. Versailles.
53. *A.S.,* III, p. 1096.

conquête, le vide idéologique, régénère en Alexandre la conquête véhicule de l'idée : « la guerre et la conquête ont pu être dans le passé un idéal de progrès (...) où en serait l'humanité sans la conquête d'Alexandre ? »[54]. Mais Napoléon n'est pour Renan qu'un Alexandre anachronique, dont la mythologie régresse par rapport à la marche même de l'histoire, la « vraie bataille » ne pouvant plus être maintenant que philosophique[55]. Renan dans l'*Avenir de la Science*, Saint-Simon dans l'*Introduction aux travaux scientifiques du XIXe siècle*, portent sur Napoléon des jugements opposés dans leur contenu, curieusement voisins pourtant en ce qu'ils dénotent, chez les deux penseurs, le même type de préoccupations : l'un comme l'autre, c'est au poids de l'idée qu'ils pèsent la gloire, Renan rejetant Napoléon, comme vide de science, du côté des stéréotypes périmés, Saint-Simon en 1807 authentifiant la valeur du guerrier par sa consistance idéale, scientifique : cette démarche aboutit à une affabulation verbale aberrante de prime abord, mais il faut dépasser le choc premier, car le sens du discours saint-simonien n'est pas courtisanesque, et vaut bien la peine qu'on cherche à le cerner : « Napoléon aurait mis par écrit les conceptions qu'il exécute, si le trône ne s'était pas trouvé vacant (...). L'Empereur est le chef scientifique de l'humanité, comme il en est le chef politique »[56]. Le dithyrambe impérial ne répond pas ici à un entraînement de pure imagination, de type épique, de ton pré-hugolien ; non, tout cet essai naît de la coïncidence que Saint-Simon croit découvrir, à travers Napoléon, entre les deux faces de la force, la conquête et l'Idée. Napoléon n'a-t-il pas posé à l'Institut une question sur l'état scientifique de la France depuis 1789 et les moyens de progrès à mettre en œuvre pour l'avenir ? L'épopée guerrière sert ici de figure à un ordre autre et pourtant semblable, défini par la supériorité, elle-même déterminée par la nouveauté de l'idée, conquête suprême. Peu importe donc que (sous l'effet du décalage historique et des divergences de tempéraments), Saint-Simon et Renan s'opposent dans leur jugement sur Napoléon. Il reste que l'idée, pour l'un comme pour l'autre, s'identifie avec la conquête, le pouvoir avec le savoir.

Saint-Simon associe toujours les deux ordres de conquête, dans une sorte d'antithétique consubstantialité : « Qu'on parcoure l'histoire, on trouvera le nombre des grands conquérants égal à celui des grands inventeurs : on verra d'un côté Cyrus, Alexandre, César, Mahomet et Charlemagne, de l'autre Socrate, Platon, Aristote, Bacon et Descartes »[57]. Plus encore que le paradigme guerrier, c'est l'image du réformateur religieux que Renan rencontre spontanément pour évoquer l'idée dans sa force : l'esprit se définit par le signe du Christ, Napoléon trouve son opposé véritable en Luther[58]. La figure du pouvoir est volontiers

54. *A.S.*, III, p. 1096.
55. *A.S.*, III, p. 1097.
56. *Introduction aux travaux scientifiques du* XIXe *siècle.*
57. *Introduction aux travaux scientifiques du* XIXe *siècle*, p. 64.
58. *A.S.*, III, p. 1097.

pour Renan religieuse ; si la postulation de la force traverse des figures guerrières (privilégiées en Alexandre, instrument de la conquête idéale de l'esprit grec, dévaluées en Napoléon, idéologiquement nul puisque, se croyant encore « au temps de Sésostris » [59], il se met en retard sur l'histoire de tous les siècles qui prétendûment le contemplent) elle trouve son achèvement le plus authentique, non dans les fondateurs d'empire, mais dans les novateurs religieux — « Luther a fait plus que Napoléon » [60].

Confondue avec le savoir, la religion ne se confond-elle pas du même coup avec le pouvoir ? Il ne s'agit évidemment pas de quelque infâme alliance, du type trône et autel, bien plutôt d'une nécessité, d'une vocation immédiatement associative, entre les divers aspects de la force authentique. L'*Avenir de la Science,* à travers le « signe du Christ », découvre une surenchère de puissance, une reduplication de la royauté. Cet avènement est considéré par Renan comme plus lointain, mais aussi comme plus effectif que le règne de l'Esprit pur tel que l'évoquera Vigny en 1863. Il n'est pas seulement pour Renan règne de l'ECRIT impérissable, mais main-mise totale sur le monde et sur Dieu. Vigny a beau, dans la *Bouteille à la mer,* nommer la science « élixir divin », toute sa poétique parabole se développe autour d'un savoir qui, s'il trouve sa divinité dans la survie qu'il prête à l'homme, par la « commémoration » et la découverte, n'en reste pas moins de nature positive :

« C'est le journal savant, le calcul solitaire...

« C'est la carte des flots faite dans la tempête... » Cette science reçoit sa sacralisation d'être née du sacrifice de l'homme, qu'elle lui rend en survie idéale, journal et carte devenant alors message et testament. C'est encore « la majesté des souffrances humaines » qui divinise ici la science, mais en elle-même, elle n'est pas conçue par Vigny comme une appropriation du divin ; Renan au contraire, sur la foi de la science actuelle, croit à la science future — à la « possibilité de croire », à une main-mise sur Dieu — En 1848, la foi scientifique de Renan touche au fondement même d'une transcendance et se nourrit d'images conductrices d'énergie, transmuant la conquête guerrière (Alexandre) en conquête spirituelle à métaphore religieuse (Luther).

Cette passion à susciter un savoir total, une religion — (grande forme dogmatique) — de la science et surtout par la science ne peut-elle participer de l'instinct si universellement présent, selon Saint-Simon, mais surtout si fantastiquement dépeint par lui, sans doute à travers lui-même :

« Tout homme (...) tend à accroître son pouvoir. Le militaire avec le sabre, le diplomate avec ses ruses, le géomètre avec son compas, le

---

59. *C.J.,* IX, p. 372.
60. *A.S.,* III, p. 1097.

chimiste avec ses cornues, le physiologiste avec le scalpel, le héros par ses actions, le philosophe par ses combinaisons, s'efforcent de parvenir au commandement, ils escaladent par différents côtés le plateau au sommet duquel se trouve l'être fantastique qui commande à toute la nature et que chaque homme fortement organisé tend à remplacer » [61].

Une formule de Saint-Simon à propos de Condillac (qu'il finit par dévaluer, par rapport à Locke, en simple commentateur, mais qui lui représente pourtant les conditions d'épanouissement d'une forte nature) nous paraît pouvoir rendre compte d'un certain état d'esprit de Renan en 1848 : « l'éréthisme de l'intelligence » ; et Saint-Simon d'ajouter : « un homme ne vaut tout ce qu'il peut valoir qu'en affranchissant son âme de la sensation de subalternité » [62]. Energie vitale, fixité de l'idée, dont témoignent les *Cahiers de Jeunesse* [63], mais aussi (sous une forme faussement redondante, ou redondante de l'inessentiel), les crispations et décharges de l'*Avenir de la Science* : « Que de fois, laissant tomber ma plume et abandonnant mon âme à ces mille sentiments qui, en se croisant, produisent un soulèvement instantané de tout notre être, j'ai dit au ciel : donne-moi seulement la vie, je me charge du reste ! » [64].

Notre traversée de Saint-Simon avait pour sens et pour objet un constant retour analogique au Renan de 1848, à une mentalité (pour nous périmée, mais alors fervente), qui fait de la science non pas un substitut verbal des religions passées, mais la matrice même d'une religion future. Renan apparaît alors au moment de la plus grande tension de son être intellectuel et moral. Mirage de la perfection et de la totalité, vie héroïque à sa manière, fascination du beau, qui traduit le grand : « Pour moi, je le dis du fond de ma conscience, si je voyais une forme de vie plus belle que la science, j'y courrais » [65]. Tout cela pourrait transposer la hantise saint-simonienne : « J'ai senti que c'était dans la direction scientifique que la nature me poussait au grand » [66]. A vrai dire, bien qu'évoquée dans l'*Avenir de la Science* comme référence globale, dans ses virtualités d'avenir [67], la pensée saint-simonienne a-t-elle agi sur Renan comme influence directe ? En dehors de sources ponctuelles ici difficilement décelables, ne peut-on penser qu'Augustin Thierry (dont nous savons par Renan lui-même [68] quel ascendant il exerça sur lui en 1848) accomplit la médiation entre ces deux formes de réflexion, opposées en leur point d'application, analogues en leur démarche ? (Les rapports entre Augustin Thierry et son maître avaient été assez étroits

---

61. *Introduction aux travaux scientifiques du* XIXe *siècle*, p. 99.
62. *Ibid.*, p. 49.
63. Voir *C.J.*, IX, p. 148.
64. *A.S.*, III, p. 1088.
65. *A.S.*, III, p. 826-827.
66. *Nouvelle Encyclopédie*, Prospectus, 1810, Epître dédic., t. I, p. 97.
67. Voir début de ce même chapitre.
68. *A.S.*, III, p. 716.

pour que la *Deuxième partie de l'Industrie,* en mai 1817, fût présentée par « Augustin Thierry, fils adoptif de Henri Saint-Simon »).

Jamais pourtant Renan n'a donné, comme Saint-Simon, dans un physicisme décidé, clivant le monde en corps bruts et organisés, pour l'ordonner dans une harmonie totale selon la seule loi de la pesanteur, transfigurée en manifestation divine. Le Post-scriptum à l'Epître dédicatoire de la *Nouvelle encyclopédie* délivre cette profession de foi :

> « Je crois en Dieu
> Je crois que Dieu a créé l'univers
> Je crois que Dieu a soumis l'univers à la loi de la gravitation » [69].

La science selon Renan est au contraire conçue d'abord comme historique, psychologique, humaine — on sait le rôle qu'attribue l'*Avenir de la Science* à une philologie dilatée — plus que toute musique (à virtualité religieuse) des sphères, elle offre ainsi des possibilités de prolongement symbolique, d'enracinement dans l'imaginaire des âges de foi. Elle se laisse envahir, pour les maîtriser par l'étude historico-psychologique, par les images du suprasensible, et, pour le convertir en connaissance réflexive, s'immerge dans le spontané. Le fait religieux reste alors le grand sédiment, la grande nappe perpétuellement vivante et sous-jacente à la science. Interroger scientifiquement les mentalités religieuses, n'est-ce pas aussi, pour Renan en 1848, vivre à un second degré la religion perdue, et, dans une relation enfin authentifiée aux yeux du philosophe, consacrer du même coup la permanence et la rupture, l'ancienne foi nourrissant l'imagination, la nouvelle cherchant, par l'investigation du vieux fonds, devenu matière première de l'élaboration critique, à recréer le spontané au sein du réfléchi et la religion à travers la science même ? Si l'*Avenir de la Science* condense les aspirations au savoir total, et, fondant la « possibilité de croire », fonde par là-même la foi critique, les fragments intimes et romanesques, coïncidant avec le voyage d'Italie, laissent affleurer — restaurée, respirée — l'ancienne séduction et son atmosphère. C'est alors qu'apparaît pour la première fois, dans un parallèle paradoxal mais significatif avec Alexandre et Newton, la figure de Catherine de Sienne [70], le rêve de grandeur s'arrêtant ainsi sur une image de féminité religieuse immédiate, survivance furtive, mais profonde (promise, nous le verrons, à bien des métamorphoses).

Dans l'*Avenir de la Science* même, le rêve messianique par le savoir total se développe selon les lignes internes des postulations légendaires et religieuses, Renan tissant, autour de son appel à l'avenir, une étoffe richement analogique : le roi Arthur, le Messie des Prophètes, les intuitions pré-chrétiennes prêtées à Virgile.

---

69. T. I, p. 19, T. I, p. 102.
70. *F.I.R.,* IX, p. 1554.

> « (...) Les siècles ébranlés et sans doctrine, comme le nôtre,
> doivent nécessairement en appeler à l'avenir, puisque le passé
> n'est plus pour eux qu'une erreur. Tous les peuples anciens pla-
> çaient l'idéal de leur nation à l'origine (...). Voyez au contraire, à
> l'époque d'Auguste, quand le monde ancien commence à se dis-
> soudre, ces aspirations vers l'avenir, si éloquemment exprimées
> par le poète incomparable dans l'âme duquel les deux mondes
> s'embrassèrent. Les nations opprimées font de même : Arthur n'est
> pas mort, Arthur reviendra. Le plus puissant cri qu'une nation
> ait poussé vers l'avenir, la croyance de la nation juive au Messie
> (...) naquit et grandit sous l'étreinte de la persécution étran-
> gère (...) » [71].

L'appel au passé, pour Renan, nourrit l'appel à l'avenir, car le passé
est redécouvert par lui dans son sens de projection future. On peut dire
que pour Renan, à cette époque, selon une formule qui naîtra ailleurs
(et dans un contexte farouchement anti-renanien !) l'imaginaire, c'est ce
qui tend à devenir réel. Par-là communiquent, en 1848, religion, imagination religieuse, celle-ci prêtant à celle-là ses prestiges sans doute,
mais surtout sa virtualité dynamique, son aptitude à susciter le réel
par le désir. C'est pourquoi la conception d'une religion par la science
reste (non point patronnée, car tout patronage durcit et sclérose) mais
vaguement hantée par les figures d'Arthur ou des prophètes... C'est pourquoi (pour le savant de 1848, défini par sa rigoureuse fidélité à E. Burnouf et aux méthodes des sciences exactes) le Messie des Juifs reste
l'irrécusable archétype de tout appel à l'avenir.

Quant à l'accumulation des connaissances, essentielle pour le jeune
Renan, elle n'est pourtant ni fin en soi ni même définition première
de la démarche scientifique.

La science reste avant tout pour lui acte de prise et promesse d'emprise,
elle se donne, dans la section Pensées des *Cahiers de Jeunesse*, comme
la découpe et la saisie opérée sur la masse des connaissances humaines,
de façon forcément successive et contingente, par un esprit conçu
comme instrument ou comme arme :

> « Je me représente l'esprit, relativement à l'acquisition du *Silva
> rerum,* comme un arbre qui, au lieu de branches ou de bourgeons,
> aurait des crocs de fer ; l'étude est comme un fleuve de choses de
> mille couleurs et mille formes tombant d'en haut sur cet arbre.
> Les crocs ne retiennent pas tout, ni pour toujours. Tel oripeau,
> après y avoir pendu quelque temps, tombe, et c'est le tour d'un
> autre. C'est ainsi que l'esprit, à ses différentes époques de culture,
> se trouve empanaché comme un étalage de marchand en plein vent
> d'un assortiment différent » [72].

---

71. *A.S.*, III, p. 1123, n. 1.
72. *C.J.*, IX, p. 334.

L'incohérence de cette évocation associative vient de ce que nous la lisons selon un axe « naturel », lequel ne dirige pas de fleuve sur un arbre, et lui restituerait volontiers ses branches, avec les jeux du vent. Mais cette affabulation, apparemment faite de disparates, retrouve ailleurs son unité : car la forêt immédiatement intellectualisée (*silva rerum*) cache et nie l'arbre de nature, et jusqu'à l'idée de nature aussitôt convertie en « culture », non point intemporelle, mais successive, instantanée, momentanée, presque arbitraire, dépendante d'un « je » opérateur. Instrumental et préhensif, l'arbre à « crocs de fer » est le contraire même de l'arbre encyclopédique, hérité de Bacon et repris par Saint-Simon, symbole de la génération harmonieuse des sciences, celle-ci attestant un ordre objectif, une concordance entre le monde objet d'étude et la démarche scientifique de l'homme, une adéquation naturelle entre la science et son objet, figurée par le végétal — ici régulier.

Au contraire, l'angle de vision de Renan est déterminé par son approche même, sa saisie, dont l'acte importe autant que son temporaire objet. L'esprit, constituant sa, ou plutôt ses cultures successives, opère ses prises ; l'image des crocs de fer, paradoxale, impose une idée de saisie négatrice de celle de production, de génération : cet arbre ne produit pas, mais il accroche. Dépréciatives pour l'objet conquis (oripeau ou marchandise), ces formulations nous font sentir l'appétence quasi agressive de Renan, devant la masse des « choses » et de l'information.

Pourquoi tant insister sur ce qui n'est peut-être que bizarrerie stylistique autant qu'imaginative ? Atteinte au bien dire dans le besoin de mieux figurer, la parabole de l'arbre crochu nous sollicite car nous croyons la retrouver, dans la *Mission de Phénicie,* pour évoquer les pratiques des anciens cultes, ainsi dans la Campagne de Sidon : « Un vieil arbre, situé vers le point 21 de notre plan est un arbre-Scheikh (...). Les longues épines de ses branches sont couvertes de chiffons et de guenilles qu'on y accroche comme ex-voto [73] (...) ». Et Renan de s'étendre, l'espace d'une longue note, sur l'espèce de l'arbre, sa provenance, ses caractéristiques diverses... Notre rapprochement serait puérilement forcé si nous tenions, à travers lui, à faire coïncider une fois de plus science et religion ! Nous voulons seulement insister, dans la démarche immédiate de Renan, sur la primauté du « prendre ». Notre rapprochement serait plus facile et paraîtrait plus naturel si le texte sur l'arbre sacré avait été écrit avant l'autre : ce serait jeu alors de se tirer d'affaire par le pittoresque, l'exotique, le recours à l'image déjà fournie du dehors etc. etc. Mais c'est l'inverse : les « crocs de fer » ont précédé les « longues épines », qui auraient pu leur fournir une préfiguration rassurante, explicable. Et nous soulignons cette tendance d'abord *abstraite* et conceptuelle de Renan, à voir l'arbre à crocs, avant tout répondant dans le réel donné ; peut-être, en retour, cette image intellectualisée,

---

73. *Mission de Phénicie,* p. 400.

cette interne mise en scène du « prendre » explique-t-elle en partie l'intérêt visible de Renan pour l'analogue vu, le vieil arbre-Scheik, sa complaisance à en nommer les caractères, à l'investir et le posséder **par** le langage de la minutie descriptive. Lambeaux de science ou ex-voto n'ont de sens que par ce qui les « accroche ».

CHAPITRE VI

LE MOBILE DE RENAN

« Ma première pensée à la vue d'un homme, c'est toujours de me demander : (...) comment se légitime-t-il sa valeur à lui-même ? Sur quoi la fonde-t-il »[1] ? Cette question, Renan la pose avec dérision en entendant « jaser » nos académiciens[2], ou nos « rhéteurs érudits »[3], pour qui l'érudition n'a d'autre fin qu'elle-même. Pour lui, c'est dans le sens des religions, de l'homme, qu'il voit la science vitale, celle qui touche à « la direction et (au) but de la vie »[4]. Condamné encore à la confusion, du fait même de sa richesse, son projet fait sa raison d'être, authentifie à ses propres yeux son génie : « je jurerais qu'on reviendra à moi »[5]. L'idée même d'un retour, exprimée avec tant de passion à l'aube d'une destinée scientifique encore incertaine, ne peut-elle sembler paradoxale ? Elle prouve que Renan est sûr de son « mobile », et considère son œuvre comme déjà posée, virtuellement accomplie, dans le sentiment même de sa nécessité. Mais ce génie même a besoin d'un garant. Qu'est-ce que le génie, s'il n'est pas immortel ? Aussi l'immortalité — parfois pourtant sentie comme « beau rêve »[6] — est plus souvent affirmée comme postulat. De toute façon, la question se charge chez Renan d'une certaine spécificité. Le problème qu'il pose n'est pas le même pour tous. Tout homme ne peut revendiquer l'immortalité comme un droit, car l'humanité n'est pas l'œuvre de tous, tous n'ayant point la même part à la création morale ou scientifique. Tant de parties mortes de l'humanité ne sont là que « pour faire nombre »[7] ! Le sentiment, en Renan, de son propre génie, s'accompagne du besoin de lui conserver l'être, de le sentir immortel, et légitimé par l'estime ou du moins le

---

1. IX, p. 350.
2. *Ibid.*
3. IX, p. 136.
4. IX, p. 249-250.
5. IX, p. 250.
6. IX, p. 346.
7. IX, p. 351.

regard de Dieu. Renan cherche en Dieu à la fois un garant du monde, donnant objectivité à la science, à la morale, et un fondement à sa propre excellence, un témoin de la morale ou de la science en lui. Remarquons l'aspect « sélectif » de l'immortalité ainsi conçue : elle n'est pas, comme dans la pensée platonicienne ou chrétienne, attachée par nature et sans distinction à l'homme. Elle n'a de sens que dans la mesure où elle distingue et consacre. C'est proprement ce que la justice de Dieu doit à quelques-uns. Seule, la présence de Dieu, fondant l'immortalité, peut dissoudre le mythe révoltant de la mort égalitaire. « Je viens de toucher l'immortalité à un moment où, pénétré des pensées supérieures et du but supra-sensible de l'homme, j'ai perçu que tout cela n'avait pas de sens sans l'immortalité » [8]. « L'homme de génie est la plus belle preuve de l'immortalité (...) » [9]. Le génie postule l'immortalité — mais pour lui seul — et donc Dieu. Aussi les *Cahiers de jeunesse*, préparent-ils par ce credo fondamental la lointaine — et déjà rêvée — leçon d'ouverture : « Je crois (en) un Dieu, supérieur à l'humanité » [10].

Dans le *Prêtre de Némi*, en 1885, Renan mettra en scène Ganeo, vulgaire mais judicieux « coquin », raillant le courage du soldat qui présuppose « que l'immortalité de l'âme n'existerait que pour les militaires » [11]. Le jeune Renan, à l'époque des *Cahiers*, et dans toute la sincérité de sa passion, ferait de l'immortalité l'apanage quasi exclusif des philosophes. Pourquoi ? Parce qu'il a choisi, et que son choix doit être juste. Nous ne discernerons pas en Renan le mouvement (apparemment plus critique) : là est l'absolu, donc là je suis, mais au contraire : là je suis, donc c'est là l'absolu. Il n'y a point là d'outrecuidance mais plutôt critique à travers la foi même, sentiment de la précarité d'un objet au moment même où on l'affirme comme absolu. « Il n'y a qu'un point sur lequel je suis rebelle à l'induction et à l'indifférence scientifique. C'est sur le point de la valeur de la philosophie et de l'exercice intellectuel. Je suis obligé pour me contenter et avoir la paix avec moi-même de me dire que tout, absolument tout est là, et que cela seul a du prix (...). Je suis comme M. Le Hir déclarant que son monde surnaturel seul vaut quelque chose. Pardieu ! il a raison : c'est ainsi qu'il faut dire. Et puis, il faut que chacun absolutise ainsi sa théorie de bonheur. Bon gré, mal gré, il faut qu'il en soit ainsi » [12]. De même à propos de la réalité objective ou non de la certitude : « Singulier résultat que le dernier mot de la certitude soit un parti à prendre » [13].

Ainsi la démarche de libération de Renan repose, non sur l'induction expérimentale, mais sur un choix, sur un acte de foi. Acte de foi qui

---

8. IX, p. 142.
9. IX, p. 195.
10. IX, p. 217.
11. III, p. 581.
12. *C.J.*, IX, p. 308.
13. IX, p. 384.

se connaît — non toujours sans amertume — qui s'éprouve comme tel. Le parallélisme avec le choix de M. Le Hir est particulièrement frappant. Ainsi Renan reconnaît une sorte de précarité dans la certitude philosophique, mais dans la mesure même où il la reconnaît, il l'abolit, et c'est par là que son choix aura plus de valeur « objective » que celui du croyant. Retenons toutefois l'ambiguïté réflexive et critique d'une nature, qui, au moment même où elle définit la philosophie comme l'absolu (comme « l'unique nécessaire », selon l'*Avenir de la Science*) [14], introduit dans cet absolu les fissures du peut-être, la subjectivité d'un désir qui se proclame réel. Les formules tranchées, sereinement péremptoires de l'*Avenir de la Science* ne seront que le choix assumé d'une pensée qui peut, qui doit (pour la survie de sa propre cohérence) balayer les incertitudes. Mais, cette assurance même, ne pouvons-nous pas la voir comme le résultat d'un processus complexe, fait des avancées et des reculs d'une pensée assez lucide pour deviner, à travers le choix philosophique, le possible mirage du subjectif ? Si nous insistons sur ce point, c'est que l'*Avenir de la Science* où l'on pourrait voir le début intégral d'une pensée, représente plutôt un palier, un premier point d'arrivée, lieu où se trouve clarifiée, dans une sélection simplificatrice et voulue, toute l'effervescente ambiguïté des *Cahiers*.

L'auteur de l'*Avenir de la Science* pourra bien, dans une volonté positiviste, s'interdire les problèmes métaphysiques, les déclarer prématurés pour l'esprit — il faut savoir attendre en laissant mûrir la science — l'inquiétude l'emporte, la réticence se développe, plus ample que l'affirmation, et secrètement tourmentée : « A vrai dire, demander à l'homme d'ajourner certains problèmes et de remettre aux siècles futurs de savoir ce qu'il est, quelle place il occupe dans le monde, quelle est la cause du monde et de lui-même, c'est lui demander l'impossible. Alors même qu'il saurait l'énigme insoluble, on ne pourrait l'empêcher de s'agacer et de s'user autour d'elle » [15].

Renan se prépare-t-il à remplir pour son propre compte la définition qu'il donnera de Littré : « Il passa toute sa vie à s'interdire de penser aux problèmes supérieurs et à y penser toujours » [16] ? Pour Renan, les « problèmes supérieurs » s'installent au cœur même de la science qui transpose et revalorise un idéal religieux. Si « la vieille foi est impossible » [17], on ne peut pourtant vivre sans foi. Livrant le monde par l'étude de la nature, et l'homme par celle de la psychologie, la science livre Dieu. « L'homme et Dieu, c'est tout un, même sans panthéisme » [18].

L'idée que l'homme ne se survit qu'en contribuant à faire Dieu est ancienne en Renan [19]. Le but de l'homme n'est pas en effet le bonheur,

14. III, p. 732.
15. III, p. 742.
16. Réponse au discours de M. Pasteur, 1882, I, p. 768.
17. *A.S.*, III, p. 1083.
18. *C.J.*, IX, p. 147.
19. *F.I.R.*, *Ernest et Béatrix*, IX, p. 1514.

du moins dans le sens de jouissance : « Etre heureux n'est pas chose vulgaire, il n'y a que les belles âmes qui puissent l'être, mais être à l'aise est un souhait du dernier bourgeois. Il n'y a que des niais qui puissent prôner si fort le régime de la poule au pot » [20].

D'une façon plus absolue encore, Béatrix refuse le bonheur « comme trop vulgaire » [21]. Le but, non pas de tout homme (car beaucoup ne représentent qu'une part inutile de cette immense matière première, largement dépensée et « gâchée » par la nature), mais de l'humanité vraiment vivante, par la vertu, le génie, l'idéal, est de contribuer à faire sortir le divin de l'homme ; comme l'homme est sorti de l'animal, Dieu sortira de l'humain. « L'homme, c'est Dieu qui se fait » [22]. C'est à cette idée, profonde en Renan dès la jeunesse, d'une finalité de l'homme et de la nécessité du devenir divin, que répondra, dans les Rêves des *Dialogues philosophiques* [23], la concrète imagination des fabriques de dévas — refroidissement singulier d'une pensée qui, dans son désir de mieux s'affirmer, se durcira jusqu'à la caricature. Ce ne sera pas la moindre des ambiguïtés de la pensée de Renan que ce Dieu qui, garantissant le progrès, puisqu'il symbolise l'idéal et toutes les forces de l'homme, en figure aussi l'aboutissement. Le Dieu de Spinoza et celui de Hegel se superposent ici, et l'*Avenir de la Science* postule implicitement le présupposé qui trouvera sa formule la plus concise dans les *Dialogues,* Dieu est, et Dieu sera [24]. Il est (comme idéal), il sera (comme réalité effectivement vivante, omniscient, omnipotent). Génie, vertu ... trouveront un prolongement en ce Dieu qui sera. Aussi, la vie en Dieu ne peut être en toute justice que la contrepartie de la participation à Dieu. « Et quand l'humanité ne sera plus, Dieu sera et dans son vaste sein se retrouvera toute vie » [25]. Pour la création de cette grande résultante, la force utile n'est qu'une infime part de la force dépensée. Ce sens de l'immortalité restera une des constantes de la pensée de Renan, il l'exprimera par exemple dans l'*Antéchrist* en lui donnant la consécration de la formule biblique « Ceux qui meurent pour Dieu vivent au point de vue de Dieu » [26], et l'historien du peuple d'Israël flétrira en Hérode l'être sans idéal, qui meurt tout entier : il avait fait « sa volonté, non celle de Dieu » [27]. Ainsi la formule « volonté de Dieu » devient une expression emblématique du finalisme de l'homme et du monde, idéalement et scientifiquement orientés, elle colore ces notions d'un reste de mysticisme, en sauvegardant « les bons vieux mots, un peu lourds peut-être, que la philosophie interprétera dans des sens de plus en plus

---

20. *A.S.*, III, p. 1070.
21. IX, p. 1512.
22. IX, p. 280.
23. I, p. 616-617.
24. I, p. 597.
25. *A.S.*, III, p. 904.
26. IV, p. 1405.
27. *H.P.I.*, VI, p. 1410.

raffinés, mais qu'elle ne remplacera jamais avec avantage » [28]. Ce prolongement en « Dieu » de la philosophie, de la science, permet à l'ancien clerc de ne voir, dans sa rupture, qu'une transposition idéaliste du « *Dominus pars haereditatis meae* ». Le souvenir de la formule prononcée lors de la cérémonie de tonsure hantait les *Cahiers de Jeunesse* [29]. L'auteur de l'*Avenir de la Science* la reprend [30], pour consacrer sa démarche philosophique, et s'enchanter de n'avoir pas trahi son vœu de Nazaréen.

L'immortalité, telle que la conçoit Renan, n'a rien de commun avec la théorie platonicienne et la traduction, grossière selon lui, qu'en donnèrent les Pères de l'Eglise. Poser la question sous l'énoncé d'une séparation possible du corps et de l'âme, c'est tomber dans ces problèmes à « mine scolastique et paysanne » [31] pour lesquels les *Cahiers de jeunesse* n'avaient déjà qu'aversion et dédain. Corps, âme, opposition, selon Renan, non pas de deux substances, mais de deux modes d'être, l'une irreligieuse, selon l'utile et la jouissance, l'autre religieuse, selon l'absolu désintéressement de l'idéal. Ce sont « les deux vies ouvertes devant l'homme. Tout homme n'est pas également homme, tout homme n'est pas fils de Dieu » [32]. Si l'immortalité était l'état de nature de l'âme, ne serait-elle pas aussi égalitaire que la mort même, aussi injurieuse au génie ? Renan, dès l'*Avenir de la science*, pourrait prononcer la formule de 1860 : « Je ne vois pas de raison pour qu'un Papou soit immortel » [33]. Mais, Dieu achevant de se faire à travers l'homme de l'idéal, ne peut-on rêver le miracle du Dieu enfin tout puissant rendant la vie à sa créature — (ou plutôt, en un sens, à son créateur) ? Même si ce n'est là qu'un rêve, il a pour Renan sa rigueur parce qu'il a sa justice. Ce serait, aux confins de l'infini, un acte de la grâce de Dieu, mais aussi de sa justice et de sa reconnaissance — le pur miracle, né de la volonté même de Dieu. Aussi Renan, dans sa symbolique, se rapproche-t-il toujours moins de Platon que des images judéo-chrétiennes de résurrection des individus. *In ictu oculi* [34] — la formule de l'apôtre peut avoir sa vérité, un sommeil d'une seconde étant aussi bien celui d'un milliard de siècles — puisque dans l'un et l'autre, temps et conscience se trouvent abolis.

Cette pensée du réveil de tout ce qui a, au sens plein, vécu, est présente et diffuse dans toute l'œuvre de Renan, elle apparaît le plus souvent à travers l'interrogation, le demi-jour du *qui sait*, du *peut-être* : « Qui sait si le dernier terme du progrès dans des millions de siècles, n'amènera pas la conscience absolue de l'univers, et dans cette conscience, le réveil de tout ce qui a vécu » [35] ? Quand elle atteint à un épanouisse-

28. Art. sur Feuerbach et l'école hégélienne, VII, p. 297.
29. IX, p. 127, 238.
30. III, p. 1119.
31. IX, p. 157.
32. *A.S.*, III, p. 733.
33. *F.P.*, « La métaphysique et son avenir », I, p. 696.
34. *V.J.*, IV, p. 265 ; *H.P.I.*, VI, p. 1025.
35. *V.J.*, IV, p. 265.

ment affirmatif, à une mise en système, c'est à travers le rêve défini comme tel, dans les *Dialogues philosophiques*. L'arrête de l'affirmation se perd donc dans le flou — d'autant plus que Théoctiste se meut seulement dans le « possible ».

Il serait facile de souligner l'illusion — l'aberration même — d'une pensée à point de départ prétendûment positiviste. L'essentiel, c'est pour nous d'apercevoir ce que cette illusion signifie pour Renan, comment elle lui permet de s'identifier, de se connaître, à travers ce besoin de survivre. Se survivre, non dans son individu, ni même toujours dans le souvenir d'un nom, d'une mémoire. Immortalité en Dieu ne signifie pas gloire au point de vue des hommes et des siècles. « L'immortalité, c'est de travailler à une œuvre immortelle » [36]. A l'époque des *Cahiers de jeunesse*, Renan constate avec un peu d'amertume encore qu'un processus inévitable fait passer les grands hommes aux résultats acquis et les fond dans le tout : « Adieu la gloire individuelle ! (...). Le tout commence à exister, adieu les pauvres petits membres » [37].

L'*Avenir de la Science* traduit une reprise, et maîtrisant la déception de l'individu, l'exalte dans l'ivresse du tout, sa mort et son infini : « Nous ne serons pas lus dans l'avenir, nous le savons, nous nous en réjouissons (...) » [38]. Pourquoi tel auteur n'existe-t-il plus, même à travers ses œuvres, d'une existence individuelle, sinon parce qu'il s'est tout entier, dans sa substance même, transfusé dans les autres ? On l'oublie, mais on vit de sa conquête — accroissement de vérité, de liberté — on en vit naturellement, sans arrière-pensée de reconstitution historique. Son nom reste, mais comme resterait une pierre gravée, comme signe mémoratif, non comme tête de chapitre. Ainsi se réalise une sorte de consommation spirituelle, par l'humanité, de la substance du savant, du philosophe. Du point de vue de Dieu — de la réalisation de l'idéal —, l'humanité n'est pas le foisonnement des individualités, mais une contraction signifiante et simplificatrice : ce qui reste, c'est ce qui, de l'individu, passe et agit dans les autres, en servant une finalité qui le dépasse. Ainsi, présentant dans l'*Avenir de la science* un tableau mythique de l'humanité, Renan efface l'individu mais extrait de lui une signification quintessenciée :

« Sur les monuments de Persépolis, on voit les différentes nations tributaires du roi de Perse représentées par un individu portant le costume et tenant entre ses mains les productions de son pays pour en faire hommage au suzerain : voilà l'humanité. Chaque nation, chaque forme individuelle, morale, laisse après elle un court résumé qui en est comme l'extrait et la quintessence et qui se réduit souvent à un seul mot. Ce type abrégé et expressif demeure pour représenter les millions d'hommes

---

36. Art. sur Augustin Thierry, 1857, II, p. 108.
37. IX, p. 377.
38. III, p. 907-908.

à jamais obscurs qui ont vécu et sont morts pour se grouper sous ce signe » [39]. Individualiste à son point de départ, le projet de Renan se fond pour finir dans le tout générateur du divin. La première de ces deux exigences (la revendication d'immortalité pour le génie) se fond dans la seconde (la fusion dans le parfait). Dans l'*Eau de Jouvence*, cette même vérité s'exprimera, transfigurée, dans le rappel de la légende hébraïque : les bœufs qui, poussés par un mouvement divin, avaient ramené l'arche de chez les Philistins, furent offerts en holocauste : « Ayant rempli par leur instinct profond une mission providentielle de premier ordre, (ils) devaient disparaître avec leur mission » [40]. Ainsi se trouve exalté l'absolu désintéressement de la science, en même temps que sa référence à un au-delà de l'individu. Existe-t-il donc, pour le savant, une sorte de martyre ? Non, car la science sait, le martyr croit. Pourtant, Renan éprouve un tel besoin de vaincre ou de nier la mort (subjectivement c'est la même chose) qu'il regrette de n'avoir plus en lui cet instinct qui, en dehors ou au-delà de la certitude scientifique, fait affirmer encore. Le martyre ne prouve pas la vérité d'une doctrine, mais il suppose une telle concentration d'énergie, il donne une telle intensité de joie ! Renan souffre de ne pouvoir poser cette affirmation absolue, qui supprime la mort : « Je ne pense pas qu'il y ait au monde de joie plus vive que celle du martyr. Que de fois... j'ai maudit notre critique de nous avoir rendu le martyre impossible » [41].

Cette nostalgie de la spontanéité, qui fait croire et affirmer, sera celle encore de l'historien du Peuple d'Israel : « Vivent les excès, vivent surtout les martyrs ! Ce sont eux qui tirent l'humanité de ses impasses, qui affirment quand elle ne sait comment sortir du doute, qui enseignent le vrai mot de la vie, la poursuite des fins abstraites, la vraie raison de l'immortalité » [42].

Renan porte donc envie, dans *Patrice*, à l'être spontané, créateur, chez qui le besoin s'affirme en réalité, chez qui l'exigence pose son objet. Patrice au contraire a tué en lui la jeunesse, « la naïve spontanéité » : « je ne puis m'échapper de moi-même » [43]. Veut-il exprimer que la vérité du martyr, fausse aux yeux de la science, trouve peut-être son sens à l'infini ? Dépassant les objections temporaires, ne devine-t-elle pas à sa manière, à travers l'évolution humaine, l'avenir de Dieu ? Vérité d'instinct, elle tranche le problème de l'homme et de Dieu, elle affirme l'immortalité et la présence divine que le philosophe ne peut entrevoir que de façon fugitive, hésitante, sujette aux réticences ou aux retours. Elle postule un Dieu pour ceux qui ont « vécu », une revanche sur la mort, un « jour des justes » [44], et c'est bien là le désir de Renan. Son

---

39. III, p. 903.
40. III, p. 491.
41. *F.I.R., Patrice*, IX, p. 1548.
42. VI, p. 1205.
43. IX, p. 1545.
44. IV, p. 593.

mobile n'est-il pas de détruire la grande iniquité de la mort ? Jésus, Marc-Aurèle, ces deux images idéales de lui-même, lui permettront une double mise en question de la mort. Si Renan, à propos de Jésus, refuse le dernier acte, surnaturel, à travers la résurrection niée, il affirme la résurrection réelle. « Pendant que Jésus ressuscitait de la vraie manière, c'est-à-dire dans le cœur de ceux qui l'aimaient (...) en quel endroit les vers consumaient-ils le corps inanimé qui avait été, le samedi soir, déposé au sépulcre » [45] ? La *Vie de Jésus* s'arrête au supplice de la Croix. La résurrection, œuvre des disciples, ou plutôt œuvre de Jésus à travers ceux qui l'aimaient, se trouve significativement déplacée et prend place dans *Les Apôtres*. Si Jésus a vaincu la mort, c'est par la fascination qu'il exerça sur les premiers fidèles, conducteurs de sa vie par influence. C'est pourquoi Renan a tant exprimé le charme de la personne de Jésus, d'une façon que le lecteur — faute d'y voir peut-être la vraie condition de survie — éprouve parfois jusqu'à l'irritation. Légèreté ? Mièvrerie ? Sacrilège ? Et Proudhon de vitupérer le Jésus « joli garçon » [46]. En réalité, bien plus que la recherche d'un « vernis poétique » [47] l'insistance de Renan n'est que le besoin de traduire ce pouvoir quasi magnétique, cette sorte d'influx, de puissance plus grande de vivre, de passer dans les autres, qui, seul miracle de Jésus, nia véritablement la mort. Ce charme, c'est le pouvoir d'incarner l'idée, de la dégager comme une exsudation lumineuse. Toute sa vie, semble-t-il, Renan croira à ces « philtres d'amour » qui seuls mènent l'humanité : Encore dans *Marc-Aurèle,* il évoquera le charme de Jésus, garant de la vie et de l'avenir de l'idée. « Chez le fondateur religieux, le charme personnel est chose capitale. Le chef-d'œuvre de Jésus a été de s'être fait aimer d'une vingtaine de personnes, ou plutôt d'avoir fait aimer l'idée en lui jusqu'à un point qui triompha de la mort (...) » [48].

Marc-Aurèle représente le point d'arrivée d'une pensée vieillie, sans doute, et ce n'est point par l'entraînement fascinateur que le bon empereur se survivra. Sa façon d'absoudre les dieux qui, mettant en l'homme le désir moral, lui refusent peut-être l'immortalité — (seule justification du devoir, pourtant) — découvre à Renan le scandale. « Ah ! c'est trop de résignation, cher maître ! S'il en est véritablement ainsi, nous avons le droit de nous plaindre (...). Pourquoi avoir mis (en l'homme) des instincts trompeurs, dont il a été la dupe honnête ? (...). Alors, maudits soient les dieux (...). Je veux que l'avenir soit une énigme, mais s'il n'y a pas d'avenir, ce monde est un affreux guet-apens » [49].

Double tranquillement sceptique d'un Renan encore passionné — et jusqu'à la révolte —, l'image de Marc-Aurèle lui permet de s'éprou-

45. *Ap.* IV, p. 494.
46. *Jésus et les origines du christianisme,* p. 101.
47. *Ibid.*
48. V, p. 1067.
49. V, p. 912.

ver encore dans le besoin d'un Dieu présence, garant d'immortalité, non pas rémunérateur, mais témoin. « Ce que nous voulons n'a rien d'égoïste : c'est simplement d'être, de rester en rapport avec la lumière (...). Sûrement, demander qu'il y ait un spectateur intime et sympathique des luttes que nous livrons pour le bien et le vrai, ce n'est pas trop demander » [50]

Sensible dès les *Cahiers de jeunesse,* le désir d'immortalité, véritable faim du génie, semble premier en Renan, et se maintiendra pathétiquement à travers l'angoisse du néant. Ainsi, l'historien du peuple d'Israël affirmera éprouver le besoin, autour de lui, d'une croyance confiante en l'avenir. Par une sorte de réversibilité des mérites, cette foi des autres entretient en lui la vie (l'illusion ?). C'est une sorte de température ambiante qui lui permet de subsister, de faire comme si l'avenir n'était pas un leurre. « L'individu peut faire de très grandes choses sans croire à l'immortalité ; mais il faut qu'on y croie pour lui et autour de lui. Toute noble vie est construite sur des placements d'outre-tombe (...). Je l'avoue, j'ai des doutes graves sur l'immortalité individuelle et cependant j'agis presque constamment en visant des buts au delà de la vie ; j'aime mon œuvre après moi. Il me semble que je vivrai bien plus alors qu'aujourd'hui » [51].

Etudiant dans les *Nouvelles études d'histoire religieuse,* la pensée bouddhique, Renan verra dans cette métaphysique du néant, une sorte de contre-épreuve, d'envers de sa propre pensée : « Pour l'Inde, l'existence consciente n'a pas de résultante supérieure (...). Selon nous, l'univers poursuit par la raison, par l'activité, par les souffrances de l'homme, une fin idéale de justice et de bonté » [52].

Religion du vide, le boudhisme semble ne pas avoir de lien organique avec la pensée de Renan. C'est ce que confirme cette phrase extraite de la Préface des *Nouvelles études d'histoire religieuse* : ce travail, dit Renan, resta longtemps dans ses cartons. « Je l'en ai tiré parce qu'il m'a semblé que l'absence du boudhisme était une lacune dans mes études d'histoire religieuse » [53]. Raison un peu extérieure, sorte de convenance aperçue après coup. L'Inde ignore cette finalité de l'humain qui fonde la vie même de Renan : « Le jour des justes viendra » [54].

Ce qui nous paraît essentiel, c'est qu'en Renan, l'affirmation de l'avenir se fissure au moment même où elle s'exprime, et cela dès son apparition : la question se trouverait simplifiée, la vie réduite à un schéma, si la loi d'une stricte évolution historique était le vrai, si Renan, pour la commodité de ses commentateurs, avait peu à peu dépouillé les illusions de sa jeunesse, et, d'une marche sans surprise, s'était porté de cette forme de foi au scepticisme. Mais, dès les *Cahiers,* la foi en l'avenir de l'humanité

50. *Ibid.*
51. VI, p. 1203-1204.
52. VII, p. 771.
53. VII, p. 705.
54. IV, p. 593.

se pose à travers son contraire : « Une pensée m'alarme, et affaiblit un de mes motifs supérieurs d'action ; la foi dans l'humanité et ses destinées éternelles, et dans l'éternité de l'individu par l'œuvre à laquelle il travaille, — c'est la probabilité qu'il y a que le monde périra. Voyez les arguments de Lucrèce livre V » [55]. L'espoir se trouve alors renvoyé à des réalités plus lointaines, plus désincarnées « que le monde périsse ou non, il y aura toujours l'idéal » [56]. L'humanité se verra relayée par ses analogues : « Un autre monde progressera sur le nôtre et ainsi jusqu'au parfait (...). Confiance absolue dans le progrès du tout ou de Dieu » [57].

L'optimisme — ou la volonté d'optimisme — se manifeste cependant en ce que Renan oublie ou évite de se demander comment un autre monde pourrait progresser sur le nôtre, du moins à travers l'expérience du nôtre, puisqu'il n'y aura point entre eux de communication. Cette objection non explicitement formulée, mais implicitement présente, nuancera, en la mitigeant, la confiance de Renan dans l'*Histoire du peuple d'Israël* : « L'humanité est une de ces innombrables fourmilières où se fait dans le monde l'expérience de la raison ; si nous manquons notre partie, d'autres la gagneront » [58]. « D'autres »... c'est-à-dire qu'entre eux et nous, il y a rupture ou du moins discontinuité ; il ne s'agit plus comme dans les *Cahiers de jeunesse* de nous à travers eux. Ce que, dès les *Cahiers,* il nous importait de souligner, c'est l'ambivalence de la foi en l'avenir. Au fond, l'auteur de l'*Avenir de la science* tranche par un choix. Il l'affirme lui-même : « Peut-être nos affirmations à cet égard ont-elles un peu du mérite de la foi, qui croit sans avoir vu (...) » [59].

Ce qui pour Renan fonde l'optimisme, c'est l'instinct moral, l'exigence spontanée en l'homme du bien, du vrai, du beau. Cet instinct, Renan l'accepte de façon immédiate et absolue, il ne tente pas de le remettre en question, parce qu'il lui est nécessaire, et dans son infaillibilité et dans sa finalité. Dans une note de l'*Avenir de la science,* Renan justifie historiquement — mais seulement de cette manière —, par les besoins de l'homme, la croyance à l'immortalité individuelle : « Pendant que la croyance à l'immortalité aura été nécessaire à rendre la vie supportable, on y aura cru » [60].

Renan dépasse donc le point de vue de l'individu par celui de l'espèce, mais l'immortalité de l'espèce ne peut-elle tomber sous une semblable analyse ? Renan semble le pressentir et même le formuler, quand il évoque l'accomplissement de l'humanité à travers l'absorption panthéistique dans le τὸ πᾶν mystérieux : « Pour trouver le parfait et l'éternel, il faut dépasser l'humanité et plonger dans la grande mer » [61]. Cependant si l'anéantis-

55. IX, p. 367 ; cf. IX, p. 376-377.
56. IX, p. 367.
57. IX, p. 377.
58. VI, p. 648.
59. III, p. 783.
60. III, p. 1147, n. 162.
61. *A.S.,* III, p. 1125, n. 14.

sement dans la grande mer permet la fusion avec le parfait, l'éternel, l'homme de génie dans son individualité, l'humanité dans son ensemble, et, au delà d'elle, l'univers, n'auront pas porté à faux, et le symbole fondamental de l'*Avenir de la science*, « la légitimité du progrès » [62], se trouvera justifié.

La construction de la grande résultante se maintient donc, et même, des *Cahiers* à l'*Avenir de la science*, s'affirme, selon le processus de cristallisation de l'optimisme, de nécessaire fixation, que nous avons déjà tenté de souligner. La preuve du progrès est dans l'instinct même de la nécessité du progrès. Désenchanté, lucide, l'historien du peuple d'Israël deviendra dans les besoins du cœur la seule justification du rêve de l'au-delà : « Quand il s'agit d'espérer, l'humanité trouve toujours la preuve de ce qu'elle désire. Ce qu'elle désire est si légitime » [63] ! N'est-ce pas, dès l'*Avenir de la science,* la démarche même, la justification première de Renan ?

Avant 1848 se condense aussi le rêve de force, qui apparaît en Renan comme l'autre face d'une forme de vulnérabilité : la crainte de donner par quelque côté prise au ridicule ; car « les hommes d'action tombent bien moins sous le coup de ce *rire* que les hommes de spéculation » [64]. Ce n'est que par une escalade ou un renversement du rire (lui-même intériorisé) que le savant trouve sa revanche et sa totale dignité. Ainsi « le penseur ferme et froid, le Goethe olympien qui rit de tout ne saurait être [risible] ; donc le penseur est au-dessus de tout et ne peut être ri » [65]. Exprimées dans les *Cahiers de jeunesse*, ces préoccupations se prolongent dans des notes manuscrites un peu plus tardives [66] où la valeur suprême se définit comme inattaquable au ridicule, et bifurque dans les trois directions d'immensité, de perfection morale, de force : Dieu, Jésus-Christ et... le tsar de Russie se donnent comme les figures de cette étonnante trinité :

> « J'ai cherché si je trouverais quelque chose qui ne fût accessible au ridicule par aucun côté. Trois objets se sont présentés à moi comme tels : Dieu, Jésus-Christ et le tsar de Russie. Dieu pourtant a été plaisanté et peut l'être, sans doute à faux — Jésus-Christ est tout à fait inattaquable dans son type pur, mais non dans les détails de l'Evangile — Quant au tsar, il est absolument et entièrement inattaquable, comme tout ce qui est fort et terrible. Rien ne prouve mieux, ce semble, la totale nullité logique du ridicule et la superficialité de ceux qui l'emploient ».

Sans doute l'exemple du tsar est-il immédiatement dévalué, comme le sens même du rire, mais il est frappant que cette figure voulue méprisable

---

62. III, p. 782.
63. VI, p. 1107.
64. *C.J.*, IX, p. 256.
65. *Ibid.*
66. *N.A.F.*, 11478 bis (parmi ces notes un feuillet daté de juin 1848).

(puisqu'elle prouve la « totale nullité logique du ridicule ») s'accompagne de celle de Dieu et de Jésus, et non de quelques mauvais larrons d'autocrates purs : c'est l'association qui stimule ici l'analyse. Avec Dieu, Jésus, s'ébranlent les ondes de la valorisation suprême (définie d'abord comme l'imperméabilité au ridicule). Puis, en même temps que le tsar condense sur lui seul cette vertu, incomplète en Dieu ou en Jésus, il la vide de valeur morale, sans doute, mais il reçoit aussi analogiquement, un paradoxal reflet de sacralisation — la force installe alors son « ordre » souverain.

Inattaquable, autant que haïe, elle est le bloc sur lequel vient se briser le mépris, la révolte, du jeune auteur des *Cahiers* : « Oh ! si je tenais ce tsar, je vous le souffletterais, je lui cracherais au visage, je le ferais bafouer et juger, condamner à mort par la populace, noyer au milieu des huées. Ah ! ah ! majesté, n'est-ce pas que les hommes sont aussi quelque chose ! » [67].

Scandale — mais aussi fascination que la force : si seulement, par une domestication idéaliste, on pouvait la transférer sur Dieu, sur Jésus, sur le penseur ! Ce sera la tentative de Renan jusqu'aux *Dialogues philosophiques,* moment critique de sa pensée où l'aspect de cruauté (savante et par là même armée) réalise une apparition qui sans être une résurgence, ne représente pas non plus un début intégral : le mirage de la force est depuis longtemps présent en Renan, à travers la révolte même. Totalement sincère, sa révolte est de sens moral. Non moins sincère (quoiqu'oblitéré par l'expression du scandale), son entraînement est d'ordre mythique. La conquête du pouvoir par le savoir, par la pensée, en purifiant la force, achèverait l'éminente dignité de l'ordre spéculatif.

---

67. *C.J.,* IX, p. 315.

CHAPITRE VII

LE SYMBOLE DE 1848 : L'AVENIR DE DIEU A TRAVERS
LA SCIENCE, LA REVOLUTION, LA MORALE

La science apparaît comme le substitut, le premier équivalent du divin : « Savoir est le premier mot du symbole de la religion naturelle (...). Savoir est de tous les actes de la vie le moins profane (...). C'est perdre sa peine que de prouver sa sainteté ; car ceux-là seuls peuvent songer à nier pour lesquels il n'y a rien de saint » [1].

La science n'est pas simple curiosité intellectuelle. Les « esprits curieux » de Pascal ne sont pas les savants selon Renan, car les esprits curieux prennent place au-dessous d'un ordre supérieur. Pour Renan, au contraire, l'ordre de la sainteté, ou de la perfection dans l'absolu désintéressement et l'approche du divin, c'est la science. « Savoir, c'est s'initier à Dieu » [2]. Quand, dans l'*Avenir de la science,* Renan cite, sans guillemets, comme si la phrase était devenue sa chose, un fragment des deux infinis : « Nous avons beau enfler nos conceptions, nous n'enfantons que des atomes, au prix de la réalité des choses » [3], ce n'est pas pour que l'esprit, s'effrayant à la vue de ces merveilles, revienne au Christ sauveur, mais plutôt pour montrer l'univers réel plus beau que le miracle. Ce n'est pas une citation que Renan fait de Pascal, c'est à une reconversion scientifique qu'il appelle le mystique, il rend Pascal à la science.

Le refus des religions positives agrandit, selon lui, le temple de Dieu, et dès les *Cahiers de jeunesse* se fait jour cette pensée, propre à exalter le savant, que « la réalité existe et dépasse le rêve » [4]. Pauvres imaginations que les fables des siècles crédules, face à la réalité du Cosmos entrevu par A. de Humboldt ! La science n'est donc pas le refuge d'un esprit déçu, et qui s'attacherait pour survivre à la moins vaine des

---

1. *A.S.,* III, p. 741.
2. *Ibid.*
3. *A.S.,* III, p. 804.
4. IX, p. 368.

vanités ; elle s'affirme en raison de vivre, en promesse : « Si je voyais une forme de vie plus belle que la science, j'y courrais » [5]. Belle, parce qu'elle permet d'approcher le parfait, elle restitue un équivalent de l'adoration, une sorte de vision béatifique : cette conception est, à travers celle d'Averroès, celle de Renan [6]. Sans doute faut-il se souvenir de l'absolue distinction, établie dès les *Cahiers de jeunesse,* entre la « pâle science » et la « science vitale » philosophique [7]. Si selon la formule de l'*Avenir de la Science,* le dernier mot du savoir est de « résoudre l'énigme » [8], on comprend le mépris de Renan pour une science dont l'unique justification serait l'enseignement. « Savant oui, professeur, fi » [9]. Professeur « pour avoir du pain », Renan le sera sans doute, mais le pédagogue n'est qu'avili — « type dégoûtant » — affirment, dans leur tranchante crudité, les *Cahiers* [10].

En acceptant comme « gagne-pain » un dérivé de la science, Renan souffre devant une dégénérescence, profanatrice de la spéculation. Il maudit l'idée même du partage, transposant ainsi la maxime évangélique « nul ne peut servir deux maîtres », et souffre de voir la science, par un de ses côtés, réduite à l'état de moyen. L'esprit s'use à ce pauvre travail, un métier manuel sauvegarderait mieux l'intégrité de la pensée philosophique — Ammonius Saccas était bien portefaix [11] ! — Mais fondamentalement, ce qui révolte Renan, c'est la possibilité même de trouver « gagne-pain » par la science, c'est qu'elle se révèle, en un sens, convertible et consommable. C'est le passage scandaleux d'un ordre à l'autre, à la limite de la simonie. On sent ici toute l'ombrageuse délicatesse du clerc, de « celui que Dieu a touché » et qui « sera toujours un être à part » [12]. Toujours en effet, Renan affirmera hautement ce principe qu' « on ne paye pas les choses de l'âme » [13]. L'être voué à l'idée pure peut-il, même en ne donnant que des miettes de lui-même, se laisser rétribuer, c'est-à-dire accepter l'idée d'une équivalence ?

L'ardeur de savoir, Renan la ressent comme irrépressible, et en exprime la nécessité à travers une comparaison de sens physiologique : « quelque chose qui s'irrite, comme une glande salivaire, c'est une vraie démangeaison, un besoin qui se double par la nourriture » [14].

Ce qui la définit surtout, c'est le besoin d'aller au delà de la cause physique — simple exposition raisonnée du fait, après tout — pour remonter jusqu'au fondement même : dans les *Cahiers,* Renan analyse

---

5. *A.S.,* III, p. 827.
6. III, p. 149.
7. IX, p. 259.
8. *A.S.,* III, p. 746.
9. *C.J.,* IX, p. 325.
10. IX, 208 ; cf. IX, p. 235, 249.
11. *A.S.,* III, p. 1044.
12. *A.S.,* III, p. 1121.
13. *N.E.H.R.,* VII, p. 928.
14. *C.J.,* IX, p. 219.

comme « très philosophique » l'attitude de l'enfance, et le sens de ses pourquoi : « Les causes physiques et occasionnelles que vous lui donnerez ne l'arrêteront jamais. Il poussera toujours au delà, jusqu'à *quelqu'un* qui fasse la chose, comme lui fait son action » [15]. Ne pouvons-nous apercevoir ici, dans ses premiers linéaments, l'attitude de Renan même face à la science, cette impossibilité en lui à s'en tenir à la science expérimentale, ce besoin de créer un vaste *De natura rerum,* une « épopée » sur les choses, pour parvenir jusqu'au Dieu de la « science idéale », comme le remarquera Berthelot en 1863 [16]. Le positivisme semble en lui miné de l'intérieur, restructuré selon la direction première de sa pensée ; la science n'est conçue par lui que dans sa relation au divin. Condamnée par le Moyen-Age comme attentatoire à la majesté de Dieu, elle devient au contraire, selon les termes de Renan dans *Averroès,* « le seul vrai culte que l'on doit à Dieu » [17]. Les formes religieuses définies, le prophétisme n'en représentent que des succédanés inférieurs. « La science n'est pas accessible à tous ; Dieu y supplée, pour les simples, par le prophétisme (...). La révélation prophétique ne diffère pas, au fond, de l'infusion de l'intellect actif, ou en d'autres termes, de la révélation permanente de la raison » [17 bis].

La *libido sciendi* n'est plus un acte d'orgueil, ou plutôt cet orgueil est légitime et sain car il affirme l'excellence de l'homme. « Si l'on entend par humilité le peu de cas que l'homme ferait de sa nature, (...) je refuse complètement à un tel sentiment le titre de vertu, et je reproche au christianisme d'avoir pris la chose de cette manière » [18].

Cette excellence de l'homme, loin d'empiéter sur la perfection divine, en représente au contraire l'autre versant. « L'homme ou Dieu, c'est tout un, même sans panthéisme » [19]. Quelle conception étriquée et proprement blasphématoire que celle d'un Dieu propriétaire, en quelque sorte, de sa perfection, l'entourant d'interdits et de clôtures ! La science approche Dieu et l'augmente. En donnant aux hommes une raison idéale de vivre, elle distribue le « pain spirituel » et relaie les religions périmées : le sentiment de l'unique nécessaire, exprimé dès les premiers mots de l'*Avenir de la science,* hante tout l'ouvrage et se répercute dans un article de 1849, *Réflexion sur l'état des esprits* (recueilli dans les *Questions contemporaines*).

« La science, l'art, la philosophie, n'ont de valeur qu'en tant qu'ils sont choses religieuses, c'est-à-dire en tant qu'ils fournissent à l'homme le pain spirituel, que les religions lui fournissaient autrefois et ne peuvent plus lui donner. Une seule chose est nécessaire » [20].

---

15. *C.J.,* IX, p. 225.
16. *F.P.,* I, p. 652.
17. *Av.,* III, p. 149.
17 bis. *Ibid.*
18. *A.S.,* III, p. 1011-1012.
19. *C.J.,* IX, p. 147.
20. I, p. 219.

Renan se trouve donc en quête d'un absolu. Une idée incomplète et facile, la projection rétrospective d'une certaine image de Renan vieilli, pourrait masquer en lui le besoin d'un symbole — dans le sens où l'on parle du symbole des apôtres, d'un concentré de foi, d'un Credo. Il faut trouver « une grande forme dogmatique » [21]. L'indifférence, le scepticisme prouvent simplement que la voie n'est pas encore trouvée, non qu'elle n'existe pas. « Rien ne dispense de la dogmatique. Nos délicats, qui maintiennent toujours cette question en dehors, s'interdisent en toute chose les solutions logiques » [22]. R. Allier a nettement souligné [23] le côté particulier de la crise de conscience de Renan : ce n'est pas une révolte intime contre l'autorité, conçue, en tant que telle, comme oppressante. Ce n'est pas le côté extérieur, contraignant de l'autorité que Renan éprouve comme mauvais, mais bien plutôt le fait que, dans son enseignement positif, l'autorité de l'Eglise ait failli ; elle s'est trompée en prétendant à la révélation, en affirmant le miracle, en faisant, de la littérature hébraïque, la Bible, livre inspiré... Renan ne s'est pas révolté contre la parole magistrale en tant que telle, mais contre le contenu d'un enseignement qui manquait le vrai, d'une parole qui, faussée en fable, se prétendait dogme. Les *Souvenirs* nous en feront la confidence : la révolte fut moins morale que scientifique : « Si j'avais pu croire que la théologie et la Bible étaient la vérité, aucune des doctrines plus tard groupées dans le Syllabus et qui, dès lors, étaient plus ou moins promulguées, ne m'eût causé la moindre émotion » [24]. Le témoignage des *Souvenirs* peut paraître outré dans sa forme, et n'est-il pas suspect, du reste, de l'ambiguïté qui frappe tout essai d'autobiographie, tout effort pour se déchiffrer à distance ? Cependant, l'*Avenir de la science* nous montre bien, semble-t-il, un être préoccupé de « dogmatique », à condition que le dogme rencontre et exprime le vrai : alors la tolérance garde-t-elle un sens ? « On ne déclare toutes les religions également bonnes que quand aucune n'est suffisante. S'il y avait une religion qui fût réellement vivante, (...) soyez sûr qu'elle saurait se faire sa place (...). L'indifférence est en politique ce que le scepticisme est en philosophie, une halte entre deux dogmatismes, l'un mort, l'autre en germe » [25]. Renan rejette donc les autorités périmées, au fur et à mesure que leur contenu perd en vérité — c'est-à-dire n'est plus adéquat au niveau scientifique et moral d'une époque. Il admet qu'elles se flétrissent l'une après l'autre, l'hérésie d'hier étant l'absolu d'aujourd'hui, et destiné à devenir, demain, l'arbitraire —, mais ainsi jusqu'au parfait, ou du moins dans le sens du parfait. Historiquement, elles furent toutes bonnes, historiquement aussi, toutes dépassées. Ainsi

21. *A.S.*, III, p. 1004.
22. *A.S.*, III, p. 1007.
23. *La philosophie d'E. Renan*, p. 33.
24. *S.E.J.*, II, p. 869.
25. *A.S.*, III, p. 1004.

l'Inquisition, « l'institution la plus odieuse » [26], a-t-elle eu à son heure son sens, son fondement. Elle a représenté l'absolu, la doctrine de l'humanité : « Ce qui fait que les actes de l'Inquisition nous indignent, c'est que nous les jugeons au point de vue de notre âge sceptique. (...) Massacrer les autres pour son opinion est horrible. Mais pour le dogme de l'humanité ?... la question est tout autre » [27]. Renan se distingue très profondément d'un J. de Maistre, en ce qu'il ne justifie pas l'Inquisition en soi, mais du seul point de vue historique, comme cet absolu-relatif que figure toute création de l'histoire quand elle coïncide avec un état de l'humanité. Formules imparfaites, à coup sûr, mais dont l'imperfection ne se découvre qu'après : « La tyrannie ne commence que le jour où la chaîne est sentie, où l'ancien dogme a vieilli et emploie les mêmes coups d'autorité pour se maintenir » [28]. Ainsi l'Inquisition, au XVIᵉ siècle, en France, en plein éveil de l'esprit moderne, sous le règne d'un prince indifférent, représente-t-elle tout l'odieux du crime et de l'arbitraire. Mais le point de vue critique, qui révèle l'imperfection ou le scandale d'une formule vieillie, en découvre aussi la raison passée. « L'humanité seule s'est donné ces chaînes » [29], ou plutôt, ce n'étaient pas encore des chaînes, mais les nécessités intimes d'une humanité vivant de son rêve en Dieu. Toute la marche de l'humain est le passage d'un symbole à un autre, moins imparfait. Le moteur même du progrès, où réside-t-il, sinon dans l'imperfection même de toute formule ? Il s'incarne dans l'être inassouvi, le mécontent qui prend conscience du passage, d'abord délicat, puis évident, de l'absolu à l'arbitraire. Une question surgit ici : à quel moment peut-on dire que l'absolu bascule, que le novateur est agitateur ou précurseur, que l'esprit moderne se trouve vraiment préfiguré ? A quel moment le branle est-il légitime ? Ce qui suscite notre question, c'est une remarque de Renan dans l'*Avenir de la science* : « Quant aux hommes vraiment avancés du Moyen-Age, comme Scot Erigène, Abélard, Arnaud de Bresse, Frédéric II, ils subissaient la juste peine d'être en avant de leur siècle » [30]. Exécution sommaire ! Justification morale un peu fragile ! Ne pouvons-nous déceler ici une tendance propre à Renan, ce besoin de trouver une sorte d'assise universelle à l'intuition de l'individu, une légitimation dans les autres ? Cette tendance nous paraît un résidu d'inspiration cléricale, catholique ; on pourrait dire, par métaphore, qu'elle substitue le sacrement (reconnu par tous) au charisme, avec ses dangers d'illuminisme individuel. Renan aspire à trouver la formule absolue — celle qui se fonde sur la raison du temps — tout en sachant bien qu'elle n'est pas l'absolu définitif. La pensée de Renan, historiquement libérale — ou plutôt libérale par son sens de l'historique — reste fondamenta-

---

26. *A.S.*, III, p. 1035.
27. *A.S.*, III, p. 1005.
28. *A.S.*, III, p. 1004.
29. *A.S.*, III, p. 1035.
30. *A.S.*, III, p. 1005.

lement intolérante. Si l'on pouvait trouver le vrai symbole, on aurait droit de l'imposer. Ainsi quand la science, arrivée à son degré de perfection, organisera l'humanité, elle sera en droit d'exiger soumission, sacrifice. Et Théoctiste rêvera la beauté du sacrifice volontaire, les victimes couronnées de fleurs s'offrant à la vivisection [31]. En attendant cette apothéose scientifique, « Gouverner pour le progrès, c'est gouverner de droit divin » [32]. La mystique de la science ne fait donc que déplacer le *compelle intrare*, sans rien lui ôter de sa vertu impérative. Cela même que « l'on est convenu d'appeler corruption » [33] trouve sa raison d'être, si ce recours est nécessaire en vue du plus grand bien de l'humanité. Oracles, égéries, augures, les prêtres qui dans le passé gouvernaient au nom des dieux s'imposèrent par ces impostures alors légitimes. Les savants prendront la relève, « la religion de l'Avenir tranchera la difficulté de sa lourde épée » [34], en faisant succéder la force à l'imposture. Dès 1848 se forme le germe de la sombre imagerie para-scientifique que libéreront les Rêves des *Dialogues,* puis les Drames de *Caliban* et de l'*Eau de jouvence,* à travers l'incarnation, en Prospero, d'une orgueilleuse équivalence : « Savoir, c'est pouvoir » [35].

Il est facile de remarquer la projection du prêtre dans le savant, le retour d'une inquisition retrouvant une raison d'être et se régénérant par la poursuite du vrai dégagé de la chimère. Ce qui nous semble révélateur surtout, c'est le rêve de force, la volonté de puissance, qui dans cette perspective, définissent le savant. Il est le « prêtre », dans la mesure où le prêtre, disposant des *sacra,* disposait de la force. Ce n'est pas une religion du renoncement, de l'offrande, du martyre. Car, remarquons-le, les martyrs qu'évoqueront les *Dialogues* ne sont pas les savants : ce sont les non-initiés, les exclus de la science, ils ne meurent pas pour témoigner, comme les martyrs chrétiens, mais pour se soumettre, pour consacrer, par cette soumission, une altérité absolue entre le vrai et eux ; le savant-prêtre ne se sacrifie pas : il accomplit le sacrifice, comme dans les rites antiques. Le martyr de cette nouvelle religion ne meurt pas dans une coïncidence parfaite et intime de sa foi et de lui-même, il se reconnaît plutôt objet du sacrifice, victime au sens rituel et premier. C'est bien plus une perspective magique, sacrée, qu'une perspective chrétienne. Aussi pensons-nous qu'il peut être inexact de voir, dans le transfert du divin que Renan opère de la religion sur la science, la seule nostalgie du sentiment, ou le jeu des habitudes cléricales. N'est-ce pas plutôt que Renan, partout où il le peut, traque la force ? Sans doute les expressions de martyr de la science, de « saint » (terme dont Renan, après Pasteur, se servira pour désigner Littré [36]),

---

31. *D.P.,* I, p. 623.
32. *A.S.,* III, p. 1002.
33. *A.S.,* III, p. 1008.
34. *A.S.,* III, p. 1008.
35. *Dr. P.,* III, p. 400.
36. *D.C.,* I, p. 772.

peuvent exprimer métaphoriquement l'absolue et désintéressée ouverture
de l'être au vrai, mais dans le cas de Renan, s'ouvrir au vrai c'est aussi
s'ouvrir à la force, à la maîtrise sur la nature. N'est-elle pas révélatrice
de cette tendance, à travers l'humour, l'appréciation que Renan porte
sur les saints du catholicisme, les saints du calendrier ?

Dans un article publié en juillet 1854 (*La vie des Saints*) puis recueilli
dans les *Etudes d'histoire religieuse*, Renan déplore le privilège de la
canonisation que la papauté s'est attribué [37]. Mieux valait la consécration populaire, paysanne, nationale. Outre que les saints qui sentent
« leur terroir » [38], offrent une concrétion pittoresque de leur temps
et de leur province, ils ont en eux une plénitude de spontanéité, d'énergie, de nuance diverse selon la diversité d'origine des élus : « Il y a
de tout dans ce panthéon populaire : des martyrs d'une cause chérie,
de vieux héros oubliés, des personnages de romans, Roland, Guillaume
d'Aquitaine »... [39]. Ce n'est pas la charité qui crée le saint (nous sommes loin de l'apôtre : si je n'ai pas la charité, je n'ai rien), c'est
l'allant, le dynamisme, le grand air. Aussi « l'honnête et excellent
Vincent de Paul » se trouve-t-il disqualifié, justement par la pauvre
mine de son excellence, face à Loyola, ce « géant » [40]. Que résulte-t-il
du privilège papal ? que la sainteté devient une sorte de promotion
mesquine, quasi administrative, accordée à la charité, « que les saints
diminuent de taille comme le reste des hommes, que la bonté va de plus
en plus remplaçant la grandeur ; (...) il est sûr (...) que les grandes
individualités n'ont plus de place dans le monde tel qu'il tend à se
faire » [41]. L'équivalence de la force et de la sainteté trouvera sa consécration à travers les *Souvenirs,* et l'évocation par Renan de son saint
patronymique : « Saint Cadoc, saint Iltud, saint Conery, saint Renan ou
Ronan, m'apparaissaient (...) comme des espèces de géants. Plus tard,
quand je connus l'Inde, je vis que mes saints étaient de vrais *richis,* et
que par eux j'avais touché à ce que notre monde aryen a de plus
primitif, à l'idée de solitaires maîtres de la nature, la dominant par
l'ascétisme et par la force de la volonté » [42].

Religion, science, se trouvent donc, pour Renan, dans le rapport
d'un transfert de force. Sans doute la science, culte du vrai, est-elle à
sa manière une religion, mais en même temps, tout aussi authentiquement, la religion fut une préfiguration intuitive de la science, et le
prêtre, par son pouvoir, par son savoir, une anticipation du savant.
Mais, alors que les deux termes savoir-pouvoir n'étaient pas chez le
prêtre dans une équation parfaite (le second dépassant de loin le pre-

---

37. *E.H.R.,* VII, p. 221.
38. *E.H.R.,* VII, p. 222.
39. *E.H.R.,* VII, p. 225.
40. *E.H.R.,* VII, p. 229.
41. *E.H.R.,* VII, p. 229.
42. *S.E.J.,* II, p. 764.

mier, et ce décalage autorisant « l'imposture »), ils trouveront leur exact équilibre dans le savant des temps modernes. Renan, dans l'*Histoire du Peuple d'Israël* développera cette conception de la religion « science enfantine » [43]. Ainsi la première page de la *Genèse,* évoquant la succession d'époques, de jours créateurs, que représente-t-elle sinon l'intuition que le monde n'est pas un donné statique, mais qu'il se définit par le devenir ? Renan y découvre « le premier essai d'explication des origines du monde, impliquant une très juste idée du développement successif de l'univers » [44]. La figer en révélation, proclamer entre elle et la science une hétérogénéité totale, c'est méconnaître et compromettre le message des Darwin de Babylone.

Dire : les religions peuvent contenir un germe de science, c'est formuler sommairement ce genre de pensée. Cela semble signifier qu'elles portent en elles un germe de ce qui n'est pas elles, un noyau de science qu'il faudra, comme tel, extraire de la gangue du surnaturel, que les Sémites, par exemple, malgré leurs croyances surnaturelles, entraperçoivent le vrai scientifique. Pareilles propositions ne se peuvent prononcer qu'en temps critique : à propos d'êtres demeurés superstitieux dans un âge de rationalisme, on peut distinguer l'esprit moderne et les restes d'un autre âge, appendice mort, étrangement maintenu dans un organisme vivant. Mais des premiers Sémites, on ne peut dire qu'ils croient au surnaturel ; bien plutôt l'idée de lois dans la nature (et, par contre-coup, de surnaturel) leur est étrangère. Leur saisie d'un « vrai » est radicale et globale, leur surnaturel (ce qui est pour nous croyance surnaturelle) constitue pour eux une appréhension totale du problème absolu. Il n'y a pas dans leur conception des parties bonnes (pré-scientifiques) d'autres vicieuses (surnaturelles), mais toute leur démarche est un essai du vrai. Si l'on fait une coupe dans une société « moderne » donnée, on voit bien religion et science, nature et surnature s'exclure dans la simultanéité. Mais, pour qui suit l'aventure même de l'esprit humain, dans son devenir historique — c'est le point de vue de l'*Avenir de la science* — religion et science se succèdent comme le spontané et le réfléchi. La religion ne représente pas le surnaturel opposé à la conscience des lois, mais plutôt le surnaturel (ou ce qui s'appellera ainsi du point de vue de la science) abordant à sa manière et sous une autre face le problème de l'être, par la démarche spontanée. Dans le contexte d'une époque critique, il n'y a plus entre les deux tentatives qu'opposition fondamentale et irréductible ; dire que la science est une religion ne constituerait plus qu'une inoffensive métaphore. Mais si, comme le fait Renan dans l'*Avenir de la science,* on les saisit l'une et l'autre dans leur nécessité, donc dans leurs rapports, on les aperçoit comme les deux niveaux d'une tentative unique. « Sans doute, on peut opposer religion et philosophie, comme on oppose deux systèmes,

---

43. *H.P.I.,* VI, p. 552.
44. *H.P.I.,* VI, p. 552.

mais en reconnaissant qu'elles ont la même origine et posent sur le même terrain. La vieille polémique semblait concéder que les religions sont d'une autre origine, et par là elle était amenée à les injurier. En étant plus hardi, on sera plus respectueux. (...) Aux yeux d'une critique plus avancée, les religions sont les philosophies de la spontanéité » [45].

Ainsi, Renan se désolidarise du XVIIIe siècle, en ce sens que pour lui la religion ne peut se définir par superstition, crédulité, fanatisme. Cette injurieuse attitude admet — pour la nier et la combattre — l'idée du fond divin des religions. Renan restitue à l'homme ce qui est de l'homme : spontanéité des religions, réflexion de l'âge scientifique sont deux états de l'humain. Nécessairement dans l'histoire de l'humain, la religion précède la science. Et même l'état intermédiaire, celui de la pure analyse, qui ne voit entre religion et science qu'hétérogénéité, aura été nécessaire comme relais : syncrétisme du monde primitif, analyse du XVIIIe siècle, synthèse de l'âge pleinement scientifique, définissent pour Renan les trois états de l'humanité [46]. Qu'est-ce que l'appréciation synthétique de l'ensemble, sinon la conscience que la religion a tenté avec les moyens du spontané ce que la science tentera (réalisera) avec sa force propre ? Entre elles Renan découvre une différence de méthode, non de visée. « Il est temps que la raison cesse de critiquer les religions comme des œuvres étrangères, élevées contre elle par une puissance rivale, et qu'elle se reconnaisse enfin dans tous les produits de l'humanité, sans distinction ni antithèse. Il est temps que l'on proclame qu'une seule cause a tout fait dans l'ordre de l'intelligence, c'est l'esprit humain, agissant toujours d'après des lois identiques, mais dans des milieux divers » [47]. C'est donc toujours la même humanité qui, sans craindre la vieillesse qu'elle ignorera toujours [48], renouvelle son expérience, et tente, par toutes les faces d'elle-même, toutes les faces du problème divin.

Par son caractère d'absolue spontanéité, la religion, plus que la science, livre l'homme, et c'est là ce qui fonde la science des religions. Non seulement elles tentent une approche de l'énigme, mais, « admirables pétrifications de la pensée humaine » [49], elles livrent l'humanité comme un donné brut, comme un objet premier d'expérience. « L'humanité est là tout entière » [50]. Plus elles paraissent étranges, plus elles révèlent, car c'est dans la violence de la crise que se libèrent les facultés d'une énergie multipliée, qui, au delà des limites du normal, dessinent le possible. Les lois mêmes se dégagent mieux de ces apparentes anomalies que d'un exercice toujours régulier et médiocre des mêmes facultés.

---

45. *A.S.*, III, p. 947.
46. *A.S.*, III, p. 968-969.
47. *A.S.*, III, p. 946.
48. *A.S.*, III, p. 859.
49. *A.S.*, III, p. 945.
50. *A.S.*, III, p. 1277.

Ainsi l'humain se dégage des « grands abus pittoresques » [51] où Renan découvre « la force morale (...) exagérée, dévoyée, mais originale et hardie en ses excès ». Les *Cahiers de jeunesse,* déjà, exprimaient l'irritation de Renan à voir les interdits dont se trouvent frappés les sujets religieux : « Le Christianisme, je le baiserai, l'exalterai, mais je l'humaniserai » [52]. Et l'*Avenir de la science* appelle la critique « à prendre son bien partout où elle le trouve » [53], prolongeant en écho la rebondissante exaltation des *Cahiers.* « Tout est à nous ! (...) Tout est à nous ! » [54]. Si Renan se révolte contre l'idée même de partage — tel lambeau à Platon, tel à Moïse, tel aux Pères de l'Eglise — c'est qu'elle suppose une conception fausse et de la critique et du sacré — ou plutôt est fausse toute conception qui les sépare : « comme si la nature humaine n'avait pas tout fait par des faces différentes d'elle-même ! » [55]. C'est là aussi le sens, peut-être, de l'insistance mise par Renan à proclamer Jésus homme : c'est le besoin de dilater la psychologie humaine au delà du vécu quotidien. Dès la retraite de l'ordination, en mai 1845, Renan compose l'*Essai psychologique sur Jésus-Christ.* « J'entreprends d'analyser Jésus-Christ comme un fait psychologique. (...) Je croirai avoir assez fait si j'ai pu introduire dans le champ de la critique et de la science un problème qui depuis longtemps aurait dû y entrer » [56]. Entre un « monstre psychologique » et nous, il n'y a pas de différence de nature, mais de degré et de milieu. Qui déclare-t-on normal, sinon l'individu qui vit à l'intérieur d'une nature, d'une société stabilisées dans les limites d'une certaine zone ? Adaptée une fois pour toutes, cette humanité moyenne ne sort plus du lit de ses coutumes, elle n'en a pas besoin, elle n'a plus à créer sa norme, et ses facultés créatrices s'ensommeillent dans la routine du régulier. « Il ne faut pas se figurer la nature humaine comme quelque chose de si bien délimité qu'elle ne puisse atteindre au delà d'un horizon vulgaire. Il y a des trouées dans cet horizon, par lesquelles l'œil perce l'infini. (...) Il peut naître chez les races fortes et aux époques de crise des *monstres* dans l'ordre intellectuel, lesquels, tout en participant à la nature humaine, l'exagèrent si fort en un sens qu'ils passent presque sous la loi d'autres esprits et aperçoivent des mondes inconnus » [57].

Psychologiquement, il n'existe donc aucune scission entre les êtres, dits surnaturels et nous-mêmes. Dans l'*Histoire du Peuple d'Israël,* Renan insistera encore sur cette fondamentale identité de substance :

---

51. *A.S.,* III, p. 797.
52. *C.J.,* IX, p. 147 ; voir aussi *C.J.,* IX, p. 326.
53. *A.S.,* III, p. 946.
54. *C.J.,* IX, p. 186.
55. *A.S.,* III, p. 946.
56. *Essai psychologique,* éd. Pommier, p. 14.
57. *A.S.,* III, p. 1067.

« Isaïe, Jérémie, Jésus (...) hommes dont les nerfs fonctionnaient comme les nôtres » [58].

Prophètes ou héros d'une attente messianique ne sont point surnaturels dans le sens d'une spécificité de nature, ils sont divins dans la mesure où le spontané est l'élan même du *nisus,* de la force créatrice, partout présente, mais en eux libre et agissante. Libération de l'élan vital, le spontané représente le point de contact de l'homme et du divin. On aperçoit ce que signifie, pour Renan, la vocation religieuse de la critique, science des produits de l'esprit humain : par la découverte du spontané, elle s'affirme à la fois science de l'homme et science de Dieu. De là l'intérêt premier et constant de Renan pour les origines, origines des religions, « embryogénie du christianisme » [59], origines de la vie, passage du brut au vital à travers l'intime force créatrice. Dès les *Cahiers de jeunesse,* Renan affirme cette préoccupation comme obsédante en lui : « Le problème de la science est là pour moi. Je ne puis croire que l'organisation ne soit qu'un arrangement physique et mécanique. La vie est là. C'est mon idée fixe. J'aime à m'y perdre » [60]. Dans la diversité de ses manifestations extérieures, le spontané traduit l'universelle germination du divin. « Partout c'est le Dieu caché » [61]. Renan définit ici le divin comme le *nisus,* tendance à vivre, puis à vivre de plus en plus, en conservant l'être, puis en créant et développant la conscience, par une tendance spontanée vers un but idéal : « Le parfait est le centre de gravitation de l'humanité comme de tout ce qui vit » [62].

Selon l'*Avenir de la science* [63], Hegel formula le premier avec netteté la gravitation du tout vers le divin, cette tendance au parfait qui est en même temps le parfait se faisant ; si le tout tend vers le divin, il représente en même temps la matière première de Dieu en train de se faire. En quoi la conception de Renan rejoint-elle la philosophie hégélienne ? Par le refus de la dualité Dieu-homme, par l'unité globale du divin. Dans la Préface à la *Phénoménologie de l'esprit,* Hegel exprime que toute sa façon de voir dépend de ce point essentiel : « appréhender le Vrai non comme substance mais précisément aussi comme sujet » [64]. Dieu n'est pas l'inaccessible chose en soi, la substance unique et séparée. Ainsi se trouve éliminée l'idée d'une transcendance irréductible par nature à notre savoir. Au contraire sujet et substance ne font qu'un, et la démarche de Hegel trouve son point de départ dans l'identification de la pensée et de la chose pensée. « Si la conception de Dieu comme

---

58. *H.P.I.,* VI, p. 611.
59. *E.C.,* V, p. 381.
60. *C.J.,* IX, p. 157-158.
61. *A.S.,* III, p. 935.
62. *A.S.,* III, p. 865.
63. *A.S.,* III, p. 865.
64. *T.I.,* p. 17.

substance unique indigna l'époque durant laquelle cette détermination fut exprimée, la raison s'en trouve en partie dans l'instinctive certitude que dans cette conception la conscience de soi est engloutie au lieu d'être conservée » [65]. Hegel sauvegarde au contraire la conscience de soi ; l'être n'est pas un au-delà du savoir. Dieu n'est pas un au-delà de l'homme. La pensée n'a pas valeur d'instrument, d'outil propre à dégager une vérité qui lui serait étrangère ; au contraire, une authentique unité fond ensemble substance et sujet, pensée et objet de pensée, savoir et être : « Cet en-soi doit s'extérioriser et doit devenir pour soi-même, ce qui signifie seulement que cet en-soi doit poser la conscience de soi comme étant une avec lui » [66].

De cette façon Hegel et Renan prennent place à l'opposé d'une philosophie de l'indépendance absolue de la substance, de ce que l'on a appelé, par exemple, le « monothéisme immodéré » de Spinoza [67]. L'entendement, non séparé de Dieu, n'est pas non plus séparé des choses ; si pour Renan la tendance à un but idéal est universelle, pour Hegel, le processus de la pensée est global et conquérant ; il n'y a pas un vrai excluant un faux, un positif refusant un négatif, mais l'un se réintroduit à travers l'autre dans la nécessité du mouvement dialectique : Il n'y a point d'élément irréductiblement séparé : « L'esprit conquiert sa vérité seulement à condition de se retrouver soi-même dans l'absolu déchirement. L'esprit est cette puissance en n'étant pas semblable au positif qui se détourne du négatif (comme quand nous disons d'une chose qu'elle n'est rien ou qu'elle est fausse, et que, débarrassé alors d'elle, nous passons sans plus à quelque chose d'autre), mais l'esprit est cette puissance seulement en sachant regarder le négatif en face et en sachant séjourner près de lui. Ce séjour est le pouvoir magique qui convertit le négatif en être » [68].

Ce postulat de totalité dans la conversion en être, présente, semble-t-il, quelque affinité avec le caractère universel, pour Renan, de la tendance au parfait, c'est-à-dire de la plénitude, toujours plus grande dans le tout, d'existence et de conscience.

Bien que Renan, dans l'*Avenir de la science*, évoque, à propos de la tendance au progrès, Hegel plus que Herder [69], il semble que la visée de Herder, plus biologique et naturaliste qu'intellectuelle, soit plus proche que la philosophie hégélienne de sa propre conception. La hantise de l'embryogénie, chez Herder comme chez Renan, semble première, ainsi que l'exprime cet extrait du troisième recueil des *Fragments* cité par M. Rouché : « Avec l'origine d'une chose nous échappe une partie de son histoire (...) et la plupart

---

65. *Ibid.*
66. *Ibid.,* p. 25.
67. Malet, *Le Traité théologico-politique de Spinoza et la pensée biblique.*
68. *Phénoménologie de l'esprit,* t. I, p. 29.
69. *A.S.,* III, p. 865.

du temps la partie la plus importante. La semence renferme la plante avec ses parties » [70].

Chez Herder comme chez Renan se fait jour l'idée, non pas de l'interaction de l'âme et du corps, mais d'une sorte de création plastique du corps par l'âme, le corps se définissant comme l'expression — au sens premier, quasi artistique — de l'âme. Ainsi les *Cahiers de jeunesse,* se référant à Bautain, « Il n'y a pas... un corps et une âme, il y a un corps de l'âme ; l'âme informe le corps » [71] ou définissant l'homme « comme un être se manifestant... sous et par une forme matérielle » [72].

Nous sommes bien près de la philosophie biologique de Herder, dans son projet de saisir l'intention qui préside à l'organisation des êtres vivants : « La créature nouvelle n'est qu'une idée, devenue réalité, de la nature créatrice qui ne pense jamais qu'en créant » [73]. « C'est dans l'intérieur qu'est l'explication de l'extérieur parce que tout a été créé de l'intérieur par des forces organiques » [74].

Si Hegel fait une conquête philosophique du concret, Herder en tente une conquête vitaliste, très proche, nous semble-t-il, de la première visée de Renan. A la croisée de ces deux lignes, définies par Hegel et Herder, peut-être pouvons-nous mieux comprendre que la science pour Renan exclut le Dieu séparé, suppose une substance qui soit aussi sujet, et conçoit le divin comme le lieu du spontané, le principe vital, c'est-à-dire le point de jonction de Dieu et de l'homme.

C'est l'intelligence du spontané qui définit pour Renan la haute critique. La polémique voltairienne a pu faire progresser la science en vidant les religions de leur contenu positif, mais elle n'a de valeur que comme étape. Voltaire est nécessaire, dans la mesure seulement où il doit être dépassé, car à quoi bon faire avancer la science, si c'est pour manquer le divin par l'inintelligence du primitif ? « La plaisanterie, en matière scientifique, est toujours fausse, car elle est l'exclusion de la haute critique (...). Voltaire se moque de la Bible, parce qu'il n'a pas le sens des œuvres primitives de l'esprit humain » [75]. Comme expression d'un temps, comme témoin de cette période analytique, dépressive mais nécessaire, Voltaire sollicite l'intérêt passionné de

---

70. Rouché, *La philosophie de l'histoire de Herder,* p. 22.

71. *C.J.*, IX, p. 119.

72. *C.J.* IX, p. 39. L. Bautain fut dominé par l'idée de *vie ;* il fut docteur en médecine, et soutint en 1826 une thèse : *Propositions générales sur la vie.* L'idée de formation de la vie, du principe spirituel informé par le corps put rencontrer en Renan une intime sollicitation, attestée dès les écrits de jeunesse. Sur l'idée de Bautain selon laquelle « la vie est le principe actif et absolu », on peut lire Plumerel (p. 570 et suiv.) qui cite longuement L. Bautain (pour s'indigner de certaines de ses théories ; l'intérêt du texte de Plumerel est de citer L. Bautain).

73. *Idées,* Livre 7, cité par Rouché, p. 200.

74. *Idées,* Livre 5, cité par Rouché, p. 194-195.

75. *A.S.,* III, p. 1078.

Renan. « Infâme tant qu'il vous plaira ; c'est le siècle, c'est l'homme » [76]. Infâme pourtant, selon les *Cahiers de jeunesse,* pour n'avoir pas compris la raison d'être des âges de foi, des épopées nationales, saintes à leur manière : « Quand au XVIIIe siècle, le poète du jour voulut traiter le plus pur, le plus ravissant, j'ajouterai le plus original et le plus unique de ces sujets, la Pucelle, il ne sut que l'humecter de sa bave. Ah ! infâme ! » [77]. L'âge analytique répugne à Renan dans la mesure où la critique se réduit, durant cette phase, à la démolition ; sa faute est sa suffisance même, sa prétention au définitif. L'animadversion de Renan à l'égard de Voltaire correspond à celle de Herder face à un certain esprit français. Pour Herder, l'incapacité voltairienne à saisir intimement le spontané provient d'un épuisement intérieur, d'une perte de tonus vital, d'une irrémédiable dégénérescence. Selon M. Rouché,

> « Herder, commettant ce contre-sens historique courant (...) qui consiste à définir l'esprit français par l'une seulement de ses incarnations, (...) considère Voltaire comme le représentant accompli de la France. Hamann à la même époque (...) condamne une France sceptique et matérialiste qu'il croit être celle des Encyclopédistes et de la pré-Révolution. Cette idée que la France a épuisé sa vitalité est reprise et développée par Herder. (...) Le caractère français manque de sérieux (...), le génie français est caractérisé par un défaut de vie, il est lui-même hostile à la vitalité : raisonneur, libre-penseur, il détruit les créations spontanées de l'instinct » [78].

Influence ou confluence — cette attitude n'évoque-t-elle pas les formules de l'*Avenir de la science* qui définissent la France comme l'éminente représentation de la « période analytique, révolutionnaire, profane, irréligieuse » [79] ?

Une des données fondamentales de l'*Avenir de la science,* c'est l'opposition entre la France sceptique, si impuissante en religion qu'elle ne peut même pas enfanter une hérésie — (c'est pourquoi elle s'en tient aux « formules du passé » [80] uniquement senties comme des formules) — et l'Allemagne religieuse, c'est-à-dire retrouvant respect et sympathique intelligence du spontané à travers la haute critique. L'Allemagne représente pour Renan le double symbole de la critique et de la religion, les deux aspects se fondant en un seul. « Ah ! mon type sublime, où es-tu mon étoile ? Herder, mon penseur-roi... » [81].

---

76. *A.S.,* III, p. 882.
77. *C.J.,* IX, p. 80.
78. M. Rouché, *La philosophie de l'histoire de Herder,* p. 71.
79. *A.S.,* III, p. 981.
80. *A.S.,* III, p. 981-982.
81. *C.J.,* IX, p. 211.

Dans quelle mesure Renan en 1845, puis en 1848, connaît-il la philosophie allemande ? Dans une lettre du 22 septembre 1845, il avoue à sa sœur que les difficultés de l'interprétation littérale, commencent à peine à se dissiper pour lui [82], mais assez pour lui permettre une initiation spirituelle. C'est dès le 22 septembre 1845 encore que Renan prononce pour la première fois (et dans l'intimité de cette correspondance), le « J'ai cru entrer dans un temple » [83], encore tout spontané, pur de toute l'amplification amère ou grave que lui donneront la première *Lettre à M. Strauss* [84], puis les *Souvenirs d'enfance et de jeunesse* [85]. Sans doute est-il question surtout pour le jeune Renan, lecteur de Madame de Staël, de « saisir un esprit » [86], selon la formule des *Cahiers* ; dans une certaine mesure, son étude de l'Allemagne est réminiscence, plus qu'acquisition : c'est sa propre formule intérieure qu'il y trouve, et consciemment même, qu'il y cherche. Dans sa lettre à l'abbé Cognat du 24 août 1845, à propos de Ronge et Czerski, n'affirme-t-il pas rechercher en eux son type idéal, sans se soucier de savoir s'ils sont conformes à ce type [87] ? Pour Renan, l'Allemagne, c'est la religion dans son dynamisme critique et créateur. Il la pense d'abord à travers l'image-force de la Réforme, et s'assimile cette image qui lui devient consubstantielle. Un fragment des *Cahiers* révèle cette fulgurante association Allemagne-Luther-moi. « Oh ! Allemagne ! qui t'implantera en France ! Mon Dieu ! Mon Dieu, pourrai-je faire ce que je veux ? moi si faible (...). Mais Luther a été comme moi. Jésus, soutiens-moi » [88] ! Renan se sent intimement réformateur religieux. L'esprit hautement religieux ne peut être que critique, seule l'incompréhension d'une société profane rend cette conciliation douloureuse. Aussi s'exalte-t-il, par une sorte de mécanisme compensatoire générateur de volupté, à l'idée de souffrir pour le divin, sur lequel sa souffrance lui donne, semble-t-il, un droit, comme l'exprime l'impérative revendication des *Cahiers* : « Jésus, tu dois m'aimer » [89].

En s'ouvrant aux influences allemandes, en pressentant l'Allemagne spirituelle, en achevant de la façonner selon son désir, Renan dépasse tout point de vue étroitement national. Il n'hésite pas à juger mesquine une certaine France, à travers la polémique voltairienne. Il arrive donc, semble-t-il, au point de vue même de Herder. Toutefois, si, dans son contenu positif, le jugement de Renan sur la France voltairienne rejoint celui du penseur allemand, ces deux démarches, dans leur sens profond, recouvrent une différence allant peut-être jusqu'à

---

82. *L.F.*, IX, p. 791.
83. *Ibid.*
84. *R.I.M.*, I, p. 438.
85. *S.E.J.*, II, p. 865.
86. *C.J.*, IX, p. 883.
87. *S.E.J.*, II, p. 915.
88. *C.J.*, IX, p. 66.
89. *C.J.*, IX, p. 233.

l'opposition. Si l'Allemagne est religieuse, c'est pour Renan parce que, dans sa recherche du vrai, elle ignore les considérations de frontières, et qu'elle révèle une fraternité par l'idéal. Cette recherche d'une fraternité dépouillée de l'accessoire se fait jour dès les *Cahiers* et restera une des constantes de la pensée de Renan : famille, patrie, autant de cellules de l'égoïsme, après tout. Ainsi, dans les *Apôtres* Renan restitue son sens absolu au Psaume : « Oh ! qu'il est bon, qu'il est charmant à des frères d'habiter ensemble » [90], et, rêvant la fin de l'individualisme moderne, il reporte sur le futur la formule des *Actes des apôtres :* « La multitude des fidèles n'avait qu'un cœur et qu'une âme » [91]. Cette tâche que le christianisme a prise à son compte, dans le passé, en créant une fraternité en dehors des liens familiaux ou nationaux, Renan l'imagine, dans les *Cahiers de jeunesse,* assumée par la science critique idéale. Aussi rêve-t-il d'un messianisme allemand, mais non pas en tant qu'allemand, l'Allemagne définissant un idéal, non pas une réalité politique ou militaire. Son rêve de dilatation est absolu : « Je vendrais la France pour trouver une vérité qui fît marcher la philosophie » [92], et, justification morale de formules qui ne se veulent point provocatrices : « Arrière les petits esprits qui n'ont de frères que dans la limite tracée par le hasard » [93].

Renan se doute-t-il que ce qui est chez lui expansion, ouverture totale, répond peut-être, du côté de Herder, à la démarche inverse, à une exaspération nationaliste face à Voltaire, face à la France, face à ce qui n'est pas allemand ? M. Rouché a nettement souligné que la haine de la philosophie des Lumières répondait chez Herder à un mobile germanique au sens national, et que, s'il exaltait le Moyen-Age, c'était moins comme expression du spontané en lui-même, que comme témoignage de la vitalité germanique. « Le mythe de la décadence française, sous la plume de Herder, est un mythe intéressé, un préjugé d'intérêt national, bref, un ôte-toi de là que je m'y mette converti en philosophie de l'histoire » [94].

Sans doute, si Renan avait soupçonné en Herder une préfiguration du grand Allemand de la grande Allemagne, il n'aurait pu voir en 1871 s'effondrer son rêve, pour la seule raison qu'il n'aurait point rêvé. Ce qui reste essentiel, c'est l'Allemagne de Renan, c'est-à-dire la façon dont Renan questionne les textes et les philosophies. Plus que les véritables motivations de Herder, c'est le « penseur-roi » de Renan qui nous importe. Peut-être l'enthousiasme du jeune Renan a-t-il porté à faux... Mais Renan a dit assez souvent lui-même les vertus du contre-

---

90. *Ap.,* IV, p. 551.
91. *Ibid.*
92. *C.J.,* IX, p. 153.
93. *C.J.,* IX, p. 199.
94. *La philosophie de l'histoire de Herder,* p. 76.

sens, son pouvoir d'enrichissement créateur[95]. La rencontre avec Herder repose peut-être sur un malentendu, mais le malentendu est essentiel ici dans la mesure où il nous découvre le présupposé idéaliste de Renan.

La critique selon Renan suppose donc la sympathie, non dans le sens d'une insipide sentimentalité, mais plutôt à la façon dont Hegel entend l'intelligence, en son sens primitif (*intus, legere*). Comme l'exprime la Préface de la *Phénoménologie de l'esprit,* comprendre, ce n'est pas considérer en isolant, mais s'absorber dans l'objet qu'on étudie jusqu'à se fondre avec lui : « La connaissance scientifique exige qu'on s'abandonne à la vie de l'objet, ou, ce qui signifie la même chose, qu'on ait présente et qu'on exprime la nécessité intérieure de cet objet. S'absorbant ainsi profondément dans son objet, elle oublie cette vue d'ensemble superficielle qui est seulement la réflexion du savoir en soi-même hors du contenu »[96].

Cette absorption dans l'objet n'est pas chez Renan purement intellectuelle, mais se charge d'un sens affectif. Il s'agit, pour connaître, de recréer son objet, de communiquer avec lui, dans une intimité vécue, dans une immédiateté retrouvée par le sens critique. Ainsi la critique aboutit à la résurrection du spontané au sein même du réfléchi, c'est ce qu'affirme l'*Avenir de la science* : « Si mes études historiques ont eu pour moi un résultat, c'est de me faire comprendre l'apôtre, le prophète, le fondateur en religion (...). Il me semble que parfois j'ai réussi à reproduire en moi par la réflexion les faits psychologiques qui durent se passer naïvement dans ces grandes âmes »[97]. Se rendre profondément « sympathique » à tout ce qu'a fait l'humanité, tel est donc l'idéal vers lequel tend la critique.

> « Que de fois, en réfléchissant sur la mythologie de l'Inde, par exemple, j'ai été frappé de l'impossibilité absolue où nous sommes d'en comprendre l'âme et la vie ! Nous sommes là en présence d'œuvres profondément expressives, riches de significations pour une portion de l'humanité, nous sceptiques, nous, analystes. Comment nous diraient-elles tout ce qu'elles leur disent ? Ceux-là peuvent comprendre le Christ qui y ont cru ; de même, pour comprendre, dans toute leur portée, ces sublimes créations, il faudrait y avoir cru, ou plutôt (car le mot *croire* n'a pas de sens dans ce monde de la fantaisie), il faudrait avoir vécu avec elles »[98].

A travers le spontané, Renan se livre à l'inquiète recherche des origines. Quel en est le sens ? La science reprend — quoique dans

---

95. *H.P.I.,* VI, p. 1119, 1146.
96. *Phénoménologie de l'esprit,* t. I, p. 47.
97. *A.S.,* III, p. 814.
98. *A.S.,* III, p. 960.

une irréductible opposition de méthode — la visée même des religions. A la philosophie du spontané succède la philosophie de la réflexion dont le chef-d'œuvre sera la redécouverte intime et critique du spontané. La science, selon les termes de Renan, « sert à avancer Dieu » [99] ; on comprend donc la fascination des origines, livrant le Dieu encore amorphe et brut, au début de son épopée humaine, ou destinée, du moins, à traverser l'humanité. Ce concept d'humanité dans son devenir, et peut-être dans son aventure déifique, est le centre de l'*Avenir de la science*. Renan voit en lui l'axe même de la pensée moderne : « L'idée de l'humanité est la grande ligne de démarcation entre les anciennes et les nouvelles philosophies. Regardez bien pourquoi ces anciens systèmes ne peuvent plus vous satisfaire, vous verrez que c'est parce que cette idée en est profondément absente. Il y a là, je vous le dis, toute une philosophie nouvelle » [100]. Dès les *Cahiers de jeunesse*, ce problème hante Renan, et cette préoccupation se traduit de façon mythique, avec toute l'affabulation du symbole, dans un projet de poème :

> « Je voudrais faire un poème sur l'humanité (...) : ce serait un homme (Adam) qui, partant du commencement du monde, et ne mourant pas (comme l'humanité), poursuivrait sa route (...), apprenant et s'améliorant partout et tantôt se détériorant, mais pour s'améliorer (...). La fin du poème serait très caractéristique : il resterait coupé, brusquement inachevé au milieu d'un vers, ou même d'un mot, comme l'humanité à chaque point de sa route. Car pour l'humanité, il n'y a ni coupe de phrases ni de mots » [101].

Ainsi, à travers cet artifice de la coupe insolite et brusquée jusqu'à perdre sa signification de coupe, Renan voudrait-il rendre l'impression du continu, de la marche infinie. Bipolarité du symbolisme poétique, de même que l'on rend sensible le silence par des sons... En même temps et surtout, domine l'idée que ce qui est senti par nous comme coupe reste plénitude et mouvement, qu'il n'y a pas de temps mort dans l'histoire, ni de décadence ; l'arbitraire calculé de la coupe traduit le flux de l'éternelle et vivante transition.

La réforme religieuse entreprise par Renan prend toute sa signification par ce concept de l'humain. Le développement — quasi organique en un sens — de la religion en science est pourtant révolutionnaire, car à la formule Dieu et l'homme, il substitue celle de Dieu en l'homme, par l'homme. L'humain, qui comprend l'individuel, le dépasse et le nie ; ainsi un livre est moins un auteur dans l'intimité de son

---

99. *A.S., passim.*
100. *A.S., III,* p. 866.
101. *C.J., IX,* p. 181-182.

aventure individuelle, qu'un fait, qui vaut par les modifications dont il affecte l'humain. Sa consécration suprême, c'est de n'avoir plus à être lu, car cela signifie une totale assimilation, par l'humanité, de sa substance [102]. Ce qui fait la nouveauté du sacerdoce rationaliste, c'est qu'il se fonde sur le sentiment du relatif, et affirme n'être pas en possession du symbole absolu. Aussi se trouve-t-il en complète opposition avec la notion d'engagement, de vœu, essentielle aux âges de foi, qui se déguisent à eux-mêmes leur ignorance par une péremptoire affirmation, que sanctionne la contrainte. Renan dans une lettre à l'abbé Cognat, du 5 septembre 1846, fonde la recherche du vrai sur une perpétuelle remise en question du vrai relatif, lié à une époque, à un état de l'humain : « L'homme ne peut jamais être assez sûr de sa pensée pour jurer fidélité à tel ou tel système qu'il regarde maintenant comme le vrai » [103].

S'engager à servir une forme arrêtée du vrai, c'est se résoudre à une trahison anticipée du vrai futur. Le véritable engagement ne peut s'accomplir qu'à travers la mobilité, les tâtonnements contradictoires de la recherche. Sans doute « il viendra un âge dogmatique par la science » [104], mais cette certitude n'est telle qu'aux confins de l'infini. En attendant l'achèvement du symbole définitif, le dogmatisme de Renan ne peut, dans la réalité, que s'abolir en son contraire.

La notion de l'humanité comme tout organique et un, premier, ne se définissant point par une réunion atomistique des individus mais par sa raison intime et primordiale, n'est-ce pas la donnée même de Hegel et de la philosophie de l'histoire ? Mais alors que Hegel pense le groupe humain sous la forme du peuple, Renan dépasse une réalité ethnique ou politique, qu'il remplace par la communion des penseurs, au sens où l'Eglise catholique parle de la « communion des saints ». La différence entre les deux conceptions s'atténue cependant si l'on songe que pour Hegel, le peuple revêt un sens de communauté spirituelle. Comme l'exprime J. Hyppolite dans l'*Introduction à la philosophie de l'histoire de Hegel* : « L'esprit d'un peuple est bien plus pour Hegel ce qui exprime une communauté spirituelle que ce qui résulte d'un contrat sur le modèle des contrats civils. Cet esprit d'un peuple (... c'est...) une réalité spirituelle originale (...), un caractère unique et pour ainsi dire indivisible » [105].

L'idée même de Renan selon laquelle l'homme n'a que la liberté du bien, le *compelle intrare* se justifiant par ses résultats, présente une analogie certaine avec la théorie hégélienne qui suppose entre le tout primitif et les individus, une harmonie préétablie. Selon J. Hyppolite,

---

102. *A.S.*, III, p. 907-908.
103. *S.E.J.*, II, p. 928.
104. *A.S.*, III, p. 1281.
105. *Introduction à la philosophie de l'histoire de Hegel*, p. 20.

commentant la philosophie de l'histoire de Hegel, « l'individu ne saurait se réaliser dans sa plénitude qu'en participant à ce qui le dépasse et l'exprime à la fois, à une famille, à une culture, à un peuple. C'est ainsi seulement qu'il est libre » [106]. En ouvrant encore ces termes, représentatifs pour Hegel de communauté spirituelle, que sont famille, culture, peuple, en leur substituant la fraternité des penseurs, n'approcherait-on pas la pensée de Renan ? Sans doute puisque l'individu, pour Renan, ne s'affirme libre que par le don de lui-même, qu'à travers la science, il fait à l'humanité : non seulement le savant accepte d'ignorer pour que l'avenir sache, mais il accepte l'idée même qu'un jour, peut-être, il ne comprendra plus son siècle : C'est jusqu'à ce point que s'exaspère, dans une lettre à Henriette, du 29 décembre 1848, sa lucidité critique : « Quoique nous ne concevions pas comment cela pourra arriver, il est bien probable qu'un jour nous aussi nous prononcerons l'anathème contre l'avenir au nom de ce que nous aurons considéré comme la perfection » [107]. Accepter que l'on mourra sans savoir, cela peut, au besoin, se dissoudre dans la noblesse un peu convenue d'une idée générale, mais, dans une exigence absolue de loyauté relativiste, se faire souffrir par la pensée que l'on sera un jour un de ces cippes vivants dont la vue irrite, un obstacle au progrès de l'idée même dont on a vécu, n'est-ce pas le besoin de nier en soi l'individu, de le poser comme principe de mort spirituelle ? N'est-ce pas, transposée dans l'ordre de l'intellect, le *memento mori*, la signification de la tête de mort dans la cellule du moine ? Le « *Debemur morti nos nostraque* » [108] qui hantera les dernières œuvres de Renan, n'est-il pas plus pathétique s'il prend son sens dès la vie même ?

Cet oubli de soi transfigure en poétique folie la recherche idéaliste. C'est en tout cas par une forme de contre-sagesse que s'ouvre l'aventure spirituelle de ce futur « sage » [109]. Ascèse scientifique, fascination de l'infini, deux composantes de « l'unique nécessaire ». Renan, dès la jeunesse, accepte d'être fou au jugement des hommes, et se cuirasse contre le rire des profanes : « Laisse-les, laisse-les se moquer de ces naïfs efforts que fait une âme pour s'élever » [110]. Son rêve d'absolu lui façonne d'étranges héros, c'est la foisonnante mythologie du suprasensible, dans sa négation forcenée du positif : « Sainte Eulalie, fascinée par le charme de l'ascétisme, s'échappe de la maison paternelle ; (...) Elle était folle, cette fille ! — Folle tant qu'il vous plaira. Je donnerais tout au monde pour l'avoir vue à ce moment-là » [111].

---

106. *Ibid.*
107. *L.F.*, IX, p. 1151-1152.
108. *F.D.*, II, p. 1077.
109. F. Millepierres, *La vie d'E. Renan, sage d'Occident.*
110. *C.J.*, IX, p. 206.
111. *A.S.*, p. 796-797.

Tout l'attrait, pour Renan, du sacrifice antique, de la libation surtout, — dans sa réalité désincarnée, déjà sublimée et idéale — vient de ce qu'ils expriment l'offrande à l'invisible, et le don que, dans l'amour du but inconnu, l'homme fait de lui-même : « J'aime la libation antique ; jeter un peu de son bien à on ne sait qui. Maintenant on dirait : *ut quid perditio haec ?* C'est inutile. Ah ! Inutile ! L'invisible n'est donc rien ? J'aime qu'on y sacrifie, ne fût-ce que pour sauver la réalité de ce qui n'est pas palpable » [112].

Le mépris du palpable, de l'utile, situe le projet de Renan à l'opposé de la démarche du positivisme, même religieux : sans doute, la primauté morale des savants, héritiers d'un pouvoir sacerdotal, est-elle, dès 1817, envisagée par A. Comte [113], mais quel est le sens du sacrifice dans une morale positive, exclusivement terrestre ? Une loi de la nature sans doute, mais à finalité humaine et sociale, sorte de contrepoids à l'égoïsme individuel et par là nécessaire à l'équilibre d'un ensemble qui porte tout son sens en lui-même : Comte l'exprime avec netteté dans les *Considérations sur le pouvoir spirituel* : « il sera toujours vrai que, si l'état social est, à certains égards, un état continu de satisfaction individuelle, il est aussi sous d'autres rapports non moins nécessaires, un état continu de sacrifice. En d'autres termes plus précis, il y a pour chacun, dans tout acte particulier, un certain degré de satisfaction sans lequel la société ne serait pas possible, et un certain degré de sacrifice, sans lequel elle ne pourrait se maintenir » [114].

L'idée même de l'équilibre social, dans son balancement, « d'un côté... de l'autre », est contraire à la pensée de Renan. L'absolu n'est rien s'il n'est tout. Le sacrifice n'entre pas chez Renan comme un élément dans la dualité du bien général et de l'utilité particulière. Au lieu de servir, comme chez A. Comte, à l'aménagement de ce qui est, il a pour signification de prouver l'invisible, de « sauver la réalité de ce qui n'est pas palpable » [115], en un sens même peut-être de forcer cette réalité à être, de susciter l'existence du « rien ». Hâtive et tronquée, une note des *Cahiers* nous semble à cet égard essentielle : « J'aime à voir (...) à genoux devant rien » [116]. Cette lacune des points de suspension n'altère point la pensée de Renan, qui, selon la même perspective, développe dans l'*Avenir de la science,* son mépris de l'esprit positif : « Aux yeux du réalisme, un homme à genoux devant l'invisible ressemble fort à un nigaud » [117]. Cependant la note des *Cahiers* nous semble plus saisissante, justement parce que cette traduction de l'invisible par le « rien » montre l'absolue nécessité, face

---

112. *C.J.,* IX, p. 411 ; voir aussi A.S., III, p. 796.
113. H. Gouhier, *La jeunesse d'A. Comte,* t. III, p. 274.
114. Cité par H. Gouhier, t. III, p. 328, n. 23.
115. *C.J.,* IX, p. 411.
116. *Ibid.*
117. *A.S.,* III, p. 796.

à l'idéal, d'un acte de foi, d'une totale mobilisation de l'être, dans une attitude d'attente et d'adoration. L'*Avenir de la science* fait donc apparaître, dans sa nécessité et sa complexité, la notion de sacrifice : gouvernant de droit divin, le savant-prêtre est à la fois celui qui sacrifie (au sens rituel) et celui dont la vie même est un témoignage (sacrifice au sens idéal), effort pour prouver le « rien » et lui donner l'être.

Renan aboutit donc à une mystique de la science qui n'est pas une pure métaphore ; « l'ascétisme scientifique » [118] prolonge et régénère l'exigence d'absolu des religions pour aboutir au « culte des parfaits » [119]. La religion, dans son expression épurée, se révèle éminemment sélective ; mais le jeune Renan n'est pas encore l'auteur des *Dialogues philosophiques,* et ne se montre pas résigné à voir le grand nombre ne jouir que « par procuration » [120]. Il rêve encore, pour le peuple, le passage de la vie brute à la vie idéale, à travers un changement social, non pas cause, mais condition, d'élévation spirituelle. Si le problème d'élever le grand nombre reste spéculativement insoluble, le rôle de la révolution est sans doute de hâter et de faire aboutir par la force les nécessaires lenteurs de la pensée. « Mon Dieu, c'est perdre son temps que de se tourmenter sur ces problèmes (...) : ils seront résolus par la brutalité » [121]. La révolution n'est-elle, pour Renan, que brutalité ? Dans quelle mesure se charge-t-elle de cette vérité qui a fini d'abandonner les religions mortes ? Peut-elle participer à la formation d'une dogmatique ou prouver la naissance d'un dogme nouveau ?

Etudiant la pensée politique de Renan, Gaston Strauss affirme que la contradiction n'est pas absolue entre l'*Avenir de la science* et les *Dialogues* [122]. Il est trop facile, en effet, de présenter le schématique diptyque du Renan de 1848, sympathique aux novateurs, et le penseur vieillissant dans la méfiance et la réaction. Dès 1848, remarque G. Strauss, Renan se situe à un niveau d'appréciation, de recul critique... Sans doute ; mais ce n'est pas de ce point de vue que nous aborderons la question des rapports de Renan et de la révolution. Notre projet n'étant pas celui de G. Strauss, nous ne poserons pas ce problème d'un point de vue politique, mais à travers notre question fondamentale : Renan et la religion. Tout est pour nous suspendu à ce que Renan, dans l'*Avenir de la science,* appelle « la question dogmatique » [123]. Que Renan, dans ses rapports *pratiques* avec la révolution,

---

118. *A.S.,* III, p. 983.
119. *Ibid.*
120. *D.P.,* I, p. 623.
121. *A.S.,* III, p. 989.
122. G. Strauss, *La politique de Renan,* p. 107.
123. *A.S.,* III, p. 1007.

ait ou n'ait pas varié, peu nous importe au fond. Mais a-t-il ou non opéré une sorte de retournement métaphysique ? La révolution peut-elle ou non être génératrice d'un dogme, d'une doctrine pour l'humanité, d'une sorte de christianisme nouveau ? En 1848, nous nous trouvons face à un être qui croit à la possibilité, à la nécessité d'un dogme. Mais en 1870 ? C'est à l'élaboration d'une foi que tend l'*Avenir de la science*. Renan, pour l'instant, ne convient pas, ne peut convenir que l'arche est vide. Urgente est la question du contenu, de la réserve des provisions vitales. La foi reste en quête de son objet.

Dans les *Cahiers de jeunesse*, Renan avoue une crainte native de tout ce qui s'agite, « qui crie d'un air libre » [124]. Ce besoin de sécurité, il le ressent, semble-t-il, comme une tare ; pour s'en justifier, ou s'en délivrer, il l'explique en le noyant dans des remarques générales touchant les hommes de sa génération. Ainsi dans l'*Avenir de la science :* « ce fatal besoin de repos nous est venu de la longue paix que nous avons traversée » [125]. Dans toute manifestation libératrice, génératrice de gestes, de cris, il croit voir « l'homme se délier » [126]. Face à cette menace de dissolution, quelle force, par contraste, s'impose à son esprit ? Celle de la religion, — dans laquelle (choisissant la douteuse étymologie de *religare*) — il voit le principe même du lien, de la cohésion : « Ainsi j'aime les gens *religieux,* ils sont bien *liés,* ceux-là : je voudrais une femme religieuse (...). Le plus de lien possible, pour plus de sûreté » [127]. Son être intérieur perçoit donc comme dissolution-lien, le rapport révolution, religion. Les *Cahiers de jeunesse* soulignent son besoin de « paix à tout prix » [128] avec une insistance qui traduit peut-être l'inquiétude, en tout cas un refus d'envisager ce problème comme uniquement individuel, psychologique. « C'est étonnant comme la longue paix et le régime heureux et tranquille où j'aurai fait mon éducation intellectuelle auront influé sur ma tournure d'esprit » [129]. C'est un manque qu'il ressent en lui mais qu'il impute au temps, à l'heureuse médiocrité de la monarchie de juillet... Ce manque, il éprouve le besoin de le compenser dans la création et le dédoublement romanesque. Pour l'ébauche de roman *Ernest et Béatrix* il fait choix de la date de 1789. Ernest, son double idéal, arrêté par le tribunal révolutionnaire, est condamné à mort. Le roman semble vouloir concentrer dans une vérité poétique et supérieure le drame réel du jeune Renan : ainsi, nous y retrouvons les angoisses du séminariste en rupture, le vague amour dont témoignaient les *Cahiers* se condense autour de l'image rêvée de Béatrix, mais en même temps, et les doutes

---

124. *C.J.,* IX, 337.
125. *A.S.,* III, p. 1064 ; cf. *C.J.,* IX, p. 227.
126. *C.J.,* IX, p. 337.
127. *Ibid.,*
128. *C.J.,* IX, p. 155.
129. *Ibid.*

religieux, et l'élan d'amour s'expriment et s'exaltent à travers la tempête révolutionnaire. La crise de conscience de l'être trouve sa voie à travers le désarroi d'un temps. Il n'y a là aucune prise de position politique : le décret qui rompt la clôture rend la liberté à Béatrix, Ernest est condamné pour un témoignage en faveur d'un ami suspect... Ces êtres ne sont ni pour ni contre la Révolution ; ils vivent en elle. C'est surtout cette atmosphère d'exaltation orageuse qui importe, elle fait éclore les êtres à une vie plus concentrée, porteuse d'énergie. A travers la fermentation d'un monde, le drame individuel trouve sa pleine densité. C'est à travers le mythe révolutionnaire que se nouera le drame de l'*Abbesse de Jouarre*. Ernest, et plus tard l'Abbesse de Jouarre, s'interrogent sur le sens de leur vie, mais, autour d'eux aussi, tout bascule, et le monde prolonge leur interrogation profonde, en cherchant, lui aussi, son authentique vocation. Ainsi la crainte native, exprimée, de la Révolution se confond avec un obscur entraînement ; dans les lettres qu'en 1848 il adresse à Henriette, Renan présente surtout son ouvrage, à paraître — « l'os de mes os et la chair de ma chair » — [130] comme « actuel » [131] et le sous-titre de l'*Avenir de la science, Pensées de 1848* est riche de tout son sens.

On se plaît souvent à rappeler que, pendant la Révolution de Février, Renan, seul avec lui-même, s'occupait (comme l'exprime sa lettre à Henriette du 26 février 1848) de « discuter l'intéressante question si Abélard avait su le Grec » [132]. Les lettres de famille, à la même époque, nous montrent un esprit que ne gagne pas d'abord la frénésie, mais qui sait au contraire discerner, à travers l'ébranlement des autres, les côtés de kermesse ou de psychodrame : « Paris est ébouriffant de gaieté, de folie (...). C'est à mourir de rire » [133], écrit-il à sa mère le 19 avril 1848. Le désir de minimiser le danger aux yeux de sa mère ne suffit pas à expliquer cet accent critique, beaucoup plus profond au lendemain même de la Révolution (lettre du 25 février 1848) : « Ces pauvres gens croient être libres à tout jamais ; ils ne songent pas que l'égoïsme les exploitera encore comme il les a déjà exploités » [134]. Renan garde donc, face à l'enthousiasme, à cette joie « turbulente, souvent même burlesque » [135], toute sa distance critique, et G. Strauss semble bien fondé à évoquer sa méfiance, dès 1848, vis-à-vis des révolutions. Mais cette méfiance ne peut-elle représenter aussi un besoin d'explorer les choses de loin, peut-être par défiance de soi autant que de l'autre, par crainte d'un entraînement quasi passionnel ? Une lettre à Henriette (du 27-28 janvier 1849) exprime ce souci — donc

---

130. *A.S.*, III, p. 713.
131. *L.F.*, IX, p. 1067 ; IX, p. 1145.
132. *L.F.*, IX, p. 1040.
133. *L.F.*, IX, p. 1057.
134. *L.F.*, IX, p. 1035.
135. *L.F.*, IX, p. 1035.

ce besoin — du contrôle : « mon imagination m'emporte fort souvent, tout ce qui me paraît humain et sensible m'entraînerait sans examen, si je n'y prenais garde »[136].

Renan, sans doute, n'est pas un émeutier. « Nous ne sommes pas révolutionnaires, nous autres », écrit-il à sa mère le 29 mars 1848[137]. Quel peut être le point de rencontre entre sa vocation propre et la mystique révolutionnaire ? Face à « ces pauvres fous, qui versent leur sang sans savoir même ce qu'ils demandent »[138], sa pitié se nuance d'un certain mépris : ils ne sont guère critiques, et ce qu'ils demandent, dans la mesure où ils le savent, n'est que droit au bien-être ou à la jouissance. Or Renan, dans son désir d'élever le peuple, tel qu'il nous apparaît dans l'*Avenir de la science*, n'envisage pas une réforme purement sociale, mais une sorte de rénovation religieuse : il faut fonder le droit du peuple à « respirer Dieu »[139]. Par le fondement même de sa démarche, Renan s'écarte de la visée socialiste, il sépare perfection et bonheur. Pour lui la vraie réforme, sorte de conversion à l'idéal, appelle le peuple non à la jouissance, mais à l'ascèse, car la recherche du parfait à travers l'éducation morale s'accomplit dans la souffrance. « Les simples sont les plus heureux, est-ce une raison pour ne pas s'élever ? Il ne s'agit pas d'être heureux, il s'agit d'être parfait »[140].

La réforme sociale, fin en soi pour le parti socialiste, n'est que moyen pour Renan, mais par là, elle garde sa valeur : maintenir le peuple dans la dépendance économique, dans l'ilotisme social, c'est le condamner à ne comprendre et à ne convoiter que la jouissance, c'est lui fermer le monde idéal, ou moral. Face à Henriette, qui voit la Révolution de toute la distance de son exil et de ses préjugés, et pour qui la plupart de ces faits sont « navrants quand ils ne sont pas honteux » (lettre du 18 juin 1848)[141], Renan défend avec passion un idéal de justice, qui, pour devenir idéale, doit passer par le social : « L'honnêteté même est devenue chez nous un monopole, et on ne peut être honnête homme qu'avec un habit noir et un peu d'argent. Nous trouvons insoutenable le privilège de l'ancienne noblesse vis-à-vis de la classe bourgeoise. Mais n'est-il pas affreux de voir une portion considérable de l'humanité, des enfants de Dieu tout comme nous, condamnés à l'avilissement, et fatalement réduits à ne pouvoir sortir de ce cercle de fer ? » (lettre du 1er juillet 1848)[142]. Ainsi, utopique quand elle prétend à l'application immédiate, vraie dans ses principes, fausse dans ses formes, la chimère socialiste lui semble porter l'avenir.

---

136. *L.F.*, IX, p. 1165.
137. *L.F.*, IX, p. 1052.
138. *L.F.*, IX, p. 1082.
139. *A.S.*, III, p. 987.
140. *Ibid.*
141. *L.F.*, IX, p. 1077.
142. *L.F.*, IX, p. 1086.

Elle peut donner naissance à un dogme, c'est-à-dire à une de ces croyances qui, dégagées à la fois des petitesses et des extravagances, représentent pour un temps la formule absolue de l'humanité. Déjà dans les *Cahiers de jeunesse,* Renan percevait tout le contenu énergétique de l'idéal de liberté, porteur de dogme : « La liberté pourrait reproduire chez nous ce que l'enthousiasme religieux a fait en âges passés. Croisade de liberté ! On le verra, j'en suis sûr (...). Ce serait un mouvement religieux » [143]. L'expérience de 1848 a enrichi l'idéal de liberté d'une revendication de justice.

Dans la lettre du 8 juin 1848, Renan insiste sur la nécessité du dogme que préfigure la revendication socialiste : « Là, je l'avoue, je crois voir l'avenir (...). Il faut l'égalité dans toute la mesure du possible (...). Cela est juste, par conséquent, cela triomphera » [144]. La même lettre consacre, de la part de Renan, une prise de conscience dogmatique, passionnée et comme étonnée d'elle-même : « Que je comprends bien maintenant la fatalité des temps de révolution et l'effrayante force d'attraction de ce gouffre ! Sans rien modifier au plan général de ma vie, ces événements ont exercé sur moi une prodigieuse influence et m'ont fait apercevoir un autre monde. (...) Il y a de la doctrine là-dessous et peut-être plus encore. Il y a vingt ans, M. Jouffroy écrivait un admirable morceau : Comment les dogmes finissent ; il y en aurait un autre à écrire aujourd'hui : comment les dogmes se forment » [145].

Le problème que pose Renan n'est pas fondamentalement social ou économique. Il ne s'agit pas pour lui de luttes des classes. Les classes, Renan les voit surtout de façon rétrospective, dans les structures de l'Ancien Régime, mais en 1848 il n'y a pas selon lui de véritable ligne de séparation entre le peuple et la bourgeoisie : « Je n'oppose pas une caste à une caste puisqu'il n'y a pas de ligne de démarcation entre les deux, et que les représentants les plus éminents de l'esprit populaire appartiennent à ce qu'on appelle la classe bourgeoise, j'oppose un esprit à un esprit » [146]. Le besoin de fonder une société nouvelle, « qui ne soit ni le peuple ni la bourgeoisie et qui soit composée de l'un et de l'autre » [147], témoigne de la volonté d'accroître le dynamisme moral de l'ensemble. Ainsi, l'avènement d'un nouvel esprit ne se confond pas, aux yeux de Renan, avec le succès d'un parti. Quand l'idéal de justice, d'abord exprimé à travers les aberrations socialistes, sera devenu dogme, il ne pourra être annexé par personne : œuvre des avancés qui tentaient l'impossible, il est aussi celle des timides, qui représentaient le frein nécessaire à toute entreprise créatrice, et épuraient la chimère de ses impossibilités. Il n'est pas le succès politique

143. *C.J.,* IX, p. 418.
144. *L.F.,* IX, p. 1071.
145. *L.F.,* IX, p. 1072.
146. *L.F.,* IX, p. 1075.
147. *L.F.,* IX, p. 1101.

d'un groupe, mais consacre une avance morale de l'humanité : « Qui aura triomphé (...), ni les uns ni les autres ; ce sera l'humanité qui aura fait un pas de plus, et conquis une forme plus avancée et plus juste » [148]. L'accent est toujours mis par Renan sur l'humain, et son développement, organique, nécessaire, vers la justice. Aussi les considérations sociales l'emportent-elles en Renan sur les considérations politiques, qui lui paraissent dégénérer facilement en chose à part, profession, spécialité, et donc manquer le problème idéal.

Le dogme qu'enfantera la chimère socialiste sera une sorte de christianisme nouveau, et Renan souligne dans une lettre à Henriette (16 juillet 1848) combien les agitateurs modernes évoquent « la race antisociale des chrétiens » [149]. « Il ne faut pas voir de trop près ces grands enfantements de l'humanité. L'apparition du christianisme nous paraît exclusivement pure, sainte et surnaturelle (...), mais si nous pouvions la voir de près, penses-tu que nous n'y trouverions pas bien des taches ? A côté du tronc principal, d'où sortent les Evangiles, les Epîtres, etc, que de sectes folles, extravagantes, immorales, monstrueuses ! » [150].

Si Renan exprime sa solidarité intérieure avec un parti avancé, ce n'est point chez lui engagement politique, et son attitude exclut tout aboutissement en acte ; sans doute après la répression des émeutes de juin, il condamne dans une lettre à Henriette (1ᵉʳ juillet 1848) les prétendus *honnêtes gens* » [151] : « La classe bourgeoise a prouvé qu'elle était capable de tous les excès de notre première Terreur, avec un degré de réflexion et d'égoïsme en plus (...). Les insurgés (...) surpassaient infiniment en modération ceux qui les combattaient et qui, sous mes yeux, ont commis des atrocités inouïes » [152]. Il s'avoue heureux, cependant, de l'échec de l'insurrection. Non qu'il ait approuvé de la voir aussi atrocement réprimée que l'on sait — mais enfin, les temps n'étaient pas mûrs, le dogme restait insuffisamment élaboré. On peut faire avancer une cause —(c'est là une des raisons d'être quasi providentielle des révolutions) — mais non anticiper sur l'évolution organique et vitale des idées. « C'est donc un grand bonheur que l'insurrection ait été comprimée, et si la douzième légion n'eût point fait défection, il est probable que j'eusse travaillé avec elle, au moins à ramener ces insensés à la raison » [153]. Ainsi, dans la même lettre — lettre à Henriette du 1ᵉʳ juillet 1848 — s'affirment sans s'exclure, mais au contraire en se postulant l'un l'autre au sein d'une même foi critique, la solidarité intérieure et l'éloignement pratique. Cette

148. *L.F.*, IX, p. 1085.
149. *L.F.*, IX, p. 1095.
150. *Ibid.*
151. *L.F.*, IX, p. 1084.
152. *Ibid.*
153. *L.F.*, IX, p. 1084-1085.

insurrection qu'il aurait contribué à « comprimer », il affirme en être, sur un autre plan, participant, et quand il en dessine le nécessaire développement, le prolongement béatifique, il assure : « Nous y aurons travaillé » [154]. Cette lettre le révèle à lui-même, semble-t-il, et lui donne, face à une sœur naguère guide et protectrice, une soudaine maturité. « Non, ma fille bien-aimée » [155], répond-il à ses doutes, et à la tendresse se mêle la gravité du père spirituel, de l'initiateur. Toute la correspondance intime révèle, à cette époque, la transposition religieuse, en lui, de l'idéal révolutionnaire. « Les vrais avancés sont ceux qui sont pénétrés de la sainteté de l'humanité » [156], écrit-il le 29 décembre 1848, après avoir défini en juillet 1848 la religion nouvelle comme la « foi à l'humanité, (le) dévouement à son perfectionnement et par là à son bonheur » [157].

A travers sa sympathie spirituelle pour la révolution, Renan éprouve sa fougue, sa jeunesse. Serait-il excessif d'y voir une sublimation de l'instinct de force face aux réticences, puis à l'indignation, d'une sœur timorée ? On sent éclater, dans ses analyses de la violence, transposé, atténué, réfracté dans une nature critique, le besoin de s'éprouver lui-même : « Triste sire que celui qui, à vingt-cinq ans, boude son siècle ! Hélas ! viendra aussi le jour où nous serons dépassés ! Laisse-nous jouir de notre petite verdeur » [158] !

Dire que Renan s'associe intérieurement mais non de fait aux élans libérateurs, ce n'est pas affirmer qu'il désire la Révolution, comme l'on dit, « sans ses excès ». Cette formule commode, et propre à donner bonne conscience aux velléitaires de toutes couleurs, n'est pas la sienne. Son acuité critique ignore ici la mauvaise foi. Sans doute, les temps ne sont pas mûrs, et la violence ne peut suppléer à la marche des siècles. Mais ne l'accélère-t-elle pas ? Si Renan réprouve dans les révolutions les « folies populaires », il les reconnaît nécessaires — et d'évoquer *Jocelyn* (cité deux fois dans cette correspondance) :

« Devant ces changements, le cœur du juste hésite ;
Malheur à qui les fait, heureux qui les hérite » [159].

Ce n'est même pas là une citation, le recours à une autorité extérieure, mais, plus profondément, la redécouverte de soi dans un autre : « O Jocelyn ! Jocelyn ! ton âme est la mienne » [160] ! La justification providentielle de la révolution et de ses hommes se développe dans l'*Avenir de la science* : « Ah ! qu'il est heureux que la passion se charge de ces cruelles exécutions ! Les belles âmes seraient trop

---

154. *L.F.*, IX, p. 1087.
155. *L.F.*, IX, p. 1087.
156. *L.F.*, IX, p. 1149.
157. *L.F.*, IX, p. 1087.
158. *L.F.*, IX, p. 1174.
159. *L.F.*, IX, p. 1154 ; voir aussi IX, 1101.
160. *L.F.*, IX, p. 1154.

timides et iraient trop mollement ! Quand il s'agit de fonder l'avenir
en frappant le passé, il faut de ces redoutables sapeurs (...). Ceux qui
croient que la rénovation qui avait été nécessitée par le travail intellectuel du XVIIIe siècle eût pu se faire pacifiquement se trompent.
On eût cherché à pactiser (...), on n'eût osé détruire (...). La tempête
s'en charge »[161] — et, plus passionnément, dans la chaleur de la lettre
intime : « Il faut marcher, marcher à tout prix, sans regarder ce qu'on
brise et ce qu'on renverse »[162]. Pourquoi cette détermination ? Parce
qu'il est vital d'élever l'homme, surtout pour qui a perdu son Dieu.
Si l'homme n'était pas éducable, mieux vaudrait la mort, car la vie
aurait perdu son sens, l'humanité son but, et Dieu (le Dieu épuré par
la critique) sa possibilité d'être, ou d'être pleinement à travers le
progrès humain. « S'il était vrai que l'humanité fût considérée de telle
sorte qu'il n'y eût rien à faire pour le bien général (...) il faudrait
maudire Dieu, et puis se suicider »[163]. Ce n'est pas là entraînement
verbal de Renan. Au plus fort de la crise de conscience intime, Renan
n'a jamais songé au suicide, Patrice nous révèle combien cette idée lui
est étrangère : « Si ces lignes tombent sous les yeux de quelqu'un, il
croira peut-être que j'ai pensé au suicide. Celui-là me connaîtrait bien
mal. Le dégoût et l'ennui me sont inconnus et ne correspondent à
aucun fait de mon expérience intime »[164]. Mais s'il venait un jour à
douter de l'humain, ne serait-ce pas une seconde banqueroute, véritablement sans recours possible, sans divinité ni dogme de remplacement ?

Antipathique à Renan dans son individu (le plus souvent « immoral »[165], selon l'*Avenir de la science*), le révolutionnaire s'abîme dans
son œuvre, qui, elle, est providentielle. L'être même du fou, du violent,
du forcené — si proche de celui de l'inspiré — n'exerce-t-il pas sur
Renan sa fascination en dehors même de la valeur impersonnelle de
son acte ? Certes, Ernest, et Patrice, et Renan, se plaisent à la vue du
faible, de l'enfant, de la femme, ou encore de la fleur, de l'oiseau.
Ces formes de vie ou de sensibilité « élémentaires » livrent au penseur la
nature dans son intimité : « c'est là que Dieu est tout nu »[166].

Mais, pour une nature retirée et peu communicative, pour un être
façonné par une longue habitude (selon le témoignage d'une lettre à
Henriette, du 30 juillet 1848)[167] à ne manifester en public aucune opinion, hardi dans sa pensée, cauteleux dans sa conduite, n'y a-t-il pas
ivresse à voir — indépendamment de notre morale — l'énergie humaine

---

161. *A.S.*, III, p. 990.
162. *L.F.*, IX, p. 1127.
163. *A.S.*, III, p. 988.
164. *F.I.R.*, IX, p. 1549.
165. *A.S.*, III, p. 991.
166. *A.S.*, III, p. 1103.
167. *L.F.*, IX, p. 1105-1106.

à sa dernière puissance, pure manifestation du spontané, abolissant toute limite entre bien et mal, conscience et inconscience ? « Je ne sais pourquoi, s'étonnait-il déjà dans les *Cahiers de jeunesse*, j'aime et j'admire le système moderne de M. Victor Hugo, par exemple, sur l'intérêt et la grandeur du crime, dans *Lucrèce Borgia*, par exemple » [168]. Cet attrait de la grandeur du mal, de la plénitude du type, rejoint l'esthétique de Diderot, pour qui l'exaltation naît de l'unité du caractère, d'une concentration des forces intimes en un seul sens. « Rien n'est beau s'il n'est un » [169]. Le principe que l'essai *De la poésie dramatique* applique à la structure même des pièces, garde tout son sens pour les caractères. De même et plus intensément sans le secours de la fiction, Renan ressent-il la beauté intrinsèque de la révolution : « Il faut avoir vu cela (...) pour se faire une idée des grandes scènes de l'humanité. (...) l'homme est en face de l'homme à nu et avec ses seuls instincts primitifs » [170]. L'ébranlement affectif et esthétique de Renan naît à la vue de ce qui, en l'homme, exprime une autre vérité que celle de l'individu, ou même d'un type social ou psychologique — une vraie composante essentielle de l'espèce, dans son tréfonds le plus obscur. L'homme par là touche au mythe, et l'intuition de Renan nous paraît préfigurer, quoique de façon globale et poétique, l'explication que Jung suggère, dans la *Réponse à Job*, à propos de l'être et du destin mythiques du Christ :

> « Le mythe n'est pas une fiction, car il est composé de données qui se répètent constamment, et que l'on peut observer toujours à nouveau. Le mythe survient à l'homme et se produit en lui, et les hommes, à l'égal des héros grecs, ont des destins mythiques. Le fait que la vie du Christ soit, à un haut degré, imprégnée de mythe, n'infirme en rien sa réalité, je serais tenté de dire : au contraire (...). Psychologiquement, il est parfaitement possible que l'inconscient, à savoir un archétype, s'empare totalement d'une créature, déterminant sa destinée jusque dans ses moindres détails » [171].

Pour Renan, le « mal » n'est pas beau comme mal, mais comme libérateur d'énergie profonde. Ce qui paraît essentiel dans son intuition, c'est l'exaltation de la spontanéité retrouvée en ce que Jung appellera « l'archétype ». Dans sa lettre du 1er juillet 1848, Renan s'excuse auprès de sa sœur de cet appel au sentiment esthétique [172], il le développe pourtant avec accent, on sent que cette prétendue parenthèse, qu'il n'ose qu'à-demi, porte l'essentiel. N'éprouve-t-il pas le sentiment, à la vue des

---

168. *C.J.*, Appendice, IX, p. 437.
169. *De la poésie dramatique, Œuvres esthétiques*, p. 234, cf. *Neveu de Rameau*, p. 72 et n. 240, p. 214.
170. *L.F.*, IX, p. 1088-1089.
171. Jung, *Réponse à Job*, p. 112.
172. *L.F.*, IX, p. 1088.

grandes scènes de l'humanité, de vivre à travers les autres ? La « belle âme » jouit par procuration de la force du « sapeur » [173]. Beaucoup plus qu'un simple entraînement esthétique, ce qu'éprouve Renan, à travers ce précipité du mythe en l'homme, c'est le sentiment de la pure puissance, étrangère aux classifications ultérieures de la morale, justifiée par son magnétisme, par sa faculté de donner, sans s'en douter et comme par instinct, la vie à une idée, et de pousser en avant le passage souverain de la virtualité à l'acte, ce que l'*Avenir de la science* appelle Dieu.

Aussi Renan distingue-t-il, dans une note de l'*Avenir de la science*, entre les êtres qui, libérant dans la crise leur authenticité d'instinct, ont incarné le mythe, et les pauvres contrefacteurs, chargés de toutes les disgrâces du pastiche ; « les imbéciles plagiaires qui viennent à froid imiter les fureurs d'un autre âge » [174]. 1848 n'est pas 1789, toute révolution n'est pas pleinement la Révolution. On sent chez Renan toute la sollicitation du mythe du spontané, de l'explosion des forces primitives, de l'état de crise capable, comme celui qui donna naissance au christianisme, de produire des « monstres » [175] psychologiques. C'est en ce sens que la Révolution de 1789 est un des pôles d'attraction de sa pensée, elle demeure une sorte de gigantesque repère, épopée auprès de laquelle l'histoire contemporaine ne peut, selon lui, que tendre vers zéro : « Nous n'avons pas vu de grandes choses, alors, nous nous reportons pour tout à la Révolution ; c'est là notre horizon, la colline de notre enfance, notre bout du monde ; or il se trouve que cet horizon est une montagne ; nous mesurons tout sur cette mesure » [176].

L'histoire déborde donc le cadre moral, et la vraie vertu est ici l'énergie primitive. Ce qui est crime au point de vue de l'individu fait le salut de l'humanité. Nous reconnaissons cette constante de la pensée de Renan, la projection sur l'espèce, la vue finaliste du monde, dont la loi est le sacrifice de l'individu à l'idée. Criminel, mais nécessaire, le révolutionnaire sert le but inconnu. « L'avenir les explique et dit froidement : il fallait aussi qu'il y eût de ces gens-là » [177]. C'est pourquoi Renan se refuse à juger les révolutions « sur les points de détails » [178] ; non seulement par goût esthétique de la fresque, de la peinture par masses, mais parce que cette simplification emblématique est une des voies du progrès, de la « Providence ». « Tout ce qui sert à avancer Dieu est permis » [179], le « lieu où l'humanité s'est proclamée, le Jeu de

173. *A.S.*, III, 990.
174. *A.S.*, III, p. 1144, n. 145.
175. *A.S.*, III, p. 1067.
176. *A.S.*, III, p. 1028-1029.
177. *A.S.*, III, p. 991.
178. *L.F.*, IX, p. 1167.
179. *A.S.*, III, p. 1032.

Paume », deviendra « aussi sacré que le Golgotha » [180] pour les âges de foi.

L'exaltation romantique du Barbare tient en Renan au même fond. Le Barbare se confond avec la poussée vitale qui fait éclater les dogmes vieillis, quand ceux-ci, vidés de leur raison d'être, prétendent s'imposer par la force contraignante. La vocation même des Barbares est la lutte, puisqu'ils traduisent l'inassouvi, l'être en train de se faire. « Certes, il eût été difficile à Sidoine Apollinaire et à ces beaux esprits de Gaule de crier : Vivent les barbares ! Et pourtant, ils l'auraient dû, s'ils avaient eu le sentiment de l'avenir. Nous qui voyons bien les choses, après quatorze siècles, nous sommes pour les barbares. Que demandent-ils ? Des champs, un beau soleil, de la civilisation. Ah ! bienvenu soit celui qui ne demande qu'à augmenter la famille des fils de la lumière » [181] ! Le barbare incarne une idée, mais l'idée est d'abord un acte, une revendication de la spontanéité créatrice. C'est pourquoi il est contradictoire de souhaiter aux grandes idées la liberté tranquille d'un calme milieu. L'idée se fait à elle-même sa liberté, et n'est forte qu'à proportion de sa lutte. « L'esprit n'est jamais plus hardi et plus fier que quand il sent un peu la main qui pèse sur lui » [182] ; et par deux fois, dans l'*Avenir de la science* [183] et dans les *Lettres intimes* [184], une formule qui semble faire écho à celles de Diderot dans l'essai *De la poésie dramatique :* « Le génie ne végète puissamment que sous l'orage » [185]. Mais alors que Diderot voit les désastres et les malheurs comme générateurs de poètes — au sens littéraire du terme — Renan donne à la notion de génie une plus vaste portée ; le poème se confond avec la vie même, la véritable épopée étant celle que rêvaient les *Cahiers de jeunesse* [186], la marche de l'humanité. Traduisant l'idée dans sa poussée créatrice, le ferment révolutionnaire la suscite aussi ; à la fois témoin et condition de l'idée, « l'orage » maintient toujours en alerte la bande des besoins, il oblige l'être à créer, à improviser sa vie comme un poème. Comment répondre à la terreur, sinon en inventant à chaque instant une possibilité de survie ? Seule la fermentation intime produit le grand : « L'état habituel d'Athènes, c'était la terreur » [187] ; et, référence suprême, l'apparition du Christ ne s'explique que « dans cet étrange orage que subissait alors la raison en Judée » [188]. C'est dans le même sens que Renan regrette, avec la Réforme, « la bienheureuse controverse protestante qui, durant plus de deux siècles, a aiguisé et tenu en éveil tous les esprits de l'Europe

---

180. *A.S.*, III, p. 1124, n. 6.
181. *A.S.*, III, p. 1042.
182. *A.S.*, III, p. 1017.
183. *A.S.*, III, p. 1062.
184. *L.F.*, IX, p. 1160.
185. *A.S.*, III, p. 1062 et *L.F.*, IX, p. 1160.
186. *C.J.*, IX, p. 181-182.
187. *A.S.*, III, p. 1063.
188. *A.S.*, III, p. 1067.

civilisée » [189]. « Redoutables sapeurs » [190] de l'âge révolutionnaire, héros de l'attente messianique, barbares des grandes invasions, Grecs de la lutte entre cités, fanatiques et réformateurs, n'est-ce pas là un bien hétéroclite échantillonnage du spontané ? Renan ne cède-t-il pas à la tentation épique de la fresque, lorsque, parti de la beauté du mal [191], il réintègre à l'intérieur du spontané l'élan de toute vitalité, bonne ou mauvaise ? C'est que, pressentie dès les *Cahiers*, l'unité fondamentale de toute la matière vivante et morale se trouve affirmée dans l'*Avenir de la science* : « (...) une ligne indécise sépare l'exercice légitime et l'exercice exorbitant des facultés humaines, (...) un même instinct, ici normal, là perverti, a inspiré Dante et le marquis de Sade » [192]. Non seulement pour lui comme pour Diderot, le vice et la vertu, poussés à leur limite, sont deux harmoniques qui se supposent et se garantissent l'un l'autre — « Si les méchants n'avaient pas cette énergie dans le crime, les bons n'auraient pas la même énergie dans la vertu » [193] — mais ils ne forment qu'une seule et même réalité, substrat fondamental de l'homme et de Dieu, qui se rejoignent dans le spontané. L'exaltation du peuple comme expression du spontané, nous montre que, pour Renan, le peuple est une réalité mythique, et non nationale. Par là, Renan s'éloigne de Herder qui, dans *Une autre philosophie de l'histoire ?* exaltait la notion centrale de vitalité barbare, mais dans une orientation exclusivement nationale et germanique, et c'est ainsi qu'il recréait un Moyen-Age selon le *Sturm und Drang*. Pour lui, note M. Rouché, « les Barbares représentent, par rapport aux Romains du Bas-Empire, le même retour à la saine vitalité que le *Sturm und Drang* prétend représenter par rapport aux raffinements du 18e siècle français » [194]. Cette couleur nationale est absente de l'image du peuple selon Renan. Au contraire, Renan met en doute, pour le moment, le pouvoir créateur du peuple français, dans sa réalité : à la différence du peuple grec, il est exclu, par son incapacité, de sa propre culture nationale : « La nation est représentée chez nous par une certaine classe, le peuple ne regardant pas les Tuileries, par exemple, comme son œuvre. Cela n'a pas de sens pour lui » [195]. Plutôt qu'au citoyen grec, c'est à la masse des esclaves qu'il faudrait comparer le peuple français réel. Cependant, comme être mythique et idéal, le peuple est capable de resurgir dans sa spontanéité en temps de crise. « Je verrais un mouvement populaire du plus odieux caractère que je m'écrierais : Vive l'humanité » ! [196] Dans une lettre à Henriette, du 16 juillet 1848, il affirme que le peuple

189. *A.S.*, III, p. 1066.
190. *A.S.*, III, p. 990.
191. *C.J.*, Appendice, IX, p. 437.
192. *A.S.*, III, p. 1069.
193. *Le Neveu de Rameau*, n. 240, p. 214.
194. Rouché, *La philosophie de l'histoire de Herder*, p. 155.
195. *C.J.*, IX, p. 70.
196. *A.S.*, III, p. 1094.

« ferait la Marseillaise si elle était à faire » [197]. Ainsi le peuple représente chez Renan un concept à deux niveaux, l'un réel, l'autre vrai d'une vérité supérieure et mythique, un peu comme, pour Michelet, la France est à la fois une surface géographique, et un être défini par sa vocation. Michelet place la France dans une perspective idéale, où elle prend sens par la double équation France = Justice = Révolution. C'est ce que souligne J.-L. Cornuz, commentant la Préface du *Peuple*, (24 janvier 1846) : « reprenant cette idée des mystiques selon lesquels les êtres et les choses (et Dieu le tout premier) ont un nom secret, magique, qui est leur vrai nom, il dira que « Par devant l'Europe, la France n'aura jamais qu'un seul nom (...) qui est son vrai nom éternel : la Révolution » [198].

Ainsi la contradiction qui apparaît, en l'*Avenir de la science,* entre l'entraînement démocratique de Renan et son indignation devant « la grande absurdité du suffrage universel » [199], se résout dans l'historique : le peuple réel ne coïncide pas encore avec le peuple mythique ; la fusion des deux, dans le devenir de l'humanité, consacrera son droit. Que ferait-il d'une liberté qu'il n'aurait pas conquise ? Ce ne serait qu'une fausse liberté, sans fondement puisqu'elle serait donnée d'un côté, reçue de l'autre, mais non légitimée par une avance du sens moral.

Cependant le brusque réveil du spontané ne saurait rendre inutile la réflexion des penseurs. Il est remarquable que pour Renan la Révolution soit à la fois la résurgence brusque de l'instinct, et l'œuvre clarifiante de l'analyse. Il va jusqu'à définir l'âge révolutionnaire comme l'âge d'analyse, c'est-à-dire celui où les individualités existant en elles-mêmes, revendiquent leurs droits et « refusent de se laisser lier en gerbe » [200]. Cette conscience de soi, marque de l'esprit moderne, est pour Renan, en 1848, une valeur. Dans un article sur *Dom Luigi Tosti,* paru en 1851, il définit ainsi la Révolution de 1789 : « Ce qui fut proclamé cette année-là, ce fut l'avènement de l'humanité à la conscience, ce fut l'acte de majorité de l'esprit humain prenant possession de sa souveraineté, ce fut l'avènement de la raison au pouvoir organisateur et réformateur que le hasard, la passion, ou les causes inconnues classées obscurément sous le nom de Providence s'étaient arrogé jusque-là » [201] (l'œuvre ultérieure de Renan et surtout la *Réforme intellectuelle et morale,* tirera de l'expérience de 1870 des conclusions tout autres, et restituera sous le prétendu hasard le droit historique, sorte de droit divin à sa manière). Selon le Renan de 1848, pour que le dogme nouveau puisse se dégager à travers les secousses insurrectionnelles, il faut que la révolution soit « déjà faite dans les mœurs ». De là la nécessité d'agir d'abord sur les

---

197. *L.F.,* IX, p. 1095.
198. J.-L. Cornuz, *J. Michelet...,* p. 140.
199. *A.S.,* III, p. 1148.
200. *A.S.,* III, p. 972.
201. *H.M.C.,* II, p. 154.

esprits, d'élever le peuple, pour que sa motivation ne soit pas la seule convoitise. Il ne s'agit même pas d'abolir la richesse, mais de faire qu'il soit insignifiant d'être riche, il faut, en déshonorant l'argent, trancher le fondement même de la ploutocratie. Dans une lettre à Henriette (du 30 juillet et 1er août 1848) Renan explique ce qui reste pour sa sœur une énigme, son aversion pour la bourgeoisie : « cet esprit tout préoccupé d'intérêts positifs, ne voyant rien au delà du réel, n'estimant que la richesse, ne comptant pour rien les idées. Voilà ce qui m'irrite, voilà ce que je voudrais voir disparaître à tout jamais » [202]. Sans le grand travail de la pensée idéale, les insurrections n'ont pas de sens, seul ce fondement peut faire que les coups de force réussissent, et soient légitimes. Car le succès ne donne pas le droit, mais constitue le signe du droit. Il prouve la force vitale qu'une idée prête à ses partisans : « L'insurrection triomphante est parfois un meilleur critérium du parti qui a raison que la majorité numérique. Car la majorité est souvent formée ou du moins appuyée de gens fort nuls, inertes, soucieux de leur seul repos, qui ne méritent pas d'être comptés dans l'humanité, au lieu qu'une opinion capable de soulever les masses, et surtout de les faire triompher, témoigne par là de sa force » [203]. Selon ce critère, 1789 était légitime, 1848 ne l'était pas entièrement. Toute la préparation souterraine de la pensée morale lui a fait défaut, et l'insurrection est restée une insurrection, c'est-à-dire au fond une révolution incomplète. « Le fait ne constitue pas la raison, mais l'indique. La meilleure preuve que l'insurrection de juin était illégitime, c'est qu'elle n'a pas réussi » [204]. La pensée de Renan n'est nullement ici le cynisme politique selon lequel la force crée le droit. Elle ne revient pas à dire : si un coup de force réussit, il devient par là même légitime ; mais : si une insurrection est légitime, elle réussit. Ce qui fonde le succès, c'est l'élaboration morale qui permet aux hommes de définir et d'arrêter leurs symboles.

L'esprit révolutionnaire peut donc libérer un dogme, et c'est pourquoi les *Cahiers de jeunesse* l'assimilaient à l'enthousiasme religieux [205]. Cet aspect de la mystique révolutionnaire s'incarne pour Renan en Dom Luigi Tosti. Ce n'est pas que Renan veuille reconvertir le moine et faire de lui l'agent d'une cause révolutionnaire. Mais plutôt, fe moine étant, par vocation, l'homme de l'idée, suit, par une sorte de nécessité intérieure, l'idée dans tous les moments de sa métamorphose. « Reste Italien, reste moine » [206], telle est la prière de Renan à Tosti en 1851 : « reste Italien », car la France qui a plébiscité Louis Napoléon a renié l'idée pour le matérialisme politique et le formalisme en religion ; « reste moine », car l'idée révolutionnaire d'une patrie italienne, rêve de Tosti,

202. *L.F.,* IX, p. 1110.
203. *A.S.,* III, p. 1003.
204. *A.S.,* III, p. 1003.
205. *C.J.,* IX, p. 418.
206. *E.M.C.,* II, p. 171.

représente une face moderne de l'idéal religieux. Par elle, Tosti « adore en esprit » [207]. On connaît l'écho en Renan de la lecture du *Spiridion* de George Sand. Dans une note de l'*Avenir de la science*, Renan évoque quelques « admirables pages de *Spiridion* » [208], montrant comment le divin se réalise à travers les individualités et au delà d'elles. Or *Spiridion* fait apparaître la révolution comme un progrès dans le devenir divin. G. Sand semble même moins vouloir présenter Jésus comme révolutionnaire (agitateur dans son action humaine) que la révolution comme une étape divine, dépassant tout individu. Sans doute le soldat qui brise le crucifix de bois doré et qui, posant l'équation simpliste moine-« inquisiteur » [209], croit faire œuvre libératrice en abattant le Père Alexis, prétend-il agir au nom du « sans-culotte Jésus » [210]. Mais c'est là semble-t-il à la fois une vérité et une approximation élémentaire — approximation dans le sens où celui qui prononce cette vérité ne la comprend pas pleinement, la simplifie en acte brutal. Ce qui importe surtout pour George Sand, c'est moins, semble-t-il, de caractériser comme révolutionnaire l'action de l'homme Jésus, que de souligner, dans la révolution, le processus du dynamisme divin à travers l'œuvre des hommes : « Mon fils, dit Alexis avec la sérénité d'un martyr, nous-mêmes nous ne sommes que des images qu'on brise, parce qu'elles ne représentent plus les idées qui faisaient leur force et leur sainteté. Ceci est l'œuvre de la Providence, et la mission de nos bourreaux est sacrée, bien qu'ils ne la comprennent pas encore. Cependant, ils l'ont dit, tu l'as entendu. C'est au nom du « sans-culotte Jésus » qu'ils profanent le sanctuaire de l'Eglise. Ceci est le commencement du règne de l'Evangile éternel prophétisé par nos pères » [211].

L'entraînement passionnel de Renan face à la Révolution recouvre donc, en 1848, un fondement dogmatique. Ce fondement ne se dérobera-t-il pas ? Le plébiscite et l'expérience de 1851 l'ébranlent, du moins dans ses applications françaises, comme en témoigne l'article sur *Dom Luigi Tosti*. La Révolution restera un des mythes de Renan, une de ses sollicitations profondes, transfusion en lui, affirmeront les *Souvenirs*, d'une instinctive tendance de sa mère : « J'ai pris d'elle un goût invincible de la Révolution, qui me la fait aimer, malgré ma raison et malgré tout le mal que j'ai dit d'elle » [212]. Mais Renan, dans sa jeunesse, la considère, et c'est essentiel, comme génératrice possible de dogme ; et le penseur de la maturité persiste à voir en elle plus qu'un étrange spectacle, une des « grandes choses » [213] de l'humanité. En 1866, dans son

207. *Ibid.*
208. *A.S.,* III, p. 1130.
209. *Spiridion,* p. 445.
210. *Ibid.*
211. *Ibid.,* p. 445-446.
212. *S.E.J.,* II, p. 775.
213. *Ap.,* IV, p. 464.

Introduction aux *Apôtres*, Renan reprend le rêve des *Cahiers de jeunesse*, celui d'une vie multipliée : « Si je disposais de plusieurs vies, j'emploierais l'une à écrire une histoire d'Alexandre, une autre à écrire une histoire d'Athènes, une autre à écrire soit une histoire de la Révolution française, soit une histoire de l'ordre de Saint-François » [214]. Cette hésitation entre la Révolution et l'œuvre de Saint-François n'est pas fortuite ; le lien entre les deux possibles ne pourrait-il pas être en effet cet Evangile éternel, issu de l'idéalisme franciscain, et que le Père Alexis de *Spiridion* pressentait à travers une œuvre révolutionnaire ?

Sans un fondement idéal, une révolution n'est qu'insurrection. Le dieu, en quelque sorte, lui manque, elle ne peut libérer une doctrine, c'est dire le sens de la morale idéale dans la recherche dogmatique de Renan. La morale n'est pas pour lui légalisme, ni conformité à un type reçu. L'observance de règles n'a pas de valeur en elle-même ; c'est en ce sens que pour le jeune Renan la vertu du Spartiate n'est pas moralité : « Rien ne m'est plus antipathique que tout ce système d'éducation antique, de Lycurgue, etc, absorbant la liberté individuelle, considérant l'homme comme une plante, comme un *sujet* qu'il faut dresser (...). Ils ont trouvé, les Spartiates surtout, le moyen d'être vertueux sans profonde moralité. Le Spartiate était vertueux on ne sait trop pourquoi. Pour sa patrie ? Mais quelle sottise ! Liberté, beauté, vérité, idéal, voilà la morale » [215]. De même, l'auteur des *Questions contemporaines* sera peu sympathique à la morale pourtant « excellente » de l' « honnête » Channing, parce qu'elle reste médiocre, et « manque du sentiment de la haute originalité » [216]. Elle n'atteint pas le beau, le grand ; « Au lieu de ce grand enivrement d'un François d'Assise, qui parle si puissamment à l'imagination, on se trouve ici en face d'un honnête gentleman, bien posé, bien vêtu » [217]. La beauté morale réside tout d'abord pour Renan dans l'originale authenticité d'un type. Etre vrai, prendre la vie « à plein », ces deux conditions sont nécessaires à la fois, et la première fonde la seconde. Dès décembre 1843, élaborant pour lui-même ses *Principes de conduite*, Renan présente la fidélité à soi-même comme un absolu, qui exclut le mimétisme moral et sauvegarde la diversité vivante des êtres, tout type véritable se trouvant justifié par sa vérité même : « La perfection pour chaque homme n'est pas de sortir de son naturel mais de rester dans son naturel (...). Je vais plus loin, et je prétends qu'il n'y a réellement aucun naturel méprisable, c'est-à-dire qui, réglé par une volonté droite, ne puisse devenir digne d'estime » [218]. Aussi pour Renan le vice premier est-il celui par lequel on se manque soi-même, et l'affectation représente pour lui, plus qu'un ridicule ou

---

214. *Ap.*, IV, p. 463-464.
215. *C.J.*, IX, p. 254.
216. *E.H.R.*, VII, p. 268.
217. *Ibid.*
218. *F.I.R.*, IX, p. 1481.

une hypocrisie, une faute de ton. Or la justesse du ton définit sa morale. Il ne s'agit pas, selon Renan, pour rester dans son type, de s'abandonner à la nature au sens où les moralistes chrétiens comprennent, pour le condamner, cet abandon, mais bien plutôt de se construire soi-même selon ses linéaments intérieurs : « remarquons bien que le naturel, dans le sens où nous le prenons ici, n'est pas synonyme de la nature, comme l'entendent les moralistes chrétiens. Le christianisme anathématise sans cesse la nature, ordonne de la détruire, d'en prendre le contrepied ; ordonne-t-il pour cela d'aller contre son naturel ? (...) Voyez un saint Augustin, un saint François de Sales, un Fénelon. Quelle vérité, quelle délicatesse, quel naturel, et en même temps quelle abnégation de la nature ! » [219]. Il s'agit donc de parvenir à ce moi idéal, qui achève, mais ne renie pas, le naturel. Une difficulté psychologique de Renan face à lui-même semble justement de parvenir à être soi, mais comme sans y penser, de se construire naturellement selon son type. Renan craint toujours que ne se glisse, dans cette construction du naturel, l'inauthentique, la déviation, l'affecté. Les *Cahiers de jeunesse* expriment l'horreur « des types à la Chatterton » [220] ; cette répulsion s'accompagne, semble-t-il, d'une angoisse de ce possible en lui. Il avoue « se rafistoler » [221] quelquefois aux yeux d'autrui. Evoquant certains caractères mêlés de faux et de vrai, dont Dieu seul a la clé, il ajoute : « Moi-même, je suis faux quelquefois et je songe au δοκεῖν » [222]. Il s'inquiète d'une certaine difficulté en lui à être sans paraître : « Je me suppose souvent seul dans un état où je serais sublime, mais ce qui me gêne, c'est comment je ferais pour le faire savoir, sans paraître avoir voulu le faire savoir, ce qui gâcherait tout » [223]. Même dans l'intimité du journal intime, il se suppose vu, jugé... et cette tendance à la représensation de lui-même l'ébranle assez pour le pousser par instants à renoncer au grand par crainte de l'affectation [224].

Pour Renan, dès la vingtième année, le fondement de la morale, c'est une connaissance instinctive de soi : « Cela est ou n'est pas dans son type » [225]. Tout type, « réglé par une volonté droite, peut devenir digne d'estime » [226]. L'appel à la volonté droite prouve que Renan ne suppose jamais admis l'abandon de la morale normative ; celle-ci toutefois n'apparaît dans sa pensée qu'après ; non pas secondaire mais seconde, elle n'est pas la primitive exigence, et la pensée de Renan pourrait tendre vers le cas limite du grand, ou du beau criminel, comme nous l'ont

---

219. *F.I.R.*, IX, p. 1483.
220. *C.J.*, IX, p. 236.
221. *C.J.*, IX, p. 370.
222. *C.J.*, IX, p. 310.
223. *C.J.*, IX, p. 241.
224. *C.J.*, IX, p. 433.
225. *F.I.R.*, IX, p. 1483.
226. *F.I.R.*, IX, p. 1481.

déjà révélé les *Cahiers* [227]. Le sentiment moral de Renan est d'abord esthétique, mais il dépasse le point de vue de l'amateur ; il n'est pas question pour lui de collectionner les états d'âmes étranges, ou nouveaux. En saisissant pleinement un type moral, il a l'impression de toucher à une face de l'absolu ; si bien que le fondement dogmatique ne fait pas défaut à cette esthétique morale de l'*un* (appelons par exemple moralité la morale normative, et morale cette construction esthétique parfaite de son type en soi. C'est la morale qui en Renan est première, bien que la moralité soit — secondement — une exigence en lui).

Les *Cahiers de jeunesse* nous livrent ce témoignage qu'une atmosphère de moralité douce est nécessaire à Renan, et surtout qu'il éprouve le besoin de la voir autour de lui pour la trouver en lui : « Je me sens plus facilement vertueux et bon auprès de maman » [228]. Dans un milieu protégé, rassurant, c'est comme une température vitale, prolongeant la sécurité de la présence maternelle. Renan semble éprouver parfois, dans la spéculation, une sorte de vertige, et la morale lui paraît surtout nécessaire au savant ; récurrence de l'idée médiévale de la science-péché ? Bien plutôt pressentiment que le savoir débouche sur le vide. « Il peut, celui-là, se permettre des débauches de spéculation, interdites à l'homme vulgaire ; car la morale lui reste, pure, chaste et sublime ; il la prend à vrai, et s'appuie contre elle pour vivre. Heureux surtout si une vie intérieure morale et douce, une mère, etc, vient calmer ses hardiesses (...). Oui, il faut au penseur une mère, une sœur, un ami, une petite vie bien jolie et bien simple, (...) pour ne pas devenir fou » [229] ! La morale devient alors un garant du réel, sorte de garde-fou contre le possible vertige du néant. Nous apercevons bien que dans les *Cahiers* la science n'est pas donnée d'emblée comme positive et rassurante, qu'elle est d'abord principe de désarroi ; l'*Avenir de la science* tranchera les incertitudes dans un sens d'optimisme, qui n'exclut pas la résurgence de l'inquiétude par la science, de la souffrance de l'homme à approcher le dernier mot des choses : « La tête tourne quand on s'approche trop de l'identité » [230]. Car le dernier mot des choses, qu'est-ce, selon les *Cahiers de jeunesse* ? « Ce qu'on regarde comme le réel de la connaissance n'est qu'une bouffissure. Quand on pousse au fond, en généralisant toujours et en abstrayant, on arrive réellement à A = A, qui n'est rien. Pour saisir du réel, il faut monter à une certaine boursouflure, qui couvre cela » [231]. Le Dieu qui se fait à travers la science est donc soumis à d'étranges syncopes, et la morale semble alors un moyen de le susciter, de le percevoir autrement. Si vraiment le penseur a besoin de la morale « pour ne pas devenir fou », c'est qu'il faut une relève à la

227. *C.J.*, IX, p. 437.
228. *C.J.*, IX, p. 1810.
229. *C.J.*, IX, p. 263.
230. *A.S.*, III, p. 1085.
231. *C.J.*, IX, p. 165 ; cf. IX, p. 222.

science. Mais le cri d'alarme des *Cahiers* ne suppose aucune abdication du penseur : dans la morale il reste philosophe ; il n'est pas comme le savant qui s'abîmerait dans une religion positive. « Si (une) bonne œuvre détournait un instant d'être philosophe, il ne faudrait pas la faire, car il ne faut pas cesser un demi-instant d'être ce qu'on doit être, et aussi bien ce serait si dur que ce serait insupportable ; mais en ces moments on est tout aussi philosophe »[232].

Autant la morale, réalisation du type, est affirmée dans les *Cahiers*, autant la valeur objective de la morale demeure comme une interrogation : cela ne signifie évidemment pas un refus pratique des préceptes moraux, mais plutôt une inquiétude métaphysique : la morale est-elle un absolu, trouve-t-elle un répondant dans une réalité en dehors d'elle ? « Peut-être que ceux qui prennent le moral à plein et catégoriquement en absolu n'embrassent qu'une forme transitoire »[233]. Et Renan de protester que son « cœur » sera toujours pour l'idéal moral : « Sainte morale ! je t'aime, je t'embrasse. Ah ! mon cœur sera toujours pour toi quand mon esprit se répudierait, ce qu'il ne fera pas »[234]. Renan ne semble pas sur un terrain très stable. On ne peut s'empêcher de voir, dans ces protestations traversées de désarroi, dans cette angoisse qui se calme par la surenchère exclamative de la promesse, et presque du serment, une analogie avec la position de Renan face au christianisme, telle qu'elle s'exprimait en 1843 dans les *Principes de conduite :* « Mais si, mon Dieu, le christianisme est vrai (...) et si, ce qui est aussi éloigné que possible de ma pensée et ce que je dirais impossible si l'homme n'était pas un mystère inexplicable, l'avenir me montrait ailleurs la vérité (...), je suivrais la vérité où je la verrais »[235]. Des deux côtés, n'est-ce pas la vue alarmée de la destruction possible de ce qu'il pose comme vrai ? Quelle précarité dans l'affirmation même, qui, par la passion de son langage, tente de conjurer l'anéantissement de son objet ! Ainsi l'attachement de Renan à la morale semble plus affectif que fondé sur l'idée d'une vérité objective. « Je tiens à la morale et au vrai, même quand je suis sceptique »[236]. C'est surtout dans son rapport avec le beau que la morale trouve la promesse de consistance : « Allons, mon cher ! le seul moyen de produire du beau durable, c'est de penser et de sentir. Un philosophe qui a pris la vie moralement et au sérieux est bien placé à tous les siècles »[237]. Ce fragment des *Cahiers* nous paraît traversé par deux directions possibles : ce peut être une preuve de la valeur objective de la morale, qu'elle soit le seul fondement véritable du beau ; mais aussi, la morale est une condition pour produire le beau ; cette

---

232. *C.J.*, IX, p. 263.
233. *C.J.*, IX, p. 83.
234. *C.J.*, IX, p. 84.
235. *F.I.R.*, IX, p. 1491.
236. *C.J.*, IX, p. 228.
237. *C.J.*, IX, p. 407.

seconde lecture nous montrerait Renan bien plus orienté vers le beau à atteindre que vers un en-soi de la morale. La morale n'est sans doute pas réduite à la fonction de moyen, mais enfin, elle est vue dans une direction autre qu'elle-même, telle du moins qu'elle est traditionnellement entendue. Le vrai sens moral se confondrait donc avec celui du beau. Cette lecture se trouve authentifiée par le précepte exprimé dans l'*Avenir de la science* : « Sois beau, et alors fais à chaque instant ce que t'inspirera ton cœur » [238]. Renan éprouve le besoin de régénérer par l'esthétique le sens moral ; la morale est vue par lui dans un devenir ; ce qui est constant, c'est le besoin qui, jusqu'ici, a été comblé par elle : « Je reconnais que le sens moral ou ses équivalents sont de l'essence de l'humanité ; mais je maintiens que c'est parler inexactement que d'appliquer la même dénomination à des faits si divers. Il y a dans l'humanité une faculté ou un besoin, une capacité en un mot, qui est comblée de nos jours par la morale, et qui l'a toujours été, et le sera toujours par quelque chose d'analogue. Je conçois de même pour l'avenir que le mot morale devienne impropre et soit remplacé par un autre. Pour mon usage personnel, j'y substitue de préférence le nom d'esthétique » [239].

C'est au nom du beau que morale et bonheur resteront toujours, chez Renan, antithétiques : Non que la morale ne puisse créer le bonheur, par la conformité vécue de l'individu et de son type, mais elle ne le recherche pas sous sa forme immédiate de jouissance. Cette conception romantique du beau moral, opposée au pragmatisme bourgeois, s'accorde avec une idée infinie du bonheur, rivage béni, enchanté, toujours au delà. Critiquant au nom du beau la morale de Channing si recommandable par son honnêteté, Renan formule ainsi son idéal dans les *Etudes d'histoire religieuse* : « L'homme n'est pas ici-bas seulement pour être heureux ; il n'y est même pas pour être simplement honnête, il y est pour arriver à la noblesse (à la sainteté, comme disait le christianisme) et dépasser la vulgarité où se traîne l'existence de presque tous les individus » [240]. Le vrai moral est donc la négation du vulgaire, même honnête. Rien ne sanctifie la médiocrité. C'est l'analogue d'une sainteté que Renan cherche à travers l'analogue d'une morale.

La véritable morale ne peut se réduire à l'état de préceptes car le précepte suppose l'obéissance, et l'obéissance dénature le beau. La notion même de règle imposée est enlaidissante, et propre à rompre une eurythmie. C'est par l'instinct du beau que l'homme peut atteindre à la vraie moralité : si la vertu du Spartiate n'est pas vertu, c'est qu'elle répond à une exigence extérieure, elle ne trouve pas son sens en elle-même, mais dans l'idée de « patrie », dans le fétichisme nationaliste,

238. *A.S.*, III, p. 871.
239. *A.S.*, III, p. 869.
240. *E.H.R.*, VII, p. 279.

qui oppose cité à cité. Elle résulte d'un « dressage » [241], comme le montre l'expérience de Lycurgue sur deux jeunes chiens. La seule idée de former les êtres selon un moule unique fausse l'authenticité des types, et ruine le beau. Or l'être vraiment moral réalise en toute spontanéité sa vie comme un chef-d'œuvre. « L'homme vertueux est un artiste qui réalise le beau dans une vie humaine, comme le statuaire le réalise sur le marbre, comme le musicien par des sons. Y a-t-il obéissance et lutte dans l'acte du statuaire et du musicien » [242] ?

Bien que le beau rêvé par Renan, la noblesse, réponde métaphoriquement à la sainteté [243], l'idée de la morale s'exprimant par la souveraineté absolue de l'homme-artiste et créateur de lui-même, n'a rien de chrétien. Elle affirme l'excellence de l'homme en tant que tel, et non par son ouverture à la grâce ou à la miséricorde d'un Dieu. Renan rejoint un idéal grec et païen ; certes nous sommes loin du « *perinde ac cadaver* » des Jésuites, et même de l'auteur de l'*Imitation*. Par le passage de la morale à l'esthétique à travers le discrédit de l'obéissance, Renan consacre en l'homme un principe de force, comme en témoigneront encore les *Souvenirs* : « Pour moi, je ne crois pas qu'à aucune époque de ma vie, j'aie obéi ; oui, j'ai été docile, soumis, mais à un principe spirituel (...). Un ordre est une humiliation ; qui a obéi est un *capitis minor*, souillé dans le germe même de la vie noble » [244].

Aussi, face au renoncement total du moine tel que l'a conçu le catholicisme, l'attitude de Renan nous semble-t-elle complexe. Ne trouve-t-on pas en lui quelque écho de la révolte que les sentiments de résignation, de sujétion du christianisme soulevèrent dans l'âme celtique ? « Je ne connais pas de plus curieux spectacle que celui de cette révolte des mâles sentiments de l'héroïsme contre le sentiment féminin qui coulait à pleins bords dans le culte nouveau. Ce qui exaspère, en effet, les vieux représentants de la société celtique, c'est le triomphe exclusif de l'esprit pacifique, ce sont les hommes vêtus de lin et chantant des psaumes, dont la voix est triste, qui prêchent le jeûne et ne connaissent plus les héros » [245].

Si, dans les *Etudes d'histoire religieuse*, Renan exalte l'institution monastique à travers l'auteur de l'*Imitation de Jésus-Christ*, ce n'est pas comme illustration du principe d'humilité ; c'est plutôt que, dans le passé, la vie du moine, dans la solitude et les travaux de l'esprit, était la plus authentique approche de l'idéal ; c'est comme principe de distinction, non de sujétion ou d'effacement qu'elle eut pour lui son sens. Ce genre de vie fut, à son heure, le plus sûr fondement de ce

---

241. *C.J.*, IX, p. 254.
242. *A.S.*, III, p. 1011.
243. Cf. plus haut, p. 161.
244. *S.E.J.*, II, p. 815.
245. *E.M.C.*, II, p. 287.

que Renan appelle la « gentilhommerie spirituelle » [246] : « il est certain qu'en perdant les institutions de la vie monastique, l'esprit humain a perdu une grande école d'originalité : la distinction s'acquiert également par la pratique d'une aristocratie intellectuelle et par la solitude » [247]. Le principe monastique lui-même est donc vu par Renan dans la perspective de l'homme, de sa valeur propre, et non dans celle de Dieu. Adorer ne signifie pas pour lui s'anéantir en Dieu, mais donner sens à l'homme, reconnaître et affirmer sa nature, dans son excellence et son pouvoir. Ainsi, les *Dialogues philosophiques* présenteront le chant d'adoration des moines comme une dégénérescence du culte naturaliste des Grecs, et l'abbaye prendra son vrai sens comme préfiguration du Collège de France. Chanter des psaumes à l'Eternel... « cela constituait une assez belle façon d'adorer (...). Cette vallée, ces eaux, ces arbres, ces rochers, voulaient crier vers Dieu mais n'avaient pas de voix ; l'abbaye leur en donnait une. Chez les Grecs, race plus noble, cela se faisait mieux par la flûte et les jeux des bergers. Un jour cela se fera mieux encore, si un laboratoire de chimie ou de physique remplace l'abbaye » [248]. C'est donc une morale de la liberté, de la force, que développe Renan. On pourrait s'étonner alors de son article sur *Feuerbach et la nouvelle école hégélienne* : Renan y exprime peu de sympathie pour l'attitude méprisante que l'école allemande, depuis Goethe, manifeste face à l'aspect de faiblesse et de servilité du christianisme. Une morale de la liberté souveraine ne devrait-elle, pour Renan comme pour Goethe, trouver son symbole en Jupiter olympien, plutôt que dans « la maigre image du supplicié » [249] ? Si Renan défend la « perversion » [250] chrétienne, la substitution de la pâle Addolarata aux déesses antiques, c'est parce qu'elle témoigne avec force d'un instinct de l'homme, exalté par les temps modernes, le besoin d'infini. Pour Renan, l'esthétique chrétienne ne mate pas la nature : non, elle en exalte les parfums, elle en transpose l'ivresse. L'apothéose de la souffrance est force et volupté aussi, car en elle l'homme se reconnaît et s'affirme. « Oui, tout cela est étrange, nouveau, inouï (...). Mais tout cela est de la nature humaine, tout cela est venu à son temps, tout cela est sorti à son jour du germe éternel des belles choses » [251]. C'est donc comme originalité, parfaite authenticité de l'homme, affirmation de la nature, et non comme naufrage en Dieu, que Renan ressent la beauté morale de la vision chrétienne. Est beau et saint pour Renan, tout ce qui témoigne en faveur de l'homme. Ainsi, la mort des bienheureux telle que l'évoque la *Vie des Saints* l'enchante-t-elle dans la mesure où elle affirme l'homme grandi dans

---

246. *E.H.R.*, VII, p. 243.
247. *Ibid.*
248. *D.P.*, I, p. 624.
249. *E.H.R.*, VII, p. 286.
250. *E.H.R.*, VII, p. 287.
251. *E.H.R.*, VII, p. 291.

la force de sa seule nature : « Je ne souhaiterais pas leur vie, mais je suis jaloux de leur mort. A voir ces fins glorieuses et calmes l'âme se relève et se fortifie ; on reprend quelque estime pour la nature humaine, on se persuade que cette nature est noble et qu'il y a lieu d'en être fier » [252]. Ce n'est pas la consolation en Dieu que cherche Renan, à travers cette lecture, mais un principe de fierté humaine. Ne lit-il pas la *Vie des saints* dans le même esprit que les *Pensées* de Marc-Aurèle ? « La lecture de Marc-Aurèle fortifie, mais ne console pas » [253], écrira-t-il en 1882. La morale prend donc tout son sens pour Renan, comme élaboration du chef-d'œuvre humain. La postulation esthétique qui se fait jour dans l'*Avenir de la science* [254] ne se démentira jamais. C'est comme un « chef-d'œuvre » [255] que l'Abbesse de Jouarre envisagera sa vie, et cette même expression donne sa force, dans les lettres intimes, à la pensée spontanée de Renan : « J'ai soigné ma vie comme une œuvre d'art. Je l'aime » [256]. L'idée de la maîtrise dans la mort, évoquée déjà dans la *Vie des saints,* sera le résidu de ce grand rêve d'asservir la nature, hantise de Prospero : rêve à la fois de force et d'eurythmie, angoisse, qui sera celle aussi de Renan, de manquer le dernier acte.

La morale hautement entendue se définit donc comme une production spontanée des riches natures. L'être médiocre qui ne se soucie que de l'observance des préceptes n'est pas l'analogue de l'artiste, mais de l'artisan. Il n'est pas semblable au statuaire grec « possédé tout entier de la sainte fièvre du beau » [257], mais plutôt à ce manœuvre égyptien que les *Mélanges d'histoire et de voyages* nous montrent sculptant « des kilomètres de surfaces lisses (...) sans arriver au parfait » [258]. Ainsi la morale ne donne pas droit à un privilège, à une récompense, comme le suggère une conception étriquée de la religion, mais plutôt elle consacre un privilège, une supériorité, celle des fortes âmes. Lorsque, dans le *Prêtre de Némi*, Renan fait dire à l'un de ces médiocres et anonymes citoyens d'Albe qui font nombre, qui composent la foule : « J'ai souvent pensé que la vertu devrait être taxée et qu'on devrait imposer les gens pour ce qu'ils font de bien. C'est un plaisir, après tout, qu'ils se donnent » [259], ne voyons-nous pas se dessiner la contre-épreuve hargneuse, dérisoire, caricaturale de la pensée même de Renan : la morale confondue avec le beau et consacrant le privilège d'une authenticité intérieure ?

---

252. *E.H.R.*, VII, p. 228.
253. *M.-A.*, V, p. 913.
254. *A.S.*, III, p. 1011.
255. *Dr. P.*, III, p. 640.
256. H. Psichari, *Renan d'après lui-même*, p. 88-89 (lettre de Renan à son fils).
257. *M.H.V.*, II, p. 368.
258. *M.H.V.*, II, p. 368.
259. *Dr. p.*, III, p. 545.

Ce n'est pas que la morale se réduise pour Renan à une jouissance d'esthète. Renan en a seulement déplacé le centre, par réaction contre l'hostilité du christianisme à tout ce qui exalte l'homme. Création, et non plus imitation, la morale se voit transposée de l'ordre de l'obéissance à celui de la libre vitalité créatrice. A l'époque des *Cahiers de jeunesse*, de l'*Avenir de la science*, et plus tard encore, des *Essais de morale et de critique*, Renan cherche à prouver la valeur absolue de la morale, dont témoigne l'instinct fondamental du bien, autre face du beau : en 1859, il en sauvegarde la valeur, en la plaçant au-dessus des opinions métaphysiques : « une pensée que je mets fort au-dessus des opinions et des hypothèses, c'est que la morale est la chose sérieuse et vraie par excellence, et qu'elle suffit pour donner à la vie un sens et un but (...). Il est une base indubitable que nul scepticisme n'ébranlera et où l'homme trouvera jusqu'à la fin de ses jours le point fixe de ses incertitudes : le bien, c'est le bien ; le mal, c'est le mal » [260]. Cette péremptoire mise à l'abri est, sans doute, une forme de certitude, mais de certitude voulue, protégée par la prudence, la détermination d'éviter une remise en cause. Ce que nous percevons surtout, à travers ces lignes de la *Préface des Essais de morale et de critique*, c'est combien il importe à Renan que le « bien » ait une valeur absolue. L'exigence inquiète des *Cahiers* s'est muée en certitude — ou plutôt en foi, puisque Renan abandonne l'ordre de la preuve. L'angoisse d'être dupé traverse en effet et les *Cahiers*, et l'*Avenir de la science*. « En morale, il est sublime d'avoir été dupe, sauf si c'est par bêtise » [261]. La « bêtise » serait sans doute d'accepter l'ordre éthique sans aucune interrogation, aucune angoisse ; d'attendre la récompense ou le châtiment, de vivre sur cette notion scandaleusement élémentaire du troc. Sublime au contraire celui qui s'abîme dans son désintéressement même, dans l'offrande à l'invisible [262]. Attitude opposée à celle du chrétien selon Saint Paul, tendant de toute la force de sa foi à la « couronne impérissable », ou du martyr sûr de son mérite et de son droit à la façon de Polyeucte : « Mais dans le ciel déjà la palme est préparée... » Plus noble est le Juif dupe de son postulat d'un Dieu juste, et du présupposé, démenti par l'expérience, que seul le péché crée le malheur. Ainsi le rabbin de Mayence évoqué dans l'Etude sur l'*Ecclésiaste* [263] et qui, mourant dans les supplices, s'accabla de crimes imaginaires, afin que l'on ne pût blasphémer la justice de Dieu : il ne croyait pas à l'immortalité de l'âme, et ne pouvait donc transposer dans l'au-delà l'idée de son droit, ou de la dette de Dieu. La morale est plus vraie selon Renan si, obscurcissant le jour trop cru de la certitude, elle rend impossible l'irritante prière de Néhémie : « Souviens-toi, Seigneur, pour me le rendre, de tout ce que

---

260. *E.M.C.*, (Préface), II, p. 11.
261. *C.J.*, IX, p. 202.
262. *C.J.*, IX, p. 411.

j'ai fait » [264]. Le vrai est donc ici d'une consistance très particulière, à la fois plein et vide : absolument vide, il priverait la vie idéale de son sens ; plein de l'entière certitude, il lui ôterait sa beauté. Il faut qu'il soit affirmé sans preuve, ou que sa seule preuve soit l'intime besoin de cette affirmation. Le rabbin de Mayence s'affirmant coupable pour sauver l'honneur de Dieu, que faisait-il, sinon donner désespérément par là un sens au monde et à sa vie même ? Il lui semblait moins intolérable de souffrir comme criminel, que de souffrir arbitrairement. Ce qu'il voulait sauver, c'était Dieu, mais en même temps, c'était lui-même, ou plutôt ce qui allait rester de lui-même : le sens, le témoignage de sa vie. Quand Renan affirme, dans la Préface des *Essais de morale et de critique*, « le bien c'est le bien, le mal c'est le mal » [265], il pose de façon évidemment moins tendue que le martyr juif, un acte de foi plus qu'une preuve. Cet acte de foi était, dans l'*Avenir de la science*, posé en même temps que le doute, et même magnifié par lui : « Et pourtant, si la morale n'était qu'une illusion, oh ! qu'il serait beau de s'être laissé duper par elle ! *Domine, si error est, a te decepti sumus* » [266]. C'est le doute même, c'est-à-dire l'inquiétude dans la recherche, qui constitue le vrai culte moral. Renan, dans les *Questions contemporaines*, assimile l'esprit superficiel, tranquille dans son affirmation dogmatique, à l'immoral et à l'athée. Sur cette morale et cette théologie dégradée, Béranger a pu apposer sa marque, lui qui célébra Dieu à travers « Lisette et le Chambertin » [267]. Et Renan de flétrir « la puérilité de cette théologie roturière (qui) nous fait toucher du doigt un des phénomènes de la conscience religieuse les plus dignes d'être étudiés (...), l'alliance singulière qui s'établit quelquefois entre le dogmatisme et la frivolité ». L'homme de génie se révèle au contraire par la recherche et même la négation, par tout ce que les superficiels nomment le blasphème ; c'est à lui que Dieu appartient : « Tu n'appartiens qu'à nous qui savons te chercher. Les blasphèmes de l'homme de génie doivent plus te plaire que le vulgaire hommage de la gaieté satisfaite » [268]. L'instinct de la justice divine, du fondement de la morale, ne sont vraiment authentiques qu'à travers l'angoisse du vide, du possible néant, de la trahison de Dieu. « Adieu donc, Dieu de ma jeunesse ! (...) Quoique tu m'aies trahi, je t'aime encore » [269]. L'affirmation se pose à travers la négation même.

Il nous apparaît donc que la jeunesse de Renan n'a pas prouvé la valeur objective de la morale, mais plutôt qu'elle s'est éprouvée autour

---

263. *Ecc.*, VII, p. 544.
264. *H.P.I.*, VI, p. 1060.
265. *E.M.C.* (Préface), II, p. 11.
266. *A.S.*, III, p. 1084.
267. *Q.C.*, I, p. 311.
268. *Q.C.*, I, p. 315.
269. *A.S.*, III, p. 1121.

de ce problème dont elle a fait un centre, pour aboutir à une acquisition, sentie à la fois comme stable et précaire : notre nature témoigne en faveur du sens absolu de la morale. Ce n'est pas là une certitude scientifique, mais un donné intime, une nécessité que nous découvre l'analyse de nous-mêmes. Dans les *Cahiers de jeunesse* pas plus que dans l'*Avenir de la science* n'apparaît l'argument kantien qui, par l'intermédiaire de la raison pratique, fonde la valeur absolue de la morale. C'est dans la Préface des *Essais de morale et de critique* qu'apparaît la référence à cet aspect de Kant : « Lorsque l'Aristote des temps modernes, Kant, porta la critique à la racine même de l'intelligence humaine, résolu de ne s'arrêter que devant l'indubitable, il ne trouva rien de bien clair que le devoir. En face de cette révélation souveraine, le doute ne lui fut plus possible (...). La belle et hardie volte-face du penseur allemand est l'histoire de tous ceux qui ont parcouru avec quelque énergie le cercle de la pensée » [270]. Evidente intuition, l'instinct moral est donc affirmé comme infaillible : « Comme les parfums des îles de la mer Erythrée qui voguaient sur la surface des mers et allaient au-devant des vaisseaux, cet instinct divin m'est un augure d'une terre inconnue et un messager de l'infini » [271]. L'historien du peuple d'Israël restera convaincu que l'affirmation morale crée son objet [272].

Nous avons essayé de suivre le processus de condensation de cette certitude. Autant que de voir Renan poser la valeur absolue de la morale, il importe de le montrer s'usant d'abord autour de ce problème. Dans les *Cahiers de jeunesse,* il affirmait la morale nécessaire au savant, comme sauvegarde, devant le néant possible des choses, devant cette « écume moussée » [273] qu'est après tout la science [274]. Démarche qui revenait à affirmer, face à la menace du vide et au collapsus possible de l'absolu dans la science, un absolu de remplacement : la stabilité de l'ordre éthique. Aussi est-il singulièrement intéressant de remarquer, à la fin de l'*Avenir de la science,* la démarche exactement inverse : Renan y condamne le scepticisme moral et, pour en montrer plus sûrement la vanité, il lui fait « la plus large part » [275], avant de le confondre : « en supposant que la vie et l'univers ne soient qu'une série de phénomènes de même ordre et dont on ne puisse dire autre chose, sinon qu'il en est ainsi (...), même à ce point de vue (...) où la morale n'a plus de sens, la science en aurait encore (...). Chercher, discuter, regarder, spéculer en un mot, aura toujours été la plus douce chose, quoi qu'il en soit de la réalité » [276]. Cette attitude d'esprit

---

270. *E.M.C.,* II, p. 13.
271. *Ibid.*
272. Voir *H.P.I.,* VI, p. 26.
273. *C.J.,* IX, p. 222.
274. *C.J.,* IX, p. 263.
275. *A.S.,* III, p. 1087.
276. *Ibid.*

— faire « la plus large part » à l'attitude adverse —, n'est pas simple loyauté ou acuité critique. Nous l'avons observée, face au christianisme dans les *Principes de conduite,* face à la morale dans les *Cahiers de jeunesse* : même si le christianisme n'est pas le vrai — ce qui n'est pas — je chercherai la vérité [277] ; même si mon esprit répudie la morale — ce qui ne sera pas — mon cœur la maintiendra [278]. Le jeu du « même si » traduit, semble-t-il, cette usure de soi à la recherche d'un absolu qui se dérobe. On sent l'inquiet désir de prouver, de trop prouver, — marque d'incertitude. Dans son besoin de toucher à un élément stable, Renan affirme la science comme « la plus douce chose, quoi qu'il en soit de la réalité » ; mais son désir d'embrasser l'absolu n'étreint alors que le relatif : se replier sur la douceur de la spéculation, en tant que telle (même dans une hypothèse que l'on refuse sans doute — celle de l'immense inanité du monde — mais que l'on pose tout en la refusant) n'est-ce pas renoncer à la visée absolue de l'*Avenir de la science,* et retomber dans la caricature, tant de fois reprochée par Renan aux esprits superficiels, de la science en simple curiosité ? L'effort de Renan trahit ici la faille. Sa visée dogmatique, par la science et par la morale, tend à s'user dans le « même si », en affirmant que, de toutes façons — même à travers la ruine de l'objectif — elle saisirait une face du vrai. Arrivé à un certain seuil d'affirmation, Renan, par la surenchère de l'hypothèse, bascule dans l'inquiétude. On perçoit en lui un double besoin : poser le dogme et affirmer que, même vidé de son contenu positif, ce dogme resterait vrai. Pareille certitude vibre de toutes les oscillations du doute, et nous permet de vérifier à l'avance une formule de la *Prière* de 1876 : « mon inquiétude d'esprit qui, quand le vrai est trouvé, me le fait chercher encore... » [279].

A quelle qualité de vrai aboutit la recherche dogmatique, à travers la triple visée de la science, de la révolution, de la morale ? Renan affirme vrai ce qui justifie sa propre recherche, son choix fondamental. Ainsi, selon les termes des *Cahiers,* « il absolutise sa théorie de bonheur » [280]. Est vrai ce qui achève en lui la conformité à son type. Le bonheur, il l'accepte d'autant plus pleinement qu'il n'est pas la jouissance vulgaire, et même l'exclut, se nourrissant de ce qui n'est pas elle, parvenant à l'ivresse par une transposition de l'ascétisme : « Oh ! lisez cette lettre de Fichte où il décrit à son ami son genre de vie, son bonheur dans sa misère, etc, son exubérance de joie, l'absence d'ennui, le goût qu'il trouve à la vie, etc. Oh ! que je comprends bien cela ! Il a touché mon système de vie » [281]. La spéculation qui le rend heureux est par là-même vraie, son bonheur serait moins plein s'il ne la sentait

---

277. *F.I.R.,* IX, p. 1491.
278. *C.J.,* IX, p. 84.
279. *S.E.J.,* II, p. 758.
280. *C.J.,* IX, p. 308.
281. *C.J.,* IX, p. 270.

pas comme telle ; il lui faut un garant objectif à son propre mobile
intérieur, mais quand il s'interroge sur cet absolu, et, par scrupule
scientifique ou angoisse profonde, le met en doute, alors le relatif revient à la surface. Ainsi par exemple la formule « spéculer sera toujours
la plus douce chose », nous montre le relatif existant comme tel, dans
une certaine forme de plénitude. Nous avons déjà tenté de montrer
que Renan ne s'abuse pas sur son absolu ; ainsi, dans les *Cahiers*,
à propos de la valeur de la philosophie et de l'exercice intellectuel :

> « Je suis obligé pour me contenter et avoir paix de moi-même
> de me dire que tout, absolumẹnt tout, est là, et que cela seul
> a du prix. Oui, si je donnais une valeur directe à l'industrie, par
> exemple, je me trouverais dans une assiette de vie insupportable,
> tout mon système serait ébranlé. Il faut que je me déclare
> que tout cela est vanité. Le fait est que je le crois. Je ne puis
> trouver en tout cela aucun prix direct, si ce n'est en tant que
> cela sert au philosophe à philosopher. Il faut avouer que mon
> système paraîtrait un *portentum* aux industriels. Mais eux à
> leur tour me paraissent un *portentum*. Mon Dieu ! se pourrait-il
> que nous fussions deux mondes fermés l'un pour l'autre, ayant
> raison tous deux, mais partiellement ? Je ne puis le croire, et
> je jure que moi seul je tiens le solide. Mais, au fait, je dirais
> la même chose quand ce que je disais tout à l'heure serait » [282].

La recherche de l'authentique semble à Renan la marque même de
l'absolu : en lui, c'est la conformité à son type, par la science et la
morale ; à travers les autres, c'est la recherche du spontané, dans le
primitif, le barbare ou le révolutionnaire. Toujours ce qui est créateur
rencontre la nature : la fascination de la plénitude du type en lui, de
l'énergie du spontané dans les grands spectacles de l'humanité répondent, semble-t-il, en Renan, à cette religion de la créativité : sorte de
court-circuit entre soi et soi, ou entre soi et le monde, tel est l'authentique. La réalisation de son être intérieur, la contemplation dans sa
« pauvre chambre » [283], libère le bonheur, parce qu'elle prouve la
maîtrise, la puissance : « Que de fois, laissant tomber ma plume et
abandonnant mon âme à ces mille sentiments qui, en se croisant, produisent un soulèvement instantané de tout notre être, j'ai dit au ciel :
Donne-moi seulement la vie, je me charge du reste ! » [284]. Parfois même,
la densité de sa vie intérieure lui semble l'affranchir de la durée, et le
projette dans l'intemporel : « Plût à Dieu que j'eusse dix vies (...). Mais
il m'en faudrait plutôt dix mille, ou l'éternité ! Or, que dis-je, je l'ai »
[285]. Ici s'affirme une sorte de main-mise sur l'éternel, née de la tension

---

282. *C.J.*, IX, p. 308.
283. *A.S.*, III, p. 1088.
284. *Ibid.*
285. *C.J.*, IX, p. 233.

extrême des facultés intimes. Le rêve de la vie multipliée restait dispersé dans le temps, fabuleux et humain à la fois, alors que l'éternité affirmée et saisie dans l'affirmation même consacre une approche du divin, une extase intellectuelle. Dans un autre ordre, n'est-ce pas une expérience voisine de celle de Baudelaire, trouvant « dans une minute l'infini de la jouissance » [286] ? Si, dans l'*Avenir de la science* [287] Renan s'adresse au ciel, les *Cahiers* nous le révèlent dans une sorte d'appropriation immédiate du divin. L'état intérieur du jeune Renan ne présente-t-il pas alors quelque analogie avec celui de Nietzsche tel que l'analyse Jung dans *Psychologie et religion* :

> « Nietzsche n'était pas athée, mais son Dieu était mort. La conséquence de cette mort de Dieu fut que Nietzsche lui-même se dissocia en deux et qu'il se sentit obligé de personnifier l'autre partie de lui-même tantôt en Zarathoustra, tantôt en Dionysos (...). La tragédie de *Ainsi parlait Zarathoustra* est que Dieu étant mort, Nietzsche devint un dieu lui-même, et cela advint précisément parce qu'il n'était pas athée (...). Celui dont le « Dieu meurt » est guetté par « l'inflation » dont il va devenir victime. « Dieu » est en réalité la position psychique effectivement la plus forte, exactement dans le sens de l'affirmation paulinienne : « leur Dieu est le ventre » (...). Le facteur le plus puissant et par conséquent le plus déterminant au sein d'une psyché individuelle, s'assure cette foi ou cette frayeur, cette soumission ou ce dévouement qu'un Dieu pourrait exiger de l'homme. Ce qui prédomine, ce qui est inéluctable, est, dans ce sens, « Dieu », et l'est d'une manière absolue » [288].

Ce qui pourrait suggérer, pour la démarche de Renan, une interprétation voisine (quoique moins radicale en ses termes, excluant, en particulier, toute « personnification » en telle ou telle figure), c'est l'intuition qui traverse les *Cahiers* et lui fait apercevoir son absolu comme un absolu pour lui [289]. Dans une note de l'*Avenir de la science*, évoquant Fichte, et la conviction, exprimée par lui, que sa *Méthode pour arriver à la vie bienheureuse* se justifie par son évidence même, Renan remarque : « Quand un homme sincère parle sur ce ton, je le crois toujours (...). Il est (...) certain que le système de Fichte était parfaitement vrai pour lui, au point de vue où il se plaçait » [290]. Ne peut-on en dire autant du système de Renan ? Mais l'essentiel, c'est que Renan l'aperçoive, au moins implicitement, lui-même. N'avons-nous pas relevé la formule des *Cahiers* : « Il faut que chacun absolutise

---

286. *Petits poèmes en prose, Le mauvais vitrier.*
287. *A.S.*, III, p. 1088.
288. Jung, *Psychologie et religion*, p. 170.
289. *C.J.*, IX, p. 308.
290. *A.S.*, III, p. 1128, n. 28.

sa théorie de bonheur » [291] ! Il n'y a donc pas de théorie universelle, chacune a droit de s'ériger en absolu, mais seulement pour celui qui vit d'elle, qui trouve en elle son sens. L'affirmation générale de l'*Avenir de la science* posant la science comme l'absolu en soi est seconde, elle sent le refroidissement théorique, le dogme comme tel — ou plutôt elle représente le résultat acquis, figé, du dynamisme créateur : les *Cahiers* cherchent, doutent, hésitent ; l'*Avenir de la science* pose le résultat, ratifie et sanctionne le choix : la théorie de bonheur de Renan se trouve ainsi « absolutisée » de façon universelle, mais, ces doutes qu'elle résorbe, ne les portera-t-elle pas en elle, souterrainement ?

291. *C.J.*, IX, p. 308.

DEUXIÈME PARTIE

« En esprit et en vérité » :
L' « adoration » idéaliste

CHAPITRE I

JOB ET L'HUMANITE, RENAN ET P. LEROUX

Nous avons eu l'occasion de commenter, à propos d'*Averroès et l'Averroïsme*, l'opinion de C. Jourdain qui, pour mieux faire percevoir l'odeur de soufre dégagée, selon lui, par l'interprétation renanienne de l'unité de l'intellect actif en « humanité vivante et permanente » [1], la prétendait voisine du système de Leroux [2]. Plus suggestif est le commentaire de Leroux sur ce rapprochement. Il ne le nie pas, ou plutôt, le présente en plagiat pur et simple, qui ne saurait épuiser, ni même laisser entrevoir, le sens de sa propre conception de l'humain. Leroux ne se borne donc pas à crier « au voleur » (tentation, soulignons-le au passage, très puissante en lui, surtout quand il s'agit de Renan : c'est ainsi par exemple, qu'il accusera l'auteur de la *Vie de Jésus* d'avoir pris l'idée de son « roman » à Reghellini de Schio, auteur d'un *Examen du Mosaïsme et du christianisme,* dont l'étude ne nous a révélé pourtant aucune intuition pré-renanienne !) C'est en 1866, dans un drame en cinq actes, intitulé *Job... avec prologue et épilogue par le prophète Isaïe* complété d'un Appendice sur le *Job des Eglises et le Job de Monsieur Renan,* que Leroux, à travers les violences et fantaisies du prophétisme polémique, exprime l'incompatibilité fondamentale, selon lui, de l'interprétation renanienne de Job et de sa propre doctrine de l'humanité. « Eh bien ! vous avez lu mon livre (...) et vous ne comprenez pas pourquoi Job dit qu'il retournera dans le ventre de sa mère ! » [4].

Pour Renan, Job représente le juste, la « protestation de l'homme moral » [5] contre la trahison de Dieu et ses ruses. Il figure pathétiquement l'idée que « l'homme n'a qu'à se voiler la face devant le problème infini que le gouvernement du monde livre à ses méditations » [6]. Toute

1. *A.S.*, III, p. 117.
2. C. Jourdain, *Philosophie de Saint Thomas d'Aquin,* t. II, p. 393.
3. P. Leroux, *Job,* Appendice, p. 385.
4. *Ibid,* p. 255.
5. *Livre de Job,* VII, p. 335.
6. *Ibid.,* VII, p. 337.

son aventure, dans l'interprétation de Renan, côtoie mais esquive aussi le tragique, grâce à cet éternel *deus ex machina* de l'idéalisme, ce que Renan appelle « la vraie solution des grandes âmes » [7] : « il est des problèmes que l'on ne résout pas, mais que l'on franchit. Celui de la destinée humaine est de ce nombre. Ceux-là périssent qui s'y arrêtent, ceux-là seuls arrivent à trouver le secret de la vie qui savent étouffer leur tristesse intérieure, se passer d'espérances, faire taire ces doutes énervants où ne s'arrêtent que les âmes faibles et les époques fatiguées. Qu'importe la récompense quand l'œuvre est si belle qu'elle renferme en elle-même les promesses de l'infini » [8]. Vision idéaliste qui s'ordonne selon l'absolu de l'œuvre belle, de la vie « œuvre d'art », de la morale parachevée en esthétique ; Renan (au scandale de Leroux) invente, pour le drame de Job, une signification d'élitisme éthico-philosophique. C'est ainsi qu'il s'efforce de présenter le livre de Job comme un produit de la pensée arabe, du sémitisme le plus large, non encore identifié au judaïsme ; arraché à une religion que définiraient des rites, mais surtout une affirmation messianique absolue, ce monument des anciens âges témoigne alors en faveur d'une philosophie fortement individualiste, à laquelle le nomade donne figure (« la fierté du nomade... sa personnalité hautaine » [9] rencontrant pour Renan l'ordre esthétique et moral du sublime). Image de la « grande âme » franchissant le désespoir pour faire appel de Dieu à Dieu, et combler la divine lacune, Job ainsi interprété se constitue comme le premier symbole de toutes les confiances que l'homme est appelé à faire à Dieu en dépit de Dieu même. Son dynamisme est celui de l'espoir à tirer du désespoir, et fonde l'appel renanien aux fins providentielles, elles-mêmes attestées par les lois de l'univers : « Au delà de cette chimérique justice que le bon sens superficiel de tous les âges a voulu retrouver dans le gouvernement de l'univers, nous apercevons des lois et une direction bien plus hautes sans la connaissance desquelles les choses humaines ne peuvent paraître qu'un tissu d'iniquités » [10].

Ainsi séparé du judaïsme (donc du messianisme, donc en un certain sens du christianisme, donc enfin du socialisme, puisque ces appels à la justice, selon Leroux, naissent l'un de l'autre, figurant pour lui la résurrection), le Job de Renan se voit isolé de l'humanité totale. Le livre antique est par Renan à la fois désacralisé et désamorcé, arraché à son terreau natal (le messianisme juif) et à sa vocation future (le socialisme selon Leroux) — au passé comme à l'avenir, ou plutôt à leur fusion dans l'homme permanent à travers l'espèce. Renan a fait de Job à la fois un témoin psychologique et un paradigme moral — une incarnation de la « grande âme », conception qui va à l'encontre d'un

---

7. *Ibid.*, VII, p. 334.
8. VII, p. 345.
9. VII, p. 335.
10. VII, p. 345.

messianisme totalement ouvert à l'humain dont Leroux, sous la garantie d'Isaïe (au mépris de toute critique philologique mais dans une intention évidente de prophétisme et d' « inspiration »), affirme la présence dans le livre de Job.

« Si j'ai si bien traduit l'ouvrage d'Isaïe (...) si j'en ai découvert le mystère, c'est que j'étais *bien inspiré* ; et si M. Renan n'y a rien compris et l'a si mal traduit, c'est qu'il n'était pas inspiré ou qu'il était *mal inspiré* » [11].

L'idée d'une religion sémite (mais non judaïque) pourrait répondre en Renan à une vue discriminatoire de l'humain, selon un échantillonnage des valeurs. C'est cette volonté de clivage que Leroux dénonce comme attentatoire à l'humain, il va jusqu'à la rapprocher — non sans justesse — de l'idée qui domine l'*Histoire générale des langues sémitiques,* celle de la hiérarchie des races. (P. Leroux flaire en Renan un présupposé racial. Sans doute Renan, dès 1855, prévient-il prudemment son lecteur que « les jugements sur les races doivent toujours être entendus avec beaucoup de restrictions » [12] ; il n'en dresse pas moins un tableau systématique et progressif, et conclut à la déchéance de la race sémitique, qui, une fois sa mission divine accomplie, « laisse la race aryenne marcher seule à la tête des destinées du genre humain » [13]).

C'est par toutes ces scissions, entre Job et le judaïsme messianique, entre Job et son passé, entre Job et son avenir, Job et l'humanité, que Renan a prouvé, selon Leroux, qu'il ne pouvait pas comprendre que Job dût retourner « dans le ventre de sa mère », et renaître, à la fois dans l'espèce (par le renouvellement des générations) dans la morale et la religion (par la succession du judaïsme, du christianisme, du socialisme, celui-ci assumant la fonction messianique trahie par celui-là ; c'est ainsi qu'au terme d'une méditation hallucinée P. Leroux entend l'annonce du Messie, proférée par la « voix céleste : LES CHRETIENS L'ONT TUE ET LES SOCIALISTES LE PARTAGERONT ») [14]. Renan est accusé par Leroux d'avoir tué à sa naissance l'idée messianique et donc l'idée humanitaire. L'opposition entre les deux points de vue éclate surtout à propos de la déclaration de Job : après ma mort, « je verrai Dieu » (XIX, 22). Renan reprend à son compte, pour finir, l'appel au vengeur futur lancé par « le vieux patriarche d'Idumée » [14 bis], mais en l'assumant par l'idéalisme, par le transfert sur l'œuvre belle et les fins providentielles de l'univers, qui sous-tendent toute son étude. Mais la citation transposée, décorative, ne peut-elle traduire, de la part de Renan, une délectation du retour sur soi dans sa fusion

---

11. P. 231.
12. *Histoire des langues sémitiques,* Préf., VIII, p. 139.
13. VIII, p. 587.
14. *Job...,* p. 200.
14 bis. *Etude sur le poème de Job,* VII, p. 346.

avec une grande figure ? De là le rire étranglé de Pierre Leroux devant
cette citation-transposition (dérision ?) : « Laissons les reins de M.
Renan *se consumer d'attente...* » [15]. L'appel au Dieu futur apparaît
deux fois, il est vrai, dans le texte de Renan et ce n'est pas là simple
répétition : il clôt l'étude préliminaire, et constitue alors une signature
renanienne enrichie des ornements de la fable ; il figure, comme il
est naturel, dans la traduction du texte hébreu, mais s'assortit d'une
note d'apparence anodine : « Job s'abandonne à l'espérance de voir
Dieu descendre sur la terre, quand il sera réduit à l'état de squelette,
pour le venger de ses adversaires » [16]. Sous les modestes allures de la
paraphrase, c'est ici l'arrêt de mort du messianisme inspiré — les imaginations de Job, son « abandon » à l'espérance illusoire remplaçant
toute promesse et toute prophétie — et Leroux peut avec raison commenter ainsi cette note, évidemment négatrice de l'idée de résurrection : « J'imagine un Juif saducéen remerciant M. Renan de sa hardiesse » [17]. Mais plus que le sens même de cette glose, ce qui demande
examen c'est le retour, selon deux modalités opposées, du même texte
— réduplication qui pour P. Leroux s'achève en duplicité. Et d'invoquer le « style Tartuffe » ! [18]

C'est bien ici que nous saisissons l'irréductible incompatibilité de
deux esprits : d'une part l'intransigeance passionnée de Leroux, son
immersion totale dans l'idée de l'humanité se régénérant, ressuscitant
perpétuellement d'elle-même ; de l'autre les stratifications, la superposition des niveaux de pensée, qu'une identité lexicale risque toujours
de faire méconnaître. Renan a ici répété les mêmes mots, trituré la
même masse verbale : « Oui, je le sais, mon vengeur existe et il
apparaîtra enfin sur la terre... ». Mais ce retour ne traduit aucune
intention litanique, mnémonique, pédagogique... Bien plutôt, par une
double mise en perspective, Renan fait apparaître comme une distance interne entre les mots et les *mêmes* mots, une opération réflexive
qui creuse le langage, le transforme de l'intérieur. C'est alors comme
si une figure géométrique que l'on croyait plane, se révélait tout à coup
« dans l'espace ». Renan ne répète ici que pour opérer une dissociation
interprétative, la permanence des termes constituant presque à elle
seule le renversement de l'idée. Le cri de Job n'est vrai pour lui qu'interprété — nié dans son contenu positif — par la philosophie idéaliste.
Mais cette négation même n'arrive à la positivité, à la formulation, à la
plénitude, que par le retour des termes qu'elle a vidés de leur première
substance, et dont elle revendique le pouvoir sacral. Ainsi les secours
de l'ancienne religion, ses formules et sa magie, s'investissent dans
une postulation autre, qui n'est ni celle de Job, ni celle de P. Leroux.

---

15. P. 427.
16. VII, p. 380, n. 2.
17. VII, p. 345.
18. P. 427.

Pas plus que le Messie des Juifs, l'humanité ne constitue pour Renan le fond du vieux livre biblique. Il offre à ses propres interrogations une somptueuse mise en drame ; il lui fait éprouver dans la délectation la plasticité des symboles — et combien l'imagination religieuse, pour qui change de religion, est apte à recréer l'illusion de la permanence.

C'est pour avoir aplati tout le discours renanien sur un unique plan, que Leroux, selon nous, en manqua au moins partiellement le sens. Sans doute, son intuition fondamentale reste juste : la voie de Renan n'est pas celle de la vocation humanitaire, et son étude du *Livre de Job* s'oriente selon le dessin de l'individualisme supérieur. Mais les diatribes furieuses de P. Leroux contre l'hypocrite manquent leur objet. Elles demeurent cependant intéressantes dans la mesure où elles rendent compte d'une certaine façon de percevoir Renan, qui put apparaître comme le mystique mystificateur. Double inflation, on le voit : de l'idéalisme à la mystique, de l'interprétation à la supercherie ; appauvrissement surtout, car l'imagination religieuse, ce pont jeté entre l'ancienne foi et ses dérivés de tous genres, ce principe unificateur (immédiatement agissant, puisqu'il délivre, gouverne, associe, non les idées, mais les symboles) n'apparaît même pas à ce type d'analyse, naïvement et par là même passionnément réductionniste.

Il est frappant que Leroux, retrouvant, ici comme ailleurs, la magie du chiffre sacré, constitue une sorte de trinité maléfique, associant les noms de Hegel-Cousin-Renan, unique et triple acteur de la comédie religieuse de l'athéisme : « *Et venit homo mysticus, nomine Hegel, et mystificabantur gentes* (...). C'est le cas de répéter la formule de Lerminier en l'appliquant non plus à Hegel, mais à ce jeune homme qui brûle d'envie d'être le successeur de M. Cousin. *Et venit homo mysticus, et mystificabantur gentes* » [19]. Les efforts d'exégèse n'apparaissent alors que comme relais « religieux » vers l'anti-religion, dans une démarche systématique, opportuniste :

> « Pour comprendre M. Renan, il faut toujours remonter au moment où l'éclectisme fit banqueroute. Puisque le terrain philosophique manque, se dit alors cet homme mystérieux, on fera un semblant de théologie. Hegel n'a-t-il pas fait entrer le cheval de bois sous les murs d'Ilion ? De là sont déjà sortis une foule de guerriers, les Strauss, les Feuerbach et *tutti quanti*. On suivra leur exemple. On creusera, avec plus de prudence qu'eux, sous le christianisme ; on fera du Voltaire plus savant, en se donnant, au moyen de ce que les Allemands appellent l'exégèse, un vernis de sainteté et d'érudition » [20].

Nous n'insisterons pas sur le réflexe — précisément voltairien — qui conduit à traiter l'exégèse comme l'auteur de *Mahomet* traita au-

---

19. P. 387.
20. P. 391.

trefois la religion — en la réduisant à l'imposture. Il est curieux de voir assimiler à la mystique (même faussée), à l'exégèse, une pensée comme celle de Cousin qui eut soin de laisser en dehors de son « spiritualisme raisonnable » le fait religieux, le fait chrétien. Irréparable manque selon le jeune Renan, qui par ce type de critique, rejoignait en Leroux, nous l'avons souligné, le réfutateur de l'éclectisme [21]. C'est aussi l'affectation au mystère qui, dès 1845, frappait le jeune commentateur du *Cours de 1818* : « Il (V. Cousin) semble cacher (...) quelque mystère, et si j'ai bien deviné, il veut caractériser par là ce style fier, haut et méprisant de philosophie auquel il vise » [22]. Ainsi, les critiques de Leroux, à propos de l'interprétation renanienne de Job, dans leurs outrances pittoresques, leurs fulgurations et fulminations, révèlent une image (déformée sans doute), une saisie de Renan par celui dont Renan même ne fut pas si éloigné en sa jeunesse ; sans doute l'*Avenir de la science* évoquait déjà le naufrage, dans l'irrationnel et le sectarisme, du philosophe qui avait eu nom Pierre Leroux. Et pourtant... : « Moi, critique inflexible, je ne serai pas suspect de flatterie pour un homme qui cherche la trinité en toute chose (...) eh bien ! je préfère Pierre Leroux, tout égaré qu'il est, à ces prétendus philosophes qui voudraient refaire l'humanité sur l'étroite mesure de leur scolastique et avoir raison avec de la politique des instincts divins du cœur de l'homme » [23].

C'est pourtant un nouveau Cousin que Leroux aperçut en Renan, bien des années après que Renan eût triomphé, non sans mal, de son aversion pour celui qu'il avait aussi perçu d'abord comme un *homo mysticus*. Et si Renan vit s'éteindre, après 1848, tout ce qui pouvait lui rester d'affinité — tout à la fois enthousiaste et critique — pour le vieil adversaire de l'éclectisme, c'est surtout par la conscience de plus en plus aiguë de l'individualisme, qui, concentrant l'humanité en figures emblématiques de la supériorité morale (ainsi en Job), allait à l'encontre de toute la doctrine du socialisme humanitaire à la façon de P. Leroux. Toute cette problématique de l'humain — individus ou masse, fond permanent ou figures ? — ordonnera la conception renanienne de Jésus.

---

21. Voir *supra*.
22. *C.R.*, n° 3, p. 116.
23. *A.S.*, III, p. 1108.

CHAPITRE II

SENS DU JESUS RENANIEN

Dieu est Père dans la mesure où l'homme fait en lui l'expérience du divin. Pour Renan comme pour Strauss, aucune figure individuelle n'épuise le divin, Jésus n'est pas l'unique médiateur, et n'a pas incarné Dieu plus exclusivement qu'aucun homme passé, ou qu'aucun homme à naître. Sa divinité est tout humaine, en ce sens que, semblable aux hommes, il a concentré en lui une image idéale, il a réfléchi cet infini dans sa conscience finie. En lui, c'est l'idée qu'il a su faire connaître et adorer : « Cette sublime personne (...) il est permis de l'appeler divine, non en ce sens que Jésus ait absorbé tout le divin ou lui ait été identique, mais en ce sens que Jésus est l'individu qui a fait faire à son espèce le plus grand pas vers le divin » [1]. Renan, dans les *Historiens critiques de Jésus,* présente, en la reprenant presque terme pour terme, l'argumentation de Strauss dans l'introduction à sa première *Vie de Jésus :*

> « Il n'a pas existé un individu plus exclusivement Dieu qu'on ne l'avait été avant lui, ou qu'on ne le sera après lui. Tel n'est pas le procédé par lequel l'idée se réalise : elle ne prodigue pas sa richesse à une seule copie, pour en être avare envers les autres (...). Une incarnation continue de Dieu n'est-elle pas plus vraie qu'une incarnation bornée dans un coin du temps ? Placées dans un individu, les propriétés et les fonctions du Christ se contredisent, elles concordent dans l'espèce. L'humanité est la réunion des deux natures, le dieu fait homme, c'est-à-dire l'esprit infini qui s'est aliéné lui-même jusqu'à la nature finie, et l'esprit qui se souvient de son infinité » [2].

Bien que Strauss essaie de faire sa part au fondateur du christianisme, image privilégiée de cette fusion en l'homme de l'infini et du

---

1. *V.J.,* IV, p. 370.
2. *E.H.R.,* VII, p. 132-133. Sur les différences entre le texte de 1849 et celui de 1857 (et le repli progressif dont elles témoignent par rapport à Strauss), voir J. Pommier, *Cahiers renaniens* n° 4, p. 26-33.

fini, sa christologie de démarche hégélienne reste, selon Renan, dans
le « ton toujours abstrait » [3], elle place une forme d'idéal au-dessus
de Jésus dans sa personne humaine. Renan, de son côté, s'attache à
Jésus, émanation idéale des Evangiles, mais à travers un être de chair,
objet d'amour. La prédication de Jésus c'est avant tout, pour Renan,
la personne de Jésus. « Il ne prêchait pas ses opinions, il se prêchait
lui-même » [4]. Cette théologie d'amour s'entoure d'un cercle de fascination, et Jésus perçoit, dans une sorte de sensibilité nerveuse toujours
en éveil, ce courant qui, passant de lui aux autres, fait retour sur lui-
même. « Souvent des âmes très grandes et très désintéressées présentent, associé à beaucoup d'élévation, ce caractère de perpétuelle attention à elles-mêmes et d'extrême susceptibilité personnelle, qui est en
général le propre des femmes » [5]. C'est là le sens du charme du Jésus
renanien, ce retour sur soi, non pas vraiment dans l'égoïsme, mais
dans l'identification de l'être avec l'objet qu'il a embrassé. Cette faculté de passer dans les autres, cet état de perpétuelle communion
avec le tout, fera, selon Renan, de François d'Assise, le véritable
frère du Christ : « Le mouvement franciscain eut pour cause première
la forte impression que François d'Assise fit sur quelques disciples
analogues à lui, mais bien inférieurs à lui (...). Ce qui n'appartient
qu'à lui, c'est sa manière de sentir (...). Il ne dédaigne rien, il ne se
détache de rien, il aime tout ; il a une joie et une larme pour tout ; une
fleur le jette dans le ravissement ; il ne voit dans la nature que des
frères et des sœurs » [6]. La prédication véritable de Jésus fut la présence
même de Jésus, dans ce rayonnement, cette influence quasi magnétique,
qu'à travers les siècles Renan perçoit dans le contact que lui restitue,
en 1861, le voyage de Galilée et la découverte d'un « cinquième évangile » [7]. La *Vie de Jésus,* qu'est-elle, sinon l'effort pour fixer le rêve,
et saisir l'insaisissable divin ? Car « pourquoi écrit-on la vie des dieux,
ô ciel, si ce n'est pour faire aimer le divin qui fut en eux » [8] ? Renan
prolonge par là la vie divine de Jésus, sa vie par influence. Tout en
niant le fait de la résurrection matérielle, il donne sens et vérité au
rêve des disciples, à la « vie d'ombre » du dieu ressuscité par l'amour :
« Pour nous, c'est avec tristesse que nous dirons à Jésus le dernier
adieu. Le retrouver vivant de sa vie d'ombre a été pour nous une
grande consolation. Cette seconde image de Jésus, image pâle de la
première, est encore pleine de charme. Maintenant, tout parfum de
lui est perdu. Enlevé sur son nuage à la droite de son Père, il nous laisse
avec des hommes, et que la chute est lourde, ô ciel ! Le règne de la

---

3. *E.H.R.,* VII, p. 132.
4. *V.J.,* IV, p. 133.
5. *Ibid.*
6. *N.E.H.R.,* VII, p. 922-923.
7. *V.J.,* IV, p. 80.
8. *S.E.J.,* II, p. 756.

poésie est passé (...). Le dieu a vraiment disparu » [9]. Poétique, chargée de spontanéité créatrice, était la postulation de l'amour des disciples. Elle fut le vrai miracle de Jésus : sa « poésie », c'est sa personne même, et l'intensité de passion qu'il prêta aux autres et qui, créatrice à son tour, le ressuscita. Le règne de la poésie passe quand la conscience humaine est rendue à elle-même, et que, dans le sommeil de l'irrationnel créateur, elle n'enfante ni ne ressuscite les dieux.

La fusion, reconnue par Strauss, du divin et de l'humain dans le Christ [10], se confond pour Renan avec l'exaltation du spontané, de l'instinct à nu. La « divinité » de Jésus, le sentiment direct de sa filiation divine, le contact immédiat avec le Dieu Père, représentent en lui le fond même qui, oblitéré en l'homme par le monde et les voix du dehors, restera pourtant instinctive prière : « O Père, je te vois par-delà les nuages » [11]. La poésie de Jésus est sa faculté de sentir l'élémentaire, de rester en contact avec le dieu brut : nature, villages galiléens, femmes au cœur plein de larmes, monde des humbles ou des réprouvés. « Il y eut alors quelques mois, une année peut-être, où Dieu habita vraiment sur la terre » [12]. La divinité du Jésus de Renan réside tout entière dans sa faculté de dilatation, d'expansion : « Dans sa poétique conception de la nature, un seul souffle pénètre l'univers. Dieu habite en l'homme, vit par l'homme, de même que l'homme habite en Dieu, vit par Dieu » [13]. C'est uniquement par cette intimité vécue avec le sentiment du divin qu'il est dieu. Le même idéalisme lui fera dire qu'il est avec ses disciples assemblés, qu'il est l'assemblée de ses disciples, qu'il est le pain, signe de l'union de ses disciples. La vocation même de son idéalisme, c'est la métaphore, cette saisie globale du tout ; loin de rester ici rhétorique, elle est vécue, elle combine toutes les modalités d'existence de l'être, en lui, hors de lui, elle consacre la fusion syncrétique de tous en un. L'eucharistie est donc bien l'héritage de Jésus, non comme sacrement porteur de sa vertu propre, mais comme métaphore de l'idéalisme transcendant. Elle consacre, non pas une association d'individus, mais la création d'un autre être, organique et global, pour que « Dieu soit tout en tous ». Par là n'est-elle pas pour Renan, dans une certaine mesure, annonce d'une vie totale et globale du Dieu réalisé (que les *Dialogues* rêveront à travers la formule paulinienne [14]) ? Cette coopération de tous dans le divin est visible dans l'aventure d'outre-tombe de Jésus : Jésus devient alors la création, le poème de ses disciples, mais c'est lui qui leur avait insufflé le pouvoir créateur. Dieu, disciple, chacun est à la fois créé et créateur, actif et

---

9. *V.J.*, IV, p. 504.
10. *E.H.R.*, VII, p. 132, 133.
11. *D.P.*, I, p. 578.
12. *V.J.*, IV, p. 136.
13. *V.J.*, IV, p. 236.
14. *D.P.*, I, p. 621.

objet d'action, dans l'aventure du divin. Dans la création du divin, l'être vit par-delà même l'abolition de sa conscience, « il vit ou il agit » [15], selon la formule des *Dialogues,* à travers l'amour des autres. Le divin est donc l'œuvre et l'être de tous ; le localiser, l'annexer au profit de telle ou telle figure, ne serait-ce pas donner de l'idéal la caricature qu'en trace Renan dans l'*Eau de Jouvence,* à travers Trossulus, défenseur de la propriété de l'idéal ? « D'après nos idées, il ne s'agit pas seulement de garantir le droit de copie sur les œuvres des écrivains : il faut que partout où on les récite, où on les lit, où on les chante, il faut, dis-je, qu'il leur soit payé un tant pour cent. Pour Jésus-Christ, en particulier, quelques-uns d'entre nous pensent que tous ceux qui observent une des maximes, qui pratiquent une des vertus qu'il a prêchées sont redevables de quelque chose à ses ayants droit » [16]. Nul n'a de droit sur Jésus et Jésus même n'a droit au nom de Dieu que parce que, condensant avec énergie la puissance idéale qui est en l'homme, il survécut, grâce à l'homme, à la mort de la chair. Jésus personnifie donc pour Renan une sorte d'amplification d'être, d'éternité à laquelle l'homme atteint, au delà même de l'abolition de sa personne et de sa conscience. C'est bien cette vie par influence que le jeune Renan rêvait pour lui-même, lorsqu'il se délectait à se voir « les bras étendus, comme le poulpe, dans le monde et agissant çà et là, et cela augmentant » [17].

Comment le christianisme a-t-il donc pu consacrer l'idée des deux natures, l'hétérogénéité de Dieu et de l'homme ? Comment a pu naître l'idée même du mystère de Jésus, dans l'insoluble problème d'une double substance ? C'est que l'humanité, émoussée dans le calme et le confort du juste milieu, a perdu le sens de l'irrationnel, du spontané, du divin, et ne se reconnaît plus elle-même dans ses plus authentiques visages. Toute concentration véritable d'énergie primitive lui semble témoigner d'un monde surnaturel. Pourtant, à travers ces êtres extraordinaires mais semblables à nous — prophètes, solitaires, martyrs ou fanatiques — le mystère se dilue, le divin se noie en l'homme : « Dégagées de nos conventions polies, exemptes de l'éducation uniforme qui nous raffine mais qui diminue si fort notre individualité, ces âmes entières portaient dans l'action une énergie surprenante. Elles nous apparaissent comme les géants d'un âge héroïque qui n'aurait pas eu de réalité. Erreur profonde ! Ces hommes-là étaient nos frères (...). Mais le souffle de Dieu était libre chez eux » [18].

K. Gore suggère un rapprochement possible entre la conception de Renan et le héros selon Carlyle [19]. En effet le Jésus de Renan

---

15. *D.P.,* I, p. 627.
16. *Dr. P.,* III, p. 490.
17. *C.J.,* IX, p. 122.
18. *V.J.,* IV, p. 365.
19. *L'idée de progrès...* p. 134.

présente bien cette exaltation romantique de l'instinct, à la recherche
de la vérité plutôt que du bonheur, car, selon les termes de Carlyle,
le monde n'est pas « une boutique de marchands » mais « un temple
mystique » [20]. Pourtant le « souffle de Dieu » n'a-t-il pas fait alliance,
en Jésus, avec la chimère, dans ce qu'elle eut souvent d'étroit et de
grossier ? Sans doute, selon Renan, « Jésus n'énonce pas une fois
l'idée sacrilège qu'il soit Dieu » [21] mais il croyait à ses pouvoirs sur-
humains sur la nature. N'est-ce pas la puissance du thaumaturge qui
attira ses plus nombreux fidèles à Jésus ? La foi n'est-elle pas née du
miracle, de la chimère ? La question qui se pose à nous n'est pas
celle du miracle selon Renan — que l'Introduction à la *Vie de Jésus* [22]
tranche de la façon la plus catégorique. Méprisable en elle-même, la
chimère fut pourtant véhicule de l'idéal et se régénère par là ; « il n'est
pas de grande fondation qui ne repose sur une légende. La seule
coupable, en pareil cas, c'est l'humanité qui veut être trompée » [23].
Ainsi, l'illusion du réalisme millénariste, ou du royaume de Dieu en
son sens littéral, eurent pour raison d'être de préparer les voies à une
conception plus pure ; à des âmes frustes, elles permirent d'attendre,
aménageant ainsi le temps, rendant possible l'élaboration intérieure
d'une autre conception du « royaume ». La chimère coïncida avec la
durée, nécessaire à l'expérience de l'idéal : « Il a fallu l'attrait d'une
immense récompense immédiate pour tirer de l'homme cette somme
énorme de dévouement et de sacrifice qui a fondé le christianisme » [24].
Que Jésus ait pactisé avec une thaumaturgie, à nos yeux inférieure,
voilà qui prouve l'homme en lui, et l'homme d'un temps, d'un milieu.
Mais quel était son rapport au miracle ? Comment le Jésus de Renan
accepte-t-il son rôle de thaumaturge ? S'il était persuadé que l'homme, par la prière et la foi, se rend tout puissant sur la nature, cette
idée n'avait rien en lui que de nécessaire, dans la mesure justement
où il ne soupçonnait pas les lois de la nature. Le miracle ne pouvait
donc choquer l'état intellectuel — a-scientifique — de Jésus. Il percevait sa force morale et « devait se sentir particulièrement doué pour
guérir » [25]. Mais est-ce par la pratique du miracle que le Jésus de
Renan se définit face à lui-même, et, s'il accepte que la foi produise le
miracle, admet-il que celui-ci soit suffisant à faire naître la foi ?
Débat essentiel, et dont l'enjeu, pour Renan, est l'affirmation, en
Jésus, de l'idéaliste. Aussi Renan se plaît-il à relever les indices qui
peuvent témoigner de l'irritation de Jésus face à ses disciples deman-
dant un signe, attachés à la terre de tout leur poids de chair. Renan

20. J.-L. Cornuz, *J. Michelet...*, p. 20-21.
21. *V.J.*, IV, p. 133.
22. *V.J.*, IV, p. 18.
23. *V.J.*, IV, p. 242.
24. *S.P.*, IV, p. 997.
25. *V.J.*, IV, p. 247.

voudrait arracher Jésus, non pas à la pratique du miracle, mais à l'idée de la valeur intérieure du miracle, à sa nécessité pour la foi : « Beaucoup de circonstances (...) semblent indiquer que Jésus ne fut thaumaturge que tard et à contre-cœur. Souvent il n'exécute ses miracles qu'après s'être fait prier, avec une sorte de mauvaise humeur et en reprochant à ceux qui les lui demandent la grossièreté de leur esprit » [26]. La signification de Jésus pour Renan ne sera ni celle du thaumaturge ni même celle du rabbin juif ; bien plutôt celle du prophète, et l'historien du Peuple d'Israël placera Jésus dans la lignée symbolique qui part du deutero-Isaïe [27], et trouve sa supériorité « en sa façon d'embrasser le genre humain » [28]. Mais, dès la *Vie de Jésus*, le Maître des Evangiles, enraciné dans un temps et une société, les dépasse pourtant dans l'intemporelle formulation de l'idéalisme : « Heureux ceux qui n'ont pas vu et qui ont cru ». Le Jésus de Renan est dépassé par sa légende — impuissant même, s'il l'eût voulu, à la détruire — mais indifférent au fond à ce qui n'est qu'opinion. Renan a-t-il façonné selon son rêve un Jésus pressentant la mue du christianisme — et que les miracles, d'abord preuves, seraient obstacle à l'essor d'une doctrine désireuse de s'épurer, de revenir à sa vraie nature ?

Jean Gaulmier a fermement souligné un des thèmes majeurs de la *Vie de Jésus* : « le contraste entre la Judée aride et la souriante Galilée » [29]. Ainsi le Jésus idéaliste est rattaché par Renan à un sol, il se donne comme vrai, d'une vérité apparemment scientifique, puisque l'explication par l'idylle concorde avec le caractère du lieu (une variante de la théorie des climats, en somme). C'est au chapitre II (Enfance et jeunesse de Jésus) que Renan entreprend cette ébauche d'explication rationaliste, par laquelle Jésus est, sinon arraché au judaïsme, du moins considéré comme virtuellement différent : la population très mêlée de la province, le climat de cette même Galilée, ses paysages et ses contours, forment une sorte de substrat physique à l'idéalisme : Jésus sera donc un miracle psychologique, mais explicable (ou plutôt, s'expliqueront ainsi sinon les ressorts de sa nature, du moins sa différence, son sens d'exception à l'intérieur du Judaïsme). Renan est familier de ces analyses fondées sur la nature d'un pays, d'un sol : ainsi dans un article paru le 15 mai 1853 dans la *Revue des Deux Mondes* (*les Religions de l'Antiquité*), la conception religieuse des Sémites se voit expliquée par la fameuse formule (que l'on a pu considérer comme une boutade, ou une poétique fulguration), mais qui se veut l'équivalent ou du moins l'approximation d'une loi physique : « le désert est monothéiste » [30]. Jean Gaulmier veut bien

---

26. *V.J.*, IV, p. 249.
27. *H.P.I.*, VI, p. 968.
28. *H.P.I.*, VI, p. 961.
29. Ed. *Vie de Jésus*, Folio, p. 503, n. de la p. 128.
30. VII, p. 75.

nous faire remarquer que la formule (née spontanément, pourrait-on croire, et d'un seul jet) surcharge en réalité le manuscrit de Renan. Remarque d'importance, selon nous, car cet ajout ne pourrait-il pas figurer le choc en retour d'une lecture de Quinet, qui écrit dans *Le génie des Religions* (en 1841) :

« Le désert nu, incorruptible, est le premier temple de l'Esprit ; la nature y est pour ainsi dire morte et abolie ; l'âme seule reste debout en face du Créateur » [31]. Et encore : « il est dans le monde deux figures visibles de l'Eternité, l'Océan et le Désert » [32]. (On pourrait multiplier les exemples de traces possibles d'une influence de Quinet sur Renan, ainsi à propos du blasphème de Job, « démonstration de la foi » [33], de « l'incrédulité » mêlée à « l'hymne », à « l'adoration » [34]. Quant à l'image du désert, elle n'apparaît pas à la façon d'une simple correspondance esthétique, mais comme sédiment rationnel de formes religieuses : ainsi la riante Galilée pour le prophète du Royaume).

Pourtant cet effort de Renan pour enter le mystère de Jésus sur une tige rationnelle ne se renverse-t-il pas ? En effet, les disciples de Jésus sont *aussi* Galiléens ; or le chapitre des Miracles (chapitre XVI) oppose sur ce point la fine intuition de Jésus aux naïves exigences des disciples : alors se reconstruit la distance intérieure de Jésus aux hommes de son milieu, de son temps, de sa race. Renan franchit le pas de l'explication rationaliste ou naturaliste, au postulat de l'idéalisation. Si la sèche Judée, terre d'abstraction et de fanatisme, ne put comprendre la parole, si le « délicieux petit bassin » des lacs de Galilée formait le cadre naturel du Royaume de Dieu, la distance réinstallée entre Jésus et les siens réintroduit du même coup le miracle psychologique attestant l'ordre du spontané, lié aux époques primitives, en même temps que celui de l'idéalisme pur, des « grandes âmes ».

La puissance même de Jésus n'était-elle pas de deux ordres ? — d'une part les miracles, ponctuels, liés à une société, à une époque, « calqués sur un très petit nombre de modèles, accommodés au goût du pays » [35], folkloriques, pourrions-nous dire, de l'autre, l'explosion en Jésus, de la force du spontané, du dynamisme qu'allait achever l'établissement du Royaume de Dieu. Renan voit succéder, au fin moraliste des premiers jours, le « révolutionnaire transcendant » [36]. « Une idée fixe, obsessionnelle s'empare de Jésus, et dans une dilatation de tout son être, il lance le cri dont l'*Apocalypse* nous renverra l'écho : « Voici que je refais tout à neuf » [37].

---

31. P. 16.
32. P. 278.
33. *Le génie des religions*, p. 292.
34. *Ibid.*, p. 243.
35. *V.J.*, IV, p. 245.
36. *V.J.*, IV, p. 158.
37. *V.J.*, IV, p. 163.

Ce novateur, Renan l'évoque dans tout l'effort d'une volonté, pro-méthéenne par l'intensité, non par le but et le sens, puisqu'elle part du Père pour retourner à lui : « La persuasion qu'il ferait régner Dieu s'empara de son esprit d'une manière absolue. Il s'envisagea comme l'universel réformateur. Le ciel, la terre, la nature dans son ensemble, la folie, la maladie et la mort ne sont que des instruments pour lui. Dans son accès de volonté héroïque, il se croit tout-puissant. Si la terre ne se prête pas à cette transformation suprême, la terre sera broyée, purifiée par la flamme et le souffle de Dieu » [38]. Le « révolu-tionnaire transcendant » dans sa volonté d'universelle réforme, re-présente pour Renan le noyau chargé d'électricité élémentaire ; sa volonté de puissance porte son sens en elle-même ; sociale, cosmique, elle reste pourtant a-politique. Renan insiste sur la soumission de Jésus aux pouvoirs établis, soumission que compense la reprise par l'ironie, véritable acte de maître : Jésus sait payer l'impôt par dédain, il excelle à doser, en artiste subtil, dérision et respect [39]. Le désir d'agir ne semble pas altérer en lui une certaine qualité de nature, d'essence esthétique, quoique sans retour sur elle-même de pose ou simplement de réflexion. Dans la mesure où Jésus, comme Renan, rejoint des visées que l'on pourrait appeler socialistes, ce n'est pas dans un projet politique, ni même social à fins pratiques. Sa postulation reste socio-religieuse. « Sa belle nature le préserva de l'erreur qui eût fait de lui un agitateur ou un chef de rebelles, un Theudas ou un Barkokeba. La révolution qu'il voulut faire fut toujours une révolution morale ; mais il n'en était pas encore arrivé à se fier pour l'exécution aux anges et à la trompette finale. C'est sur les hommes et par les hommes eux-mêmes qu'il voulait agir » [40]. Sa volonté tendue se nourrit de toutes les visions de Daniel, et la force de l'attente messianique tend en lui à s'actualiser. Comment interpréter, dans cette perspective, la première des Béatitudes : « Heureux les *ébionim* ! ». Renan souli-gne [41] que dans la version plus fidèle, selon lui, de Marc, cette pre-mière invocation est bien adressée aux pauvres — et non aux « pauvres en esprit », selon la prudente et déjà ecclésiastique retouche de Mat-thieu. Toutefois, selon Renan, le réformateur social qui découvre dans les pauvres ses frères d'élection n'est pas un libertaire. « Jamais la tentative de se substituer aux puissants et aux riches ne se montre chez lui. Il veut anéantir la richesse et le pouvoir, non s'en empa-rer » [42]. Au fond, le Jésus de Renan ne voit dans la réalité qu'une épreuve possible de sa force intérieure, qui seule importe ; sa puis-sance se résorbe dans le contraire même de la puissance, mais n'en

---

38. *V.J.*, IV, p. 159.
39. *V.J.*, IV, p. 161.
40. *V.J.*, IV, p. 160.
41. *Ev.*, IV, p. 151.
42. *V.J.*, IV, p.164.

reste pas moins maîtrise, preuve triomphante de l'idée : « L'idée qu'on est tout-puissant par la souffrance et la résignation (...) est bien une idée propre à Jésus »[43]. Alors que Jésus n'a pas encore accompli la transposition du royaume en royaume spirituel, il a converti l'idée même de la force : il en concentre l'énergie, mais en retourne le sens, puisqu'il la fait coïncider avec souffrance et résignation. Souffrance, condensation d'énergie, telle est donc, semble-t-il, la formule selon Renan de Jésus révolutionnaire. Son appel aux « pauvres » s'éclaire dans cette perspective. Jésus ne vise pas à faire agir le « pauvre » par la violence, mais à concentrer sa force en résignation, à lui faire découvrir son privilège moral dans son état même, dans la sanctification de la pauvreté. Pour le Jésus de Renan, le « pauvre », en tant que tel, incarne une valeur et une force — valeur qu'il perdrait par la volonté de sortir de son état, par sa revendication matérielle, par son adhésion à un quelconque syndicat. Mais alors, Renan parvient-il à la contradiction, en affirmant : « Une immense révolution sociale, où les rangs seront intervertis, où tout ce qui est officiel en ce monde sera humilié, voilà son rêve »[44] ? Cette révolution aurait pour sens, en abaissant le puissant, de prouver l'idée, non pas de nantir le pauvre. Renan parle pourtant « d'intervertir les rangs », mais cette interversion semble symbolique, le pauvre étant assez élevé par la preuve qu'il fait de sa force en abaissant le puissant. Il ne s'agit nullement du partage de quelque *ager publicus*, ni de vente de biens nationaux ; la révolution prouve la force de l'idée morale. Ainsi entendue, comme seul état porteur de sens moral, la pauvreté libère une intime douceur, suffit à donner raison d'être à la vie : c'est elle qui constitue le véritable lien entre les hommes, la filiation divine, la fraternité dans le Christ. Jésus a su créer pour les hommes une intime affinité, sans rapport avec ces cadres — famille, Etat — dans lesquels le hasard et la naissance emprisonnent l'existence. La pauvreté volontaire devient une fraternité plus vraie, d'essence mystique, une sorte d'eucharistie. « En déclarant la politique insignifiante, (Jésus) a révélé au monde cette idée que la patrie n'est pas tout, et que l'homme est antérieur et supérieur au citoyen »[45]. Enlever l'homme à la propriété, à la famille et à l'Etat même dans une certaine mesure, pour réaliser une fraternité supérieure dans un idéal commun, tel fut toujours le rêve de Renan : ce rêve d'une Thélème socio-religieuse se fait jour dans sa nostalgie du couvent philosophique de Mariout[46] ; c'est comme un idéal monastique laïcisé et élargi qu'il rêve de retrouver dans la communauté par la science. Le besoin de rompre toute attache n'est que la contrepartie du désir de communier avec la vie universelle. Aussi les ten-

43. *V.J.*, IV, p. 165.
44. *Ibid.*
45. *V.J.*, IV, p. 162.
46. *H.P.I.*, VI, p. 1492.

dances égalitaires de Renan, exprimées à travers Jésus ou François d'Assise, restent-elles une forme d'idéalisme. La pauvreté n'est pour lui que l'autre face de la première idée évangélique, la vanité des soucis terrestres. Elle n'est pas cet aiguillon dont s'arme tout sentiment d'un manque, elle ne pousse pas à la lutte. Le pauvre selon le Jésus de Renan n'est nullement le prolétaire. Renan ne sent jamais la pauvreté à travers un problème de lutte des classes : pour lui le monde n'est pas mené par l'économie mais — sur ce point il ne variera pas — par des « philtres d'amour ». Voici comment, par exemple, évoquant la « grande difficulté de notre temps », celle pour un chef d'entreprise de se faire accepter de ses subordonnés, il évoque la figure de Michel Lévy : cette question, « il l'avait résolue en se faisant aimer d'eux (...). Ah ! si tous les chefs de grande industrie savaient l'imiter !... Les plaies qui nous dévorent et qui menacent la vie des sociétés modernes seraient bien vite guéries » [47]. Le problème économique se dissout pour Renan dans le moral et l'individuel : don de soi, transfusion dans les autres, retour implicite et permanent à la théologie d'amour de Jésus. La pauvreté exclut pour lui la revendication dans la mesure où elle suppose la plénitude : c'est qu'il la voit à travers Jésus, faisant détacher par ses disciples l'ânesse qui le portera, à travers François d'Assise qui « défend de posséder, mais nullement de jouir (...) ». Il est des cas « où la possession exclut la jouissance » [48]. C'est à travers elle que Jésus a su rendre réalité au vieux cantique : « Oh ! qu'il est doux à des frères d'habiter ensemble » [49]. Essentiel sera en Renan ce souci de créer le lien moral entre les êtres : c'est le vrai problème qui, selon lui, parcourt l'histoire, de l'Empire romain à nos jours ; *collegia*, confréries, associations de toutes sortes ne sont que des témoignages du besoin, en l'homme, de se créer des frères [50]. L'avenir scientifique de l'humanité développera, selon Renan, cette fraternité supérieure que Jésus sut créer pour les *ébionim* : « Nous avons oublié que c'est dans la vie commune que l'âme de l'homme a goûté le plus de joie (...). Une foule de grandes choses, telles que la science, s'organiseront sous forme monastique, avec hérédité en dehors du sang. L'importance que notre siècle attribue à la famille diminuera. L'égoïsme, loi essentielle de la société civile, ne suffira pas aux grandes âmes » [51].

Comme François d'Assise, Jésus et les *ébionim* ont contracté, selon Renan, une sorte d'union mystique avec la pauvreté. Ainsi le cri « Je refais tout à neuf » ne s'accomplit que dans sa correspondance spirituelle : « Mon royaume n'est pas de ce monde ». Cependant, ce royaume commence en ce monde, par la pauvreté. Renan, à travers

---

47. *F.D.*, II, p. 938.
48. *N.E.H.R.*, VII, p. 927.
49. *Ap.*, IV, p. 551.
50. Cf. *Ap.*, IV, p. 684-685.
51. *Ap.*, IV, p. 551.

Jésus, ne consent pas à une pure et simple retraite loin du monde extérieur. Sur ce monde même, il met sa marque — bonheur des *ébionim* pour Jésus, bonheur, pour Renan, de la vie spéculative. Entre les deux noms mythiques — Jésus, Révolution — qu'associent volontiers nos tendances modernes, Renan a glissé la transcendance, sublimant et désamorçant à la fois l'anarchisme de Jésus. Il semble parfois, dans un demi-jour critique, hésiter entre les deux hypothèses de la pauvreté mystique bonheur réel, ou prodige thérapeutique et bienfaisante illusion : « Avoir fait de la pauvreté un objet d'amour et de désir, avoir élevé le mendiant sur l'autel et sanctifié l'habit du pauvre homme, est un coup de maître dont l'économie politique peut n'être pas fort touchée, mais devant lequel le vrai moraliste ne peut rester indifférent. L'humanité, pour porter son fardeau, a besoin de croire qu'elle n'est pas complètement payée par son salaire ; le plus grand service qu'on puisse lui rendre est de lui répéter souvent qu'elle ne vit pas seulement de pain » [52]. Ce « coup de maître » n'est-il qu'un équivoque trait de virtuosité morale ? Bien plutôt, peut-être, un effort pour fonder le bonheur par l'héroïque négation du réel.

Un trait que dégage le Jésus renanien, tout autant que le charme, c'est la force, souvent mal aperçue car elle s'exprime à travers ses contraires. L'insistance de Renan à révéler en Jésus non un spiritualiste, mais un idéaliste accompli, est significative du rapport de ce Jésus à lui-même : spiritualiste il eût méprisé le réel ; idéaliste il tend à « une réalisation palpable » [53], mais cette réalisation concrète est justement victoire de l'idée sur le concret. La conversion du royaume en règne spirituel n'est donc pas dérobade, mais nouvelle direction imprimée à la force même, dans une visée de maîtrise idéaliste qui, à travers la figure de Jésus, reste celle de Renan.

Sans doute, les bourgeois de l'avenir ne devront pas à Renan de reconnaissance — les prolétaires non plus. Car sanctifier la Pauvreté, la transposer dans l'ordre spirituel, n'est-ce pas légitimer d'avance les vues qui seront celles de la *Réforme intellectuelle et morale ?* Renan y évoque avec nostalgie la mentalité d'un Moyen-Age mythique qui permettait à tous de participer à la vie de tous. Le pauvre, riche « par procuration », était satisfait de cette richesse : « Quand Gubio ou Assise voyait défiler la noce de son jeune seigneur, nul n'était jaloux. Tous alors participaient de la vie de tous ; le pauvre jouissait de la richesse du riche, le moine des joies du mondain, le mondain des prières du moine » [54]. Renan projette un rêve de vie mystique sur la vie sociale, sur l'économie. Ici se poursuit la hantise du tout immense et un, du Dieu qui est tout en tous.

52. *V.J.*, IV, p. 199-200.
53. *V.J.*, IV, p. 165.
54. *R.I.M.*, I, p. 485.

L'exaltation de la pauvreté, chez Renan, tout idéaliste, ne se confond pourtant pas avec une nuageuse sentimentalité. On en sent mieux le sens et le prix, l'aspect de plénitude, si l'on songe qu'à la différence de Renan, Michelet tenait en grande suspicion l'idéal franciscain et l'exemple de François d'Assise. Il y voyait, selon J.-L. Cornuz [55], une triple menace : sur la propriété, sur le mariage, sur la société civile, comme l'exprime le tome IV de son *Histoire de France* : « Faire de la pauvreté absolue la loi de l'homme, n'était-ce pas condamner la propriété ? Précisément comme à la même époque, les doctrines de la fraternité idéale et d'amour sans borne annulaient le mariage, cette autre base de la société civile » [56]. Propriété, famille, Etat, voilà selon le terme de J.-L. Cornuz la « trinité » que respecte Michelet. Pour Renan, au contraire, cette triple réalité oblitère le vrai sens de la vie, la fraternité idéale, dont Jésus et François d'Assise ont exprimé le divin.

On sent l'équivoque de semblable interprétation, l'idéalisme pouvant déguiser (ou signifier en la déguisant) la pure et simple dissolution d'une exigence de justice sociale. Il n'est que de mesurer la distance qui sépare, du Jésus renanien, le Jésus de Proudhon. Selon Proudhon, Jésus est en réalité un anti-Christ, c'est-à-dire qu'il tentait de faire comprendre aux hommes que le Christ spirituel n'est qu'un mythe, le vrai Messie ne pouvant représenter que la réalisation de Dieu sur terre, à travers le communisme et la révolution. Ainsi Proudhon nie en Jésus l'idéaliste pour affirmer le justicier [57], et le justicier manqué inférieur à son premier dessein, pour finir, traître aux hommes. Comme Baudelaire dans le *Reniement de Saint Pierre* [58], Proudhon voit en Jésus l'image de l'échec, de la faute, du désespoir humain. Volontiers, il affirmerait, comme le poète des *Fleurs du mal* : « Saint Pierre a renié Jésus : il a bien fait », car Jésus, pour lui, doit porter la peine et le remords d'avoir transformé le royaume de Dieu en simulacre dérisoire : « Jésus est faible (...) ; il se laisse envahir par cet idéalisme que d'abord il repoussait (...) ; nous le verrons (...) changer la signification de son royaume des cieux (...), tomber de la manière la plus honteuse et se perdre en nous perdant avec lui » [59]. Proudhon a conscience d'être conséquent dans son analyse qui tout entière repose sur l'affirmation fondamentale de Jésus homme. C'est une confusion des ordres qu'il dénonce chez Renan : car, selon que l'on accepte ou non la divinité (au sens traditionnel) de Jésus, ses actes se chargent de significations opposées : le considère-t-on comme Dieu, selon l'orthodoxie catholique, on reste fidèle à soi-même en acceptant le royaume

---

55. J.-L. Cornuz, *J. Michelet...*, p. 272.
56. Cité par Cornuz, *ibid.*
57. Proudhon, *Jésus et les origines du christianisme*, p. 80.
58. Baudelaire, *Fleurs du mal*, CXVIII.
59. Proudhon, *ibid.*, p. 69.

de Dieu dans l'ordre spirituel, et la mort de Jésus garde un sens. Une fois le point de départ accepté — les deux natures de Jésus — la religion traditionnelle garde sa cohérence. Mais, le considère-t-on comme un homme, — comme Proudhon, comme Renan — alors, il ne peut être que « faussaire, imposteur, charlatan » [60] et Proudhon, jugeant d'un point de vue social et humain son œuvre de réformateur, le condamne « à la troisième mort, sans rémission » [61]. Renan a donc brouillé les pistes et, considérant Jésus comme homme, le juge comme Dieu ; il n'a pas vu la déviation de l'œuvre du réformateur humain, qu'il regarde comme un progrès, une étape dans l'idéalisme et le divin. Or, selon Proudhon, « Jésus, à l'exception de la première partie de sa mission où il agit comme un moraliste pur et justicier, n'est excusable que s'il est Dieu » [62]. L'erreur de Renan serait donc, dans cette perspective, l'ambiguïté mystificatrice, poussée jusqu'à la contradiction : comment comprendre cette fascination du Jésus-Dieu, sur Renan qui n'admet pourtant que le Jésus homme ? « Celui qui croit à la divinité de Jésus peut soutenir, malgré toutes les apparences, que la religion fondée par lui n'est pas morte (...). Pour moi, qui, dès le commencement, vois dans le christianisme une déviation, qui fais un reproche au christianisme d'avoir pendant dix-huit siècles détourné la civilisation de son but et réagi contre le progrès, je repousse les espérances de M. Renan comme un leurre ; bien plus, je n'y vois qu'une prolongation d'imposture » [63]. Proudhon est donc réfractaire à cette ambiguë divinité humaine du Jésus renanien, à son immortalité par l'influence et l'amour. A ses yeux, cette interprétation est sacrilège, profanatrice de l'homme et du réformateur, de l'idée même, toute révolutionnaire et sociale, du Messie. La faute de Renan est pour lui, si l'on peut dire, une récupération du divin. Par là, selon lui, l'auteur de la *Vie de Jésus* fausse radicalement l'idée de progrès, qui n'a de sens que par son enracinement social, il défigure l'idéal messianique de justice et sa théorie de l'amour bascule dans la fantaisie poétique ou romanesque : « Ce que M. Renan s'est permis à cet égard lui est venu de la détestable inspiration du siècle ; c'est de la fantaisie à la Rousseau, à la Sand. On peut dire que, non seulement il a détruit l'idéal messiaque, mais encore qu'il a souillé le caractère vrai du réformateur » [64].

Il est vrai que l'ambiguïté idéaliste peut être éprouvée jusqu'au malaise. Mais plus qu'une dérobade mystificatrice, ne représente-t-elle pas un réflexe très ancien en Renan, premier en quelque sorte, un refus instinctif et organique de Jésus mort ? Dans les *Cahiers de*

---

60. *Ibid.*, p. 74.
61. *Ibid.*
62. *Ibid.*, p. 70.
63. *Ibid.*, p. 75-76.
64. *Ibid.*, p. 102.

jeunesse, il exprimait comment, voulant se figurer Jésus mort, de la mort de la terre, dispersé en molécules, il n'avait pu « à la lettre » [65] se le figurer et tirait de là argument contre le matérialisme. L'équivoque de la divinité humaine semble prolonger ce refus, c'est un effort pour sauver Jésus, au moins dans une sorte de double idéal et permanent. La croix exalte pour Renan le Jésus idéaliste, elle fonde sa divinité dans la mémoire des hommes ; car, si dans la réalisation absolue de l'idée telle que l'évoquent les rêves des *Dialogues philosophiques*, c'est dans le souvenir de Dieu que les hommes sont immortels, la *Vie de Jésus* nous montre le dieu se faisant d'abord dans le souvenir des hommes : « Repose maintenant dans ta gloire, noble initiateur. Ton œuvre est achevée, ta divinité est fondée. Ne crains plus de voir crouler par une faute l'édifice de tes efforts. Désormais hors des atteintes de la fragilité, tu assisteras, du haut de la paix divine, aux conséquences infinies de tes actes » [66]. La faute qui eût pu faire crouler tout l'effort de l'idéalisme, c'est justement ce qui, aux yeux de Proudhon, fait la grandeur du Messie dans sa première phase : l'appel à l'action révolutionnaire, l'emprise sur le réel. Renan au contraire distingue ici un risque pour la pureté idéale — pour la divinité — de Jésus, car tout contact avec le réel est menace de souillure. Comment concilier cette vue avec l'affirmation que pose Renan d'un Jésus idéaliste, visant à une réalisation palpable, et non d'un spiritualiste, de type monacal ? C'est que, selon Renan, Jésus croit comme concrètement, d'une façon énergiquement réelle, à l'idéal. Cette affirmation concrète d'un ordre spirituel lui fera dire et sentir que son corps est une nourriture, son sang un breuvage, sans songer nullement à quelque matérialiste transsubstantiation, mais en vivant, dans sa réalité, le lien d'intime fraternité qu'il incarne. « Tout est dans sa pensée concret et substantiel : Jésus est l'homme qui a cru le plus énergiquement à la réalité de l'idéal » [67].

C'est bien par l'interprétation de la mort de Jésus que passe la ligne de partage entre les justiciers et les idéalistes, Proudhon d'une part, de l'autre Rousseau, Renan. « Fantaisie à la Rousseau... » [68], disait Proudhon de la *Vie de Jésus*. Le Jésus de Rousseau préfigure en effet le « charmeur » renanien par la réconciliation en lui du devoir moral et de la grâce élégante, l'irradiation d'une joie de vivre qui refuse l'exubérance : « Une des choses qui me charment dans le caractère de Jésus n'est pas seulement la douceur des mœurs, la simplicité, mais la facilité, la grâce et même l'élégance (...). Sa morale avait quelque chose d'attrayant, de caressant, de tendre, il avait le cœur sensible, il était homme de bonne société » [69]. Sans doute, si le vicaire savoyard

---

65. *C.J.*, IX, 246.
66. *V.J.*, IV, 351.
67. *V.J.*, IV, 262.
68. *Jésus et les origines du christianisme*, p. 102.
69. *Lettres écrites de la montagne*, 3ᵉ lettre, *Œuvres complètes*, III, p. 753-754.

n'admet pas la révélation, il ne la rejette pas non plus, puisqu' « il y a tant de raisons solides pour et contre » [70]. Rousseau se situe donc sur un tout autre plan que l'auteur, à démarche scientifique et positiviste (au moins à son point de départ), de la *Vie de Jésus*. Rousseau refuse seulement l'obligation de reconnaître la vérité de la révélation. Le « doute respectueux » bien qu'éloigné du christianisme traditionnel n'est pas la formelle négation du surnaturel particulier dont Renan, au contraire, affirmera dans les *Souvenirs* qu'elle est « l'ancre sur laquelle il n'a jamais chassé » [71]. Mais l'adhésion affective de Rousseau à l'Evangile semble de même teinte que celle de Renan. Cependant, pour Renan, qu'est-ce que le dieu en Jésus sinon la faculté humaine dans sa plénitude créatrice ? Aussi cette divinité se multiplie-t-elle, sans se diluer, dans le parallélisme, Jésus, Çakya-Mouni, Socrate, François d'Assise, Marc-Aurèle... [72]. Rousseau, au contraire, isole Jésus dans une nature qui peut sembler fondamentalement autre ; la divinité ne lui apparaît pas comme un autre degré de l'humain, le divin n'est pas chez lui métaphore exprimant le dynamisme vital. Le héros ni le sage ne se confondent pour Rousseau avec le dieu : « Se peut-il que celui dont (l'Evangile) fait l'histoire ne soit qu'un homme (...). Quels préjugés, quel aveuglement ne faut-il point avoir pour oser comparer le fils de Sophronisque au fils de Marie » [73] ? Cette essentielle hétérogénéité trouve sa consécration dans la mort, selon la formule du vicaire savoyard : « Oui, si la vie et la mort de Socrate sont d'un sage, la vie et la mort de Jésus sont d'un dieu » [74]. La sagesse de Socrate était, selon Rousseau, comme secrétée par son temps et son pays : Aristide, par sa scrupuleuse pratique de la justice, Léonidas en donnant sens au mot de patrie, avaient créé Socrate. Jésus au contraire, apparaît essentiellement à Rousseau comme en rupture avec le « furieux fanatisme » [75] de la société qui le vit naître. Le vicaire savoyard méconnaît toute la lignée de prophètes et en particulier le Grand Anonyme, ce deutéro-Isaïe qui pour Renan — et cette tendance s'accentuera dans l'*Histoire du peuple d'Israël* — préfigurent Jésus. La volonté de Rousseau reste donc bien d'isoler Jésus, de l'ar-

---

70. *Emile*, Livre IV, *Œuvres complètes*, IV, p. 625.
71. *S.E.J.*, II, p. 890.
71 bis. La première traduction française de Schopenhauer (*Le monde comme volonté et comme représentation*) fut celle de J.A. Cantacuzène, publiée en 1886. Renan, à l'époque des *Dialogues*, ne connaissait sans doute Schopenhauer que par l'étude de Challemel-Lacour (Revue des Deux-Mondes, 15 mars 1870) puis d'après Th. Ribot, *La philosophie de Schopenhauer*, 1874.
    Sur l'influence de Schopenhauer en France, on consultera avec intérêt la thèse (à paraître) de M. René-Pierre Colin : *Schopenhauer et les romanciers naturalistes*. Note à lire p. 295, Part. III, chap. 2.
72. *M.A.*, V, p. 1048.
73. *Emile*, livre IV, *Œuvres complètes*, IV, p. 625-626.
74. *Ibid.*, p. 626.
75. *Ibid.*

racher à la chaîne historique comme à la nécessité psychologique. La mort de Socrate le comble, accomplit en lui sa belle humanité : « Socrate philosophe tranquillement avec ses amis (...). Socrate, prenant la coupe empoisonnée, bénit celui qui la lui présente et qui pleure (...). Jésus, au milieu d'un supplice affreux, prie pour ses bourreaux acharnés » [76]. Cette mort, unique dans le déchirement, prouve la divinité du Christ. Nous retrouvons ici le sens pascalien du Mystère de Jésus : « C'est un supplice d'une main non humaine mais toute-puissante, car il faut être tout-puissant pour le soutenir » [77]. Alors que pour Proudhon, cette mort n'est que la tragédie de l'échec humain — « Jésus vit son œuvre détruite en sa personne, il la crut perdue ; il tomba dans la désespérance et la désolation. A Gethsémani, sur la Croix, sa douleur répond à la tristesse de toute la vie » [78] — Rousseau y perçoit la marque divine, Renan la condition même du divin ; la mort délivre Jésus d'un entourage, on pourrait dire d'un public, d'un auditoire grossier pour qui le miracle prouve la doctrine. Qu'eût fait sortir de lui la vie ? non pas le dieu futur, mais quelque virtuose de la thaumaturgie ou de la controverse. Il lui eût fallu aussi soutenir son rôle de Messie, se traduire en imagerie, tenter de vivre son personnage et certes, il se fût perdu dans son rôle. Déjà, Renan le remarque, Jésus n'était plus lui-même face aux docteurs de Jérusalem : « Son harmonieux génie s'exténue en des argumentations insipides sur la Loi et les Prophètes où nous aimerions mieux ne pas le voir quelquefois jouer le rôle d'agresseur » [79] ; la médiocrité des siens lui arrachait souvent la dégradante concession des miracles. Sa mort précoce fut donc un bonheur pour sa divinité qui, dans la vie, courait grand risque de se perdre. Nous reconnaissons ici le postulat fondamental de l'idéalisme, selon lequel toute réalisation est menace de chute : « La mort est bonne à ceux qui travaillent pour l'avenir. Qu'on se figure Jésus réduit à porter jusqu'à soixante ou soixante-dix ans le fardeau de sa divinité, perdant sa flamme céleste, s'usant peu à peu sous les nécessités d'un rôle inouï » [80] !

Sauvegarde d'authenticité, cette mort prolonge aussi, peut-être, le mythe syncrétique et païen de la mort des jeunes dieux, comme le suggère, dans la Dédicace de la *Vie de Jésus,* l'allusion à Adonis, d'accent tout nervalien [81]. La concentration d'amour autour du « dieu » mort jeune se colore d'un reflet de nostalgique volupté. Certes, dans son interprétation de Renan, Proudhon force outrageusement le trait, et, dans sa volonté de couleur, manque la nuance ; brutale, son

---

76. *Ibid.*
77. *Pensées,* éd. Brunschvicg, frag. p. 553.
78. *Jésus et les origines du christianisme,* p. 131.
79. *V.J.,* IV, p. 300.
80. *V.J.,* IV, p. 370.
81. *V.J.,* IV, p. 12.

indignation moralisatrice est faussée par la véhémence même. Quelle injustice, ou plutôt quelle faute de ton ! « Allons-nous, pour lui conserver un certain vernis poétique, le rendre par là plus intéressant, en faire, avec M. Renan, un joli garçon qui séduit le cœur des femmes, comme un jeune sous-diacre séduisant ses pénitentes, faire de lui l'amant plus ou moins mystique de Marie la Magdaléenne, ancienne femme galante, et lui donner, à la passion, des regrets érotiques » [82]. Pourtant, une sorte de transfiguration de volupté apparaît bien au cœur de la figure renanienne de Jésus ; la vision de Madeleine dégage toute la poésie de l'amour et presque de l'égarement : « Marie seule aima assez pour dépasser la nature et faire revivre le fantôme du maître exquis (...). Sa grande affirmation de femme : « Il est ressuscité ! » a été la base de la foi de l'humanité (...). Où est le sage qui a donné au monde autant de joie que la possédée Marie de Magdala ? » [83]. Sans doute le jugement critique filtre-t-il à travers les derniers mots, glissant l'avertissement, le signal d'alarme, direct quoique assourdi, à travers la vision adoratrice. Mais Renan ne semble pas prêt à basculer du côté de la psycho-pathologie religieuse ; nous sommes loin encore de la touchante mais équivoque « idylle monacale » [84], « fleur étrange » [85] et maladive dont s'orneront les *Nouvelles Etudes d'histoire religieuse*. Madeleine n'est pas vue comme le sera, treize ans plus tard, Christine de Stommeln : celle-ci est un cas, propre à éclairer les recherches des physiologistes, celle-là, baignée de la lumière la plus pure, mérite de devenir « reine et patronne des idéalistes » [86]. De l'une à l'autre, c'est toute la distance entre l'hallucination, et l'affirmation de l'invisible, la postulation de l'idéal (peut-être aussi la différence de la « béguine » à la femme ?). Loin de rechercher le vernis de la pseudo-poésie, c'est à un rêve ancien et persistant que Renan, semble-t-il, donne figure, à travers « l'ombre créée par les nerfs délicats de Madeleine » [87]. « Idéal, idéal, que n'es-tu chair à mes côtés » [88], s'écriait le jeune auteur des *Cahiers* dans son désir de « quelqu'un à côté de (lui) pour l'aimer ». L'apparition d'une jeune fille, qui succédait alors pour lui à celle de Jésus [89], ne se retrouve-t-elle pas, comme inversée, dans la vision qu'il prête à Madeleine ? Remodelant l'épisode de la résurrection, Renan n'opère-t-il pas pour lui-même, à travers l'image de Marie de Magdala, une sorte de catharsis émotionnelle ?

L'idée d'une commune essence de la religion et de l'amour se développera encore, après la *Vie de Jésus*. Le lien qui les unit, c'est le

---

82. *Jésus et les origines du christianisme*, p. 101.
83. *V.J.*, IV, p. 477-478.
84. *N.E.H.R.*, VII, p. 936.
85. *Ibid.*, VII, p. 708.
86. *V.J.*, IV, p. 478.
87. *Ibid.*
88. *C.J.*, IX, p. 245.
89. *Ibid.*

pouvoir et le bonheur d'affirmer de façon vitale et créatrice, de tirer
la vie de la mort, ou de prouver par la mort la vie : ressusciter le
Christ comme Madeleine, ou mourir pour témoigner de cette résurrection dans le martyre extatique. L'amour plus fort que la mort, ou la
mort désirée dans la plénitude de l'amour, n'est-ce pas là, selon Renan,
le philtre chrétien qui concentre amour et mort dans une même ivresse ? « Tel fut (...) le charme dangereux de ces drames sanglants de
Rome, de Lyon, de Carthage. La volupté des patients de l'amphithéâtre
devint contagieuse (...). Les chrétiens se présentent avant tout à l'imagination du temps comme une race obstinée à souffrir ; le désir de la
mort est désormais leur signe. Pour arrêter le trop d'empressement au
martyre, il faudra la menace la plus terrible : la note d'hérésie, l'ex-
pulsion de l'Eglise [90] ». Dans la vie, restaurée en son sens d'intime fraternité des âmes, dans la mort, affirmée comme lien et non comme
déchirement, les chrétiens restent, aux yeux de l'auteur de *Marc-Aurèle*
« les maîtres en la science du bonheur » [91] : « La volupté des âmes
est le grand art chrétien, à tel point que la société civile a été obligée
de prendre des mesures pour que l'homme ne s'y ensevelît pas » [92].
Famille, patrie, perdaient tout sens en effet pour ces adorateurs de
Jésus : ils trouvaient dans sa doctrine anesthésie pour la vie, exaltation
face à la mort.

Cette ivresse vécue devient pour le profane principe d'interrogation,
occasion de découverte. Ainsi, selon Renan, « il n'y a pas de sceptique
qui ne regarde le martyr d'un œil jaloux et ne lui envie le bonheur
suprême, qui est d'affirmer quelque chose » [93]. Pour tous ils sont
preuves — non pas au sens où l'entend un étroit désir d'apostolat —
mais à leur insu, ils dégagent la joie, ou le beau, ils restent porteurs de
la révélation multiforme et myrionyme qui, en chacun, touche l'essentiel. Certes, ce n'est pas le sermon sur la montagne qu'ils révèleront
à Néron, mais une certaine esthétique chrétienne, le charme de la
pudeur, face voilée de la volupté : « Il raisonnait sans doute en
artiste sur l'attitude pudique de ces nouvelles Dircés, et trouva, j'imagine, qu'un certain air de résignation donnait à ces femmes pures, près
d'être déchirées, un charme qu'il n'avait pas connu jusque-là » [94]. Cette
émotion imaginée reste sans doute imaginaire, si l'on tient, dans un
scrupule d'historien, à la rapporter à Néron. Mais ce Néron rêvé, ce
fabuleux Antéchrist face aux Dircés nouvelles, ne transpose-t-il pas
la fascination de Patrice, intime et esthétique à la fois, face aux fresques de l'art chrétien, à Rome ? « Tous les amateurs de l'art chrétien
vont admirer à Saint-Clément les ravissantes fresques de Masaccio

---

90. *An.*, IV, p. 1229.
91. *M.-A.*, V, p. 1148.
92. *Ibid.*
93. *An.*, IV, p. 1229.
94. *An.*, IV, p. 1227-1228.

représentant les actes de Sainte Catherine. Cette belle et chaste vierge pose là devant les philosophes les arguments à sa manière et refuse d'adorer Jupiter (...). Qu'elle fit bien de n'être pas critique ! » [95]. Ce bonheur d'affirmer, Renan le sent à la fois dans le principe de sa force, et dans ce qu'il suppose d'intime douceur, et presque d'abandon. Le christianisme n'a pas atrophié la sensibilité humaine, mais refusant en apparence la joie, l'amour, il a chargé les pôles contraires, souffrance, chasteté, d'une double signification et d'une intensité multipliée. « Un des mystères les plus profondément entrevus par les fondateurs du Christianisme, c'est que la chasteté est une volupté » [96]. L'émotion de Patrice face aux fresques de Masaccio, ou du Néron renanien dans la buée sanglante de l'amphithéâtre, ne nous semble pas purement esthétique. Il s'y mêle un appel plus profond, qui révèle l'union affirmée par Patrice, entre les impressions religieuses et « les instincts les plus intimes de sa nature » [97]. Ainsi se transpose, pour Renan, la promesse chrétienne. Consolation, elle trouve son symbole dans le « saint baiser », communion dans l'amour qui représenta selon lui, pour les chastes générations des premiers siècles, une composante du sacrement lui-même [98] : « Tout était pur dans ces saintes libertés, mais aussi qu'il fallait être pur pour pouvoir en jouir ! » [99]. C'est ici, semble-t-il, la première apparition d'un lien possible entre le signe d'amour et l'acte eucharistique, que la vieillesse de Renan, à travers le drame de l'*Abbesse de Jouarre* et la Préface des *Feuilles détachées* [100], chargera d'un accent de sensualité plus prononcé.

95. *F.I.R.*, IX, p. 1547-1548.
96. *M.-A.*, V, p. 896.
97. *F.I.R.*, IX, p. 1529.
98. *M.-A.*, V, p. 898.
99. *Ibid.*, V, p. 897.
100. *F.D.*, II, p. 951.

CHAPITRE III

JESUS ENTRE MYTHE ET LEGENDE *

Renan n'a jamais marqué que répugnance pour le mythisme pur à la façon de Strauss. Sans doute, il sent toute l'incongruité de la sommaire accusation tant de fois formulée contre l'exégète allemand (de nier l'existence historique de Jésus), mais ce reproche, il le transpose à un plus haut niveau d'élaboration : que l'on admette ou non l'existence du Galiléen qui eut nom Jésus, n'est-ce pas le transformer en un être abstrait, tuer en lui la vie individuelle, que de le considérer exclusivement comme le répondant des rêves messianiques, l'individu disparaissant sous le réseau des stéréotypes, des définitions et attributions selon lesquelles la tradition judaïque, depuis des siècles, façonnait la figure du Fils de David ? Même si Strauss ne nie pas Jésus comme personnage historique, sa démarche, sa philosophie, ne tendent-elles pas à frapper de nullité l'aspect individuel de Jésus, au profit des traits relevant du mythe, c'est-à-dire répondant à la tradition, à l'interprétation rabbinique, à la mentalité judaïque dans son imagination du Messie ? La naissance, la passion ou la mort du Christ deviennent alors une mise en drame des vaticinations anciennes, toute une aventure nécessairement préfigurée, déterminée, répétition en acte des prophéties et figures. « La christologie scientifique doit s'élever au-dessus de Jésus en tant que personnage historique » [1], déclare Strauss, et un chapitre essentiel de sa *Vie de Jésus,* s'intitule significativement : Rapport entre Jésus et l'idée d'un Messie souffrant et mourant [2]. C'est assez dire l'écart qui sépare l'exégèse mythique de toute tentative de biographie ; et Renan, de ce point de vue, resta fondamentalement biographe, c'est-à-dire que son effort fut de rendre à Jésus une vie, une unicité. La préface de la treizième édition de la *Vie de Jésus* souligne son opposition à Strauss, comme à toute tendance visant à désin-

---

* Dans tout ce chapitre, mythe est entendu au sens du mythisme de Strauss.
1. T. II, p. 765.
2. *Ibid.,* t. II, p. 317.

carner Jésus, à remplacer en lui la personne par le symbole abstrait, l'être par le type.

Selon Renan, ce genre d'exégèse post-hégélienne détruit en Jésus l'individu unique (ou, ce qui revient au même l'ignore) pour figurer, à travers un condensé mythique, les aspirations humaines en un temps donné, les virtualités de développement total de l'humain :

> « Que voulait Marcion ? Que voulaient les gnostiques du IIe siècle ? Ecarter les circonstances matérielles d'une biographie dont les détails les choquaient. Strauss et Baur obéissent à des nécessités philosophiques analogues. L'éon divin qui se développe par l'humanité n'a rien à faire avec des incidents anecdotiques, avec la vie particulière d'un individu »[3]. Jean Pommier a souligné combien Renan était plus à son aise dans la « glu » d'harmonistes du type Winer[4] que dans l'interprétation plus radicalement neuve de Strauss — lequel avait nettement perçu, ainsi qu'il l'exprime dans la *Nouvelle vie de Jésus,* toute l'ambiguïté d'un projet de type biographique (renanien) : « L'on peut dire que l'idée d'une Vie ou d'une Biographie de Jésus a été la fatalité de la théologie moderne ; elle en contenait toute la destinée en germe et la contradiction qu'elle implique en présageait le résultat négatif. Elle était le piège où devait tomber et se perdre la théologie de notre temps »[5]. Et sans doute pense-t-il à Renan lorsque, dans le même ouvrage, en 1864, il rend compte de la séduction que persiste à opérer le quatrième Evangile (dont on sait que Renan, à la différence de Strauss, ne mit jamais fondamentalement en cause l'authenticité) :

> « L'auteur (du Quatrième Evangile), écrit Strauss, vise à (...) l'idéalisation du miracle ; il tend à réduire la venue et le retour de Jésus à des faits purement spirituels[6] (...) c'est pour cela que le Christ du quatrième Evangile est plus sympathique à notre génération que celui des synoptiques (...) il sourit à une époque qui a perdu la tranquille possession de la foi (...) qui voudrait croire et qui ne le peut plus (...). On peut appeler l'Evangile de Jean l'Evangile romantique, ce qui ne veut pas dire qu'il soit par lui-même une œuvre romantique[7] (...) vraie pâture d'une époque lasse et découragée qui s'épuise en contradictions, incapable d'une vue nette et du mot décisif dans les questions religieuses. L'auteur du Quatrième Evangile est un Corrège, un maître du clair-obscur »[8].

---

3. *V.J.,* IV, p. 27.
4. Voir *Cahiers renaniens,* n° 7.
5. Introd., p. 4.
6. *Nouvelle Vie de Jésus,* p. 184.
7. *Ibid.,* p. 186.
8. *Ibid.,* 187.

Dessin fugitif mais exact, par Strauss, de celui qui ne fut pas, en dépit de bien des assimilations approximatives, le Strauss français. Si bien que l'Appendice dont Renan fit suivre la *Vie de Jésus,* armé de tout un appareil d'érudition, n'est pas seulement une discussion critique au sens objectif, l'examen d'une « source » ; il témoigne de l'attachement de Renan aux « documents traditionnels et légendaires, vrais à leur manière » [9], il s'inscrit dans la tendance générale de Renan à s'installer dans la légende plutôt que dans le mythe. Il ressort de ce long texte que l'Evangile de Jean présente pour Renan deux formes d'intérêt : d'une part la richesse narrative, irrigant par là même de vrai, au moins possible, le tissu légendaire, de l'autre l'aura idéaliste, qui, même dépourvue d'authenticité rigoureuse, garde sa vérité (ainsi le mot de Jésus à la Samaritaine, fondement de toute adoration « en esprit » même s'il ne fut jamais prononcé, reste vrai de toute sa « divinité ») [9 bis]. La légende n'est pas encore pour Renan ce qu'elle sera pour l'auteur des *Souvenirs d'Enfance et de jeunesse,* atmosphère des profondeurs où s'engloutit la ville d'Is ; en 1863, elle représente un amalgame de vrai et de fiction, *du* vrai, et ce partitif, dont on voit qu'il limite la part de vrai, en atteste aussi l'existence, l'irréductible présence. Il témoigne d'un enracinement de la légende dans le réel vécu (alors que le mythisme retrouvant les lignes qui ordonnèrent la pensée hébraïque, en affirme la syntaxe, l'organisation intime, mais en nie le contenu et l'élimine hors du réel).

Cette attitude de Renan, son peu de goût pour le mythisme ainsi entendu, nous paraît dénoter en lui le souci majeur de sauver, avec l'unicité de Jésus, celle de la *personne,* de l'individu figure qui s'inscrit dans l'histoire, loin de recevoir d'elle seule ces linéaments et de s'évaporer pour finir en existence quasi-abstraite ; n'est-ce pas là une réaction parente de celle d'Edgar Quinet qui, lui aussi, flaire dans le mythisme une menace sur le moi, une menace sur son moi, sur sa propre cohésion intérieure : dans *Le Christianisme et la Révolution française,* E. Quinet, de façon beaucoup plus nette et dure que ne le fera Renan, accuse le « panthéisme moderne » à la façon de Strauss d'être briseur de toute image individuelle, et portant à l'extrême la réticence qui sera celle de Renan, formule le sens de son opposition au mythisme — (sens que Renan n'explicitera jamais, mais qui pourrait définir, fondamentalement, son rapport à Jésus) :

« Au milieu de cette négation absolue de toute vie, vous êtes vous-même tenté de vous interroger, pour savoir si vos impressions les plus personnelles, si votre souffle et votre âme ne sont pas aussi, par hasard, une copie d'un texte égaré (...) et si votre propre existence ne va pas soudainement vous être contestée comme un plagiat d'une

---

9. *V.J.,* IV, p. 375.
9 *bis. V.J.,* IV, p. 389.

histoire inconnue » [10] ; et encore, toujours à propos de Strauss : « On voit qu'il ne s'agit plus du Christ seul, mais bien du principe même de toute personnalité » [11]. Fonder la grandeur, l'indépendance de la personne, c'est bien, pour Renan comme pour Quinet, le sens, la fonction du christianisme et de son fondateur : toute son approche biographique, sa saisie des origines religieuses à travers des êtres vivants, condensateurs de l'humain (Jésus, Paul), traduisent la revendication de l'individualité avide de permanence, de ratification par l'histoire et par un progrès qui ne soit pas processus anonyme mais se concentre en hautes consciences morales, en « personnes ». (Ses notes et commentaires de lectures, entre 1845 et 1850, attestent qu'il savait gré à Strauss d'avoir « néanmoins » maintenu en Jésus la supériorité d'une essence morale : « il admet néanmoins un Christ réel dans lequel le divin s'est mieux incarné qu'en tout autre » [12]. A l'époque de la *Vie de Jésus*, il interprète Strauss dans le sens d'un mythisme beaucoup plus décidé, par rapport auquel il prend toutes les distances de l'individualisme idéaliste).

Jésus ne constitue cependant pas pour lui une entité réalisée, une « perfection » au sens académique du terme, une incarnation vivante de la triade cousinienne, par exemple. L'individu Jésus, pour Renan, incarne le parfait dans la mesure où il pousse l'humain à ses confins, jusqu'à le dépayser, le faire basculer dans le monde de l'exaltation, de la passion — de la « folie » ?

La Préface de la treizième édition nous semble imprégnée d'une ambivalence — qui tient moins peut-être à une quelconque habileté manœuvrière de Renan qu'au rapport trouble qui l'unit à son personnage idéal :

« Ce fut un charmeur. Ne faisons pas le passé à notre image. Ne croyons pas que l'Asie est l'Europe. Chez nous, par exemple, le fou est un être hors la règle (...). En Orient, le fou est un être privilégié (...). L'esprit, qui relève par une fine raillerie tout défaut de raisonnement, n'existe pas en Asie » [13]. Sous l'apparente généralisation du discours, Renan projette sur l'Asie, comme il le fit dans l'*Avenir de la Science,* la « faculté » religieuse, mais — élément nouveau depuis 1848 — il centre sur l'image de Jésus les équivoques prestiges de la folie privilège. Le texte joue sur deux plans, et tente d'installer, par le biais de la relativité, d'un retour en force de la théorie des climats (et des races), une double vérité. A vrai dire, il est curieux de voir Jésus et toute l'atmosphère morale qui en dessine la possibilité, réunis ici dans leur opposition à la « fine raillerie » européenne. Une des lignes

---

10. P. 324.
11. P. 338.
12. H. Psichari, *Renan d'après lui-même,* p. 195.
13. *V.J.,* IV, p. 33

essentielles de la *Vie de Jésus* n'est-elle pas d'isoler de sa race le fondateur du Christianisme, pour exalter en lui le « grand maître en ironie » ? [14] Renan, qui cède à l'attrait du phénomène pneumatique de l'inspiration, de la passion (« ils surent ce que nous ignorons, créer, affirmer, agir » [15]), Renan trop critique pour agir, mais aussi pour critiquer de manière univoque, tente, dans sa préface, de tenir la rampe du rationalisme, alors même qu'il cède à l'attrait de la « folie » inspirée. Plutôt qu'une pauvre habileté, ne peut-on voir en ce texte l'entrecroisement des fils critiques, l'éclatement d'une saisie ? Car enfin, Jésus présenté par Renan comme un au-delà divin de l'ironie socratique [18], se voit assimilé, dans la Préface de la treizième édition, au personnage du « fou ». Au delà de la dichotomie facile qu'installe le discours (Asie/Europe, fou hors la règle/fou privilégié) n'est-ce pas une double emprise que Jésus exerce sur Renan : la maîtrise, par la passion, d'un être décentré, doublant d'un sauvage attrait son élégante faculté de donner réplique à Socrate ? Il réunit en tout cas, remarquons-le, les postulations antithétiques du doute sur son œuvre [17], et de la puissance à fonder. Le développement qui installe ses méandres dans la Préface pourrait viser bien moins à une dérision de l'inspiré (du type de l'ironie voltairienne à propos des Quakers : « on leur demanda quelques petits miracles, ils en firent ») qu'à une sollicitation de Renan devant la passion qui achève, *déforme* ou transfigure l'homme en le poussant aux confins de son humanité. Si donc Jésus fonde pour lui la personne, ce n'est pas en installant quelque harmonie de type grec, mais par une dilatation qui fait entrevoir en l'homme un au-delà possible de l'humain — cela même que l'auteur de la *Vie de Jésus* nomme la « divinité », ou encore l'ordre du miracle psychologique.

Il est à remarquer que Renan maintient à ce propos le terme de « folie », qui, presque immédiatement, s'entoure d'un halo magique — loin de tomber dans la savante et sinistre terminologie des médecins et nosographes ! Différence dont on perçoit tout le sens, à la lecture de Jules Soury, qui en 1878, dans *Jésus et les Evangiles,* n'étudie plus le dieu ni l'homme, mais « le malade » :

> « Jésus paraît ici pour la première fois comme un malade dont on a essayé de suivre le développement du mal. L'affection nerveuse, de nature d'abord congestive, puis inflammatoire, dont ce Juif fut atteint, était des plus graves ; elle est encore incurable » [18]. Et encore : « En retentissant sur le cœur, la violence de ses passions religieuses, la suractivité fonctionnelle de ses

---

14. *V.J.,* IV, p. 293-294.
15. *V.J.,* IV, p. 571.
16. *V.J.,* IV, p. 293.
17. *V.J.,* IV, p. 321.
18. Préface, p. 7.

sentiments et de sa pensée, ont eu pour premier effet de précipiter le cours du sang, de dilater outre mesure les vaisseaux et de congestionner le cerveau » [19].

Il faut attendre les *Nouvelles études d'histoire religieuse* pour que Renan présente les manifestations mystiques comme réductibles à la psychologie morbide — et ce n'est point alors de Jésus qu'il s'agit, mais d'une pitoyable quoique touchante béguine ; non pas de l'enthousiasme qui fonde, mais de la manie claustrale qui rêve (et ne produit que des stigmates). Dans la *Vie de Jésus,* on ne peut certes nier une intermittente tendance à la psycho-pathologie ; elle s'inscrit, il est vrai, en termes massifs, au cœur même de l'enthousiasme, qu'elle mine et peut-être détériore ; mais elle se voit résorbée dans l'élan total, qui se double et peut-être aussi s'enrichit d'égarement :

« Qui de nous, pygmées que nous sommes, pourrait faire ce qu'ont fait l'extravagant François d'Assise, l'hystérique Sainte Thérèse ? Que la médecine ait des noms pour exprimer ces grands écarts de la nature humaine (...) peu importe (...) les plus belles choses du monde sont sorties d'accès de fièvre ; toute création éminente entraîne une rupture d'équilibre ; l'enfantement est par loi de nature un état violent » [20].

Le fin moraliste et l'inspiré, l'aspect d'harmonie et l'aspect orgiaque, composent en Jésus une perfection que n'a pas édulcorée quelque éclairage vaguement platonicien ou cousinien. En Jésus, la personne, revendiquée dans sa « divine » totalité, touche aux extrêmes, comme elle en contient « l'entredeux ». Et dans la *Vie de Jésus,* les allusions à tout aspect pathologique ne représentent pas une revendication de la norme, mais bien plutôt, souvent, un vertige du dépassement. La Préface de la treizième édition aménage discursivement, en émiettant le langage à travers les notations de lieu, de temps, de relativité, la fascination — tout aussi renanienne que le rationalisme ou l'ironie — devant le spontané, la déviation, « l'accès de fièvre ».

Jésus fonde donc pour Renan la religion idéaliste, dans ses raffinements éthiques et esthétiques, mais aussi dans ses appels à un au-delà humain de l'homme, perpétuelle et convulsive création du spontané. Couler cette matière vivante et mouvante dans la rigoureuse étude mythique, y déceler les traditions juives et interprétations des rabbins, c'eût été, pour Renan, voir disparaître en Jésus sa raison d'être tout entière, son « problème psychologique ». Et si Renan préféra lire les textes évangéliques en récits légendaires, c'est parce que la légende, interprétative, suppose quelque réalité, mais aussi parce que, se prêtant aux interprétations, elle se livrait à lui comme objet d'étude et foyer

19. *Ibid.,* p. 11.
20. *V.J.,* IV, p. 368.

de rêve, et lui renvoyait en Jésus l'image d'une humanité totale : maîtrise éthique, finesse critique et, distendu jusqu'au seuil de la « folie »,
le trouble pouvoir de fonder. Jésus préfigure enfin la réconciliation des
contraires, spontanéité inspirée et acuité critique (déjà définie dans
l'*Avenir de la Science* comme l'achèvement même du savoir, sa synthèse). Spontanéité née de déviation, de « folie », mais aussi acuité
qui fit, du Jésus renanien, le premier juge de ses miracles. Tout le
développement de Renan dans la Préface de la treizième édition sur
l'imposture inhérente à la fondation religieuse [21] installe Renan dans
une perspective qui n'est voltairienne qu'en surface : car si « un miracle
suppose trois conditions : 1) la crédulité de tous, 2) un peu de complaisance de la part de quelques-uns, 3) l'acquiescement tacite de l'auteur
principal » [22], l'acquiescement de Jésus, tel que le présente le chapitre
XVI, n'est fait que de réticences, d'une résignation amère ou agacée
aux exigences de ces « juifs charnels » que sont encore les apôtres,
impénitents profanes de l'adoration en esprit.

Jésus apparaît donc bien comme le double de Renan, et son contraire
rêvé, sa totalité imaginaire : si l'historien colore son personnage d'un
anachronique idéalisme critique, ne projette-t-il pas aussi en lui son
appel aux forces vives du spontané, au pouvoir de l'affirmation qui
fonde, du « charme » qui opère ? En Jésus, le spontané, sans se renier
ni disparaître, s'élabore en réfléchi — posant l'image référentielle
d'une humanité « divine » — sorte de Renan total, de Patrice régénéré, en qui la faculté critique et la poétique vertu de la chimère
opèrent leur intime et complexe communication.

Jésus reste donc bien pour Renan médiateur : mais de lui-même à
lui-même, à sa propre totalité rêvée, distendue, et par là divine, quoique
humaine. « Il me faut que tu aies été mon semblable, ayant comme
moi un cœur de chair » [23]. La légende évangélique, bien que fausse
peut-être à quatre-vingts pour cent (affirme la Préface [24], dans une
curieuse offensive du langage statisticien) maintient, et le noyau de
réalité qui sauve le Jésus de chair, et les virtualités vraies de la fiction
qui naît selon Renan, non des seuls schémas messianiques, mais de
l'imagination populaire s'exerçant sur Jésus, donc de l'ascendant de
Jésus, donc en dernière analyse, de Jésus lui-même.

Autant Renan s'éloigne du mythisme absolu, autant sa démarche,
à l'époque de la *Vie de Jésus,* récuse la légende comme liberté totale
de l'interprétation imaginante. La légende, c'est l'amalgame — (donc,
dans une indiscernable et peut-être infime mesure, un élément de
réel) — et la transposition (ainsi les imaginations des apôtres, livrent
une façon de percevoir Jésus, et par là même, dans une sorte de choc

---

21. *V.J.*, IV, p. 36-37.
22. *V.J.*, IV, p. 36.
23. *C.J.*, IX, p. 244.
24. *V.J.*, IV, p. 30.

en retour, le sens poétique de Jésus, sa concordance avec une mentalité primitive ou populaire). Renan n'a jamais totalement libéré Jésus des textes offerts à la critique, mais surtout ne l'a pas dissocié de lui-même ; le Jésus de Renan, c'est le rapport de Renan à Jésus.

Ne peut-on en dire autant de tout créateur face à son personnage ? Le Christ de Vigny [24 bis], l'Ahasvérus de Quinet donnent bien figure à l'interrogation religieuse de Quinet, de Vigny. Mais toute la différence vient du tour exclusivement allégorique prêté par ces grandes compositions à la figure du Christ. La mise en accusation de Dieu par Jésus, premier révolté, douteur radical, qui, de rédempteur des hommes, se fait juge du Père, l'aventure de la vocation christique tournée en dérision par le silence de Dieu, tout ce faisceau de pensées et d'images condense dramatiquement une angoisse, mais ne dessine pas le lien direct, personnel, qui, par-delà les reniements dogmatiques, persiste à définir l'approche renanienne de Jésus. Toute l'allégorie du Mont des Oliviers habille une pensée ; à travers la Passion du Christ, tragique de se sentir vaine, apparaît l'éternelle question de la misère de l'homme, qui, privée de la compensation pascalienne de la Grâce, s'installe en misère éternellement misérable, vide de sens et vide de Dieu :

« Et pourquoi pend la mort comme une sombre épée... ». Le Jésus de Vigny fixe en figure « les souffrances humaines » ; il reste uni à son créateur d'un lien étroit mais non totalement direct, de traduction plus que de communication vitale, énergétique. Le Christ de Vigny prête voix à l'angoisse de la mort, le Jésus de Renan consolide la volonté d'être, il installe, par sa mort, l'ordre de la « vie par influence », aménageant, dans le sauvetage idéaliste par le souvenir, par le « charme », par les prolongements de l'œuvre, le rêve d'immortalité. Notre référence à Vigny ne s'inscrit pas dans une comparaison de pur contenu ; au delà de l'opposition de l'angoisse et des variations idéalistes de l'espoir, la différence de Renan et de Vigny *dans leur approche de Jésus* pourrait peut-être s'analyser ainsi : déclic analogique entre la pensée de Vigny et l'image du Christ souffrant (dont le poète renverse le sens mais qui reste surtout une saisissante figure interprétative) ; entre Renan et son Jésus, un lien peut-être plus intime, car Jésus a pour lui une *fonction* ; non pas un rôle de décoration allégorique ni de traduction. Jésus sert à installer Renan dans la postulation de la vie immortelle (du moins pour l'homme de génie). Il se situe par rapport à Renan, dans un rapport vital, et si l'on peut dire *instrumental*, de recharge ou d'aliment car, à travers les rêves de la « vie par influence », Renan continue à se nourrir de Jésus. « Mille fois plus vivant, mille fois plus aimé depuis (sa) mort que durant les jours de (son) passage ici-bas » [25], le Jésus idéaliste poursuivra à sa manière, jusqu'à l'époque des

---

24 bis. Sur la pensée religieuse de Vigny, voir ci-dessous, Appendice II.
25. *V.J.*, IV, p. 351.

Dialogues, son rôle d'exorciste, de thaumaturge ou d'enchanteur, en délivrant « ces vérités qui dominent la mort, empêchent de la craindre et la font presque aimer »[26].

Figure, sans doute, le Jésus renanien témoigne aussi et surtout d'un dynamisme présent et agissant en Renan ; plus qu'il n'habille une pensée, il l'aide à être, et s'affirme moins allégorique que moteur. Cet aspect fondamentalement actif de la présence de Jésus en Renan risque d'être oblitéré par le « style » qui favorise la prolifération des contresens autour du « charme » de Jésus.

Masqué dans une certaine mesure par l'image et la mise en drame, par la présence du doute au cœur des deux figures (mais si le doute du Christ selon Vigny est révolte, le Jésus renanien trouve dans le « don de sourire de son œuvre »[27] l'achèvement de sa maîtrise idéale), l'écart entre Vigny et Renan semble difficilement réductible ; Renan ne paraît jamais avoir rencontré le Christ selon Vigny — pas plus que Vigny ne comprit le Jésus de Renan : *Le Journal d'un poète* porte, à la date du 17 juillet 1863 : « Lecture. Vie de Jésus par Ernest Renan. Tout le volume semble avoir pour but l'*excuse* de l'auteur, Ernest Renan. Il cherche à revenir sur sa négation absolue de la divinité de Jésus-Christ »[28].

Le poème du Mont des Oliviers s'inscrit dans le champ de la fiction, de l'allégorie philosophique. Renan tend au contraire à une sorte d'investissement multiple du réel, Jésus n'est pas pour lui symbolique mais légendaire, mêlé d'un vrai senti comme difficilement saisissable, mais offert à la diversité des hypothèses et des transpositions.

C'est pourquoi aussi peut-être Renan ne fut jamais tenté par le flamboiement « légendaire » à la façon d'E. Quinet. Dans une Lettre à M. Berthelot, le 4 octobre 1860, il fait l'éloge de *Merlin,* « un fort joli rêve, à la manière des Astrées », mais regrette qu'il ne soit pas « un peu éteint sous le rapport du style »[29]. Il semble que la mise en images, dans sa luxuriance symbolique et figurative, représente pour Renan une déperdition du vrai. Il n'existe pas dans l'univers renanien d'équivalent l'Ahasvérus. Pour E. Quinet, l'éternel Juif errant prend le relais d'un Christ que le progrès de l'homme périme ; Ahasvérus, accomplissant tout l'itinéraire de la faute et de l'expiation, accomplit par là même un autre calvaire, une autre rédemption. Le maudit s'achève donc en image nouvelle du Christ, et son salut s'est opéré, non par Jésus (que tout ce drame frappe de caducité), mais par sa propre souffrance et l'aide d'une ange tombée, Rachel, lointaine sœur d'Eloa. Pour figurer le destin de régénération de l'homme, Quinet évoque la mort des dieux,

---

26. *V.J.,* IV, p. 12.
27. *S.P.*
28. Pléiade, *O.C.,* t. II, p. 1391.
29. Corresp. Renan-Berthelot, p. 174.
30. P. 418.

et les roule dans la pourpre de ses hyperboliques images, sans en exprimer la vie ni le sens. Jésus lui-même nomme Ahasvérus « le pèlerin des mondes à venir », suggérant par-là l'amplification du divin par l'humain qui nie Jésus lui-même. Tout le drame s'inscrit dans le temps étrange du retour en arrière, au terme du progrès que l'humanité, selon Quinet, est en train de vivre, et qu'Ahasvérus nous livre donc à la fois comme achevé et se faisant. Cette curieuse rétrospective d'un futur que l'homme n'a pas encore accompli, qu'il commence à peine à vivre, installe tout le drame sur le double registre du temps et de l'éternité, du progrès lié au déroulement, mais aussi de la sanction éternelle donnée à ce progrès futur : dès le prologue, l'Eternel annonce cette épopée d'un devenir meilleur : « La terre était mauvaise, j'en vais demain créer une autre. Je ferai cette fois l'homme d'une argile meilleure ; je le pétrirai mieux » [31]. En attendant cette seconde genèse, Dieu fait représenter la vie passée de la terre (dont le progrès trouve son symbole en Ahasvérus) et ce passé pour Dieu est un futur pour l'homme, qui découvre ainsi, dans la globalité des temps, le secret du monde, la loi du devenir. Celui-ci s'achève dans l'inutilité de toute rédemption, puisque le monde, comme Ahasvérus, est régénéré par son propre progrès. L'idée même du Christ s'abolit alors, la création renouvelée trouvant sa fin et son salut en elle-même. L'achèvement du trajet humain coïncide avec la disparition du Christ, frappé d'inconsistance et dont la mission, désormais inutile, s'achève en élégiaque inanité : « Qu'ai-je été ? Qui suis-je ? Que serai-je demain ? Verbe sans vie ? Vie sans verbe ? Monde sans Dieu ? Ou Dieu sans monde ? Même néant. Mon père, ma mère, mon Eglise avec l'encens de tant d'âmes, était-ce donc un rêve ? » [32].

Il est remarquable qu'E. Quinet dissocie de Jésus l'humain, pour créer en Ahasvérus un nouveau Christ, authentique, nouveau « nouvel Adam ». Les régénérations se multiplient ou se dédoublent pour figurer l'infini progrès. Les deux passions, celle du Christ, celle d'Ahasvérus s'enchevêtrent jusqu'à n'en plus faire qu'une, et pourtant, de sens opposé, elles témoignent, l'une de la péremption de l'ancien monde, l'autre de l'ouverture totale d'un absolu à l'humain. Fantasmagorie post-hégélienne à déroulement « légendaire » qui nous éloigne de la « légende » selon Renan. Si Renan put découvrir plus tard en ce drame quelque image suggestive (ainsi celle de la mort des dieux) [33], l'orientation de la *Vie de Jésus* reste fondamentalement différente de celle d'*Ahasvérus* : l'humain pour Renan (comme l'humain *en* Renan) ne pouvant en 1863 se dissocier de Jésus « personne ».

Pas plus que le mythisme aménagé par Strauss, la *Vie de Jésus* ne représente donc l'allégorie philosophique à la façon de Vigny, ni le déroulement historié, colorié, d'une imagerie symbolique analogue à celle

---

31. P. 2.
32. P. 434.
33. P. 439.

d'Ahasvérus. Si nous insistons sur ce point, c'est qu'il nous semble essentiel de ne pas prononcer à la légère, quand il s'agit de Renan biographe de Jésus, le terme de légende. Notre point de départ n'est évidemment pas une volonté sauvage de nier que le légendaire, au sens traditionnel, puisse former autour de Renan toute une atmosphère, mais nous voudrions éviter l'immédiat déclenchement du déclic : Renan → goût des légendes → vieux fonds celtique... Cet aspect de submersion totale par l'affectif, l'imaginaire, marquera la fin de l'aventure de Renan. Au temps de la *Vie de Jésus,* la légende est ce qui atteste encore une parcelle de vrai et d'histoire. Ce besoin de tenir un résidu de réalité reste longtemps décelable chez Renan ; pas plus que l'image de Jésus, le souvenir de l'être aimé ne se donnera dans la fable de l'imaginaire total : le rêve n'est pas pour lui métamorphose transfiguratrice de l'image ; il livre au contraire passage au réel d'autrefois, dans sa spécificité retrouvée : dans l'*Eau de Jouvence,* la vision de Léolin ne développe aucun onirisme à la façon des Chimères :

« C'est la Mort, ou la Morte, ô délice, ô tourment... ». Non, ce que lui restitue la vision « dont on peut vivre », c'est la communication directe avec le temps vécu, comme si le souvenir déposait une *trace* réelle discernable : « voici la cicatrice que je lui fis au bras, un jour qu'elle me menaça de mourir si je n'étais point sage... »[34]. Et c'est bien comme « un petit sillon, comme la pointe d'un compas au sein de l'infini »[35] que l'auteur des *Dialogues* imagine le souvenir de l'homme en Dieu. Ces anticipations ont pour objet de soutenir l'idée d'une présence du réel, nécessaire au moins virtuellement à Renan dans le rêve ou la légende ; le souvenir, inscrit « comme par la pointe d'un compas », atteste la postulation d'une rémanence de réel (presque ici de technicité), à travers la transfiguration même, qui, dans le recours comparatif à l'ordre du sillon ou microsillon (pour inscrire en Dieu le décalque moral de la vie humaine), s'exprime comme enregistrement, non comme métamorphose.

C'est pour attester la personne, et par ce dessein même il attestait la revendication — irrépressible en lui — de l'individualisme, que Renan renonça à sa première conception vaguement hégélienne, pour se faire hardiment le « biographe » de Jésus[36], dans un sens légendaire et non mythique.

---

34. *Dr. P.,* III, p. 497.
35. *D.P.,* I, p. 628.
36. *V.J.,* IV, p. 80.

CHAPITRE IV

PAUL ET JESUS

Quelle est donc l'aventure de l'image de Jésus, après 1863 ? Renan, comme l'a remarqué J. Pommier, le voit « plus féminin peut-être » [1]. *De la vie de Jésus* à *Marc-Aurèle*, Jésus semble de plus en plus absorbé dans une théologie de chaste volupté, dans une adoration presque amoureuse. L'auteur de *Marc-Aurèle* présente l'Eglise comme une « école de joies infinies » car, « plus de cent ans après sa mort, Jésus était encore le maître des voluptés savantes, l'initiateur des secrets transcendants » [2]. Non seulement il l'était encore, mais, dans la perspective renanienne, ne pourrait-on dire qu'il l'était plus, puisqu'à travers la mort et le souvenir, il s'était multiplié de toute sa vie par influence ?

La vie par influence passe donc nécessairement par la mort, l'action véritable se situant ainsi à l'opposé d'une vie d'homme d'action. Le refus d'installer Jésus dans l'ordre pratique est révélateur de la tendance première ou plutôt du choix premier de Renan ; ce choix s'exprimait dans les *Cahiers,* avec tout l'absolu de la conviction, mais aussi toutes les réticences de la vision critique : « Pour un intellectuel exclusif comme moi, l'homme d'action n'a pas de sens (...). Dans ce point de vue n'est pas le vrai complet, car dans le vrai complet, nul représentant d'une face des choses ne peut être un sot » [3]. Mais les scrupules critiques se résorbent dans la nécessité pour lui d'affirmer la primauté de son propre absolu : « Je jure que moi seul, je tiens le solide (...). Bon gré, mal gré, il faut qu'il en soit ainsi » [4]. .Dans une répulsion instinctive, que l'exigence intime érige en postulat, Renan rejette donc la valeur de l'action. Il est devenu banal de souligner l'opposition, dans la mythologie renanienne, de Paul et de Jésus, symbolisant l'infériorité de l'ordre pratique par

---

1. J. Pommier, *La pensée religieuse de Renan,* p. 223.
2. *M.-A.,* V, p. 898.
3. *C.J.,* IX, p. 215.
4. *C.J.,* IX, p. 308.

rapport à l'idéalisme dans la triple manifestation du bien, du vrai, du beau : « L'homme d'action, tout noble qu'il est quand il agit pour un but noble, est moins près de Dieu que celui qui a vécu de l'amour pur du vrai, du bien ou du beau. L'apôtre est par nature un esprit quelque peu borné ; il veut réussir, il fait pour cela des sacrifices. Le contact avec la réalité souille toujours un peu. Les premières places dans le royaume du ciel sont réservées à ceux qu'un rayon de grâce a touchés, à ceux qui n'ont adoré que l'idéal » [5]. Cependant l'aversion de Renan pour Paul n'est peut-être que fascination contrariée, convertie. Le fougueux apôtre l'attire par une sorte d'élan, de jeunesse conquérante ; il répond sans doute à cette édacité que l'auteur des *Cahiers* s'émerveillait de découvrir en lui, à cette « verdeur » [6] dont les lettres de 1848 livrent le témoignage. Epopée du navigateur, les *Actes des apôtres* libèrent pour lui la seconde poésie du christianisme : « Une brise matinale, une odeur de mer, si j'ose le dire, inspirant quelque chose d'allègre et de fort, pénètre tout le livre et en fait un excellent compagnon de voyage, le bréviaire exquis de celui qui poursuit des traces antiques sur les mers du Midi. Ce fut la seconde poésie du christianisme. Le lac de Tibériade et ses barques de pêcheurs avaient fourni la première. Maintenant, un souffle plus puissant, des aspirations vers des terres plus lointaines, nous entraînent en haute mer » [7]. Cette affirmation toujours plus énergique du dynamisme intérieur exalte aux yeux de Renan l'allant rythmique et créateur de la conquête, le lac s'élargissant en mer, la prédication galiléenne en « odyssée évangélique » [8]. La grande âme de Paul « avait pour caractère particulier de s'élargir et de s'ouvrir sans cesse. Je ne vois que l'âme d'Alexandre qui ait eu ce don de jeunesse, cette capacité infinie de vouloir et d'embrasser » [9]. Ce besoin d'expansion dominatrice, ce rêve de force se révèle — à travers ses intermittences — essentiel en Renan : n'est-ce pas une histoire d'Alexandre [10] qu'il écrirait d'abord, si le désir de sa jeunesse — celui d'une vie foisonnante et multiple — se trouvait réalisé ? L' « envie » qu'il porte, (selon la Dédicace de *Saint Paul* à Cornélie Scheffer [11]), à l'apôtre et à ses compagnons, va moins aux missionnaires d'une foi qu'aux héros d'une aventure.

La hargne contre « le laid petit juif » [12] ne serait-elle donc pas la retombée de l'enthousiasme même ? Face à l'apôtre qui s'affirme en affirmant, le sceptique éprouve jusqu'à l'exaspération le besoin d'une revanche. Il lui envie et donc lui dénie sa certitude : « notre incrédulité

---

5. *S.P.*, IV, p. 1088-1089.
6. *L.F.*, IX, p. 1174.
7. *S.P.*, IV, p. 759.
8. *Ibid.*
9. *S.P.*, IV, p. 753.
10. *Ap.*, IV, p. 463-464.
11. *S.P.*, IV, p. 707.
12. *S.E.J.*, II, p. 756.

douce aurait sa petite revanche si le plus dogmatique des apôtres était mort triste, désespéré, disons mieux : tranquille » [13]. Cette mort obscure, ce désarroi de la foi en Paul, ne consacreraient-ils pas la victoire du critique, puisque, Paul comprenant enfin l'inanité de tout dogme, recevrait la vraie révélation, et qu'alors le désespoir se convertirait pour lui en paix, le désastre en enchantement ?

Le don de jeunesse et de joie, l'alacrité intérieure de Paul ne suffisent pas à compenser ce qui les fonde et qui demeure la faute suprême aux yeux de l'idéalisme : la lourde certitude, profanatrice d'idéal. L'assurance de l'avenir, le sentiment du droit à la récompense, heurtent en Renan un fond d'esthétique morale, — ce que les *Dialogues* appellent « ironie » [14], cette aptitude à se prêter à la morale, à toutes « les fraudes de l'Eternel » [15], mais sans en être dupe et surtout sans vouloir tirer un avantage quelconque de cette vertu. Saint Paul est loin de l'ironie de Philalèthe, et de la « gentilhommerie » [16] de Prospero : c'est dans la certitude que se révèle, aux yeux de Renan, sa tare : « Paul nous dit naïvement que, s'il n'avait pas compté sur la résurrection, il eût mené la vie d'un bourgeois paisible, tout occupé à ses vulgaires plaisirs » [17]. Le péché de Paul, c'est de n'être pas un artiste en morale, Jésus l'était. Tout humaine est la lutte de Paul pour imposer sa vérité et sa prérogative : « Un homme qui dispute, résiste, parle de lui-même (...), un tel homme nous est antipathique. Jésus, en pareil cas, cédait tout et se tirait d'embarras par quelque mot charmant » [18]. Aussi, bien qu'il ait enrichi le christianisme de ses conquêtes à la foi, Saint Paul n'a-t-il fait faire aucun pas au divin. Il ne représentera que le refroidissement théorique, la fixation en dogme, de l'image de Jésus. Paul n'a sur lui aucun reflet de la vraie divinité, c'est-à-dire de la présence même de Jésus. Il n'a pas connu Jésus, il l'a reconstruit, comme un être abstrait, centre du dogme de la rédemption, il a substitué la théologie à la vivante transfusion de la grâce. Entre Jésus et celui qui — le reniant sans le savoir par sa frénésie même à se faire place — se proclame son apôtre au même titre que le vieux Céphas, l'opposition est radicale : « Le Fils de Dieu est unique. Paraître un moment, jeter un éclat doux et profond, mourir très jeune, voilà la vie d'un dieu. Lutter, disputer, vaincre, voilà la vie d'un homme » [19]. Cette hétérogénéité de nature que l'auteur de la *Vie de Jésus* abolit entre le Christ et les hommes se transpose, et sépare fondamentalement l'homme d'action et l'être voué à l'idéal.

---

13. *An.*, IV, p. 1243.
14. *D.P.*, I, p. 562.
15. *D.P.*, I, p. 582.
16. *Dr. P.*, III, p. 482.
17. *S.P.*, IV, p. 997.
18. *S.P.*, IV, p. 925.
19. *S.P.*, IV, p. 1089.

Elle est donc touchante — mais jusqu'au ridicule — l'objection soulevée par l'académicien Mézières [20], à propos de la laideur de Paul, telle que l'avait évoquée l'auteur des *Apôtres* [21], et Renan, dans un article que recueilleront les *Feuilles détachées* [22], doit se défendre d'avoir caricaturé le grand missionnaire. Il ne s'agit aucunement de traits physiques ! Est laid qui ne peut comprendre le beau. Or, le comprit-il, le « juif iconoclaste » [23] qui ne vit qu'idoles dans « les vrais dieux et les vraies déesses » [24] du génie grec ? Entre le chapitre VII de *Saint-Paul* et la Prière sur l'Acropole, la parenté est évidente ; mais, si la Prière ne porte son élan vers l'idéal grec que pour revenir « au pôle opposé » [25], l'évocation de Paul à Athènes est toute parcourue d'une intime révolte face à ce Juif qui vit l'Acropole sans jamais parvenir à en sentir la parfaite beauté : « il vit tout cela, et sa foi ne fut pas ébranlée ; il ne tressaillit pas » [26]. De même l'*Antéchrist* nous montrera Jean à Patmos, transfigurant selon le sombre génie hébraïque une « petite île, faite pour servir de fond au délicieux roman de Daphnis et Chloé » [27], et rêvant, « à ce point central de toutes les grandes créations grecques (...) d'autre chose que du prodigieux génie de Pythagore, d'Hippocrate, de Thalès, d'Héraclite » [28]. Ces âmes « fanatiques », nées du vieil Israël, portaient avec elles, en elles, leur terre sainte. Ne resteront-elles pas responsables pour Renan de l'erreur du christianisme et de l'anathème jeté par lui sur le beau ? « Un système où la Vénus de Milo n'est qu'une idole est un système faux ou du moins partiel ; car la beauté vaut presque le bien et le vrai » [29]. Avant de parvenir à créer, malgré lui, à travers la souffrance, l'extase, les supplices, sa propre qualité de beau, le christianisme fut le contempteur de la beauté, et Paul, devant l'Acropole, préfigure cette injustice et ce mépris.

Mais Paul blasphéma le beau de bien plus grave manière, il resta médiocre artiste, dans la mesure où sa vie ne fut pas œuvre d'art. Il semble que, face à la certitude de Paul, Renan définisse mieux pour lui-même la beauté de Jésus. Dans la *Vie de Jésus*, remarquons-le, Renan exalte en son héros « le grand maître en ironie » [30], mais l'ironie reste ici fine interrogation mêlée de raillerie, et le maître, tout en les dépassant, reste dans le registre de Socrate et de Molière : « Ses exquises moqueries, ses malignes provocations, frappaient toujours au

20. *Journal des débats,* 5 avril 1879.
21. Voir *Ap.,* IV, p. 574.
22. *F.D.,* II, p. 1061.
23. *S.P.,* IV, p. 851.
24. *Ibid.*
25. *S.E.J.,* II, p. 754.
26. *S.P.,* IV, p. 851.
27. *An.,* IV, p. 1351.
28. *An.,* IV, p. 1352.
29. *Ap.,* IV, p. 695.
30. *V.I..* IV, p. 294.

cœur (...). Traits incomparables, traits dignes d'un fils de Dieu ! Un dieu seul sait tuer de la sorte. Socrate et Molière ne font qu'effleurer la peau. Celui-ci porte jusqu'au fond des os le feu et la rage » [31]. Mais l'ironie-détachement, — (le doute maintenu au sein d'une nature passionnée) — n'apparaissent alors que très faiblement, encore atténués par les formules restrictives, à travers la défaillance des derniers jours : « Il se prit peut-être à douter de son œuvre » [32] ; le doute n'est senti que comme une épreuve, tourmente passagère, non pas vraiment confondue avec son art moral, d'essence subtile et sceptique. N'est-ce repos et les récompenses légitimes de la vie fait toujours un retour triste sur lui-même quand l'image de la mort se présente à lui pour la première fois et cherche à lui persuader que tout est vain » [33]. C'est dans l'*Antéchrist* que le détachement face à son œuvre apparaîtra comme une des formes permanentes de Jésus, l'essence même de sa divinité, confondue avec son art moral, d'essence subtile et sceptique. N'est-ce pas son interprétation de Paul qui a conduit Renan à nuancer encore sa vision de Jésus : face à la foi monolithique de l'apôtre, le « divin » fondateur se confond avec « le galant homme », l'artiste en morale. Par là, l'agonie de souffrance et de doute, sentie comme telle dans la *Vie de Jésus,* se change dans l'*Antéchrist* en détachement absolu, total. Le point de départ d'angoisse se trouve donc pulvérisé, et reconverti en maîtrise par le scepticisme : « Nous ne comprenons pas le galant homme sans un peu de scepticisme (...). Jésus posséda au plus haut degré ce que nous regardons comme la qualité essentielle d'une personne distinguée, je veux dire le don de sourire de son œuvre, d'y être supérieur, de ne pas s'en laisser obséder, Paul ne fut pas à l'abri du défaut qui nous choque dans les sectaires ; il crut lourdement » [34]. Ce « nous » dessine une consciensce moderne et occidentale, en tout cas définie par Renan à travers des affinités raciales : « notre race seule est capable de réaliser la vertu sans la foi, d'unir le doute à l'espérance » [35]. Certes, Jésus n'est point Marc-Aurèle pour parvenir à ce point extrême du détachement, mais il le préfigure. Saisi tout entier dans l'angoisse de Gethsémani, elle-même interprétée bientôt dans le sens du doute essentiel qui se mue en ironie, Jésus échappe au schéma judaïque. Renan modèle un Jésus occidental, proche de nos « races », par opposition à Paul, en tout image de l'Orient, incapable d'ironie, sous quelque forme que ce soit, proche après tout de cette Asie qui n'est si religieuse que « parce qu'elle n'a jamais su rire » [36]. L'historien du peuple d'Israël sera plus sensible à ce qu'il y eut de Juif en Jésus, à ce qu'il y eut d'universel

---

31. *V.J.,* IV, p. 293.
32. *V.J.,* IV, p. 321.
33. *Ibid.*
34. *An.,* IV, p. 1185.
35. *Ibid.*
36. Voir *A.S.,* III, p. 957. Sur l'aspect « racial » du problème, voir Appendice I et aussi p. 388, 403 et suiv.

déjà dans la voix des prophètes. Mais, après comme avant l'*Histoire
du peuple d'Israël*, Renan se montrera soucieux d'arracher le christianisme à l'Orient, de le faire « nôtre », c'est-à-dire occidental : ainsi en
1860, dans l'*Avenir religieux des sociétés modernes* : « L'Orient n'a
jamais rien produit d'aussi bon que nous. Qu'y a-t-il de juif dans notre
christianisme germanique ? (...) Gardons notre « évangile éternel », le
christianisme tel que l'a fait notre verte et froide nature » [37]. Cette
primauté s'affirme encore en 1889, dans le discours prononcé aux
funérailles d'E. Havet : « Tout ce qu'il y a de meilleur dans le christianisme c'est nous-mêmes, et ce que nous aimons le plus en lui, c'est
nous. Nos vertes et froides fontaines, nos forêts de chênes, nos rochers
y ont collaboré » [38].

Le refus quasi racial de Paul consacre par contre-coup le sens poétique
de Jésus. Jésus, c'est d'abord sa légende ; mais n'est-il pas la source
et le garant de sa propre légende ? C'est lui qui l'a fondée, dans son être
moral. Paul a-t-il la sienne ? « N'a pas de légende qui veut. Pour avoir
une légende, il faut avoir parlé au cœur du peuple » [39]. Paul ne porte
pas en lui la même authenticité de spontané ; son œuvre propre, c'est
l'idée de la justification par le sang du Christ ; c'est là une théorie, non
un poème. Rien de commun avec la prédication galiléenne. L'œuvre
de Paul n'est que l'élaboration d'un dogme, conçu par un juif passionné,
versé dans l'étude de la Loi, et qui, par un de ces à-coups propres aux
êtres tout d'une pièce, a changé de fanatisme. Paul aurait-il aimé le
vrai Jésus ? Sa foi repose sur un malentendu. Il n'a pas vraiment vécu
en Jésus comme les autres apôtres, qui, même bornés, se sont vraiment
nourris de Jésus, du sacrement vivant de sa présence. Contrairement à
Pierre qui « marche sur l'aspic et le basilic, foule aux pieds le lion et
le dragon » [40], en un mot prête au mythe par sa consonance avec l'imagination populaire, Paul reste un « docteur », un homme à spécialité, le
promoteur de la théologie qui damne et prédestine à la damnation.

« Les écrits de Paul ont été un danger et un écueil, la cause des
principaux défauts de la théologie chrétienne. Paul est le père du subtil
Augustin, de l'aride Thomas d'Aquin, du sombre calviniste, de l'acariâ-
tre janséniste (...). Jésus est le père de tous ceux qui cherchent dans
les rêves de l'idéal le repos de leurs âmes. Ce qui fait vivre le christianisme, c'est le peu que nous savons de la parole et de la promesse de
Jésus » [41].

D'un certaine façon, la légende de Jésus prouve la vérité de Jésus. Il
en est à la fois le poète et le centre ; elle prouve sa faculté de faire
écho à la conscience populaire ; ainsi, quand il évoquait en Jésus l'ar-

---

37. *Q.C.*, I, p. 242.
38. *F.D.*, II, p. 1129.
39. *S.P.*, IV, p. 1087.
40. *Ibid.*
41. *S.P.*, IV, p. 1090.

tiste, le « galant homme », Renan ne songeait nullement à exprimer la préciosité torturée d'un super-esthète. Il se référait en fait à l'analogie fondamentale, et constante en lui, du peuple et du grand art. Il le déclare en 1888 dans une conférence sur la langue française : « Les choses populaires sont presque toutes des choses fort aristocratiques » [42]. Et les *Nouvelles études d'histoire religieuse* insistent sur le refus que l'art oppose aux bourgeois : « L'art, cet aristocrate raffiné, refuse obstinément ses services aux riches ; il lui faut des princes ou des pauvres » [43]. Le peuple comme les riches, sont appréhendés non dans une réalité sociale précise, mais dans un sens mythique et moral. Ainsi l'association des princes et des pauvres est révélatrice : elle confond à dessein tout ce qui refuse la définition du confort ou du lucre. Le pauvre est ici défini par l'enivrement idéal à la façon franciscaine. L'art, tel qu'il s'exprime en Jésus, n'est pas extérieur à la morale : il consacre l'idée trouvant sa forme avec bonheur, il témoigne de l'humain. Renan n'oblitère pas la morale sous les considérations de l'esthétisme, mais l'art est pour lui l'exsudation spontanée d'une vie intérieure à la fois intense et eurythmique — ainsi en Jésus.

Concentration du spontané, Jésus devient, et doit, selon Renan, devenir immédiatement figure, parce qu'il est émanation du peuple, c'est-à-dire des instincts fondamentaux et premiers. Cette vue du grand homme ou, selon la terminologie renanienne, du Fils de Dieu, rappelle la conception du héros selon Michelet [44], l'héroïsme se révélant authentique en Jeanne d'Arc, factice et faussé en Napoléon. Le faux héros est celui de la conquête pour elle-même, consommant êtres et choses dans l'édification de sa seule gloire, idolâtre de sa propre image ; le héros véritable, celui qui, abolissant les limites de la conscience individuelle, magnifie les hommes en les exprimant. Déjà les *Cahiers de jeunesse* voyaient dans le peuple, non pas conçu comme réalité sociale actuelle, mais comme réservoir des forces vitales, « le grand inventeur en littérature comme en tout » [45]. Qu'adore l'humanité en adorant Jésus si ce n'est elle-même, dans la projection de ses plus intimes instincts ?

Jésus n'incarne donc le dieu que dans la mesure où, réconciliant en lui l'individuel et l'humain, il renvoie à l'humanité la transfiguration de sa propre image. C'est par là qu'il réunit, dans une équivalence où ils finissent par se dissoudre, la poésie, l'art, le divin. C'est là son véritable règne, qui transpose idéalement le grand spectacle de sa finale apothéose, rêvé par la naïveté des âges de foi : « L'homme d'idéal, le poète divin, le grand artiste défie seul le temps et les révolutions. Seul il est assis à la droite de Dieu le Père pour l'éternité » [46].

---

42. *F.D.*, II, p. 1093.
43. *N.E.H.R.*, VII, p. 927.
44. Voir J.-L. Cornuz, *J. Michelet...*, p. 188-189.
45. *C.J.*, IX, p. 352.
46. *S.P.*, IV, p. 1090.

A travers l'*Histoire des Origines du christianisme* se dessine, dans son évolution dynamique et nuancée, l'image de Jésus. Renan se projette à travers elle, et vit en elle l'aventure de l'idéalisme, selon les linéaments de l'art et de l'ironie. Cette double maîtrise ne s'accomplit qu'à travers le refus de la fausse victoire du fanatique, de l'apôtre missionnaire. Mais l'image de Saint Paul, antithèse du Jésus renanien, représente cependant un double refoulé de Renan, sur qui s'exerce la fascination de la conquête et de la force.

CHAPITRE V

L'AVENIR DE LA DOCTRINE DE JESUS

Quel est, selon Renan, le lien de Jésus au christianisme ? V. Hugo, dans une lettre à Michelet (du 9 mai 1856) affirme détacher la religion de son fondateur : « Je ne puis oublier que Jésus a été une incarnation sanglante du progrès ; je le retire au prêtre ; je détache le martyr du crucifix, et je décloue le Christ du christianisme. Cela fait, je me tourne vers ce qui n'est plus qu'un gibet, le gibet actuel de l'humanité et je jette le cri de guerre, et je dis comme Voltaire : Ecrasons l'infâme ! et je dis comme Michelet : Détruisons l'ennemi ! » [1]. Renan ne décloue pas le Christ du christianisme, mais sépare celui-ci de toute église constituée. Il le reconvertit en église spirituelle, plus authentique, faite de la communauté des saints excommuniés. Les meilleurs, les plus purs, d'une société civile ou religieuse ne sont-ils pas toujours rejetés, mis à mort comme Jésus ou Socrate, excommuniés comme Spinoza (entendons aussi honnis comme Renan) ? « Consolons-nous en songeant à cette Eglise invisible qui renferme les saints excommuniés, les meilleures âmes de tous les siècles. Les bannis d'une Eglise en sont toujours l'élite ; ils devancent le temps ; l'hérétique d'aujourd'hui est l'orthodoxe de l'avenir » [2]. La Réforme même, dans son essence, ne fut pas une libération du christianisme, elle se fit, non pas au nom de la liberté, mais de la vérité dogmatique, conçue sous une autre forme. Aussi Calvin reste-t-il « peu sympathique » [3] à Renan, dans son fanatisme « d'interprète juré s'arrogeant un droit divin pour définir ce qui est chrétien ou antichrétien » [4]. C'est seulement dans son évolution historique que le protestantisme tourna au profit de la critique et de la liberté des consciences : « Ce qu'on regarde bien à tort comme l'essence du protestantisme naissant, n'a guère été entrevu au XVIe siècle. Sans doute

---

1. Cité par J.-L. Cornuz, p. 12.
2. *Ap.*, IV, p. 468.
3. *N.E.H.R.*, VII, p. 247.
4. *N.E.H.R.*, VII, p. 246.

cet appel de l'Eglise à l'Ecriture, qui faisait l'âme de la Réforme, devait
en définitive tourner au profit de la critique, et en ce sens les premiers
réformateurs sont vraiment les ancêtres de la libre pensée. Mais c'était
sans qu'ils le sussent ni le voulussent » [5]. Le XIXᵉ siècle critique reste,
dans sa mentalité religieuse, très différent du XVIᵉ (intolérant
jusque dans sa protestation et sa Réforme), et présente par là, aux
yeux de Renan, la véritable chance de survie du christianisme de Jésus,
en dehors d'églises ou de sectes : « Loin de correspondre à un affaiblissement du dogmatisme, la Réforme marqua une renaissance de l'esprit
chrétien le plus rigide. Le mouvement du XIXᵉ siècle, au contraire, part
d'un sentiment qui est l'inverse du dogmatisme ; il aboutira non à des
sectes ou églises séparées, mais à un adoucissement général de toutes
les Eglises » [6]. La Réforme procéda de Paul, le mouvement religieux du
XIXᵉ siècle tend donc, selon Renan, à retrouver Jésus dans un christianisme régénéré. Cette régénération véritable ne présente évidemment
aucune parenté avec les manœuvres hypocrites d'un prétendu catholicisme libéral, qui ne peut, selon Renan, rester qu'abâtardi et inconséquent. Ainsi les *Questions contemporaines* flétrissent-elles le libéralisme clérical dans ses calculs politiques de 1848, par exemple : « Avec
quel empressement on se fait démocrate, tout en se riant en secret de la
démocratie ! » [7]. Malheureuse est, selon Renan la position d'immobilité
absolue, mais ce doit être celle de l'église. Seule la philosophie, qui ne
prétend point à la révélation, a le droit de se dépasser et d'user plusieurs
systèmes [8]. L'Eglise « qui bouge » est selon Renan un non-sens, ou plutôt, l'Eglise bouge, mais sentant combien le mouvement est contraire
à son essence et discrédite la vérité révélée, elle est forcée, pour atteindre
un simulacre de cohérence, de le nier, et se voit acculée au mensonge :
« Elle ment à l'histoire, elle fausse toute critique, pour prouver que
son état actuel est semblable à son état primitif, et elle y est obligée
pour demeurer orthodoxe » [9]. Si Renan insiste sur la nécessité, pour
l'Eglise, d'intégrité intransigeante, de pétrification, n'est-ce pas l'envers
d'un plaidoyer pour lui-même ? Dans cette perspective, l'idéalisme
critique, dans sa rupture avec l'Eglise, se présente non comme trahison
mais comme prolongement du christianisme : « Si Jésus revenait parmi
nous, il reconnaîtrait pour ses disciples non ceux qui prétendent l'en-
fermer dans quelques phrases de catéchisme, mais ceux qui travaillent à
le continuer » [10]. En présentant l'Inquisition comme « la conséquence
logique de tout le système orthodoxe » [11], Renan consacre la rupture
entre l'Eglise et le Christ. Le christianisme libéré tend à retrouver

---

5. *N.E.H.R.*, VII, p. 248.
6. *Ap.*, IV, p. 468.
7. *Q.C.*, I, p. 284.
8. *Q.C.*, I, p. 285.
9. *Q.C.*, I, p. 286.
10. *Ap.*, IV, p. 364.
11. *Q.C.*, I, p. 300.

l'Evangile à travers une indifférence absolue aux formes. Renan ne décloue donc pas Jésus du christianisme, mais détache le christianisme de l'Eglise, et affirme le sentiment religieux dans son irremplaçable unicité.

L'idée de la fraternité des âmes, de l'intimité du lien, reste pour Renan le véritable apport du christianisme, et ne saurait être remplacée par une quelconque conception de morale sociale, simple organisation des amours-propres, telle que la définit, par exemple, l'article *Homme* de l'*Encyclopédie*. Le christianisme, d'après l'*Introduction aux Apôtres*, reste pour Renan le véritable opposé « de la sécheresse de cœur et de la petitesse qui envahit le monde » [12]. L'idéal moral se situe pour lui aux antipodes d'un système de bonne police, d'une sorte de mécanisme régulateur. En ce sens, le XVIIIᵉ siècle et la mentalité cléricale, Voltaire et les Jésuites, se rejoignent par le souci de l'organisation ou de la règle. « L'erreur de la France est, en général, de croire qu'on peut suppléer à la libre spontanéité des âmes par des institutions bien combinées » [13]. Aussi l'omnipotence de l'Etat, son pouvoir centralisé représentent-ils un danger, une menace de frustration pour les aspirations religieuses, comme tout ce qui contribue à fixer l'homme dans un ensemble constitué hors de lui : « Le royaume de Dieu (...) est la protestation contre ce que le patriotisme a de trop exclusif. L'Etat ne sait et ne peut savoir qu'une seule chose, organiser l'égoïsme (...). L'organisation du dévouement, c'est la religion » [14], développement que prolongera la Préface des *Feuilles détachées* : « On voit venir le jour où tout sera syndiqué, où l'égoïsme organisé remplacera l'amour et le dévouement » [15]. Le christianisme tend à dissoudre tous les égoïsmes, même ceux qui ont usurpé un droit et prétendent au sacré, la patrie et le lien familial : « le christianisme fut une réaction contre la constitution trop étroite de la famille dans la race aryenne (...). La famille temporelle ne suffit pas à l'homme. Il lui faut des frères et des sœurs en dehors de la chair » [16]. C'est bien une sorte de christianisme retrouvé, une façon de « sentir Dieu » ensemble que représente aux yeux de Renan la communauté de Ménilmontant, les premiers efforts de l'Eglise Saint-Simonienne [17]. L'Etat moderne, comme l'empire romain dans sa suspicion contre les *collegia* ou *coetus* essentiellement formés d'esclaves ou de petites gens, ne s'efforce-t-il pas d'isoler l'individu, « de combattre un désir légitime des pauvres, celui de se serrer dans un petit réduit pour avoir chaud ensemble » [18]. Semblable position prise en 1866 par Renan à propos des associations pourrait faire croire en lui à des velléités socia-

---

12. *Ap.*, IV, p. 469.
13. *Q.C.*, I, p. 259.
14. *Ap.*, IV, p. 696-697.
15. *F.D.*, II, p. 943.
16. *Ap.*, IV, p. 547-548.
17. *Ap.*, IV, p. 560.
18. *Ap.*, IV, p. 685.

listes : « La vie, la joie ne renaîtront dans le monde que quand notre défiance contre les *collegia,* ce triste héritage du droit romain, aura disparu. L'association en dehors de l'Etat, sans détruire l'Etat, est la question capitale de l'avenir. La loi future sur les associations décidera si la société moderne aura le sort de l'ancienne. Un exemple devrait suffire : l'Empire romain avait lié sa destinée à la loi sur les *coetus illiciti,* les *illicita collegia.* Les chrétiens et les barbares, accomplissant en ceci l'œuvre de la conscience humaine, ont brisé la loi, l'Empire, qui s'y était attaché, a sombré avec elle » [19]. Renan multiplie dans les *Apôtres* les points de contact entre christianisme et socialisme : mouvement de « prolétaires » [20] semblables à ces Juifs du ghetto de la Porta Portese qui furent les premiers chrétiens de Rome (et les ancêtres des prélats romains), le socialisme germe surtout, comme autrefois la doctrine chrétienne, dans « ce qu'on appelle la corruption des grandes villes » [21]. Cependant l'idéaliste oblitère en lui le justicier et dissout les exigences sociales. Sa sympathie ne va qu'à un socialisme d'essence religieuse et supra-sensible, doublement domestiqué par un recul dans le mythe et dans le passé ; les « prolétaires » Aquila et Priscille représentaient ainsi une survivance des *ebionim* de Jésus, tels que les envisage Renan, dans une sublimation de l'exigence sociale en fraternité spirituelle. La question sociale est de nos jours singulièrement complexe, selon l'auteur des *Apôtres* : « Dans l'Antiquité, sur les bords de la Méditerranée, la vie matérielle pouvait être simple ; les besoins du corps étaient secondaires et facilement satisfaits. Chez nous, ces besoins sont nombreux et impérieux : les associations populaires sont attachées à la terre comme par un poids de plomb » [22]. Ce qui, dans le socialisme, prolonge la doctrine de Jésus, aux yeux de Renan, c'est donc la pure aspiration à la communauté fraternelle, tout un possible développement mystique de l'idée d'association. Mais le contenu proprement socio-économique lui paraît une tare. Si les premiers chrétiens, dans leur état servile ou leur humilité de *tenuiores* se présentent à lui dans la plénitude des dons moraux, le peuple, en 1848, — époque pourtant de sa dilatation humanitaire — lui semble avili, quoique non responsable de son avilissement. S'il l'excuse et le comprend, c'est en rappelant un verset du Coran selon lequel l'esclave, à faute égale, recevra dans l'autre vie un châtiment deux fois moindre que celui de l'homme libre [23]. Au contraire, jusque dans son image la plus humiliée et presque ignominieuse, celle du Syrus du premier siècle, le chrétien reste « porteur de la bonne nouvelle à tous les affligés » [24]. Il n'est jamais, lui, l'analogue de la bête qu'il faut dresser,

19. *Ap.,* IV, p. 689.
20. *S.P.,* IV, p. 815.
21. *S.P.,* IV, p. 948.
22. *S.P.,* IV, p. 905.
23. *L.F.,* IX, p. 1101.
24. *Ap.,* IV, p. 653.

selon la correspondance que suggère, à propos du véritable peuple, la lettre à Henriette du 30 juillet 1848 [25].

L'affinité du socialisme et de la doctrine chrétienne reste virtuelle, elle achoppe sur « le poids de plomb », le contenu réel des revendications populaires modernes. C'est le lien en tant que tel, dans son idéalité pure, qui détermine pour Renan l'essence du christianisme, c'est la nostalgie du vieux cantique : « Oh ! qu'il est bon, qu'il est charmant à des frères d'habiter ensemble ». Il définit le christianisme primitif comme une grande association de pauvres, un effort héroïque contre l'égoïsme, fondé sur cette idée que « chacun n'a droit qu'à son nécessaire, que le superflu appartient à ceux qui n'ont pas » [26]. Ce rêve de pauvreté radicale, universelle, ce communisme mystique est très différent des revendications sociales pour avoir plus, qui, selon Renan, signent l'individualisme inférieur. La pauvreté chrétienne est une affirmation spirituelle, non une revendication de droits. Aussi Renan rêve-t-il un christianisme élargi, défini par le lien idéal, exprimé par « de grandes choses, telles que la science, qui s'organiseront sous forme monastique, avec hérédité en dehors du sang » [27]. Tout ce qui arrache l'homme à son individu, à l'égoïsme, loi selon Renan de la société civile, prolonge l'œuvre purificatrice du christianisme. Ainsi, ce n'est pas sans surprise que nous voyons dans l'*Avenir de la science* [28], puis dans les *Dialogues philosophiques,* l'impôt mystiquement régénéré : certes il ne vaut pas la libre adhésion des âmes, mais il fonde une forme d'union, une participation forcée du profane lui-même à ce que l'optimisme de Renan appelle l'idéal : « de nos jours, les mille paysans, autrefois serfs, maintenant émancipés, se livrent peut-être à une grossière bombance, sur les terres de (l') abbaye. L'impôt mis sur ces terres les purifie seul un peu, en les faisant servir à un but supérieur » [29].

Il est remarquable que Renan, dans sa rupture avec les religions positives, ne réduise pas le fait religieux à l'ordre éthique, mais persiste à en maintenir l'irréductible spécificité. La religion une fois vidée du dogme, que reste-t-il ? L'essentiel d'elle-même, selon Renan, c'est-à-dire l'instinctif besoin auquel elle répondait. « Les besoins que représente (le christianisme) dureront éternellement » [30]. Aussi envisage-t-il la faillite dogmatique non comme ruine mais comme promesse d'avenir pour la religion : « Chacune (des) familles religieuses aura deux sortes de fidèles, les uns croyants absolus comme au Moyen-Age, les autres sacrifiant la lettre et ne croyant qu'à l'esprit. Cette seconde fraction grandira dans chaque communion, et comme l'esprit rapproche autant

25. *L.F.,* IX, p. 1101.
26. *Ap.,* IV, p. 550.
27. *Ap.,* IV, p. 551.
28. *A.S.,* III, p. 1138, n. 107.
29. *D.P.,* I, p. 624.
30. *Ap.,* IV, p. 551.

que la lettre divise, les spiritualistes de chaque communion arriveront
à se rapprocher tellement qu'ils négligeront de se réunir tout à fait. Le
fanatisme se perdra dans une tolérance générale. Le dogme deviendra
une arche mystérieuse, que l'on conviendra de n'ouvrir jamais. Si l'arche
est vide, alors, qu'importe » [31] ! En dépit des singuliers aléas du métier
de prophète, cette prédiction, de ton œcuménique, faite en 1866, pour
cent ans après, semble avoir, dans une large mesure, rencontré le vrai.

Le rêve d'un christianisme se perpétuant à travers la fraternité dans
la science nous révèle l'essence de la religion selon Renan. Cette fraternité, soin des pauvres dans la primitive Eglise, il la remodèle en pure
spéculation, il la rêve en contemplatif. Déjà dès décembre 1843, dans
les *Principes de conduite,* il découvrait en lui — comme une supériorité
ou un manque ? — le primat de la spéculation sur la charité : « Puisque Dieu ne m'inspire pas ce zèle vif, ardent et expansif pour le salut de
beaucoup qu'il donne à ses âmes choisies, je me contenterai du rôle
modeste de chercheur. (...) Comme je suis un peu porté à l'égoïsme
philosophique, je marierai toujours l'idée de l'utilité de quelques-uns de
mes frères à celle de la recherche personnelle de mes convictions » [32]. A
travers l'humilité contrite perce la joie à trouver sa voie propre, et ce
n'est pas sans recours à quelque jésuitique méthode de direction d'intention que le jeune séminariste purifie en lui l'égoïsme intellectuel.
Ainsi, dès la vingtième année, se fait jour en Renan le goût des Thélèmes
philosophico-religieuses, dans le commerce de « quelques-uns, ses véritables frères ».

Pour l'auteur des *Apôtres,* c'est à la philosophie de promouvoir le
problème religieux, elle seule peut retrouver réflexivement la grande
vérité d'abord entrevue d'instinct par les âges spontanés. Retrouver le
spontané par et à travers la réflexion, telle est sa tâche. La philosophie
manque son rôle lorsque, selon la méthode du XVIIIe siècle, elle réduit
le phénomène religieux à la crédulité ou à l'imposture : « La religion
n'est pas une erreur populaire ; c'est une grande vérité d'instinct, entrevue par le peuple, exprimée par le peuple. Tous les symboles qui servent
à donner une forme au sentiment religieux sont incomplets, et leur
sort est d'être rejetés les uns après les autres. Mais rien n'est plus faux
que le rêve de certaines personnes qui, cherchant à concevoir l'humanité
parfaite, la conçoivent sans religion. C'est l'inverse qu'il faut dire » [33].

Prétendre à la rupture entre philosophie et religion, c'est donc, selon
Renan, manquer le problème unique. Pauvre maîtrise que celle d'une
philosophie qui dédaigne de reprendre à son compte l'éternelle question de l'infini : « Quand la philosophie déclare qu'elle ne s'occupe pas
de religion, la religion lui répond en l'étouffant et c'est justice, car la

---

31. *Ap.,* IV, p. 467.
32. *F.I.R.,* IX, p. 1485.
33. *Ap.,* IV, p. 701-702.

philosophie n'est quelque chose que si elle montre à l'humanité sa voie, si elle prend au sérieux le problème infini qui est le même pour tous » [34]. Ainsi, à Athènes, la méprisante aristocratie des penseurs et des grammairiens, insensibles aux besoins intimes de la foule, dont témoignait dans la cité le grossier déferlement des cultes d'Asie, ne surent-ils pas entendre la parole de Paul. « Nul ne se doutait que ce radoteur les supplanterait un jour et que, 474 ans après, on supprimerait leurs chaires tenues pour inutiles par suite de la prédication de Paul » [35]. La moralité de l'épisode, ce n'est pas l'exaltation de Paul et de la religion comme telle, mais la nécessité pour la philosophie de tenir compte de l'instinct religieux, de répondre à une attente essentielle, au lieu de la nier ou d'en rire.

---

34. *S.P.*, IV, p. 862.
35. *Ibid.*

CHAPITRE VI

RELIGION ET SPECULATION

C'est donc à une traduction philosophique de l'instinct religieux que semble tendre l'idéalisme de Renan. « Une heure de sainte Thérèse ou de Spinoza vaut une journée de Vincent de Paul »[1] ; cette équation traduit la primauté, sur l'acte charitable, de la vie en Dieu, transposée, à travers Spinoza, en contemplation philosophique. Cette reconversion est en fait, selon Renan, un retour au vrai Dieu, à l'idée pure. Quel est en effet le sens des religions positives, sinon de délivrer un symbole accessible aux âmes qui ne peuvent atteindre directement l'idéal ? Les religions sont donc paraboles ou figures, connaissance médiate et approximative à l'usage des simples, qui ont besoin de voir, presque de toucher, le dieu façonné par leurs rêves : « Nous voudrions aussi un jeune dieu qui souffre »[2], chantent les femmes dans les *Deux chœurs* et leur imagination amoureuse, tour à tour caressante et ensanglantée, voit et ses cheveux blonds et son cœur transpercé, pressent les transes et « tressaillements » mystiques ou orgiaques. Renan le remarquait dès les *Cahiers de jeunesse*, le « peuple » a besoin d'une doctrine triste « qui pleure avec lui »[3], et l'humanité dans son ensemble, désire une incarnation de l'idéal[4]. C'est que, selon les termes de Renan dans les *Apôtres* « pour les âmes de rang secondaire qui ne peuvent aimer Dieu directement, c'est-à-dire trouver du vrai, créer du beau, faire du bien par elles-mêmes, le salut est d'aimer quelqu'un en qui luise un reflet du vrai, du beau, du bien. Le plus grand nombre des hommes a besoin d'un culte à deux degrés. La foule des adorateurs veut un intermédiaire entre elle et Dieu »[5]. L'idéalisme supprime au contraire toute médiation ; en même temps que l'incarnation du divin, se dissipe toute idée de rapports, avec lui, de personne à personne, et principalement toute idée

---

1. *N.E.H.R.*, VII, p. 1006.
2. *F.I.R.*, IX, p. 1582.
3. *C.J.*, IX, p. 401.
4. Voir *M.-A.*, V, p. 1109.
5. *Ap.*, IV, p. 505.

de sujétion à un dieu monarque. « Autrefois, la religion était la sujétion à un être supérieur, maintenant, elle est l'adoration de l'idée pure, et comme l'a si bien définie M. Strauss, « l'acte de l'esprit qui recueille et ramène à l'unité les rayons de l'idée, qui se réfractent et se brisent dans la multiplicité des phénomènes » [6]. Approchons cette formule de Strauss, citée dans les *Dialogues philosophiques*. L'idée peut représenter la loi, qui unifie la multiplicité des faits, mais cette définition scientifique reste insuffisante car la loi ne « rayonne » pas, elle n'a pas de dynamisme propre, de vie en elle-même, elle n'est qu'un rapport de forces ou de quantités. L'idée semble ici ce qui fonde la loi même et la fait exister, l'équivalent de ce que les religions nomment Dieu. Renan est soucieux de poser l'idéalisme comme fondamentalement étranger au sentiment de soumission qui définit un moment historique de la religion, mais la nie dans son évolution véritable. C'est l'initiative spontanée, l'activité de l'esprit qui légitiment la connaissance et l'amour du divin. Renan, à travers la conception de Strauss, rejoint les vues de Spinoza dans le *Traité théologico-politique* : « La foi dans les récits historiques, alors même qu'elle envelopperait une certitude, ne peut nous donner la connaissance de Dieu, ni, conséquemment, l'amour de Dieu » [7]. L'acte de l'esprit recueillant et ramenant à l'unité les rayons de l'idée semble répondre à la conception de l'amour intellectuel de Dieu, tel que le définit la dernière partie de l'*Ethique* : « Le troisième genre de connaissance va de l'idée adéquate de certains attributs de Dieu à l'idée adéquate de l'essence des choses » [8]. Dans cette perspective, le Jésus renanien a concentré, à son heure, les rayons du divin, puisqu'il a fait passer la mentalité religieuse de l'image du Dieu hébraïque, — (maître, séparé) — à celle du Père spirituel, partout présent d'une présence intime. Sans doute, le Jésus de Renan reste lié à son temps, à cet âge poétique qui, n'ayant pas, en Judée du moins, l'idée des lois naturelles, n'a pu éliminer la croyance au miracle. Mais Renan l'imagine concevant un dépassement idéaliste, un état plus pur de l'adoration. S'il évoque le temps béni du rêve galiléen, ce n'est pourtant pas comme achèvement parfait de l'idée pure, et c'est de Jésus même qu'il s'autorise pour ouvrir des perspectives d'avenir : « Heureux qui a pu voir de ses yeux cette éclosion divine, et partager, ne fût-ce qu'un jour, cette illusion sans pareille ! Mais plus heureux encore, nous dirait Jésus, celui qui, dégagé de toute illusion, reproduirait en lui-même l'apparition céleste et, sans rêve millénaire, sans paradis chimérique, sans signes dans le ciel, par la droiture de sa volonté et la poésie de son âme, saurait de nouveau créer en son cœur le vrai royaume de Dieu » [9] !

---

6. *D.P.*, I, p. 588.
7. Spinoza, *Traité théologico-politique*, IV, p. 89.
8. *Ethique*, t. II, p. 211.
9. *V.J.*, IV, p. 205.

Le lyrisme de l'effusion renanienne dans cette version nouvelle du
Sermon sur la montagne nous éloigne de la mise en forme géométrique
de l'*Ethique* comme du dépouillement du *Traité théologico-politique,*
mais l'adorateur de l'idée pure figuré par le Jésus renanien, ne peut-il
se confondre avec le Christ de Spinoza ? Selon le chapitre IV du
Traité, les prophètes n'ont pas eu de Dieu la véritable connaissance,
parce que, semblables à Adam recevant la défense de manger du fruit,
ils ont perçu « la révélation, non comme une vérité éternelle et nécessaire, mais comme une loi, c'est-à-dire une règle instituant qu'un certain
profit ou un dommage sera la conséquence d'une certaine action, non
par une nécessité inhérente à la nature même de l'action, mais en vertu
du bon plaisir ou du commandement absolu d'un prince » [10]. Le Christ
selon Spinoza n'est pas un prophète, car il n'accède pas au divin à
travers les images anthropomorphistes du Dieu roi ou législateur, et
conçoit la révélation, non comme une loi, mais comme une vérité éternelle. Ainsi, il n'est pas l'intermédiaire, mais la « bouche même de
Dieu » [11]. « Certes, Dieu s'est révélé au Christ ou à la pensée du Christ
immédiatement et non par des paraboles et des images comme il s'était
révélé aux Prophètes. Nous connaissons nécessairement par là que le
Christ a vraiment perçu les choses révélées, c'est-à-dire les a connues
intellectuellement, car on dit qu'une chose est connue intellectuellement
quand elle est perçue par la pensée pure en dehors des paroles et des
images. Le Christ donc a perçu les choses révélées et les a connues en
vérité, — par suite, s'il les a jamais prescrites comme des lois, il l'a fait
à cause de l'ignorance et de l'obstination du peuple » [12]. Ainsi, pour
Spinoza comme pour Renan, le Christ représente la sagesse de Dieu,
mais nullement l'union de deux natures, l'hypothèse d'un Dieu-homme
ne paraissant pas moins absurde à Spinoza, selon les termes d'une lettre
à Oldenburg [13], que celle d'un cercle qui aurait revêtu la nature d'un
carré. Peu lui importe même l'individu dans sa réalité historique, le
Christ selon la chair, dont la connaissance n'est pas nécessaire au salut.
« Mais il en est tout autrement du fils éternel de Dieu, c'est-à-dire de
la sagesse éternelle qui s'est manifestée en toute chose, principalement
dans l'âme humaine, et, plus que nulle part ailleurs, dans Jésus-Christ » [14].
Cet extrait que Strauss cite dans la *Nouvelle vie de Jésus* [15], Renan le
reprend dans une Conférence [16] prononcée à La Haye le 12 février 1877
pour célébrer le deuxième centenaire de la mort du philosophe, et il
n'est pas indifférent que la pensée de Spinoza lui parvienne — peut-
être — par le détour d'une philosophie hégélienne. L'idée fondamen-

---

10. *Traité théologico-politique,* IV, p. 91.
11. *Ibid.,* p. 92.
12. *Ibid.,* p. 92-93.
13. Spinoza, *Lettres,* lettre 73, p. 336.
14. *Ibid.*
15. *Nouvelle vie de Jésus,* t. II, p. 418-419.
16. *N.E.H.R.,* VII, p. 1033.

tale, que la qualité de Fils de Dieu est native en l'homme, établit un lien entre la philosophie de Spinoza et celle de Strauss, surtout dans la *Nouvelle vie de Jésus*. Strauss y invite l'humanité « à demander son salut au Christ idéal, à ce type de perfection morale dont le Jésus historique a mis en lumière plusieurs traits principaux, mais dont la virtualité est le titre natif et général de l'espèce humaine » [17]. Cependant, Strauss considère que l'achèvement de ce type ne peut être que l'œuvre progressive de l'humanité, aboutissant à Dieu ; par cette démarche hégélienne, il se sépare de Spinoza pour qui la substance est première, indépendante et exclut le devenir. De plus la perfection de Jésus selon Strauss est seulement morale, selon Spinoza elle est intellectuelle. En quel sens Spinoza peut-il parler de révélation, à propos de Jésus, si Jésus comprend Dieu intellectuellement, le connaît d'une connaissance adéquate, en dehors de tout mot et de toute image ? C'est que, dans la pensée de Spinoza, Dieu est le lieu de toute connaissance. Comme l'exprime A. Matheron dans son ouvrage *Le Christ et le salut des ignorants chez Spinoza* [18] : « Tout ce que nous concevons clairement et distinctement, c'est l'idée de Dieu (...) qui nous le dicte ; non par des mots, certes, mais d'une façon beaucoup plus parfaite, et qui s'accorde pleinement à la nature de notre esprit : quiconque a goûté à la certitude intellectuelle le sait d'expérience. Ainsi, le Christ, sans abus de langage, a-t-il le droit (comme d'ailleurs tout philosophe authentique) de déclarer tenir de Dieu tout ce qu'il a perçu adéquatement » [19]. La religion, conçue comme l'acte de l'esprit qui concentre et réfracte les rayons de l'idée, selon la définition de Strauss reprise par Renan, semble bien correspondre à cette coïncidence entre l'homme et le tout que traduit l'amour intellectuel de Dieu. Cette forme de l'amour, ou connaissance du troisième genre, Spinoza la définit ainsi dans la 5ᵉ partie de l'*Ethique* (proposition 36) : « L'amour intellectuel de l'âme envers Dieu est l'amour même duquel Dieu s'aime lui-même, non en tant qu'il est infini, mais en tant qu'il peut s'expliquer par l'essence de l'âme humaine considérée comme ayant une sorte d'éternité » [20]. Il semble que Dieu se connaisse ici à travers la pensée même de l'homme ; cet amour intellectuel consacre, selon les termes de R. Misrahi « une prise de conscience du monde par lui-même, et cela exclusivement par cette médiation qu'est la conscience réflexive du philosophe » [21]. En ce sens, Jésus, tout sage authentique, concentre les rayons de l'idée, puisque, s'il connaît Dieu, Dieu se connaît aussi à travers lui. C'est dans cette perspective que Renan définit Spinoza comme un philosophe religieux, « l'homme qui eut à son heure la plus haute conscience du divin » [22]. L'amour de Dieu est donc pour Spinoza

---

17. *Nouvelle vie de Jésus*, t. II, Conclusion.
18. P. 94.
19. *Ibid*.
20. *Ethique*, t. II, p. 225.
21. R. Misrahi, *Spinoza*, p. 117.
22. *N.E.H.R.*, VII, p. 1025.

une forme de la connaissance. Il n'y a pas à blâmer ceux qui ne parviennent pas à ce degré, ni ceux qui font le mal... Un être qui n'atteint pas cette forme de béatitude n'est pas en cela puni, damné, ni exclu ; il n'expie rien, il reste dans son ordre et selon sa nature, sans blâme ni réparation : « Les hommes (...) peuvent être excusables et néanmoins privés de la béatitude (...). Un cheval est excusable d'être cheval et non homme » [23]. L'idée de rédemption est étrangère à Spinoza, puisque le péché lui est inconnu, chaque chose et chaque être se définissant par sa nature, elle-même découlant nécessairement de sa cause. « Rien de plus, en effet, n'appartient à la nature d'aucune chose que ce qui suit nécessairement de sa cause telle qu'elle est donnée » [24]. Si le Christ est libérateur, c'est seulement pour Spinoza dans le sens où il a substitué l'amour à l'obéissance, où il a révélé la connaissance directe et adéquate de Dieu. Voici la traduction, par Renan, de la pensée de Spinoza : « Le fruit de la religion, c'est la béatitude ; chacun y participe dans une mesure proportionnelle à sa capacité et à ses efforts. Les âmes que la raison gouverne, les âmes philosophiques, qui dès ce monde vivent en Dieu, sont à l'abri de la mort ; ce que la mort leur ôte n'est d'aucun prix ; mais les âmes faibles ou passionnées périssent presque tout entières, et la mort, au lieu d'être pour elles un simple accident, atteint jusqu'au fond de leur être » [25]. Renan semble reprendre à son compte l'interprétation allégorique donnée par Spinoza de la résurrection du Christ et de la survie des individus, consacrés en éternité, sauvés du temps dans la mesure où ils ont développé en eux la partie impérissable de leur être, celle qui échappe aux passions, et qui, dès la vie terrestre, vit en Dieu, c'est-à-dire le connaît adéquatement. Comme le souligne A. Matheron,

> « Si l'on entend par « morts » ceux qui, esclaves de leurs passions, ont une âme dont la partie périssable est plus grande que la partie impérissable (et tel doit être le sens de ce mot dans la formule : « laissez les morts enterrer leurs morts »), le Christ, en ce sens tout spirituel, s'est *vraiment* levé d'entre les morts : il a reçu l'éternité en même temps qu'il donnait l'exemple d'une sainteté exceptionnelle ; et dans la mesure où ses disciples suivent son exemple, il les tire, eux aussi, d'entre les morts (...). Spinoza (...) ne dissipe pas toute équivoque ; de l'éternité ou de la sainteté, il ne dit pas laquelle est la cause, mais nous savons ce qu'il en pense : c'est la conduite sainte qui découle de l'éternisation de l'esprit, non l'inverse » [26].

Dans cette perspective, le Christ n'accède pas à l'éternité parce qu'il est saint, il est saint parce qu'il est éternel, il est éternel parce qu'il a

23. Spinoza, *Lettres,* lettre 78, p. 347.
24. *Ibid.*
25. *N.E.H.R.,* VII, p. 1034.
26. A. Matheron, *Le Christ et le salut des ignorants chez Spinoza,* p. 259.

connu Dieu adéquatement par la pensée durant sa vie terrestre, et que cet attribut de Dieu — la pensée — dans laquelle il a été compris et a vécu, survit nécessairement à la mort d'un individu. Il est éternel dans un attribut de Dieu, en Dieu. Ce n'est point là un acte de la justice de Dieu. Si celui qui n'a pas connu Dieu meurt tout entier, ce n'est pas non plus châtiment : c'est un fait intelligible et nécessaire que, n'ayant point, par la pensée, participé à l'éternité de Dieu de son vivant, il ne se survive pas dans cet attribut de Dieu, la pensée, après sa mort. De cette conception se dégage d'abord une figure intellectualisée du Christ — sage et en quelque sorte savant, puisque A. Matheron suggère qu'aux yeux de Spinoza, le pouvoir thaumaturgique put être un sous-produit de son savoir [27] — la morale se résorbe dans la connaissance, en même temps que disparaît toute idée de justice de Dieu.

Si Renan reprend à son compte le dessin général de l'allégorie, de la résurrection symbolique, en détaille-t-il les éléments ? Non, certes, et dans les détails il ne les eût pas, semble-t-il, acceptés. Pour lui Jésus, étranger à la science, est essentiellement figure de beauté morale, et son éternité symbolique reste surtout de couleur affective : il se survit dans l'amour des autres, vivant et agissant où il est aimé. Cette forme de survie prolonge sa divinité humaine et contribue au perfectionnement de l'humain, elle fait partie du moteur moral qui sert à « avancer Dieu ». L'influence sur l'humain, sur l'universel progrès, se confond pour Renan avec la vie en Dieu : « Des hommes parfaitement ignorés de la foule exercent en réalité dans le monde une plus grande influence que les hommes dont la réputation est la plus bruyante. C'est en Dieu que l'homme est immortel » [28]. Cette marque de l'être dans le progrès du monde, ce souvenir en Dieu, selon la terminologie renanienne, constituent un acte de justice et non seulement une nécessité de fait. Justice aussi serait, au terme de l'évolution déifique, le retour à la vie de tout ce qui véritablement a vécu. Une certaine sensibilité morale et religieuse, une profonde exigence de justice — présupposant qu'une vie autre qu'idéale n'est pas seulement un simple fait en rapport nécessaire avec une cause, mais bien une sorte de péché — composent l'idéalisme de Renan. Le trait qui l'attire surtout en Spinoza, c'est l'idée du désintéressement absolu dans l'amour de Dieu [29], c'est-à-dire l'élément le plus susceptible de développement moral. Or, ce fait du discrédit de l'obéissance est plus intellectuel que moral chez Spinoza : la soumission prouve que l'on n'a pas de Dieu une connaissance adéquate, l'attente de la récompense est plus peut-être pour lui une erreur qu'une faute, elle représente un traduction grossière, par l'ignorance, de la vie éternelle au sens où l'entendait le philosophe Jésus.

27. *Ibid.*, p. 260.
28. *F.P.*, I, p. 649.
29. Voir *N.E.H.R.*, VII, p. 1035.

Pour Renan, elle reste avant tout péché contre le beau moral, contre l'esprit de sacrifice et d'offrande à l'invisible.

Sans doute l'idée d'un Dieu dont tout participe éveille en Renan certains échos : Spinoza, selon lui, « vit bien qu'on ne saurait faire à l'infini une part limitée, que la divinité est tout ou rien, et que, si le divin est quelque chose, il doit tout pénétrer »[30]. Mais Renan ne surimprime-t-il pas le Dieu de Hegel sur celui de Spinoza ? Dieu n'est pas pour lui la substance immuable, mais l'idéal, dans sa réalité présente, et dans sa réalité future, le résultat de l'universel *nisus*. Aussi, plutôt que de le concentrer en substance unique, Renan préfère-t-il diluer Dieu dans le divin. Selon la formule d'Antistius, prêtre de Némi : « Les dieux sont une injure à Dieu. Dieu sera, à son tour, une injure au divin »[31]. L'absence, ou plutôt l'absolue impossibilité du devenir, dans le Dieu de Spinoza, heurte en Renan la tendance évolutionniste : « Spinoza n'arriva point à cet infini vivant et fécond que la science de la nature et de l'histoire nous montre présidant dans l'espace sans borne à un développement de plus en plus intense »[32]. L'absolu du divin est affirmé par Spinoza comme par les philosophes du devenir, mais selon deux orientations opposées : pour celle-là, tout est en Dieu, c'est l'affirmation du primat de la substance ; pour celles-ci, Dieu est et se fait en tout — c'est la diffusion éclatée de Dieu à travers les êtres. Dieu, présent partout, se connaît, et par cette élucidation même, se fait — mais inégalement — à travers une circulation indéfinie de vie et de conscience ; c'est la conception de Renan, telle qu'il l'exprime dans sa Lettre à M. Berthelot (d'août 1863), recueillie dans les *Fragments philosophiques* :

> « De qui est donc cette phrase (...) : Dieu est immanent dans l'ensemble de l'univers et dans chacun des êtres qui le composent, seulement, il ne se connaît pas également en tous : il se connaît plus dans la plante que dans le rocher, dans l'animal que dans la plante, dans l'homme plus que dans l'animal, dans l'homme intelligent plus que dans l'homme borné, dans l'homme de génie que dans l'homme intelligent, dans Socrate que dans l'homme de génie, dans Boudha que dans Socrate, dans le Christ que dans Boudha (...). Si c'est bien là ce qu'a voulu dire Hegel, soyons hégéliens »[33].

Profondément liée à la cristallisation[34] de Dieu, dans une tendance rationaliste à l'extrême, la démarche géométrique de l'*Ethique* ne peut aller qu'à l'encontre du poétique clair-obscur des conceptions renanien-

---

30. *N.E.H.R.*, VII, p. 1029.
31. *Dr. P.*, III, p. 552.
32. *N.E.H.R.*, VII, p. 1030.
33. *F.P.*, I, p. 648.
34. Voir *N.E.H.R.*, VII, p. 1030.

nes. Certes, Spinoza appartient selon Renan à l'histoire religieuse plus qu'à l'histoire philosophique, mais son église lui paraît « pleine d'une lumière crue, comme toutes les constructions du XVIIᵉ siècle, froide parce qu'elle a trop de fenêtres, triste parce qu'elle est claire » [35]. Sans doute, le Dieu qu'on y adore par la connaissance parfaite n'est pas ce témoin suprême dont Théoctiste revendique « l'estime » [36], ni ce consolateur vivant qu'appelle le désarroi de l'Abbesse de Jouarre [37]. Renan ne semble avoir jamais totalement surmonté le besoin du Dieu-présence, dans ses lointaines, mais sensibles, affinités avec le Dieu des Psaumes. Sans doute, la seule récompense de l'idéalisme est-elle l'idéalisme même, dans la recherche désintéressée du vrai. Mais ce « *Nil nisi te, Domine* » [38], encore faut-il qu'il touche quelqu'un ou quelque chose, au moins en imagination, par l'insidieux recours au langage métaphorique. Est-il besoin de se montrer spinoziste bien strict pour découvrir dans la pensée de Renan le résidu d'un anthropomorphisme intermittent ?

Le Dieu de Renan, le Jésus de Renan ne sont le Dieu ni le Jésus de Spinoza. Si le Jésus renanien, représentant dans un certain état d'humanité, la plus haute conscience du divin, rencontre le sage de Spinoza, il ne se confond pas avec lui, et garde un reflet de sensibilité tendre. La volupté heureuse ou triste, ou tirant de la tristesse même son enchantement, semble bien, pour Renan, l'originale création du christianisme, le trait qui le distingue profondément de la philosophie stoïcienne poursuivant cependant la même fin idéale : « Epictète, lui, avait les paroles de l'éternité et prenait place à côté de Jésus, non sur les montagnes d'or de la Galilée, éclairées par le soleil du royaume de Dieu, mais dans le monde idéal de la vertu parfaite (...). Il fut le pic de neige sublime que l'humanité contemple avec une sorte de terreur à son horizon ; Jésus eut le rôle plus aimable de dieu parmi les hommes ; le sourire, la gaieté, le pardon lui furent permis » [39]. C'est du côté d'Epictète et de Marc-Aurèle, non de Jésus, que se situe, pour Renan, Spinoza : « Depuis les jours d'Epictète et de Marc-Aurèle, on n'avait pas vu de vie aussi profondément pénétrée du sentiment du divin » [40]. Face à la philosophie pure dont la force mais aussi le manque était, selon Patrice [41], d'avoir trop raison, et de rendre ainsi inutile l'exaltation de la foi et du martyre, on sent s'affirmer, dans les *Evangiles* et *Marc-Aurèle,* l'intime admiration de Renan : Epictète prenant place aux côtés de Jésus « sans résurrection, sans Thabor

---

35. *N.E.H.R.,* VII, p. 708.
36. *D.P.,* I, p. 629.
37. *Dr. P.,* III, p. 634.
38. *F.D.,* II, p. 1130.
39. *Ev.,* V, p. 267.
40. *N.E.H.R.,* VII, p. 1039.
41. Voir *F.I.R.,* IX, p. 1548.

chimérique, sans royaume de Dieu » [42], le surpasse en dignité dans l'ordre des béatitudes renaniennes. De même, évoquant les *Pensées* de Marc-Aurèle, « cet Evangile de ceux qui ne croient pas au surnaturel » [43], Renan sent l'âpre plénitude d'une doctrine qui ne se veut point consolation : « La lecture de Marc-Aurèle fortifie, mais ne console pas ; elle laisse dans l'âme un vide à la fois délicieux et cruel, qu'on n'échangerait pas contre la pleine satisfaction » [44]. Jésus, Spinoza (celui-ci dans la même lignée qu'Epictète et Marc-Aurèle), représentent pour Renan deux états du divin. Aussi la variation spinoziste de la pensée paulinienne ne pouvait-elle manquer de frapper Renan, et dans sa valeur de souvenir, et comme preuve de dépassement. Il l'affirme dans *Saint Paul :* « Ce Dieu dans lequel nous vivons et nous nous mouvons est fort loin du Jéhovah des prophètes et du Père céleste de Jésus » [45].

Nostalgie du Père consolateur de la prédication galiléenne, dépassement du Dieu de Saint Paul en celui de Spinoza puis de Hegel, jusqu'à l'affirmation, en 1890, de ce « tout » dont nous aurons été « l'efflorescence passagère » [46] — Renan n'aura-t-il pas assumé les contradictions d'une foi idéaliste qui sent d'autant mieux ses incohérences qu'elle refuse les compromis : « Quel est l'homme vraiment religieux qui répudie complètement l'enseignement traditionnel à l'ombre duquel il sentit d'abord l'idéal, qui ne cherche pas des conciliations, souvent impossibles, entre sa vieille foi et celle à laquelle il est arrivé par les progrès de sa pensée » [47] ?

---

42. *Ev.*, V, p. 267.
43. *V.J.*, IV, p. 205 ; voir plus haut, p. 164 et suiv., et p. 195.
44. *M.-A.*, V, p. 913.
45. *S.P.*, IV, p. 867.
46. *A.S.*, Préface, III, p. 728.
47. *An.*, IV, p. 1176.

CHAPITRE VII

JESUS ET LA SAUVEGARDE DU MOI

Remarquons l'effort de Renan pour saisir Jésus dans son individualité. Si, en 1845, Jésus ne lui « a rien dit » [1], c'est que Renan l'avait interrogé en supposant, à la limite, qu'il pouvait être dieu, et pour savoir « si l'hypothèse théologique était vraie » [2]. Celui qui lui parlera longtemps, c'est Jésus homme, Jésus-Guyomard, Jésus « ami ». Qu'est-ce à dire ? Posons le problème ainsi : indépendamment de toute pratique, de toute théologie, qu'est-ce qui fonde le Dieu des religions, le Dieu du christianisme traditionnel sinon, de la part du croyant, le sentiment de créature, ce que R. Otto appelle le sentiment du « tout autre » [2], source du sacré ? Or, Renan, même dans l'illusion lyrique et sincère des appels et du désarroi qui traversent l'*Essai psychologique* comme les *Cahiers de jeunesse,* ne semble jamais saisi de ce sentiment du « tout autre ». Jésus n'est jamais Jésus-Christ, dans son statut théologique, deuxième personne de la Trinité, mais Jésus-Guyomard-moi, mon adolescence. C'est pourquoi l'auteur des *Cahiers* ne peut « adorer » [3], mais, selon son incessante appellation, aime Jésus en ami.

Cela nous amène à retoucher le crayon que, dès les *Cahiers,* le jeune réformateur donnait de lui-même : « Luther a été comme moi... » [4]. Car l'analogie, sans être superficielle, reste surtout mythique et de désir ; à travers elle, Renan croit assumer l'image archétypique de rupture et de rénovation. Mais l'expérience religieuse de Luther est pénétrée du sentiment du « tout autre », de ce que R. Otto appelle encore « le numineux » [5]. Les *Mémoires* de Luther restituent la hantise de « la tentation dont il est parlé dans le Psaume : Mon Dieu ! Mon Dieu ! pourquoi m'as-tu délaissé ? Comme s'il voulait dire :

---

1. *Ess. psych.,* p. 90.
2. *Id.*
2 bis. R. Otto. *Le sacré,* p. 108.
3. *C.J.,* IX, p. 189.
4. *C.J.,* IX, p. 66, n. 1.
5. R. Otto, p. 140.

tu m'es ennemi sans cause, et comme dans Job : Je suis pourtant juste
et innocent » [6]. Seule l'épreuve qui traverse le sentiment du « tout
autre » constitue pour Luther la discrimination véritable, celle qui
authentifie la foi, comme le prouve sa lettre à Melanchton (13 janvier
1522) :

> « Si tu veux éprouver leur inspiration, demande s'ils ont res-
> senti ces angoisses spirituelles et ces naissances divines, ces morts
> et ces enfers (...). Si tu n'entends que choses paisibles et dévotes
> (...) il y manque le signe du Fils de l'Homme, le βάσανος,
> l'unique épreuve des chrétiens, la règle qui discerne les esprits.
> Veux-tu savoir le lieu, le temps et la manière des entretiens
> divins ? Ecoute : « Il a brisé comme le lion tous mes os ». « J'ai
> été repoussé de ta face et de tes regards » [7].

Au contraire, l'idée même de sommer Jésus de répondre, de dire
s'il est dieu, « oui ou non », « une bonne fois » [8] suppose déjà en
Jésus l'homme, car elle abolit toute distance, installe le rapport immédiat et direct entre deux êtres de nature semblable, donne des
droits au questionneur, et révèle en Renan une conception non religieuse de la religion, ou du moins, étrangère au sacré. « Je ne suis
qu'un homme, et toi, tu étais quelque chose de plus » [9], affirme pourtant
Renan dans le même texte, mais ce quelque chose de plus n'est pas
vraiment quelque chose d'autre, et toute l'équivoque qui fondera la
Vie de Jésus est dès longtemps nouée. Le Jésus renanien se dessine,
déraciné du divin religieux, et pourtant pénétré d'un souvenir - malentendu - nostalgie, qui aidera à la métamorphose humaine de sa divinité. En 1845, pas plus qu'en 1863, n'apparaissent les arrière-plans
mystérieux qui, selon R. Otto, définissent pour Luther l'idée religieuse
qu'il fonde surtout sur le livre de Job, exprimant « l'irrationnel au sens
précis, le *mirum*, l'insaisissable, le paradoxal, (...) ce qui va contre
la raison et culmine dans des antinomies internes » [10]. Job finit, selon
le vieux poème, par « mettre sa main sur sa bouche ». Renan, lui, questionne Jésus qui se tait. Il n'est pas Job, parce que Jésus n'est pas
Dieu. Relisons son *Etude sur le poème de Job* (datée de 1858). Il y
blâme les amis du patriarche dans leur « dogmatisme intempérant » [11]
qui prétend interpréter *rationnellement* Dieu (si tu étais un juste, Dieu
ne t'aurait point frappé...) ; et cette prétention à comprendre l'incom-
municable, à le serrer dans les mailles d'un étroit réseau de causes
et d'effets, lui paraîtra nier l'esprit philosophique : « l'homme n'a qu'à

---

6. Michelet, *Mémoires de Luther*, p. 9.
7. *Id.*, p. 104.
8. *Ess. psych.*, p. 90.
9. *Id.*
10. R. Otto, p. 145.
11. *E.H.R.*, VII, p. 337.

se voiler la face devant le problème infini que le gouvernement du monde livre à ses méditations » [12]. Face à Jésus, pourtant, l'*Essai psychologique* ne place-t-il pas Renan dans une position analogue à celle des amis de Job face à Dieu ? Interroger Jésus sur son être, c'est tenter de l'investir par la raison. Toute la démarche de Renan semble ici l'invasion, par la rationalité, d'un Dieu qui commence à devenir homme, et rien que cela. Si nous insistons sur ce point, c'est qu'il nous semble préfigurer nettement, dès avant la rupture définitive avec l'Eglise, le double sens de l'élan vers le Jésus-ami : l'amitié nie le « numineux », et découvre, sous l'arabesque sentimentale, la ligne rigoureuse d'un rationalisme conquérant.

L'inondation, par le rationnel, de la catégorie du divin, pourrait apparenter la *Vie de Jésus* aux formules du protestantisme libéral ; comme le souligne J. Pommier dans son étude sur *Renan et Strasbourg*, la pensée protestante libérale est familière de cette équivoque du mot divin comme « hommage à la beauté morale » [13]. Colani estime néanmoins que le Christ selon Renan n'est pas le Christ de l'histoire, ni celui des espérances messianiques. C'est, dit-il, « le Christ du 4e Evangile, mais dépourvu de son auréole métaphysique et retouché par un pinceau où se mêlent étrangement le bleu mélancolique de la poésie moderne, le rose de l'idylle du 18e siècle, et je ne sais quelle grisâtre philosophie morale, empruntée, dirait-on, à La Rochefoucauld » [14]. Au fond, même pour la nouvelle théologie protestante, ce Jésus est trop humanisé. N'insistons pas pour l'instant sur la signification possible de chacune de ces couleurs, jouant plus ou moins bien, aux yeux de Colani, la nuance. Ce bleu, ce rose, ce gris, que représentent-ils ? moins un fantaisiste échantillonnage qu'un gommage de numineux. Dès qu'apparaît la couleur, dissociée en couleurs, se résout la lumière. L'objet global de la foi s'est émietté en éléments d'analyse.

Remarquons-le, tout le sens religieux-sacré du Christ s'est retiré du Jésus renanien d'une façon que l'on peut ne pas apercevoir tout d'abord, parce que Renan cite et interprète les Evangiles, mais dans la seule mesure où ils rencontrent (peut-être illusoirement) le rationnel, où ils dégagent une morale de type universel, ou encore un art de vivre. L'interprétation strictement morale est encore une face de l'interprétation rationnelle. Jésus dans son mépris du monde, indifférent à la splendeur du temple pour ne voir que le geste de charité de la veuve, ou encore Jésus joyeux meneur d'un cortège de paranymphes, passent tout naturellement dans l'album renanien. Mais Jésus thaumaturge ? Jésus annonciateur du Royaume ? Rien ne traduit plus la gêne que le chapitre VII de la *Vie de Jésus* (Développement des idées de Jésus sur le Royaume de

---

12. *Id.*
13. Avant-propos, p. VIII.
14. Cité par J. Pommier, p. 83.

Dieu) : d'abord rénovation cosmique et sociale (mais pas révolution-naire), puis conversion à l'idée pure... [15], ce « développement » pour-rait bien cacher quelque disparate. Le point de vue idéaliste de Renan (moralisation et rationalisation à l'extrême) n'a-t-il pu dévorer tout l'aspect magique de la « merveille » du Royaume ? R. Otto tente de démontrer que les saints, dans le Nouveau Testament, « ne sont pas les parfaits au sens moral. Ce sont les hommes qui participent au mystère de la fin des temps » [16]. De même et surtout, à propos du Père céleste, Renan a dégagé la virtualité idéaliste de filiation avec un absolu moral et abstrait, alors que, selon R. Otto, le Père du ciel représente le Père, mais séparé, terrible, inconnaissable : « ces deux appellations ne forment pas une tautologie. La première rapproche, la seconde éloigne, elle n'éloigne pas seulement dans les hauteurs infi-nies, mais en même temps dans le domaine du tout autre » [17]. Pour Renan, Dieu se confond avec un absolu adoré « en esprit et en vérité », et Jésus, loin de représenter le prophète pénétré du numineux, se voit lavé par lui de son aspect magique, « tout autre » ; ainsi, thaumaturge mais seulement par une concession qui coûte à son idéa-lisme, il échappe au schéma messianique juif ; ou encore, dans l'exal-tation de son rôle, il lui arrive d'être jugé fou par les siens [18]. Renan dégage de tout cela des indications de pure psychologie individuelle, en rapport avec son présupposé idéaliste et son remodelage de la notion de Fils de Dieu. Au contraire, selon R. Otto, « le fait que les parents de Jésus le considèrent comme un possédé est une confession involontaire de l'impression numineuse qu'il exerce sur eux » [19] ; et de citer, pour indiquer la distance de Jésus à l'homme, l'émanation magique de son être, le passage de Marc (10.32) : « Et Jésus marchait en avant des disciples et ils étaient saisis de terreur... ». Il ne s'agit nullement pour nous de choisir entre deux interprétations du Nouveau Testament, mais celle de Renan semble si naturelle (par l'action conjuguée de la morale et de la raison) qu'elle peut apparaître comme la seule, et par là même nous serait masquée la démarche propre à Renan. En insistant sur l'approche magique tentée par R. Otto, nous sentons mieux que l'objet de la pensée de Renan (les Evangiles) ne semble naturel que par la grâce de son interprétation. Dès les *Cahiers*, dès l'*Essai psychologique*, toute adoration au sens propre est impossi-ble, puisque le sens proprement religieux de Jésus se trouve évacué.

N'est-il pas curieux d'observer que cette magie se voit elle-même récupérée, confisquée au profit de l'homme ? Ainsi l'homme en Jésus, par son influx, son ascendant, son « charme » convertira, humanisera le sacré. Mais le sacré ne sera plus lui-même ; fondamentalement prin-

---

15. Voir *V.J.*, IV, p. 156 et suiv.
16. *Op. cit.*, p. 124.
17. *Op. cit.*, p. 125, 126.
18. *V.J.*, IV, p. 169.
19. *Op. cit.*, p. 213.

cipe de séparation, il deviendra désormais « charme », puissance de passer dans les autres, magnétisme de sympathie, principe de fusion. Le charme du Jésus renanien n'est d'essence qu'à demi-magique, et l'étymologie se trouve ici partiellement vaincue.

« Une douce parole suffit souvent (...) pour chasser le démon » [20], et le miracle devient naturel, si l'on songe que Jésus, avec une « ravissante figure » [20'], les paroles consolantes de l'amour, si puissantes pour apaiser les atteintes nerveuses, devait se croire, et par suite était en effet, spécialement doué pour guérir. Bien qu'agissant de façon beaucoup plus nettement prémédicale (par les herbes qu'elle connaît, choisit, mélange en de justes proportions), la Sorcière de Michelet nous semble, avouons-le, beaucoup plus « thaumaturge » (en un sens) que le Jésus de Renan. C'est que, bien qu'elle préfigure lointainement Paracelse et la médecine scientifique, elle reste inséparable de tout un contexte magique, religieux à sa manière, qui, loin de gêner Michelet, lui semble nécessaire. De la Sorcière de l'un au Jésus de l'autre, ne peut-on mesurer la distance de l'envoûtant au charmant ? Michelet refuse de rationaliser un milieu d'où pourtant, selon sa fiction même, doit sortir la science rationnelle. Il se refuse le tour de virtuose que Renan (après l'avoir si souvent ridiculisé chez les tenants du catholicisme libéral), s'accorde volontiers à lui-même : rendre explicable pour nous un fait ou un être qui nous échappe, le domestiquer par l'interprétation. A la différence de Renan, Michelet se place comme en dehors de la question du jugement (est-ce vrai, est-ce faux ?) — non évidemment qu'il croie, par exemple, la châtelaine transformée en louve [21], fût-ce l'espace d'une nuit, mais il n'introduit pas, entre le monde qu'il regarde et lui, la faille de la paraphrase rationalisante : ce monde reste lointain, magique, globalement irréductible à nos explications. Dans ce monde et pour ce monde, la dame est transformée en louve, la sorcière est gonflée de Satan. R. Barthes l'a exprimé dans son essai sur *la Sorcière* :

> « Il s'agit en somme pour Michelet de participer magiquement au mythe sans pourtant cesser de le décrire : le récit est ici à la fois narration et expérience, il a pour fonction de *compromettre* l'historien, de le tenir au bord de la substance magique dans l'état d'un spectateur qui est sur le point de céder à la transe (...). Une chose très remarquable, dans *la Sorcière*, c'est en effet que Michelet ne conteste jamais l'efficacité de l'acte magique (...). Cette contradiction qui a gêné tant d'historiens positivistes, Michelet ne s'en embarrasse jamais : il parle des effets magiques comme de faits réels » [22].

---

20. *V.J.*, IV, p. 248 et voir 246.
20 *bis*. *V.J.*, IV, p. 136.
21. Michelet. *La Sorcière*, p. 154-155.
22. R. Barthes, *Essais critiques*, p. 120.

Renan, loin de se hasarder à la transe, tente au contraire, de toutes ses forces, d'y soustraire Jésus lui-même. C'est ce que prouve la lecture du chapitre Miracles (chapitre XVI de la *Vie de Jésus*) : Jésus excédé de son rôle, thaumaturge malgré lui, pénétré de la vanité de l'opinion à cet égard... [23]. A vrai dire, l'effort de Renan ne débouche-t-il pas sur une apparente contradiction ? Il montre que, l'époque et le milieu de Jésus ignorant jusqu'à l'idée d'une science médicale rationnelle, et concevant la maladie comme la punition d'un péché, la croyance qu'une guérison s'opère par des pratiques religieuses est cohérente [24] ; pourquoi donc cette presque constante exaspération prêtée à Jésus ? C'est que Renan veut à tout prix laver Jésus de la tache des miracles, et, usant d'un double système d'explication, l'insère dans deux mondes : le monde magique (d'où il le retire bien vite, mais quoi ! il se donne ainsi l'impression d'avoir sacrifié à l'étude du milieu) et le monde de l'idée pure. Mais ce point de vue idéaliste isole Jésus. Cela n'est point pour déplaire à Renan, au contraire ; c'est presque en lui une obsession de séparer Jésus, de fonder sa nouvelle « divinité » sur ce caractère unique. Au contraire, la Sorcière de Michelet, bien que véritablement pré-rationnelle, vit dans son bain de magie ; elle n'est pas vue comme singulière, elle est son temps, elle condense le désarroi du monde médiéval, avant de l'apaiser, dans sa lèpre ou dans sa misère, ou d'offrir à la dame enfermée dans sa tour le secours de ses solanées.

On a souvent souligné l'insistance de Renan, avant l'*Histoire du peuple d'Israël,* à séparer Jésus du monde juif (cette séparation n'étant évidemment pas rupture avec le monde, puisque, au contraire, la séduction de Jésus attire à lui, mais différence, sorte de brisure qualitative, car le « charme » de Jésus qui rapproche de lui sans doute, consacre en même temps son unicité). Dès sa jeunesse, et le séjour d'Issy, Renan a rencontré la conception de Wiseman, selon laquelle Jésus n'a rien reçu ni emprunté d'aucune famille humaine « ni du Grec, ni de l'Hindou, ni de l'Egyptien ni du Romain »... il n'a rien eu « de commun avec aucun type de caractère connu » [25]. Dans la *Vie de Jésus,* c'est de tout contact régional, tribal, familial, que Renan se plaît à séparer Jésus, pour ne reconnaître en lui que « le lien de l'idée » [26]. Tout en étant homme, il faut qu'il soit unique, et uniquement « Fils de Dieu ». Cette unicité de Jésus nous semble réintroduire, dans l'univers renanien, une mythologie autre, la mythologie idéaliste. Renan s'est donné l'impression de la science, par le refus du miracle ; mais, au miracle de sens primitif et thaumaturgique, il a substitué le miracle psychologique et idéaliste de l'unique, ce que sa termi-

23. *V.J.,* IV, p. 249.
24. *V.J.,* IV, p. 246.
25. *C. renaniens,* n° 5, p. 79.
26. *V.J.,* IV, p. III.

nologie symbolique à résonance pseudo-religieuse persévère à nommer Fils de Dieu.

Il nous semble que si Michelet atteint ou recrée une sorte de sacré, dans *la Sorcière* mais surtout dans l'évocation de l'Orient à travers la *Bible de l'Humanité*, c'est par l'acceptation globale d'un monde magique en lui-même, par suite magique pour nous. A nous de basculer, de nous perdre pour nous trouver. Renan, qui pourtant (dès la fin de 1844, selon J. Pommier) [27] se plonge dans l'effervescence théurgique et cabbaliste du monde méditerranéen au premier siècle, ne restitue point, dans la *Vie de Jésus*, la couleur magique de la Judée, qu'il traduit en étrange orage de la raison [28], donc qu'il juge du point de vue de la raison et qu'il dénature par là-même. Jésus se trouve ainsi en désaccord profond avec ce milieu, cette faille constituant pour Renan la supériorité de l'idéaliste. Au lieu de basculer dans ce que R. Barthes appelle « la transe », Renan tire Jésus à lui. L'échange se fait en sens inverse.

On peut penser que, pour Michelet, si la Sorcière se prête au moins dans une certaine mesure au magique, c'est que la présence de la femme installe immédiatement pour lui une certaine forme de sacré. En ce sens, nous tenterons de comparer, éventuellement d'opposer, à travers Michelet et Renan, sacralisation et idéalisation. Ainsi, par exemple, le savant, en Renan, a toujours fait fi, pour évoquer la figure de Jésus, de l'Evangile de l'enfance :

> « La riche ciselure de légendes qui a fait de Noël le joyau de l'année chrétienne est taillée pour une très grande partie dans les apocryphes. La même littérature a créé l'Enfant Jésus. La dévotion à la Vierge y trouve presque tous ses arguments (...). Les Evangiles canoniques étaient une trop forte littérature pour le peuple. Des récits vulgaires, souvent bas, étaient mieux au niveau de la foule que le Sermon sur la Montagne ou les discours du quatrième Evangile » [29].

Renan distingue donc des états de science ou d'éducation, des niveaux de rationalité. Michelet, lui, accepte globalement le tout : un être, son monde, c'est-à-dire non seulement ce qui l'a effectivement entouré, mais, plus encore peut-être, les hantises, les espoirs fous qui l'ont rendu possible, et qui, chimériques à coup sûr dans leur contenu positif, dessinent cependant la condition essentielle du réel. Ainsi, évoquant, dans la *Bible de l'Humanité*, la *Vie de Jésus* de Renan, Michelet regrette cette mise en avant de Jésus seul, qui manque fondamentalement l'ensemble (et donc peut-être avec lui Jésus), sevrage mortel que

---

27. *C. renaniens*, n° 5, p. 15.
28. Voir *V.J.*, IV, p. 113 et suiv.
29. *E.C.*, V, p. 699.

cette radicale séparation d'avec la mère et les entours. Qu'est-ce à
dire ? Non pas que Michelet veuille reconstituer « scientifiquement » la
vie et l'image de Marie... Ce serait opposer prétention positiviste à
prétention positiviste ; or, il ne s'agit pas pour lui d'une surenchère
dans l'exactitude ou la probabilité historique. Mais, selon lui, Jésus est
avant tout un rêve féminin et maternel. On ne peut donc le dissocier,
sans nuire à une vérité globale qui n'est pas la recollection des détails,
des Evangiles populaires qui, bien qu'apocryphes, s'orientent suivant
un faisceau d'obsessions féminines vraies :

> « Je regrette qu'en se tenant dans la biographie, on en ait
> écarté les petits Evangiles populaires qui, tout grossiers qu'ils
> sont, donnent, plus que les officiels, le réel état des esprits (...).
> Je remarque seulement combien le primitif Evangile (Protevan-
> gelium), en y joignant tels mots de la Nativité et de la vie du
> Charpentier caractérise fortement ce monde des femmes (...).
> L'avant-scène se passe évidemment autour du Temple et sous
> sa direction. Les familles dont il s'agit lui étaient soumises. Les
> femmes croyaient les temps venus, croyaient qu'une grande mer-
> veille viendrait d'elles, étaient malades de leur rêve, en étaient
> comme enceintes et brûlaient d'enfanter » [30].

Si le Jésus renanien est presque féminin à force d'idéalisation dans
la sensibilité [31], le Jésus esquissé par Michelet émane d'un rêve maternel qu'il réalise dans sa chair. La différence est essentielle : d'une
part, idéalisation de style moral, de l'autre sacralisation de la femme
dans sa fonction vitale et organique de mère. Toute la différence, selon
nous absolue, entre l'idéal et le sacré, nous paraît se révéler dans cette
distance du Jésus féminin au Jésus fruit de la femme. « Si l'on veut,
comme mon ami M. Renan, qu'il (Jésus) ait vécu, souffert, le point
essentiel pour l'établir dans le réel, pour solidifier ce qu'avait vaporisé
Strauss, c'est le replacer en sa mère, de lui redonner le sang chaud, le
lait tiède, de le suspendre au sein de la rêveuse de Judée » [32]. Michelet
saisit donc le milieu vital par une plongée dans l'élémentaire, l'équivalent de cette « mer de lait » qu'il évoque comme « l'abondance in-
croyable du flux maternel »... « le lait fécond qui a noyé la mer » [33].
Suivons le réseau des images ; peut-être ne serait-il pas excessif d'indiquer ici, bien que le contexte logique ne s'y prête pas littéralement, la
différence entre la mer de lait substance première, et « les mers semblables à du lait », où, selon l'auteur des Souvenirs, voguèrent Saint

---

30. *Bible de l'Humanité*, p. 349. Sur Renan, Michelet et leur conception de
l'Histoire, lire P. Viallaneix : *Au temps des « mages »* - *Michelet et Renan*, Bulletin
des Etudes renaniennes, n° 22 - 1ᵉʳ trim. 1975.

31. Voir *V.J.*, IV, p. 133.

32. *Bible de l'Humanité*, p. 345.

33. *La mer*, p. 331, p. 325.

Patrice et Saint Brandan. De l'un à l'autre c'est toute la différence entre l'aperception globale qui absorbe totalement son objet, et l'irréductible distance de celui qui, par le pont du regard et de la comparaison sentie comme telle, ne cesse de se proclamer sujet face à un objet. D'un côté, la plongée dans la substance génératrice, de l'autre l'analogie, génératrice aussi, mais seulement d'images et de prose cadencée.

Renan, évoquant les parents de Jésus, parle de « son père Joseph et de sa mère Marie » [34]. Michelet décèle, en l'enfantement d'une vierge, une image force des contrées de « l'énervation », Syrie, Phrygie..., le paroxysme du rêve féminin : « Elles rêvaient. Et jamais il n'y eut de plus puissantes rêveuses. La Parthénogenèse, la force du désir qui sans mâle est féconde, éclata dans la Syrienne en deux enfants qu'elle fit seule : l'un est le Messie-femme (...) l'autre est le dieu de deuil, le Seigneur (Adonaï ou Adonis) (...) création féminine d'une immense importance : Adonis mort, ressuscité » [35]. Michelet n'est pas un historien pourfendeur de miracles, ou les sommant de se produire devant l'Académie des Sciences ; la question ne se pose pas pour lui sur le terrain scientifique où s'opposent erreur et vérité, mais dans l'ordre de l'imaginaire, celui des rêves puissants. Renan, sans aucun doute, a eu, comme il l'affirme dans la Préface de la *Vie de Jésus* [36], l'amour de son sujet, mais jamais, semble-t-il, il n'a véritablement prononcé le « Reçois-moi donc, grand poème » [37], de Michelet abordant le Ramayana. En somme, Renan reste toujours le maître. Ici non plus, il ne connaît pas l'état de créature, ou son analogue, qui abolirait la domination du sujet sur l'objet. Les images qu'il rencontre dans sa saisie de Jésus, nous semblent éclairantes : à la plongée de Michelet, il substitue la tentation contraire, celle de prendre de la hauteur : spéculation non par l'engloutissement, mais par l'ascension raréfiante de l'abstraction idéaliste. Relisons l'éloquente période qui clôt le chapitre Enfance et jeunesse de Jésus : « Là aussi, sur cette terre où dorment le charpentier Joseph et des milliers de Nazaréens oubliés qui n'ont pas franchi l'horizon de leur vallée, le philosophe serait mieux placé qu'en aucun lieu du monde pour contempler les choses humaines (...), pour se rassurer sur le but divin que le monde fournit à travers d'innombrables défaillances et nonobstant l'universelle vanité » [38]. Dans cette nouvelle version du sermon sur la montagne, tout monte vers le philosophe, raison d'être du monde : c'est Jésus qui réfléchit autrefois sur la colline de Nazareth, c'est Renan surtout, qui, de là, réfléchit sur Jésus. La contemplation philosophique reste la dernière, la grande

34. *V.J.*, IV, p. 99.
35. *Bible de l'Humanité*, p. 249.
36. *V.J.*, IV, p. 83.
37. *Bible de l'Humanité*, p. 13.
38. *V.J.*, IV, p. 103.

consommatrice. Elle absorbe, digère, à travers la méditation de Jésus, des milliers de Nazaréens obscurs ; à travers celle de Renan, d'une manière plus subtile, ne consomme-t-elle pas aussi Jésus ?

Ce Jésus n'a en effet plus de sens que par un idéalisme qui le dépassera, comme il dépasse lui-même le monde dont il est issu : « Une haute notion de la Divinité, qu'il ne dut pas au judaïsme, et qui semble avoir été une création de sa grande âme, fut en quelque sorte le germe de son être tout entier » [39]. N'y a-t-il pas quelque contradiction entre une affirmation aussi superlative du caractère unique de Jésus, et l'idée, héritée de Strauss, qu'un seul être n'épuise pas le divin ? Sans doute, le Jésus renanien se situe hors d'une conception théologique du divin, mais si, par la seule vertu de sa « grande âme », sans rien recevoir de son milieu, créant tout de lui-même, il parvient à penser l'absolu, à devenir idéalement Fils de Dieu, n'est-il pas une sorte de vivant miracle ? Renan s'est exaspéré, dans sa jeunesse, à définir le statut de Jésus ; mais, après avoir humanisé le Jésus-Dieu, il s'évertue à re-diviniser le Jésus-homme : car cet homme, quoi qu'il dise, n'est plus un homme : lequel d'entre nous existe sans un air à respirer, un milieu à représenter, et (fût-ce par la révolte), à condenser en soi ? Le Jésus de Renan ne provient-il pas, à sa manière, d'une naissance miraculeuse ? Non plus parthéno-genèse, mais sorte d'autogenèse. Pourtant, le Jésus renanien s'entoure bien d'un milieu (ou d'un décor ?). Oui certes, il aime les fleurs et les oiseaux ; Renan poète s'ouvre à la gazouillante, à l'idyllique parabole : « Ce qu'il aimait, c'étaient ses villages galiléens, mélange confus de cabanes, d'aires et de pressoirs taillés dans le roc, de puits, de tombeaux, de figuiers, d'oliviers. Il resta toujours très près de la nature » [40]. L'évolution que l'on sent vraie, directe, qui touche et retient, c'est celle de Renan qui voyage (et, avant même, imagine), se laisse pénétrer, décrit. Mais rester près de la nature, pour Jésus, ne serait-ce pas d'abord vivre presque charnellement ce lien avec le sol dont il est né ? Or, jamais le Jésus renanien ne représente cette transsubstantiation magique, qui, pour Michelet, conduit, par exemple, du caillou, au blé, au Français. Le Jésus de Renan a le goût de la « nature », vif et délicat — mais au second degré, car c'est Renan qui l'a pour lui. On ne voit pas, dans l'œuvre de Renan, Jésus vivre en cette nature. Renan ne la perçoit en Jésus qu'à travers le biais d'un texte (parole ou écrit), d'un thème à consonance morale (ainsi les fleurs d'où Jésus tire « ses plus charmantes comparaisons ») bref, à travers le détour de la littérature [41]. Dans le chapitre intitulé « Enfance et jeunesse de Jésus », le milieu est moins milieu nourricier que décor, et décor pour Renan. Le même

---

39. *V.J.*, IV, p. 131.
40. *V.J.*, IV, p. 109.
41. *V.J.*, IV, p. 142.

sentiment se dégage de la lecture du chapitre IV, qui put s'enrichir des impressions de voyage de Renan [42].

J. Pommier suggère [43] que, lors de la mission d'Orient, « l'imagination précédant les pas »... la vision put anticiper sur la vue, et le rêve de Renan modeler le décor. Notons aussi que les *Carnets de voyage* insistent sur le côté petit, étroit, du théâtre de la vie et de la prédication de Jésus. « Toute l'action de Jésus : six ou huit lieues... toutes ses haines et ses amitiés sont là » [44]. « Le royaume de Dieu (a été) rêvé là, dans ce délicieux petit bassin » [45]. C'est ce qu'il faut de terre ou de mer à un homme, à l'homme-Jésus, à l'homme-Renan. Entre l'historien et son héros, à travers l'exiguïté des lieux, à travers d'obscures difficultés morales, la coïncidence s'installe, parfaite : « petitesse où se débat Jésus, plus petite encore que celle où je me débats » [46]. Michelet, au contraire, dont la vue ne s'accompagne d'aucune projection, éprouve face au paysage, nu de toute anticipation enrichissante, la sensation quasi organique d'un manque : « J'apprécie Nazareth, les petits lacs de Galilée. Mais, franchement, j'ai soif... Je les boirais d'un coup » [47]. C'est qu'il n'accorde pas, à Jésus ni à la sphère de son activité, les arrière-plans ni les prolongements dont Renan, d'emblée, les enrichit dans une perspective idéaliste : Le premier chapitre de la *Vie de Jésus* situe, dans un au-delà de l'histoire, le projet de l'historien : c'est, précédant toute étude de milieu, la « place de Jésus dans l'histoire du monde ». Renan qui, au nom de la science, rejette la divinité théologique du Christ, finit, au nom de l'idéalisme, par abstraire son humanité. Jésus n'est plus, en ce sens, que le cas limite de l'humanisme renanien. C'est sur le mode de l'humanisme en effet, non de la religion, que Jésus conçoit sa filiation divine. Toute la tentative de Renan consiste à transposer rationnellement l'ordre du religieux-sacré. C'est pourquoi il faut à l'historien du *Peuple d'Israël* que les nomades primitifs aient été monothéistes, le désert représentant spatialement, selon lui, l'Un rationnel et abstrait. Dans cette perspective, l'El de la grande tente ne connaîtra que par accident l'union avec un sol, avec une nation, le honteux avatar du dieu au sens magique, avant de se régénérer à travers Jésus « en esprit et en vérité ». Cette épopée divine renouvelée par l'idéalisme est une constante rationalisation et moralisation où l'homme a la plus grande part, car l'homme face à Dieu ne se sent pas dans le rapport de créature à créateur : « Chez lui (Jésus) cette foi tenait à une notion profonde des rapports familiers de l'homme avec Dieu et à une croyance exagérée dans le

42. *V.J.*, IV, p. 125 et suiv.
43. *C. renaniens*, n° 4, p. 40 et suiv.
44. H. Psichari, *Renan d'après lui-même*, p. 207.
45. *Id.*, p. 208.
46. Voir H. Psichari, *Renan d'après lui-même*, p. 215.
47. *Bible de l'Humanité*, p. 9.

pouvoir de l'homme. Belles erreurs qui furent le principe de sa
force »... [48]. Pouvoir de l'homme, non de Dieu. Donc, quand Jésus
se sentait puissant sur la nature, c'était *lui* qui agissait, non son père
en lui. Remarquons ici que le Jésus renanien parvient à un certain
rationalisme par un détour inattendu, celui du miracle : car, tout en
partageant, dans l'ordre physique, les erreurs de ses contemporains
(ou, plus fondamentalement, en ignorant comme eux l'existence même
des lois naturelles), il parvient, malgré cela — en un certain sens, à
cause de cela — à un instinct juste de cette grande vérité de la force
de l'homme, de Dieu présent en l'homme. Alors que son public de
gens simples ne voyait dans les miracles que coups d'éclat, ou coups
de force ponctuels, lui, tout en croyant que Dieu agit par des volontés
particulières, résorbait cette erreur dans la vérité globale de l'idéalisme
intuitivement saisie : la présence du divin en l'homme. « Le cours
entier des choses est pour lui le résultat des volontés libres de la Divinité. Cet état intellectuel fut toujours celui de Jésus. Mais, dans sa
grande âme, une telle croyance produisait des effets tout opposés
à ceux auxquels arrivait le vulgaire »... [49]. Comment cela, sinon parce
que le « vulgaire » resterait à l'état de créature, à l'état primitivement
religieux, tandis que le Jésus renanien, dans une sorte de fulgurante
équivalence préhégélienne, réintégrait le dieu dans l'homme, et croyait
au pouvoir de l'idée, donc de l'homme — (et cela, par le détour douteux du miracle, l'idée pivot étant pour lui celle d'une force *libre*
dans un monde sans lois). A travers l'évacuation du religieux sacré,
nous assistons à la formation d'une sorte de mythologie abstraite, avec
ses noms et ses figures, ou plutôt son symbole unifié, celui du Fils
de Dieu. Vérifions à travers elle le vieux précepte de Burnouf : *No-
mina, numina*. Nous apercevons aussi comment, même interprétée par
l'idéalisme, la matière première historique magico-religieuse fait résistance ; témoins les efforts de Renan pour venir à bout des miracles
(tantôt scories méprisées par Jésus, tantôt élément primitif recevant
de lui interprétation régénératrice). Les *Carnets* de Renan montrent
plus de brutalité dans leur approche des choses et des êtres ; « la nature
excessivement passionnée de Jésus. Ce n'était pas (un) fou, mais un
décentré, il avait sauté toutes les bornes. Dès lors (il ne fut) plus dans
la mesure de la raison. Tantôt infiniment au-dessus, tantôt au-dessous » [50]. La *Vie de Jésus* résorbe ce déséquilibre dans la nécessité
d'une loi universelle : le caractère violemment inspiré, pneumatique,
de toute création, où se libère le souffle de « Dieu ».

Si le Fils de Dieu n'était que figure abstraite, sorte de géométrie de
l'idéalisme, comment comprendre la fascination de Renan face à l'individu Jésus ? J. Pommier souligne que le jeune Renan, en 1845,

---

48. *V.J.*, IV, p. 111.
49. *V.J.*, IV, p. 111.
50. H. Psichari, *Renan d'après lui-même*, p. 216.

« n'entend pas être biographe, mais historien des idées, des « idées-Jésus » comme il l'écrit quelque part » [51]. Ainsi dans l'*Essai psychologique* sur Jésus-Christ : « Ne serait-il qu'un mythe, que ma critique aurait encore sa valeur. Je prends Jésus-Christ comme (...) la manifestation d'une idée qui a eu lieu incontestablement il y a environ dix-huit siècles (...) Jésus-Christ, pour moi, c'est le caractère philosophique et moral qui résulte de l'Evangile » [52]. J. Pommier décèle, au centre de la pensée de Renan, un va-et-vient essentiel entre les « idées-Jésus », type moral du Christ, et la figure individualisée du Galiléen. A travers une subtile étude du double état de l'article sur les historiens critiques de Jésus (1849-1857), il nous rend sensible l'hésitation de cette pensée, puis son choix d'une direction biographique [53]. Selon lui, l'influence de pasteurs comme Athanase Coquerel, d'une manière générale celle des protestants libéraux de l'Ecole de Strasbourg, qui tiennent à ne pas noyer dans le mythe la personnalité de Jésus, enfin le « pinceau religieux » d'Ary Scheffer, en donnant contour à cette figure, ramenèrent Renan à l'individu. Ces influences ponctuelles gardent sans doute leur valeur, mais le reflux vers l'individu n'est-il pas dès longtemps virtuel, voire psychologiquement nécessaire ? Souvenons-nous de l'exigence intime, que les *Cahiers de Jeunesse* condensent dans une revendication passionnée : « Ah ! si ce n'était qu'un type ! non, il me faut, pour t'aimer, que tu aies été mon semblable, ayant comme moi un cœur de chair ! » [54]. Si la faculté critique se satisfait d'un faisceau de symboles moraux, l'individu Renan postule un répondant, le Jésus de chair, qui, par delà les siècles, trahirait en se dérobant.

Peut-être même, dans sa conception d'ensemble, l'*Histoire des origines du christianisme* nous découvrira-t-elle un aperçu des mécanismes intérieurs de Renan, une sorte d'involontaire dessin. L'*Histoire du peuple d'Israël* représente bien un effort de découpage historique, approximatif pour ces époques archaïques, mais selon des repères : ainsi, par exemple (livre premier) : Les Beni-Israël à l'état nomade jusqu'à leur établissement dans le pays de Chanaan... Au contraire l'historien des origines chrétiennes étudie successivement la *Vie de Jésus*, les *Apôtres*, *Saint Paul*, l'*Antéchrist*, les *Evangiles*, l'*Eglise chrétienne*, *Marc-Aurèle*. Les titres mêmes soulignent la prédominance des individus, élargis par ces individus collectifs qui sont leur prolongement par influence, ainsi pour Jésus, les Apôtres qui le ressuscitèrent ; les Evangiles, concentré de son être moral, et légende qui le recrée, après qu'il ait pu créer sa légende ; pour Paul et Jésus à la fois, l'Eglise chrétienne ; face à eux l'Antéchrist, figure noire nécessaire à l'achève-

---

51. *C. renaniens,* n° 4, p. 22.
52. *Ess. psych.,* p. 15.
53. *C. renaniens,* n° 4, p. 27 et suiv.
54. *C.J.,* IX, p. 244.

ment du symbolisme chrétien ; enfin Marc-Aurèle, progrès sur Jésus même, en tout cas dernière formule idéaliste du parfait, incarné dans le « roi-philosophe ». Renan se propose de faire l'embryogénie du christianisme, puis aperçoit, affirme-t-il dans l'Introduction de la *Vie de Jésus* [55], une correspondance étroite, et même une identité entre l'histoire des individus et celle des œuvres ou des doctrines : « Faire l'histoire de Jésus, de Saint Paul, des apôtres, c'est faire l'histoire des origines du christianisme » [55]. Nous n'avons pas à discuter le contenu de cette affirmation, elle nous importe dans la mesure seule où elle peut traduire et rencontrer le projet même de Renan, son projet individuel à travers sa justification d'historien-biographe. Ce qui donne forme à l'histoire ainsi entendue, ne serait-ce pas une tendance à se fondre soi-même dans le mythe, à donner garantie à son individu en d'autres individus — projection amplificatrice et mythisée de soi-même, sorte de promesse d'immortalité, à travers ce que les *Dialogues* définissent comme « vie par influence » ? [56]. Car Jésus, Paul, Marc-Aurèle, sauvegardés, amplifiés par cette influence, sauvent par là l'idée même d'individualité [57] consacrée par le génie.

Nous avons remarqué chez le jeune Renan le besoin de s'exprimer en romans, poèmes, toujours fragments, ébauches comme nécessairement lacunaires, non par prétention artistique à l'inachevé mais par impossibilité d'achever [58], par nécessité d'un au-delà du texte qui fait sentir comme atrophie l'idée même d'achèvement. Ces fragments sur lui-même, ou l'humanité, ou l'évolution déifique, postulent leur dépassement. Ce dépassement, n'est-ce pas ce que leur offre l'histoire telle que l'entend Renan, aventure du devenir divin à travers la conception du grand homme, du Fils de Dieu, de l'idéaliste ? Renan vieilli blâmera Amiel de son attention à lui-même, et regrettera, comme une concession à l'oiseux, comme un vol fait au monde, à l'étude de l'univers, les seize mille pages de son journal intime [59]. Mais Renan, en un certain sens, et à son insu, qu'a-t-il fait, sinon son journal mythisé — non certes histoire de sa vie quotidienne, ni même de sa vie intérieure — mais de son obsession : le problème de l'individu, que seul résout pour lui l'idéalisme. L'aventure de l'idéalisme ne se confond-elle pas avec sa hantise de l'immortalité, dans ces deux figures typiques, Marc-Aurèle, Jésus, qui, traversant la mort sans s'y perdre, consacrent pour lui le droit à la permanence ? Lorsque, pour clore l'irritant, l'insoluble débat (les idées-Jésus ou l'homme Jésus ?) Renan tranchait en affirmant l'identité d'un ordre à l'autre, n'était-ce pas un inconscient truquage de l'histoire ? Il croyait se donner par là témoignage de faire

---

55. *V.J.*, IV, p. 80.
56. *D P.*, I, p. 628.
57. Voir Introduction à la *V.J.*, IV, p. 80.
58. Voir *C.J.*, IX, p. 181, 182.
59. *F.D.*, II, p. 1141.

œuvre scientifique — l'histoire de ce christianisme qui demeure, indépendamment de tout présupposé sur le fondateur. Pourtant, il l'affirmera encore dans l'*Histoire du Peuple d'Israël*, « Jésus m'attirait » [60] — (l'individu Jésus). Si Renan a, par rapport à Strauss, manifestement réincarné Jésus, c'est pour saisir non seulement l'individu de la reconstruction historique et critique, mais aussi l'être en qui l'on peut se retrouver, l'intime écho de soi-même. L'idéalisme à la façon de Renan pourrait bien nous découvrir, à son point de départ et dans son développement, ce que Nietzsche dit apercevoir dans toute philosophie : « la confession de son auteur, des sortes de mémoires involontaires et qui n'étaient pas pris pour tels » [61]. Le choix de l'individu, en Jésus, serait à la fois de réminiscence et de désir : souvenir de soi, et désir de se saisir soi-même à travers un garant. L'historien n'aurait fait alors à son insu qu'un long ressassement de lui-même, en quête de permanence et d'immortalité. Toute cette œuvre, remarquons-le, est enfermée entre les *Cahiers de Jeunesse* et les *Souvenirs*, entre un cri du moi et un discours sur le moi. L'épopée narcissique a passé par Jésus et Marc-Aurèle.

L'image du Fils de Dieu, si, en Jésus, elle n'épuise pas le divin (selon la formule de Strauss reprise par Renan) reste pourtant singulière, car elle se concentre en individus au lieu de se diluer dans les masses. Pour Renan le vrai problème semble pouvoir se formuler ainsi : Jésus et moi, Jésus-moi. Selon lui, certains êtres, et cela définit en eux les Fils de Dieu, « sentent le divin en eux-mêmes » [62], et ce lien immédiat avec un absolu suppose toujours pour Renan un affranchissement total du sentiment de créature, Jésus trouvant ses répondants naturels dans les figures de la spéculation philosophique Ça-Kya-Mouni, Socrate, Marc-Aurèle, Spinoza... Le divin suppose donc par définition l'abolition du Dieu séparé. A travers cet idéalisme dépouillé de sacré, Jésus, qui a aboli l'état de créature, se voit lui-même dépassé par Marc-Aurèle, « homme accompli » [63]. Le divin nie-t-il le religieux ?

La religion, pourrait-on objecter, ne se définit pas nécessairement par le sacré ; le christianisme, même en dehors de l'interprétation de Renan, n'a-t-il pas été un effort pour approcher le Père, et convertir le Dieu magique en Dieu d'amour, à travers la médiation humaine ? Renan ne peut-il apparaître comme un précurseur religieux, justement pour avoir éliminé les derniers résidus sacrés, et fait du divin la métaphore de la valeur et du sens spécifique de l'homme ? Dans le *Bulletin des études renaniennes* [64], Etienne Trocmé écrit : « Avec la renaissance

60. *H.P.I.*, VI, p. 15.
61. *Par delà le bien et le mal*, p. 25, § 6.
62. *V.J.*, IV, p. 132.
63. *M.-A.*, V, p. 750.
64. N° 14, 1ᵉʳ trim. 1973.

actuelle du libéralisme catholique et le virage pris par l'Eglise depuis
le Concile, on peut se demander si ce n'est pas précisément parmi les
catholiques d'aujourd'hui que le Jésus de Renan risque de faire de
nouveaux adeptes, en particulier dans notre pays. Juste retour des
choses ? ». Vue intéressante et profondément novatrice, qui révèle bien
la possible emprise, sur la spiritualité moderne, de l'homme Jésus, en
même temps qu'elle développe certaines virtualités de la pensée de
Renan, comblant surtout son vieux rêve de victoire [65].

Renan préfigure-t-il vraiment la démarche des chrétiens en recherche de nos jours ? Il semble que ceux-ci, s'ils ont dépouillé le sacré
d'autrefois, renouvelé la forme de communion, aient pour projet
fondamental de retrouver, à travers les petites communautés nova-
trices, le sens intime des primitives assemblées chrétiennes ; à travers
le sacrement désacralisé, le lien de tous redevient fraternité essentielle, et refuse le cérémoniel qui dénature le fraternel ; ce qui fonde
cette forme renouvelée de la religion chrétienne, c'est, sur un plan
tout à fait horizontal, le courant qui passe des uns aux autres ; sorte de
transcendance humaine créée par la réunion de tous, le groupe comme
unité collective dégageant une charge de vie spirituelle plus intense et
plus dynamique que celle des individus (même à supposer qu'on
puisse additionner ces éléments). C'est une perspective qui rappelle,
semble-t-il, le point de vue de R. Garaudy dans son Essai *Danser
sa vie* : la danse collective crée un être global qui n'est pas le simple
assemblage de ses parties, elle dégage une sorte de puissance d'être
supérieure, une transcendance tout humaine, un absolu qui n'est pas
un au-delà, et qui se réalise par le groupe en tant que tel, seul énergétique.

Renan, dans sa saisie de Jésus, peut-il préfigurer cette tendance ?
Il nous semble que l'analogie risque d'achopper sur la conception de
l'individu et du groupe. Pour Renan, un groupe est un individu dilaté.
(Les apôtres, d'une certaine manière, sont Jésus et ne valent que par
là.) Renan semble peu préparé à la dynamique de groupe ! (nous
voulons dire, du groupe en tant que tel, mêlé d'éléments disparates qui
ne trouvent leur unité que par la fusion). Or pour Renan, le rêve de
fraternité, vécu en Jésus par les apôtres est relayé par le couvent médiéval et sera accompli par la science future : le couvent conçu comme
lieu de la culture, de la distinction intellectuelle (dans la mesure au
moins où pouvait la réaliser le Moyen Age) ; le Collège de France,
sorte de république des égaux. Les éléments ne tirent pas vraiment leur
unité de la fusion, la fusion repose sur des affinités qui lui pré-existent
et qui seules la rendent possible. Le rêve de fraternité s'accomplit
donc d'abord à travers quelques-uns, et c'est seulement aux confins de
l'infini que Dieu sera tout en tous. Ce n'est pas un hasard si, pour

---

65. Voir plus haut, p. 65-66.

Renan, Jésus est mal compris de ses apôtres. Renan le conçoit comme un être à part, et projette en lui la « distinction » dans tous les sens de l'idéalisme. Jésus, qui fonde le groupe, se trouve-t-il vraiment pris dans le groupe, solidaire d'un ensemble et d'un milieu ? Sans doute, Renan l'affirme dans la Préface de la *Vie de Jésus* : « La première tâche de l'historien est de bien dessiner le milieu où se passe le fait qu'il raconte » [66]. Mais, remarquons-le, quel est le rôle du milieu où se développe Jésus ? Selon Renan, il n'explique pas le maître des Evangiles, mais les manques de Jésus, ses tares, les concessions aux préjugés mesquins de son auditoire, de ses disciples... Ce fait nous paraît essentiel et nous révèle que la notion même d' « étude de milieu » demande à être analysée : le milieu explique, non le Jésus humainement divin, mais les obstacles à sa divinité épurée. Ce monde « de têtes ardentes ou égarées » [67], voilà, non pas le terreau qui rend possible l'idéaliste, mais la matière avec laquelle il lui faudra lutter. « L'homme qui a une légende de son vivant est conduit tyranniquement par sa légende » [68]. Oserons-nous dire que, malgré l'ardente enquête menée dès la jeunesse sur l'état du monde méditerranéen au temps de Jésus [69], Renan étudie, par rapport à Jésus, un contre-milieu plutôt qu'un milieu : c'est-à-dire que l'époque et le lieu expliquent pour lui, en Jésus, les erreurs ou les faiblesses, ce qui en Jésus n'est pas Jésus, ce dont la mort devait le dépouiller pour faire de lui « le fondateur de la religion absolue ». Seule la mort le réalisera : « Repose maintenant dans ta gloire, noble initiateur (...), ta divinité est fondée » [70]. C'est une séparation (la mort) qui consacre l'idéaliste, et qui seule rend possible la nouvelle communication avec le groupe par le souvenir et la résurrection de Jésus (mais l'échange risquera bientôt de se faire de haut en bas, Jésus sera devenu au sens théologique Dieu). De toutes façons, il faut que Jésus, distinct du groupe, sorte du groupe pour le cimenter par son souvenir. Le milieu est donc évoqué par Renan surtout dans la mesure où Jésus s'en distingue (tout le contraire du positivisme de Taine). De plus, ce n'est pas la fraternité réelle absolue que Renan définit à travers le lien entre Jésus et les apôtres : il n'est pas le frère de ses apôtres, bien plutôt, ses apôtres sont frères en lui. Toujours une nuance de supériorité distingue l'individu représentatif de l'idée pure. De lui aux apôtres, ou aux saintes femmes, c'est toujours ce décalage qu'installe la vue comme abstraite de l'œuvre à accomplir, de l'idéalisme à fonder : « Il eut ses sainte Claire, ses Françoise de Chantal. Seulement, il est probable que celles-ci aimaient plus lui que l'œuvre : il fut sans doute plus aimé qu'il n'aima » [71].

---

66. *V.J.*, IV, p. 31.
67. *V.J.*, IV, p. 33.
68. *Id.*
69. *C. renaniens*, n° 3.
70. *V.J.*, IV, p. 351.
71. *V.J.*, IV, p. 131.

Certes l'on peut fort bien promouvoir le Jésus de Renan en dehors même du dessein de Renan, oublier la constante opposition entre le « vulgaire » et la « grande âme », projeter, en cette figure d'un idéalisme désincarné et finalement séparé, les conceptions chrétiennes modernes d'insertion dans le monde et de refus de sélection, fût-ce par la sainteté. Renan nous a assez dit lui-même la fécondité du contresens. N'est-il pas la condition de la survie des classiques, et de la rénovation des religions ? « En histoire religieuse, un texte vaut, non par ce que l'auteur a voulu dire, mais par ce que les besoins du temps lui font dire » [72].

Il reste que, pour Renan lui-même, l'individu Jésus est premier, non subsumé par le groupe, et il fonde Renan dans son individualité propre. Jésus est moins le prochain fraternel, n'importe lequel, que l'équivalent moral du génie spéculatif (ainsi par exemple se trouverait posée l'équivalence Jésus-Spinoza-Renan). A la différence de Michelet, Renan voit le reflet de Jésus moins dans des figures historiques (Jeanne d'Arc, Saint Louis...) que dans des philosophes. C'est que les êtres liés de très près à l'histoire d'un temps en assument plus les caractères, les « faiblesses », dirait l'idéalisme. Le Christ de Michelet est plus diffus à travers l'humanité, mystiquement présent et réincarné à travers le Moyen Age, par exemple, en des figures imparfaites, mais toujours participant intensément de lui, jusqu'à Jeanne d'Arc qui l'achève et l'accomplit, à la fois dans la femme et dans le peuple. C'est que ce Christ ne représente pas pour Michelet, l'idéalisme, mais une sorte de vie globale, et souffrante. Michelet ne considère pas comme tares, péchés contre l'esprit, les préjugés ou les fautes nécessairement liés à un temps. L'interprétation donnée de Louis IX, par Michelet et par Renan, nous semble révélatrice de cette opposition : pour Renan, Saint Louis, roi excellent selon le préjugé chrétien du XIIIᵉ siècle, est un terrible persécuteur [73] malgré sa bonté individuelle ; le préjugé du temps clive donc le personnage, et rend inopérante sa bonté. Renan analyse, juge, pèse les éléments dont l'un annule l'autre. A Michelet au contraire, Louis IX apparaît selon une nécessité historique *qui est en même temps* la loi d'un déchirement intérieur ; le destin de ce jeune roi est d'hériter des dépouilles des Albigeois, de profiter d'actes dont il perçoit le goût de sang et de péché ; il se jette à corps perdu dans la Croisade, non pas dernier acte d'une politique de roi très chrétien, mais justification ultime pour une âme obsédée de remords et de scrupules. « Le seul objet vers lequel une telle âme pouvait se tourner encore, c'était la Croisade, la délivrance de Jérusalem. Cette grande puissance, bien ou mal acquise, qui se trouvait dans ses mains, c'était là, sans doute, qu'elle devait s'exercer et s'expier. De ce

---

72. *H.P.I.*, VI, p. 1119, voir aussi III, p. 322, 323.
73. *Q.C.*, voir I, p. 254.

côté, il y avait tout au moins la chance d'une mort sainte »[74]. Saint Louis vit, selon Michelet, l'angoisse dans la foi ; en lui se fissure le XIIIe siècle chrétien. Cette faille, Renan la décela sans doute ; il montre dans *Averroès*[75] comment cet âge de foi vit naître la pensée incrédule, à travers l'image des Trois imposteurs. Mais sa manière reste analytique : foi et préjugé d'un côté, libre pensée naissante de l'autre. Michelet au contraire découvre le doute inconscient en celui que Renan croit un bloc de foi et d'obéissance aux fils de Saint Dominique, maîtres des bûchers. Il touche (ou crée) en Saint Louis le nœud même de la religion, union du doute et de la frénésie de prière, appel désespéré à l'oraison, aux larmes, « lesqueles, quand il les sentait courre par sa face souef et entrer dans sa bouche, eles li semblaient si savoureuses et très douces, non pas seulement au cœur, mès à la bouche »[76].

Si, pour Renan, le XIIIe siècle a eu en Louis IX son incarnation historique du fait religieux, il vit en Michelet sa vibration religieuse, intime et charnelle, sa « Passion »[77]. Très curieusement, ce Renan si subtil, « ce fin galvaniseur »[78], quand, dans cette saisie du passé, on le compare à Michelet, paraît analytique, tranchant. Son art des « nuances » ne vient qu'après la discrimination essentielle. Il lui faut laisser décanter les choses et les êtres, les purifier par l'analyse, et retrouver en eux la démarche rationnelle et morale qui est la sienne. Ainsi, après l'évaporation de toute atmosphère théurgique, après le remodelage où disparaît le thaumaturge et le rabbi, Jésus pourra bien faire toutes les gammes de l'idéalisme. A peine fils ou frère, sans plus d'attaches véritables avec rien de concret, il s'achève en moraliste de la quintescence, — en « ami » de Renan. De même, quand on a bien dit que Louis IX fut docile aux Inquisiteurs (et c'est vrai), on peut isoler en lui le bon roi, et même sa religion — consécration suprême — se voit capable de prolongements idéalistes à travers lesquels Renan rencontre, en la transposant, la foi du XIIIe siècle : « Dans l'ordre moral et religieux, il est indispensable de croire sans démonstration (...) nous ferions comme Saint Louis quand on lui parle de l'hostie miraculeuse, nous refuserions d'aller voir »[79]. Encore faut-il pour lui séparer toujours l'ivraie (préjugés du temps) du bon grain (noyau d'idéalisme). Nous ne plaidons évidemment ni pour la vérité des légendes miraculeuses, ni pour la sainteté de Louis IX, mais nous observons que le jugement idéaliste introduit dans les êtres et les choses une fissure, une dissociation, que la vue globale de Michelet ne réalise jamais. De là vient peut-être que, si Renan en la *Vie de Jésus* a su créer une sorte

74. *Histoire du Moyen Age, O.C.*, T. II, p. 419.
75. *Av.*, III, p. 218.
76. Cité par Michelet, *O.C.*, II, p. 467.
77. Michelet, *O.C.*, II, p. 477.
78. Michelet, *Bible de l'Humanité*, p. 345.
79. *M.-A.*, V, p. 909.

de titillation esthétique (rendue dans l'opinion moyenne par le fameux :
il écrit bien !), Michelet, même en son Moyen-Age (qui n'a pourtant
pas la première place dans sa christologie de justice à travers la Révolution), parvient à susciter un entraînement total. Ce pourrait être une
possibilité de lecture du jugement de Péguy, qui, dans les *Cahiers de
la Quinzaine,* situe Renan et Michelet par rapport à un « point de rupture » existant pour l'un, non pour l'autre : « les véritables très grands
hommes ne sont que les très rares génies qui ont eu le don d'aller
et de venir comme des dieux par dessus ce point de rupture humaine
(...). Ainsi Michelet (...). Tout autre est la situation d'un Renan (...), ses
occupations d'historien et ses préoccupations de philosophe ne com-
muniquaient point entre elles (...). Tantôt il était d'un côté, tantôt il
était de l'autre. Tantôt il se mouvait dans ses occupations, tantôt il se
mouvait dans ses préoccupations. Il était deux hommes » [80].

L'entreprise de Renan paraît donc finalement de redécouverte de
soi, de réminiscence. Cela est très sensible à propos du Royaume de
Dieu, pierre d'achoppement, nous semble-t-il, de toute sa pensée
dans la *Vie de Jésus.* C'est tout de même un paradoxe d'intituler le
chapitre IX « Le royaume de Dieu conçu comme l'avènement des
pauvres » pour définir cet avènement comme une phase d'oubli, l'illusoire euphorie d'une narcose : « Un moment, dans cet effort, le plus
vigoureux qu'elle ait fait pour s'élever au-dessus de sa planète, l'humanité oublia le poids de plomb... » [81]. Renan mêle — ou plutôt Jésus
mêle, selon Renan — l'idée sociale du règne des déshérités et l'idée
apocalyptique de la fin des temps [82]. Visiblement cette palingénésie
et cette apocalypse le gênent. Semblable eschatologie dénature l'idéalisme, l'humain universel tel qu'il se réfracte en Renan. Le royaume
de Dieu se traduit donc en « royaume de l'âme » [83], et l'avènement des
pauvres se convertit en sympathie de Jésus pour le faible, attrait mi-
moral, mi-esthétique, sans implications sociales : « il a conçu la réelle
cité de Dieu, la « palingénésie » véritable, l'apothéose du faible, l'amour
du peuple, la réhabilitation de tout ce qui est vrai et naïf » [83 bis]. Il est
déjà remarquable que Renan ait jugé opportun de donner, de la *Vie de
Jésus,* une « édition populaire ». Son désir d'emprise sur un public
autre qu'éclairé, un vague besoin de prédication, sinon de pastorale,
se font jour ici. Mais surtout, la comparaison des deux textes révèle
ce qui dans le premier, aurait pu blesser les simples, ce qui donc
s'adresse seulement aux adorateurs de l'idée pure, ce qui condense
le succédané renanien de la religion. Ont été supprimés, outre la docu-
mentation historique, le chapitre sur les miracles (ch. XVI), le chapitre

---

80. *Cahiers de la quinzaine,* 3ᵉ cahier, 8ᵉ série, p. 1009.
81. *V.J.,* IV, p. 205.
82. *V.J.,* IV, p. 252...
83. *V.J.,* IV, p. 262.
83 *bis. V.J.,* IV, p. 260.

XIX, à propos de l'exaltation croissante de Jésus (avec l'oscillation suggérée entre inspiration et folie), le chapitre XXVI, Jésus au tombeau, préfigurant le développement, donné dans *Les Apôtres*, à l'hallucination amoureuse de Madeleine. Vu le dessein de Renan, toutes ces omissions s'expliquent aisément — mais, bien que ne contenant pour des chrétiens sans malice aucun objet apparent de scandale, le premier chapitre, Place de Jésus dans l'histoire du monde, a été supprimé aussi. Pourquoi cela, sinon parce que le projet de l'idéalisme, selon Renan lui-même, c'est-à-dire la raison d'être de son ouvrage, et la sienne, ne peuvent qu'échapper au peuple ; les « simples » se situeront toujours en dehors de la visée de Renan, quoi qu'il fasse : il se donne l'illusion de se rapprocher d'eux en dédiant ce livre « aux pauvres, aux attristés de ce monde, à ceux que Jésus a le plus aimés »[84], mais, privé du fondement de la philosophie idéaliste, son livre devient de pure édification, idylle morale, sorte de fleur sans racine. Aussi Renan a-t-il tenté de la faire prendre sur un terrain autre, et ce glissement du vrai fondement (l'idéalisme) à un autre (le social) qui se veut vrai aussi, se manifeste, dans l'Avertissement : « Humbles serviteurs et servantes de Dieu, qui portez le poids du jour et de la chaleur ; ouvriers qui travaillez de vos bras à bâtir le temple que nous élevons à l'esprit... »[85]. Tout le passage, défini par G. Sorel comme « galimatias »[86], nous semble traduire le malaise d'une pensée privée de son point de fixation ; elle se raccroche à une grandiloquente métaphore, elle-même en porte-à-faux (littéralement, bâtir un temple équivaut à élever un temple ; or les uns « bâtissent » ici le temple même que les autres « élèvent » ; la factice concordance ne fait que masquer l'hétéroclite). Notre détour par l'édition populaire de la *Vie de Jésus* tendait à ceci : le « social » est un faux noyau, un fondement d'emprunt pour une pensée qui veut bien ne pas refuser l'édification populaire, tout en affirmant par là même, sans s'en douter, sa véritable visée d'idéalisme philosophique. Car le Jésus que Renan offre au peuple, c'est finalement le Jésus de sa philosophie, moins quatre chapitres. C'est cette technique de simple retranchement, de soustraction qui nous met en éveil. Ce n'est pas une image globalement éclairée d'un autre jour, c'est nécessairement la même, *moins* ce qui, aux yeux de Renan, la fonde. Quand, dans l'Avertissement, Renan dit au peuple : « On lui plaît par l'idéalisme »[87], il n'affirme nullement que le peuple puisse en atteindre le sens philosophique mais qu'il peut s'y laisser séduire (tout son procédé devrait nous permettre de poursuivre : à condition de n'en pas voir le fondement).

---

84. *V.J.*, éd. pop., p. 1.
85. P. 10.
86. *Le Système historique de Renan*, p. 61-62, note 2.
87. P. VII.

L'effort de Renan pour éliminer ou convertir en Jésus ce qui n'est pas l'idéalisme, ce qui n'est pas lui-même, semble représenter à la fois un gommage du numineux et un gommage de l'historique. Très éloignées de celles de Renan, les analyses modernes de Bultmann nous font apercevoir, par contre-coup, tout l'aspect renanien de réminiscence subjective. Selon Bultmann, le concept religieux que l'on peut mettre sous le nom de Jésus définit essentiellement l'état de créature et contredit ainsi l'idéal classique de belle humanité, postulat de tout idéalisme : « Jésus est bien loin de considérer l'homme dans le sens classique, c'est-à-dire de penser que l'homme porterait en lui une nature ou une parenté divine, de par ses dispositions, ou parce qu'il est destiné à réaliser un idéal. Le concept classique d'universalisme lui est complètement étranger. Si le Royaume de Dieu était conçu de façon universaliste, ce serait fonder une prétention de l'homme vis-à-vis de Dieu. Mais il n'y en a justement pas... » [88]. Dans la perspective de Bultmann, une traduction humaine du divin va contre l'histoire, dans le sens où elle nie, en Jésus, l'idée même de créature et donne, face à Dieu, ses droits à l'individu. Idéalisme, humanisme, représenteraient donc ainsi une outrancière modernisation de Jésus qui n'était ni héros ni grand homme, et pour qui ces mots mêmes ne pouvaient avoir de sens, puisque toute qualité humaine intrinsèque aurait été pour lui illégitime empiètement sur Dieu. Aussi, l'idée de progrès, essentielle à la vision renanienne de Jésus, va-t-elle à l'opposé du Jésus « démythologisé » pour qui la volonté de Dieu, par essence, n'est susceptible d'aucune évolution. Le Jésus selon Bultmann n'est pas philosophe et ne se laisse pas non plus consommer par la philosophie : il est autre, dans la mesure où, pour lui, l'homme n'a pas de sens en lui-même, mais comme créature, sous le regard et le commandement de Dieu.

Selon Bultmann, la seule idée d'une approche psychologique oblitère le sens religieux de Jésus : car, qu'est-ce que rendre intelligible, sinon « renvoyer à ce que l'on connaît déjà » [89], donc manquer l'autre, manquer le Jésus qui, par définition, échappe à l'humanité moderne ? Pour essayer de saisir Jésus, de le rencontrer, c'est son œuvre, non son être psychologique, qu'il faut interroger. Nous voilà donc renvoyés à cet énigmatique Royaume de Dieu. Renan l'a défini comme royaume des âmes, parce qu'il était *parti* de la psychologie de Jésus, interprétée en un sens idéaliste. Mais si l'on part du Royaume de Dieu « grandeur prodigieuse et eschatologique » [90], comment définira-t-on Jésus ?

L'argumentation de Bultmann à propos de toute enquête à point de départ idéaliste, nous fait sentir avec netteté que la recherche de Renan pourrait bien rester « une prise de conscience de ce que, au fond

---

88. *Jésus. Mythologie et démythologisation*, p. 61 et suiv.
89. *Id.*, p. 33.
90. *Id.*, p. 61.

on sait déjà »,[91] — ajoutons : de ce que l'on *est* déjà: C'est pourquoi, nous semble-t-il, face à ce *bivium* largement ouvert — Jésus ou les idées de Jésus ? — Renan s'est porté vers la première voie : c'était la voie qui le menait de lui-même à lui-même, le retour à soi par le détour de l'autre, l'enivrante amplification. Malgré toutes les protestations du jeune Renan (« Jésus 'aurait pas existé que ma critique garderait toute sa valeur »)[92], il ne nous semble pas que, pour lui comme pour Bultmann, chacun reste libre de mettre le nom de « Jésus » entre guillemets, comme abréviation symbolique d'un phénomène historique. Une sorte de révélation se fait pour lui d'individu à individu, à travers une charge morale ou esthétique reçue et transmise : ainsi, d'une façon très significative, il exprime dans les *Nouvelles études d'histoire religieuse,* non pas qu'il connut François d'Assise avant Jésus, mais que la vérité de l'individu François d'Assise a toujours fondé pour lui la possibilité de l'individu Jésus, tel que le dépeignent les Evangiles[93]. S'il a découvert Jésus, ce n'est pas à travers l'histoire de son œuvre ou son idéal messianique, mais à travers une autre figure, dans son unicité.

On peut donc regretter, avec J. Pommier, qu'en optant pour la biographie de Jésus, Renan ait suivi « la mauvaise voie »[94] ; mais, bonne ou mauvaise, c'était la sienne. Dans toute affirmation individuelle, passionnée ou même violente, il se perçoit lui-même. Ainsi, l'homme Néron n'est pas absorbé dans la fabulation symbolique de l'Antéchrist. Il fait partie, affirme Renan, de la « mythologie chrétienne »[95] — et, tout autant, peut-être de la mythologie renanienne : double noir du lumineux Jésus, double incertain et intermittent de Renan, à travers cette esthétique chrétienne dont il découvre, en ses intuitions d'artiste, l'étrange séduction[96]. Les notes intimes livrent cette confidence : « Attention que ma mère eut de me garder la virginité de la vue »[97]. Ce trait ne se renverse-t-il pas, avec une frappante exactitude, pour composer l'image, si fascinante pour Renan[98], de Néron voyeur-né, face aux « tableaux vivants » de l'arène et du martyre, son émeraude concave sur l'œil ?[99]. Inconsciente métaphore, peut-être, du spectacle renanien, de la distance imposée aux choses pour les immobiliser, les saisir, les épuiser dans la maîtrise d'un regard.

Les individus ne demeurent pas pour Renan ponctuels et isolés : se projetant en eux il se donne consistance ; par le retour à lui-même, la

---

91. *Id.,* p. 37.
92. Voir *supra,* p. 247.
93. *N.E.H.R.,* VII, p. 921.
94. *C. renaniens,* n° 4, p. 33.
95. *Ant.,* V, p. 1095.
96. Voir *Ant.,* chap. 7 (IV, p. 1216...).
97. H. Psichari, *Renan d'après lui-même,* p. 131.
98. *Ant.,* V, p. 1204...
99. *Ant.,* V, p. 1227.

traversée de lui-même, il leur donne consistance. Ses héros et lui apparaissent ainsi comme les deux bouts d'une chaîne, deux moments d'un unique désir : persévérer dans l'être. Il s'établit, de lui à eux et d'eux à lui, une sorte de garantie circulaire essentielle, une contagion d'être, une recharge. Jésus, Saint Paul, Marc-Aurèle (en un sens, Néron, peut-être ?) ne sont point portraits d'une galerie, mais comme les relais d'une intensité vitale. Parfois même, ils se soudent pour Renan en une sorte d'essence permanente et réductible à lui-même : ainsi le composé Jésus-François d'Assise (la vie réelle de l'un rendant possible la vie réelle de l'autre) donnera sa complexe unité à l'idéalisme, en doublant la passion franciscaine de pauvreté, du goût tout renanien de jouissance : on jouit d'autant plus de la nature qu'on ne possède point d'espace, maison, jardin, cité bâtie en cette terre ; *non habemus hic manentem civitatem.* Si bien que, ce que refuse l'idéaliste Renan dans la propriété, c'est une limitation de la jouissance : « s'il est des cas où la jouissance suppose la possession, il en est d'autres où la possession exclut la jouissance » [100]. Toute la virtualité asociale, explosive de l'idée franciscaine se trouve ainsi désamorcée, muée en jouissance d'esthète. De même qu'il a d'abord estompé l'aspect juif, messianique de Jésus, Renan est peu sensible à ce que Michelet appelle « le côté orgiaque » de François d'Assise, cette « sensualité » de la dévotion qui porte à dramatiser les instincts élémentaires [101], à travers une sorte de bacchanale sacrée. Renan dénature peut-être, en le rendant aimable, ce délire. Surtout, interprétant le renoncement en jouissance, ne représente-t-il pas le plus direct opposé de l'émoi franciscain dont la transposition l'enivre ? C'est que comprendre est pour lui retrouver : « J'ai pu, seul en mon siècle, comprendre Jésus et François d'Assise » affirme-t-il dans les *Souvenirs* [102]. L'acte de comprendre est ici multiple : approche intellectuelle, affinité morale élective et sélective en même temps que pouvoir d'absorption. Le sujet souverain s'enfle pour finir de Jésus et de François, qui figurent à la fois ses harmoniques et ses composantes : car, « dieu » ou saint ne sont plus considérés en eux-mêmes ; c'est l'évolution de Renan, non leur histoire, qu'évoquent les *Souvenirs* ; ils n'ont plus de raison d'être que dans leur participation à l'individu Renan, qui maintenant, semble-t-il, les « comprend », les subsume.

Lien personnel dans sa qualité unique, retour de soi à soi, sauvegarde de son être, nous semblent dessiner en Renan un courant constant, possible fil conducteur dans une pensée labyrinthique. Le concept d'amitié avec le « dieu » est central, et ne se peut réduire à une joliesse sentimentale : il scelle le refus de l'état de créature, de l'état religieux primitif. Notre dessein ne peut être d'examiner, pour elle-même, l'exé-

100. *N.E.H.R.,* VII, p. 927.
101. Michelet, *O.C.,* t. II, p. 406.
102. *S.E.J.,* II, p. 796.

gèse et la critique biblique de Renan : remarquons toutefois son attachement pour le 4ᵉ Evangile (malgré les réticences que suscite en lui
le déferlement d'une certaine métaphysique, comme il l'exprime dans
l'Introduction de la *Vie de Jésus*[103], malgré aussi les objections protestantes de l'Ecole de Strasbourg, jamais il ne l'a rejeté comme apocryphe). J. Pommier médite le cas de cet homme, de ce savant, que
l'on voit « raisonner des années durant, en dépit des remontrances,
comme il l'a fait touchant le quatrième Evangile, et, parce que son
histoire avait besoin que ce document fût véridique, soutenir que le
récit n'y serait pas si pittoresque et circonstancié s'il ne remontait à
un témoin »[104]. Comme son histoire, son être profond éprouvait-il le
besoin de ce texte, le seul peut-être à préfigurer « l'ami » de Jésus ?
Renan y trouve « d'admirables éclairs, des traits qui viennent vraiment
de Jésus »[105], et indique en note les passages IV, 1 et XV, 12, c'est-à-
dire la rencontre avec la Samaritaine (d'où se dégage l'adoration
parfaite, en esprit et en vérité) puis l'amitié de Jésus et des siens,
« mes amis et non mes serviteurs ». Cette relation directe avec un
dieu non séparé, Jean ou le pseudo-Jean la découvre en tous ceux qui
« savent », qui ont reçu, de Jésus, ce que son Père lui a appris. La
saisie du divin par la connaissance, Renan la dépouille évidemment de
la transmission divine, mais ne fonde-t-elle pas toute sa recherche ?
On voit se définir à travers Renan, une sorte de gnose rationalisée, la
gnose idéaliste, qui tente d'affirmer, à travers le Jésus ami, donné
dans la connaissance, l'être même de Renan.

Jésus nous paraît essentiellement, pour Renan, un individu repère
et un individu relais. Les *Dialogues-Philosophiques* évoqueront, non
plus le « Galiléen obscur », mais l'être qui « vit où il agit »[106], c'est-à-
dire moins l'individu qu'une force irradiante et quasi impersonnelle.
(Le jeune auteur des *Cahiers* s'imaginait lui-même, dans sa vie par
influence, « les bras tendus comme le poulpe et cela augmentant »)[107].
Le mouvement qui exalte l'individu en tirant le divin de son humanité,
ne finit-il pas par l'abolir ?

Bien des chemins nous mènent, en Renan, à l'individu, et, si son
choix se fit pour l'homme-Jésus, nous pensons qu'il y a là un repère,
indice d'un mécanisme fondamental de sa pensée, de sa réaction au
monde. Malgré tous les entours de l'enquête historique, son approche
des êtres les isole en les remodelant selon les présupposés idéalistes,
accentuant en eux le côté exceptionnel. Georges Sorel lui oppose Walter
Scott qui eut, dit-il, « la prudence »[108] de choisir comme person-

---

103. *V.J.*, IV, p. 63.
104. *Renan et Strasbourg*, Avant Propos, p. VIII.
105. *V.J.*, IV, p. 63.
106. *D.P.*, I, p. 627.
107. *C.J.*, IX, p. 122.
108. *Le système historique de Renan*, p. 25.

nages centraux des êtres moyens ; mais est-il vraiment question ici d'habileté, d'opportunité dans le choix d'un héros, d'économie aménagée par un romancier ou un dramaturge ? Malgré les déclarations de sa jeunesse, « c'est la masse qui crée, car la masse possède éminemment et avec un degré de spontanéité mille fois supérieur les instincts moraux de la nature humaine » [109], Renan n'a cessé de se porter à des images mythisées, mais encore individualisées, de l'idéalisme. Ce n'est donc pas seulement dans un souci de décoration morale qu'il choisit l'individu, mais dans une visée première de sauvegarde de soi. Georges Lukacs, dans son étude sur le roman historique, définit l'attachement aux individus, comme une incapacité à penser le social : c'est seulement parce que l'on ne voit pas les véritables idées et forces motrices d'une époque qu'un être semble exceptionnel : « l'exception » résulte du décalage entre l'analyse et son objet, d'une inadaptation de la saisie : « les personnages de l'histoire... rendus de ce fait incompréhensibles, acquièrent grâce à cette inintelligibilité une magnificence décorative » [110]. Une analyse de ce type pourrait rendre compte du besoin, perpétuel en Renan, de penser et de toucher l'unique : le christianisme, sans père sur la terre ; Jésus, non juif (du moins avant l'*Histoire d'Israël*). Toutefois cette recherche de l'unique nous semble traduire surtout en Renan le besoin constant de fonder sa propre unicité, de trouver, pour son être propre, un harmonique et un garant. L'histoire, dont il dégage une sorte d'essence idéaliste, est pour lui un retour sur lui-même, elle accroît et protège à la fois sa propre substance ; si, témoignant selon lui du progrès, elle permet d'entrevoir Dieu en train de se faire, n'a-t-elle pas en réalité pour fonction première, de relayer auprès de l'historien le Dieu d'autrefois, de se substituer à une expérience religieuse, mais seulement dans la mesure où celle-ci peut fonder le bonheur ?

Nous tenterons de nous expliquer en nous aidant d'une analyse de G. Sorel dans *La ruine du monde antique*. G. Sorel souligne que, dans les premiers siècles du christianisme, la vie monastique était considérée non seulement comme plus chrétienne, plus pure ou plus tranquille que la vie du monde, mais plus heureuse, et cela, non point par des déshérités selon le siècle : ceux-ci regimbaient, selon Saint Augustin [111], et se montraient beaucoup moins que les riches dociles à la règle monastique. Au contraire, trouvaient un raffinement de bonheur dans la vie ascétique « les femmes des familles de l'aristocratie, élevées dans le luxe le plus délicat (...). Ce sont elles qui trouvent le plus de bonheur dans cette vie qui semble si dure au public igno-

---

109. Voir aussi *C.J.*, IX, p. 365 : « C'est le peuple, c'est le genre humain, le grand inventeur en littérature comme en tout ».
110. P. 199.
111. Voir G. Sorel, p. 68.

rant » [112]. Pourquoi ? C'est que, selon la nécessité psychologique d'une sorte de sélection, ces femmes subissaient l'attrait d'émotions autres, plus rares ; le spirituel devenait ainsi un nouveau champ de jouissance, un appel, transposition anticipatrice de « calme et volupté » qui valait bien le sacrifice du luxe, et s'enrichissait même sans doute de l'idée de ce sacrifice, de la délectation d'avoir tout donné. La vie des couvents devenait en ce sens rêve de bonheur individualiste, interdit à la masse, ou plutôt nécessairement ignoré d'elle. Le couvent niait le monde, niait la vie, et la niant, l'exaltait en une jouissance plus exquise.

L'Histoire elle-même, que sera-t-elle pour Renan, sinon une négation de l'histoire, une sorte de couvent transposé ? « Je ne cacherai pas que le goût de l'histoire, la jouissance incomparable qu'on éprouve à voir se dérouler le spectacle de l'humanité, m'ont surtout entraîné en ce volume (...). Souvent je me suis reproché de tant jouir en mon cabinet de travail, pendant que ma pauvre patrie se consume en une lente agonie ; mais j'ai la conscience tranquille (...) j'ai fait ce que j'ai pu » [113]. L'Histoire sera dans le temps ce que le couvent est dans l'espace : l'affirmation de l'individuel, le refuge ; non pas un « ici et maintenant » vécu mais une création solitaire, dans la séparation qui se traduit et se camoufle à la fois par l'ambivalence d'un je suis quitte, le rappel des essais manqués de coopération (essais dont il n'est pas question de nier la sincérité, mais qui s'accordent mal avec « le goût aristocratique » [114] de l'histoire défini par l'historien du *Peuple d'Israël*). De même que le couvent selon l'analyse de Sorel nie le réel, la vie, de même l'Histoire devient le paradoxal lieu de l'utopie — régions élues et élitaires de ceux qui veulent une communication autre avec « Dieu » — en définitive, une autre forme de bonheur. Cette recherche individuelle de jouissance a toujours traversé, en Renan, une imagination chrétienne (qu'elle vidait de tout autre sens). Défini dans les *Dialogues philosophiques* [115] comme école de distinction, lieu béni de l'impossible, le couvent médiéval — ou encore la communauté philosophico-religieuse de Mariout [116] — fixent en images le rêve de Renan. Si la science permet d'approcher l'aventure de « Dieu » dans l'histoire, n'a-t-elle pas pour obscure mais essentielle fonction d'enraciner dans l'être ce que Péguy appelle « l'historien-Dieu » ? [117]

La brisure intérieure, religion non religieuse (par évacuation totale de la foi), irréligion non irréligieuse (par maintien vital des images-forces), nous semble répondre, par analogie, à l'écartèlement sociolo-

---

112. *Id.*, p. 68.
113. *Ant.*, IV, p. 1123.
114. *H.P.I.*, VI, p. 14
115. *D.P.*, I, p. 624.
116. *H.P.I.*, VI, p. 1490...
117. Pléiade, *Œuvres en prose*, p. 709.

gique du bourgeois non bourgeois. Paul Lidsky a retracé l'aventure sémantique du mot bourgeois, son passage du social à l'esthétique, dans les analyses de Flaubert [118], par exemple. Si face aux bourgeois « en blouse » ou « en redingote », « les lettrés » sont seuls à représenter « le peuple », n'assistons-nous pas, à travers cette passe verbale, à une sournoise domestication de l'écrivain ? Satisfait d'un affranchissement spirituel qui lui donne bonne conscience, il n'envisage nullement d'ébranler le cadre social. Et J. de Goncourt peut, en 1869, voir dans les dîneurs de Magny (parmi lesquels Renan) « les esprits les plus libres de France », mais aussi, dans une désastreuse équivalence, des « Prudhommes distingués et lettrés » [119]. Cette éthique de la fuite n'est-elle pas, dans une certaine mesure, celle de Renan ? L'histoire devenant, par le progrès, un élément de l'aventure divine, lieu privilégié de l'idéalisme, ne s'achève-t-elle pas dans l'anhistorique, peut-être même l'anti-historique, par la mystification et l'utopie ? Nous ne voulons pas définir par là Renan comme immobiliste, « réactionnaire ». Jamais il ne l'a été de pied en cap. Il lui eût été impossible de l'être sans jeter un regard critique sur la réaction, de même qu'il sentait se former en lui déjà dès 1848, époques de ses sympathies révolutionnaires, toutes sortes de réticences sur les révolutions. Dès 1848 s'installait-il, avec, malgré ses élans humanitaires, dans la position qui, selon Lukacs est celle des « humanistes bourgeois de l'époque » [120] : nécessité des révolutions dans le passé, danger des révolutions dans le futur ? Une analyse de sa position face à la Commune, telle qu'elle s'exprime dans l'*Antéchrist* et *Marc-Aurèle,* nous révèlera peut-être ce qui nuance ou oblitère en lui le type sociologique défini par Lukacs comme « l'intellectuel du capitalisme décadent » [121] : la Commune se fond pour lui dans la lueur de l'incendie de Rome et de l'Apocalypse [122], prend son sens d'horreur par référence au mythe. L'histoire n'est donc pas directement sentie dans son présent, mais, peut-on dire, par la répétition de certaines images obsessionnelles, dégageant une essence du mal permanent. Tout l'aspect « maladie sacrée » de la révolution, cette vue emphatique et comme magique du mal, de l'inexplicable mal, n'est-ce pas une façon inconsciente de refuser la chose même, dans la réalité de ses fondements économiques et sociaux ? Paul Lidsky a bien montré comment toute l'imagerie qui envahit les *Tableaux de siège* de Th. Gautier ou *Les convulsions de Paris,* de Maxime du Camp, représente en fait un refus de l'analyse politique [123], effort pour conjurer « le mal » en le plaçant sur le piédestal de l'allégorie mythique ou morale. Renan semble avoir aussi réalisé cette

---

118. *Les écrivains contre la Commune,* p. 21.
119. *Journal,* 31 mars 1869.
120. *Le roman historique.*
121. *Id.,* p. 199.
122. *Ant.,* IV, p. 1410 et 1423.
123. P. 46.

fuite devant l'histoire, et, fait paradoxal, nous avons tenté de le montrer, dans l'Histoire [124]. Mais son attitude reste complexe : définie par lui comme « l'abîme sous l'abîme et la plaie sous la plaie » [125] tant qu'il l'approche dans sa réalité, qu'il vit intensément l'histoire (dans *La Réforme intellectuelle et morale*), la Commune se justifie en un sens pour lui, dès qu'elle emprunte le détour du mythe et du passé : ainsi, lorsque, dans l'*Antéchrist*, il évoque la révolte des Juifs sous Vespasien : « Les fanatiques proclamaient Jérusalem capitale du monde, de même que nous avons vu Paris investi, affamé, soutenir encore que le monde était en lui » (...). « Les exaltés de Jérusalem qui affirmaient que Jérusalem était éternelle pendant qu'elle brûlait étaient bien plus près de la vérité que les gens qui ne voyaient en eux que des assassins » [126]. Ainsi, par le circuit du mythe, la révolution se régénère mystiquement (tandis que chez Gautier, par exemple, l'image de la bête fauve échappée flétrit définitivement le communard : « Des cages ouvertes s'élancent des hyènes de 1793 et des gorilles de la Commune ») [127]. Renan a besoin de comprendre Paris par Jérusalem, les communards par les patriotes juifs. Il ne peut saisir le futur en train de se faire qu'à travers un passé redécouvert comme dynamique. Il a besoin du temps, du retour en arrière ; quoi qu'il en dise, sa pensée ne se réfère alors pas à l'avenir, mais au passé, ou plutôt à l'avenir à travers le passé. Vue à travers la révolte de Jérusalem, l'insurrection parisienne fonde peut-être l'avenir. Mais Renan a besoin de cette opération rassurante de décalage dans le temps.

Ce rapport avenir-passé désinfecte pour lui la « plaie » — et lui permet de retrouver, non pas l'histoire vécue, mais une sorte de sens de l'histoire, une interprétation qui ignore toute dialectique mais qui (à la différence de celle de Gautier, ou de M. du Camp...) postule que le mal peut être en même temps un bien : non pas un mal dont, par une nécessité intérieure et motrice, naîtra un bien, mais une manifestation de deux contraires, un dévoilement, une apocalypse : aussi l'histoire, loin de se dérouler et de se vivre au long de ce déroulement, se fige pour lui en un avenir-passé quasi intemporel et condense tous les possibles selon la ligne de force de l'obscur progrès : « Ah ! qu'il ne faut jamais dire d'avance ce qui sera dans l'avenir saint ou scélérat, fou ou sage (...). A la vue de ces révolutions, accompagnées de tonnerres et de tremblements, mettons-nous avec les bienheureux qui chantent : Louez Dieu ! ou avec les quatre animaux, esprits de l'univers, qui, après chaque acte de la tragédie céleste, disent : Amen » [128]. Renan n'a pas donné dans un manichéisme facile, une imagerie de sens immédiat,

---

124. Voir *Ant.* Introduction, IV, p. 1123.
125. *R.I.M.*, I, p. 366.
126. *Ant.*, IV, p. 1423.
127. Cité par P. Lidsky, p. 46.
128. *Ant.*, IV, p. 1423.

mais son rapport au temps s'est achevé dans l'intemporel. Sa démarche vers l'avenir, son approche d'une histoire en train de se faire, ne sont rendues possibles que par un retour au passé, dans une appréhension mystique de l'histoire, selon la loi du progrès, défini par rapport « au résultat religieux éloigné » [129]. Dans son analogie avec Jérusalem, Paris devient ville spirituelle, sorte de manifestation religieuse, parousie de la révolution. Du moins, à la différence de Gautier, Renan a-t-il senti la bipolarité des mythes, puisque, partie d'une réalité selon lui funeste, amplifiée en visions de mort (l'incendie de Rome et les images apocalyptiques), sa méditation des « tragédies célestes » débouche sur l'amen et l'adoration. Sans doute le report sur Dieu est-il significatif d'une désertion de l'histoire, mais non pas immédiate et simpliste. C'est selon un complexe réseau d'avancées et de retours, de va-et-vient temporels, de relais imaginaires, que Renan s'est porté à une interprétation, de sens finalement eschatologique. Renan a remplacé Dieu par l'histoire, pour remplacer l'histoire par Dieu, pensée à spirales qui s'échappe toujours à elle-même en croyant se retrouver. Au fond n'a-t-il pas écrit son Discours sur l'Histoire Universelle ?

L'aspiration à un analogue de la religion et l'interprétation sociale nous semblent reposer sur un même fondement : recherche en Jésus-homme et toute la mythologie idéaliste, d'un garant pour l'individu ; recherche, par le report de l'avenir au passé et de l'homme à Dieu, d'un garant de l'histoire : ce mouvement aboutit à une désertion de l'Histoire, qui offre à l'individu, refuge, bonheur, illusion de maîtrise par l'illusoire découverte d'un sens.

Ce sens, ce progrès, ne sont-ils pas marqués eux-mêmes d'une fondamentale ambivalence, liée au jeu sur le temps : ainsi, l'idée démocratique est présentée en ce dialogue non dialectique qu'installe La Réforme intellectuelle et morale, dans le flou d'un « on peut dire aussi » [130] — comme risque de mort pour la France [131], et en même temps comme possible principe de primauté : à vrai dire, dans la Réforme, cette prééminence nouvelle se réduit à une priorité dans la dégénérescence, dans l'invasion virale : « L'éveil de la conscience populaire et jusqu'à un certain point l'instruction du peuple minent ces grands édifices féodaux et les menacent de ruine (...). Jusqu'à quel point cet esprit de révolte, qui n'est autre que la démocratie socialiste, envahira-t-il les pays germaniques à leur tour ? » [132]. Dans l'Antéchrist, au contraire, l'analogie de Jérusalem charge d'un sens de progrès à consonance religieuse la vocation de Paris révolutionnaire. Pourquoi sinon parce que, dans le premier cas, l'expérience démocratique est vécue par Renan comme une menace sur l'individualisme « supérieur »,

129. *Ant.*, IV, p. 1423.
130. *R.I.M.*, I, p. 383.
131. *R.I.M.*, I, p. 367.
132. *R.I.M.*, I, p. 403.

dans le second, elle est récupérée par ce même individualisme, en une vision transfigurée de l'Histoire. Dans le premier cas, Renan est l'ancien candidat libéral « modéré » déçu dans sa bonne foi — et aussi dans sa revendication. L'article *Sur la convocation d'une assemblée pendant le siège* nous paraît la vraie signature de l'individualisme aristocratique : « Un pays ne se sauve que par des actes de foi et de confiance en l'intelligence et en la vertu de quelques citoyens. Laissez le petit nombre des aristocrates qui existe encore vous tirer de la détresse où vous êtes ; puis vous vous vengerez d'eux en les excluant de vos chambres, de vos conseils électifs » [133]. Nous ne prétendons nullement chercher à déceler à travers ce texte quelque possible velléité politicienne en Renan, mais le sens éthique d'une attitude politique (d'autres pourront chercher le sens politique d'une attitude éthique). Lorsque Péguy affirme que « Renan était profondément un homme de parti, de parti intellectuel, et peut-être bien, Dieu aidant, de parti politique » [134], ce jugement, selon nous, ne rencontre qu'à demi le vrai : il ne s'agit pas, pour lui, d'un quelconque pragmatisme opportuniste, ni même peut-être d'une carrière immédiate d'homme d'action. Mais il a cherché une sorte de consécration de l'être conçu comme métaphore vivante du génie. A. Comte lui-même, que pourtant il n'aime pas, sollicite en lui cette fibre individualiste, et sa réponse au discours de Pasteur traduit l'attrait pour lui d'un homme qui sut devenir symbole : « Je ne puis m'empêcher d'être ému quand je vois tant d'hommes de valeur, en France, en Angleterre, en Amérique accepter ce nom comme un drapeau (...). Ce nom sera une étiquette dans l'avenir » [135]. La faculté de parler à l'avenir, voilà la véritable royauté rêvée de Renan. Elle reste « de ce monde », mais c'est un rêve de vitalité future, peut-être, plus que d'action politique présente. Certains écrits de jeunesse édités par J. Pommier, révèlent que la fascination exercée sur lui par Jésus fut d'abord cette faculté de se survivre, de rester, comme il le dit curieusement, « à la mode » : que les hommes d'aujourd'hui n'aient pas lu ou compris l'Evangile, c'est possible, « mais il est de bon ton de l'admirer ». Bossuet n'est plus « de mode », mais Jésus, oui : « Voilà donc le phénomène qui me revient toujours... (que) Jésus-Christ, qui a été adoré comme Dieu par les apôtres et les Pères (...) devant lequel ces têtes platonico-judaïques se sont inclinées soit toujours à la mode » [136]. Ce retour d'une apparente impropriété traduit bien le désir de s'inscrire dans le devenir, maintenant l'unique nécessaire : rester « à la mode », parler à l'avenir, persévérer dans l'être. L'aveu qui se livre, incidemment, semble-t-il, dans *La métaphysique et son avenir*, nous paraît rencontrer une préoccupation pre-

---

133. I, p. 471.
134. *Œ. en prose*, p. 1060.
135. *D. et C.*, I, p. 767
136. *C. renaniens*, n° 5, p. 19 et suiv.

mière : « Si j'avais voulu être chef d'école, je n'aurais aimé que les disciples qui se seraient séparés de moi »[137]. Le désir de primauté spirituelle se fait jour dans la fiction du *si*, l'équivoque de la condition. En même temps se dessine ce qui constitue pour Renan la primauté véritable : non pas une cohorte de *famuli*, une clientèle adulatrice, mais ce qu'il fut ou crut être pour Jésus : le disciple contradicteur, qui assume l'image du « maître », par la rupture, et par là même le remet « à la mode » par une transfusion de vie. Renan rêvait sans doute d'être source de questions vitales, et de se voir consacré, à travers sa réfraction dans les « disciples » en rupture, dans sa propre individualité.

Aussi son projet fondamental ne fait-il que traverser le politique. Dans la Préface de la *Réforme intellectuelle et morale*, comment présente-t-il sa candidature de 1869 ? De façon romantique, en une allégorie analogue à celle du mage selon Hugo, mais de sens inversé. Il est vraiment tout le contraire de Josué, il n'a pu mener à bien aucune opération Jéricho ; mage bafoué, penseur prophétique, il reste un de ces « écrivains à qui est échu le lot des vérités importantes »[138] ; mais le magisme tourne mal, car ceux-ci ressemblent au « fou de Jérusalem qui allait, parcourant sans cesse les murs de la cité vouée à l'extermination et criant : Voix de l'Orient ! Voix de l'Occident ! Voix des quatre vents ! Malheur à Jérusalem et au temple ! Personne ne l'écouta jusqu'au jour où, frappé par la pierre d'une baliste, il tomba en disant : « Malheur à moi ! »[139].

Cette traduction mythique de lui-même l'isole et le grandit : la défaite proclamée se tourne en prestige pour l'individu dont elle consacre la *séparation*. (C'est dans le même sens que Jésus, dans la perspective de Renan, *devait mourir* : il était différent). La prétendue humiliation devient valeur dans la mesure où elle traduit la différence.

Nous avons tenté de suivre les fils qui, à travers l'attachement aux figures de l'idéalisme (avec, pour prototype, l'homme Jésus) ou la transfiguration de l'histoire en Histoire, forment un nœud, selon nous, central en Renan, celui de l'individualisme. On pourrait dire : Renan a usé ses dieux de remplacement (science, révolution...) jusqu'à se replier sur lui-même. Mais aussi peut-être, dès l'origine, son projet était-il, à son insu, de tendre vers lui-même, principe premier, fin unique, et tout le reste (les dieux de remplacement) n'était-il là que pour se voir traverser, avec simple valeur de circuit, mais de circuit nécessaire ; il lui fallait bien se prouver à lui-même la nécessité de retourner à lui (à ce moi qu'il n'avait au fond jamais quitté). Il tendait sans doute à cette quasi divinisation de soi, mais il lui fallait passer

---

137. I, p. 686.
138. I, p. 325.
139. *Idem*.

par autre chose : la traversée d'autres formes lui était indispensable pour lui faire croire à lui-même qu'il avait été forcé à ce dernier recours, à ce repli total sur son individu. Il ne pouvait aller d'emblée à ce culte du moi, car c'en eût été fini alors du *Domnius pars...* La rupture aurait été sentie comme rupture et Renan, au moins pour assumer la crise de 1843 et longtemps après, avait besoin d'une illusion de permanence dans le changement même. Le retour au moi, c'était sans doute un premier projet, mais il le sentait du moins comme la fin d'une aventure. Son sur-place devenait ainsi cheminement, itinéraire. « Je suis sûr qu'on reviendra à moi » [140] affirmait, péremptoire, le jeune auteur des *Cahiers*. C'est lui qui est revenu à lui-même, et aussi, par l'œuvre achevée, devenu pleinement lui-même.

Jean Guitton suggère que Renan n'a pas le sens de la personne, de l'autre, du « toi » (fût-il le Dieu de la religion chrétienne) ; c'est, selon nous, qu'il a essentiellement le sens de l'individu. L'individualisme nous paraît à la fois en Renan, la cause de l'absence de religion, et, du même mouvement, la cause de la fabulation religieuse (sincèrement religieuse), car c'est elle qui lui livre immédiatement, par le secours de l'imaginaire immémorial, les réserves vitales, celles qui se prêtent à la projection du moi. « Ce qui étonne en lisant Renan, écrit J. Guitton, ce n'est pas qu'il soit sceptique, c'est qu'il ne le soit pas davantage ; c'est que, niant l'essence, il retienne tant d'accidents ; que vidant le témoignage de sa partie nucléaire, il ait tant de sympathies pour les enveloppes » [141]. De notre point de vue, c'est que les « accidents » sont devenus « l'essence », c'est que les « enveloppes » donnent justement pour Renan garantie au changement de centre, en figurant un semblant de permanence, alors que le Dieu cède la place au *je*. C'est justement parce que la religion s'anéantit en Renan que l'imagination religieuse s'affirme nécessaire. Religion, imagination religieuse sont en lui solidaires, mais dans un rapport totalement inversé — la seconde faisant croire à un analogique maintien de la première, et cette illusoire analogie permettant l'évacuation du « noyau » [142].

D'importants éléments de ce chapitre, ainsi que du chap. 2 de la IIIe Partie ont fait l'objet d'une communication, « Jésus selon Renan et selon Michelet », au colloque organisé le 19 janvier 1974 par la Société des Etudes renaniennes.

---

140. *C.J.*, IX.
141. *Critique religieuse, Le problème de Jésus*, p. 494.
142. Voir appendice I.

TROISIÈME PARTIE

Dieu, ou l'aventure de l'absolu, à travers les idées de devenir et de vie

CHAPITRE I

REMARQUES GENERALES SUR L'INTERPRETATION RENANIENNE DU POSITIVISME

A travers la saisie du divin, quel sens peut garder la conviction positiviste affirmée dans la Dédicace à Burnouf de l'*Avenir de la science* ? Renan y frappait de discrédit la pure spéculation abstraite, sans rapport avec l'expérience, il imaginait « la science devenant la philosophie et les plus hauts résultats sortant de la plus scrupuleuse analyse des détails » [1]. Il ne s'agit donc plus pour l'esprit de découvrir, par la seule réflexion sur soi, quelque *Logos* ou quelque Verbe, mais de saisir ou d'approcher, par la méthode historique et critique, le dernier mot des choses. Sans doute, pour Renan, le premier pas de la philosophie est-il la mise en valeur de l'axiome fondamental : Dieu n'agit point par des volontés particulières ; cette conviction scientifique fait toute la substance de la Préface de la *Vie de Jésus*, dans son refus même de discuter le surnaturel, la science supposant cette question antérieurement résolue : « Et qu'on ne me dise pas que telle manière de poser la question implique une pétition de principe, que nous supposons a priori ce qui est à prouver par le détail, savoir que les miracles racontés par les Evangiles n'ont pas eu de réalité, que les Evangiles ne sont pas des livres écrits avec la participation de la Divinité. Ces deux négations-là ne sont pas chez nous le résultat de l'exégèse, elles sont antérieures à l'exégèse. Elles sont le fruit d'une expérience qui n'a point été démentie » [2]. La négation du surnaturel particulier demeure l'une des deux certitudes qui, dans les *Dialogues philosophiques* constituent la « théologie » [3] de Philalèthe, et représente pour Renan comme pour Berthelot, selon la formule des *Souvenirs,* « l'ancre inébranlable sur laquelle il n'a jamais chas-

---

1. *A.S., III,* p. 737.
2. *V.J.,* Préface de la 13e éd., IV, p. 15.
3. *D.P.,* I, p. 569.

sé »[4]. La nature humaine se laisse appréhender par cette philologie et cette psychologie dilatées qu'exalte l'*Avenir de la science*. Renan a le sentiment de pratiquer « l'expérimentation universelle de la vie »[5] et affirme : « J'ai la conscience que j'ai tout pris de l'expérience »[6].

Tout — y compris l'idée du devenir de Dieu aperçue dès les *Cahiers de jeunesse*[7], affirmée dans l'*Avenir de la science* : « Et quand l'humanité ne sera plus, Dieu sera, et dans son vaste sein se retrouvera toute vie »[8], et demeurée une certitude pour le Philalèthe des *Dialogues* ? « Autant je tiens pour indubitable qu'aucun caprice, aucune volonté particulière n'intervient dans le tissu des faits de l'univers, autant je regarde comme évident que le monde a un but et travaille à une œuvre mystérieuse »[9]. Le progrès semble à Renan une donnée de l'expérience et sert de fondement à une sorte d'épopée scientifique, poème de quelque Lucrèce renouvelé par l'optimisme qui se développe dans la *Lettre* (de 1863) *à M. Berthelot*. N'y a-t-il pas dans cette construction autre chose que l'induction universelle ? M. Berthelot n'est-il pas en droit de contester cette forme de « science idéale », toute traversée d' « aperçus poétiques d'un ordre particulier et individuel »[10] ? D.G. Charlton remarque de son côté que si Renan arrive à la certitude que la conscience est le but de l'évolution humaine, c'est justement parce qu'il a commencé par se concentrer sur l'histoire de l'esprit humain, et qu'une approche différente aurait pu le conduire à un résultat tout autre, par exemple que la conscience est un pur accident, et que le processus de l'évolution tend à travailler contre elle plutôt que pour elle[11]. Renan n'a pas renoncé à Dieu, d'autant moins qu'il lui a trouvé une grande richesse d'équivalences — lieu de l'idéal, devenir du monde — qui crée en lui l'illusion d'avoir totalement rompu avec les âges de foi. Célébrant V. Hugo au lendemain de sa mort il le loue d'avoir évité « la faute de beaucoup d'esprits subtils, qui, pour ne point parler comme les siècles crédules, s'exténuent à chercher des synonymes à Dieu »[12]. Une secrète dérision de ce que Baudelaire appelait la « sagesse abrégée »[13] de Hugo ne mitige-t-elle pas l'éloge ? N'est-ce point en tout cas par la subtilité que Renan s'est trompé sur lui-même, dans sa volonté prétendument scientifique ? On sent dans quelle mesure la référence à Hegel peut servir de bonne conscience à un positivisme de cette nuance : livrant un absolu à travers le devenir

4. *S.E.J.*, II, p. 890.
5. *A.S.*, III, p. 846.
6. *Ibid.*
7. Voir *C.J.*, IX, p. 147.
8. *A.S.*, III, p. 904.
9. *D.P.*, I, p. 570.
10. Cité dans *F.P.*, I, p. 650.
11. Charlton, *Positivist thought in France...*, p. 99.
12. *F.D.*, II, p. 1104.
13. *Art romantique*, Pleiade, p. 1074.

de l'esprit et du monde, les philosophies évolutionnistes permettent de réintégrer Dieu au sein d'une expérience, et lavent l'idée de progrès de tout soupçon d'a priori. C'est l'opinion de Renouvier, cité par D.G. Charlton à propos du positivisme renanien : « C'est en somme une religion qu'on essaie de se faire, tout en feignant qu'on ne se la fait pas, qu'elle vous est imposée par l'histoire »[14].

Jamais Renan n'a, comme A. Comte, remplacé Dieu par l'Humanité dans sa réalité sociale. Pour lui au contraire, l'humanité ne se définit que par sa vocation à sécréter du divin, elle ne répond pas au concept des sociologues. Aux yeux de Renan la science créée par A. Comte n'est qu' « une spécialité de plus »[15], elle exclut de son champ le primitif, le spontané, tout ce qui pour Renan représente le dieu en germe « poésie, religion, fantaisie »[16]. La différence fondamentale entre Renan et Comte semble résider en ce que Renan garde au divin sa spécificité, sa valeur d'effervescence intime et spontanée, tandis que Comte substitue l'amour de l'humanité en elle-même, au culte de l'humain dans sa visée transcendante. Sans doute, Renan proclame la déroute de la métaphysique au sens traditionnel, étymologique, puisque pour lui « les vrais philosophes se sont faits philologues, chimistes, physiologistes »[17]. L'énigme du monde reste donc à chercher par et à travers les sciences, sa position est bien toujours celle de l'*Avenir de la science* — transposer dans l'expérience la quête philosophique — mais, alors qu'en 1848 Renan privilégiait la philologie au sens large, c'est dans les sciences de la nature qu'il voit, en 1860, une possible élucidation du monde. Cette tendance ira en lui s'accentuant : dans sa lettre d'août 1863, à M. Berthelot, il déclare « regretter d'avoir préféré les sciences historiques à celles de la nature, surtout à la physiologie comparée »[18]. Il revient par là, dit-il, à ses « plus anciennes idées », à cette fascination du passage de la matière à la vie, du brut à l'organique, exprimée déjà par les *Cahiers de jeunesse*[19]. Enfin, les *Souvenirs* trahissent la déception d'un Darwin manqué, un peu amer d'avoir laissé bifurquer sa vocation du côté des « sciences historiques, petites sciences conjecturales »[20]. C'est dans le sens où il attend tout de l'expérience que Renan peut s'apparenter à cette école « active, pleine d'espérance, s'attribuant l'avenir, l'école dite positive »[21] qu'il exalte dans les *Fragments philosophiques*. Mais ce qui va à l'encontre du positivisme, c'est sa position par rapport à la science, et surtout, cette sorte de révélation qu'il en espèrera encore à l'époque des *Souve-*

14. *Positivist thought in France...*, p. 225.
15. *A.S.*, III, p. 1137, n. 105.
16. *A.S.*, III, p. 1140, n. 117.
17. *F.P.*, I, p. 693 (*La métaphysique et son avenir*).
18. *F.P.*, I, p. 633.
19. *C.J.*, IX, p. 157.
20. *S.E.J.*, II, p. 852.
21. *F.P.*, I, p. 681.

nirs : « C'est par la chimie à un bout, par l'astronomie à l'autre, que nous tenons vraiment le secret de l'être, du monde, de Dieu, comme on voudra l'appeler » [22].

Renan, dès les *Cahiers de jeunesse*, déclare le positivisme insuffisant, « pas assez beau » [23], dans la mesure où il exclut la créativité poétique du *nisus* divin. C'est une certaine harmonie esthétique qu'A. Comte et son école ont lésée, selon lui, par l'exclusion du divin, et la promotion de l'utile. Dans le *Discours sur l'ensemble du positivisme*, A. Comte énumère les divers sens du mot positif : « relatif, organique, précis, certain, utile, réel » [24]. Dans cette perspective, les deux attributs de réalité et d'utilité sont nécessairement unis. H. Gouhier, remarquant que le *Traité de l'action totale de l'humanité sur la planète* est dédié à Ternaux [25] (le grand manufacturier qui, dans les premières années de la Restauration, subventionna les publications de Saint-Simon) souligne le lien de cette morale avec celle du 18ᵉ siècle, le critère du bien étant, pour l'une et pour l'autre, l'utilité sociale. Le vrai but de l'homme, c'est l'amélioration de son humaine et terrestre condition, et le *Discours sur l'esprit positif* fait apparaître comme une exigence fondamentale, la distinction de l'utile et de « l'oiseux », la prospérité se définissant comme une forme authentique de perfection pour l'homme. On voit combien le culte renanien du supra-sensible, le besoin de sacrifice à l'invisible, la transposition de la libation antique, sont opposés à cette traduction de la morale en satisfaction. Nous sommes loin du privilège de la jouissance sans possession qu'exalte l'idéale folie franciscaine ! Et dans ces prétendues morales du bonheur, Renan ne reconnaîtra-t-il pas l'horreur de la civilisation industrielle, de ces nouvelles « panégyries » [26] où ne manque que le « divin », idéalisme et poésie — celles par exemple de l'Exposition de 1855 ? Dans la visée positiviste, la science ne se définit pas comme l'approche de l'être, mais par ses possibles applications sociales. Ainsi se trouve viciée aux yeux de Renan la démarche même de la science, utilitairement déviée vers bien-être et profit, qui vise non la perfection mais le bonheur. La préoccupation d'utilité domine, à la naissance même de la pensée prépositiviste. Ainsi, pour Condorcet, selon l'*Esquisse d'un tableau historique des progrès de l'esprit humain*, « soit qu'on rende compte d'une découverte, d'une théorie importante, d'un nouveau système de lois, d'une révolution politique, on s'occupera de déterminer quels effets ont dû en résulter pour la portion la plus nombreuse de l'humanité » [27].

---

22. *S.E.J.*, II, p. 852.
23. *C.J.*, IX, p. 307.
24. Cité par H. Gouhier, *La jeunesse d'A. Comte*, t. II, Avant-propos, p. 1.
25. *Ibid.*, t. II, p. 18.
26. *E.M.C.*, II, p. 239.
27. Cité par H. Gouhier, t. II, p. 28.

Le concept même d'humanité pourrait permettre, semble-t-il à premier abord, de rapprocher Renan d'A. Comte. Pour l'un comme pour l'autre, elle n'est pas l'atomistique collection des individus, mais un être organique, unique consonance des multiples. Tous les individus n'en font pas nécessairement partie, mais seulement ceux qui, dans une totale plénitude, ont vécu. L'un et l'autre ont, très profondément, le sentiment du lien des morts aux vivants, et l'intuitive conscience de la commémoration. Comte, dans le *Catéchisme positiviste*, émet l'idée d'un sacrement qui, sept ans après la mort de l'individu, le constituerait dans sa vie véritable, l'assimilerait à l'humanité. Quoique schématisé dans une forme institutionnelle, fixé en rite, ce trait ne peut-il évoquer la vie par influence selon Renan, l'immortalité en Dieu par le souvenir ? Cependant, même dans sa déviation religieuse, A. Comte reste positif : concret est l'objet de la religion conçue par lui ; l'humanité dans sa réalité, sans arrière-plan de transcendance, a remplacé Dieu, qui n'a finalement assuré qu'un intérim, le temps pour l'esprit humain de parvenir au troisième état. L'idée du lien entre vivants et morts est essentielle pour A. Comte, mais reste pensée en termes de sociabilité, de tradition collective plus que de filiation intime : « La vraie sociabilité consiste davantage dans la continuité successive que dans la solidarité actuelle. Les vivants sont toujours, et de plus en plus, gouvernés par les morts » [28]. Pour Renan le lien n'est pas de gouvernement, mais de force à travers l'amour, l'intimité, qui associent chacun aux « siens », à travers le sang ou l'influence : selon la formule des *Dialogues,* « Chaque être a vécu en ses aïeux » [29]. Renan semble ressentir intensément la condensation en lui de toute une race : « O pères de la tribu obscure au foyer de laquelle je puisai la foi à l'invisible (...), Dieu m'est témoin, vieux pères, que ma seule joie, c'est que parfois je songe que je suis votre conscience, et que par moi vous arrivez à la vie et à la voix » [30].

Ce sentiment peut sembler paradoxal en qui voit dans la famille une possibilité d'égoïsme multiplié, à peine élargi, et considère comme le chef-d'œuvre moral du christianisme d'avoir créé une fraternité en dehors du sang. Mais justement, l'idée de race, de descendance, se situant dans la ligne verticale du temps infini, exclut, entre les êtres, le rapport d'égoïsme ou d'intérêt immédiat, restitue au lien son authenticité : les êtres alors existent vraiment les uns dans les autres, ou plutôt dans un unique symbole global. L'individu garde son unicité mais en même temps se fond dans son expression multipliée et préfiguratrice. L'être existe par ses ancêtres et fait exister ses ancêtres en lui. Chaque individu est somme, il existe pour lui et pour ceux qui, du fond des âges, l'ont formé. Mentalité tribale ? Bien plutôt, semble-t-il,

28. Cité par J. Lacroix, *La sociologie d'A. Comte,* p. 76.
29. *D.P.,* I, p. 605.
30. *E.M.C.,* II, p. 22-23.

Renan pense toujours par grands êtres symboliques, dépassant l'individu sans l'abolir, mais au contraire en l'authentifiant. Chacun n'est-il donc pas, à sa mesure, ce que le Dieu des *Dialogues* est au suprême degré, une résultante arrivée à un certain état de conscience, de jouissance, de perfection, et faisant revivre en elle, du fait même qu'elle existe, ceux par qui elle existe ? Le lien entre vivants et morts ne semble pas de la même nuance que chez A. Comte : bien plus que de gouvernement, il est d'accroissement organique, de bourgeonnement de substance.

Pour Renan, l'humanité n'a de raison d'être qu'en vue du dernier terme ou du moins dans sa direction, comme moyen possible de faire Dieu. C'est par sa finalité qu'elle prend un sens, tandis que, même mythisée, elle ne présente aucun dynamisme pour A. Comte : l'individu qu'un sacrement devait, dans la religion positiviste, incorporer à l'humanité s'il en était digne, trouvait par là son achèvement symbolique, mais l'humanité même ne progressait pas pour autant. Jamais Comte n'imagine pour elle de tendance à se fondre dans un absolu. Son symbole même — une femme de trente ans tenant son fils dans ses bras — lui donne une forme arrêtée, moyenne. Renan au contraire ne peut fixer en image sa conception de l'humanité : qu'est-elle sinon toujours un au-delà d'elle-même, tir indéfini pour frapper le point objectif [31] ? La question n'est pas de savoir ce qu'elle est, mais si son geste portera, ou si « elle mourra, comme dit, dans le *Livre de Job,* le sage de Théman, avant d'avoir atteint la sagesse » [32]. Aussi le sacrifice a-t-il pour Renan valeur absolue. Le crime contre l'esprit, c'est la révolte contre la nature, la vertu consistant à se laisser exploiter, à suivre la morale même si elle est duperie, trahison de l'individu pour le plus grand bien de l'espèce ou du tout, « pour la plus grande gloire de Dieu » [33]. « Nous sommes dupés savamment par la nature en vue d'un but transcendant que se propose l'univers et qui nous dépasse complètement » [34]. Le sacrifice porte donc son sens en lui-même, il est nécessaire résorption de l'individu dans le tout, mais cette résorption abolit l'être individuel et le consacre à la fois, dans la création de la grande résultante, dans « le souvenir de Dieu ». Rien de commun avec le sacrifice selon A. Comte, qui, le situant dans le contexte purement humain, le conçoit comme un contrepoids nécessaire, dans le fonctionnement des sociétés, à l'égoïsme natif.

Si la conception de Comte se borne à une vue d'harmonie sociale, — la société représentant à la fois et complémentairement le principe de satisfaction et celui de sacrifice — à quel mobile répond en lui le désir d'instaurer l'équivalent d'une église, avec son clergé, ses fêtes,

31. *D.P.,* I, p. 593.
32. *D.P.,* I, p. 589.
33. *A.S.,* III, p. 725 (Préface).
34. *D.P.,* I, p. 574.

ses sacrements ? Sans doute au besoin de créer une sorte d'ébranle-ment intérieur, d'impulsion imaginative susceptible d'aider à l'amour de la société. En même temps, le Pape de la religion positive emprunte à l'église tout ce qui relève de la discipline, de l'institution régulatrice. C'est la forme religieuse vidée du sentiment religieux, car l'amour positiviste de la société exclut (par nature) le sens de l'infini. Renan sauvegarde au contraire le sentiment, au mépris des formes. La figure renanienne de Jésus n'aurait aucun sens dans la religion d'A. Comte, pas plus que l'expérience intime. Pour lui, l'ébranlement intérieur est second, il ne fait que suivre l'établissement d'une théorie de philo-sophie sociale, et pour la consolider du dedans par la complicité des forces irrationnelles de l'homme, ainsi récupérées et maintenues selon les strictes déterminations d'un code. Selon la spirituelle formule d'H. Gouhier, « dans la religion de l'humanité, le presbytère fut construit avant la chapelle » [35]. Pour Renan, ni presbytère, ni chapelle — mais seulement peut-être cette ruine foudroyée qu'évoquent les *Souvenirs*, et où l'âme d'un prêtre, durant toute l'éternité, gémirait de ne pouvoir célébrer sa messe [36] ?

Souvent, il semble que la pensée de Renan côtoie celle de Comte, mais les différences apparaissent plus fondamentales encore à travers une superficielle parenté. Religion, humanité, sacrifice, ces notions-clés, de l'un à l'autre, diffèrent jusqu'à l'opposition. Elles sont privées chez Comte de tout substrat idéal, elles excluent toute évolution déi-fique. Il n'est pas jusqu'à la loi des trois états, qui ne réduise chez Comte, ou plutôt ne sclérose, selon Renan, la marche du progrès, puisque déclarant d'emblée qu' « il ne s'occupe que de l'Europe occi-dentale » [37], le créateur de la sociologie fait des coupes dans l'indivi-sible histoire, et se sépare du primitif en éludant la question des ori-gines. Face à la construction de Comte, le malaise se mêle, en Renan, à une certaine forme d'admiration : Comte a su devenir symbole, formule simplificatrice et signifiante. « Je suis amené à croire que M. Comte sera une étiquette dans l'avenir (...). Ce sera une erreur, j'en conviens, mais l'avenir commettra tant d'autres erreurs ! L'humanité veut des noms qui lui servent de types et de chefs de file, elle ne met pas dans son choix beaucoup de discernement » [38].

Ne pouvons-nous discerner, à travers l'aigreur de cet éloge, le prestige dont s'enrichit aux yeux de Renan tout ce qui semble avoir chance de parler à l'avenir ? Le besoin d'interroger le futur, dans tous les *Cahiers de jeunesse* : « On n'est jamais sûr de ce qui aura valeur un jour (...). Peut-être ce que nous méprisons aura valeur (...). Je viens d'éprouver une impatience indiciblement pénible. Je ne connais

---

35. H. Gouhier, *La jeunesse d'A. Comte*, III, p. 323.
36. *S.E.J.*, II, p. 800.
37. *A.S.*, III, p. 1139, n. 117.
38. *D.C.*, I, p. 767.

rien qui fasse plus souffrir » [39]. C'est la fascination de ce qui aura vie
et influence. Aussi le point de rencontre le moins illusoire entre
Comte et Renan nous semble-t-il celui de la conception sacerdotale
du savant : sans doute le prêtre positiviste n'est-il en possession que
du pouvoir qui permet d'organiser le monde social, puisque, selon la
formule du *Catéchisme positiviste* « aucune société ne peut se conserver
et se développer sans un sacerdoce quelconque » [40]. Il diffère en cela
des *dévas* rêvés par les *Dialogues* [41] qui condenseraient en eux savoir,
vérité, force, et, substituant la vraie puissance à l'imposture, régénére-
raient le type du brahmane antique, capable de tuer par la seule intensité de son regard. Le pouvoir n'a pas la même fin, dans l'univers
positiviste et dans celui que rêve Renan : social d'un côté, il reste
de l'autre de nature transcendantale et représente un substitut du
divin. Mais les deux conceptions font apparaître le lien du savoir et
du pouvoir. Cette idée semble occuper jusqu'à l'obsession la maturité
de Renan. Dans sa lettre de 1863 à M. Berthelot, il s'enchante de la
formule baconienne « savoir c'est pouvoir » [42], que reprennent les
Dialogues [43], puis les *Drames philosophiques* [44], à travers l'image de
Prospero, puissant non par un titre devenu dérision, mais par la
science qui lui livre la nature et la force à travailler avec lui. A
travers ce progrès par la science, le beau, le bien s'absorberont dans
le vrai qui finira par les rendre inutiles : « Le poète est un consolateur, l'homme de bien est un infirmier, fonctions très utiles mais
temporaires, puisqu'elles supposent le mal, le mal que la science
aspire à fort atténuer. Le progrès de l'humanité n'est en aucune
façon un progrès esthétique » [45].

Si le lien du savoir et du pouvoir rapproche la conception de Renan et celle de Comte, pouvoir ni savoir ne sont pour Renan d'essence
sociale, leur visée transcendantale, leur absorption dans le divin
restent la marque, en Renan, de ces esprits « mi-positifs, mi-métaphysi-
ques » dont Littré, selon D.G. Charlton, condamnait l'inconséquence [46].

Si l'expérience est impuissante à nous livrer Dieu immédiatement,
cela ne suffit pas selon Renan à légitimer la négation et l'athéisme ;
vouloir nier Dieu parce qu'on ne peut le saisir comme un être défini,
n'est-ce pas retomber dans un anthropomorphisme plus sournois que celui
des religions, mais tout aussi élémentaire : « L'athéisme est en un
sens le plus grossier anthropomorphisme. L'athée voit avec justesse

---

39. *C.J.*, IX, p. 142.
40. A. Comte, *Catéchisme positiviste*, p. 206.
41. *D.P.*, I, p. 616.
42. *F.P.*, I, p. 647.
43. *D.P.*, I, p. 615.
44. *Dr. p.*, III, p. 400.
45. *D.P.*, I, p. 600.
46. Charlton, p. 54.

que Dieu n'agit pas en ce monde à la façon d'un homme. Il en conclut qu'il n'existe pas » [47]. Renan, transfigurant la science en approche du divin, n'a jamais totalement renoncé à l'idée d'un Dieu, se faisant à travers une humanité de nature et de vocation transcendantes. Les *Cahiers de jeunesse* révélaient déjà, en même temps que le primat accordé à la méthode scientifique, l'impossibilité pour lui de se définir par le pur positivisme : « Il faut être mystique avec le positif » [48]. Cette alliance des contraires explique les réticences, face à Renan, des défenseurs du comtisme intégral : « M. Littré avait pour moi une bonté dont je garde un profond souvenir ; je sentais cependant qu'il m'aurait aimé beaucoup plus si j'avais été comtiste. J'ai fait ce que j'ai pu ; je n'ai pas réussi. Je sentais chez lui un reproche secret » [49].

Il est facile de souligner, dans l'idéalisme renanien, un déguisement ou plutôt un avatar de la religion traditionnelle. Si Renan reste fidèle aux catégories de son enfance, alors même qu'il prétend les abandonner pour les régénérer à travers l'épreuve du « positif », ce n'est point de sa part insincérité, mais nécessaire et souvent inconsciente inconséquence. D.G. Charlton [50] rappelle la distinction qu'A. Comte établit entre l'âge théologique et l'âge métaphysique (le second n'étant après tout que traduction abstraite du premier, substituant des entités aux forces surnaturelles) et remarque avec raison, selon nous, que c'est le passage de l'un à l'autre qui définit le véritable trajet intérieur de Renan. Une simple modification formelle lui aurait donc tenu lieu de libération. Cette libération reste pourtant entière dans la mesure où il l'a sentie comme telle, où le changement de forme lui a semblé révoquer un fond ; elle se justifie par son mouvement plus que par son résultat. L'effort pour aboutir à ce que l'*Avenir de la science* appelait « foi critique » [51] demeure dans son authenticité. Renan ne pressentait-il pas ce demi-échec, inscrit dans le destin de toute volonté d'affranchissement, lorsqu'il notait, dans la section Pensées des *Cahiers de jeunesse* : « Tout homme ne peut guère faire qu'un pas dans sa vie au delà du point où il a pris les choses humaines » [52] ? Le « pas » accompli par Renan l'a porté de la religion à l'idéalisme, de la foi en un Dieu, au sentiment, diffus mais irréductible, du divin. La science se définit pour lui dans sa fonction herméneutique, ainsi qu'en témoigne cet extrait de *La métaphysique et son avenir* : « La science n'a réellement qu'un seul objet digne d'elle ; c'est de résoudre l'énigme des choses, c'est de dire à l'homme le mot de l'univers et de sa propre destinée » [53]. Si Renan répugne à la métaphysique traditionnelle abs-

---

47. *F.P.*, I, p. 712.
48. *C J.*, IX, p. 166.
49. *D.C.*, I, p. 766.
50. *Positivist thought in France...*, p. 125.
51. *A.S.*, III, p. 1084.
52. *C.J.*, IX, p. 311.
53. *F.P.*, I, p. 696

traite, sa visée le situe pourtant toujours dans un au-delà de la physique. La science idéale pourra refaire l'histoire de la création, tenter une remise à jour résolument darwiniste de la Genèse, en découvrant sous ces quelques mots « Dieu créa le ciel et la terre », « un ensemble d'étages superposés, de couches successives » [54]. Considérant comme une évidence que « le progrès vers la conscience est la loi la plus générale du monde » [55] il croit du même coup à un destin de l'homme, même si celui-ci est aboli et dépassé dans le processus divin. Il a donc tenté, encore au niveau des *Dialogues,* de se créer son symbole et son dogme, de donner sens à sa vie et à sa recherche, en fondant, sur le devenir et le progrès d'un idéal à travers l'homme et le monde, sa propre exigence de justice et d'immortalité.

On peut s'étonner d'un rapprochement de Renan avec Auguste Comte, qui ne l'a pas à proprement parler influencé — (au sens où l'on peut définir, par exemple, une influence de Cousin sur Renan). C'est qu'il ne semble pas négligeable de discerner deux types de rapports entre Renan et les grandes formes de pensée extérieures à la sienne : si V. Cousin, malgré les réticences du jeune lecteur de 1845, orienta son choix philosophique (entre 1845 et 1848), dans la nécessité de conjurer le doute et de construire un absolu, A. Comte figure un individu repère qui agit sur lui par une sorte d'ascendant. Un effort pour suivre cette double ligne, en Renan (son rapport à V. Cousin, son rapport à A. Comte) montre, pour le premier, une progressive dépréciation, pour le second, mêlée d'antipathie, l'assurance qu'il parlera à l'avenir, et par là s'enracine dans l'être, dans la vie par influence — (l'obsession même de Renan).

Dès l'*Avenir de la science,* on peut suivre le ton de ses références à V. Cousin : c'est, nous l'avons souligné, le moment où une pensée de ce type lui est nécessaire, pour éliminer le « scepticisme » kantien, pour lui fournir une sorte d'assurance d'attente. Or comment définit-il ce maître ? Comme un savant sans doute, ou plutôt comme un vulgarisateur de science, représentant d'une certaine « manière française » : « Les quatre mots que Voltaire savait de Locke ont fait plus pour la direction de l'esprit humain que le livre de Locke. Les quelques bribes de philosophie allemande qui ont passé le Rhin, combinées d'une façon claire et superficielle, ont fait une meilleure fortune que les doctrines elles-mêmes (...). L'humanité, il faut le reconnaître, n'a pas marché jusqu'ici d'une manière assez savante » [56]. Vulgariser efficacement (et, de surcroît en compagnie de Voltaire), n'est sans doute pas infâmant, mais... Plus Renan vieillira, plus son jugement sur Cousin sera mêlé de réserves. Déjà l'article du 1er avril 1858 « De l'Influence spiritualiste de M. Victor Cousin », dans la *Revue des Deux Mondes,* énonce

54. *Ibid.*
55. *F.P.,* I, p. 645.
56. *A.S.,* III, p. 1094.

sa faute essentielle aux yeux de Renan : « il voulut être chef d'école » [57]. Il est certain que l'évolution politique de V. Cousin (qui dans ses accommodements avec le pouvoir, reniait le « philosophe » de 1818) commanda l'évolution parallèle de Renan à son égard. En 1885, l'éloignement de Renan s'exprime dans un article du *Journal des débats* (13 juin 1885), contre celui qui, de philosophe, se mua désastreusement en « administrateur de la philosophie » [58]. C'est dans ce même article pourtant que Renan déclare lui devoir certains « cadres » de sa pensée, et, le saisissant selon la perspective historique, reconnaît que « très réellement, avant le dogmatisme orthodoxe, il y avait en lui un penseur » [59]. Renan, pour sa part, ne fut jamais le préposé de l'Etat à la philosophie ; mais, à cette (*énorme*) réserve près, ne suivit-il pas à sa manière le penchant qu'il analyse en Cousin comme mécanisme de dégradation : « l'écrivain exquis (en Cousin) nuisit au penseur », écrit-il en 1885. Renan, à cette époque même, ne connut-il pas, à sa mesure, ce type de brillante, d' « exquise » dégénérescence ? On remarque, non sans surprise, que c'est lorsqu'il se rapproche le plus peut-être de cet aspect de Cousin, qu'il s'en désolidarise par le jugement. Il associe V. Cousin au passé, comme échantillon archéologique ou figuratif (« il remplira un curieux chapitre de l'esprit français ») [60]. Et c'est pourquoi, bien qu'influencé par Cousin, et reproduisant, à certains égards, des éléments de sa démarche, Renan évoque avec une chaleur croissante certains contemporains moins proches de lui mais qu'il sent en prise sur le futur : ainsi Auguste Comte. S'il jugea d'abord le positivisme systématique et « pas assez beau », il laisse percer, à travers les réticences mêmes, dans le discours prononcé en 1882 pour la réception de Pasteur à l'Académie française, tout l'entraînement que suscite en lui un homme qui sera « porte-drapeau » [61].

C'est en ce sens que nous avons cru pouvoir parler de l'instinct de force, en acte chez Renan, dans son désir de ne pas mourir au musée. Affirmation de vitalité intellectuelle, à laquelle A. Comte répond mieux que V. Cousin, lequel, par ses choix politiques et son renoncement à la philosophie, s'est, aux yeux de Renan, définitivement fossilisé.

57. II, p. 79.
58. II, p. 1109.
59. II, p. 1110.
60. II, p. 1112.
61. I, p. 767.

CHAPITRE II

LE ROMAN DE L'INFINI

C'est dans la troisième partie des *Dialogues philosophiques* que Jésus fournit à Renan cet exemple et cette preuve : la pleine existence ne suppose pas nécessairement, et même exclut la conscience, définie comme limitation : « La conscience est peut-être une forme secondaire de l'existence. Un tel mot n'a plus de sens quand on veut l'appliquer au tout, à l'univers, à Dieu » [1].

Semblable argumentation pourrait-elle rapprocher Renan de Hartmann, et de sa *Philosophie de l'Inconscient* ? L'un, le Tout, ou plutôt l'Un - Tout, représentent pour Hartmann cette essence fondamentale et fondamentalement inconsciente, que morcellent les consciences individuelles : « (...) aussitôt que l'on comprend que la conscience appartient, non au fond essentiel, mais aux manifestations de l'être, et que la multiplicité des consciences n'est que la multiplicité des manifestations phénoménales du même être, on peut alors se soustraire à l'empire de l'instinct pratique qui crie moi, moi... » [2]. Renan s'y est-il jamais soustrait ? Dans le texte même où il définit la conscience comme limite, il maintient la vie par influence de Jésus comme celle d'une personne : « Jésus vit encore. Sa personne subsiste et est même augmentée » [3]. Comme nous l'avons souvent remarqué, c'est dans la surenchère que s'ouvre, à l'insu de Renan, la faille. Dans la perspective renanienne, de quoi s'est augmentée, à vrai dire, la personne de Jésus ? De ses Apôtres qui l'ont aimé (sans l'avoir toujours compris), de Paul qui l'a cru « voir » et ne s'est jeté à la foi que par malentendu, d'une Eglise qui l'a inscrit dans un avenir aléatoire (sait-on jamais ce que l'on fonde !), de Renan qui l'a abandonné pour être son disciple, etc. C'est assez dire que cette « personne » (devenue « divine » peut-être à travers sa vie par influence), n'existe plus comme « personne »,

---

1. *D.P.*, I, p. 628.
2. *Philosophie de l'inconscient*, p. 195, 196.
3. *D.P.*, I, p. 627.

mais comme signe, — unité métaphorique, multiple et éclatée, car sa valeur est justement de ne pas faire le même signe à tous. Jésus n'est plus que virtualité de formes, définies avant tout par leur plasticité. Renan, par une sorte de passe magique verbale, restitue à toute force la « personne », cette formulation hardie installe et consolide l'individualité personnelle dans cela même qui semble l'abolir.

L'idée d'existence sans conscience n'est qu'un détour désespéré pour sauver la personne ; tour d'escamotage qui, par la métaphore, restitue l'individu au cœur même d'un apparent panthéisme. Dans le même texte, et sur cette garantie de Jésus resté vivant, se délivrent, à travers les rêves, les exigences personnelles, le vieux projet de permanence : ce « pas grand chose », ce « rien de plus » que Renan ne cessera de demander (à qui ?), c'est, après la mort « simplement à être » [4]. Simplement ! C'est l'opposé même de la pensée de Hartmann, de tout le courant tendant vers le bouddhisme, la fusion dans le tout et la négation de l'altérité entre les êtres, l'annihilation du moi. La postulation de la personne est pour Renan l'écho d'une autre exigence : quand il demande « l'estime de Dieu » comme reconnaissance de l'individu, son Dieu, tout dilué qu'il semble, dans les *Dialogues,* reste vaguement anthropomorphe. A travers les arguments et les rêves philosophiques, se fait jour le besoin de se maintenir dans l'être. Théorie du moi et du non-moi, de la conscience et du non-conscient, ne sont pas ici, comme chez Hartmann, fondement absolu d'un monisme panthéistique, mais bien plutôt instrument de l'instinct de conservation.

Renan, dans les *Dialogues,* avait souligné par la voix d'Eudoxe, que « l'éternité de l'action » n'était pas « l'éternité de la personne » [5], mais, à travers le rêve de Théoctiste, il bouscule en lui-même cette réticence et affirme la personne de Jésus, dans sa permanence. L'ambiguïté du concept même de conscience nous semble faire le fond des *Dialogues* : définie, nous l'avons vu, comme limitation, la conscience reste pourtant le but final de l'univers, l'achèvement de Dieu même : « Tout dans la nature se réduit au mouvement. Oui, certes. Mais le mouvement a une cause et un but. La cause, c'est l'idéal, le but, c'est la conscience » [6].On dirait que l'élimination de la nécessité vitale de la conscience ne s'est faite, dans la pensée de Renan, que par raccroc, pour réduire une objection en chemin, pour permettre le *saut* de l'éternité de l'action à l'éternité de la personne, et selon le schéma suivant : 1) l'œuvre persiste, mais l'individu est mort. 2) l'individu vit, car la conscience n'est pas nécessaire à l'existence. 3) l'individu est reconstitué, la personne existe donc pour elle-même. Le concept, purement opératoire ici, de conscience-limitation a permis la manœuvre.

---

4. *D.P.,* I, p. 620.
5. *D.P.,* I, p. 627.
6. *D.P.,* I, p. 630.

Celle-ci achevée par la reconstitution de la personne, la conscience reprend son sens et ses droits.

La permanence de Jésus est, pour Renan, sauvegarde de l'individu, vivant à travers la mort. Transpose-t-elle l'expérience mystique, telle que l'analyse Van der Leeuw [7] :

> « L'incarnation de Dieu qui palpite au cœur même du christianisme peut, en définitive, n'être plus pour le mystique qu'une parabole reflétant son propre sort, une *generatio aeterna,* dans le cœur des hommes. Trait frappant, les mystiques mahométans pensent à cet égard exactement comme les chrétiens ; ils exaltent Jésus lui-même par des paroles d'une aspiration passionnée, bien entendu en tant qu'il est le Christ éternellement né dans le cœur. Le sauveur ne peut être qu'un messager, et s'enquiert-on d'un messager lorsqu'on connaît l'envoyeur :

>> « Celui-là ne demande ni messager ni message
>> Qui repose en sécurité sur le sein du sultan ».

L'expérience intime ainsi définie ne fait que traverser Jésus, sorte de figure anticipatrice de Dieu et rendu, en tant que personne, presque inutile par le sentiment immédiat du Dieu-Père-Sultan. Nous saisirons mieux par contre-coup le sens et la nécessité, pour Renan, de Jésus dans sa *personne* : il n'est pas le messager de l'envoyeur. Y a-t-il même un « envoyeur », un Dieu déjà existant dans un sens autre qu'idéal ? Pour Renan, le Dieu *réalisé* n'est pas au début mais seulement à la fin du processus qui passe par l'homme, par Jésus, par l'homme Jésus. Son existence est toute future ; le « repos », la « sécurité » de l'expérience extatique sont donc exclus. Jésus n'incarne pas Dieu. S'il incarnait Dieu, il n'y aurait, de l'absolu à lui, qu'un circuit fermé, retour au point de départ avec une charge d'intensité plus grande. Mais le Jésus de Renan incarne l'homme et a pour difficile mission d'aider à faire sortir le dieu de son humanité : ce Dieu une fois achevé se souviendra de l'homme — c'est le rêve des *Dialogues* — et pourra ressusciter l'individu [8]. Ainsi, l'individu fonde Dieu, qui fondera l'individu. La légitimation de l'un par l'autre est successive et circulaire. Comment reposer donc « sur le sein du sultan » quand tout — et l'avenir même du « sultan » — repose sur l'homme ? Le Jésus de Renan n'est donc pas l'élément conducteur de la transe mystique ; il est individu humain à travers lequel se fait le Dieu qui, une fois achevé, fondera à nouveau l'existence individuelle (selon le rêve transposé de la résurrection). Dieu n'est donc pas le lieu d'abolition extatique, mais la promesse du redevenir individuel. La permanence revendiquée pour la personne de Jésus, définit donc, dans les *Dialogues,* le renversement exact de l'abo-

---

7. *La religion dans son essence et ses manifestations,* p. 494.
8. *D.P.,* I, p. 626.

lition du moi par la mystique : non pas ivresse de se perdre en Dieu selon la démarche Dieu → homme → Dieu, mais besoin de se fonder dans son individualité humaine, par le processus contraire homme → Dieu → homme. Jésus a donc joué un rôle de relais ; « ressuscité » dans les siens il contribue à réaliser ce Dieu futur en qui ressusciteront ceux qui auront pleinement vécu. A travers Dieu, c'est donc l'individualité même des êtres qu'il fonde et garantit.

Le terme même d'individu peut introduire ici quelque méprise : il ne s'agit point pour Renan de chaque être, indistinct, membre d'un agglomérat universel, anonyme — mais d'individus marqués par l'idéalisme supérieur, tous ne pouvant vivre au même degré la vie de l'esprit. L'individu au sens plein naît d'une quasi-prédestination, non pas pur accident, mais quintessence abstraite de l'historique. Ce sont là les vrais individus-figures, les autres n'étant, si l'on peut dire, qu'éléments parcellaires, dont la nature trahit le mépris. « Le génie résulte d'une portion d'humanité brassée, mise au pressoir, épurée, distillée, concentrée » [9]. Cette technique distillatrice peut évoquer l'emblématique médiévale, le pressoir mystique d'où, par les mérites du sang du Christ, l'humanité sort régénérée, divine. Mais il n'y a point chez Renan de contagion salvatrice, point de rédemption pour l'être sans génie moral ou scientifique ; heureux s'il a pu ne pas se contenter de faire nombre, et, du moins par le drainage ou le pressoir, entrer en quelque mesure dans la composition des parfaits. Alors il greffera en eux sa vie posthume, comme eux marqueront leur trace dans le Dieu en train de s'accomplir. Ce n'est donc pas en un sens égalitaire, mais d'une façon de plus en plus globale, sous des formes de plus en plus achevées, que se réalisera la vie en Dieu selon Renan. La « démocratie » étant « l'erreur théologique par excellence » [10], Dieu se fera par brassages, par concentrations successives et dynamiques, de plus en plus proches du parfait. Aussi lorsque Renan cite la parole de l'apôtre, *Multitudo credentium erat cor unum et anima una,* ce n'est pas une sorte de « base » à vocation égalitaire qu'il met en évidence, mais l'être global et un qui résultera du devenir.

Ce Dieu final, conçu à la fois comme concentration et dilatation des êtres, se souviendra peut-être des individus, mais surtout, nous semble-t-il, compose lui-même une sorte d'individu. Pourtant, nous l'avons vu [11], il ne fait que traverser l'humain, puisqu'il se définit comme aventure universelle, cosmographique, biologique et qu'il distend à l'infini le mystère vital. Son épopée sensuelle, amplification sans mesure d'un appel organique premier, nous semble figurer ici quelque poulpe encore, que définirait non pas son appel tentaculaire, mais sa force de succion. Phénomène d'auto-succion par la « bouche colos-

---

9. *D.P.,* I, p. 595.
10. *D.P.,* I, p. 609.
11. Voir plus haut, p. 280.

sale », d'auto-possession dans l'éternelle émission de vie. Cette hallucination érotique se ramène difficilement à l'abstrait, au principe ; en
Dieu, du moins, le pôle qui pense est solidaire du pôle qui jouit ! Ce
n'est point là, nous semble-t-il, la seule mise en images d'un schéma
du progrès. Sans doute, Renan figure l'achèvement de Dieu, et nous
prouve bien qu'il tombe par là dans ce que Hartmann définit comme
l'illusion du troisième genre : la première croyant le bonheur réalisable
ici-bas, la seconde promet le bonheur en Dieu dans la vie future,
selon la conception des âges de foi ; au troisième stade, « le bonheur
est conçu comme réalisable dans l'avenir du processus du monde.
Cette période est dominée surtout par la croyance à l'évolution progressive et spontanée des choses, par l'application qu'on fait de cette idée
au monde comme un tout, et par la foi dans le progrès » [12]. Mais le
contenu conceptuel traverse en Renan l'imaginaire et se définit à
travers lui. Toute cette fabulation du Dieu reste irréductible à une
théorie abstraite. Ce que Hartmann définit, ce que Renan conçoit,
comme « évolution des choses » s'unifie, à travers l'image transfigu-
rante, pour constituer un être unique, avec sa « masse nerveuse » [13], qui
porte à ses limites, bien plus qu'il ne l'abolit, l'individu vivant. Le
Dieu qui, dans son devenir, traverse l'en-deçà et l'au-delà de l'humain,
dilate, sans l'engloutir, à travers le secret vital et l'appel érotique, la
vie spécifique d'un organisme individuel.

Si nous insistons sur le paradoxal maintien, dans l'absolu, d'un analogue de l'individu, c'est que Renan place cet irréductible élément qui
fait écho au moi, au terme, mais aussi au début, de l'aventure biologique. Selon les *Dialogues philosophiques,* « l'amour ne s'exprime que
par la préexistence de la conscience des germes » [14]. Avec l'hypothèse
des *homunculi,* « embryons d'embryon » [15], c'est à une théorie scientifique déjà périmée que Renan se réfère ; mais cette référence même
traduit, nous semble-t-il, le présupposé individualiste. Ce n'est pas seulement l'erreur du temps, ou d'une époque précédente. Elle témoigne
d'une sorte de réflexe premier, à chercher, sous ce qui n'est pas encore
moi, ce qui pourtant dit moi. Pensée qui toujours poursuit, ici en le
miniaturisant, en le déguisant aussi sous une fabulation parascientifique,
le rêve des origines, qui donne consistance à l'être, ... « ces petits êtres
ne sont pas moraux (...), ils n'aspirent qu'à exister pleinement (...), ils
ont leur morale indépendante de notre convenance et de nos lois » [16].
Sous la drôlerie de la formulation, les « petits êtres » se trouvent
étrangement promus ; voyons comment bascule la phrase : « ils ne sont
pas moraux » (selon nos principes, préjugés peut-être), « ils ont une

---

12. *Philosophie de l'Inconscient,* p. 454.
13. *D.P.,* I, p. 622.
14. *D.P.,* I, p. 604 et suiv.
15. *D.P.,* I, p. 605.
16. *D.P.,* I, p. 605.

morale », et, par une progression qui les privilégie humainement, les constitue en sujets, notre morale se voit rejetée du côté des précaires « convenances ». Sans doute il faut, dans toute cette troisième partie des *Dialogues,* faire sa part à la fiction, mais ce point de départ de l'aventure biologique reste, pour Renan, point de départ de l'aventure humaine - divine. Avec une résonance autre, nous le trouvons singulièrement présent dès les *Travaux de jeunesse* ; dès l'année 1843-44, le rêve biologique se confond, pour le jeune séminariste, avec une méditation sur le Christ, Renan fouillant alors le dogme de l'Incarnation pour y découvrir le vrai mystère, celui de l'homme sous l'homme, et du secret des germes :

« On considère d'ordinaire Notre Seigneur à la crèche et sur la croix quand on veut se former une idée de ses humiliations : mais il y a une position où j'aime bien mieux l'envisager sous ce rapport. C'est dans le sein de Marie, à l'état d'embryon. Je voudrais que le système des animaux spermatiques fût vrai, pour pouvoir l'envisager sous une forme plus humble et dire à la lettre : *Vermis sum et non homo* » [17]. La recherche passionnée du secret de la vie s'habille encore de la thématique chrétienne, héritée des Psaumes, et du vêtement moral de l'humiliation. Pourtant, par rapport aux développements mystiques sur le « divin lépreux », par exemple, quelle mise à nu, quelle reduplication dans l'infiniment petit, et surtout, quelle nouveauté dans la perspective ! C'est le point de départ sous le point de départ, car la croix, la crèche, sont déjà plans d'arrivée. Ici s'exprime en Renan le besoin de saisir la vie — le dieu — dans l'acte même de se faire. Pour le séminariste déjà, et presque à son insu, l'aventure biologique double le dogme chrétien et lui donne sens, le confondant avec la naissance même du vivant. Sous la formulation chrétienne, une question scientifique ; sous la question scientifique, peut-être, un projet quasi magique, occultiste, comme l'effort des alchimistes pour saisir le métal à l'état naissant, l'en-deçà dynamique des choses, l'élément premier. Mais cet élémentaire ne se dissout pas pour Renan dans la matière indifférenciée, il s'exprime en parole « *Vermis sum et non homo* » et se constitue donc en sujet, en équivalent de l'homme qu'il affirme ne pas être. L' « humiliation » n'est telle ici qu'en apparence, moins morale que topographique ; elle situe très bas, c'est-à-dire très près de la source, le point de repère qui permettra d'estimer le progrès (la « grandeur » dans l'analogie morale chrétienne) — sorte de contre-épreuve et de contre-jour du progrès. Ce n'est pas la mort sur la croix mais la constitution du germe qui importe — qui livre le dieu : « humiliation » peut-être, mais humiliation nécessairement à dépasser, et ne trouvant sens que par ce dépassement, générateur du divin. Le dieu se trouve ainsi décentré et vient gîter, au moins en promesse, dans l'embryonnaire.

---

17. *Travaux de Jeunesse,* éd. par J. Pommier, p. 51.

Tout dépassement ne déborde l'humain que pour consacrer une unité, analogie infra-humaine ou supra-humaine de l'individu, toujours « divine », selon la terminologie renanienne, puisqu'elle est progrès ; à travers le prisme de l'infiniment grand et de l'infiniment petit, du moi projeté en Dieu, comme du moi, dans l'embryon, en train de se faire, ne renvoie-t-elle pas l'homme au double mirage de ses origines et de sa fin ?

Pour Renan, la notion, à prétention biologique, de l'individu formé, préformé, premier, répond en fait à une exigence métaphysique. La vie dégage pour lui un sens qui va au delà du phénomène, et peut se teinter d'une couleur religieuse. « L'illusion qui porte à croire que le commencement d'un organisme est un micro-organisme demeure si tenace que, lorsque les embryologistes modernes redécouvrent l'indifférenciation de l'état originel dans la *gastrula* ou la *morula,* on les devine presque scandalisés. Là où ils s'attendaient à trouver des ébauches, il n'y a que des « territoires » appelés à se transformer par « induction », des zones « équipotentielles » [18] écrit avec sagacité Jean Guitton. Remarquons, dans la fabulation biologique de Renan, l'élimination de la mère : ce trait complète l'opposition que nous avons tenté de souligner entre Michelet et Renan ; d'un côté, sacralisation de la fonction féminine et maternelle, à travers le symbole du « ventre trois fois saint » [19] ; de l'autre, sous l'apparente humiliation du « *vermis* », l'isolement, l'indépendance de la préfiguration individuelle. Renan tend ici vers l'idée de mère simple réceptacle, qui rejoint pour lui, semble-t-il, un rêve philosophique. Les *Drames* nous montrent Prospero délivré de son rôle public. « Le duché de Milan est peu de chose dans l'histoire de l'humanité » [20] ; devenu l'expression pure et totale du mage-savant, il travaille à saisir le secret vital et premier, à isoler l'esprit même de vie, et prend alors le nom d'Arnaud de Villeneuve. Renan affirme ne connaître Arnaud que par des légendes populaires [21]. Or que dit la légende ? Elle lui prête, à tort (Rostand le rappelle dans *Maternité et Biologie),* l'idée de supprimer la mère, par d'étranges tentatives d'ectogénèse [22]. Nous ne prétendons pas qu'il y ait, de la part de Renan, dans le choix du nom d'un personnage de fantaisie, intention ni volonté consciente, mais ce « rien » nous semble pouvoir entrouvrir un aperçu sur tout un obscur agencement intime, en accord avec la fondamentale postulation de l'individu.

Dans la Troisième partie des *Dialogues philosophiques*, Renan dissout la philosophie en « rêve de l'infini » [23], ou plutôt, admet une

---

18. J. Guitton, *Critique religieuse,* II, p. 993.
19. *La Sorcière,* p. 116.
20. *Dr. P.,* III, p. 455.
21. *Dr. P.,* III, p. 444.
22. P. 118, n. 1.
23. *D.P.,* I, p. 603.

certaine valeur philosophique du rêve, pourvu qu'on le comprenne comme tel, en le situant dans l'ordre du désir et du peut-être. Dès les *Cahiers*, Renan concevait l'hypothèse d'un Dieu qui ne serait que rêve, projection nécessaire et idéalisée de tout ce que nous concevons comme beau : « Nous avons besoin qu'il y ait un être, de qui nous puissions porter l'affirmation de tout ce qui est beau (...). Cet être est Dieu. De là la nécessité de Dieu pour l'homme, au moins comme idée » [24]. Le Dieu nécessaire n'est pas absolument prouvé par sa nécessité même, et c'est un trait essentiel à Renan que l'affirmation tranquille des valeurs spirituelles ait pour lui un côté choquant, matérialiste. Toute certitude trop arrêtée dans ses formes évoquerait sans doute, pour l'historien des *Origines du christianisme*, les rêves précis, terrestres, des millénaristes, calculant d'avance l'opulence des moissons ou la lourdeur des grappes dans la Jérusalem future. Le sentiment moderne de Dieu, comme celui de la mort, ne trouve selon Renan sa véritable profondeur qu'à travers une interrogation qui n'est pas celle du scepticisme ; « Le tombeau a sa poésie, et peut-être cette poésie n'est-elle jamais plus touchante que quand un doute involontaire vient se mêler à la certitude que le cœur porte en lui-même » [25]... Ces lignes de l'*Avenir de la science* préfigurent la paradoxale action de grâce des *Fragments philosophiques* : « Père céleste (...) sois béni pour ton mystère, béni pour t'être caché » [26]. C'est au nom de la poésie, de l'ineffable, au nom d'un certain romantisme moral, que Renan éprouve le besoin de rejeter la facile affirmation des religions positives qui, en donnant « la carte de l'autre vie » [27], sont négatrices du beau, donc de Dieu. Remarquable est l'alliance en lui du sentiment de l'infini et d'un certain soulèvement poétique de tout l'être. Le fragment des *Evolutions déifiques de Pan* [28], le projet de l'épopée d'Adam (symbolisant la marche de l'humanité) [29], et surtout le fait que ces poèmes restent à l'état de rêve ou d'ébauche, semblent témoigner d'un lyrisme qui voudrait saisir l'en-deçà même des paroles, la matière première de son exaltation. Rien ici de la virtuosité formelle de l'artisan-né, même de l'artiste en vers : « Il n'y a que la haute, ferme et grande poésie de l'homme où je sois dans mon élément facile. Ailleurs, mon tour habituel (acquis) d'esprit s'oppose à la manière tout extérieure de la poésie » [30]. La vraie poésie voudrait saisir la vibration intime à son état naissant : « Il y a une certaine pointe de pensée qu'il est impossible de rendre par des mots (...). Jean-Paul et Hamann, preuves frappantes de l'insuffisance du langage humain, car

---

24. *C.J.*, IX, p. 257.
25. *A.S.*, III, p. 881.
26. *F.P.*, I, p. 714.
27. *A.S.*, III, p. 773.
28. *F.I.R.*, IX, p. 1498.
29. *C.J.*, IX, p. 181.
30. *C.J.*, IX, p. 239.

ces hommes ne parlent pas (...) » [31]. C'est « de biais », par le jeu inter-
prétatif du symbole, que la poésie peut atteindre, autrement que par le
silence, l'ineffable : ainsi « Lamartine rend par le ton de ses *Méditations* certains tons inexprimables, directement » [32]. L'exigence romantique de Renan se définit spontanément comme besoin de l'infini :
« Je suis né romantique (...), il me faut l'âme, quelque chose qui me
mette au bord de l'abîme » [33] ; la poésie gardera pour lui ce sens de
révélation du Dieu caché, et des vérités d'outre-tombe, comme en té-
moignera en 1882 sa réponse au discours de Pasteur : « Quand on les
affirme autrement qu'en beaux vers, je suis pris d'un doute invincible » [34].
Pourquoi cela, sinon parce qu'une révélation n'est pas une preuve, et
n'a de sens qu'en coexistant avec l'angoisse ? Dans les *Questions contemporaines,* Renan, citant Musset : « Malgré moi l'infini me tourmente » [35],
définit ce tourment comme nécessaire à la foi idéaliste. C'est bien
l'absence d'angoisse qui fit les limites de la religion grecque, la perfection n'étant après tout qu'une borne, l'impossibilité même de concevoir
un au-delà du parfait. « Cela devait bientôt devenir assez fade ; cela
n'avait rien d'infini, rien qui touchât l'homme par sa destinée, rien
d'universel » [36] ; à ce chapitre VII de *Saint Paul* fera écho en 1876 la
Prière sur l'Acropole, qui consacre la révélation athénienne du divin,
sans doute, mais surtout annonce les inévitables « retours », « faiblesses » [37], « blasphèmes », apostasies d'un être qui tient à la « dépravation
intime de son cœur » [38]. Cette dépravation, qu'est-elle, sinon la chrétienne volupté de la souffrance, et du maladif ? Déjà les *Cahiers de
jeunesse* présentaient comme une tare l'absolue et parfaite harmonie du
génie grec, marque même du fini. Les Anciens n'ont pas compris le
côté divin du malheur : « Les Anciens n'ont jamais cette teinte de
sentiment pure, élevée, mélancolique, qui fait réellement du malheur
quelque chose de divin et de céleste, une vraie religion, un état où
l'on est plus près de Dieu » [39]. La définition même de cette religion, de
cette poésie, c'est l'impossibilité native où elle se trouve de façonner
l'outil parfait, le langage adéquat, la fonctionnelle rhétorique : « La
haute théorie romantique comme je l'entends (...) est sûrement admirable, mais qui l'a pratiquée ? Ah ! j'y suis. C'est que précisément notre
idéal est inattingible (...), nos ouvrages seront imparfaits et en cela plus
sublimes » [40]. Cette poésie romantique rêvée, que son effort vers l'infini

---

31. *C.J.,* IX, p. 179.
32. *C.J.,* IX, p. 180.
33. *C.J.,* IX, p. 201.
34. *D.C.,* I, p. 768.
35. *Q.C.,* I, p. 315.
36. *S.P.,* IV, p. 858.
37. *S.E.J.,* II, p. 758.
38. *S.E.J.,* II, p. 759.
39. *C.J.,* IX, p. 213-214.
40. *C.J.,* IX, p. 405.

condamne à l'imperfection formelle, ne correspond-elle pas au bégaiement des inspirés dans la primitive Eglise, à l' « improvisation étouffée, haletante, informe du glossolale » [41] ? Souffrance, mélancolie, douceur des larmes, n'étaient-ce point là, pour les chrétiens du premier siècle, autant de divines épiphanies ? « Sous le nom des dons du Saint-Esprit se cachaient (...) les plus rares et les plus exquises effusions de l'âme, amour, piété, crainte respectueuse, soupirs sans objet, langueur subite, tendresses spontanées (...). Il faut descendre jusqu'en plein Moyen-Age, à cette piété toute trempée de pleurs des saint Bruno, des saint Bernard, des saint François d'Assise, pour retrouver les chastes mélancolies de ces premiers jours (...) » [42]. A travers l'enivrement des larmes, la mélancolie s'altère en délicatesse nerveuse, s'abandonne en alanguissement. Mais c'est bien toujours un effort pour se traduire et se livrer, comme si « les âmes se fondaient et voulaient, en l'absence d'un langage qui pût rendre leurs sentiments, se répandre au dehors par une expression vive et abrégée de tout leur être intérieur » [43].

Ainsi le romantisme de Renan n'a-t-il rien de comparable à l'affectation des « Chatterton singes » [44], ni à l'outrecuidance du prétendu génie incompris. Il est avant tout tension douloureuse pour s'ouvrir à l'inconnu, et tire sa douceur de cette souffrance même. Il est tout mêlé à l'inquiétude de l'homme face à sa destinée, et transpose certaines effusions chrétiennes. En même temps cette angoisse de l'inconnu se traduit en Renan à travers une esthétique de la souffrance, une visée de supernaturalisme et de modernité qui n'est pas sans rappeler le Baudelaire des *Journaux intimes* : « Je ne conçois guère — mon cerveau serait-il un miroir ensorcelé — un type de beauté où il n'y ait du malheur » [45]. Un Baudelaire qu'il faudrait toutefois — impossible opération ! — dépouiller de son sens du péché, pour que se précise l'analogie. Nous avons vu comment l'optimisme moral de Renan perçoit une sorte d'anti-satanisme du démon lui-même, une démission, une quasi conversion de l'antique Ahriman [46].

Le besoin de Renan n'est pas, « au fond de l'infini », de trouver « du nouveau ». C'est de justifier l'existence de ce qui, pour lui, a valeur, de fonder en éternité génie et morale. Quelle serait leur aventure dans l'hypothèse du néant ! Le besoin d'une permanence après la mort est à la fois, chez Renan, une postulation du vouloir-vivre et une revendication de justice. Elle trouve son sens dans la plainte de Job « sublime lamentation qui dure depuis l'origine du monde et qui, jusque vers la fin des temps, portera vers le ciel la protestation de l'homme moral » [47].

---

41. *Ap.*, IV, p. 513.
42. *Ap.*, IV, p. 515.
43. *Ibid.*
44. *C.J.*, IX, p. 235-237.
45. *Fusées*, XVI, Pléiade, p. 1188.
46. *E.H.R.*, VII, p. 296.
47. *E.H.R.*, VII, p. 335.

Si l'homme voué à l'idéal était la dupe, il faudrait blasphémer Dieu, et ce blasphème, comme celui de Job, serait un acte moral, « le blasphème (...) touche à l'hymne, ou plutôt, il est un hymne lui-même, puisqu'il n'est qu'un appel à Dieu contre les lacunes que la conscience trouve dans l'œuvre de Dieu » [48].

Nombreuses sont les variations de Renan sur le thème de la duperie possible de l'homme par Dieu : réhabilitation dans l'*Avenir de la science* [49] de l'homme dupé, sublime par l'instinct moral ; distinction, dans les *Dialogues,* entre la dupe consentante, « complice de Dieu » [50], consacrant par son adhésion les ruses de la nature, en vue du but inconnu, et l'ignorant dupé sans même le savoir ; blasphème de Job, autre face de l'adoration ; enfin, révolte radicale de Renan dans *Marc-Aurèle* [51]. Ces variations traduisent la permanence d'une angoisse, et révèlent la présence d'un insoluble problème. L'image mystique de Job nous paraît centrale, d'abord parce qu'elle témoigne d'une psychologie tendue, convulsée, mais surtout parce que l'interprétation qu'en donne Renan rencontre celle de Kant, dans son ouvrage de 1791 *Sur l'insuccès de tous les essais philosophiques de théodicée :* face à ses amis qui le déclarent coupable, Job proteste et se déclare en faveur de la volonté pure et simple de Dieu ; il souffre parce que Dieu le veut. Ses amis au contraire jugent la conduite de Dieu selon des critères humains, le justifient en raison, veulent s'attirer ses bonnes grâces par leur conviction simulée. Job appelle ses amis hypocrites et le dénouement lui donne raison : la volonté de Dieu nous reste mystérieuse et le poème nous ouvre tout un côté effrayant de la création. C'est par des voies à nous invisibles que le Créateur est sage, aussi fulmine-t-il contre les amis de Job. Or, d'un point de vue spéculatif, les hypothèses des amis de Job paraissent les plus raisonnables :

> « Et si Job avait comparu devant quelque tribunal de théologiens dogmatiques, devant un synode, une Inquisition, une assemblée de vénérables ou devant n'importe quel consistoire d'aujourd'hui, un seul excepté, il aurait été, selon toute apparence, en fort mauvaise posture. Ainsi la droiture du cœur, le franc et sincère aveu des doutes, la répugnance à affirmer une conviction feinte, (...) voilà les seuls titres qui, dans la sentence divine, ont valu, en la personne de Job, l'avantage à l'homme juste sur le pieux flatteur » [52].

Renan ne développe pas l'antithèse de la sincérité du cœur et de l'hypocrisie, mais l'idée fondamentale reste bien celle de Kant : la

---

48. *Ibid.*
49. *A.S.,* III, p. 1084.
50. *D.P.,* I, p. 580.
51. *M.-A.,* V, p. 912.
52. *Sur l'insuccès...,* p. 151-152.

véritable foi est celle qui s'affirme et se fonde sur la moralité. La moralité postule la foi. Job témoigne qu'il n'appuie pas sa moralité sur sa foi, mais sa foi sur sa moralité. Ainsi, Renan, comme il s'était selon son aveu, attaché à Pascal pour sauver sa foi première [53], s'attachera, et cet appui sera plus longtemps solide, à l'impératif catégorique de Kant. En 1859, la Préface des *Essais de morale et de critique,* dix ans plus tard, la Dédicace de *Saint Paul* à Cornélie Scheffer, affirment, dans une profession de foi idéaliste, la valeur objective de la morale : « A Séleucie, nous portâmes quelque envie aux apôtres qui s'embarquèrent là pour la conquête d'un monde, pleins d'une foi ardente au prochain royaume de Dieu (...). Mais, pour être moins arrêtée dans ses formes, notre foi au règne idéal n'en est pas moins vive (...). Kant avait raison de douter de tout jusqu'à ce qu'il eût découvert le devoir » [54].

Cependant le devoir, signe de vérité, reste un risque, du moins pour l'individu. Job, certes, retrouve fils et filles et bétail, et chameaux. Jahvé, « grand seigneur féodal », selon la comparaison de Jung, « dédommage ses serfs des dégâts que la chasse à courre a causés parmi ses moissons » [55]. Pour Renan, ce que garantit le devoir n'est nullement une réparation individuelle, mais une œuvre commune, une fin traversant l'humain sans s'y arrêter peut-être. Dès les *Cahiers de jeunesse,* la foi de Renan en l'avenir de l'humanité comme telle se trouve ébranlée par les arguments de Lucrèce — le monde périra [56] — et une note de l'*Avenir de la science* déclare Hegel « insoutenable dans le rôle exclusif qu'il attribue à l'humanité » [57], car « pour trouver le parfait et l'éternel, il faut la dépasser et plonger dans la grande mer » [58]. Comment donc l'homme peut-il rester sublime en affirmant l'ordre moral ? Lorsque Job blasphémait Jahvé, ce blasphème était selon Renan un hymne, parce que, au delà de l'apparent arbitraire divin, il affirmait la justice. Job voulait croire à cette justice, la susciter, en dépit des actes mêmes de Jahvé, de son comportement inique selon un point de vue humain. Pour les amis de Job, Dieu juste en châtiant Job, cela implique nécessairement la faute de Job. Job, lui, pose hardiment les deux contradictoires : il n'est pas coupable, et en même temps, Dieu est juste (ce qu'implique sa revendication même). Renan, en interprétant la prière de Job à la fois comme blasphème et hymne, préfigure, semble-t-il, l'analyse de Jung dans sa *Réponse à Job* : « C'est sans doute en ceci que réside la grandeur de Job : face à cette accumulation de difficultés, il ne met pas en doute l'unité de

53. Voir plus haut, p. 26-28.
54. *S.P.,* IV, p. 707.
55. Jung, *Réponse à Job,* p. 56.
56. *C.J.,* IX, p. 367, 377.
57. *A.S.,* III, p. 1125, n. 14.
58. *Ibid.*

Dieu, mais perçoit clairement que Dieu se trouve en contradiction avec lui-même, de façon si totale que lui, Job, est sûr de découvrir en Dieu un allié et un intercesseur contre Dieu lui-même » [59]. Dans l'hypothèse où l'homme serait induit en erreur par son instinct moral, cette erreur serait sublime parce qu'elle aurait, en quelque sorte, comblé la lacune de Dieu, tenté de faire arriver à l'existence cette justice idéale qui, si elle n'est pas, devrait être, elle aurait achevé l'idée même du divin. Hymne à Dieu, dont elle implique la justice, l'éloquente revendication du patriarche se convertit aisément en hymne à l'homme, capable de combler, au moins par l'appel et le désir, les défaillances du divin. L'interprétation par Renan de cette prière comme « un appel à Dieu contre les lacunes que la conscience trouve dans l'œuvre de Dieu » [60], ne rejoint-elle pas l'intuition de Jung : « Dans l'intimité de ses tortures, sans le savoir ni le vouloir, la créature injustement martyrisée s'est trouvée avoir accès à une supériorité de la connaissance divine que Dieu lui-même ne possédait point » [61].

Mais le problème moral pour Renan n'est pas seulement individuel, et c'est là que réside la véritable justification de Dieu. Déjà les *Cahiers de jeunesse* exprimaient la confiance dans le progrès de Dieu à travers autre chose que l'humanité [62] ; dans cette « grande mer », sans doute, qu'évoque l'*Avenir de la science* [63]. La foi en un devenir universel et cosmique, tendant à une fin transcendante, s'exprime dans la Préface de la *Vie de Jésus* : « Notre planète, croyez-moi, travaille à quelque œuvre profonde » [64] et l'une des deux « certitudes » qu'expriment les *Dialogues philosophiques* est le sens supérieur de ce devenir universel : « Autant je tiens pour indubitable qu'aucun caprice, aucune volonté particulière n'intervient dans le tissu des faits de l'univers, autant je regarde comme évident que le monde a un but et travaille à une œuvre mystérieuse » [65]. Cependant, ne voit-on pas s'installer une incertitude sur la notion même de Dieu ? Le Dieu de Job existe déjà, il reste, même pour Renan, un être métaphysique et moral assez déterminé. L'étude sur Job respecte un certain enracinement biblique du divin, ou, tout au moins, ne dilue pas Dieu dans le devenir de la nature, comme le feront les *Dialogues* : « La nature (...) a trop bien pipé les dés. L'immoralité c'est la révolte contre un ordre de choses dont on voit la duperie. Il faut la voir et s'y soumettre » [66]. Cette idée se condense presque aussitôt en formule. « Le plus bel emploi du génie

---

59. Jung, *Réponse à Job*, p. 31.
60. *E.H.R.*, VII, p. 335.
61. Jung, *Réponse à Job*, p. 46.
62. *C.J.*, IX, p. 377.
63. Voir *A.S.*, III, p. 1125, n. 14.
64. *V.J.*, Préface de la 13e éd., IV, p. 39.
65. *D.P.*, I, p. 570.
66. *D.P.*, I, p. 579.

est d'être complice de Dieu » [67]. La confrontation de ces deux extraits témoigne de l'équivalence de Dieu et des fins de la nature, et consacre le refus de tout anthropomorphisme, même psychologique, dans la conception de l'Etre qui n'est pas tel ou tel, et qui même n'est pas encore. En même temps, le point de vue de morale individuelle se trouve définitivement dépassé : alors que, dans l'*Avenir de la science*, les ruses « divines » étaient seulement entrevues à l'état d'hypothèses, elles se voient dans les *Dialogues* révélées au grand jour : que signifient-elles, sinon un finalisme naturel absolu, dans lequel l'homme se trouve pris à travers les appeaux de la religion, de la morale, de l'amour, c'est-à-dire de tous les élans vers le beau, et finalement « exploité ». La nature agit face à l'individu comme le fait l'Etat selon Hegel [68]. L'individu s'imagine aller dans son propre sens alors qu'il est happé par une force en dehors de lui, qui le ploie à ses fins en lui laissant l'illusion de la liberté. Ainsi l'être, malgré lui et à son insu, aide au *nisus* divin. Le machiavélisme de la nature pour Renan, de l'Etat pour Hegel, n'est tel que du point de vue de l'individu, mais représente en réalité la moralité même, dans la divine perspective du tout.

« Evidemment, nous sommes utiles à quelque chose ; nous sommes exploités, comme disent certaines gens. Quelque chose s'organise à nos dépens, nous sommes le jouet d'un égoïsme supérieur qui poursuit une fin par nous. L'univers est ce grand égoïste qui nous prend par les appeaux les plus grossiers : tantôt par le plaisir, (...) ; tantôt par de chimériques paradis (...) ; tantôt par cette déception suprême de la vertu qui nous amène à sacrifier à une fin hors de nous nos intérêts les plus clairs » [69]. Se révolter contre cet égoïsme est pour Renan « le crime par excellence, le seul crime à vrai dire qu'il y ait » [70]. C'est selon lui la faute morale de Schopenhauer, de voir le but suprême de la nature sans se résigner à son accomplissement [71]. Quel est le sens de cette critique de Schopenhauer ? [71 bis]. Peut-on dire, avec Renan, qu'il reconnaisse un but à la nature ? Bien plutôt, dans *Le monde comme représentation et comme volonté*, Schopenhauer affirme son intention de se situer dans l'immanent ; il considère comme opposé à la philosophie tout effort pour expliquer l'essence du monde à l'aide de « procédés d'histoire » : « c'est le vice où l'on tombe dès que, dans la théorie de l'essence universelle prise en soi, on introduit un devenir, qu'il soit présent, passé ou futur, dès que l'avant et l'après y jouent un rôle, fût il le moins important du monde (...). Toutes ces philosophies en forme d'histoire, toutes, si majestueuses qu'elles puissent être, font

---

67. *D.P.*, I, p. 580.
68. J. Hyppolite, *Introduction à la philosophie de l'histoire de Hegel*, p. 85.
69. *D.P.*, I, p. 573.
70. *D.P.*, I, p. 579.
71. *Ibid.*
71 bis. Voir p. 195, n. 71 bis.

comme si Kant n'avait jamais existé : elles prennent le temps pour un caractère inhérent aux choses en soi » [72]. Donc l'idée même de chercher un but à la nature semble étrangère à la démarche de Schopenhauer : ce serait aller à l'inaccessible chose en soi avec les moyens d'investigation susceptibles seulement d'atteindre le phénomène. Le but de la nature tel que l'envisage Schopenhauer est bien plutôt un but pour nous, qu'un but objectif, absolu. Le vouloir-vivre universel, que nous livre l'expérience, nous donne l'impression d'une finalité, mais celle-ci, selon Schopenhauer, reste pure apparence, puisque, entre le monde objectif et nous, s'interposent, en langage kantien, les illusions de la raison, en langage védique, le voile de Maya [73]. Schopenhauer ne prétend nullement atteindre l'ordre transcendantal. Mais l'interprétation de Renan est éclairante : elle traduit le besoin de saisir la chose en soi, l'impossibilité de renoncer à la transcendance ; par là, il est bien vrai que Renan, par certains côtés, fait « comme si Kant n'avait jamais existé » [74]. Pourquoi l'idée d'un but de la nature, du crime qu'il y aurait à se révolter contre ses fins, est-elle essentielle à Renan ?

« La nature agit à notre égard comme envers une troupe de gladiateurs destinés à se faire tuer pour une cause qui n'est pas la leur, ou comme ferait un potentat d'Orient, ayant des mamelouks qu'il emploierait à des fins mystérieuses... » [75]. Gladiateurs, mamelouks ne savent pourquoi ils meurent, mais leur mort garde un sens. Renan n'a jamais pu accepter que l'homme puisse mourir « pour rien ». Aussi « l'amour du but inconnu » [76] est-il pour lui un dogme, puisque, s'il fond l'être dans un ensemble, il le consacre pourtant dans son unicité : parmi gladiateurs et mamelouks, tel se révolte et meurt tout entier, tel se résigne ou même s'exalte dans l'amour du but inconnu, il en porte la récompense, si modeste soit-elle, simple trace fossilisée de la coquille dans la roche. Le dieu futur — qui naîtra de l'achèvement des fins de la nature — comprendra tous ces êtres qui ont contribué à le créer. J. Pommier a nettement souligné [77] comment coexistent ou alternent, dans la *Double Prière*, l'idée d'immortalité, trace creusée par l'homme dans le divin en train de se faire, et celle de résurrection, acte final de justice du dieu enfin accompli : « Quand on a vécu, on a tracé dans l'infini une trace éternelle (...), tu te souviens de nous, nous sommes donc immortels (...). Le but atteint, rendras-tu la vie à ceux qui ont contribué à la victoire du bien et du vrai ? » [78]. Ainsi la croyance judaïque, reprise sur le mode du possible et de l'interrogation, se mêle-t-elle à l'idée platonicienne, elle-même revue dans un sens sym-

---

72. *Le monde comme représentation et comme volonté,* I, p. 286.
73. *Ibid.*
74. Voir supra, 1re partie, ch. 4, p. 67 et suiv.
75. *D.P.,* I, p. 578.
76. *Ibid.*
77. J. Pommier, *La pensée religieuse de Renan,* p. 78.
78. *F.D.,* II, p. 52-53.

bolique et sélectif : sont immortels ceux dont Dieu se souvient, dans un sens physique et congénital, ceux dont il porte la marque dans son être même ; cette immortalité n'est pas celle de l'individu mais le consacre à travers le tout, comme l'affirmait l'*Avenir de la science* : « Tout ce qui aura été sacrifié pour le progrès se retrouvera au bout de l'infini » [79]. Ainsi, l'accomplissement des fins de la nature, en achevant l'évolution déifique, consacrera la distinction entre l'œuvre des uns, et le néant des autres, et l'éternelle balance du jugement se trouvera transposée, avec sa pesée des âmes. C'est dire combien, pour Renan, l'être, même fondu dans le tout, reste essentiel, individualisé dans sa signification propre. Selon la formule des *Dialogues,* « l'éternelle inégalité des êtres sera scellée pour jamais » [80]. N'est-ce pas la vraie revanche sur la mort, « cette démocrate qui nous traite à coups de dynamite ? » [81].

Nous atteignons là peut-être (dans cette exigence de justice, et de justice individuelle), une des causes de l'éloignement de Renan pour Schopenhauer : pour le philosophe allemand en effet, le principe d'individuation n'est qu'illusoire. Bourreau, victime, maître, esclave, exploiteur, exploité, ne font qu'un, car ils ne représentent que deux apparences possibles du même substrat fondamental. Dans *Le monde comme représentation et comme volonté,* Schopenhauer reprend la formule védique, prononcée devant l'initié pour traduire son identité fondamentale avec les êtres et les choses dits extérieurs : « Tu es cela » [82]. Telle est, selon Schopenhauer, la voie de la délivrance, elle annihile l'individu en tant que tel.

Renan au contraire, bien qu'il fonde l'individu dans le tout générateur du divin, retrouve en fin de compte l'exigence de Job, la réclamation de justice, la hantise du scandale moral de la mort du juste. Le postulat du but inconnu permet une exaltation de l'homme vertueux et, bien que le dépassant, fait pourtant de lui un centre, raison d'être du monde, omphalos à partir duquel se développe le tout : « O joie suprême de l'homme vertueux ! Le monde tient par lui (...). La minorité dont il fait partie est la raison d'être de notre planète » [83] (et cela, dans la section des *Certitudes* !).

Cette exaltation ne connaît-elle pas de retombée ? Renan se hausse-t-il sans effort à ce niveau de moralité, entendue comme soumission à la nature ? « C'est, affirme-t-il dans les *Dialogues,* le point de vue de Fichte, et celui où j'ai réussi à me maintenir jusqu'ici » [84] ; la formule semble supposer une tension, une résistance surmontée, une ascèse.

---

79. *A.S.*, III, p. 807
80. *D.P.*, I, p. 135-136.
81. *S.E.J.*, II, p. 907.
82. *Le monde comme représentation et comme volonté,* I, p. 392.
83. *D.P.*, I, p. 578.
84. *Ibid.*

S'il accepte d'être dupe, Philalèthe refuse d'être « dupé » [85] et cette revendication de lucidité, cette reprise par l'amour-propre et l'ironie, traduisent l'intense désir de ne pas compter pour rien dans la nature, de donner au moins son adhésion. Si la révolte est coupable, c'est au fond parce qu'elle est inutile. Et l'on sent la lucidité de Renan se charger d'amertume, à travers l'allusion à ce grafitto du petit âne du Palatin qui porte bien son fardeau : « *Labora, aselle* (...) *et proderit tibi* » [86] ; et l'homme d'entrer sans peine dans cette mythologie de la bête de somme : « Oh ! le bon animal que l'homme ! » [87]. Parfois, la certitude du bien va jusqu'à se dissoudre en illusion : « L'homme est comme l'ouvrier des Gobelins qui tisse à l'envers une tapisserie dont il ne voit pas le dessin. Celui-là travaille pour quelques francs par jour ; nous pour moins encore, pour l'illusion de bien faire » [88]. Ainsi, pour l'homme, la trame tissée ne livre pas son sens. A-t-elle même un sens, si le seul résultat de l'acte humain est illusion, et non véritable participation créatrice ? Et, si au contraire la vie humaine contribue vraiment à l'évolution déifique, peut-on, même si ce dynamisme du divin échappe à l'homme, parler d'illusion ? « L'illusion de bien faire », n'est-elle qu'une triste monnaie qui permet à l'homme de survivre ? La foi dans le but inconnu ne vacille-t-elle donc pas, à travers cette section des *Certitudes* où elle s'affirme ? L'aventure même du symbole de l'ouvrier des Gobelins ne manque pas d'être éclairante et situe mieux encore la pensée de Renan dans la perspective du scepticisme. Madame de Staël écrivait, dans son livre de *l'Allemagne* : « Si chacun de nous veut examiner attentivement la trame de sa propre vie, il y verra deux tissus parfaitement distincts ; l'un qui semble en entier soumis aux causes et aux effets naturels, l'autre dont la tendance tout à fait mystérieuse ne se comprend qu'avec le temps. C'est comme ces tapisseries de haute-lice, dont on travaille les peintures à l'envers, jusqu'à ce que, mises en place, on en puisse juger l'effet. On finit par apercevoir même dans cette vie pourquoi l'on a souffert » [89]. Pensée qui semble indiquer la résolution du problème de l'existence, dans la mise en rapport de nos fautes avec nos peines, surtout si l'on compare ce passage avec un extrait de la notice de Madame Necker de Saussure : « La vie (...) ressemble à ces tapisseries des Gobelins, dont vous ne discernez pas le tissu quand vous le voyez du beau côté, mais dont on découvre tous les fils en regardant l'autre face. Le mystère de l'existence, c'est le rapport de nos fautes avec nos peines » [90]. Ce symbolisme reste assez facile et somme toute rassurant, dans la mesure où il permet de sauvegarder le sens de la vie humaine, et suppose

---

85. *D.P.*, I, p. 581.
86. *D.P.*, I, p. 573.
87. *D.P.*, I, p. 572.
88. *Ibid.*
89. *De l'Allemagne*, t. V, p. 93-94.
90. Cité *ibid.*

jusqu'à la possibilité de connaître ce sens, à travers une rétribution exacte. Pour Renan, au contraire, l'idée que nos peines sont à proportion de nos fautes marquerait un retour à l'hypocrisie des amis de Job ! Pour lui, l'image de la tapisserie s'est vidée de tout sens consolateur ou explicatif, de toute substance. Elle traduit une forme de l'absurde, mais sans aller jusqu'au bout de cette vue de l'absurdité ; car Renan, malgré cette échappée nihiliste sur « l'illusion de bien faire » ne met pas en doute la résultante finale. Le dessin qui se fait grâce à nous n'a pas de sens pour nous, mais cet absurde n'est qu'un absurde relatif, que résorbe une harmonie générale. La certitude de Renan n'est-elle cependant pas affective, vitale, nécessaire à l'équilibre intérieur plutôt que fondée en raison ? Tout son être intime se définit par cet « amen obstiné dit aux fins obscures que poursuit la Providence par nous »[91]. N'est-il pas remarquable que la section des *Certitudes* voie apparaître pour la première fois cette crainte de ne livrer qu'une vérité sans corps et sans consistance — une fausse vérité, « un sac vide » : « Ces choses-là ont assez de corps pour qu'on en cause, pour qu'on en vive, pour qu'on y pense toujours, mais ne sont pas assez certaines pour qu'en faisant profession de les enseigner on soit sûr de ne pas se tromper sur la qualité de la chose livrée »[92]. N'est-ce pas une préfiguration, déjà, des scrupules de Prospero à recommander aux autres la voie qu'il a suivie[93] ? N'est-ce pas un pressentiment du vide ?

Renan n'envisage cependant pas de mettre en question l'instinct, ni de l'accepter comme un simple phénomène, en le situant dans l'immanent. « La vertu existe, il faut l'expliquer »[94] et cette explication suppose chez lui le saut dans la transcendance et l'ineffable. Le Dieu prouvé par la vertu reçoit pour lui consistance du vouloir vivre universel ; à la différence de Schopenhauer, Renan ne réduit pas à l'immanent le vouloir-vivre. « Depuis l'astérie, pentagone qui digère, organisme bizarre qui de bonne heure sans doute a été possible, jusqu'à l'homme le plus complet, tout aspire à être et à être de plus en plus. Tout possible veut se voir réalisé, toute réalité aspire à la conscience, toute conscience obscure aspire à s'éclaircir »[95]. Si le Dieu de Renan se confond avec la nature universelle, il n'en représente pas seulement la matière et le mouvement, il n'a rien du premier moteur d'une philosophie mécaniste. Ce qui le définit au contraire, c'est l'effervescence intime des phénomènes de la vie, même élémentaire, et de la conscience, même encore obscure. Dieu est la circulation indéfinie, de l'univers à l'homme, à l'atome, de l'élan créateur.

---

91. *D.P.*, I, p. 581.
92. *D.P.*, I, p. 582.
93. *Dr. P.*, III, p. 481.
94. *D.P.*, I, p. 577.
95. *D.P.*, I, p. 570.

Instinct premier universel et spontané, l'élan vital se confond avec Dieu ; ce qui pour Schopenhauer n'était que vouloir-vivre au niveau des phénomènes, devient pour Renan *nisus* divin. « *Est Deus in nobis* »[96]. Il n'est pas étonnant de voir la religion du spontané (qui en littérature, en philosophie, pour tout ce qui témoigne de l'homme, est celle de Renan) envahir pour lui la catégorie de Dieu : une image rend bien compte de la superposition de sa conception de Dieu à celle de l'humanité : « autrefois on concevait Homère écrivant comme un homme de lettres dans son cabinet ; maintenant les poèmes homériques sont l'œuvre anonyme du génie grec et ils nous semblent mille fois plus beaux (...) »[97].

Ainsi, Dieu n'est plus maintenant un être supérieur, mais le devenir universel de l'universel spontané. Il existe comme une puissance d'être, une forme à remplir, une virtualité à achever en acte, comme l'obsession du beau existe en l'artiste avant l'œuvre d'art. Mais, en tant qu'idéal, projection de la forme à remplir, il est déjà, il a toujours été : « L'idéal existe ; il est éternel ; mais il n'est pas encore matériellement réalisé ; il le sera un jour »[98]. Deux extraits de l'*Histoire des origines du christianisme* peuvent nous aider à approcher l'aventure du Dieu se faisant, à travers des images qui dessinent deux directions analogues, mais non identiques : un passage de l'*Antéchrist,* à propos de l'*Apocalypse,* un autre de l'*Eglise chrétienne,* relatif à l'hérésie de Valentin. Le rêve de la Jérusalem céleste trouve un écho en Renan :

> « Avec le Voyant de Patmos, au delà des alternatives changeantes, nous découvrons l'idéal, et nous affirmons que l'idéal sera réalisé un jour. A travers les nuages d'un univers à l'état d'embryon, nous apercevons les lois du progrès de la vie, la conscience de l'être s'agrandissant sans cesse, la possibilité d'un état (...) où la vie du tout sera complète (...). L'*Apocalypse* ne peut manquer de nous plaire. Elle exprime symboliquement cette pensée fondamentale que Dieu est, mais surtout qu'il sera. Le trait y est lourd, le contour mesquin (...) La naïve peinture de la cité de Dieu, grand joujou d'or et de perles, n'en reste pas moins un élément de nos songes... »[99].

Dans cette conception encore enfantine de la première génération chrétienne, le règne de Dieu est à réaliser, il est réalisable, à partir du monde même, et en opposition avec lui. L'*Apocalypse* rapproche et durcit le rêve, elle donne corps à Dieu, elle offre une concrétion de l'idéal. La croyance même en la fin prochaine du monde jette sur l'avènement divin la lumière crue du réel. La naïveté du dessin se

96. *D.P.,* I, p. 580.
97. *D.P.,* I, p. 587.
98. *D.P.,* I, p. 597.
99. *An.,* IV, p. 1412.

charge d'une valeur d'affirmation, de présence. Certes, en faisant de la vision un élément de ses songes, Renan la rejette hors du temps, dans une perspective infinie, mais la pensée garde, de son point de départ, une sorte de matérialité. Le but mystérieux de l'univers et la part qu'y prend l'homme se trouvent en tout cas affirmés. Ce stimulant maintiendra en éveil la conscience chrétienne, et, à travers elle, le désir créateur, jusqu'à l'absorption complète de tous en Dieu. On pourrait dire que pour Renan l'Apocalypse est une figure, qui annonce le Dieu du devenir, celui qu'entrevoient ses Rêves dans les *Dialogues* : « Un être omniscient et omnipotent pourra être le dernier terme de l'évolution déifique — soit qu'on le conçoive jouissant par tous (tous aussi jouissant par lui) selon le rêve de la mystique chrétienne — soit qu'on le conçoive comme résultant de milliards d'êtres, comme l'harmonie, le son total de l'univers » [100]. *L'Apocalypse* éveille peut-être en Renan d'autres résonances, car le rêve du Voyant prend place dans un contexte politique et social défini, autour de la figure de Néron, antithèse du Christ. La couleur dont Jean colore sa vision, « un ton jaune et faux, une sorte de pâleur mate » [101] évoque pour Renan la tonalité lugubre du 25 mai 1871, à Paris. L'historien retrouve le fil brisé des correspondances, mais l'analogie est ici ambivalente. Nous savons qu'aux yeux de Renan, la Commune a découvert « l'abîme sous l'abîme » et « la plaie sous la plaie » [102]. Qui sait toutefois si l'apôtre qui rêva la Jérusalem future ne se survit pas dans les utopies d'un socialisme exaspéré ? Evoquant à la fois la Commune et les exaltés de Jérusalem, lors de la guerre d'extermination en 70, Renan les unit dans leur passion : «... à la veille de leur extermination, les fanatiques proclamaient Jérusalem capitale du monde, de la même manière que nous avons vu Paris investi, affamé, soutenir encore que le monde était en lui, travaillait par lui, souffrait avec lui. Ce qu'il y a de plus bizarre, c'est qu'ils n'avaient pas tout à fait tort » [103]. Voyant de Patmos, fanatiques juifs, socialistes utopistes, tous témoignent en tout cas d'une humanité dynamique pour qui « le salut n'est jamais en arrière » [104]. Exaltés du Temple et insurgés parisiens posent à Renan — par delà toute considération de pratique politique — la question du processus divin ; ainsi, avec une netteté singulière, dans l'*Antéchrist :* « Ah ! qu'il ne faut jamais dire d'avance ce qui sera dans l'avenir saint ou scélérat, fou ou sage (...). A la vue de ces révolutions, accompagnées de tonnerres et de tremblements, mettons-nous avec les bienheureux qui chantent : Louez Dieu (...) » [105]. Le sens d'un acte pour Renan se révèle moins dans le présent que dans le futur, dans

---

100. *D.P.,* I, p. 621-622.
101. *An.,* IV, p. 1410.
102. *R.I.M.,* I, p. 366.
103. *An.,* IV, p. 1413.
104. *A.S.,* III, p. 805.
105. *An.,* IV, p. 1423.

sa participation à la grande résultante. L'idée de Dieu se faisant à travers les folles utopies socialistes sera plus nette encore à travers l'*Histoire du peuple d'Israël,* qui découvrira à Renan l'esprit de justice, dans toute son exaspération, chez les prophètes. Tout mécontent, tout être inassouvi deviendra alors pour lui « le vrai Israël, toujours en soif de l'avenir » [106].

Si l'*Antéchrist* postule le règne de Dieu, dans sa réalité et ses transpositions possibles, l'*Eglise chrétienne* peut figurer le point de départ de l'aventure divine : Renan s'y complaît à développer les aberrations et hérésies gnostiques, « poésies un peu malsaines ,(...) qu'on ne peut se défendre d'aimer. L'histoire du monde, conçue comme l'agitation d'un embryon qui cherche la vie, qui atteint péniblement la conscience, qui trouble tout par ses agitations, ces agitations elles-mêmes devenant la cause du progrès et aboutissant à la pleine réalisation des vagues instincts de l'idéal, voilà des images peu éloignées de celles que nous choisissons par moments pour exprimer nos vues sur le développement de l'infini » [107]. Dieu n'apparaît plus ici dans sa réalisation ultime, dans sa projection sur la cité céleste, prototype de la ville aimée, Jérusalem ou Paris. Cette seconde image est celle de la vie naissante, tourmentée dans son devenir physiologique. Ce sera l'épopée de Hakamoth, pathétique et dérisoire incarnation de la Sagesse, puisqu'elle n'est d'abord qu'un être manqué : « L'agitation est son essence ; il y a en elle comme un travail de Dieu ; produire est la loi de son être » [108]. L'effort de l'embryon, puis le flux perpétuel de la substance vitale, constituent le mythe de l'être en quête de lui-même, dans la Passion de son devenir. L'accent est mis ici sur le point de départ du dynamisme créateur, sur sa nécessité, mais aussi son humilité première, tout son aspect de souffrance et presque d'égarement. Dans cette genèse de l'idéal, rien d'assuré, moins encore de triomphaliste. Le but apparaît moins privilégié que la quête elle-même. S'il s'affirme enfin, c'est comme résultat d'un processus organique : tout le circuit divin — de l'embryon à l'idéal — se trouve parcouru, restituant le dieu en tout ce qui vit, et balayant les dernières images d'une fausse conception du sacré. Dieu ne saurait commencer par la majesté, puisque l'embryon est déjà théophanie.

Quelle est l'image rêvée du Dieu dans son accomplissement ? Elle s'épanouit dans la troisième section des *Dialogues,* surimprimant la mystique chrétienne et le panthéisme présocratique. Renan semble hanté par la formule paulinienne : « Pour que Dieu soit tout en tous » qui revient sous sa forme directe dans les *Rêves* [109], et dans les *Evan-*

---

106. *H.P.I.,* VI, p. 1269.
107. *E.C.,* V, p. 490.
108. *E.C.,* V, p. 488.
109. *D.P.,* I, p. 621.

giles [110], à travers la variante des *Actes des Apôtes* : « La foule des fidèles n'avait qu'un cœur et qu'une âme ». Cette unité mystique et globale semble bien, pour Renan, le but suprême de l'effort universel, l'état de communion totale, traduit d'abord par l'élan de la primitive Eglise : « Quand on a écrit cela, on est de ceux qui ont lancé au cœur de l'humanité l'aiguillon qui ne laisse plus dormir jusqu'à ce qu'on ait découvert ce qu'on a vu en songe et touché ce qu'on a rêvé » [111]. Ce rêve, de l'aveu de Renan dans les *Dialogues* [112], Xénophane de Colophon l'exprime mieux encore, dans sa conception du Dieu unique et infini, qui « voit tout entier, entend tout entier, comprend tout entier ». Ce Dieu se dégage de toute religion, de toute mystique particulière, et la formule de Saint Paul, postérieure de six siècles à celle du présocratique, peut apparaître comme l'annonce, au sein d'une religion positive, de l'accomplissement du devenir divin, d'un retour à Xénophane dans une philosophie régénérée. Le Dieu accompli condense en lui tout ce qui a vécu, il ne se disperse pas dans les espaces et les formes fragmentaires de vie ; il se coagule en un immense organisme, l'univers, qui figure vraiment le corps du divin. Panthéistique, sans doute, la vision est pourtant ramenée à l'un, et le retour se fait à une conscience centrale, dans ce tout maîtrisé, unifié. Ce Dieu n'a rien d'un être immatériel, pur principe éthéré ; il n'est que la vie multipliée de l'infini, et comme toute vie, toute masse nerveuse, il présente les deux pôles, « le pôle qui pense, le pôle qui jouit » [113].

Ce que développent les *Dialogues,* c'est surtout l'aspect matériel, sensible — sensuel — de l'organisme divin : « On peut admettre un âge où toute la matière soit organisée, où des milliers de soleils agglutinés ensemble serviraient à former un seul être, sentant, jouissant, absorbant par son gosier brûlant un fleuve de volupté qui s'épancherait hors de lui en un torrent de vie (...) ; un jour, une bouche colossale savourerait l'infini ; un océan d'ivresse y coulerait, une intarissable émission de vie, ne connaissant ni repos ni fatigue, jaillirait dans l'éternité » [114]. La matière est vraiment matière première du divin. C'en est fait du discrédit jeté sur elle par le scolastique présupposé des deux substances. Dieu n'est que l'impulsion de vie qui traverse les masses, dans la chaleur et l'agglutination. Dans son avidité d'incorporation et d'émission, il est d'abord principe génétique, trouvant tout son sens en lui-même, à la fois fécondé et fécondant. Aussi tout anthropomorphisme se trouve-t-il dépassé, ce Dieu n'étant ni père, ni grande déesse de la fécondité féminine, mais à la fois l'une et l'autre

---

110. *Ev.,* IV, p. 304.
111. *Ibid.*
112. *D.P.,* I, p. 621.
113. *D.P.,* I, p. 622.
114. *D.P.,* I, p. 622.

forme du principe vital, bien que, dans ce lyrisme de la vitalité créatrice, on puisse percevoir quelque écho des hymnes à la « genitrix », la Vénus de Lucrèce ou la Cypris d'Empédocle [115]. La vision de Renan développe donc une fabuleuse cosmogonie ; elle pourrait n'être en fait que l'épopée du protoplasme. Renan dans les *Cahiers de jeunesse* affirmait la fascination sur lui du problème des origines de la vie : « C'est là mon idée fixe ; j'aime à m'y perdre » [116]. La question des origines se sublime pour lui en embryogénie du divin. La vision du Dieu-organisme multiplie et transfigure le secret biologique. Ne nous révèle-t-elle pas, dans la pensée de Renan, une première déification du spasme ?

« Nous avons trouvé à Dieu un riche écrin de synonymes » [117], affirme Renan en 1885, dans la Préface du *Prêtre de Némi*. Retrouvant Xénophane à travers Saint Paul, l'Univers déifié à travers le Dieu unique, l'ivresse de la matière organisée par delà l'expérience mystique, n'offre-t-il pas en effet toutes ressources à l'interprétation du divin ? Un élément peut aider à unifier ces disparates : l'absolu de jouissance, qui, pour Renan semble définir le Dieu-promesse. De la vision de volupté divine évoquée dans les *Dialogues,* J. Pommier rapproche avec intérêt ce vers du Psalmiste : « Du torrent de tes délices, tu les abreuveras » [118].

En même temps que le Dieu de Renan se confond avec l'achèvement de l'universel devenir, il se teinte des reflets du christianisme : jusqu'à l'ultime bilan de l'*Examen philosophique,* l'invocation au Père éternel viendra ponctuer l'œuvre, non sans créer parfois une impression de malaise, voire d'irritation : car l'expression, évoquant l'Ancien des Jours de *Daniel* et le Père céleste de Jésus, ne les représente ni l'un ni l'autre, mais transpose ces images en les vidant de leur contenu traditionnel. Sur un plan autre qu'idéal, ce Dieu, ce « Père » est encore à naître, et à naître de l'universel *fieri*. Mais Renan se plaît à invoquer, à postuler comme réel par cette invocation le Dieu idéal, qui comme tel existe et a toujours existé. S'agit-il d'une opération quasi magique du langage qui donne l'existence à ce qu'il nomme, ou d'une illusion qui s'accepte elle-même, dans le recours à l'apaisante inconséquence ? Le Dieu de l'expérience intime existe pour Renan et ne se confond point avec le devenir de la nature. C'est à lui, semble-t-il, que va le nom de Père, dans les intermittences de ses apparitions, dans l'immédiateté reconnue de l'instinct religieux en l'homme : « L'homme allait, inattentif. Tout à coup, un silence se fait, comme un temps d'arrêt, une lacune de la sensation : « Oh ! Dieu, se dit-il alors, que ma destinée

---

115. *Les penseurs grecs avant Socrate,* p. 113.
116. *C.J.,* IX, p. 158.
117. *Dr. P.,* III, p. 529.
118. *La pensée religieuse de Renan,* p. 21, n. 1.

est étrange ! (...) O Père, je te vois par delà les nuages ! » [119]. Ce nom de Père ne traduit évidemment pas le statut théologique de la première personne de la Trinité. Dieu est Père dans la mesure où l'homme est capable de sentir sa filiation avec l'idéal. Si le rêve de l'infini développe la genèse du dieu qui sera dans sa réalité, l'expérience intime livre à l'homme le dieu idéal, qui a toujours existé dans sa fusion avec l'ordre du suprasensible. Mais le dieu réalisé donnera corps à l'idéal, puisque, « quand Dieu sera en même temps parfait et tout puissant (...) (il) voudra ressusciter le passé, pour en réparer les innombrables iniquités. Dieu existera de plus en plus. Plus il existera, plus il sera juste » [120]. Devenir de la matière à travers le cosmos, de la science et de la morale à travers l'humanité et peut-être ses analogues, Dieu consacrera, dans son achèvement, la fusion du réel et de l'idéal à travers une œuvre de justice. On perçoit le besoin, en Renan, de faire coïncider sa fiction scientifique avec sa revendication intellectuelle et morale. Cette construction hétéroclite reste pourtant organisée car elle prend son sens, en Renan, par tout un faisceau d'exigences vitales : tout se centre sur la hantise et le refus de la mort, qu'exorcise la fascination des origines et du devenir, que réfutent l'existence et le sens de la morale et du génie, qu'apaise l'intuition de l'expérience intime. « *Beatam resurrectionem exspectans,* voilà, pour l'idéaliste comme pour le chrétien, la vraie formule qui convient au tombeau » [121]. Cette transposition de la liturgie catholique traduit moins en Renan une foi qu'une angoisse et un besoin. C'est vers cette (possible ?) justice de la résurrection que monte, semble-t-il, tout le rêve de l'infini.

---

119. *D.P.*, I, p. 578.
120. *D.P.*, I, p. 626.
121. *Ibid.*

CHAPITRE III

VERS UNE MYTHOLOGIE DE LA SCIENCE ?

L'*Avenir de la Science* définissait Dieu comme la catégorie de l'idéal, celle-ci promise à une métamorphose enrichissante, qui la ferait accéder à l'ordre rationnel : c'est ainsi que la raison finirait par organiser Dieu : « *faire Dieu parfait, c'est-à-dire* (...) réaliser la grande résultante définitive qui clora le cercle des choses par l'unité ; il est indubitable que la raison, qui n'a eu jusqu'ici aucune part à cette œuvre, laquelle s'est opérée aveuglément et par la sourde tendance de tout ce qui est, la raison, dis-je, prendra un jour en mains l'intendance de cette grande œuvre, et, après avoir organisé l'humanité, ORGANISERA DIEU » [1]. Raison qui n'est pas alors conçue comme l'instrument conceptuel et dialectique, en liaison avec un état donné de l'humain, mais qui déborde largement les limites du vérifiable, et va jusqu'à renier tout anthropocentrisme : « Par la raison, je n'entends pas seulement la raison humaine, mais la réflexion de tout être pensant, existant ou à venir » [2]. Renan ne peut, en 1848, préciser le sens de cette dilatation « rationnelle » à terme divin, car elle se donne selon les apparences — au moins temporaires — d'un métarationalisme. A travers un langage conceptuel se dessinent des affleurements autres. Sans doute, Renan évoque-t-il le passage du spontané (élans religieux ou poétiques) au réfléchi, il manie donc des catégories lexicales repérables, et, tout en suggérant l'organisation du dieu futur (inconnu), le place dans le déroulement d'un processus connu, puisque de l'ordre de la raison, du réfléchi. Mais cet effort pour aménager l'inconnu par le connu se renverse : si le lecteur de l'*Avenir de la Science* se croit en solide terrain rationnel ou positiviste, celui-ci se dérobe aussitôt, libérant une redéfinition de la raison, qui s'ouvre et se projette jusqu'à l'effarement, dans la totalité des possibles futurs, humains ou non, bien loin de la « lumière naturelle », telle que le XVIIIᵉ siècle l'avait reconnue et propagée. Si bien que l'*Avenir de la science* — promesse

_____

1. *A.S.*, III, p. 757.
2. *A.S.*, III, p. 1125, n. 14.

d'un Dieu à venir — pourrait bien installer, sous le langage des idées claires et distinctes et les modes du savoir, une sorte de magisme rationnel. Renan écrit encore : « Je vais plus loin (...). L'œuvre universelle de *tout ce qui vit* [3] étant de *faire Dieu parfait...* » [4]. Cette œuvre n'est donc pas celle de tout ce qui « pense », ou plutôt on voit s'ébaucher une mentalité à coloration para-scientifique où vie débouche (mais dans quelle mesure et selon quel processus ?) sur pensée. Renan a fortement enraciné le devenir de Dieu dans l'ordre rationnel, pour déraciner enfin la raison d'elle-même, jusqu'à dégager une théorie sur les choses quasi superstitieuse, peut-être même une superstition de la raison. Peut-on apercevoir ici quelque permanence d'une tendance de Renan, dont les *Cahiers de Jeunesse* témoignent dès 1846 : la chaîne entre les êtres s'établit alors pour lui selon une contamination intellectuelle, certes, mais celle-ci ne signifie pas exactement que l'atome ou la molécule, en tant que tels et suivant une évolution spécifique, soient promis à un avenir rationnel : Renan envisage plutôt une échelle des êtres, chaque étage organisé, intellectuel ou moral, absorbant la série inférieure (non organisée, non intellectuelle...) et la faisant ainsi accéder à l'être, à la vie-pensée : « Je mange tel brin de confiture, les atomes en sont peut-être venus du fond de la France, et ces atomes, etc ; telle goutte de vin, de même, pour cela tel vigneron a travaillé pour moi, et tant d'autres » [5]. Consommation sacrée, qui investit l'aliment d'une vertu, d'une nature autre, c'est le contraire même d'une eucharistie, car ici le consommant consacre. Dans les *Cahiers de Jeunesse,* Renan se délecte d'avoir subsumé à travers la goutte de vin, le travail du vigneron ; cela lui a été donné, pour qu'il le valide et lui donne la vie, pleinement, intellectuellement ; et le « brin de confiture » accède aussi à une sorte de transubstantiation. Dans cet inverse total des mystères du sacrifice eucharistique, l'accès à la raison (promesse du divin) se fait de façon à la fois élémentaire (par manducation, absorption) et sacramentelle. L'auteur des *Dialogues* sera fidèle à ce vieux et sans doute profond schéma : « Les animaux qui servent à la nourriture de l'homme de génie ou de l'homme de bien devraient être contents s'ils savaient à quoi ils servent » [6]. Cette parenthèse explicative nous a semblé nécessaire car, dans l'état intellectuel de Renan en 1848, vie et pensée ne correspondent pas exactement (ou plutôt leur correspondance pourrait encore exiger médiation). Renan n'a point écrit, en l'*Avenir de la science,* son « tout vit, tout est plein d'âmes », ni ses Vers Dorés. Les écrira-t-il jamais ?

L'idée de vie envahira pourtant progressivement celle du divin, livré par la science, et dès 1863, la Lettre à Marcellin Berthelot,

---

3. Nous soulignons.
4. *A.S.,* III, p. 757.
5. *C.J.,* IX, p. 123.
6. *D.P.,* I, p. 623.

condensant d'anciennes velléités, donne tout son poids au regret
d'avoir préféré les sciences historiques à celles de la nature. « Qui sait
si l'homme ou tout autre être intelligent n'arrivera pas à connaître le
dernier mot de la matière, la loi de la vie, la loi de l'atome ? Qui sait
si, étant maître du secret de la matière, un chimiste prédestiné ne
transformera pas toute chose ? Qui sait si, maître du secret de la
vie, un biologiste omniscient n'en modifiera pas les conditions (...) ?
Qui sait en un mot, si la science infinie n'amènera pas le pouvoir
infini, selon le beau mot baconien : « Savoir c'est pouvoir » ? L'être en
possession d'une telle science et d'un tel pouvoir sera vraiment maître
de l'univers (...). Dieu alors sera complet, si l'on fait du mot Dieu le
synonyme de la totale existence » [7]. Ce texte laisse persister, au centre
du désir scientifique, à terme divin, une indécision fondamentale :
car le « biologiste omniscient », « maître de l'univers » s'y confond-il
vraiment avec le Dieu, « totale existence », celui-ci figurant plutôt le
développement superlatif de la vie ? Quels sont alors les rapports du
maître de la vie (savant) et de la vie totale (Dieu) ? N'est-ce pas ici
une préfiguration du rapport de quasi-identité, à la fois étroit et lacu-
naire, que les *Dialogues* installeront entre les *dévas* et Dieu ? Si Dieu
est la vie divinisée, dans une perspective panthéistique, le savant, maître
de la vie, n'instaure-t-il pas au contraire un ordre autre, redessinant
une supériorité, une divinité, non diffuse à travers la vie, mais cen-
tralisée, monopolisée à travers savoir et pouvoir ? Dieu est-il le terme,
la matière, ou le mouvement de la science ? Si Renan a pu donner
le nom de Dieu au *nisus* universel, ce n'est pas sans arrière-fonds,
sans détours ni retours. L'idée de force vitale a beau inonder, avec les
Rêves des *Dialogues,* la catégorie du divin, Renan n'est pourtant pas
immédiatement (ni définitivement) panthéiste.

Au temps où il se défendait de l'accusation de panthéisme, V. Cousin reconnaissait l'influence exercée sur lui par la philosophie allemande dont il donnait, en 1847, dans les *Fragments philosophiques*
(Tome 4 de la 2ᵉ édition) l'adaptation suivante :

> « Il n'y a pas plus de Dieu sans monde que de monde sans
> Dieu. Ce dernier point m'a paru d'une telle importance que je
> n'ai pas craint de l'exprimer avec toute la force qui était en
> moi : le Dieu de la conscience n'est pas un Dieu abstrait, un
> roi solitaire, relégué par-delà la création sur le trône désert
> d'une éternité silencieuse et d'une existence absolue qui res-
> semble au néant même de l'existence. C'est un Dieu à la fois
> vrai et réel, à la fois substance et cause, un et plusieurs, éternité
> et temps, espace et nombre, essence et vie (...) au sommet de
> l'être et à son plus humble degré, infini et fini tout ensemble » [8].

---

7. *F.P.*, I, p. 647.
8. P. 66.

Cette teinture hégélienne pourrait être aussi celle de la pensée de Renan en germe dès 1848, épanouie dans les *Dialogues,* mais Renan, surtout dans l'*Avenir de la science,* insiste sur l'instauration *future* de Dieu et le rôle du *savant* (non plus seulement de la science), s'impose dès 1863 dans la lettre à M. Berthelot, puis dans les fantastiques évocations des *Rêves.* C'est en tout cas dans les *Dialogues* que l'idée d'un Dieu se faisant en toute créature atteint son plus vaste comme son plus net développement ; l'élan vital s'y affirme agent, et la matière vivante virtualité de Dieu (« *omnis creatura ingemiscit et parturit* » [9]) se donne comme « certitude ».

En 1848, le Dieu de Renan (signifiant d'une part l'ordre éthique, idéal, déjà existant) attend sa réalisation totale d'un processus scientifique, intellectuel. Les *Dialogues* modifient le sens de la visée, car Dieu est projeté maintenant comme le terme d'une aventure *vitaliste,* tout l'ancien investissement scientifique de Renan dans l'histoire rêvant alors son transfert dans les sciences de la vie pour contrôler, accélérer (maîtriser ?) l'achèvement du Dieu organisme.

Evoquant dans les *Dialogues* le Dieu totalement existant, Renan réclame, pour définir « la solution unitaire, où tout l'univers servirait aux perceptions, aux sensations, aux jouissances d'un seul être » [10], la double et peut-être contradictoire garantie de Saint Paul et de Xénophane. L'affirmation paulinienne d'un Dieu qui sera tout en tous peut recevoir, sans trop de difficultés, une traduction de style panthéiste, le Dieu idéal informant la matière vivante et recevant d'elle son corps. En est-il de même de la conception de Xénophane ? Plus que du panthéisme et de toute variation sur Dieu, âme du monde, les philosophies naturalistes d'Ionie ne relevaient-elles pas du pur hylozoïsme, animiste, non idéaliste, et fondé sur la vie de la matière même ? Etudiant les théories naturalistes du monde et de la vie dans l'Antiquité, Jules Soury note : « Il n'y a point ici ombre de panthéisme. Ce qui est au fond de cette conception, c'est plutôt ce que les anciens grecs (...) pour qui tout était animé dans la nature, pour qui la *matière vivait,* appelaient hylozoïsme » [11]. Et encore : « Les Grecs ne disaient point comme certains idéalistes allemands : tout être dérive de la pensée. La pensée, elle aussi, rentrait pour eux dans le concept de l'être (...). M. Th. H. Martin a justement soutenu contre V. Cousin que le dieu unique de Xénophane est « l'univers sphérique, considéré comme un seul être éternel, immuable, intelligent et parfait » [12]. L'idéalisme à consonance chrétienne ne se trouve-t-il donc pas illusoirement rapproché des philosophies pré-socratiques ? Celles-ci, d'autre part, trouvent-elles légitimement leur place dans une construction comme

---

9. *D.P.*, I, p. 570.
10. *D.P.*, I, p. 621.
11. P. 113-114.
12. *Ibid.*, p. 119.

celle de Renan, qui cherche à fonder un ordre dans l'univers ? Si le « dieu » de Xénophane, matière vivante, est parfait dans son être-là, pour Renan la perfection de ce dieu (illusoirement sentie dans un impossible syncrétisme) est de constituer l'unité, de confirmer par sa vie, par sa concrétion même, l'ordre du monde, de prouver, en les réalisant, les fins de l'univers. Ce besoin d'ordonner le monde selon les causes finales ne fut-il point l'apport de Socrate, comme le souligne Jules Soury : « La croyance aux causes finales, la foi (...) en une constitution téléologique de la nature, voilà ce qui, bien mieux que la connaissance de soi-même et la prétendue science des définitions, peut servir à caractériser dans Socrate l'adversaire des anciennes traditions de la philosophie grecque » [13]. Renan reprend donc le point de vue de Xénophane mais en fait dévier le sens, et cela doublement : il situe une pensée antérieure à l'idée des causes finales, présocratique, dans une visée téléologique ; il assimile l'idée de la matière animée à un panthéisme de sens idéaliste (auquel la référence paulinienne prête ses consonances de spiritualisme religieux).

Jules Soury a su analyser avec rigueur, quoique de façon implicite, cette assimilation inadéquate qu'opère Renan entre les théories naturalistes des Ioniens et les vues téléologiques de l'idéalisme. Renan écrit dans la préface des *Dialogues* : « Le but du monde est que la raison règne » [14]. L'idée d'une destinée rationnelle du monde, conciliable après tout, au moins métaphoriquement, avec le *Maran Atha* des premiers chrétiens, s'accorde-t-elle avec l'idée d'un univers sphérique et parfait en sa sphère, sans devenir ni fin transcendantale ? En même temps que sa propre réponse, n'est-ce pas celle de toute philosophie naturaliste que Jules Soury, en 1881, oppose à Renan, en plaçant sous sa dédicace (« à M. Ernest Renan, hommage d'affection et de reconnaissance ») un ouvrage qui nie toute la visée renanienne, de l'*Avenir de la science* aux *Dialogues philosophiques* : « La *fin* du monde n'est pas plus l'avènement du Royaume de Dieu que le règne de la raison et de la science. Il n'y a pas un seul de ces mots qui ne trahisse une origine purement humaine, qui ne soit né d'une illusion » [15].

Autant que « l'illusion » des fins dernières, l'inadéquate référence à Xénophane reste porteuse de sens. Renan, remarquons-le, présente la pensée présocratique comme une surenchère (anticipée) sur Saint Paul, dans la définition du dieu total : « Xénophane (...) avait dit mieux encore... » [16]. C'est à cette différence, à cette valorisation dans l'apparemment identique, c'est à ce « mieux » que nous tenterons de faire dégorger tout son sens. Toute l'argumentation de Théoctiste

---

13. *Ibid.*, p. 213.
14. *D.P.*, I, p. 555.
15. *Théories naturalistes...*, p. 279-280.
16. *D.P.*, I, p. 621.

superpose, à propos du Dieu-existence totale, deux ordres énonciatifs : celui de la totale conscience, celui de la totale jouissance, qui finissent par figurer pour lui les « deux pôles » de la masse vivante qu'est Dieu [17]. Cette organisation n'est simple qu'en apparence et se complique si l'on essaie de l'analyser par rapport aux deux garanties qui, pour Renan, la sanctionnent : de Saint Paul peuvent relever, par la transcription rationnelle du spiritualisme, tous les appels à la conscience centrale et totale, à la fois une et infinie — « On imagine un état du monde où tout aboutirait (...) à un seul centre conscient » [18] — ainsi que les prophéties renaniennes de l'idéal réalisé dans une sorte d'ineffable au-delà de la morale, la science et l'art : « Déjà nous participons à la vie de l'univers (vie bien imparfaite encore) par la morale, la science et l'art (...) communion qui n'atteindra son dernier terme que quand il y aura un être actuellement parfait » [19]. Mais cette perfection consciente, morale, idéale, ne se livre à Renan que dans les images de consommation ou de jouissance charnelle : le dieu « bouche », le dieu « gosier », le dieu « émission de vie » [20], tel est donc l'horizon de la conscience idéale ? C'est alors que, très curieusement, l'inadaptation que nous avons soulignée plus haut entre la pensée de Renan et ses repères référentiels se renverse, et que son texte, si l'on peut dire, évacue Saint Paul, au profit de Xénophane : comme si Renan par le détour de l'idéalisme, retrouvait pour finir les grandes images de la matière animée. Expliquons-nous : la première Epître aux Corinthiens annonce l'unification mystique du monde à la fin des temps : « Et quand toutes choses lui auront été soumises, alors le Fils lui-même se soumettra à Celui qui lui a tout soumis, *afin que Dieu soit tout en tous* » [20 bis]. Mais cette perspective eschatologique d'unification débouche, pour Renan, sur un « mieux » qui est en fait un « autre » : une approximation du dieu unique de Xénophane, pour qui l'acte même du « comprendre » se situe entre « l'entendre » et le « voir », pour qui la totalité de sensation *est* aussi la totalité de pensée, pour qui, donc, la pensée, loin de se dissocier, fût-ce pour l'ordonner, de la matière vivante, trouve en elle son ordre et son sens. Renan franchit donc le pas du Dieu « centre conscient », de la communion « idéale » des êtres à l'univers, à la vision d'un Dieu chair et organisme ; d'un idéalisme virtuellement panthéistique, aux grandes images de la matière totale et totalement animée. L'hylozoïsme (que la démarche de Renan faussait au départ, par l'idée des causes finales) ne se réintroduit-il pas à un second degré, en ce Dieu-masse nerveuse, charnelle, définie par la double fonction de ses bouches — appétence et liquéfaction ?

---

17. Voir *D.P.*, I, p. 621, 622.
18. *D.P.*, p. 621.
19. *Ibid.*
20. *Ibid.*
20 *bis.* Cité par Renan, *D.P.*, I, p. 621.

Théoctiste, faisant interférer le champ du conscient et celui du charnel, opère le bond qualitatif qui transporte Dieu, de l'ordre intellectuel et moral, à celui de l'animation de la matière. La vie n'est plus seulement pour Renan un fait, un donné observable, mais une *valeur*, puisqu'elle englobe tout en elle seule jusqu'à « coaguler la masse divine »[21]. De quel animisme, de quelles connivences avec les secrètes tentations de l'alchimie se double ici l'épopée de la science et de la raison ! Rappelons les analyses de Bachelard dans *La formation de l'esprit scientifique* : « Les alchimistes sont (...) très nombreux qui ont rêvé devant une coagulation (...). On voit le symbole de la coagulation s'enrichir de thèmes animistes plus ou moins purs : l'idée de semence et de levain sont en action dans l'inconscient. Avec ces idées de croissance animée et vivante apparaît une *valeur* nouvelle (...) ; toute trace de *valorisation* est un mauvais signe pour une connaissance qui vise l'objectivité. Une valeur, dans ce domaine, est la marque d'une préférence inconsciente »[22]. La coagulation pourrait bien en effet nous renvoyer aux images archétypiques de l'embryonnaire : n'est-ce pas le phénomène du lait caillé qui rend compte, aux yeux de l'auteur du livre de Job, de la vie en formation ? Explication de la médecine antique, sans doute, mais elle-même nourrie du fond de l'imaginaire immémorial. Et Renan, traducteur de Job, put écrire, en 1858, véhiculant la vieille image obsessionnelle :

« Ne m'as-tu pas coulé comme un lait
Et coagulé comme un fromage ? »[23]

Renversement des anciens âges, âges de foi, en âges de « science » ! La présure et ses obscures significations demeurent ; si Dieu put « coaguler » l'homme, l'homme envisage maintenant, pour fin de l'univers, la « coagulation » de Dieu. Théoctiste, fondateur de Dieu, ne retrouve-t-il pas plutôt les images qui fondèrent l'homme (ou du moins la représentation que l'homme se fit de lui-même) ? Il condense et incarne, si l'on peut dire, les fantasmes de fondation.

Souvenons-nous du bilan philosophique provisoirement présenté par Philalèthe à l'ouverture de la troisième section des *Dialogues* : « Nous sommes tous à peu près d'accord sur ce point que le but du monde est la production d'une conscience réfléchie de plus en plus perfectionnée »[24]. Nous n'en mesurerons que mieux le saut qualitatif dont les *Rêves* témoignent à l'intérieur du discours de Renan, qui se projette maintenant dans une sorte de fantastique. Ce monde semble superposer les symboles, et déroute surtout parce qu'il peut se déchiffrer selon deux alphabets, se lire selon deux grilles. Double possi-

21. *D.P.*, I, p. 622.
22. P. 64-65.
23. *Livre de Job*, VII, p. 363.
24. *D.P.*, I, p. 602.

bilité d'interprétation qui, délivrant la fausse « aubaine » de deux sens, restituera le problème de leur rapport. Les *Rêves* voient naître la double mythologie des « *dévas* » et du Dieu organisme. Est-ce à dire qu'ils installent deux croyances philosophiques de Renan : celle du savant tout puissant, celle du Dieu matière animée ?

La presque divinité des *dévas* naît de la concentration super-énergétique de leur intellect, elle-même issue d'une reconversion de la puissance génératrice, détournée de ses fins et cérébralement réinvestie. Pour garantie de sa fiction scientifique, Renan invoque l'histoire naturelle, les procédés dont usent les botanistes pour susciter les doubles floraisons — mais aussi ce « docteur védique », cité par Burnouf, οὗ τὸ σπέρμα εἰς τὴν κεφάλην ἀνέβη [25]. Si bien que l'image apparemment innocente et objective de la fleur en recouvre une autre, obscurément mais sûrement orientée : celle du religieux/savant, qui nous ramène au foyer véritable de l'argumentation, l'idée de puissance, dans ses prolongements magico-scientifiques. A travers la figure du Brahmane, force et savoir se confondent dans un analogue inversé du pouvoir générateur. L'ascèse se renverse ici en puissance. C'est un mouvement de sens opposé que l'on observe dans la constitution du Dieu final et total : Renan commence par le nommer « omniscient », « omnipotent » [26]. Science et puissance sont ici données au départ puisqu'elles définissent Dieu, mais elles demeurent localisées, fixées pour ainsi dire, dans ces deux épithètes de nature. Ce n'est pas la science, ni le pouvoir tels que les figurait l'évocation des dévas qui explosent dans celle du dieu « bouche », « gosier », organisme. Ce Dieu se livre à l'imagination dans l'ordre de la vitalité sensuelle, et la bipolarité nommée par Renan (pensée jouissance) se voit ramenée pourtant, dans le réseau des images — thermiques plus encore que lumineuses — (soleils agglutinés, gosier brûlant...) à l'expansion du charnel. Le dynamisme imaginaire parvient à faire éclater l'écorce idéaliste, le discours gouverné de Renan que le souvenir de la triade cousinienne (le vrai, le beau, le bien), tente d'ordonner encore : « déjà nous participons à la vie de l'univers (...) par la morale, la science, et l'art » [27]. Mais cette formule trinitaire formait en 1848 la matrice du « divin », préfiguration de la totalité du Vrai, du Beau, du Bien. Au contraire, dans les *Dialogues,* morale, science, art, semblent, par rapport à ce que Renan persiste à nommer leur achèvement, moins en continuité qu'en rupture : car cette fin, c'est le panphagisme de Dieu et sa faculté d'émission vitale. Est-ce son apothéose, est-ce sa négation que l'idéalisme de 1848 trouve dans le rêve panvitaliste des *Dialogues* ?

Posons enfin le problème du rapport *dévas* et Dieu, qui se centre si étrangement sur l'inversion d'une puissance. Pourquoi l'élan géné-

25. *D.P.,* I, 617.
26. *D.P.,* I, p. 621.
27. *D.P.,* I, p. 622.

rateur du Dieu omnipotent, omniscient, ne trouve-t-il pour réplique, chez les dépositaires encore humains du savoir et du pouvoir, que son envers ? Nous savons que la pensée de Renan, dans son agencement voulu, ne pose pas *ensemble* dévas et Dieu, puisque les premiers représentent l'aménagement pluraliste et oligarchique, le second, la concentration unitaire, du divin rêvé. Toutefois, cette ordonnance conceptuelle, théorique, nous semble sans prise véritable sur le matériel imaginaire, qui, lui, livre à la fois tous les possibles, c'est-à-dire ici tous les rêves.

Bien avant l'*Abbesse de Jouarre,* Renan a perçu, en le magnifiant, le sens de l'impulsion érotique. Il ne peut encore le nommer « lien ombilical de l'homme et de l'univers », puisque c'est à travers des images de totalité divine qu'il le perçoit. Mais cette prétendue explication se renverse aussitôt en problème : il est frappant en effet que Renan nomme (exalte) cette impulsion *d'abord* à travers Dieu, et à travers lui seul, confondu pour finir avec elle. La projeter sur Dieu, n'est-ce pas une façon de l'exorciser, de la rendre sublime, « divine », dès le principe, avant même de la nommer pour l'homme ? Dieu serait alors déjà l'exutoire d'un mouvement non encore nommé pour l'homme, lequel, dans l'argumentation des *Rêves,* s'en tient encore à « morale, science et art ».

C'est pourquoi, de notre point de vue, les *Rêves* représentent un moment privilégié, essentiel — véritable point de bascule où la science achève sa transformation par l'imaginaire et se laisse envahir par le fantastique interne de Renan. Les *Dialogues* attestent le fléchissement total de l'intellectualité tendue, fervente, de la religion de la science à la façon de 1848. Ce n'est plus un fondement « dogmatique », la justification de la « foi » critique, la croyance à la « possibilité de croire » que la science fournit à Renan, mais un espace infini pour la projection imaginaire. Ce que nous avions nommé (transposant, à propos du jeune Renan, une formule de Saint Simon) « l'éréthisme de l'intelligence » semble se convertir alors en poussées que l'affabulation du Dieu total exalte et désinfecte tout à la fois. Mais l'ancien bloc de la foi critique voit s'ouvrir en lui, par le double biais du « divin » (érosité) et de la science (devenue fantastique, mythique) la brèche par laquelle, toujours associée (nous le savons depuis les écrits de jeunesse) à l'abandon, à l'affaissement, au « corps », l'imagination religieuse opérera enfin son retour, sa paradoxale survie.

Le pouvoir par la science, n'est-ce pas aussi le droit de la science à la cruauté, justifiée aux yeux de Renan (comme l'Inquisition pour l'Eglise médiévale), par sa fin « divine », « *ad majorem Dei gloriam* » ? Dans la Préface des *Dialogues philosophiques,* Renan dit avoir émondé son texte primitif, et « supprimé quelques développements trop singuliers » [28]. Les manuscrits révèlent une volonté plus précise, plus cruelle-

---

28. *D.P.,* I, p. 554.

ment jouisseuse, de susciter par le langage le pouvoir de la science à faire souffrir, sans tuer la source même de la souffrance, c'est-à-dire l'énergie du patient (un peu comme dans le monde des *Tragiques,* où, tout servant « par loi » à l'éternelle peine, — « la mort morte ne peut vous tuer, vous saisir » — d'Aubigné s'enivre de la vision infernale qui prouve et manifeste Dieu). C'est ainsi que Renan écrit :

« Façon faire affluer flots de vie pour servir de matière à la douleur, à douleurs atroces, durant des années. Donner force pour souffrir. Anciens supplices manquent leur effet ; car affaiblissent le patient (...).

Science recréera l'enfer » [29].

Et le fragment 369 de la même série livre la pensée brute :

« Rappelez-vous que force seule. Or cruauté est une force ». Tout cela, sans doute, pour que la raison règne. Triste reconversion du Royaume de Dieu, et qui, après 1870, unit de plus en plus étroitement la science et l'armement. Alors qu'en sa jeunesse, Renan doublait de mépris sa reconnaissance de la force (inattaquable) dans le tsar de Russie, il s'abandonne, dans ses notes bien plus encore que dans le texte des *Dialogues,* à une vision où le « militaire » devient centre et justification du monde :

« Le civil n'existe qu'en tant que nécessaire pour faire vivre le militaire. Question se pose. Pourrait-on s'en passer ? Monde de militaires où pas de civil. Non. Civil est utile. Fumier où pousse le militaire, l'entoure, l'encadre, le nourrit » [30].

C'est ici que peut se donner libre cours la tendance (devenue banale) à s'émerveiller, après Renan lui-même, de ses contradictions : n'est-ce pas l'auteur des *Souvenirs d'enfance et de jeunesse* qui livre cette confidence : « Je n'aurais pu être soldat ; j'aurais déserté ou je me serais suicidé » [31]. Certes ! mais dans quel contexte, ce refus rétrospectif d'être soldat ? dans un ensemble où se définit le monde de l'obéissance, de l'humiliation, qui ravalent, aux yeux de Renan, le soldat. Et dans quel contexte, l'exaltation du « militaire » ? Dans les notes préparatoires aux *Dialogues,* où s'élabore, à travers un symbole nouveau, l'ancienne passion de la *force,* rêvée pour le penseur, le savant, mais infléchie, après 1870, dans un sens où la science fonde la force armée et règne par elle.

« Ce nouveau dieu ne demande pas à être aimé ; il lui suffit d'être craint », lit-on dans la même série de notes manuscrites (fragment 373).

Pourtant cette aspiration à la puissance dont les Rêves restent le témoignage peut se doubler de son contraire : désir d'auto-mutilation

29. N.A.F. 14 194, « Papiers Renan », vol. XXXIII, « *Dialogues philosophiques* », n° 346.
30. *Ibid.,* n° 371.
31. *S.E.J.,* II, p. 815.

dont le texte publié ne garde pas la trace, mais qu'attestent les fragments manuscrits : ainsi le Dieu des *Dialogues* n'est présenté que dans son intime vocation à l'achèvement, mais Renan a subi le vertige d'une interrogation inverse : Dieu peut-il mourir, ou plutôt, peut-il se suicider ? Reprenant le schéma connu du suicide stoïcien, manifestation de l'homme libre, Renan évoque d'abord l'infériorité de l'animal, incapable de se donner la mort pour affirmer sa liberté, incapable donc d'être pleinement :

> « cheval
> horreur et pas moyen d'en sortir
> pas possibilité de suicide
> état où vie pire que mort
> ne conçois boudhisme que pour chevaux » [32].

L'impuissance au suicide appelle une religion du néant qui ne fut jamais celle de Renan dans sa pensée exprimée, définitivement fixée, la seule percée nihiliste restant chez lui l'appel qui traverse la Prière sur l'Acropole : « O abîme, tu es le dieu unique ». Or, voici que les papiers relatifs aux *Dialogues* témoignent d'une association du cheval, incapable de suicide, et de Dieu, incapable de supprimer l'être en lui :

> « Maintenant l'être ne peut pas se suicider » [33] et plus loin : « Dieu cheval » (...) [34].

Donc, cette impossibilité est sentie en Dieu, non comme une plénitude mais comme une imperfection, l'état non achevé du Dieu de « maintenant ». Et la pensée de Renan, faisant éclater, dans la dilatation future, la toute-puissance du Dieu-Univers, en donne pour marque sa possibilité à se détruire : « Etat où une conscience pourrait détruire l'univers. Etat où l'univers pourra se suicider, oscillera entre l'être et le néant. Etat où être et néant identiques. Nirvana » [35].

L'incapacité au suicide est sentie comme une tare, qui frappe l'animal et Dieu (sous sa forme inachevée), qui passe donc au-dessous et au-dessus de la zone humaine. L'accès à l'autodestruction est donc senti comme achèvement, l'être n'étant vraiment l'être que doublé de néant, et identique à lui. On voit combien ces notes ouvrent une déchirure sur le monde intérieur de Renan, sur une sorte de nihilisme mystique à la façon de Jacob Boehme, tel que nous tenterons de l'analyser à propos de la Prière sur l'Acropole.

On voit aussi que cette perfection future de Dieu, l'homme la possède déjà : Prospero sera divin ou du moins démiurge par une mort

---

32. N.A.F. 14 194, n° 322.
33. *Ibid.*, n° 358.
34. N° 359.
35. N° 358.

volontaire, dont il fixe l'heure et qu'il ordonne en beauté ; « développements trop singuliers » dont ne voulut s'embarrasser Théoctiste, fondateur d'un Dieu-être, étant de plus en plus ; Renan avait pourtant, dans l'intime maturation de sa pensée, achevé Dieu, non pas en mort, mais en suicide, et poussé l'être jusqu'à l'équivalence du néant. Nihilisme — mais ce néant reste voulu (non subi) et cela permet de réinstaller en lui les valeurs d'être et d'initiative. Celles-ci enfin, rêvées pour Dieu, ne se rencontrent-elles pas déjà en l'homme, ne nous permettent-elles pas de situer Prospero dans une perspective qui accroît encore la puissance du savant, sa divinité (non seulement comme en Dieu virtuelle), mais consacrée à travers sa mort, en acte de perfection ? Par le suicide, l'homme est-il un Dieu déjà fait, sinon parfait ? Ainsi, cette conception de Dieu, qui, achevant par le néant la perfection de l'être, paraît à Renan déboucher sur le Nirvana, ne figure-t-elle pas, en réalité, la projection dernière (et finalement occultée) d'un irréductible anthropomorphisme ?

A la différence des théoriciens de la mort de Dieu, Renan n'imagine pas un Dieu aboli, inutile ou aliénant, mais un Dieu capable de se donner la mort, de créer le néant. Différence fondamentale ; la pensée de Dieu reste nécessaire à Renan, même si sa réalité objective s'émiette ou se dérobe. Dieu n'est jamais conçu par lui comme une aliénation de l'homme — bien plutôt comme la projection d'une perfection rêvée de l'humain.

CHAPITRE IV

VERS L'INSTALLATION DU DIEU-ORGANISME ; RELAIS ENTRE RELIGION, IMAGINATION RELIGIEUSE

C'est dans les *Dialogues* que l'image christique perd de sa densité. Sans doute, Jésus demeure la preuve de l'existence par l'œuvre — il vit où il agit — mais représente par là même le symbole de l'existence sans conscience [1]. Début de dilution de la personne, dans cet effort de Renan pour la sauver ! L'axe de sa pensée s'est déplacé depuis 1863, et cette nouvelle saisie de Jésus s'accompagne, nous le verrons, de toute une contrepartie philosophique. Dans la *Vie de Jésus*, Renan présente le Christ vivant *dans* l'amour de ses disciples, ceux-ci se confondant avec cet amour même. C'était sans doute, déjà, une existence sans conscience que celle de Jésus après sa mort, mais elle n'était pas nommée ni sentie comme telle, car elle restait, à travers les apôtres et les saintes femmes, image encore individualisée du Maître vivant : « telle était la trace qu'il avait laissée dans le cœur de ses disciples et de quelques amies dévouées que, durant des semaines, il fut pour eux vivant et consolateur » [1 bis]. Le Christ est donc vu en son dynamisme, sa présence motrice à l'œuvre dans des êtres vivants et individuels. Dire, dans cette perspective, que Jésus vit d'une existence sans conscience serait inadéquat : ce serait plaquer le point de vue de l'analyste sur la « résurrection » intime opérée par l'amour des disciples ; aussi Renan, en 1863, ne formule pas sa pensée en termes d'existence ou de conscience, car il perçoit, non pas Jésus mort, et d'*autre part* les disciples habités de son image, mais une globalité, un être nouveau et total, « une personne... augmentée », dira-t-il dans les *Dialogues*. Mais ce que nomment les *Dialogues*, la *Vie de Jésus* le saisit dans une appréhension plus directe et plus intime. Si l'on fait abstraction de tout le contenu de substance dogmatique que le catholicisme découvrit au cœur de la parole évangélique, on peut avancer

---

1. Voir *D.P.*, I, p. 627.
1 *bis. V.J.*, IV, p. 356.

que la *Vie de Jésus* retrouva le sentiment de la vie globale (non point anonymement collective, mais née de la participation à un être-figure). Renan retrouva-t-il à sa manière le sens de la parole du Christ — la promesse d'être avec ses disciples dès que deux ou trois d'entre eux seraient réunis en son nom (d'être *par* cette réunion, d'être cette réunion) ?

Georges Sorel suggère que l'insistance de Renan, dans la *Vie de Jésus,* sur le rôle des femmes, sur la valeur sanctifiante de l'amour dans la secte nouvelle, pourraient représenter autant de souvenirs saint-simoniens [2]. Nous insisterons, pour notre part, sur la notion d'être global, fusion quasi mystique par le souvenir ou l'amour, si fondamentalement présente chez Renan qu'elle pourrait bien constituer le sens le plus authentique du « charme » de Jésus.

Ce lien passionné entre les êtres, capable de susciter une religion, ou plutôt de figurer à lui seul une religion, ne trouve-t-il pas quelque analogue dans la pensée de Saint-Simon ou d'Enfantin ? Saint-Simon, en 1811, écrit à M. de Redern :

> « Je ne puis vous exprimer combien je me trouve heureux depuis que j'ai conçu la formation d'un être moral composé de votre âme et de la mienne, amalgamées de manière à former un tout homogène. Ce n'est plus en moi que je vis (...). J'ai passé hier une journée délicieuse, j'étais dans une situation difficile à décrire, c'était une extase pendant laquelle je jouissais de la satisfaction pure de moi-même, de nous-mêmes : il y avait dans mes sensations quelque chose de divin (...). Prenez, mon ami, dans notre être commun, votre part de jouissance » [3].

De son côté, Enfantin porte à son paroxysme, dans sa lettre à Charles Duveyrier (en juin 1830) le sentiment de globalité par l'amour qu'il définit comme le vrai message de Jésus :

> « Me diras-tu que toi, que ta vie, que ton être, c'est ce Charles qui, en ce moment, est à cent lieues de moi ? Eh bien ! moi, j'affirme que tu te trompes, car ce n'est qu'un des aspects de ton être. Tu ne te connais pas, tu ne t'es pas encore senti tout entier, tu n'aimes pas encore, fils de chrétien. *ton prochain* COMME *toi-même* ; (...) tu n'es pas encore SAINT-SIMONIEN, que dis-je ? Tu retournes vers *Moïse* ; tu n'as pas compris *Jésus* » [4]. Et encore : « Oui, Charles, tu vis en moi comme je vis en toi » [5].

---

2. *Le système historique de Renan,* p. 233.
3. *Lettres philosophiques et sentimentales,* O.C., I, p. 112.
4. *Science de l'homme, physiologie religieuse,* p. 203.
5. *Ibid.,* p. 207.

Notre rapprochement ne se fait pas de façon directe entre Renan et des formes de pensée qu'il alla jusqu'à juger lui-même aberrantes [6]. On ne saurait, à coup sûr, faire de lui le fervent de la communication passionnée ni de la mystique amoureuse. Cet ami distant, définissant en termes d'intellectualité et d'observation jusqu'à l'amitié la plus étroite (celle qui l'unissait à Berthelot, ne la compara-t-il pas à la fonction des deux yeux examinant ensemble le même objet ?) ne connut point d'extase ni de Ménilmontant.

Pourtant le biographe de Jésus n'eut-il point quelque intuition d'une sorte de globalité vitale, lorsqu'à travers les délicatesses de l'élaboration, et parfois malgré elles, il rendit sensible la communion des apôtres dans la personne du Christ ? Paul, ne l'oublions pas, sera toujours pour Renan un disgrâcié, au sens le plus plein du terme : il n'a pas vu Jésus, n'a pas connu sa présence, n'a point participé de sa vie, de sa personne. Jésus est le lieu d'une sorte d'intimité ecclésiale, où les siens s'unissent jusqu'à former un être nouveau. A vrai dire, dans l'évocation de ce lien, Renan ne fait pas apparaître l'aspect quasi halluciné, la dilatation à la fois psychologique et physiologique présente surtout chez Enfantin ; mais peut-être aussi ces traits ne paraissent-ils aussi aberrants, en Saint-Simon ou Enfantin, que parce qu'ils se manifestent, sans aucune aura « divine » ou légendaire, entre êtres purement humains (masculins de surcroît). Au contraire, de Jésus à ceux qui l'aimaient, s'installe immédiatement toute la distance du « Maître exquis » aux hommes seulement hommes, et le mouvement de passion se trouve ainsi comme domestiqué, justifié, impliqué même et rendu « naturel » par l'analyse idéaliste. Enfin et surtout, toutes les virtualités de transe, d'extase, que put contenir l'amour pour Jésus, Renan les concentre sur les femmes qui le suivaient — ainsi la « possédée » Marie de Magdala. « Pouvoir divin de l'amour ! moments sacrés où la passion d'une hallucinée donne au monde un dieu ressuscité ! » [7]. Si bien que cet élan, passionnel ou mystique, passionnel *et* mystique, d'un seul et même mouvement se purifie idéalement et se dramatise humainement ; émané de la femme, il sauvegarde par là même toute sa« pureté » (même si celle-ci se double de convulsion ou d'équivoque) mais aussi tout son feu, que le présupposé de la féminité spontanément passionnée, spontanément religieuse, installe doublement (au nom de quelles postulations inconscientes ?) dans l'ordre du « naturel ».

Notre dessein n'était donc pas de rabattre la pensée de Renan sur celle de Saint-Simon, moins encore sur celle d'Enfantin, mais de suivre, à travers l'intuition de la vie globale, l'union des disciples en Jésus, un souvenir, peut-être, ou un analogue de la dilatation saint-simonienne, « divine » elle aussi, en son humanité.

---

6. Voir *A.S.*, III, p. 811.
7. *V.J.*, IV, p. 356.

Toutefois, remarquons-le, la divinité du Jésus renanien signe d'union, reste signe d'écart : les disciples s'unissent en Jésus, et mort, le ressuscitent ; mais le Jésus vivant reste le maître, d'humaine nature certes, mais d'exquise essence ; il ne se confond pas avec ces naïfs amateurs de thaumaturgie. C'est après sa mort que ceux-ci reconnaissent en eux sa « trace » et s'unissent en lui (de même que les pèlerins d'Emmaüs reconnurent le Christ quand il avait disparu). Union dans le maître, mais écart, ascension du maître. Le signe du Jésus renanien reste ascendant, alors que la fusion saint-simonienne est intérieure aux hommes, et ne s'affirme divine que par l'intensité de son exaltation.

Chez Renan au contraire, tant que la figure de Jésus reste centrale, elle s'accompagne, nous l'avons vu, de l'idée du Christ vivant en ses apôtres, vivant eux-mêmes de Jésus. Pourtant ce brassage n'est point total, du moins point totalement intime, car entre Jésus et les siens subsiste toujours un décalage, rendant l'extase univoque (des apôtres en Jésus). Or c'est l'extase réciproque, si l'on peut dire, qui fonde la mystique propre à Enfantin, qui fait de lui le « Père », jouissant de lui-même et de son prolongement vivant en ses « fils », comme l'atteste la Lettre à Charles Duveyrier. Jésus, pour Enfantin, n'est pas, comme pour Renan en 1863, un type moral lié à une figure individuelle, devant sa « survie » toute d'influence et de symbole à l'amour qu'il inspirait ; bien plutôt c'est l'équivalent métaphorique d'un lieu de la fusion, creuset mysticophysiologique où les individus correspondent, s'identifient, se prolongent, selon les lois d'une nouvelle génération ; où le fils est « dans » le Père, le Père « dans » le fils, l'un et l'autre dans une unité qui pourtant ne les abolit pas, mais les préserve comme les manifestations d'un Eternel qui demeure en se diversifiant ; ce grand fond sédimentaire d'une plasticité totale, celle-ci permettant la coïncidence comme amoureuse [8] des êtres, n'a pas d'exact équivalent dans la pensée de Renan, ni en 1848, ni en 1863, bien que l'idée d'unité en une figure « divine » soit fondamentale dans la *Vie de Jésus.*

Les *Dialogues philosophiques* n'évoquent plus la mort du Christ reconvertie en vie par les apôtres, mais, au long des âges, l'influence possible de Jésus. Celle-ci est alors située par Renan dans une perspective vaste mais diffuse, et vide tout repère individuel. Morale, abstraite, elle n'a plus la même densité qu'en 1863. Autour de 1870, trois directions de pensée apparaissent comme solidaires : le regret (exprimé dès la Lettre à M. Berthelot, en 1863) d'avoir consacré sa vie à l'histoire et non aux sciences de la nature, l'affaiblissement, non du pouvoir moral, mais de l'image de Jésus, enfin la conception du Dieu organisme, dans toutes ses implications sensuelles et érotiques. D'une humanité divine, la pensée de Renan évolue vers un divin bio-

---

8. Voir lettre à Ch. Duveyrier, *Science de l'homme,* p. 207.

logique et cosmique tout à la fois, Dieu oblitérant alors la figure de Jésus (simple repère moral, décoloré) et se donnant, selon la formule d'Hélène Tuzet, comme le « grand animal Tout »[9] qui absorbe la vie, la substance du monde, et, d'un même mouvement, la reproduit. A travers l'image du cosmos vivant, qui déroule et amplifie fantastiquement l'aventure biologique, Renan tente dans les *Rêves* de sauver l'individu, par l'hypothèse — possible entre mille — de la résurrection des corps. Renan est-il alors parvenu à l'idée d'une fusion de l'homme et du tout, le corps de l'homme « ressuscitant »[10] dans et par le corps du monde ? Contenus, maintenus dans la fabuleuse croissance du Tout, les individus sont-ils encore des individus ? Ici encore (et plus nettement qu'à propos de Jésus) la pensée de Renan ne pourrait-elle présenter quelque analogie avec celle d'Enfantin, telle qu'elle s'exprime, en 1861, dans *La Vie Eternelle, passée, présente, future* : ce n'est pas le dieu cosmique, mais l'humanité, qui est perçue par Enfantin comme un organisme, dans lequel l'être s'inscrit par sa masse charnelle ou sa force nerveuse et s'accroît selon le rythme d'un accord physiologique et vital : « J'aime à penser que je suis un élément nerveux de l'humanité, un cent millionnième peut-être de cet appareil supérieur de la vie de l'espèce. Or, à l'origine de l'humanité, son appareil nerveux, dont j'étais le cent millionnième, ne valait pas grand chose, ni moi non plus par conséquent (...). Mais ce que je me rappelle avec joie, ce sont les pas que *nous* avons faits depuis cette époque, pas auxquels le système nerveux a eu une grande part, et moi aussi par conséquent »[11]. L'idée d'un devenir, d'une masse organique, d'un lien entre l'être unique et le tout dominent les deux formes de pensée, dont l'une dilate sa conception de l'humanité-corps, l'autre son rêve du dieu unique en sa totalité infinie. Dans l'un et l'autre cas, la présence de la masse nerveuse s'installe comme substrat d'un absolu, d'une substance éternelle. Saint-Simon, déjà, avait perçu les formes diverses de société, les peuples, comme éléments d'un tout organique, requérant une hygiène et l'établissement d'une physiologie générale car « la réunion de ces organes forme un seul être, L'ESPECE HUMAINE »[12]. Bien qu'encore métaphorique, cette pensée annonçait la réhabilitation du corps, qu'Enfantin porte en 1858 (dans son essai *Science de l'homme, Physiologie religieuse*), jusqu'au lyrisme et à la sacralisation : « J'attache une importance dominante, royale, sacerdotale, au tronc, à la pile humaine, et je reconnais deux valeurs diverses mais égales à ses deux pôles, organes de la génération intellectuelle et corporelle »[13]. Selon la même répartition bipolaire, le Dieu des *Rêves* ne donne-t-il

9. H. Tuzet, p. 383.
10. *D.P.*, I, p. 626.
11. P. 7.
12. *De la physiologie appliquée à l'amélioration des institutions sociales, O.C.*, t. V, p. 179.
13. P. 59.

pas toute son expansion à cette « physiologie religieuse » de l'homme ?
Et le Dieu même d'Enfantin ne se définit-il pas, comme celui que tente
de fonder Théoctiste, par une intarissable émission de vie ? « Oui,
affirme Enfantin, je suis si convaincu que la science trouvera des paroles si élevées, si religieuses, si pleines d'adoration pour le générateur
suprême, en partant des signes de sa divine puissance dans l'homme,
qu'elle imposera le respect (...) à tous ceux qui voudront voir là des
signes de l'animalité et non les symboles vivants du père et de la mère
de tout ce qui est, de L'ANDROGYNE UNIVERSEL » [14]. La distinction père, mère, leur réunion en androgyne n'habite pas la pensée
de Renan ; Dieu ne passe pas pour lui par le modèle humain, ni par
le chiffre deux, même fondu en unité. Le Dieu de Renan dans les
Rêves (avec ses deux bouches, d'absorption, d'émission) reste irréductiblement un, et ne figure pas la projection d'un couple humain, même
magnifié. Il semble — nous l'avons souligné en étudiant le rapport
contradictoire entre les dévas asexués et le Dieu générateur [15] — que
l'image de la génération commence pour Renan dans sa sublimation
même, celle-ci figurant une sorte de censure (une fois transfiguré en
Dieu, l'appel générateur pourra légitimement définir l'homme). Ainsi
le Dieu des Rêves reste seul et total, réplique impossible à nommer
d'une Vénus genitrix dont l'évocation clôt, au lieu de l'inaugurer, une
nouvelle épopée sur les choses. L'approche physiologique d'un absolu
postulé permet-elle d'affirmer une parenté entre Renan et Enfantin ?
C'est bien une sorte de « physiologie religieuse » que développe l'aventure du Dieu des Rêves et pourtant, quel écart se dessine entre le
« moi » perçu par Enfantin, défini par sa participation charnelle à
l'humanité organisme, et l'individu renanien qui s'obstine à rester tel
en rêvant sa résurrection dans le tout : car si Dieu doit exister dans la
plénitude, ce n'est pas seulement en vertu des lois de croissance d'une
substance vivante, mais selon la vieille revendication des causes
finales : pour être juste. C'est pourquoi l'individu ainsi « ressuscité »
reste unique, sentant et conscient : (Dieu sera pleinement juste) « le
jour où quiconque aura travaillé pour l'œuvre divine sentira l'œuvre
divine accomplie et la part qu'il y a prise » [16].

Au terme de la déification physiologique, la pensée de Renan n'est
plus en prise sur la physiologie. Toute la section des Rêves est marquée
de ce décrochement : une invasion charnelle à la façon d'Enfantin, à
quelques réserves près, la plus notable étant la résurgence finale d'un
élément autre qui contredit le premier : la sauvegarde de la revendication idéaliste et de la reconnaissance du juste. En même temps qu'il
divinise l'ordre physiologique, Renan maintient, comme une conséquence du précédent, les causes finales, l'homme de justice et de vérité

---

14. Ibid., p. 74.
15. Voir plus haut, p. 308, 313 et suiv.
16. D.P., I, p. 626.

restant le centre d'un monde qu'envahit pourtant la vision pan-génératrice de Dieu. Le circuit de « physiologie religieuse » s'achève donc pour Renan sur un finalisme moral qui le sépare d'Enfantin, dont la pensée semble pourtant avoir pu influencer la conception même du Dieu organisme.

Les deux éléments que Renan présente comme découlant l'un de l'autre (la perfection de Dieu issue de sa totalité organique), sont en réalité dans un rapport de rupture. Les *Rêves* présentent donc un champ où les forces, prétendument justifiées l'une par l'autre dans la définition de Dieu, se déséquilibrent et s'affolent. Affirmée ainsi qu'en 1848 et 1863 comme le but du monde, la contribution à la grande résultante idéale voit en réalité (par rapport à l'*Avenir de la science* et à la *Vie de Jésus*) sa régression attestée par l'imaginaire : la barrière de la revendication idéaliste s'oppose — pour combien de temps encore ? — à une montée autre, celle de l'érotisation du divin (subli-mation préfigurée de l'appel érotique en l'homme) que la pensée consciente s'efforce encore de diriger dans le sens du finalisme moral.

L'idée de s'enraciner absolument dans l'ordre de la vie charnelle et idéale par l'hypothèse rêvée de la résurrection dans le tout, situe Renan à la fois dans un désir de se fondre avec le Dieu grand orga-nisme, et une volonté de rester soi par le sentiment de sa participation même : à la fois croissance consubstantielle au dieu cosmique, et recul de conscience garantissant l'individu. La *Lélia* de George Sand (non pas dans sa version de 1833, influencée de Charles Nodier, pessimiste, mais dans celle de 1839, influencée de Leroux et de l'idée-force de perfectibilité) lie aussi le développement des sciences de la vie à l'aperception finale d'un Dieu grand réservoir d'énergie vitale et admire en Geoffroy Saint-Hilaire « l'adorateur véritable de l'universelle plastique de Dieu » [17]. L'*Histoire du Rêveur,* qui trans-pose figurativement l'union de l'être unique et du tout en fusion, est analysée par Bachelard comme le « complexe d'Empédocle », désir d'union instantanée de l'amour, de la mort et du feu, engloutissement qui n'est que l'autre face de l'éternité : « Me voici ! enveloppe-moi dans des fleuves de lave ardente, presse-moi de tes bras de feu, comme un amant presse sa fiancée. J'ai mis le manteau rouge. Je me suis paré de tes couleurs. Revêts aussi ta brûlante robe de pourpre. Couvre tes flancs de ces plis éclatants. Etna, viens, Etna ! brise tes portes de basalte, vomis le bitume et le soufre... » [18].

Les « soleils agglutinés » de la vision renanienne peuvent-ils remplir la même fonction que le volcan dans l'*Histoire du Rêveur* ? Si l'appel au volcan signifie la volonté d'engloutissement (mort totale et sans trace) pour nier la mort même, la muer en amour, en union, le champ

17. P. 547.
18. Cité par Bachelard, *Psychanalyse du feu,* p. 37.

imaginaire ainsi dessiné n'est pas celui de l'agglutination (soleils dans leur nombre, leur masse, leur chaleur et leur lumière) du rêve renanien : l'idée de « se jeter dans » est étrangère à Renan : il s'agit de *croître avec* en restant pourtant soi, en laissant une *trace.* Cette trace que, selon Bachelard, veut abolir l'imagination du volcan à la façon de George Sand, c'est la perpétuelle revendication de Renan — de sa pensée comme de sa faculté imaginante : dans l'ordre conceptuel et moral, c'est la conscience d'une participation à Dieu ; dans l'ordre de l'image, c'est la pointe du compas inscrivant dans la masse même du monde le décalque de la vie humaine. Si bien que la volonté de demeurer dans sa spécificité s'unit à toutes les tentatives de fusion ; toute consubstantialité germinative avec le dieu futur est parcourue chez Renan d'une *trace* qui est sa postulation première : adhérence de soi à soi, et souvenir de soi en Dieu. Ce n'est peut-être pas un hasard si, d'Empédocle, au temps de l'*Avenir de la science,* Renan ne retint que les sandales ! [19]. En 1875, à vrai dire, un voyage en Sicile ressuscite la légende ; non point dans un sens de fusion ardente ! bien plutôt, sur le mode complexe de l'humour, qui unit la dérision critique aux prestiges du mythe fascinateur, Renan s'affuble en Empédocle, dans l'aimable abandon des lettres à M. Berthelot : « Je ne crois pas que depuis Empédocle (...) un savant ait fait de telles entrées dans les villes de Sicile » [20]. Ce ne sont point alors volcan ni sandales qui retiennent sa pensée, c'est l'image d'une science mythique que suscite le nom d'Empédocle, « ce Newton doublé de Cagliostro » [21]. Au temps des *Dialogues,* la science n'est-elle pas pour Renan aussi devenue mythe, et mythe de puissance ? Empédocle même ne parvient pas à évoquer l'image de mort totale (fût-ce pour nier la mort) tant est profonde en Renan l'intime nécessité de sa permanence individuelle — œuvre, souvenir, sillon ou cliché — de sa « trace ». Le savant magicien n'est-il pas à partir des *Dialogues* une des tentations les plus profondes de Renan ? Ne préfigure-t-il pas Prospero ? C'est en laissant déferler l'imaginaire dans sa conception même de la science, que Renan nous semble avoir mis en jeu tout ce qui restait pour lui « religion » (foi critique, en 1848, foi idéaliste dans l'œuvre et dans le sens du lien en 1863). Tout cela cède à la poussée des *Rêves* : la foi critique — croyance en la possibilité de croire — se laisse informer ou déformer (à travers la transitoire garantie des sciences de la vie) en épopée charnelle de Dieu ; la foi en l'œuvre devient vision de résurrection, revendication de la « trace », le lien des êtres en un commun idéal s'achève en agglutination du tout vivant parcouru d'un même mouvement de pensée, de nerf, de désir. C'est à travers les images charnelles que l'imagination religieuse investira l'univers intérieur de Renan, c'est pourquoi le véritable point

19. *A.S.,* III, p. 957.
20. Corresp. Renan-Berthelot, p. 450.
21. *Ibid.*

de bascule d'une pensée en quête du Dieu-Science et du Dieu Idéal, est celui où l'imagination du corps, de l'appel érotique, envahit la catégorie de Dieu, par une nouvelle vision de la science (science de la *vie,* elle-même *valeur* plutôt qu'élément de connaissance) et de l'idéal (la présence en Dieu du pôle qui jouit» préfigurant l'exaltation de cette même impulsion en l'homme). Zone d'incertitude et de réorganisation intime, qui semble coïncider avec l'élaboration des *Dialogues,* à partir de 1870. Idéalisme, ascétisme, tout ce qui, en 1848, postulait pour un dieu caché (à travers le beau « pur » et spontané) finira par dégager pleinement son sens de tension érotique et s'affirmer dans l'ordre de l'amour. C'est la transformation mythique de la science, l'inflation progressive de la *valeur* de vie, qui consacre en Renan la dilatation, puis la dislocation du symbole idéaliste conçu d'abord comme une religion, et cette seconde faillite libérera spontanément la montée de l'*éros* : toute une liturgie de l'exaltation vitale, toutes les séductions de l'imagination religieuse, profondément métaphorique de l'amour.

Dans sa suggestive étude, *Le cosmos et l'imagination,* Hélène Tuzet s'étonne de rencontrer le Dieu organisme, envahissant de son aberrante présence les spéculations d'un « philosophe froid et désabusé » [22]. Mais pourquoi, à partir de ce fabuleux développement imaginaire, ne pas mettre en cause (sinon philosophie) du moins froideur et désenchantement ? Cette forme du devenir divin nous éloigne à tout jamais d'une religion de « l'esprit pur » (qui fut aussi une des tentations de Renan), et grâce à elle, « l'imagination religieuse » proliférera bientôt sur les ruines de tout substitut philosophique de la religion.

Prospero pourrait figurer le dernier aboutissement de la « religion » par la science ; non seulement par la foi en un absolu saisissable, un au-delà des phénomènes virtuellement accessible à l'esprit, mais par toute une coloration d'idéalisme projetée sur le savant, dont le destin n'est que de s'accomplir avec sa « mission providentielle » [23] — comme les bœufs qui ramenèrent l'arche de chez les Philistins ne purent qu'être offerts en holocauste à Jehovah, dieu juste [23]. Mais si l'idée de mission trouve sa correspondance allégorique dans l'Ancien Testament, l'esprit scientifique incarné en Prospero se définit comme résurrection de la science grecque [24], et le savant de rêver le christianisme détruit à son sommet, par des papes éclairés, pénétrés de la pensée naturaliste des Anciens : « on a vu l'Islam présidé par des califes incrédules et amateurs passionnés de la raison grecque. J'imagine de même une série de papes, formés sur votre modèle, très Saint Père, qui prendraient la tête de la renaissance intellectuelle de l'humanité.

22. P. 383.
23. *Dr. P.,* III, p. 491.
24. *Dr. P.,* III, p. 507.

— Ainsi, tu rêves le christianisme détruit par la papauté ?

— Oui. Le pape, devenu tout puissant, peut, couvert par le respect qu'il inspire, supprimer presque l'ensemble de superstitions et d'erreurs auquel il préside » [25].

Curieuse réforme religieuse — juste le contraire de la Réforme — qui figure en fait l'apothéose scientifique. Prospero représente ici le contraire même de Luther (qui fut pourtant, nous l'avons vu dans les *Cahiers de Jeunesse* [26] une image cristallisant la postulation novatrice que Renan sentait alors en lui). Il raisonne un peu comme le fera Nietzsche, qui découvre en la Réforme un freinage imposé à la marche de l'esprit scientifique (en même temps qu'aux valeurs de « vie ») : et Nietzsche s'abandonne dans l'*Antéchrist* au rêve des Papes de la Renaissance — corrompus mais vraiment novateurs, inspirés de l'esprit moderne, qui eussent coupé à la base la menace chrétienne sur le progrès : « Les Allemands ont empêché en Europe la dernière grande moisson de culture qu'il était possible de récolter — la *Renaissance.* Comprend-on enfin, veut-on enfin comprendre, ce qu'était la Renaissance ? *La transmutation des valeurs chrétiennes,* la tentative de donner la victoire, avec tous les instincts, avec tout le génie, aux valeurs contraires, aux valeurs *nobles* (...). Qu'arriva-t-il ? un moine allemand, Luther, vint à Rome (...) Luther vit la corruption de la Papauté, tandis qu'il aurait dû s'apercevoir du contraire : la vieille corruption, *le peccatum originale,* le christianisme, n'était plus sur le siège du Pape » [26].

Nietzsche, sur le mode rageur, bien plus que nostalgique, de l'irréel du passé, revendique les valeurs du « génie » et de la vie « noble ». Prospero, aménageant lointainement l'avenir, suppute les chances de la vie « vraie », mais tous deux voient dans le Christianisme le risque mortel pour la science, la menace, sur l'avenir, d'un faux absolu. Pour Prospero donc encore (en 1881), l'avenir appartiendrait à la science ?

Sans doute, mais la science se voit condamnée à la perpétuelle fuite en avant que suppose l'idée même du progrès, avec sa nécessaire contrepartie de renoncement présent. L'élixir de vie ne sera qu'eau de mort et, loin de livrer le secret du passage du brut au vivant, aménage pour Prospero l'harmonie décorative d'une belle fin, dont toute laideur d'expressionnisme réaliste comme toute convention stoïcienne d'*ultima verba,* ou encore tout plagiat socratique se trouvent heureusement exclus. Suicide de bon ton, qui par là même suscite le malaise. Bachelard écrit dans *L'eau et les rêves :*

« Le problème du *suicide* en littérature est un problème décisif pour juger les valeurs dramatiques. Malgré tous les artifices littéraires, le

---

25. *Dr. P.,* III, p. 509.
26. *L'Antéchrist,* p. 272-273.

crime s'expose mal intimement. Il est fonction trop évidente des circonstances extérieures (...). Le suicide, en littérature, se prépare au
contraire comme un long destin intime. C'est littérairement, la mort
la plus préparée, la plus apprêtée, la plus totale » [27]. Froid peut-être,
et apprêté dans sa figuration théâtrale, gestuelle, le suicide de Prospero
retrouve tout son sens, toute sa vertu intensément dramatique dans un
« long destin intime » de Renan, perpétuellement sous-jacent à son
œuvre : n'est-ce pas la science même qui (découvrant pour finir ses
limites, et les sublimant en esthétique pour les sauver, pour les fixer
quand même en valeur) renonce à elle-même dans l'équivoque consécration de la mort « belle » ; n'est-ce pas la science qui, en Prospero,
en Renan, s'achève par le suicide ?

La science, pour Prospero, se définissait essentiellement comme
la recherche du secret de la vie : « Cette fois, c'est la flamme même
de la vie que je crois manier. Ce que j'ai vu éclater, c'est le feu élémentaire, le feu qui, déposé en la matière, fait la naissance, qui,
retiré d'elle, fait la mort » [28]. Démarche magique qui, en Prospero,
engage sans doute le savant, mais soulève et réveille tout l'irrationnel :
car cette eau est celle qui donne les rêves, celle qui acclimate et embellit la mort, la grande pourvoyeuse d'enchantements quasi oniriques.
Mère des souvenirs, serait-elle sans rapport avec la grande nappe imaginaire qui immergera bientôt la ville d'Ys, et toute la fin de Renan ?

Aussi l'interprétation donnée par Bachelard de l'*Eau de Jouvence*
nous semble-t-elle trop ponctuelle, sans véritable rapport avec une
lecture globale de Renan : « Cette rêverie de *l'Eau de Jouvence* est
une rêverie si *naturelle* qu'on ne comprend guère les écrivains qui
cherchent à la *rationaliser*. Qu'on se souvienne, par exemple, du
pauvre drame d'Ernest Renan : *L'Eau de Jouvence*. On y verra l'inap-
titude du lucide écrivain à vivre les intuitions alchimiques. Il se borne
à couvrir de fables l'idée moderne de la distillation (...). Renan n'a pas
vu que l'alchimie relève d'abord de la psychologie magique. Elle
touche au poème, elle touche au rêve plus qu'aux expériences objectives » [29]. Bachelard est parti de l'image de l'*eau*, qu'il a tenté de déterminer, épisodiquement, dans le drame de Renan : c'est ainsi qu'il insiste
sur le contenu élémentairement positif de la déclaration de Prospero :
« Nos fins et dangereux produits doivent être pris du bout des lèvres » [30] qu'il interprète comme un effort d'Arnauld pour « relever
son eau de vie de l'accusation d'alcoolisme » ! [31]. Ce type de glose
atteste une lecture faite de découpages successifs, chacun porteur de
son contenu, de son sens délimité : ici pour la distillation, là pour

---

27. P. 110-111.
28. *Dr. P.*, III, p. 451.
29. *L'eau et les rêves*, p. 201.
30. *Dr. P.*, III, p. 500.
31. *L'eau et les rêves*, p. 201.

la tempérance ! Or c'est une unité profonde et souterraine qui unit ici l'eau et la vie, l'eau et le souvenir, l'eau et la mort, l'eau et l'ivresse du rêve, mais aussi la science et la mort, la science et le pouvoir magique. Morte peut-être par la mort suicide de Prospero, la science se survit en magie de la beauté, du souvenir ressuscité et même un instant réincarné (les visions enfouies de la jeunesse prenant forme pour Prospero à travers les deux jeunes religieuses, qui restituent le mirage de l'aimée d'autrefois « très belle et très vertueuse » [32]). L'eau de Jouvence, il est vrai, perd de sa force à se nommer elle-même, et la magie, si l'on peut dire, à se théoriser : ainsi les paroles de la jeune Célestine « L'Eau de Jouvence n'est-elle pas sur nos lèvres... » [33] font s'évaporer l'enchantement dans un discours de type rationaliste, une traduction. Mais celui-ci se condense dans les jeux de miroirs du rêve qui superpose, sans les confondre, les visages féminins : Brunissende et les deux jeunes religieuses, celles-ci et l'aimée perdue. Jeu de reflets complexe et fantasmagorique, car si Célestine et Euphémie retrouvent la trace de la féminité simple, Brunissende est une intrusion éclatante, une image nouvelle de féminité « supérieure ». Mais Brunissende, elle-même révélation, s'ouvre à une révélation suprême en découvrant, à travers la fin de Prospero, toute une reconversion esthétique et métaphysique de la « chasteté » [34].

Dans ce drame, la science s'est d'abord centrée sur le secret vital, et celui-ci rencontre spontanément les images de l'alchimie, qui délivrent non plus la force, mais les rêves. Une sorte d'échange s'établit alors (Prospero retrouvant les images de l'amour, Brunissende découvrant un au-delà de l'amour dans la chasteté) mais ce n'est pas un échange entre les personnages du point de vue de quelque intrigue ou revirement psychologique. C'est plutôt l'aperception double d'un même réel transfiguré par le rêve : la fin de Prospero est sentie à la fois comme amour et chasteté, les deux éléments recomposant l'unité de leur essence : prolongement amoureux à images religieuses pour Prospero lui-même ; pour Brunissende, signification ascétique recomposant une sorte de beauté, horizon infini de l'amour (« La nature à la recherche de laquelle il a sacrifié l'amour, se change en nymphe pour le recevoir... » [35]).

Il ne s'agit donc pas ici « d'expériences objectives » et le réseau rationaliste ne suffit pas à emprisonner les rêves. Bien plus, ce drame semble témoigner d'une double tentative imaginaire pour échapper, avec Prospero, au discours sur la science, avec Ariel, au discours sur l'idéalisme ; non seulement parce que pour l'un la science se figure en magie, et que l'autre, renonçant à la vie fugitive de l'esprit pur, re-

---

32. *Dr. P.*, III, p. 515.
33. *Ibid.*
34. *Dr. P.*, III, p. 520.
35. *Ibid.*

tourne à l'existence corporelle, mais parce que magie pour l'un, retour
à la vie pour l'autre se doublent d'imagination amoureuse. A la fin
de *Caliban*, Ariel, lors de la grande réconciliation politique autour de
l'ancienne « brute » dûment intronisée, s'évanouit dans l'espace, en pro-
nonçant les mots de la fidélité, du loyalisme : *Potius mori quam foedari*. Charme suranné de quelque légitimisme ? Nous remarquerons,
pour notre part, qu'une devise qui refuse la « souillure » est rarement
politique, et que le refus d'Ariel, accompagné du vœu de « s'unir
chastement au froid absolu de l'espace » [36], éveille d'autres échos. Dans
un ouvrage d'H. Ewerbeck, *Qu'est-ce que la religion* (en fait une traduction annotée d'extraits de Feuerbach) on peut lire [37] quelques stro-
phes d'anciennes poésies monacales, ainsi le célèbre *Antidotum Sancti
Augustini*, et son obsédant refrain : *Malo mori quam foedari* [38], à peu
de choses près, la devise même d'Ariel, qui pourrait bien prendre
place, au moins analogiquement, dans toute cette coulée ascétique qui
trouve sa parfaite, son immédiate expression passionnelle. Ces mots
d'Ariel remarquons-le, sont prononcés, écrit Renan, non seulement
avec mais « par une voix de femme » [39], ce qui contribue à restituer
tout son sens érotique à la « souillure », et à l'idéalisme, tout le
support imaginaire de la virginité. Dans *l'Eau de Jouvence*, c'est dans
le rêve de la pureté amoureuse, que Prospero se souvient d'Ariel : le
souvenir de « la maîtresse très belle et très vertueuse » fondu avec la
présence de Célestine, éveille par circulation de sens et d'image celui
d'Ariel, et sa devise, prononcée cette fois par Prospero, le ressuscite
en son corps [40]. C'est alors une sorte de réhabilitation de la vie charnelle, et Ariel reprend vie, à la vue de Célestine, par l'émoi amoureux [41]
définitivement purifié. La syncope de l'idéalisme (politique dans *Caliban)*, peut se lire aussi, du moins à travers les images, comme analogue
d'un refus du corps, et *L'Eau de Jouvence* régénère ou évacue toute
idée de « souillure », dans l'équivoque vénusté sororale des deux jeunes
religieuses, pour Ariel et pour Prospero.

Ainsi le rêve de science et d'idéalisme se double de tout un envers,
bien que la double approche amoureuse (par Prospero, par Ariel)
puisse traduire à la fois une surcharge et une maladresse ; l'imagination
amoureuse, religieuse, se fraie passage à travers le vaste carrefour
du discours idéaliste, elle trouvera sa densité, sa concentration dans
le *Prêtre de Némi* et surtout l'*Abbesse de Jouarre*.

Si la fin de Prospero nous fait assister à une mort possible de la
science (le suicide de l'idéalisme total), n'est-ce pas au contraire la

---

36. *Dr. P.*, III, p. 435.
37. Parmi les notes du traducteur.
38. P. 295, n. 1.
39. *Dr. P.*, III, p. 434.
40. *Dr. P.*, III, p. 516.
41. *Dr. P.*, III, p. 517.

survie d'Ariel ? Sous une forme de maniérisme intellectuel, ce lilliputien de l'idéal pourrait bien aussi traduire le recul de la grande promesse renanienne et (dans la ruine des espoirs « dogmatiques ») l'apparition de l'amour, unique raison de vivre ; est-ce la démission de l'idéalisme qui permet la libération du rêve amoureux ? « Maître, quand l'idéal est mort, il n'y a plus que l'harmonie préétablie des choses qui puisse le ressuscsiter »[42], déclare Ariel, assagi sans doute, avant de délivrer, se tournant vers Célestine, l'effusive rhétorique de la « passion » :

« Asiles cachés des forêts (...) cachez-moi avec elle. Plus la retraite sera sombre, plus ses parois rapprochées, plus son ciel écrasé, plus je croirai qu'elle est à moi et que l'univers entier est en elle »[43]. La surenchère répétitive n'est pas ici discours oiseux, elle vise à rétrécir le monde, mais à le maintenir, au moins dans l'illusion : réduction proportionnelle du monde qui s'ajuste à la femme et n'est pourtant pas, il s'en faut, l'appel de Vigny dans la *Maison du Berger* :

« Viens donc ! le ciel pour moi n'est plus qu'une auréole
Qui t'entoure d'azur... ».

Le langage d'Ariel vise à reconstruire le monde en petit, par l'amour, qui restitue, dans le rétrécissement total, une illusion d'expansion (« plus je croirai qu'elle est à moi et que l'univers entier est en elle »). Ariel s'en remettait à « l'harmonie *préétablie* des choses » pour *rétablir* l'idéal (malgré la contradiction qui éclate en ces termes), mais c'est bien la fonction de l'amour, rétablir l'harmonie préétablie, au moins entre l'homme et le monde, entre le désir d'expansion, de maîtrise, et les possibilités de la possession (par l'amour). C'est comme si un équilibre se réinstallait alors entre l'homme et le monde, et c'est bien la marque de l'aventure idéaliste de s'achever sur un *comme si*. Mettre le monde aux mesures de son rêve, du rêve atteint, faire le rêve rêvé, restituer ainsi une totalité, telle nous paraît la démarche finale d'Ariel et de Renan. Le rêve d'expansion se convertit par l'amour en rêve de la clôture, et dans la plénitude ainsi retrouvée, l'idéaliste peut supporter le vide de l'univers. De là l'accent de défi bizarrement, littérairement prométhéen, de l'appel d'Ariel au monde vide : « Vide infini de l'espace, rires innombrables des mers, un jour, peut-être, je me reprendrai à vous aimer »[44]. D'esprit, Ariel devient corps, et la transparence devient consistance, et le « bleu céleste », « rosé » — juste ce qu'il faut pour ébaucher une idylle (en elle-même insipide) — et toute cette mise en œuvre, précieuse jusqu'à la mièvrerie, nous livre pourtant la fable d'une intime et profonde métamorphose.

---

42. *Dr. P.,* III, p. 516.
43. *Dr. P.,* III, p. 517.
44. *Ibid.*

Dans *L'Eau de Jouvence,* la coloration religieuse de l'amour ne se donne que fugitivement, et (dirons-nous de façon qui peut sembler paradoxale) reste en partie neutralisée par un léger effet d'insistance ou de provocation : ainsi par exemple, tout le personnage du Cardinal Philippe, et sa traduction personnelle de l'Eau de Jouvence : « Nous avons des jeunes filles charmantes, qu'une abbesse forme exprès pour nos plaisirs. Attends, pour renoncer à la vie... » [45]. Cet aspect vaguement Régence nous semble à sa manière une sorte de censure : il s'interpose encore, comme un obstacle ou un écran, une ironie ou une caricature, comme une interprétation, sommaire sans doute, mais maintenue possible, du lien entre l'amour et les images religieuses. L'*Abbesse de Jouarre* ignorera ces faux cynismes qui ne sont encore que précautions, et affirmera, sans médiation de ce type, la vocation nécessairement religieuse du rêve amoureux chez Renan.

Bachelard écrit dans *La formation de l'esprit scientifique* : « Le thème du rajeunissement est un des thèmes dominants de l'alchimie (...). Le centre de perspective pour comprendre l'Alchimie, c'est la psychologie de la cinquantaine (...). Dès qu'on est bien convaincu que l'alchimiste est toujours un homme de cinquante ans, les interprétations subjectives et psychanalytiques que nous proposons deviennent claires » [46]. Claires sans doute, mais peut-être aussi tristement réductionnistes. Le rajeunissement comme tel n'est évoqué, dans le drame de Renan, que par le Pape, véritable antithèse de Prospero, faux pouvoir, fausse religion, faux amour ; comme si le thème s'était scindé chez Renan, pour retrouver, par-delà les interprétations simplificatrices, une unité, confuse encore, entre le pouvoir, l'amour, les images religieuses. Dans la Préface de l'*Eau de Jouvence,* Renan exprime sa volonté de « montrer l'éternel magicien poursuivant, faible et désarmé, son problème du pouvoir par la science » [47]. Dessein qui, quoique conscient et voulu, ne retrouve qu'en les mythisant les postulations de l'*Avenir de la Science ;* l'explication de Prospero par le problème du pouvoir scientifique ne rend pas compte non plus de toute la richesse intime de cette figure, véritable concrétion de l'imaginaire renanien ; que le savant soit devenu le magicien, c'est peut-être, après tout, une interversion signifiante des temps pour exprimer l'avenir à travers le passé : en fait le magicien n'a-t-il pu devenir le savant, et n'est-ce pas à travers l'alchimie que se créa la chimie ? Interprétation insuffisante encore par excès de rationalisme ; car si, dans le cours de l'histoire, la magie put enfanter la science, si la sorcière de Michelet préfigure le médecin, pour Renan le problème est plus intime et plus complexe. De plus en plus, de l'*Avenir de la science* aux *Dialogues,* des *Dialogues* à l'*Eau de Jouvence,* la science se colore mythiquement, à travers l'idée de la vie à saisir, tentative démiurgique. En même

45. *Dr. P.,* III, p. 513.
46. P. 196.
47. *Dr. P.,* III, p. 441.

temps, la vie, la mort, l'amour, la « jouvence » peuvent conduire
(non sans doute à une lecture aussi nette que celle de Bachelard) mais
à l'aperception de toute une invasion érotique, jusqu'à travers l'affirmation d'une voluptueuse chasteté. C'est par l'image, devenue mythique, de la science, c'est par le savant magicien que se coule, dans
l'ancienne religion par la science, le rêve érotico-religieux, l'amoureuse
magie de l'imagination religieuse. Imagination dont nous nous bornons
pour l'instant à préfigurer l'analyse, et dont nous tentons d'abord de
montrer le rapport (de continuité et d'opposition) avec la mentalité
« religieuse » par la science, en insistant sur le rôle central de la notion
de vie, qui détermina le passage essentiel de la science au mythe magique. Mais cette passion des origines vivantes, le jeune auteur des
Cahiers la découvrait déjà, et avant lui, le séminariste[48]. Toute la
systématisation scientifique (historique, philologique) qui se fit avec
l'Avenir de la science put céder vers 1870 à la résurgence de l'ancienne
postulation et, plus que sujet d'observation objective, la *vie* finit par
s'y affirmer catégorie presque religieuse, magique en tout cas. Avant
même d'étudier plus précisément l'invasion réciproque, dans l'imaginaire, de l'amour et de l'imagination religieuse, nous tenterons d'en
évoquer l'unité, la totale fusion qui reste si spécifiquement renanienne.
Sans doute d'autres formes de pensée furent-elles habitées de cette
correspondance possible entre l'amour et la religion. George Sand,
dans *Lélia,* évoque les deux êtres complémentaires que pourraient
constituer la courtisane et la religieuse ; ainsi dans le dialogue de
Lélia et de Pulchérie :

> « Il faudrait que vous fussiez enchaînée à un état social
> qui vous préservât de vous-même et vous sauvât de vos propres
> réflexions (...). Faites-vous religieuse.
> — Il faut avoir l'âme virginale ; je n'ai de chaste que le
> corps.
> — Eh bien ! dit Pulchérie, puisque vous ne pouvez pas vous
> faire religieuse, faites-vous courtisane.
> — Avec quoi ? dit Lélia d'un air égaré, je n'ai pas de sens »[49].

Pourtant, nous le voyons, la religieuse, la courtisane, restent ici en
grande partie définies comme formes d'un état « social » qui « préserve » l'être, au moins en le divertissant de lui-même ; des conditions,
au moins autant que des états, dont l'équivalence ou la complémentarité
s'affirme, bien plus que la fusion. George Sand sépare ces deux éléments, de façon analytique. Ils correspondent, assument le même rôle
(« préserver l'être de lui-même ») mais demeurent sans interaction
intime, ils restent comme chimiquement purs. Ils ne sont pas un, mais
deux, interchangeables. Aussi Lélia, ne figure-t-elle pas quelque religieuse à virtualité érotique (ou l'inverse), mais au contraire, celle qui

---

48. Voir plus haut, p. 287.
49. *Lélia,* p. 207.

ne peut être *ni* religieuse, *ni* courtisane. Bien que George Sand, à travers Lélia, ait pu exprimer une certaine religiosité (« je trouvais dans les emblèmes de ce culte une sublime poésie et une source naturelle d'attendrissement » [50]) l'imagination de l'amour ne passe pas chez elle par celle de la religion. Peut-être pourtant Pulchérie n'est-elle pas sans offrir quelques virtualités vaguement spiritualistes ? Le « domino bleu ciel » [50 bis] sous lequel elle se cache, pour échapper à la foule un soir de bal, pour échapper à elle-même, rappelle, dans un symbolisme un peu facile, le « bleu céleste » d'Ariel ; il s'oppose à son être habituel comme à son surnom de Zinzolina, évocateur de couleur rougeâtre [51], qui préfigure curieusement l'appel de Prospero à Ariel ressuscité : « Ah ! tu te réservais pour ma dernière heure, petit zinzolin ! » [52]. Mais ce jeu sur le bleu et le rouge, sur la Zinzolina rêvant de bleu (-ciel sinon céleste), sur Ariel devenu « rosé », sont bien ténus pour introduire à la communication essentielle, dans l'univers intérieur de Renan, entre amour et imagination religieuse.

Image de la science finalement affirmée en souveraineté esthétique, Prospero accède au repos tandis qu'Ariel s'engage avec émerveillement dans la vie corporelle. Nous convainc-t-il tout à fait lorsqu'il affirme : « Je deviens chair » [53] » ? Qu'il serait facile et vain d'accuser d'insignifiance « le personnage » que Renan ne voulut jamais qu'ombre et aérienne fantaisie. Car cette ombre a son sens et sa consistance, en dehors même de toute théâtralité. N'est-il pas révélateur ce constant effort de Renan pour *saisir* un absolu, l'investir par le *toucher,* ou encore le maîtriser idéalement en le disant hors de prise ? Les *Fragments intimes et romanesques* vont à la fois dans le sens idéaliste : « on ne touche pas ce qu'on adore » [54], et dans celui d'une saisie totale du beau, de l'amour et de Dieu ; la dilatation, « inexprimable », dit Ernest, s'exprime pourtant dans une sorte d'ivresse du contact, de la coïncidence : « O Dieu ! je te touche ! » [55]. Contact qu'éludait Jésus, devant le ravissement (tout à la fois idéal et sensible) de Madeleine : *Noli me tangere.* Léger, mais prenant son sens de sa coalescence, Ariel n'est pour finir que découverte de son corps, qu'il « touche » [56]. Ainsi s'achève peut-être l'ivresse idéaliste, dans la découverte de la vie charnelle, que l'*Abbesse de Jouarre,* puis le conte d'*Emma Kosilis* innerveront du réseau de l'imaginaire religieux. « Devenir chair » et « toucher Dieu » devaient enfin figurer, pour Renan, une seule et même aventure.

50. P. 188.
50 *bis*. P. 145.
51. Comme l'atteste le Littré, *Dict. de la langue française,* 1876.
52. *Dr. P.,* III, p. 516.
53. *Dr. P.,* III, p. 517.
54. *F.I.R.,* IX, p. 1509.
55. *F.I.R.,* IX, p. 1507.
56. *Dr. P.,* III, p. 517.

CHAPITRE V

DIEU, DES *DIALOGUES PHILOSOPHIQUES*
A LA PRIERE SUR L'ACROPOLE
LE GOUFFRE : MORT DES DIEUX, MORT DE DIEU ?

De la « grande mer » évoquée dans une note de l'*Avenir de la science* [1], à « l'abîme » [2] que la Prière sur l'Acropole consacre en « Dieu unique », Renan a-t-il connu la tentation du néant ? L'auteur de l'*Avenir de la science,* poursuivi de la grande idée du devenir de Dieu, contestait la vue hégélienne du dieu se faisant par l'humanité seule : « Hegel est insoutenable dans le rôle exclusif qu'il attribue à l'humanité, laquelle n'est pas sans doute la seule forme consciente du divin, bien que ce soit la plus avancée que nous connaissions. Pour trouver le parfait et l'éternel, il faut dépasser l'humanité et plonger dans la grande mer ». Ce fond, abyssal déjà, du divin, n'est pourtant pas ici gouffre d'engloutissement et de liquéfaction, mais au contraire synthèse vivante des virtualités, lieu de fermentation des possibles, substrat du parfait. Remarquons qu'à travers cette image archétypique de l'élémentaire, de la vie en suspension, Renan prétend définir, en « Dieu », l'expression de la pensée consciente, non pas la poussée de l'organisme en train de se faire. Dieu n'est pas encore ici le *nisus* vital, ou plutôt ce *nisus* n'est considéré que dans son achèvement en pensée. Par rapport aux *Cahiers de jeunesse*, à la fascination des origines de la vie [3] (« ce qui m'a toujours le plus préoccupé », affirmait le jeune Renan), l'*Avenir de la science* révèle une volonté d'élaboration intellectuelle, sorte de cérébralité intensive que l'image déborde bien plus qu'elle ne l'exprime. La préoccupation de la poussée première, du dynamisme vital, inondera, dans la troisième partie des *Dialogues,* la catégorie de Dieu, le devenir divino-cosmique s'identifiant alors à l'épopée du germe. Il reste que, dépouillée sans doute en partie de son sens de

---

1. *A.S.,* III, p. 1125, n. 14.
2. *S.E.J.,* II, p. 759.
3. Voir *C.J.,* IX, p. 157.

plasticité organique intime, retouchée, infléchie en interprétation intel-
lectualiste, l'image de la grande mer évoque une plénitude, un gouffre,
à partir duquel tout se fait, non pas néant, mais soubassement de
l'être. Le gouffre est ici à la fois point d'arrivée (puisqu'on y plonge) et
point de départ puisqu'il libère la virtualité dynamique de Dieu.

Dans la Prière, au contraire, il semble achever un processus de liquidation, dont il constitue le dernier terme : mise à nu de la seule substance véritable ; oubli — gouffre — abîme, découverte du néant, qui
seul demeure. Le centre même de la Prière se trouve par trois fois
déplacé ; culte rationaliste des Grecs, retour au pôle opposé par l'attrait
de la « perversion » chrétienne, abolition de l'un et de l'autre pôle dans
le sentiment de la mort des dieux. La mort des dieux, est-ce la mort
de Dieu ? La constitution de l'abîme en Dieu n'est pas simple concrétion métaphorique du rien en tout. On ne décèle plus ici comme en
l'*Avenir de la science,* la possibilité germinative de Dieu, mais un
absolu même se découvre dans son apparent contraire. Renan accède
à un état de pensée où le rien n'est pas simple absence d'être, ni la
mort privation de vie ; sorte de nihilisme mystique qui pourrait rappeler
la démarche métaphysique de Jacob Boehme, telle que l'analyse A.
Koyré :

> ... « Qu'est-ce que Dieu en lui-même ? Boehme n'avait osé
> poser la question. La tête lui tournait, son âme en était troublée.
> Il avait bien posé la question de l'*Urkund,* cette source dernière
> dont procèdent les êtres qui, eux-mêmes, la manifestent dans leur
> existence, il s'était demandé quel était l'*Urkund* de Dieu, la
> source-racine de son être, son propre germe, sa propre essence
> dynamique, et quelle était la première pulsation de la vie divine
> en son évolution interne ; il avait bien l'impression qu'il y avait
> quelque chose « avant » (...) mais comment plonger le regard
> dans des ténèbres qui, au surplus, ne sont pas des ténèbres,
> n'étant encore absolument rien ? C'est dans ce *rien* que Boehme
> va chercher à pénétrer, ce « rien divin » qui — il le comprend
> maintenant — n'est rien que par rapport à quelque chose, par
> rapport à ces manifestations » [4].

Les manifestations sont destinées à la mort mais restent nécessaires
à la vie même et à l'appréhension du rien divin. C'est en ce sens aussi
que Renan peut dire : « Les rêves de tous les sages contiennent une
part de vérité » [5]. Ce n'est pas là, nous semble-t-il, pur relativisme
pratique, mais l'affirmation d'un en-dessous, d'un « Dieu unique », du
« rien divin ». Dieu n'est pas mort, puisqu'il se manifeste dans la
mort successive des dieux ; le néant même est dynamisme de mort,

---

4. *La philosophie de Jacob Boehme,* p. 242, 243.
5. *S.E.J.,* II, p. 759.

il est la mort qui ne meurt pas, donc la vie. L'intuition qui traverse la fin de la *Prière sur l'Acropole* n'est-elle pas celle de la fusion du rien et du tout, à la fois principe premier et fin dernière des êtres ? Renan nous semble ici prendre place, au moins pour un instant, dans la lignée de Jacob Boehme, et surtout rencontrer l'athéisme mystique d'un penseur juif de notre temps, Richard L. Rubenstein : « *my* (...) *nihilism which saw nothingness as the origin and destiny of all things. I saw God as the Holy Nothingness* » [5]. « I *was particularly struck by the remark a mystic (...) is reputed to have made (...)* « *All I can see is the Holy Nothingness which gives life to the world* » [7].

Cette coloration mystico-nihiliste n'est pourtant pas celle de la *Prière* qui, examinée dans son ensemble, ne paraît pas hymne au néant, ni au sacré, ni à l'un à travers l'autre. Sur quoi fonder notre argumentation ? La « parfaite beauté » de l'Acropole est sentie comme « leçon éternelle de conscience et de sincérité » [8]. Même quand il évoque d'autres dieux, Renan ne confond pas avec eux cette divinisation de la pensée que figure pour lui Athéna. Point d'analogie, ni de syncrétisme. Toute la montée de la prière isole le culte parfait ; d'Athéna au dieu étranger, « venu des Syriens de Palestine » [9], nulle parenté à coup sûr, mais surtout, nulle équivalence. On s'étonne que l'un et l'autre puissent finir par s'écrouler de même, dans la mort des dieux, égalitaire comme celle des hommes. « Toi qui habites dans ton père entièrement unie à son essence » [10], voilà qui définit non pas un rêve religieux humain, promis à la mort, mais une sorte d'émanation intemporelle, incorruptible, du vrai. Ainsi la raison inonde, pour Renan, tout le mythe grec et par là le désacralise. Ce que condense sa « prière », c'est une expression abstraite, impersonnelle de la raison : celle-ci n'est autre que l'élément commun à tout être conscient, sorte de référence conceptuelle absolue, par rapport à laquelle il se situe, lui, individu en quête de vrai et venu d'ailleurs : « Je suis né... ». Le vrai centre, c'est lui-même, ou plutôt, c'est lui à la recherche d'un centre, et définissant sa courbe idéale par rapport à la sagesse éternelle. Cet envahissement rationnel du culte d'Athéna ignore le mythe, le sacré, et les change en conception abstraite, elle-même servant de règle et de mesure à la pensée de Renan, dont elle permet d'apprécier les oscillations. C'est pourquoi, selon nous, la prosopopée de la déesse, prononcée par Anatole France lors de l'inauguration du monument de Tréguier, reste si artificiellement rhétorique : « ô mon Celte... » [11]. Pour Renan, cela gardait un sens de s'adresser à la déesse, d'interroger

---

6. *After Auschwitz,* p. 219.
7. *Ibid.,* p. 220.
8. *S.E.J.,* II, p. 755.
9. *S.E.J.,* II, p. 755.
10. *S.E.J.,* II, p. 757.
11. Discours prononcé à l'inauguration de la statue d'E. Renan à Tréguier, le 13 septembre 1913.

la partie rationnelle de lui-même, de l'inquiéter par le retour d'autres postulations. L'appel de Renan retournait à lui-même : essai de ses propres variations, mouvement d'une pensée pendule qui se regarde osciller. Il ne s'agit pas pour lui de dialogue fictif : Athéna peut donc faire l'économie de ses remerciements-pastiche. Il est bien caractéristique que Renan n'ait vu de la Grèce que le côté de raison sereine, d'harmonie, d'équilibre. Le polythéisme grec n'est pour lui qu'optimisme, culte rationalisé, sans angoisse, sans sacré. Toute différente est la vision de Hartmann, parcourue de l'appel du néant, comme l'exprime cet extrait de la *Philosophie de l'Inconscient* [12] : « La tristesse, qui est répandue comme un pressentiment sur tous les chefs-d'œuvre de l'art grec, en dépit de la vie dont ils semblent déborder, (témoigne) que les individus de génie, même dans cette période, étaient en état de pénétrer les illusions de la vie, auxquelles le génie de leur temps s'abandonnait sans éprouver le besoin de les contrôler ». Renan ne verra jamais dans l'adoration grecque de la nature que « la flûte et le chant des bergers » [13] et dans le paganisme qu'une anticipation de la science. Sa pensée ne peut s'installer dans la méditation du néant sacré, que la Prière pourtant rencontre ; car il existe pour lui une « religion » décantée, par là-même différente en nature, et qui évacue le « tout autre » : de la Grèce, il ignore tout l'arrière-fond mythique, tout ce qui déborde l'homme et peut, par exemple, le confondre avec l'animal, émanation du sacré. Van der Leeuw donne cette analyse de la tragédie des *Bacchantes* d'Euripide : « L'animal est le tout autre : l'homme se réfugie en lui quand la condition humaine le rebute. En pratiquant le culte de Dionysos, les femmes cherchent le divin dans l'animal. Elles vivent en lui pour ainsi dire totalement, non pas par amour pour le « bestial » au sens moderne (cette notion n'existait pas encore), mais pour échapper à soi-même » [14]. Tout ce côté inquiétant d'une zone à côté de l'humain, du conscient, du raisonnable, toute la virtualité magique de l'animal échappe à Renan (parce qu'elle échappe à la norme rationnelle). Il reste pour lui une sorte de semblable inférieur, exorcisé dans une conception quasi « paternaliste » des êtres : ainsi, le chien « aime l'humanité, il en sent la supériorité, il est fier de participer à un monde supérieur » [15]. L'animal se trouve définitivement apprivoisé par une conception qui lui ôte jusqu'à son « infracassable noyau de nuit » [16]. Aussi nous semble-t-il intéressant de relever, à travers les ébauches successives de la Prière, la suppression de tout l'épisode relatif à la malheureuse Iodamie, qui ne put sacrifier à la lumière :

---

12. II, p. 436.
13. *D.P.*, I, p. 624.
14. *La religion dans son essence et ses manifestations*, p. 73.
15. *D.P.*, I, p. 576.
16. André Breton.

« Epargne-nous le sort d'Iodamie qui vint une nuit dans ton temple remplir les fonctions sacerdotales. Méduse la changea en pierre. Iodamie voulait sacrifier à la lumière, mais le courage lui manqua pour consommer son œuvre ; elle ne put vaincre le ténébreux égarement qui s'empara de ses sens. La matière l'emporta sur l'esprit, l'obscurcit, voila la lumière. C'est toi qui es la véritable Iodamie, toi qui sais dompter Io, la génisse errante des clairs de lune... »[17].

H. Psichari suggère que « l'histoire d'Iodamie, assez embrouillée et peu intéressante en elle-même » n'a point paru à Renan « un symbole parfait de cette lumière qu'il eût voulu exprimer »[18]. A vrai dire, c'est moins la complication des épisodes qu'une vague inquiétude face à l'animal, à l'autre, à l'irrationnel, qui ont pu inciter Renan à supprimer le passage. Remarquons le jeu étymologique sur Iodamie, qui régénère celle-ci en dompteuse d'Io, l'Iodamie première se confondant avec « la génisse errante des clairs de lune », vie inquiète et nocturne, qui ne retient de la lumière que son envers. Un souffle de folie baroque eût traversé avec elle la prière, une possibilité autre que sereine eût tourmenté de l'intérieur l'image de la raison, et, la doublant d'égarement, l'eût transformée peut-être en simulacre. Sans doute, Iodamie n'est pas « un symbole parfait de la lumière », elle en représente au contraire l'autre face et la mise en question — mais pourquoi Renan n'a-t-il « voulu exprimer » que la lumière ? Il semble avoir refusé le dépaysement, l'angoisse, à travers l'image animale et lunaire d'Iodamie, dont l'histoire, loin d'être « peu intéressante en elle-même », risquait d'ouvrir, dans le présupposé classique de la perfection grecque, la brèche de l'irrationnel. C'est une exigence d'optimisme humaniste qui put entraîner le gommage du mythe animal, du résidu sacré. Par la disparition de tout ce qui peut éteindre ou « voiler » la lumière, Renan affirme l'incorruptible permanence du rationnel. Concluronsnous donc, en une constatation facile, à la « contradiction » entre l'élan et la retombée de la Prière : d'une part, pérennité d'Athéna, de l'autre, mort des hommes et des dieux ? Athéna figure la raison, essentiellement humaine — elle dompte Io, résurgence archaïque du monde animal et chtonien, et la dompte si complètement que s'évanouissent jusqu'au souvenir et à la mention de cette victoire, en un texte lumineusement unifié, purifié. Or, quelle mort évoque, pour finir, la méditation de Renan ? « Les dieux passent comme les hommes » ; le véritable échec, pour la raison humaine, serait que les hommes passent comme les dieux ; c'est bien cela sans doute : l'affirmation de Renan n'est pas à direction unique, et le « comme » installe l'équivalence, dans l'oubli et la limitation, des hommes et des dieux. Pourtant, cette

17. Cité par H. Psichari, *la Prière... et ses mystères*, p. 113.
18. *Ibid.*, p. 114.

mort de l'homme, au moment même où il l'affirme, ne se trouve-t-elle pas en partie niée par le déroulement des images et le sens des emblèmes ? « La foi qu'on a eue ne doit jamais être une chaîne. On est quitte envers elle quand on l'a soigneusement roulée dans le linceul de pourpre où dorment les dieux morts » [19]. Le devoir de l'homme envers ses dieux morts et sa foi abolie, n'est-ce pas le devoir funèbre de celui qui *survit,* qui accomplit les rites et demeure ? A travers le vague de l'indéfini, c'est l'homme qui s'affirme, source ultime des valeurs ; c'est l'homme qui roule le dieu dans le linceul de pourpre, et se constitue par là même en principe d'initiative, de vie et de marche en avant. Sans avoir accès, dans son individu, à l'éternité ni même à l'immortalité, l'homme s'inscrit dans une sorte de vie fragmentaire, mais successive et progressive. C'est lui qui donne, puis refuse aux dieux la durée, au rythme de son progrès. C'est lui qui s'inscrit irréductiblement, non pas dans l'éternité sans doute, mais dans le temps qui dure, et pour le temps qu'il dure, par la mise au tombeau de ses dieux. La plongée nihiliste de la prière ne tend-elle pas à s'abolir, dans une certaine mesure, à travers les images mêmes qui la consacrent ? Le progrès humain n'est-il pas à la fois cause et contrepartie de la mort des dieux ? L'optimisme trouve par là sa chance ultime de survie, et si, selon le point de vue de l'*Avenir de la science,* le devenir de « Dieu » se confond avec celui de la pensée, la mort des dieux ne coïncide pas, pour Renan, avec la mort de Dieu.

Les dieux meurent, et les hommes, mais, si paradoxale que puisse paraître une discrimination dans le néant, les hommes meurent moins complètement que les dieux qu'ils mettent au sépulcre, et se renouvellent par le progrès qui justifie à la fois leur survie temporaire, et la mort successive des dieux. A l'intérieur même d'une imagination du néant, du « gouffre sans fond », apparaît, fragile mais non absolument précaire, une certaine affirmation de l'homme. C'est cela même qui nous semble rendre impossible, chez Renan, la méditation du néant, l'idée de la mort absolue de Dieu, la conception du « rien divin ». Qu'est-ce qui sépare en effet la pensée religieuse de Renan et celle de R.L. Rubenstein, sinon essentiellement l'idée de progrès ? Dans une passionnante évocation des étapes de sa vie spirituelle, R.L. Rubenstein cherche à définir ce qui fit en lui le rabbin, « the making of a Rabbi » [20]. Pénétré durant sa jeunesse de la philosophie du siècle précédent fondée sur l'idée de progrès, ce Juif désirait changer de religion, devenir ministre de l'Eglise unitarienne, plus en accord que la vieille observance judaïque avec les postulats de l'optimisme humaniste. Auschwitz et les camps de la mort, lui révélant le mal absolu, tuèrent en lui l'idée de progrès. L'irréfutable présence du mal, du même

19. *S.E.J.,* II, p. 759.
20. *After Auschwitz,* p. 209 et suiv.

coup, détruit en lui tout résidu de Providence et l'enracine à nouveau
dans sa religion première, à laquelle, soulignons-le, il ne croit plus.

> « Neither as a Jew nor as an intellectual would I ever entirely be
> « in », but then who would be ? Existence is exile. We are
> all superfluous men whether we know it or not. I was surprised
> that « old fashioned », « unenlightened » traditional judaism was
> more directly on target in its description of both the jewish
> and the human condition than was « liberal », « progressive »,
> « modern » judaism. I began to wonder whether I could in good
> conscience remain tied to a liberal prayer-book and system of
> worship which so falsified the human condition by its unwar-
> ranted optimism » [21].

C'est dans la conscience de la mort absolue de Dieu, liée à la ruine
du progrès, que Rubenstein retrouve le judaïsme antique : Dieu est
mort ; c'est alors, c'est pourquoi, cet homme s'attache à la religion
juive, et devient rabbin dans le sentiment que, si l'existence est exil
dans l'absurde, la rédemption est retour, retour au néant, conçu comme
substrat fondamental, sacré. Le rabbin se fait en lui par la découverte
du néant, qui le détermine à rechercher, dans la communauté religieuse, non pas une foi objective, mais une sorte d'absolu psychologique, trouvant sa sauvegarde dans le partage d'un patrimoine émotif
commun. « There are men and women devoid of all illusion who
nevertheless regard withdrawal from the religious community as un-
thinkable. I am one of them. The decision to partake of the life of a
community rests upon forces within the psyche which have little to do
with rational argument » [22]... « I cannot dispense with the institution
through which I can dramatize, make meaningful, and share the
decisive moments of my life » [23].

Ne pourrait-on aller jusqu'à suggérer que ce qui a fait le rabbin en
Rubenstein, c'est ce qui, en Renan, a rendu impossible le prêtre ?
Car, à supposer même que l'étude de l'hébreu et les pures considérations philologiques aient suffi, comme l'affirment les Souvenirs, à
infléchir son aventure individuelle et à lui interdire le sacerdoce, il
reste que l'idée du prêtre (du moins dans le sens originel de témoin
du sacré) coïncide difficilement avec celle d'un progrès spontané du
monde, dont le sens même est de nier tout ordre autre et séparé. Pour
Rubenstein, le mal, dans une certaine mesure, aide à reconstituer cet
ordre ; immense, impersonnel, il fait irruption dans le monde qu'il
frappe d'absurdité, libérant par contre-coup une sorte de sacralisation
du néant senti comme le tout autre. Pour Renan, le mal reste ce qui

---

21. After Auschwitz, p. 218.
22. After Auschwitz, p. 221.
23. After Auschwitz, p. 222.

reflue devant le bien grandissant, par la science, la morale, la lumière. Encore à l'époque du *Prêtre de Némi* (1885) il affirmera le progrès dans les défaites mêmes de l'idéalisme : « Antistius renaîtra éternellement pour échouer éternellement, et, en définitive, il se trouvera que la totalité de ses échecs vaudra une victoire (...). Je crois, avec la sibylle, que la justice règnera, sinon dans cette planète, au moins dans l'univers... » [24]. Examinons cette incarnation du prêtre idéaliste : Antistius est instrument du progrès (puisqu'il assume le passage de Dieu au divin), il meurt pour le progrès ; allons plus loin, ne peut-on dire aussi que, de toutes façons, le prêtre en lui (au sens sacré) meurt *par* le progrès ? La vraie victoire d'Antistius serait donc de rendre inutile le prêtre, le sacré. Le prêtre idéaliste n'est qu'une étape et une équivoque : il nous révèle comment se défait le sacré dans la libération de l'idée de progrès. La nécessité du prêtre idéaliste est de frapper de caducité la structure même du prêtre.

Sans doute, Renan n'a pas, comme Rubenstein, traversé la philosophie de Sartre et ne prononcera jamais l'analogue d'un « *we are superfluous men* ». Entre ces deux esprits s'installe toute une distance historique et individuelle, l'opposition de la philosophie du progrès et celle de l'absurde. Pourtant, lorsque Rubenstein recherche une communauté religieuse comme réservoir de forces vitales, psychologiques, ne rencontre-t-il pas l'auteur des *Conférences d'Angleterre,* regrettant que l'Eglise catholique ne sache renoncer à sa prétention d'infaillibilité pour libérer sa vraie force, sa thérapeutique de l'enchantement ? « Et pour demeurer possible encore, acceptable à ceux qui l'ont aimée, aurait-elle beaucoup à faire, cette vieille mère qui ne saurait de sitôt mourir ? Peut-être trouvera-t-elle, pour arrêter le bras de son vainqueur qui est la raison moderne, des arts de magicienne, des mots comme ceux que murmura Balder sur le bûcher... » [25]. Ces arts, ces mots, Renan les craint autant qu'il les regrette ; l'ensemble du texte diffuse un envoûtement flou, alors que Rubenstein évoque de façon nette la correspondance entre sa vie et l'acte religieux, la concordance des étapes personnelles et des rites collectifs qui leur donnent une sorte de consécration dramatique. Ce dernier trait n'est pas absent de la pensée de Renan, l'Eglise, dans sa fonction psychologique, pouvant offrir musique et encens pour les funérailles, fleurs pour les mariages, etc. Pour l'un comme pour l'autre, l'imaginaire revalorise la religion mais diversement ; pour Rubenstein par une mise en actes et une plongée communautaire, pour le Renan des *Conférences,* par un enchantement diffus, de teinte esthétique et individualiste (« Pour qui veut des fétiches, j'ai des fétiches, à qui veut les œuvres, j'offre les œuvres... ») [26].

24. *Dr. P.,* III, p. 529.
25. *C.A.,* VII, p. 678.
26. *Ibid.*

Ce parallèle nous mène au seuil d'une question : pourquoi, si l'imaginaire suffit à Rubenstein comme fondement nouveau de sa religion ancienne, Renan a-t-il toujours refusé (et même craint) semblable possibilité ? La beauté, la permanence et même la nécessité psychologique de l'imagination religieuse n'ont jamais reconstruit pour lui la religion qu'il veut définitivement morte. Alors que, pour Rubenstein, le vrai objectif n'existe pas, Renan, même à l'époque où il entrevit une vérité triste, dès les *Dialogues philosophiques,* puis dans la Préface des *Feuilles détachées*[27], maintint toutefois la possibilité d'une vérité, et même d'une chance pour l'homme de l'approcher. Il reste donc, même dans les défaillances de l'optimisme, attaché à l'idée d'un vrai objectif possible, qui rejette dans une sorte d'à-côté, nécessaire mais voulu marginal, tout le vrai mythique de l'imagination religieuse.

Même dans l'hypothèse entrevue du « gouffre », Renan n'arrive pas, comme Rubenstein, à une conception du néant substitut du sacré. Renan a pu rencontrer, par intermittences, l'idée du vide. Mais plus que le pessimisme, il nous semble représenter à la fin de sa vie ce que G. Sorel appelle « l'optimisme désabusé »[28].

C'est pourquoi le Dieu de Renan, dans son double rapport avec le progrès dont il est le garant idéal et sera (?) le résultat suprême, ne se confond pas définitivement avec le gouffre. Père idéal du progrès dont il sera peut-être, aux confins des temps, le fils réel, il passe sans doute de l'ordre des certitudes à la catégorie du toujours possible, mais ne se résout jamais à mourir. Une seule et même idée force (la notion centrale de progrès) permet en même temps l'évacuation du sacré et le maintien de Dieu (au moins dans l'ordre hypothétique du pourquoi pas)[29].

A. Loisy écrit, dans une lettre du 3 mars 1919 à R. de Boyer de Sainte Suzanne : « Vous ne vous étonnerez pas que j'aime mieux Comte avec sa religion de l'humanité que Renan avec sa religion de la science (...). Le scientisme est une damnable hérésie. Le développement des sciences morales est à souhaiter pourvu que lesdites sciences se pénètrent de sens moral et non seulement de curiosité scientifique, d'esprit religieux et non d'esprit rationaliste »[30]. Face aux deux concepts solidaires d'humanité et de progrès, c'est par rapport à Renan et à A. Comte que se situe Loisy, et cette mise en perspective éclaire la pensée de Renan : sa religion du progrès peut-elle ou non se définir comme une religion de l'humanité ? Où se situe pour lui la source du progrès ? De prime abord, le terme de religion de la science nous semble ne traduire qu'un premier état de la pensée de Renan, et encore ne le traduire qu'incomplètement, si l'on songe aux élargis-

27. *D.P.,* I, p. 614 et *F.D.,* II, p. 940.
28. *Réflexions sur la violence,* Intr., p. 15.
29. Voir *F.D.,* II, p. 945.
30. R. de Boyer de Sainte Suzanne, *Sur Loisy,* p. 194.

sements successifs que le savant de 1848 impose à l'idée même de science, et au dynamisme moral dont il l'enrichit. Ce dernier aspect ne semble-t-il pas, en 1863, aller jusqu'à oblitérer la science même, puisque non seulement « sans aucune production au dehors de science » selon les termes de Pascal, mais sans idée même de nature et de loi, Jésus inscrit l'humanité dans le devenir de l'idéalisme ; inaugurant le culte pur, il « est l'individu qui a fait faire à son espèce le plus grand pas vers le divin »[31]. Le factitif nous semble ici très expressif du rapport de l'individu et de l'espèce dans la mise en avant du progrès : celui-ci ne s'accomplit que sous l'impulsion individuelle d'un être qui réalise l'humain en transcendant l'humain. Le Jésus renanien représente, non pas l'image multiforme, universelle de l'humanité, mais le moment décisif où, à travers un individu de génie — « grande âme », « Fils de Dieu » —, se dessine la possibilité d'une divinité humaine. Le Jésus de Renan n'est pas le Christ de Michelet : celui-ci s'assimile à l'humanité dans son progrès, il en contient les métamorphoses et se complète organiquement à travers l'histoire : « Ce Christ de douceur et de patience, il apparaît dans Louis le Débonnaire, conspué par les évêques ; dans le bon roi Robert, excommunié par le Pape ; dans Godefroi de Bouillon, homme de guerre et gibelin, mais qui meurt vierge à Jérusalem, simple baron du Saint Sépulcre (...), il va se réaliser au XV° siècle, non seulement dans l'homme du peuple, mais dans la femme, dans Jeanne la Pucelle. Celle-ci, en qui le peuple meurt pour le peuple, sera la dernière figure du Christ au Moyen Age »[32]. Cette extension de l'individu fondu avec le dynamisme historique, dans un Christ diffus se faisant à tâtons, ne se rencontre pas dans la conception de Renan. Le moteur du progrès se localise en des êtres irréductiblement individuels. Cela nous semble vrai du progrès moral en Jésus, comme du progrès scientifique : les *Dialogues philosophiques* définissent les « dieux » de la science comme le résultat d'une « humanité mise au pressoir, distillée »[33]. Bien plus qu'une ligne d'évolution continue qui parcourrait la masse humaine, indistinctement, le progrès ainsi défini n'est-il pas rupture, déséquilibre et saut dans un autre ordre de perfection ? De même qu'en Jésus l'institution du divin fut une « création de sa grande âme »[34], de même le passage de l'humain au divin, imaginé dans les Rêves, est le fait seul du génie. L'humanité selon Renan semble se concentrer en quelques îlots pleins, valorisés, seuls capables de fournir le divin. Ce divin, comment le définir ? Si le maître-livre de 1848 le postule par la science, la *Vie de Jésus* le submerge d'éthique idéaliste ; mais les *Dialogues philosophiques* livrent, des deux éléments fondamentaux (morale et science), l'imbrication

---

31. *V.J.*, p. 370.
32. Michelet, H. de F., *O.C.*, II, p. 501.
33. *D.P.*, I, p. 595.
34. *V.J.*, IV, p. 131.

suivante : « Nous aimons les races honnêtes parce que seules ce sont des races scientifiques »[35]. Morale et science, science à travers morale, ne se font que sous l'action d'individualités puissamment créatrices. « Rien sans grands hommes (...), l'œuvre du messie, du libérateur, c'est un homme, non une masse, qui l'accomplira »[36]. L'œuvre future, rêvée dans la troisième partie des *Dialogues,* n'est pas menée par un individu, mais par les savants. C'est que ceux-ci représentent moins une totalité universelle, qu'une sorte d'unité éclatée : ils sont plusieurs mais c'est là un pluriel de similitude répétitive. Ils restent indistincts les uns des autres, définis seulement par la puissance que leur confère le savoir. Il n'existe point de femmes, parmi eux ni auprès d'eux, ils ne sont même pas constitués selon l'habituelle physiologie, un phénomène analogue à celui de la fructification double multipliant leur vigueur cérébrale, en concentrant dans une seule énergie spéculative le pôle qui pense et celui qui jouit. Leur nombre peut donner une illusoire image d'humanité, mais ce pluriel n'est qu'un singulier renforcé, il n'est point diversification, ni même échantillonnage de l'humain. A la masse s'est substitué un corps, sorte d'unité collective. Le biographe de Jésus voit le Christ plus que le christianisme, le philosophe des *Dialogues,* concevant l'humanité pour la science et non la science pour l'humanité, concentre toute virtualité de progrès en un corps de savants, image collégiale de l'unique. Sa pensée s'organise non autour d'un nous, universel, mais autour d'un *je* plus ou moins déguisé par la projection qui l'idéalise ou l'amplification qui le renforce.

C'est en cela surtout que sa conception du progrès (religieuse selon sa terminologie dans le sens où elle concourt à l'évolution déifique) s'oppose à celle d'A. Comte, dont la démarche est exactement inverse : pour lui non plus, sans doute, l'Humanité n'est pas la somme des individus vivants ou morts ; la cérémonie d' « incorporation », a pour but, sept ans après la mort d'un être, de l'intégrer, s'il en est digne, à l'entité morale de l'Humain. Mais ce choix ne se double d'aucun primat scientifique ; la science est ici conçue pour l'humanité, non l'humanité pour la science. Nulle part, nous semble-t-il, la différence de sens du concept d'humanité n'apparaît mieux que dans les interprétations opposées données, par Renan et par A. Comte, de Saint Paul et de Jésus. Selon Renan, Paul reste irrémédiablement inférieur à Jésus comme l'homme d'action à l'idéaliste, au poète. Paul a construit un être métaphysique sans rapport avec le Jésus vivant, Paul est inférieur même aux autres apôtres qu'authentifie le lien personnel, intime, avec Jésus. Paul, grande âme conquérante, se situe dans un ordre inférieur, car il n'est pas l'ordre idéal, — missionnaire passionné, médiocre artiste par là-même, il dessine l'envers du « divin ». Pour A. Comte, le rapport était inverse, et si Paul trouve une place de

---

35. *Examen de conscience philosophique,* II, p. 1179.
36. *D.P.,* I, p. 610.

choix dans le *Calendrier positiviste*, Jésus n'y est pas nommé. Dans la perspective qu'ouvre le *Système de politique positiviste*, le vrai fondateur religieux, c'est Paul, car il sut promouvoir le sens du collectif, la religion de l'Humanité. Dans une sorte d'intuition prépositiviste, il reconnut ce Dieu-Humanité qui est véritablement tout en tous. Son refus d'un rôle individuel éclatant, d'une carrière de Dieu sur la terre, témoigne pour A. Comte de son sens de l'humain global et total : les croyances du temps postulant un verbe incarné et ne permettant pas encore le culte positiviste de l'Humanité que pourtant elles annonçaient, il laissa à un autre le rôle de dieu-individu. C'est ce que développe le tome III du *Système de politique positiviste* :

> « Pour expliquer l'abnégation personnelle de Saint Paul, je dois seulement compléter le principe posé ci-dessus, quant à la nécessité spéciale d'un révélateur divin dans la constitution du monothéisme occidental (...). Un tel besoin semble, en effet, exiger, chez le fondateur, un mélange d'hypocrisie et de fascination, toujours incompatible avec une vraie supériorité de cœur et d'esprit. Cette difficulté n'admettait d'autre issue que la disposition spontanée du véritable auteur à se subordonner à quelqu'un des aventuriers qui durent alors tenter souvent l'inauguration monothéique en aspirant, comme leurs précurseurs grecs, à la divinisation personnelle. Saint Paul fut bientôt conduit à traiter ainsi celui de ces nombreux prophètes qui soutint le mieux un tel caractère » [37].

Pour Renan, Paul n'est pas fondateur. Pour A. Comte, il est le seul fondateur. C'est que Renan se place du point de vue chrétien dans sa virtualité d'idéalisme individualiste, et Comte du point de vue d'une organisation « catholique », collectiviste et humanitaire. Paul représente pour Renan une reconstruction du Christ (dévaluée par la distance qu'elle suppose par rapport au Jésus de chair) ; pour Comte, il figure un au-delà de l'individuel, une ouverture à l'humain, trouvant sa valeur dans son refus de l'égoïsme.

Il semble aisé de comprendre en quoi Loisy s'est trouvé plus proche d'A. Comte que de Renan ; c'est que pour lui la religion est d'essence collective, sociale. Loisy fonde la religion sur le christianisme, bien plus que sur la figure individuelle de Jésus, qui nous échappe. Selon lui, des textes, même apocryphes, mais témoignant de l'effort moral collectif d'un groupe humain, peuvent fonder authentiquement la religion, c'est-à-dire l'amour de l'humanité. Pour Renan au contraire, le christianisme n'a de sens et de valeur que comme reflet de Jésus, dans l'originalité créatrice de son individu. En l'homme, le lien lui semble premier entre le sentiment de son être propre, et l'éveil de l'instinct

---

37. P. 409, 410.

religieux : « L'homme allait, inattentif. Tout à coup, un silence se fait, comme un temps d'arrêt, une lacune dans la sensation : « Oh ! Dieu ! se dit-il alors, que ma destinée est étrange ! Est-il bien vrai que j'existe ? Qu'est-ce que le monde ? Ce soleil, est-ce moi ? Rayonne-t-il de mon cœur ? O Père, je te vois par-delà les nuages » [38]. La naissance de l'idée religieuse est donc liée à la découverte de soi. L'appel au Dieu-Père-âme du monde est solidaire, pour l'homme, d'une question sur le moi. L'incertitude entre soi et le monde ne traduit pas la fusion, qui installerait l'immédiateté entre l'un et l'autre et supprimerait toute question — mais au contraire une conscience naissante de l'individualité. La découverte de l'idée religieuse se confond avec la faculté, encore balbutiante, de dire je. L'impression de dilatation extatique dans le monde (« ce soleil, est-ce moi »), pourrait bien n'être qu'illusoire, dans la mesure où elle détermine, pour finir, la conscience du « moi » dans le mot même qui le nomme. L'homme est considéré comme seul. La découverte de Dieu se confond avec la conscience de soi dans la solitude. La relation qui s'établit entre Dieu et l'homme est circulaire, circuit élargi, mais fermé. Loisy se refuse au contraire à définir la religion comme élan personnel, pur sentiment de filiation avec le Père (dans toutes les transpositions possibles) ; c'est en ce sens qu'il s'élève contre les conceptions protestantes à la façon de Harnack. L'*essence du christianisme,* définissant la religion comme le sentiment intime du lien avec Dieu (pouvant s'apparenter ainsi à la transposition idéaliste de Renan), apparaît à Loisy un « effort pour individualiser radicalement une chose qui de sa nature est sociale » [39].

> « Ce n'est point à l'homme isolé que la religion s'adresse (...). On peut rêver que si l'homme, au temps où il émergeait de l'animalité d'aventure et par impossible — car c'est la société de ses semblables qui l'a induit à affirmer ses sensations en pensées et lui a fait assouplir ses cris en paroles — avait été capable de se voir tel qu'il était (...) il aurait eu devant son esprit un pauvre animal (...). Si notre ancêtre n'adopta point cette existence de fauve, c'est que, venant à l'intelligence, il ne s'est jamais vu tel que pour un observateur d'esprit purement scientifique il aurait été ; il s'est vu dans le mirage — si c'était tout à fait un mirage — d'une société vivante où entraient ensemble les choses, les animaux, les hommes, et non comme des êtres doués seulement de mouvement et d'activité, mais d'une certaine vertu prestigieuse, diversement répartie entre eux et qui d'eux venaient à lui ; si bien qu'il n'avait pas le moindre sentiment d'être une autonomie solitaire parmi d'autres autonomies errantes et incohérentes, mais qu'il se sentait comme le membre

---

38. *D.P.,* I, p. 578.
39. *La religion,* p. 49.

d'un corps puissant qui le portait et le conservait. Ce corps était un corps mystique, le corps de sa horde misérable, de la petite société, de l'humble humanité inculte dont il faisait partie » [40].

Pour Renan, l'humanité n'a jamais été corps mystique. Elle ne s'est pas substituée à la vieille foi, pour donner une direction nouvelle à l'élan religieux. Renan a senti qu'il vivait du « parfum d'un vase vide », de « l'ombre d'une ombre » [42], mais il n'a jamais tenté de lui donner corps, vie nouvelle par un transfert humanitaire. C'est en ce sens que Loisy lui reproche de n'avoir « jamais dit de quoi l'on pouvait vivre » [43]. Il a transposé le dieu dans des zones pour lui équivalentes à l'ancienne, bien que toutes gagnées de plus en plus par l'évanescence : nous voulons dire que le « dieu » progrès de l'idéalisme ne s'est jamais confondu pour lui avec l'humanité universelle, mais est resté d'une certaine manière séparé, et à travers les individus-figures, transcendant.

Le progrès se modèle pour Renan selon les initiatives et l'énergie des individus et des races (cette dernière notion ne faisant que reproduire et amplifier le point de vue de l'individualisme sélectif). Il est bien difficile d'admettre à la fois l'idée de progrès et celle des races : cette coexistence des deux éléments met en cause le concept d'humanité qu'elle disloque. Ainsi se trouve détruite à la racine la possibilité d'un nouveau dogme dont le symbole serait l'humanité. Le Dieu transcendantal, bien plus que le progrès immanent à l'humain, gîte dans le mythe des races, tel que Renan le prend à son compte, lorsque dans l'*Histoire des langues sémitiques,* il évoque, dans leur hiérarchie, les races inférieures, les premières races non civilisées, enfin les « grandes races nobles, Aryens et Sémites » [44] venant de l'Imaüs. Celles-ci figurent le double véhicule du divin, puisque les Sémites, par la religion, préparent la civilisation morale, et la Grèce pose le fondement d'une humanité supérieure par la science. L'idée de race et celle de religion se combinent fort étroitement en Renan ; ainsi l'idéal des Sémites ne suffit pas, pour lui, à définir la religion parfaite. D'où vient en effet sa haine de l'Islam ? De ce que le sémitisme y est resté sémite, ne s'est pas greffé sur la tige aryenne, n'a pas fructifié en « nos races ». « Il y aurait injustice à oublier le service de premier ordre que le peuple juif et le peuple arabe ont rendu à l'humanité en tranchant d'un coup de ciseau hardi l'écheveau inextricable des mythologies antiques ; mais c'est là un service négatif qui n'a eu sa pleine valeur que grâce à l'excellence des races européennes. L'islamisme, qui n'est

40. *Ibid.,* p. 58.
41. *D.C.,* I, p. 786.
42. *D.P.,* I, p. 557.
43. Boyer de Sainte Suzanne, *Sur Loisy,* p. 204.
44. *Histoire des langues sémitiques,* VIII, p. 586, n. 44.

pas tombé sur une terre aussi bonne, a été en somme plus nuisible
qu'utile à l'espèce humaine ; il a tout étouffé par sa sécheresse et sa
désolante simplicité » [45], écrit Renan en 1860. Le monothéisme même,
intuition première, selon lui, d'une grande « race », ne valut que
parachevé par une « race » plus noble, dont l'influence permit la
métamorphose du Dieu théurgique en idéal de science, morale et civilisation. Pourquoi Renan eut-il cette hantise des Sémites *immédiatement* monothéistes, sinon parce qu'il admet de façon implicite une
sorte de révélation, révélation de l'Unique aux hommes du désert ?
Ce n'est point là une quelconque application de la théorie des climats,
au sens où l'a définie Montesquieu, mais plutôt, une correspondance
métaphorique essentielle : c'est ainsi qu'il évoque le Dieu du Sinaï
comme l'immédiateté sensible d'un monde nu, minéral et brûlé. L'unité
et la plénitude du vide institueraient le Dieu unique : souffle, exhalai-
son physique, avant de devenir, à travers Israël remodelé par le
christianisme aryen, souffle de Dieu au sens d'âme du monde. « Le
Sinaï est (...) dans toute la région saharienne, une chose unique, un
accident isolé, un trône, un piédestal pour quelque chose de divin » [46].

Ce camouflage inconscient de la transcendance (à travers individus,
races et leur vocation de progrès) irrita sans doute en Littré, non seulement le savant positiviste, mais le disciple d'une philosophie de l'humanité. Dans un essai de 1873, *Science au point de vue philosophique*,
il dépiste les présupposés métaphysiques de semblable position : « La
race procède comme l'individu ; et s'il est impossible de soutenir que
l'homme du plus vaste génie n'a pas traversé les phases de la débilité
intellectuelle qui est propre à l'enfance, il est impossible de dire que
les races supérieures n'ont pas eu, comme les autres, une enfance
débile. M. Renan s'est fait de ces choses une idée différente... » [47].
Croyant éliminer le Dieu séparé des âges de foi, Renan a reconstruit,
en une double théophanie, par la religion à travers les Sémites, par
la science à travers les Grecs, une transcendance nouvelle : celle de
la civilisation, qui consacre l'œuvre de races et d'individus de génie.
L'humanité même en son corps multiple, telle que l'évoquera Loisy,
reste comme en dehors de l'opération idéaliste, qui abstrait, distille
et quintessencie à partir de certaines de ses données. Etudiant l'histoire du mot *civilisation* et du faisceau d'idées qu'il concentre, Lucien
Febvre donne cette analyse du terme, qui apparaît dans notre langue
en 1766 : « cette civilisation-idéal, cette civilisation-perfection que
tous les hommes portent, plus ou moins, dans leur cerveau et dans
leur cœur, comme une idée-force, non comme une idée claire. Et dont
nul ne s'avise de vouloir restreindre ou particulariser la portée uni-

---

45. *Q.C.*, I, p. 240.
46. *H.P.I.*, VI, p. 140.
47. P. 470, 471.

verselle » [48]. Pour Renan, certains éléments de l'humanité-corps, de l'humanité vivante, restent en dehors de l'humanité-progrès : le civilisé s'oppose à la fois au sauvage et au barbare, mais de deux façons différentes : le sauvage semble pour lui irrémédiablement inférieur — le Papou dont on ne voit pas « qu'il ait des raisons de devenir immortel », ou encore ces pauvres Taïtiens que nous font apercevoir les *Questions contemporaines,* « ces tristes survivants d'un monde en enfance à qui l'on ne peut souhaiter qu'une douce mort » [49]. Les Barbares, au contraire, non civilisés, sont d'abord essentiellement vus comme civilisables. Avec l'éloquente générosité que suscitent d'ordinaire les barbaries passées, l'auteur de l'*Avenir de la science* se déclare « après quatorze siècles », pour les barbares : « que demandaient-ils (...) la civilisation » [50]. Ces notions deviendront plus floues après 1871, en même temps que l'image-force des races s'humanisera en nation. Notre objet n'est pas d'étudier, en Renan, l'idée de civilisation et ses variantes, mais nous avons tenté de dégager, de certaines données matricielles, ce qui, dessinant en lui un concept d'humanité anti-humanitaire, l'éloigne définitivement de transpositions religieuses d'essence sociale, comme celles que tentèrent (quoique différemment) A. Comte puis A. Loisy.

La parole où se concentrait la foi mystique de l'apôtre « Pour que Dieu soit tout en tous » reçoit de Comte une interprétation humanitaire ; que signifie-t-elle dans la pensée de Renan, pour qui elle préfigure le Dieu tel qu'il le rêve dans les *Dialogues* ? [51]. Ce n'est pas pour lui toute l'humaine condition qui se fait divine par un effort vers la perfection universelle : Dieu ne saurait s'incarner de si pauvre manière ; il résumera en lui l'essence des êtres, les consommera, par une transsubstantiation nourricière (comme le savant, par exemple, s'incorpore l'aliment qui le nourrit). « Un seul être résumant toute la jouissance de l'univers, l'infinité des êtres particuliers joyeux d'y contribuer, il n'y a là de contradiction que pour notre individualisme superficiel. Le monde n'est qu'une série de sacrifices humains ; on les adoucirait par la joie et la résignation. (...) si un jour la vivisection sur une grande échelle était nécessaire pour découvrir les grands secrets de la nature vivante, j'imagine les êtres, dans l'extase du martyre volontaire, venant s'y offrir couronnés de fleurs » [52]. L'individualisme « superficiel » [53], en se sacrifiant, permettra l'éclosion d'un individu nouveau, total mais encore unique et déterminé. Loin de se confondre avec l'humanité au sens où l'entend A. Comte, ce Dieu nouveau, né du progrès, se nourrit de sacrifices humains, tels que nous les livre le

---

48. *Pour une histoire à part entière,* p. 481-528.
49. *Q.C.,* I, p. 247.
50. *A.S.,* III, p. 1042.
51. *D.P.,* I, p. 621.
52. *D.P.,* I, p. 623.
53. *Ibid.*

fantasme pseudo-scientifique de Renan, à mi-chemin entre l'expérience de laboratoire et l'ivresse mystique du sang versé. Ce terme unique de l'évolution déifique, est-il du moins le résultat d'un effort total de l'humain ? On ne peut l'affirmer, car l'humanité en tant que telle est loin de concourir au progrès. Celui-ci est surtout mis en branle par des individualités puissantes (ainsi Jésus, en rupture avec son milieu ; ainsi les savants que les Rêves transfigurent en une espèce autre que l'humaine). S'il a cru, comme semblent le prouver ses écrits de jeunesse — « l'homme, c'est Dieu qui se fait » [54] — opérer la conversion humaine de Dieu, Renan s'est trompé : il a seulement concentré le divin en figures. D'autre part, l'œuvre de ces « Fils de Dieu », selon la terminologie de la *Vie de Jésus*, de ces « grands hommes », selon celle plus nette et plus dépouillée, des *Dialogues philosophiques* [55], est parallèle à un grand courant que Renan ne cessera de percevoir dans le devenir du monde, quoique avec de sensibles baisses d'intensité, dans la Préface des *Feuilles détachées* et l'*Examen philosophique* de 1888 : une vague, et finalement bienveillante volonté dans l'univers. Mais, dans ce dernier cas, le progrès se plaque sur l'humain, au lieu d'être issu de lui. Ce devenir n'est pas sécrété par l'histoire, il restitue nébuleusement l'*immotum quid* de la transcendance.

Croyant sublimer l'humanité, Renan s'est borné à revendiquer une sauvegarde de permanence pour le génie (moral, scientifique). Sa religion est moins celle de l'humanité, que de la divinité humaine du génie. Il faut sauver, par le rêve du devenir de Dieu, celui qui est « un sur cent mille » et constitue « la rançon de Sodome » [55]. Cette exigence fonde toutes les transpositions religieuses tentées par Renan, et le sépare irréductiblement de Feuerbach ; pour Feuerbach tout rêve d'immortalité, avec ses analogues, manifeste seulement la postulation d'un être fini, qui se satisfait par l'illusion : la religion, compensatoire à la finitude de l'homme. Renan use de tous les truquages pour se dissimuler le scandale de sa mort totale : de là tous les raffinements idéalistes pour faire concorder, avec le rationalisme, la postulation vitale. Par la suppression des volontés particulières, par le recours à Malebranche, on pourra distinguer la « vraie » religion de la fausse. L'historien du *Peuple d'Israël* affirme encore : « L'homme malheureux voit faux en religion, car il a besoin de croire qu'un Dieu s'occupe de lui (...). Il devient superstitieux » [56]. Renan distingue et particularise — opération salvatrice pour qui a besoin de fonder son individu, de lui donner densité ontologique — là où Feuerbach a le courage de radicaliser. En 1864, dans un *Examen* fort intéressant, passionné, malheureusement envahi de hargne, un traducteur et commentateur de Feuerbach, Joseph Roy, affirme qu'après tout, le présupposé matérialiste

---

54. *C.J.,* IX, p. 280 ; *D.P.,* I, 610.
55. I., p. 578.
56. *H.P.I.,* VI, p. 136.

que Renan (en 1850 dans son article sur la nouvelle école hégélienne) [57] blâmait en Feuerbach était le sien, le serait toujours ; « Que
Monsieur Renan y réfléchisse bien, et il s'apercevra que toute sa vie
à lui se passe et se passera probablement à démontrer l'inébranlable
certitude des conclusions de l'auteur qu'il traite à la légère. C'est leur
lumière qui l'a guidé. Il n'a fait que la tamiser pour la vue trop sensible
des âmes faibles, et bien souvent, il l'a mise sous le boisseau » [58]. On
a souvent remarqué — et Renan le souligne lui-même — que la *Vie
de Jésus* refuse, à propos du contenu des Evangiles, le terme de mythe,
pour lui préférer celui de légende : opter pour le mythe serait se placer
en dehors du réel objectif, admettre d'emblée un ordre autre, qui supprime jusqu'à la question du vrai. La légende au contraire suppose un
amalgame de vrai et d'éléments fictifs, elle est, par rapport au mythe,
un *plus* dans l'ordre de la réalité. Dans son article sur Feuerbach et
la nouvelle école hégélienne, Renan évoque, comme une garantie
pour le christianisme, la grande légende du second Christ du Moyen
Age tracée par le pinceau de Cimabue et de Giotto [59]. Pour François
comme pour Jésus, c'est le vrai enrichi, ou entaché de faux, mais enfin
sauvegardant, en l'un comme en l'autre, la *personne*, l'être de chair, le
semblable. La légende qui peut se former autour d'un individu dont
l'existence historique est attestée, répond à la double exigence de
Renan, la positiviste et la contraire. Cette zone intermédiaire et incertaine développe une apparence de science (ou refuse la foi positive)
mais réintroduit, avec l'affirmation d'un fond de vrai, la possibilité,
vitale pour Renan, des transpositions et des équivalences. Elle semble
répondre à un goût natif, et développe en tout cas autour de lui une
atmosphère nécessaire et nourricière. Elle lui permet de ne point
s'achever en quelque analogue de Feuerbach, ni dans le Strauss athée
de la dernière période. La vie intellectuelle de Renan ne débouchera
pas, comme celle du penseur allemand, sur une « confession » de matérialisme, mais au contraire sur des « souvenirs » embaumés de légendes
qui définissent, selon lui, le monde « religieux et idéal ». Ainsi dans
cette évocation de Tréguier : « Les environs de la ville présentaient le
même caractère religieux et idéal. On y nageait en plein rêve (...). Le
jeudi saint, on y conduisait les enfants pour voir les cloches aller à
Rome. On nous bandait les yeux, et alors, il était beau de voir... » [60].
L'attitude intellectuelle de Renan n'est-elle pas un remaniement subtilement élaboré du mécanisme enfantin que l'humour des *Souvenirs*
se délecte à revivre en le persiflant ? Renan n'est-il qu'un Feuerbach
aux yeux bandés ? Remarquons le mouvement ascensionnel de la
pensée idéaliste : la légende, reconnue, laisse subsister en Jésus l'être

---

57. Voir *E.H.R.*, VII, p. 286 et suiv.
58. *La religion*, Préf. de J. Roy, p. XVI.
59. *E.H.R.*, VII, p. 288.
60. *S.E.J.*, II, p. 728.

d'exception, le caractère moral unique : « Repose maintenant dans ta gloire, noble initiateur. Ta divinité est fondée ». C'est l'aboutissant de la conception légendaire, qui isole en Jésus, comme vraie, la haute nature morale, et en fonde la « divinité ». L'hypothèse légendaire permet d'alléger les choses et les êtres de mille éléments gênants (ainsi la fiction des miracles) et les laisse, dans leur vérité affirmée, monter au ciel. Le mythique au conrtaire ne permet aucune discrimination : pour Couchoud, Jésus n'est pas un être véritable dont l'histoire est envahie de fiction, c'est l'expression symbolique des besoins moraux d'une époque, d'un groupe d'hommes. Jésus ne représente plus alors une puissante nature dans son humanité divine, mais le besoin des hommes de se créer un signe moral marqué de tels et tels attributs. Le mythisme ne libère aucune virtualité de transposition du Fils de Dieu, il enracine au contraire cette notion dans l'humain qui lui a donné origine et forme : « Descends (...) ton humanité est fondée ». Le dieu Jésus est renvoyé par le mythisme à son germe premier : la postulation de l'homme. Couchoud dégage l'homme du Dieu, l'interprétation renanienne des légendes accomplit (selon une démarche idéaliste qui se prétend expérimentant par l'histoire) le passage au divin de l'homme-Jésus, qui n'est pas l'humanité.

Alors que Feuerbach dénonce la religion comme nécessairement fausse, Renan s'est efforcé d'éliminer « la fausse » religion — ce qui lui permet de définir comme authentiquement religieuses l'intériorité et la méditation. Ainsi le Dieu, corps, âme et devenir du monde, qui pour Renan fonde l'individu, reste-t-il, dans sa fonction, proche du Dieu des Psaumes. La pensée de l'infini se confond alors avec l'état d'oraison, ainsi évoqué par l'historien du peuple d'Israël : « Cet esprit se résume dans les nuances diverses du mot *siah*, signifiant à la fois méditer, parler bas, parler avec moi-même, s'entretenir avec Dieu, se perdre dans les vagues rêveries de l'infini » [61]. Soi-même... Dieu, l'infini. De l'un à l'autre de ces éléments, Renan suppose élargissement, dilatation, non pas écho et choc en retour. Or, de son analyse on peut tirer la conclusion contraire : parler à Dieu, c'est se parler à soi-même. La seule idée de parler à Dieu renvoie l'homme, sans qu'il s'en doute, à lui-même. Mais Renan voulut toujours maintenir la catégorie de l'absolu, et resta, sur le chapitre de « Dieu le Père », « d'une solidité à toute épreuve » [62], jusqu'en cette Préface des *Feuilles détachées* qui ne voit pourtant plus, dans les tentatives philosophiques, que surenchère et priorité de l'erreur. Nous tenterons d'analyser cette mobilisation en lui, cet effort pour conjurer le pessimisme, pour nier, même contre l'évidence, le néant et le mal, et de mieux cerner par là les nécessités d'une équivoque.

---

61. *H.P.I.*, VI, p. 626.
62. *F.D.*, II, p. 949.

Dans le *Premier article sur Amiel,* Renan présente le pessimisme comme « l'antipode de [ses] idées »[63], il s'en prend à Hartmann avec une animosité qui feint de ne point comprendre, et recourt à une sorte de bon sens qui teinte d'ineptie ce qu'il conteste : « Je n'y comprends plus rien »[64] (mot que le jeune Renan présentait comme un leit-motiv de l'épaisseur bourgeoise)[65]. L'auteur des *Feuilles détachées* invoque le « bon Dieu », que l'on reconnaît et honore par la bonne humeur : « Nous pensons, nous autres, qu'on est religieux quand on est content du bon Dieu et de soi-même »[66]. La forme est nouvelle, et l'accent, avec son laisser-aller voulu, son parti pris d'approximation bonhomme. Mais n'est-ce pas l'aboutissement — l'épaississement (calculé peut-être), d'une pensée depuis toujours réfractaire au pessimisme ? Dans les *Dialogues philosophiques,* qui ne font point l'apologie de la belle humeur, il est aisé de discerner cette répugnance, sous sa forme à la fois la plus abstraite et la plus profonde, dans le refus même de mettre en question la raison. Renan n'a jamais procédé à la mise en cause radicale à la façon de Kant, dont il accepte la construction morale, mais dont il refuse le point de départ critique[66 bis]. Renan affirme absolument la valeur de la raison : si le scrupule parle en lui, et, par la voix d'Eutyphron, soulève une objection résumant le sens de la *Critique de la raison pure* (« ne sommes-nous pas les jouets d'une erreur inévitable »)[67], Philalèthe balaie ce doute essentiel : « Je me suis habitué à ne plus m'arrêter à ce doute, qui a conduit tant de philosophes dans une voie sans issue »[68]. Renan élimine donc les risques, et, dans son horreur de l'impasse, pose nécessairement les conditions de l'issue. De même qu'il refuse les limites de la raison comme fondement de la construction philosophique, il refuse l'idée du mal et de la misère de l'homme comme fondement de la religion : il ne peut « comprendre » la philosophie de Hartmann, sorte de remodelage bouddhiste du christianisme ; ce qui demeure de la doctrine de Jésus, le vrai message évangélique, c'est, selon Hartmann, « la conviction pessimiste que ce monde est indigne de l'existence »[68 bis] ; aussi la vraie religion se confond-elle pour lui avec le détachement total qui, dans la conscience du malheur inhérent à l'être, fait tendre vers zéro l'individu et le monde. Fondée sur le pessimisme intégral, « la religion de l'avenir » s'oppose absolument à la conception du protestantisme libéral, proche de celle de Renan, qui justifie la valeur

---

63. *F.D.,* II, p. 1148.
64. *Ibid.*
65. *A.S.,* III, p. 789.
66. *F.D.,* II, p. 1148.
66 *bis.* Sur l'élimination de la critique Kantienne après la période 1842-1845, voir *supra,* p. 67 et suiv.
67. *D.P.,* I, p. 562.
68. *Ibid.*
68 *bis.* Hartmann, *La religion de l'avenir,* p. 76.

de l'homme et du monde par le dogme du progrès : Hartmann formule et explicite le « reproche d'irréligiosité que nous adressons au protestantisme libéral, non pas en ce sens qu'aujourd'hui déjà tous ses partisans soient des hommes irréligieux » [69]. Le principe mis en cause, c'est celui du progrès, les méthodes qu'il suscite sont celles d'une virtuosité dans l'érudition, coupable, selon Hartmann, de jouer du prestige des textes et du respect pour Jésus pour escamoter le fondement même de son message : pessimisme, renoncement à soi... Coupable ou non, ce processus nous paraît définir aussi le compromis de la pensée religieuse de Renan.

« Sans doute, écrit Hartmann, on peut avoir abandonné la prétention d'être chrétien et pourtant citer à l'occasion des passages de l'Ecriture comme on cite les poètes..., ce jeu est aussi peu honorable que celui qui se joue avec le respect de Jésus (...) ; ce sont deux tours d'escamotage qui dureront bien encore quelque temps mais un jour pourtant les protestants libéraux verront leurs propres auditeurs leur signifier qu'ils connaissent le truc » [70]. Autant, dans son examen philosophique du principe qui fonde le protestantisme libéral, l'analyse de Hartmann nous semble pouvoir s'appliquer à Renan, autant les prolongements d'appréciation morale manquent, selon nous, le vrai mobile de Renan : il ne s'agit point pour lui de boniment métaphysique, de « truc » à frapper l'auditeur. Si Renan ne peut aboutir au pessimisme, c'est par impossibilité organique à se figurer son néant, sa mort totale (de même que, dans sa jeunesse, il ne pouvait « à la lettre » s'imaginer Jésus mort). Renan refuse, en Hartmann, une philosophie qui détruit tout ce qu'il s'est, à travers ses incertitudes, évertué à se donner : une raison d'être, supposant au moins la possibilité d'un monde plein, l'éventualité d'un Dieu.

Pourtant, dans la préface même des *Feuilles détachées*, où s'exprime le refus du pessimisme, Renan accorde, sans s'en douter, une implicite adhésion à la philosophie qui fonde la religion sur l'existence du mal (quitte à condamner, quelques pages plus loin, « la prétention bizarre d'une certaine école à fonder la religion sur le postulat du pessimisme » [71]). La préface dessine le mécanisme fondamental, vrai déclic religieux qui, du mal irrépressible, fait naître, avec l'appel à Dieu, l'affirmation de Dieu : « Nous n'avons jamais été dans une de ces situations tragiques où Dieu est en quelque sorte le confident et le consolateur nécessaire. Que voulez-vous que fassent, si ce n'est lever les yeux au ciel, une femme pure accusée injustement, un innocent victime d'une erreur judiciaire... » [72] ?

---

69. *Ibid.*, p. 129.
70. *Ibid.*, p. 90, 91.
71. *F.D.*, II, p. 1148.
72. *F.D.*, II, p. 949.

Comment débrouiller cet écheveau ? Renan ne veut pas concevoir que le pessimisme soit le vrai ; c'est une attitude qu'intellectuellement il veut refuser, parce qu'elle priverait son être propre, et la morale, et le génie, de tout garant, de tout substrat philosophique. Il aura recours, au besoin, au Dieu « qui se fait avec nos pleurs » [73], il se contentera du souvenir de Dieu, qui maintienne au moins une ombre de permanence, une trace. Pourtant, il vit ce pessimisme, désarroi face au silence du « Dieu caché » [74]. S'il mobilise contre le pessimisme philosophique sa force spéculative, il se laisse envahir par le pessimisme vécu (nous dirions presque sentimental), et le laisse s'exhaler, car cette seconde forme du pessimisme n'entame pas irrémédiablement, étant d'un autre ordre, la nécessaire foi au progrès (par là-même, à l'individu). Même quand, désabusé sur les fins transcendantales de l'univers, il compose le testament de l'*Examen de conscience philosophique* de 1888, et l'ensemble des *Feuilles détachées,* il laisse subsister, au moins comme hypothèse, le Dieu possible, l'absolu, le progrès. Mécanisme mental et verbal, sans doute. Comme le roi Ferrante évoqué par Montherlant, ce n'est plus là qu' « une vieille poule qui pond des coquilles vides » [75]. Toujours est-il que, parvenu à l'intuition du néant, Renan, dans la persistance de l'instinct de conservation, s'est toujours refusé à mettre le néant en système. Aussi reprendrons-nous la distinction que (sans faire mention de Renan) G. Sorel établit entre les pessimistes véritables, et ce qu'il appelle les « optimistes désabusés » [76]. Renan, devant la vérité triste, finit en optimiste désabusé.

Examinons de plus près le scandale du pessimisme : « N'avons-nous pas vu M. Hartmann, ce même M. Hartmann qui déclare nettement que la création est une erreur et que l'hypothèse du néant eût bien mieux valu que l'hypothèse de l'être, trouver en même temps que la religion est nécessaire et qu'elle a pour base le mal inhérent à la nature humaine » [77] ? En même temps ! Ce qui heurte Renan, c'est le lien entre ces deux éléments (néant préférable à l'être, religion nécessaire) qui, pris séparément, seraient moins dangereux. Tout l'inacceptable est dans le rapport, qui lie la religion au mal dans sa forme la plus radicale pour Renan, le défaut d'être. Pour lui, la religion (et ses analogues) ne se peuvent situer que du côté de l'être, du plus d'être, de la sauvegarde et de la permanence de l'être. L'existence du monde suffit à justifier le monde, et l'hypothèse de l'être est la meilleure, du seul fait qu'elle s'est réalisée. Le Dieu de Renan, malgré tous ses avatars, n'est resté fidèle à lui-même que sur ce point : il est celui qui est (avec la variante de l'idéalisme : « qui sera », puis la retouche de l'optimisme désabusé,

73. *F.D.*, II, p. 980.
74. *F.D.*, II, p. 950.
75. Montherlant, *La reine morte*, III, 6.
76. *Réflexions sur la violence*, p. 16.
77. *F.D.*, II, p. 1140.

le pourquoi pas final). D'une infinie plasticité, avec ses variations dans l'intensité et ses zones d'évanescence, la notion d'être demeure liée à Dieu.

Le reproche majeur de Renan à Hartmann, c'est de supposer un monde sans cause : « Le monde, dans l'opinion de M. Hartmann, est un effet sans cause » [78]. Renan a beau jeu alors de se fonder sur l'irréfutable présence du fait. En réalité, cette façon d'incriminer en Hartmann la négation des causes, ne masque-t-elle pas l'attachement de Renan moins aux causes qu'aux fins, le besoin du dogme des buts de l'univers (lointains ou inaccessibles, mais fondant l'être) ? Dire, en effet, comme Hartmann, que l'hypothèse du néant eût mieux valu que celle de l'être, ne signifie pas que l'univers est un fait sans cause, mais que celle-ci n'a pas de sens, de direction, que l'univers et l'homme sont privés de destination finale. Pour Renan, la notion de cause est ici un garant scientifique facile ; appuyé de la loi expérimentale absolue, ne déguise-t-il pas la vieille théorie métaphysique des fins, réintroduisant un gouvernement dans l'univers ? Il est remarquable que, contre Hartmann, Renan n'allègue pas les fins, mais les causes, donnant ainsi à son discours une sorte d'épaisseur scientifique péremptoire, mais illusoire : car les causes déguisent ici les fins.

Dans ce même article sur Amiel (comme Hartmann, moderne disciple de Çakya-Mouni, aux yeux de Renan), le mal est traduit immédiatement par le dogme du péché originel. La réaction de Renan (réaction de philologue) engage, croyons-nous, autre chose que le problème de l'établissement des textes, si fondamental soit-il : pour nier le mal, suffit-il de mettre en cause l'état du récit biblique ? « Si la rédaction élohiste nous était parvenue, il n'y aurait pas de péché originel. Le récit jéhoviste de la faute première, récit très beau du reste et relativement fort ancien, ne fut jamais remarqué par l'ancien peuple d'Israël » [79]. Si ce dernier texte n'avait pas existé, le dogme non plus, peut-être, mais le mal ? Certes, c'est à partir de la faute que Saint Paul a construit sa doctrine et que s'est créée la pensée protestante dont le pessimisme d'Hartmann et d'Amiel présente un aboutissement. Mais prétendre que le mythe est responsable du mal, c'est prendre l'effet pour la cause. On peut affirmer la présence du mal en dehors du dogme, et la pensée de Hartmann garde tout son sens en dehors du protestantisme. Tout en contestant le texte jéhoviste, Renan lui accorde une place, un rôle métaphysique absolu, s'il le fond avec l'idée même du mal ; c'est sa démarche même, puisque son argumentation contre le mal se réduit à une argumentation contre le dogme : « pourquoi des esprits rationnels, tels que nous sommes, garderaient-ils de pareilles fictions ? Si l'on admet la part de surnaturel contenue dans le péché originel et dans la rédemption, je ne vois pas pourquoi l'on

---

78.. *F.D.*, II, p. 1155.
79. *F.D.*, II, p. 1150.

s'arrête. La question est de savoir si le surnaturel existe... » [80]. Fondre
le mal et le péché originel, c'est noyer le mal dans le mythe, se permettre, par le détour du rationalisme, de refuser le mal en même temps
que le récit ancien. Mais cette association n'est pas licite, car le fondement du pessimisme ne gîte pas dans un texte, dans un état de pensée
a-scientifique. Renan substitue un problème à un autre, et jette résolument l'ancre salvatrice, « celle sur laquelle il n'a jamais chassé » [81],
le refus du surnaturel, qui devient ainsi réfutation du mal. A partir
de là, il se présente auréolé non seulement de science, mais du pur
soleil de la prédication galinéenne [82]. En sauvant l'optimisme, il a
sauvé la possibilité de son Dieu-progrès, de son Dieu-en-devenir, la
légitimité de sa propre postulation. Ne serait-ce pas le lieu de para-
phraser le mot de Nietzsche [82 bis] : nous croirons toujours en Dieu tant
que nous croirons à la grammaire — et à la philologie. Elles permettent
ici à Renan de maintenir un résidu de transcendance.

Création bâtarde et sans solidité, « église en plâtras » pour remplacer les « églises en granit », telle paraît à Renan la religion fondée
sur le pessimisme, métaphoriquement associée pour lui à « l'église
de Ferney, servant maintenant de grenier à foin, avec l'inscription :
Deo erexit Voltaire » [83]. A vrai dire, l'idée du mal inhérent à la condition humaine pourrait rappeler Pascal plus que Voltaire (bien que
pour Pascal, le mal en l'homme prouve la vérité, et non seulement,
comme pour Hartmann, la nécessité psychologique de la religion).
Selon le raisonnement de Renan, l'alliance du néant et de la religion ne
peut conduire qu'au désespoir : « A mesure que les espérances d'outre-
tombe disparaissent, il faut habituer les êtres passagers à regarder la
vie comme supportable ; sans cela, ils se révolteront (...). La plus
dangereuse erreur en fait de morale sociale est la suppression systématique du plaisir » [84]. C'est donc Renan, et non le philosophe pessimiste qui, par la volonté de bonheur et de morale sociale, rejoint un
certain état de Voltaire. Et quand il oppose à Hartmann le progrès des
sociétés modernes (« Il y a, nous l'avons vu, quelques créatures humaines pour lesquelles, par suite de coïncidences funestes, il eût mieux
valu ne pas être. Espérons que les cas de ce genre deviendront de
plus en plus rares et même disparaîtront tout à fait ») [85], il nous semble
entendre un écho de la 25e lettre philosophique opposant à la sombre
image pascalienne de l'univers-cachot la prospérité de Paris et de
Londres. Cependant si, pour Voltaire, le progrès est essentiellement

---

80. *F.D.*, II, p. 1150.
81. *S.E.J.*, II, p. 890.
82. Voir *F.D.*, II, p. 1149.
82 *bis*. *Crépuscule des idoles*, p. 106.
83. *F.D.*, II, p. 1149.
84. *F.D.*, II, p. 1153.
85. *F.D.*, II, p. 1155, 1156.

social, humain, il se double pour Renan d'une obscure et bienveillante finalité universelle. « L'intention générale de l'univers est bienveillante » [86]. Et Renan, fort sans doute de ce présupposé, semble pour finir plus optimiste que Voltaire, qui jamais n'osa écrire, fût-ce dans les *Lettres anglaises,* « que le problème de l'origine du mal, si péniblement agité par l'ancienne philosophie n'est pas (...) un problème » [87]. Pourtant, le rapprochement Voltaire-Hartmann n'est incohérent que si on l'examine du point de vue conceptuel, en laissant échapper, à travers la passoire d'une analyse des seules notions, les deux images du plâtras et du granit ; plâtras tout ce qui vide d'être la religion (même si ce sont deux éléments aussi opposés que le scepticisme et la philosophie des lumières), granit ce qui peut garantir l'être. Amenuisement de religion, amenuisement d'être, correspondent. Le rêve de la consistance ontologique résiste en Renan à la découverte du possible néant (« l'univers immense tautologie ») [88], il essaie de donner plénitude au vide même, par l'affirmation-gageure : « Le mérite est d'affirmer le divin contre l'apparente évidence » [89], et encore : « Nous mettons notre noblesse en cette affirmation obstinée, nous faisons bien, il faut y tenir, même contre l'évidence » [90]. On observe, depuis l'*Avenir de la science,* une tension dans l'idéalisme qui fait rompre l'équilibre, et frappe de faiblesse l'affirmation-gageure alors qu'elle se veut noblesse, force. Il faut à Renan un ordre du grand. Dans sa jeunesse, il optait pour la voie idéale, « Heureux ceux qui n'ont pas vu et qui ont cru ». Ce choix éthique, poussé à sa limite, s'achève en paradoxe. Il s'agit maintenant de croire *contre* ce que l'on voit. Dans les *Réflexions sur la violence,* G. Sorel remarque, avec raison selon nous, que « c'est l'absence du sublime qui fait peur à Renan » [91] ; ce sublime se traduit, dans l'*Examen de conscience philosophique,* par des images de force manifeste, d'héroïsme guerrier (qui hantaient peu sa jeunesse et son âge mûr ; la pâture idéale était alors moins vaine, et n'avait pas besoin d'apport symbolique de cet ordre) : ainsi, dans l'*Examen de conscience philosophique,* l'allusion aux cuirassiers de Reichshoffen [91 bis], recevant du vieil empereur un mot (« Les braves gens ! »), une reconnaissance de leur être, qui les fixe en éternité. Le recours à ce type d'anecdote symbolique nous semble d'autant plus révélateur du besoin de sublime, que Renan sait le mot inauthentique, fabriqué, comme une compensation nécessaire, une justice. Renan ne montre aucune amertume en soulignant que le mot n'a pas été prononcé : c'est tout comme, puisque le besoin de justice des hommes l'a créé. Il est donc des cas où

---

86. *F.D.,* II, p. 1155.
87. *F.D.,* II, p. 1154.
88. *D.F.,* III, p. 480.
89. *F.D.,* II, p. 943.
90. *F.D.,* II, p. 1159.
91. P. 352.
91 *bis. F.D.,* II, p. 1177 et n. 1.

l'apocryphe est vrai, parce qu'il est nécessaire ! De même, Renan, rêvant le Dieu possible, se fabrique une justice. L'allusion aux cuirassiers s'enrichit donc de prolongements qui dépassent la simple reconstitution historique ou anecdotique. Tout mot, tout mythe réparateur, n'est-il pas une largesse que, dans sa postulation de permanence, l'homme fait au « vieil empereur » — à Dieu ? Renan s'enferme dans un univers verbal qu'il veut croire vrai, parce qu'il garantit le sublime.

Détecter les textes apocryphes, par la science, pour recréer une sorte de monde apocryphe, dans sa revendication vitale, tel semble le tracé de la pensée de Renan. Il est un seuil où la fonction critique s'arrête, non par épuisement, par insuffisance, mais par besoin de maintenir la vie. Renan a souvent exprimé l'idée que, s'il pouvait donner la volée à ses idées philosophiques, c'est que la foi des êtres « simples » (les femmes surtout) leur faisait contrepoids, maintenant toute une face autre des choses, possible, en tout cas thérapeutiquement nécessaire : « Nous pouvons nous passer de religion parce que d'autres en ont pour nous » [92], et encore : « En voyant [la piété des femmes] si assurée, je me dis que mes idées, en ce qu'elles pourraient avoir de dangereux, trouveront vite leur contrepoids... » [93]. A vrai dire, c'est un composé subtil, d'onction et de condescendance, que pareille adresse de Renan aux « chères sœurs » dont il souligne ailleurs la « fâcheuse habitude de pactiser avec l'absurde » [94]. Pourtant on peut déceler en lui à la fois l'exaspération du besoin critique et l'angoisse née de ce besoin : ainsi dans les *Dialogues philosophiques* : « Les planètes mortes sont peut-être celles où la critique a tué les ruses de la nature, et quelquefois je m'imagine que, si tout le monde arrivait à notre philosophie, le monde s'arrêterait » [95]. Les ruses de la nature (amour, religion, devoir) sont donc senties comme nécessaires, et cela, dans leur opposition à la critique. L'inquiétude de Renan ne porte pas ici sur la morale, mais sur le maintien de la vie. Son scrupule n'est pas celui d'un novateur religieux. Pour mieux saisir cette différence, comparons-le à celui d'un Luther en ses dernières années, doutant de l'avenir de son œuvre, qu'il voit altérée en son contenu moral : « C'est une chose étrange et véritablement triste qu'après que la pure doctrine de l'Evangile a reparu à la lumière du jour, le monde n'a cessé d'empirer. Chacun tire la liberté chrétienne dans le sens de la malice charnelle. Si je pouvais en prendre la responsabilité devant ma conscience, je conseillerais et j'aiderais plutôt pour que le pape avec toutes ses abominations redevînt notre maître, car c'est ainsi que le monde veut être conduit : par de sévères lois et par la superstition » [96]. D'un tout autre

---

92. *F.D.*, II, p. 944.
93. *F.D.*, II, p. 972.
94. *N.E.H.R.*, VII, 721.
95. *D.P.*, I, p. 580.
96. Cité sans référence par Hartmann, *La religion de l'avenir*, p. 20.

ordre est le scrupule de Renan, car pour lui la moralité fondée sur l'ignorance reste irrémédiablement viciée : « Le retour de l'humanité à ses vieilles erreurs censées indispensables à sa moralité serait pire que son entière démoralisation »[97]. Il lui faut reconstruire un ordre où la critique rende la vie justifiable, sans porter atteinte à la vie. « Si l'on posait l'ignorance comme borne nécessaire à l'humanité, nous ne voyons plus aucun motif de tenir à son existence »[98] ; il faut pourtant, pour qui a substitué critique à ignorance, idéalisme à orthodoxie, une permanence prolongeant la vie même par « l'estime de Dieu » dont la revendication s'affirme sans se démentir jusque dans les *Feuilles détachées*.

C'est à partir des *Dialogues,* sous l'influence de tout le contexte déterminé par la guerre de 1870, que les images de force armée, pour exprimer la puissance idéale, prolifèrent en Renan ; mais cette fabulation guerrière, ce « sublime » nouveau, n'est-il pas rendu possible par la disposition de toujours, n'est-il pas, dans son lien avec une actualité accidentelle, l'expression du fond permanent ? Sans doute, il fallut le désastre de 1871 pour que l'imagination de Renan aboutît, en ses rêves, au Dieu de l'armement scientifique. Mais le dieu idéal n'était-il pas déjà une promesse d'être, une anticipation de l'éternité, une mainmise sur la force ? Nous tenterons d'analyser la vision renanienne de l'Allemagne, dans sa transformation de 1871, non pour décrire cette transformation, mais pour chercher quel peut être, dans l'assimilation de l'idéal et de la force, le rôle opérationnel du mythe allemand. Nous n'avons nullement l'intention de nier la révolte de Renan face à la brutalité prussienne, remplaçant le Dieu des idées par un « Sebbaoth inflexible »[99]. Les déclarations passionnées[100], qui se répondent, des Lettres à Strauss, à la Préface de *La Réforme,* aux *Dialogues,* prouvent la dislocation de son rêve. Dislocation, ou métamorphose ? Renan, s'il exprime l'horreur de la guerre vécue, récupère l'idée décantée d'une Allemagne où philosophie et force coïncideraient, au lieu de s'opposer, jusqu'à figurer un nouveau messianisme. Ce n'est pas la force même, c'est la force résultant de science et ascèse qu'il présente, dans *La Réforme,* comme l'apanage de l'Allemagne victorieuse[101]. Ce côté de discipline quasi mystique apparaît surtout dans la Préface de *La Réforme* qui découvre, en l'Allemagne, « les qualités morales, et en particulier la qualité qui donne toujours à une race la victoire sur les peuples qui l'ont moins, la chasteté »[102]. C'est un des fils qui parcourront toute l'œuvre ; l'idée de l'influence réduite des fem-

97. *F.D.,* p. 1179.
98. *Ibid.*
99. *D.P.,* I, p. 553.
100. Voir I, p. 451 ; I, p. 327.
101. Voir *R.I.M.,* I, p. 366, 391, 396, 402.
102. *R.I.M.,* I, p. 365.

mes, en Prusse, s'amplifie mythiquement : constitution physiologique essentielle des dévas scientifiques, souvenir du secret de la force des brahmes, élément de la maîtrise de Prospero, l'association force-chasteté se combine de souvenirs de Plutarque (cité avec insistance dans la *Réforme*) [103] et transpose l'allusion évangélique à « ceux qui se font eunuques en vue du Royaume de Dieu ». Se superposent donc deux images de l'Allemagne : la Prusse matérialiste, Bismarck, le Siffroi de l'*Eau de Jouvence* ; d'autre part la gageure d'un idéalisme *armé,* tremplin pour les Rêves des *Dialogues*. On le voit, ce n'est pas la simple opposition d'un idéalisme éthéré et de son contraire : la guerre qui a dénaturé tout un aspect de l'Allemagne (par la force au sens de brutalité), a coloré aussi l'ancienne image de l'idéalisme allemand (par la force résultant de science). Les éléments de l'idéalisme renanien, que nous avons vu converger vers un désir de permanence dans l'être, se concentrent dès 1871 en une image de force armée et savante. La guerre (haïe) a pourtant dégagé en lui, nue, la hantise de la force par la science.

La troisième partie des *Dialogues* et sa fantasmagorie scientifique ne représentent pas, dans l'œuvre de Renan, une excroissance isolée, monstrueuse. Philalèthe, tout en proposant d'abord de ne pas mentionner les « rêves », ajoute que c'est là pourtant « pour chacun de nous la partie la plus chère » [104]. Toute une éthique de la maîtrise perce dans les *Souvenirs* (à travers l'équivalence des saints et des antiques richis, ou dans le désir, que l'humour désamorce, de posséder des esclaves, et, sur eux, droit de vie et de mort). Plus petitement, Renan n'a-t-il pas un jour imaginé pour lui (en le refusant) le rôle de « chef d'école » [105] ? Renan n'a pas été l'homme du détachement et de l'*Ama nesciri*. Son idéalisme n'est pas détachement de l'être, mais choix dans l'être, concentration dans la volonté d'être. Les images de force émanées des Rêves ont laissé leur trace dans l'œuvre. Après 1871, il n'est pas rare que l'accroissement d'existence se traduise par le souvenir guerrier : après l'imagerie du suprasensible dans l'*Avenir de la science,* la pastorale évangélique de la *Vie de Jésus,* les allégories morales de l'idéalisme, l'élan guerrier propose son emblématique, sa preuve de Dieu. Dans les *Feuilles détachées,* l'acte des cuirassiers de Reichshoffen *postule* le mot de leur maître (qui n'a pas été prononcé), c'est-à-dire qu'il postule Dieu, l'ordre moral. Dans l'*Examen de conscience philosophique,* nous l'avons vu, Renan considère que, si l'humanité est vouée à l'ignorance, au retour à ses vieilles erreurs, il ne voit plus aucun motif de tenir à son existence. Pourtant, la préface même des *Feuilles détachées* (recueil dont fait partie l'Examen), affirme une nécessité de la vieille foi ; obstacle majeur à sa disparition ? « le

---

103. *R.I.M.*, I, p. 365, 405, 433.
104. *D.F.*, I, p. 563.
105. *F.P.*, I, p. 686.

jour où la masse n'aurait plus d'élan, les braves eux-mêmes iraient mollement à l'assaut » [106]. A coup sûr, ils se renieraient, et leur mue nous découvrirait ce Ganeo des *Drames philosophiques,* peu soucieux d'imaginer les honneurs rendus à son cadavre, et tirant toutes les conséquences de cet étrange présupposé « que l'immortalité de l'âme n'existerait que pour les militaires » [107] ! Ainsi, dans les *Feuilles détachées* (à travers l'anecdote des cuirassiers), l'acte du militaire apparaît comme un acte de foi, sorte de preuve de Dieu ; alors que selon la Préface du même recueil, c'est la foi (même archaïque, erronée) qui vaut parce qu'elle fonde le courage militaire. Donc celui-ci n'existe pas seulement à titre de preuve pour Renan, mais contient en lui-même une sorte de plénitude décorative et dynamique, un concentré de force.

L'imagination de la force envahit, après 1871, le rêve de Dieu. Remarquons la disparition presque totale de Jésus : certes, les *Dialogues* l'évoquaient comme symbole privilégié de la vie sans conscience, de la vie par influence, mais sa présence devient plus floue après 1871. (Peut-être même perdra-t-elle en valeur auprès de Marc-Aurèle, par exemple, ou d'Epictète. Le Galiléen n'est plus, comme au temps de la *Vie de Jésus,* le plus grand des fils de la femme). Un extrait de l'*Histoire du Peuple d'Israël* nous permettra peut-être de saisir les oscillations de Renan entre l'imagination d'un Dieu de force, et celle d'un Dieu de douleur : « Le Jahvé (...) d'Isaïe et de Michée a déjà les tendances du Père céleste des chrétiens. Quelquefois il prend des tons larmoyants qui font pressentir les reproches affectueux de Jésus : « O mon peuple ! que t'ai-je fait ? » On est tenté de dire : le pauvre homme ! Le Dieu pleureur qu'aimera le christianisme, ce Dieu à qui l'on fait de la peine, qu'on afflige en l'offensant, et qui attend en bon père le retour du pécheur, existe au moins en germe. Jahvé est déjà, à la façon dont on le plaint et dont on le traite, un pauvre crucifié » [108]. Le texte livre un réseau de tendances contraires : exaspération face à la sensiblerie agaçante du Dieu-pauvre homme, appel d'affection du Dieu-tendresse ; oscillation entre l'énergie voulue et l'humiliation finalement acceptée. Face au Dieu pleureur, la tendance sourde à la révolte se résout en son contraire, et finit par lui donner valeur, dans l'agacement dominé, transmué. Nietzsche a souligné en Renan (dans un jugement de portée générale) l'annulation du désir de force par son contraire : « Renan voudrait (...) unir étroitement la science et la noblesse (...). Il désire représenter, non sans quelque ambition, une aristocratie de l'esprit : mais en même temps, il se met à genoux devant la doctrine contraire, l'*Evangile des humbles,* et non seulement à genoux. A quoi sert toute libre pensée, toute modernité, toute souplesse de torcol, quand avec ses entrailles, on est resté chrétien, catholique et

106. *F.D.,* II, p. 944.
107. *Dr. P.,* III, p. 581.
108. *H.P.I.,* VI, p. 626.

même prêtre ! » [109]. Renan représente pour Nietzsche une déviation de l'instinct de force. En effet, la poussée de vie, la volonté d'être, essentielles en lui, ne s'achèvent point en l'analogue du surhomme, du dionysien. Renan associe toujours, au devenir de la vie, le devenir concomitant de science et conscience ; le dynamisme vital se transforme donc en aventure idéale. Aussi, pour Nietzsche, Renan ne peut-il représenter qu'un intéressant « décadent », qui dénature le projet noble par une reconstitution du schéma chrétien. Qu'est-ce que l'idéalisme, sinon la reconversion, sous forme d'instinct et de nature, de tout ce qui compose anti-instinct, anti-nature ; ainsi la fascination de l'ascétisme (celui des antiques anachorètes dans l'*Avenir de la science*, celui des savants ou d'une Allemagne mythique dans les *Dialogues...*), même si elle ne représente qu'une forme inversée, intensive, aristocratique de la jouissance, reste, dans ses transpositions, liée au rêve chrétien, et dessine un espace qui n'est pas *directement* celui de la force. Renan greffe le dynamisme vital de l'homme et du monde sur un fond idéaliste (l'intention bienveillante de l'univers) qui reçoit sa coloration du rêve chrétien dont il est l'ombre. Du point de vue de Nietzsche, Renan développe l'épopée de l'être, l'exubérance de l'être, sur un défaut d'être, et sa tentative conquérante se déploie dans un champ qui rend impossible la conquête. Pour Nietzsche, la transposition de la religion en science laisse vivre en un sens la religion des esclaves, car la science, nécessairement démocratique, reconstitue à sa manière l'évangile des humbles [110]. Ces miasmes de la prétendue « maladie » chrétienne, les séquelles du péché originel, par lui confondu avec le christianisme même, Nietzsche les décèle dans la pensée allemande au XIXe siècle : « Ce sont mes ennemis, je l'avoue, ces Allemands ; je méprise en eux toute espèce de malpropreté d'idées et de valeurs, de lâcheté devant la probité de chaque oui et de chaque non (...). Si l'on n'arrive pas à en finir du christianisme, les Allemands en seront la cause » [111]. Le péché de l'idéalisme, c'est, selon Nietzsche, d'avoir inventé l'idée de but [112] : idéal de bonheur, de science, d'humanité, autant de déviations dérivées de la mentalité chrétienne, autant de transpositions possibles pour l'ancienne foi. En ce sens, pas plus que les Allemands, Renan n'a jamais tout à fait fini d'en finir avec le christianisme. Ce n'est point en lui incapacité de concevoir le néant (le drame de l'*Eau de Jouvence*, les *Feuilles détachées* sont minés de pessimisme), mais refus organique, vital, de l'imaginer, de le porter en lui-même ; dans la perspective de Nietzsche, l'erreur de Renan pourrait être moins une erreur qu'une volontaire mise à l'envers de la vérité.

---

109. *L'Antéchrist*, p. 140.
110. Voir *l'Antéchrist*, p. 140.
111. *L'Antéchrist*, p. 273.
112. Voir *Le crépuscule des idoles*, p. 124.

Barrès note en son journal : « Comme nous parlions des prêtres, des religieuses, je dis à Soury : « En tout cas, ils portent l'uniforme des hautes préoccupations »[113]. Si Renan est resté prêtre, c'est uniquement en ce sens-là. Toute la symbolique du vêtement, dans les *Souvenirs,* tend à le prouver. « La prêtrise égalait celui qui en était revêtu à un noble. Quand vous rencontrez ce noble, entendais-je dire, vous le saluez, car il représente le roi ; quand vous rencontrez un prêtre, vous le saluez, car il représente Dieu »[114]. Le raisonnement peut se poursuivre, et la guirlande analogique aussi : le savant ne sera-t-il point celui que l'on salue, que l'on distingue au premier coup d'œil, comme une évidence théophanique nouvelle ? « J'étais fait pour une société fondée sur le respect, où l'on est salué, classé, placé d'après son costume, où l'on n'a point à se protéger soi-même. Je ne suis à l'aise qu'à l'Institut et au Collège de France ». Renan avait besoin de « représenter », c'est-à-dire de combler une lacune ; on ne représente, après tout que ce que l'on n'est pas, on représente ce que l'on voudrait être, l'horizon de son propre désir et de son propre mythe. Ce simulacre d'incarnation s'arrête au vêtement, car le désir se trompe et se nourrit de lui-même. A travers les états successifs de son Dieu, Renan tentait de parvenir à une dégustation anticipée de la force (gloire ou maîtrise). « Ces temples me plaisaient (...) ; j'y trouvais Dieu »[116], dit-il dans la Prière sur l'Acropole, évoquant la foi de son enfance. Or, que nous livre un autre fragment des *Souvenirs d'enfance :* « Durant les offices, je tombais dans de véritables rêves ; mon œil errait aux voûtes de la chapelle ; j'y lisais je ne sais quoi ; je pensais à la célébrité des grands hommes dont parlent les livres... »[117]. La superposition des deux textes révèle l'équivalence de Dieu et du désir de gloire ; Dieu n'est alors que l'amplification enfantine de soi en grand homme. L'approche de l'idéal reste un rêve d'accroissement de soi. Si Renan n'a jamais accepté le scepticisme intégral, c'est qu'il n'a pu consentir à l'abandon de lui-même. Aussi a-t-il maintenu, jusque dans les *Feuilles détachées,* une échappée dernière, « la possibilité de rêver »[118].

---

113. Tome XIII, p. 59.
114. *S.E.J.,* II, p. 739.
115. *S.E.J.,* II, p. 899.
116. *S.E.J.,* II, p. 756.
117. *S.E.J.,* II, p. 795.
118. *F.D.,* II, p. 945.

QUATRIÈME PARTIE

Métamorphose des anciennes valeurs
Invasion par l'imaginaire et les emblêmes
de la féminité religieuse

« Mon harem d'*imagines*
Abirag »

Ms B.N., N.a. fr. 14200, frag. 264.

CHAPITRE PREMIER

L'ADORATION IRRELIGIEUSE

La démarche de Renan ne peut aboutir qu'à l'échec, puisque, comme il le confesse en ses notes intimes, (son) « plan de vie était fait pour vivre toujours » [1]. C'est pourquoi il s'attachait à tous les substituts de la religion — idéalisme scientifique, moral — comme à une immense entreprise de sauvegarde de lui-même, effort pour préserver dans l'être, sorte d'Eros spirituel. Cette exigence de se fonder, de se survivre, explique en partie, nous tenterons de le montrer, l'équivalence finale de l'amour et de la religion. Le mouvement de l'homme à Dieu part de l'homme pour revenir à l'homme, sa quête de l'absolu se fonde sur l'expérience intime et y retourne. Sa tentative reste circulaire, son discours sur Dieu n'est qu'un monologue subjectif sur lui-même. Toute son entreprise apparaît pour finir comme une fascinante concrétion de l'utopique, effort pour saisir un Dieu, toujours aux confins, non au centre du monde, parce qu'il n'est que ce que « je » veux pour ma sauvegarde (donc qu'il n'est pas).

Cette attitude reste solidaire de l'idéalisme subjectiviste libéral au XIXᵉ siècle, tel que le fustige K. Barth et toute l'école protestante de théologie dialectique. Selon A. Dumas, l'exégèse libre-penseuse du XIXᵉ siècle « parcourait d'interminables prolégomènes sur l'authenticité historique des textes, sur leurs conditionnements par la culture de leur époque, sur leur genèse composite (...) pour ne retenir d'eux que des généralités morales qui constituaient la petite souris de l'individualisme religieux enfantée par la montagne de la science critique » [2]. Si, comme dans la perspective de Barth ou de Freud, la recherche de Dieu n'est qu'un retour emphatique sur soi-même, la religion épurée, élaborée en idéalisme n'a pas d'autre fondement que le piétisme le plus simpliste. Pour Barth, « depuis la vénération la plus stupide jusqu'au spiritualisme le plus raffiné, depuis l'illumination la plus noble

---

1. H. Psichari, *Renan d'après lui-même*, p. 286.
2. Dumas : *Sür Bonhoeffer*, p. 8.

jusqu'à la métaphysique la plus savoureuse », la religion est « fausse divinisation de l'homme et humanisation de Dieu » [3]. Renan n'a jamais proclamé la mort de Dieu, qui aurait été son propre suicide, mais il a maintenu un acte de foi (foi en lui-même) nécessaire à sa survie. « Ne renonçons pas à Dieu le Père » représente l'impératif de l'instinct de conservation, avec une doublure critique qui souvent cherche à s'oblitérer (mais se découvre totalement dans l'*Examen de conscience philosophique* : « La nature n'est pas obligée de se plier à nos petites convenances. (...) l'Eternel est en droit de répondre : « Tant pis pour vous. Vos chimères ne sauraient me forcer à changer l'ordre de la fatalité ») [4]. Renan, pour finir, présente Dieu comme une hypothèse scientifique, mais cela ne déguise qu'à demi, à ses propres yeux, la chimère. Il reste l'homme du vital et vide « comme si ». Souvent même, ses mots d'adoration, qui ont tant irrité, vu leur contexte (ainsi les appels au Père, dans les *Feuilles détachées*) semblent s'inscrire dans une démarche « religieuse » au sens où Barth entend ce mot, c'est-à-dire au sens paradoxal d'éloignement de Dieu (d'un Dieu conçu comme le tout autre) ; la *Dogmatique* définit métaphoriquement l'équivoque statut de l'adoration :

> « (...) regardez la Création d'Eve de Michel-Ange : le geste fatal de l'*adoration,* avec lequel Eve, en tous ses attraits, se présente ; regardez la main de Dieu levée pour mettre en garde, et l'expression soucieuse de son visage, avec laquelle il répond justement à *ce* geste. Ici se prépare visiblement ce qui ne devrait pas être. Eve (...) se présente la première *en face de* Dieu : elle l'adore, mais tandis justement qu'elle *l'*adore, elle marque avec une présomption inouïe la frontière qui la sépare de lui... » [5].

Ce geste qui marque la limite est tentative aussi pour franchir la limite, s'approprier Dieu. Dans la perspective ouverte par K. Barth, cette frontière entre Dieu et l'être, n'est pas, dans l'acte d'adoration, le sentiment d'une différence de nature, mais seulement une distance par rapport à ce qu'on veut saisir. Lorsque Nietzsche écrit, à propos de Renan, dans *Le Crépuscule des idoles* : « Personne ne l'égale dans sa façon d'adorer, une façon d'adorer qui met la vie en danger » [6], il tend, semble-t-il, à montrer le danger pour qui adore, l'affaiblissement des forces vitales par une religiosité qui « énerve », l'affaiblissement de l'énergie. Mais semblable adoration peut aussi anéantir son prétendu objet, déloger définitivement un Dieu qui serait senti comme le tout autre ; dans l'imagination des confins, l'être n'installe alors la distance

---

3. K. Barth, *Dogmatique*, cité par Dumas, *Sur Bonhoeffer*, p. 195.
4. *F.D.*, II, p. 1179.
5. Cité par H. Bouillard, *K. Barth, Genèse et évolution de la théologie dialectique*, p. 55, 56.
6. P. 140.

de soi à soi que pour s'accomplir dans une sorte de divinisation de lui-même. Le tableau évoqué par K. Barth saisit le geste, l'élément de drame et non de contemplation : Eve ne représente pas une harmonie extatique avec autre chose, mais le désir d'être autre, préfigurant déjà la tentation d'être « comme des dieux ». De même le geste, ou plutôt la geste du monde et de Dieu (en devenir et progrès) sont essentiels à la pensée de Renan, dynamique mais sempiternelle projection d'elle-même.

Il est bien remarquable que ce soit un devenir humain, biologique, cosmique, le *nisus* vital, qui ait fait la hantise de Renan, alors que ne l'effleura jamais l'idée d'un développement dans le sens que donnèrent à cette notion Newman, puis Loisy. Même lorsqu'en 1860, dans l'article sur *L'avenir religieux des sociétés modernes*, il déclare « le christianisme (...) susceptible de transformations indéfinies »[7], Renan prévoit un phénomène d'individualisation croissante, apparenté à l'idéalisme, « amenant des symboles de plus en plus élevés, et, en tout cas, créant pour les divers étages de la culture humaine des formes de culte appropriées à la capacité de chacun ». Ce progrès ne peut se situer dans l'Eglise. Pour Newman, le progrès est un enrichissement de l'Eglise elle-même, supposant un Dieu transcendant qui, à travers elle, se manifeste dans le temps. Pour Renan, une même ligne, issue de la poussée germinative, traverse la vie organique et aboutit à la conscience, dans ses virtualités scientifiques, éthiques, esthétiques... C'est un trait de naturalisme païen, et Renan se place, face à l'Eglise, dans un rapport qui n'est pas de haine, mais d'irréductible altérité (l'absence de haine, et même la nostalgie aimante, masquant parfois l'altérité comme en l'article de 1860). Ainsi cette vieille Eglise « rajeunira comme l'aigle, reverdira comme le palmier »[8] à la seule condition de se transposer en pure morale, de se diffuser à travers des cultures, et d'offrir, à différents niveaux, des images à consommer. Renan nous paraît en tout semblable ici à son Prospero, lorsque le cardinal Philippe, qui veut le soustraire à l'Inquisition, lui demande de retirer simplement deux ou trois de ses hérésies les plus notoires. Prospero n'en a point d'isolable ; il est comme l'auteur de l'*Avenir religieux des sociétés modernes*, dont le texte peut être lu sans scandale par le lecteur dévôt, qui n'en pourra retrancher aucun article. « Vous êtes bien bon de ne parler que de quelques hérésies. Chez moi, c'est l'esprit même, c'est tout qui est hérétique. Tout ce que je fais depuis un bout jusqu'à l'autre n'est qu'une hérésie »[10]. Cette « hérésie » si fondamentale qu'elle ne peut se monnayer en « hérésies », c'est la gnose de l'idéalisme scientifique, cherchant le secret de la vie en formation,

7. *Q.C.*, I, p. 272.
8. *Q.C.*, I, p. 271.
9. *Dr. P.*, III, p. 511.
10. *Dr. P.*, III, p. 507

organisme et conscience, à travers la fable de l'*Eau de Jouvence* et les images renouvelées de l'alchimie. « Nous sommes des anciens », affirme encore Prospero. Pour Renan, les chances de survie de la doctrine chrétienne ne font que s'inscrire dans le devenir universel, à point de départ vitaliste. La genèse d'un Dieu se faisant ne peut se confondre avec le développement d'une Eglise, tel que l'a défini Newman, expression temporelle et progressive — mais d'un Dieu immuable. G. Sorel remarque avec étonnement, dans le *Système historique de Renan,* que celui-ci n'a jamais fait allusion à Newman, dont l'itinéraire spirituel avait, en 1845, croisé le sien d'étrange manière : « Je ne vois pas que Renan ait jamais rien écrit sur le célèbre auteur de la théorie du développement des dogmes, on peut se demander s'il n'a pas négligé un théologien aussi important parce qu'il ne se sentait pas en mesure de discuter avec lui. Dans les souvenirs d'enfance, il croit certain que l'Eglise catholique s'oblige à soutenir que ses dogmes ont toujours existé tels qu'elle les enseigne » [11]. G. Sorel précise que Newman était connu en France par deux traductions de son livre, en 1846 et 1848. « Il me semble bien difficile d'admettre que Renan n'ait pas entendu parler d'un savant dont la conversion fit tant de bruit » [12]. Le refus de discuter avec Newman nous semblerait (dans le cas d'une lecture de Renan) provenir moins d'un sentiment d'insuffisance que d'une impossibilité, ici, de dialogue : Renan représente un tout autre univers mental, et le présupposé de Newman, qui maintient une transcendance, échappe à la discussion. Renan n'a point cherché à concilier l'Eglise et le monde moderne ; leur incompatibilité, il l'a *dite* et posée au départ par sa rupture même : le catholicisme est « une barre de fer ; on ne raisonne pas avec une barre de fer » [13], écrivait-il le 6 septembre 1845. Cependant, si, comme il aimait à le croire alors, il se faisait novateur religieux en instaurant le christianisme rationnel et critique, il n'a point, comme Lamennais et Loisy, vécu, prouvé par l'ensemble de sa vie même, l'écartèlement qu'il nommait : il n'a pas, comme eux, été rejeté pour avoir voulu sauver. Nous fonderons notre propos sur ce texte d'A. Loisy (lettre à Boyer de Sainte-Suzanne, 13 juillet 1919) :

> « Le cas de Lamennais est très triste. Il a pensé servir son idéal en se faisant prêtre et il a été désavoué par l'Eglise en France et à Rome. Il a fait ce qu'il a pu en son temps : ébranler l'Eglise qu'il voulait sauver, préparer de loin un autre régime d'humanité. Ceci ne pouvait pas se faire sans cela. Supposez qu'il ne fût point passé par l'Eglise, il n'aurait point réalisé son idéal humain, et il n'aurait pas fourni la preuve de l'incapacité où est l'Eglise de s'adapter à l'idéal nouveau où tend l'humanité.

---

11. P. 52.
12. P. 52, n. 1.
13. *S.E.J.,* II, p. 880.

Mon cas, plus modeste, ne laisse pas d'être analogue au cas de Lamennais. J'aurais pu faire comme laïque, à peu près ce que j'ai fait dans l'ordre de l'histoire et de la philosophie religieuse, mais je n'aurais pas démontré par le fait l'incompatibilité du catholicisme avec la mentalité contemporaine » [14].

Les deux éléments que Loisy a voulu solidaires, Renan les a séparés dès le début : car l'essentiel était pour lui de faire ce qu'il a fait dans l'ordre de l'histoire et de la philosophie religieuse. L'incompatibilité de l'église et de la pensée moderne, Renan l'a marquée et vécue — mais liquidée aussi — dans sa rupture, il ne l'a pas assumée dans sa vie, et certes il ne se prétendit prophète ni témoin. Son centre était ailleurs, son centre était lui-même (la religion avec ses substituts successifs se greffant sur ce noyau, nécessaires mais non premiers). Aussi Renan fut-il comme négativement intégriste ; l'immobilité de l'Eglise lui était nécessaire pour qu'il pût faire, du progrès, l'essence du seul idéalisme, et façonner ce progrès selon le type naturaliste, vitaliste, irréductible à une Eglise, même en marche. Péguy écrit, comparant la rupture de Renan et le schisme de type moderniste : « J'avoue qu'à présent qu'on a vu fonctionner les schismatiques, on se sent pris d'un vieux respect pour ces vieux défroqués encore naïfs (...) qui, eux au moins, en s'en allant de la maison, ne prétendaient point emporter les meubles » [15]. « Les hommes du temps de Renan et de la formation de Renan, quand ils se mettaient en dehors, ne prétendaient point en même temps être en dedans » [16]. N'est-ce pas aussi que les « meubles » eussent représenté pour Renan d'encombrants *impedimenta* ? Le raisonnement de Péguy rejoint ici celui d'une Eglise très strictement administrative, avec son système de bonne police, qui pratique la simplification par l'exclusion : mais le choix entre le dehors et un dedans dont on sera exclu, entre la rupture et l'écartèlement, fait toute la différence entre un Loisy excommunié mais resté prêtre (« prêtre retiré du sacerdoce et de l'enseignement », selon les termes de son épitaphe) et un Renan qui ne put le devenir.

A la différence de Newman, qui a vu dans le temps le déploiement, à travers l'Eglise, d'une essence divine, immuable, Renan a compté sur le temps infini pour faire Dieu. Selon le mot de Théophraste dans les *Dialogues*, « l'immensité du temps est ici le facteur capital » [17]. L'affirmation du résultat n'est qu'un effort pour tromper l'impatience, pour justifier l'attente, pleine du devenir de Dieu. J. Guitton a comparé Renan à l'apôtre Jean, que son impétueux désir du Royaume, sa volonté de saisie immédiate, fit nommer par Jésus « Boanergès », fils

14. Boyer de Sainte Suzanne, *Sur Loisy*, p. 166, n. 12.
15. *Œ. en prose*, p. 1043.
16. P. 1045.
17. *D.P.*, I, p. 597.

de la foudre » [18]. Cette « fougue mal réprimée, cette impatience fondamentale » [19] que découvrent les écrits de jeunesse, reparaît, dans
les *Dialogues*, et jusque dans l'*Histoire du peuple d'Israël* [20], Renan
reprenant, en ses variations idéalistes, la promesse de résurrection et
la formule de Paul : *in ictu oculi*. Cette immédiateté future, Renan
s'évertue à la justifier scientifiquement (car l'illusion de science se
maintient jusque dans le rêve) : un sommeil d'un million d'années
échappant à la conscience, échappe aussi à la durée, et se trouve donc
équivaloir, à l'instant, au « clin d'œil » de la formule paulinienne. La
souffrance née du temps, l'angoisse du Dieu qui tarde ou manque à
être, vibre dans l'histoire des origines chrétiennes, en cette évocation
de l'Apocalypse : « les saintes âmes crient vers Dieu et lui disent :
« jusques à quand, Seigneur, toi, le saint, le véridique, ne feras-tu point
justice (...) ». Mais les temps ne sont pas encore venus (...). On donne à
chacune des victimes une robe blanche (...) et on leur dit de patienter
un peu » [21]. L'image prophétique de la Sibylle, dans son ambivalence,
répond au même problème essentiel ; l'historien d'Israël voit la dérision des rêves de justice et des apothéoses finales : « L'humanité
croira à la justice finale sur le témoignage de David, qui n'y pensa
jamais, et de la Sibylle, qui n'a point existé. *Teste David cum Sibylla.*
O divine comédie ! » [22]. Pourtant, la permanence du mythe, attestant la
vivacité de l'exigence morale, lui façonne un objet, dans un ordre de
vérité irréductible : « La Sibylle vit toujours » [23]. L'écho qui se répercute ainsi, de la scène dernière du Prêtre de Némi (« Il y a toujours
une Sibylle ») [24], à l'histoire d'Israël, installe un présent qui se veut
certitude, engage aussi le futur des prophéties, appropriation verbale et
totale de l'avenir, sentie comme illusion, mais voulue péremptoire et
créatrice.

Parallèlement à cette visée projective, Renan a tenté un jeu *sur*
le temps, par le biais de la sagesse à multiples tranchants et la solution
des intermittences (« S'abandonner, suivant les heures, à la confiance,
au scepticisme... ») [25], telle que la propose le second article sur Amiel.
Cette dernière tentative ne prend son sens que dans une démarche
d'ensemble ; le jeu sur le temps figure à la fois l'aboutissement et l'envers de l'espoir dans le temps, il consacre l'achèvement contradictoire
de la passion en dilettantisme. Renan n'est plus pour finir qu'un Boanergès vieilli, mais cela nous semble suffire à le laver de l'injurieuse
accusation d'amateurisme moral, et à rétablir en lui l'être de passion

18. *Critique religieuse*, p. 100.
19. *Ibid.*
20. Voir *D.P.*, I, p. 625 et *H.P.I.*, VI, p. 1205.
21. *Ant.*, IV, p. 1357.
22. *H.P.I.*, VI, p. 303.
23. *H.P.I.*, VI, p. 1324.
24. *Dr. P.*, III, p. 606.
25. *F.D.*, II, p. 1159.

(au moins dans son principe et sa visée première). N'oublions jamais qu'il fut porté d'ardeur dogmatique, dans le sens qu'il définissait lui-même en 1860 : « Les nations occidentales, qui ont eu la fièvre ardente de l'absolu et du droit, l'Inquisition, le tribunal révolutionnaire, la Terreur, sont jeunes, maîtresses du monde. Capables de beaucoup aimer et de beaucoup haïr, elles doivent à leurs excès mêmes d'avoir dans le passé quelque chose à détester et dans l'avenir un idéal à poursuivre. Les mots de foi et d'espérance ont pour elles un sens : ce sont des races dogmatiques, habituées à préférer mille choses à la vie, possédées d'une confiance invincible en ce qu'elles croient la vérité » [26]. La passion est liée à une certaine conception du temps, plein, progressif, générateur d'une dialectique (« dans le passé quelque chose à détester et dans l'avenir un idéal à poursuivre »). L'abandon, « suivant les heures », aux possibles entrevus, dessine l'envers de l'attitude première, et substitue, à la génération dialectique des contraires, la quasi simultanéité et l'incertitude ; le vrai pulvérisé, la passion dogmatique se mue en « sagesse ». Ce passage à une éthique autre est lié à une façon de vivre le temps : le temps du dilettantisme n'est plus celui de la passion.

Le jeune Renan évoque, dans les *Cahiers,* son enfance comme la part préservée de lui-même, un passé qu'il ne peut renier, puisqu'il entretient en lui ce foyer intérieur qui est lui-même. « Non, ces feuilles ne contiennent pas la plus belle partie de moi-même, celle qui s'enflamme, s'idéalise à la pensée de certaines choses, de ma douce, faible et pensive enfance, par exemple. Oh ! alors j'éprouve des sentiments qui dépassent toute expression, et je n'essaie même pas de leur en donner » [27]. Ce n'est point là simple élan sentimental, mais intuition de la continuité avec soi-même, qui, sans le secours du langage, absorbe l'être et lui suffit. A être dite, cette intuition perdrait son caractère d'immédiateté absolue, par laquelle il se saisit à sa source même. Aussi, quand il affirme qu'il ne reniera jamais son passé, nous semble-t-il que la nostalgie du passé et la postulation du futur se confondent, dans la formation d'un temps sans rupture et sons couture, qu'une même visée idéaliste unifie et justifie : « Les futurs nous jugeront comme placés de force dans l'alternative ou de se reculer sur le cher passé, ou de se tenir en un vide affreux. On donnera alors raison et tort sur un point aux hommes spéculativement moraux et immoraux (les pratiquement immoraux seront toujours horribles, infâmes, haïssables) ; mais on aimera les moraux, l'intérêt se déversera sur eux, d'autant plus que de beaucoup ils auront été le plus près de la forme d'alors, ou de la vérité la plus avancée » [28]. Revivre par le souvenir son passé proche, c'est dessiner idéalement un futur, car si l'on évacue le contenu, on

26. *Q.C.*, I, p. 234.
27. *C.J.*, IX, p. 257, voir aussi *C.J.*, IX, p. 84 et *L.F.*, IX, p. 920.
28. *C.J.*, IX, p. 83-84.

veut maintenir l'essentielle disposition intérieure. Passé, avenir se re-couvrent jusqu'à ne plus faire qu'une seule qualité de temps, le temps absolu de l'approche du vrai, dont les états ne sont qu'épiphénomènes. Ce n'est pas le sujet d'une histoire, c'est une sorte de quintessence morale, que cette adolescence évoquée dans les *Cahiers :* aussi, point de détails ni d'effets pittoresques, dépourvus de sens pour qui cherche, non pas à retrouver son enfance anecdotique, mais à préserver, à tra-vers la mue philosophique, une sorte d'enfance absolue, dans l'unité d'une visée. La mémoire nous semble alors fondamentalement effort pour se maintenir dans son être, à la fois par le report en arrière et le saut en avant, et garantir par là une sorte de solidité dans l'adhésion à soi-même. Ne peut-on découvrir ici l'analogue de la fonction méta-physique du souvenir, telle que l'analyse Newman : « Les hommes pensent qu'ils regrettent le passé, alors qu'au fond ils ne font que dési-rer l'avenir. Ce n'est pas du tout qu'ils voudraient redevenir enfants, non (...), c'est qu'ils voudraient voir Dieu ; ils voudraient être des êtres immortels » [29]. Cette interprétation mystique du temps, n'est-elle pas celle de Renan dans les *Cahiers de jeunesse* ? Le temps dans son lien avec Dieu, c'est-à-dire la saisie du vrai, par le passage d'une tra-duction de l'absolu à une autre, mais sans qu'apparaisse de changement intérieur ? Le passé qu'évoque le jeune Renan apparaît donc, foyer de toutes les virtualités dans la découverte du vrai, comme un passé-avenir.

Dans les *Souvenirs,* au contraire, le temps s'est figé, aplati, vidé de ses possibles prolongements. Il devient vraiment le décor, l'arrière-plan que l'on redessine. Les paroles sont maintenant nécessaires, puisqu'il s'agit de se raconter, l'enfance absolue ayant définitivement reculé devant l'enfance anecdotique. C'est vraiment le passé-passé, un grand bouquet d'images mortes. La brisure de Renan est sensible dans ce rapport au temps qui a cessé de promettre, qui a tenu, il est vrai, mais ce qu'il a tenu n'est pas ce qu'il avait promis ; la rénovation philosophico-religieuse, dans sa faillite, a libéré la « carrière » : « Les deux seules ambitions que j'ai avouées, l'Institut et le Collège de France, ont été satisfaites » [30]. Dans cet hiatus est le drame de Renan. Le passé prend alors valeur pour lui-même, valeur de curiosité, et même d'émotion, mais le tout fragmenté en une sorte d'album. Le pas-sé se remplit (de riens) quand l'avenir s'est vidé (du Tout). Au moment des *Souvenirs d'enfance,* il n'y a plus vraiment d'avenir pour Renan. Avec le temps, c'est le vrai qui a changé de sens, et la notion même de légende : ainsi, à l'époque de la *Vie de Jésus,* qu'était-ce pour Renan qu'une légende, sinon un *plus* de réalité par rapport au mythe, pure fabulation verbale ? La légende évangélique contenait un noyau de vrai, et non de seuls symboles, tandis que la ville d'Is n'est qu'image,

29. Cité par J. Guitton, *Critique religieuse,* p. 137.
30. *S.E.J.,* II, p. 905.

symbole et songe ; eaux de l'imaginaire où plonge, avec la ville engloutie, toute la fin de Renan. Le sens de la légende et la direction
du temps présentent des variations simultanées et solidaires. Le passé,
pour l'auteur des *Souvenirs,* n'est plus du vrai qui va changer de
forme, mais une lointaine phosphorescence.

L'axe temporel qui, dans les écrits de jeunesse, va du passé à
l'avenir, change alors de direction ; par l'image-relais de la ville d'Is,
s'affirme le retour au passé comme tel, dans sa vertu propre. L'appel
à l'avenir « Courage, courage, nature (...) vise, vise encore le but » [31],
s'amortit dans un contexte qu'envahit le flou. Ainsi la fin de la Préface
des *Souvenirs* qui semble juxtaposer des formules équivalentes, pourrait
superposer en réalité des conceptions parfois contradictoires : « Heureux ceux qui auront été les collaborateurs de ce grand succès final
qui sera le complet avènement de Dieu ! Un paradis perdu est toujours, quand on veut, un paradis reconquis. Bien qu'Adam ait dû
souvent regretter l'Eden, je pense qu'(...)il a dû bien souvent s'écrier :
Felix culpa. La vérité est, quoi qu'on dise, supérieure à toutes les
fictions (...). En cherchant à augmenter le trésor des vérités qui forment
le capital acquis de l'humanité, nous serons les continuateurs de
nos pieux ancêtres... » [32]. En son ensemble, cet extrait paraît définir
le passage d'un état de vérité à l'autre : une fois périmée la vérité de la
foi («paradis perdu »), s'affirme la vérité de la science (« paradis reconquis »), dégagée de merveilleux, mais plus belle de n'être pas fictive ; ce pas en avant n'est pas trahison du passé. N'est-ce pas là une
reprise à peine assourdie des visées de jeunesse ? Pourtant, si l'on
suit le texte en ses éléments distincts, sans se laisser prendre à une
sorte de réseau préconstruit, préexistant en Renan depuis l'*Avenir de
la science* (et même avant), ne distingue-t-on pas des à peu près désac-
cordant la monotonie d'une vision de la croissance déifique ? Le
« grand succès final qui sera le complet avènement de Dieu » est une
reprise du grand thème de l'eschatologie renanienne, qui semble donc
aller toujours bon train. Pourtant, ne bute-t-elle pas sur la prétendue
équivalence du paradis perdu et du paradis reconquis ? En effet,
alors que cette dernière affirmation postule une saisie absolue (l'avènement de Dieu), cet absolu, cet avènement se réduisent à la désil-
lusion : l'image du Dieu achevé devient celle d'Adam chassé du paradis
terrestre et désabusé de la fiction. La vérité ainsi reconquise n'est
donc pas un autre paradis, c'est seulement la négation du paradis
illusoire. La vérité n'est ici que négation et rupture, bonne en ce
qu'elle nie la fiction, sans autre compensation que cette négation
même. Le « paradis » sera-t-il reconquis par la science ? Ce serait
tout à fait ici le prolongement de l'*Avenir de la science,* mais une
formule nous interdit, semble-t-il, d'aller dans ce sens : « quand on

31. *S.E.J.,* II, p. 722.
32. *S.E.J.,* II, p. 722.

veut » : s'il s'agit d'un Paradis scientifiquement retrouvé, il ne suffit pas de vouloir ! Cette dernière formule nous semble l'indice d'une bifurcation de sens ; sous la coque scientifique du discours, n'est-ce pas l'imaginaire qui s'installe ? Ce paradis reconquis « quand on veut » ne peut être celui de la science. Dans une lecture globale de cette Préface des *Souvenirs*, on peut voir se glisser, sous l'affirmation un peu lasse, toute faite (et ici marquée d'une faille), du paradis scientifique, celle du paradis-mémoire, qui, vraiment, se livre à la sollicitation intime, à l'appel de l'imaginaire, « quand on veut ». Le texte nous semble donc susceptible de deux lectures : l'une, qui suit la grande promesse renanienne annonçant la venue du Royaume, scientifiquement renouvelé ; l'autre, minant de l'intérieur la première, et transformant le Paradis de science en Paradis de souvenir. Cette dernière lecture nous semblerait en accord avec la plongée dans le passé qui termine la préface, en sa justification scientifique peut-être (l'avenir crée à partir du passé), mais surtout en sa fonction imaginaire (par la reprise finale et significative de la légende d'Is).

La collaboration possible à l'œuvre de Dieu se perd, pour l'auteur des *Souvenirs,* dans l'infini de l'espace et l'infini des temps, sans palier humain, sans intermédiaire nommable. L'avenir n'est donc qu'un avenir pour la nature, si vaste que l'homme ne s'y inscrirait que pour s'y perdre. Au contraire, en 1848, Renan qui croyait, et non par métaphore, au devenir de Dieu, voyait, entre l'homme et l'absolu, un lien moins flou : ainsi dans cet extrait de l'*Avenir de la science* qui figure, selon le mot de J. Pommier, le Cimetière marin de Renan. « Ils ne sont pas morts, ces obscurs enfants du hameau ; car la Bretagne vit encore (...) et quand la Bretagne ne sera plus, la France sera ; et quand la France ne sera plus, l'humanité sera encore (...) Et quand l'humanité ne sera plus, Dieu sera... »[33]. Ainsi sur la vision du vide — la mort et la mer — sur l'angoisse de la fin de l'homme, se surimpriment, rassurantes, des entités morales nommables, humainement définies : le lien de l'homme et du but se confirme dans tous ses relais humains (province, pays, espèce), alors que dans les *Souvenirs,* le lien semble définitivement distendu. L'avenir est maintenant pour Renan un cas limite, projeté si loin qu'il peut tout aussi bien être ou n'être pas. La destination de l'homme s'affirme par habitude, mais ce qui prouve qu'elle a perdu sa consistance, c'est le repli de Renan sur le souvenir et la légende. Comme il l'avoue, en 1884, dans la Préface des *Nouvelles études d'histoire religieuse,* que lui reste-t-il, sinon « le rêve, triste manière d'adorer, à défaut d'autre » ?[34]

Cependant, ce lien qui semble, dans la Préface des *Souvenirs,* ne plus exister que d'une existence verbale, s'affirme, une fois encore, dynamique et créateur, entre l'homme et Dieu, le passé et l'avenir :

33. *A.S.,* III, p. 904, 905.
34. *N.E.H.R.,* VII, p. 718.

relisons, dans les *Feuilles détachées,* le très curieux *Supplément à la page 781 des Souvenirs,* qui prolonge l'évocation de la petite Noémi ; l'auteur découvre le scandale et le blasphème, lorsqu'il entend affirmer (c'est une erreur née d'une confusion) : « Oui, elle était fort jolie, mais elle a mal tourné »[35]. Le sentiment du vide, du néant, de l'à quoi bon, recule alors en lui, suscitant toute la minutie justificative du témoignage, pour faire reconnaître et dissiper le quiproquo, libérant l'explosion passionnée de la protestation, de l'appel au Dieu-vérité. « A vrai dire, cela n'est pas de grande conséquence : dans quelques années, les trois ou quatre personnes qui se souviennent de Noémi, et moi avec elles, nous aurons disparu (...). Mais je tenais à protester par amour de la vérité pure. Je jure devant Dieu, au nom de mes souvenirs les plus fermes et les plus précis, au nom de ces faits et de raisonnements qui me donnent la certitude absolue qu'une erreur a été commise, que ma petite amie (...) est morte de vertu (...). J'adjure l'Eternel (...) je me lèverai s'il le faut »... C'est un appel à l'avenir pour qu'il recouvre et manifeste le passé, qu'il affirme Noémi-vertueuse et sauvegarde son essence, qu'il soit conforme à ce qui *fut.* Le lien vivant, passé-avenir, s'affirme dans le désir de permanence absolue. La passion survit à la dérision d'un avenir borné, et en postule, finalement, un autre. Est-il exact de dire que la passion « survit » : bien plutôt, c'est ici qu'elle se découvre comme telle, dans le désir de sauver le passé. Tout ce passage est d'un accent autre que celui de Renan conteur de lui-même, il n'est pas « écrit » comme l'était l'évocation de Noémi dans les *Souvenirs.* Il nous semble retrouver la passion du temps total, du temps du vrai, telle que nous l'avons analysée chez le jeune Renan. L'être de passion reparaît, dans la découverte absolue de cet amour d'enfance, qui, en son présent, ne se connut pas lui-même, et qui s'achève en un passé-avenir où l'homme rétablit le vrai. Renan apparaît ici en l'authenticité de sa solitude, sans souci d'un public pour qui sont écrits les *Souvenirs,* sans souci même d'une écriture : le titre même (supplément à la p. 781...) fonctionnel si l'on peut dire, a renié l'art, et prouve la valeur opératoire du souvenir, dans la restauration du temps et l'instauration du vrai : c'est une pièce, un document, un témoignage. Le rapport au temps tel que nous le découvrent les *Cahiers de jeunesse,* reparaît ici, pour l'unique fois, dans l'œuvre des dernières années ; mais le jeune Renan ne voyait Dieu, le vrai, que dans la philosophie et la science ; il attendit la ruine de tout pour que, réminiscence comme étonnée d'elle-même, surgisse l'amour. C'est donc un éclat du noyau fondamental que nous offrent en ce *Supplément,* les *Feuilles détachées* : à travers la reconstruction historique, anecdotique, artistique de soi, à travers « les enfances », un authentique éclair de l'enfance retrouvée, dans la qualité du temps et la qualité du vrai qui, pour le jeune Renan, définissaient Dieu.

---

35. *F.D.,* II, p. 974.

CHAPITRE II

RECONVERSION DE LA SCIENCE, AMBIGUITE DU PROGRES SOCIAL

L'ébranlement du principe de la morale, affectant en Prospero le dogme du progrès, affecte nécessairement du même coup la science : car si le monde n'est, selon les termes de *l'Eau de Jouvence,* qu'une immense « tautologie » [1] sans perfectionnement ni devenir, que signifie maintenant la visée renanienne de 1848 : organiser Dieu [2] ? Dans le *Premier article sur Amiel,* Renan persiste à évoquer l'œuvre infinie, et oppose l'ardeur qu'elle inspire à la maladive exploration d'un penseur qui, pour n'avoir pas vu combien le monde est vaste, trouva le temps de tenir un journal intime et de « s'arrêter aux petites mélancolies du chemin » [3]. Quelle faute de ton, aux yeux de Renan, si l'on songe surtout que « tout est à faire ou à refaire dans l'ordre des sciences et de l'humanité » [4] ! C'est ainsi que se définit maintenant l'œuvre infinie, en elle-même, sans prolongement transcendantal exprimé. Il semble difficile de le sous-entendre, car l'accent de Renan, dans ces pages, reste bien celui d'un fervent de la science pour elle seule, « esprit curieux » au sens pascalien. La science, c'est surtout ici « cet amour de l'univers qui fait qu'on n'a d'yeux que pour lui » [5], c'est « la curiosité, l'appétence des choses » [6]. Cette jouissance trouvant sa fin en elle-même paraît nouvelle, si l'on compare le texte de 1884 aux passages de *l'Avenir de la science* définissant la philologie par toute une série d'élargissements progressifs, et lui faisant atteindre, à travers langages et religions, la vie même du spontané, point de contact de Dieu et de l'homme. Dans le *Premier article sur Amiel,* Renan affirme qu'il lui faudrait cinq cents ans pour épuiser le cadre des études scien-

---

1. *Dr. P.,* III, p. 480.
2. Voir *A.S.,* III, p. 757.
3. *F.D.,* II, p. 1145.
4. *Ibid.*
5. *F.D.,* II, p. 1142.
6. *F.D.,* II, p. 1145.

tifiques, et, ajoute-t-il, « si le goût chez moi venait à s'en affaiblir, j'apprendrais le chinois »[7]. Le terme de goût répond bien à la tonalité de l'ensemble. Songeons combien le Renan de 1848 se montrait soucieux de distinguer curiosité et science — celle-ci ne trouvant son authenticité que dans la recherche des « vérités vitales »[8] et n'estimant son champ assez vaste que s'il pouvait contenir « Dieu, l'homme, l'humanité, les origines de l'univers »[9]. A vrai dire, la curiosité comme telle existait intensément en Renan dès 1848 mais elle se trouvait déplacée au profit d'un mobile affirmé comme premier et fondamental. L'évolution de Renan fait moins apparaître en lui des substitutions d'éléments que des déplacements d'accent. Ainsi, la pure jouissance scientifique n'est pas nouvelle en lui, puisque dès les *Cahiers de jeunesse*, il se mettait en garde contre ce péché, donc cette tendance, cette subtile tentation : « Aussi bien, mon ami, prends garde que l'érudition ne te dissipe. Car enfin, c'est se promener, c'est courir le monde, c'est se distraire ; on en revient comme d'une promenade, et si, dans tes idées, le commerce du monde est peu pour le philosophe, l'érudition n'est-elle pas un commerce du vieux monde »[10] ? C'est bien cette saveur, ce « goût de l'histoire »[11] que Renan avoue avoir éprouvés surtout en composant l'*Antéchrist*. Ainsi nous ne saurions présenter la curiosité, réduite à elle seule, comme surgissant du néant, mais plutôt accédant, par la faillite des fins transcendantales, à une signification absolue. Cette démarche garde pourtant valeur essentielle d'évolution sinon de révolution intérieure : il n'est que de comparer la direction générale de l'*Avenir de la science*, rêvant de résoudre le problème de l'infini, à la Préface de 1890 : « La science restera toujours la satisfaction du plus haut désir de notre nature, la curiosité ; elle fournira à l'homme le seul moyen qu'il ait pour améliorer son sort. Elle préserve de l'erreur plutôt qu'elle ne donne la vérité »[12]. Dans un discours prononcé en novembre 1885 en l'honneur de Berthelot, Renan maintient les termes de « religion », de « culte » de la science et de la vérité, dont il s'affirme toujours le « *nazir* »[13], mais c'est là, semble-t-il, pure transposition verbale du prestige d'autrefois, car la science s'est maintenant vidée pour lui de toute démarche au delà d'elle-même. Il le reconnaît, et d'une certaine manière, s'en exalte : « Mieux vaut savoir peu de choses mais les savoir effectivement »[14] ; mais cet éloge même ne déguise-t-il pas l'échec ? Car le terme de savoir a pour Renan changé de sens depuis 1848 : il ne signifie plus effort

---

7 *F.D.*, II, p. 1142.
8. *A.S.*, III, p. 758.
9. *A.S.*, III, p. 759.
10. *C.J.*, IX, p. 143.
11. *An.*, IV, p. 1123.
12. *A.S.*, III, p. 727 (Préface).
13. *D.C.*, I, p. 859.
14. *D.C.*, I, p. 860.

pour toucher Dieu ou s'initier à lui, mais découverte par la science expérimentale de tel ou tel détail positif. La démarche transcendantale s'est muée, dans son échec, en connaissance positive. Plus substantiel est le contenu, sans doute, mais moins ample et moins aventureuse la portée. La quête a changé de sens. La science aussi : elle n'est plus fin et perfection en elle-même, mais, selon la Préface de 1890, moyen d'améliorer le sort de l'homme.

Selon Prospero, « le monde pourrait n'être pas sérieux que la science pourrait être sérieuse encore » [15] ; cependant, si l'hypothèse du vide pressentie dans l'*Eau de Jouvence* est la vraie, la même déviation atteint la morale et la science. Pour le Renan des dernières années, toutes deux n'ont plus de raison d'être, sinon d'améliorer le sort de l'homme, de contribuer tant soit peu au bonheur. La pensée de Renan se retire du Dieu rêvé pour se replier sur l'homme, sur les choses, avec le sentiment que la science, capable de détruire la chimère des religions, ne pourra la remplacer par une révélation nouvelle. « Je le dis franchement, je ne me figure pas comment on rebâtira, sans les anciens rêves, les assises d'une vie noble et heureuse » [16].

Pourtant, l'expérience même ne nous livre-t-elle pas, à travers l'humanité, un certain progrès ? Cette morale dont le fondement se dérobe, l'effort de l'homme l'a créée, et cet effort demeure, comme fait, peut-être comme preuve ? Cette évolution acquise n'est elle-même susceptible de prouver à Renan qu'une perfectibilité dévaluée, se réalisant seulement à travers l'imposture, la crédulité, la force brute : ainsi, pour l'historien du peuple d'Israël, « c'est seulement grâce à l'enfer que l'on a pu tirer de l'humanité un certain degré de moralité. Ah ! pauvre bête ! » [17]. Nous sommes loin de la *Vie de Jésus* et de la foi idéaliste qui ne voyait dans chimères et miracles qu'une première peau dont le christianisme futur se dépouillerait, afin de devenir adoration parfaite, en esprit et en vérité. La Préface de l'*Avenir de la science* prévoit la liquidation totale de l'effort moral et de la chimère qui, seule, l'a rendu possible : « Il est possible que la ruine des croyances idéalistes soit destinée à suivre la ruine des croyances surnaturelles, et qu'un abaissement réel de l'humanité date du jour où elle aura vu la réalité des choses » [18].

Le rêve moral, comme le rêve scientifique, semble donc bien s'achever en illusion. Les *Dialogues* rêvaient de transmuer, par la science, l'imposture en force, le brahmane en *déva* [19]. Prospero, au contraire, tout puissant sur des ennemis crédules par les fantasmagories de son art, ne peut transformer ces fantômes en poudres et en gaz, il échoue

---

15. *Dr. P.*, III, p. 482.
16. *A.S.*, III, p 726 (Préface).
17. *H.P.I.*, VI, p. 1466.
18. *A.S.*, III, p. 726.
19. *D.P.*, I, p. 616.

devant le peuple « devenu positiviste » [20]. La science ne lui livre pas
non plus le secret de la vie, elle lui révèle seulement que l'homme
ne sera jamais immortel, elle opère une poétique conversion, substituant à l'immortalité substantielle la présente intensité du souvenir :
à chacun elle rend ses rêves, selon la pureté de son cœur ; elle ne délivre
donc pas de la mort, mais suscite cependant des visions dont on peut
vivre [21] et consacre, dans le souvenir, une victoire idéale sur le néant,
car, « si tous, tant que nous sommes, une fois par an, à la dérobée,
durant un temps assez long pour échanger deux paroles, nous pouvions
revoir les personnes aimées que nous avons perdues, la mort ne serait
plus la mort » [22]. Le rêve du savant s'achève en exaltation idéaliste
qui n'est en même temps qu'une autre face de l'échec. Renonçant au
rêve de posséder les secrets de la nature et de la vie, Prospero ne
peut, par les prestiges de son eau de jouvence, que restituer chacun à
lui-même, en libérant ses images forces, en donnant consistance au
souvenir ; enfin, transformant son eau de vie en eau de mort, il ne
peut qu'organiser sa fin, et mourir selon les lois d'une pure eurythmie.
Le rêve de force se dissout donc, et dans le sentiment, et dans une
sorte de maîtrise esthétique : niée par le souvenir à travers la vision
de Léolin, la mort n'est, dans la fin de Prospero, qu'esthétiquement
vaincue, transmuée en beauté. « Je peux mourir quand je veux : c'est
là ma jouvence » [23].

L'échec, ou du moins la sublimation idéaliste de la visée de Prospero, s'assortit cependant d'une contrepartie réelle, vérifiable, conso-
lante : le progrès de Caliban, dans son trajet de la brute à l'homme.
Existe-t-il un sens transcendantal des progrès possibles de la bête ?
Car la « bête » progresse et devient en même temps moteur de progrès,
comme Caliban, qui, d'abord incapable de parole et de raison, finit
par accéder à la langue des Aryas, d'abord « exploité » [24] par son
maître Prospero, l'exploite à son tour, mais en le protégeant somme
toute, pour garantir l'éclat de son règne par les découvertes possibles
du savant. Les grognements de Caliban font avancer l'humanité...
vers quoi ? Renan a-t-il transposé son rêve de devenir divin en avenir
social ? Que signifie pour lui, à travers l'image de Caliban, l'évolution
du peuple ? Elle montre que « l'éternelle raison se fait jour par les
moyens les plus opposés en apparence » [25]. Elle a valeur de témoignage et prouve que le suicide d'Ariel, les syncopes de l'idéalisme,
sont peut-être autant de faiblesses ou d'orgueilleuses étourderies.
C'est là un avertissement de Renan à lui-même : si Caliban, décapé de

20. *Dr. P.*, III, p. 421.
21. Voir *Dr. P.*, III, p. 497.
22. *Ap.*, IV, p. 489.
23. *Dr. P.*, III, p. 510.
24. *Dr. P.*, III, p. 405.
25. *Dr. P.*, III, p. 433.

sa grossièreté première, vaut bien, non certes l'individu Prospero, mais le duc de Milan prisonnier des préjugés de son parti et restauré par les zouaves pontificaux, c'est que la République peut n'être pas décadence, que Renan peut, après bien des réticences, s'y rallier, venant enfin à bout de son « scepticisme, qui le fait douter du peuple » [26]. Mais le véritable progrès, pour Renan, n'est pas le progrès social en lui-même, c'est son résultat idéal. Au fond Caliban ne légitime son pouvoir, aux yeux de Renan, qu'en protégeant Prospero. Mais Prospero n'a pu aller au bout de son rêve scientifique ; il n'a pu réaliser qu'un chef-d'œuvre, sa vie, ou plutôt sa mort. La seule justification du progrès social, à travers Caliban, n'était-elle pas de permettre, à travers Prospero, l'essor de l'idéalisme ? Or, laissé à lui-même, le peuple crée-t-il l'idéal ? Pendant la cérémonie d'intronisation de Caliban, symbole du triomphe populaire, au *Te Deum* se mêle le contrepoint multiple des égoïsmes : « l'orgue seul prie » [27]. Le progrès reste dérisoire, au fond, s'il n'est pas total, s'il s'arrête à mi-chemin, s'il ne dépasse pas le social vers l'idéalisme. Les émeutes populaires évoquées dans *Caliban* ne dégagent plus pour Renan la doctrine, le dogme possible, qu'il voyait poindre en 1848 [28]. Certes, ce n'est plus « la solennelle et sainte apparition » qu'évoquait alors sa correspondance intime. Aussi, le grand mérite de Caliban, pour l'auteur des *Drames philosophiques,* n'est-il pas d'avoir supplanté son maître, mais de le protéger, bien plus, de devenir, dans la mesure du possible, semblable à lui, de se muer en conservateur dès sa première nuit au palais de Milan, par la seule vertu, semble-t-il, de ce décor magique, les ciselures des lampes découpant sur les murs « la silhouette du combat d'un griffon et d'une vouivre » [29]. Le sens des révolutions, c'est moins de construire l'idéal que de détruire les obstacles à la pensée : le triomphe véritable de Caliban, c'est que Prospero, après avoir « usé de sa permission de rire tout son soûl en entendant parler sérieusement de cet ivrogne » [30] reconnaisse malgré tout Caliban comme son seul protecteur possible. La justification de Caliban, c'est qu'il soit seul à laisser vivre Prospero, et la liberté accordée au penseur, au savant, authentifie le règne de l'ancienne « brute » : malgré ses réticences, Prospero doit le reconnaître et renoncer à l'exil : « Dans l'exil, je trouverai partout le moine. Ma foi ! Vive Caliban » [31] !

Aussi la science n'organisera-t-elle pas grand chose, et son rêve de puissance se dissipe-t-il en nostalgique abandon. Prospero d'un autre Caliban, Renan ne demande pas à la démocratie de faire régner la

26. *S.E.J.*, II, p. 758.
27. *Dr. P.*, III, p. 430.
28. *L.F.*, IX, p. 1087.
29. *Dr. P.*, III, p. 413.
30. *Dr. P.*, III, p. 424.
31. *Dr. P.*, III, p. 428.

pensée, mais seulement de la laisser vivre : « Ne nous faisons pas d'illusions : nous ne dirigerons rien, nous ne réformerons rien, nous n'organiserons pas grand chose ; mais soyons modestes ; on ne nous importunera pas, c'est beaucoup »[32].

L'idéal serait pourtant celui du roi-philosophe ou du philosophe-roi. Cette image traverse l'humour des « bretonneries » et le vœu de loyalisme aux Rois mages[33], mais surtout la méditation de Renan autour de la figure de Marc-Aurèle : « Avec lui, la philosophie a régné (...). Il est important que cette expérience ait été faite. Le sera-t-elle une seconde fois ? (...) Qu'importe, puisque ce règne serait d'un jour, et que le règne des fous y succéderait sans doute une fois de plus ? (...) Mais il serait curieux de rechercher ce qui sortirait de tels principes, si jamais ils arrivaient au pouvoir. Il y aurait plaisir à construire a priori le Marc-Aurèle des temps modernes, (...) on aimerait à voir (...) quelle attitude garderait un penseur de cette école devant les problèmes sociaux du XXᵉ siècle, par quel art il parviendrait à les tourner, à les endormir, à les éluder ou à les résoudre »[34]. Semblable développement témoigne d'une vue qui n'a rien de proprement social : tout l'intérêt de Renan porte sur l'attitude même du penseur, non sur les solutions possibles — celles-ci ayant autant de valeur, aux yeux du philosophe, si elles sont effectives, ou imaginaires, ou dilatoires. L'essentiel n'est pas pour lui dans le contenu positif d'une mesure ou d'une attitude, mais dans sa relation à l'idéalisme. Si Renan rêve le Marc-Aurèle des temps modernes, ce n'est pas dans un désir d'applications pratiques. La curiosité passionnée du penseur s'attache à une sorte d'expérience intérieure et lui fait voir les problèmes de son époque, selon la catégorie de l'idéal, non selon les exigences du justicier. Le point de rencontre d'un nouveau Marc-Aurèle et des problèmes sociaux de notre temps permettrait de les mieux déchiffrer dans leur réflexion au sein d'une haute conscience morale.

Cette conception semble dominée par une vue religieuse de la société ; en dépit des faillites de l'idéalisme, possibles et entrevues, Renan considère le social comme une étape vers le mystique. C'est ainsi que l'historien du christianisme refuse de voir, dans l'œuvre des premières générations chrétiennes, une œuvre sociale au sens positif du mot. Sans doute existe-t-il plus d'un lien de parenté entre les premiers chrétiens, tous *tenuiores,* répandant la bonne nouvelle dans le cercle de leur travail, et les socialistes, dans leur propagande ouvrière ; sans doute une lettre du communard Babick frappe-t-elle Renan par sa ressemblance avec les épîtres lues dans la primitive église : « ce sont ces bégayements de gens du peuple qui sont devenus la seconde Bible

---

32. *M.H.V.*, II, p. 315.
33. *F.D.*, II, p. 995.
34. *M.-A.*, V, p. 1052.

du genre humain. Le tapissier Paul écrivait le grec aussi mal que Babick le français » [35], mais Renan insiste sur la vocation tout intérieure et idéaliste de la révolution chrétienne. Elle n'a pas poussé l'esclave à la révolte ; si elle a contribué à supprimer l'esclavage, c'est en donnant à l'esclave un prix de spiritualité, en coupant, à sa base morale, l'opposition du maître et de l'esclave ; Blandine, en ce sens, a fait bien plus que Spartacus : « En montrant l'esclave capable de vertu, héroïque dans le martyre, égal de son maître et peut-être son supérieur au point de vue du royaume de Dieu, la foi nouvelle rendait l'esclavage impossible » [36].

Renan juge donc le sens d'une révolution d'après son contenu mystique, dans la mesure où elle fonde ce qu'il appelle encore dans *Marc-Aurèle* « l'égalité devant Dieu » [37], c'est-à-dire l'égalité par la conscience morale. Aussi selon lui, « ceux qui ont prétendu voir dans le christianisme une doctrine révolutionnaire des droits de l'homme et en Jésus un précurseur de Toussaint Louverture se sont (-ils) trompés complètement » [38].

Née de la double déception de 1851 et 1871, l'aversion des mouvements révolutionnaires s'est cristallisée dans la *Réforme intellectuelle et morale,* et le droit historique, qui s'y trouve exalté, correspond, dans une certaine mesure, à une vue mystique de l'ensemble humain et social. Le droit abstrait de l'homme en tant que tel, promu par la Révolution française, ne tient compte que de l'individu, qu'il délivre de tous liens moraux. Il ne le saisit pas dans la perspective d'un finalisme idéal, dans sa solidarité avec ce qui le précède et ce qui doit le suivre. Ainsi, selon Renan, le vice de l'esprit révolutionnaire fut de promouvoir l'égoïsme individuel et non l'idéalisme transcendant. « D'après cette théorie qu'on peut bien qualifier de matérialisme en politique, la société n'est pas quelque chose de religieux ni de sacré. Elle n'a qu'un seul but, c'est que les individus qui la composent jouissent de la plus grande somme possible de bien-être, sans souci de la destinée idéale de l'humanité. Que parle-t-on d'élever, d'ennoblir la conscience humaine » [39] ? Considérée en 1848 comme porteuse de doctrine, la révolution semble maintenant à Renan négatrice de doctrine.

A travers l'idée globale de destinées de l'humanité, être mystique, ne peut-on découvrir en Renan une sorte de totalitarisme spirituel, pour qui la révolution représente l'éclatement du tout rêvé en multiplicité individualiste ? Aussi se plaît-il à souligner les preuves que l'histoire lui fournit de l'intime contradiction des rêves humanitaires : l'illusoire fraternité de la devise républicaine aboutissant à l'Empire, la philo-

35. *M.-A.,* V, p. 1067.
36. *M.-A.,* V, p. 1126
37. *M.-A.,* V, p. 1128.
38. *Ibid.*

sophie allemande idéaliste s'achevant et se reniant à la fois dans la brutalité prussienne. « Que dire du socialisme moderne, et des volte-face qu'il ferait, s'il arrivait au pouvoir » [40] ? Ainsi Renan a totale-ment inversé son point de vue de 1848 : loin d'associer christianisme et révolution, il les oppose maintenant comme le tout — qui donne sens aux parties en les fondant, selon la formule mystique, « pour que Dieu soit tout en tous » — et l'agglomérat inorganique, où les parties ignorent et contrarient la destinée de l'ensemble, pulvérisant l'idée même du tout. Si le christianisme ne s'est jamais démenti, c'est qu'il ne portait en lui aucun levain de réalisme terrestre. Les vrais ancêtres de la révolution, du socialisme, sont bien plutôt les Juifs, pour qui la justice n'a de sens qu'ici bas, l'homme ne jouissant que d'une destinée terrestre, et pour qui la promesse de Dieu s'achève dans une vie heureuse ; la plus grande récompense de l'homme n'est-elle pas pour eux de mourir, comme Job, « rassasié de jours » ?

La marque du socialisme moderne, comme de la revendication juive, c'est, selon Renan, de supprimer « la chimère d'outre-tombe (chimère avec laquelle seule on fait de grandes choses) » [41]. Renan multiplie les associations, se plaisant à retrouver l'identité sous le piquant de l'ana-chronisme, définissant, dans l'*Histoire d'Israël*, l'inspiration prophé-tique comme « un journalisme s'exprimant au nom de Jahvé » [42], les prophètes comme « des publicistes fougueux, du genre que nous ap-pellerions aujourd'hui socialiste et anarchiste (...), fanatiques de justice sociale » [43].

Riche de l'exaltation passionnée qu'il développe, le judaïsme, comme la révolution, paraît cependant à Renan déshonorer l'idéalisme par l'objet de cette passion : une maison, un arbre, des droits, des jouis-sances. Cette vue concentre la force généreuse de l'idée autour d'un point qui la dégrade : l'égoïsme individuel. Poétique dans son élan créateur, le dynamisme de la revendication judaïque et sociale s'ap-pauvrit dans sa visée qui répugne à un certain romantisme moral de Renan : « Cet idéal de bien-être matériel (...) paraît bas à nos races sentimentales et romantiques, élevées comme Saint Bernard dans la confidence des bois et des rochers. Quoi que nous fassions, nous som-mes des adeptes d'une folle chevalerie, poursuivant des rêves et au fond reposant sur la croyance à l'immortalité » [44].

Pourtant dès l'*Antéchrist* apparaît, dans son ambivalence, l'idée d'une vocation révolutionnaire de la France : « Nous ne nous trompons pas (...) quand nous disons à la France : « Renonce à la révolution ou tu es perdue », mais, si l'avenir appartient à quelqu'une de ces

40. *H.P.I.*, VI, p. 977.
41. *Ibid.*
42. *H.P.I.*, VI, p. 613.
43. *H.P.I.*, VI, p. 12.
44. *H.P.I.*, VI, p. 977.

idées qui s'élaborent au sein du peuple, il se trouvera que la France aura justement sa revanche par ce qui fit en 1870 et 1871 sa faiblesse et sa misère » [45]. La France apparaît alors dans son analogie avec Israël, non pas nation, mais patrie de l'idée religieuse, expiant sa vocation mystique par la perte de son autonomie nationale. Peut-être la France est-elle, comme Jérusalem, berceau de l'idée. Peut-être la vieille conception des patries, des nations « animaux de gloire » [46], fondées sur la force militaire comme l'Allemagne de 1870, est-elle destinée à périr. La force de Jérusalem — dans sa correspondance avec le Paris des socialistes — n'est-ce pas de mettre quelque chose au-dessus des amours-propres nationaux ? A travers l'évocation de la ruine de Jérusalem et du temple, en l'an 70, Renan consacre dans l'*Antéchrist* la vocation sociale de la France, sorte de messianisme nouveau. Ce rêveur auquel une certaine opinion reprochait après 1870 de n'être pas assez français — assez « revanchard » — c'est dans le mythe de la Jérusalem future, dans un retour à l'idéal prophétique qu'il transpose l'idée de revanche. Evoquant Isaïe et son idéal de justice, il associe le mythe révolutionnaire de la France au rêve judaïque, et, dans cet univers où la revendication sociale se mêle à la vocation mystique, il s'affirme (non sans un allant qui prête à sourire), français, donc révolutionnaire : « Bravo, Israël. Nous avons dit cela aussi, nous autres révolutionnaires, et nous avons été broyés à cause de nos fautes. Le serviteur de Jahvé pourra être humilié ; il finira par l'emporter » [47].

Si Renan dans l'*Antéchrist* fond dans le même mythe l'idéal messianique et l'appel socialiste, il rapproche dans l'*Histoire du peuple d'Israël* l'idéal juif et l'idéal chrétien dont il éprouvait cependant les différences [48] ; à vrai dire, l'opposition entre la revendication personnelle et le romantisme moral de « nos races » [49], sépare, pour lui, non peut-être juifs et chrétiens dans une différence religieuse, mais plutôt Aryens et Sémites, dans une opposition ethnique et raciale [50]. C'est le christianisme tel que « nous » l'avons fait qui répugne à ce qu'il peut y avoir d'égoïsme dans l'exigence sociale, mais le christianisme primitif, originel, est un fait juif ; ce trait apparaît nettement à l'historien du peuple d'Israël, alors que la *Vie de Jésus*, au contraire, tendait à remodeler le divin fondateur selon les linéaments d'une sensibilité occidentale [51]. Renan découvre en étudiant l'histoire du peuple juif le lien profond entre le christianisme et la religion dont il est né ; faculté d'association supérieure, niant les nations et finissant par les tuer au nom d'un idéal de justice, telle est maintenant pour lui la mar-

---

45. *An.*, IV, p. 1450.
46. *Dr. P.*, III, p. 568.
47. *An.*, IV, p. 973.
48. *H.P.I.*, VI, p. 977 ; voir plus haut.
49. *Ibid.*
50. Voir *ibid.*
51. Voir *supra*, 2e partie, ch. 4 (Paul et Jésus).

que juive et chrétienne : « Le socialisme selon le rêve israélite et chrétien tuera probablement un jour les patriotes et fera une réalité de ce qu'on lit à l'office des Morts : *judicare saeculum per ignem* » [52].

Considérée dans son contenu social positif, la révolution semble à Renan égoïsme, exaltation pure et simple de l'individu, refus de l'inégalité, c'est-à-dire obstacle à la fin supérieure, négation d'un rapport organique entre les éléments. En ce sens, elle engendre ce que Renan appelle la démocratie « superficielle » [53]. En dépit des apparences, ce n'est pas vue cynique, acceptant l'exploitation de l'individu par l'individu, mais plutôt aberration dans l'éternelle poursuite du rêve idéaliste, qui postule une finalité, un but toujours plus loin pour légitimer le sacrifice. Renan parle un langage qui peut sembler d'un politique, mais d'un point de vue toujours autre ; c'est la perpétuelle inadéquation du mystique ou du moins de l'idéaliste et du positif. L'affirmation de l'inégalité ne se limite pas à la *Réforme,* œuvre durcie d'un penseur chagrin, ni aux *Dialogues,* nés du pessimisme d'après 1870, mais se développait déjà en 1854 dans un article sur Channing : « Si l'on pouvait une fois pour toutes se résigner au sacrifice de quelques-uns en vue des besoins de l'œuvre commune ; si l'on admettait, comme le faisait l'antiquité, que l'humanité se compose essentiellement de quelques milliers d'individus vivant de la vie complète, les autres n'existant que pour la prouver à ce petit nombre, le problème serait infiniment simplifié et susceptible d'une bien plus haute solution » [54]. Dans leur réalisation concrète, les aspirations révolutionnaires n'aboutissent qu'à l'échec ; l'idéal reste toujours en avant, et le point d'arrivée d'une révolution ne peut que découvrir le vide ; selon l'historien du peuple d'Israël, « le moment le plus dangereux pour une nation est celui où elle croit avoir atteint son idéal — car alors elle commence à voir la vanité de ce qu'elle avait poursuivi » [55].

C'est comme mythe, comme rêve, comme nécessaire utopie, éternelle projection de la cité future, que la révolution, selon Renan, est belle et féconde. Ainsi le socialisme répond à un appel en lui, non par sa volonté d'applications pratiques, mais comme excitateur d'un rêve. Un puissant entraînement affectif porte Renan du côté des exaltés. Recevant en 1889 J. Claretie à l'Académie française, il déclare : « Nos goûts en histoire, sont, je crois, à peu près les mêmes. Nous avons, si j'ose dire, la même clientèle, les fous, les exaltés, les causes fanatiques me sont si chères que je ne raconte jamais une de ces héroïques histoires sans avoir envie de me mettre de la bande des croyants pour

---

52. *H.P.I.,* VI, p. 958.
53. *R.I.M.,* I, p. 373.
54. *E.H.R.,* VII, p. 280-281. Sur le scandale ou l'ambiguïté du sacrifice renanien, voir *supra,* p. 307.
55. *H.P.I.,* VI, p. 1115.

croire et souffrir avec eux » [56]. A cette époque, il ne croit plus comme en 1848 à l'élaboration d'un nouveau dogme, ou plutôt, il ne la nie pas, et même l'envisage parfois comme possible : ainsi, dans l'*Histoire du peuple d'Israël* : « Tremblons ! en ce moment peut-être la religion de l'avenir se fait et se fait sans nous » [57]. Mais nous découvrons en lui, face au problème révolutionnaire, la tendance révélée par le *Second article sur Amiel,* la fluctuation muée en principe de vérité, la découverte n'étant, ne pouvant être qu'intermittente. « Tout est possible, même Dieu » [58], affirmera Renan dans l'*Examen de conscience philosophique.* La formule est susceptible de bien des variations : tout est possible, même l'avenir de la révolution ; même l'avenir de Dieu à travers celui de la révolution... Mais la conviction de 1848 a perdu toute consistance, s'est diluée en rêve, en furtive et variable saisie des possibles et des contradictions.

Ce qui, de la révolution, demeure pour Renan et l'exalte, c'est le spectacle, l'épopée. Il en voit moins les acteurs humains que le côté d'entraînement impersonnel, cette obsession qui s'installe dans les êtres à la façon d'une « maladie sacrée » [59], et qui malgré eux, peut-être, les transfigure. « Ces ouvriers d'une œuvre de géants, envisagés en eux-mêmes, sont des pygmées. C'était l'œuvre qui était grande, et qui, s'emparant d'eux, les faisait grands » [60]. Cette concentration des forces de l'instinct fascinait déjà Renan en 1848, mais il y voyait alors l'idéal, l'avenir, Dieu, se fondant. Pour le Renan des dernières années, au contraire, « le but de l'humanité, qui saurait le dire » [61] ? Cet aspect esthétique et dément du spectacle humain auquel le jeune Renan se faisait scrupule d'être sensible [62], devient, dans l'ébranlement de l'espoir dogmatique, le vrai sens de la Révolution : « La Révolution est le plus violent des spectacles humains qu'il nous soit donné d'étudier. Même le siège de Jérusalem ne saurait lui être comparé. Ce fut une œuvre aussi inconsciente qu'un cyclone » [63]. Renan y retrouve une sauvage poésie de l'impersonnel et de l'élémentaire, à la fois en-deçà et au delà de l'homme ; n'est-ce pas le point d'arrivée d'une certaine exaltation romantique face au barbare, mais qui trouve son achèvement en dépouillant l'humain ? Vidé de tout son sens humanitaire, le spectacle concentre en lui seul son devenir et sa vérité : « Ecoute ces cris indistincts (...), cela hurle et cela bave, cela pleure et cela prie.

---

56. *F.D.,* II, p. 1080.
57. *H.P.I.,* VI, p. 1516.
58. *F.D.,* II, p. 1169.
59. *F.D.,* II, p. 1083.
60. *F.D.,* II, p. 1081.
61. *F.D.,* II, p. 1085.
62. *L.F.,* IX, p. 1088.
63. *F.D.,* II, p. 1081.

C'est un poignard qui marche et qui titube. Malheur à qui se trouve devant lui » [64] !

Ainsi l'évolution de Renan nous révèle la ruine de la morale objective, comme des visées transcendantales de la science et de la Révolution. Sans doute l'*Examen de conscience philosophique* prête-t-il une forme de généreuse vérité à ces « quatre grandes folies de l'homme, l'amour, la religion, la poésie, la vertu » [65], mais sans plus en tirer argument en faveur de l'existence d'un ordre idéal. Il n'y a plus ici preuve, mais choix. De l'impératif catégorique de Kant, fondant objectivement la morale, Renan revient au pur acte de foi (excluant par là-même la certitude et traversé par le doute), transposant l'attitude du croyant : « *Praestet fides supplementum sensuum defectui* » [66], mais seulement dans une certaine mesure, car la « foi » de Renan ne vit que de mise en question et se conteste en se posant. Les drames de *Caliban* et de l'*Eau de jouvence* consacrent le demi-succès de la raison populaire (puisque l'ancienne « brute » se révèle seule capable de garantir une certaine indépendance au savant, mais non d'accéder elle-même à la science) et le demi-échec de la pensée (puisque Prospero ne peut faire régner la science, ni même la pousser à son terme, sa véritable victoire étant l'harmonie de sa fin). La science triomphante eût-elle su organiser la cité idéale ? Au deuxième acte de *Caliban*, l'illumination symbolique dont l'art de Prospero veut enchanter les nobles milanais, évoque les dieux de l'avenir et de la science dans leur triomphe sur les anciens dieux de la nature enchantée. « Sous eux un tube incandescent qui est leur âme (...). Après avoir mis en fuite les dieux de chair, les dieux d'acier se battent entre eux (...). Diasyrmos, armé d'un violon discordant, survit seul et joue » [67]. Pas plus que celui de la démocratie, l'avenir de la science ne semble ici l'idéalisme, ni même le prosaïque bonheur. Sur la ruine des espérances transcendantales, un seul ordre s'affirmera, portant en lui-même son absolu : celui de l'esthétique et de la poésie.

---

64. *Dr. P.*, III, p. 596.
65. *F.D.*, II, p. 1171.
66. Cité *ibid.*
67. *Dr. P.*, III, p. 403-404.

CHAPITRE III

SENS NOUVEAU DE LA MORALE. DE L'ABSOLU MORAL AU SUBJECTIVISME ESTHETIQUE

Dans l'univers mental que révèlent les *Dialogues philosophiques,* l'élément qui rend possible l'articulation de la science et de la morale, c'est la foi au progrès, résistant finalement aux incertitudes : si, dans le progrès révélé par la science, l'idéal est en voie de se réaliser, la morale a valeur objective au delà des injustices individuelles et malgré elles, car elles sont compensées par la genèse du divin.

L'affirmation de la morale dans son sens absolu s'exprime dans la Préface des *Essais de morale et de critique* [1], dans la Dédicace de *Saint Paul* à Cornélie Scheffer [2]. Renan, dans *La métaphysique et son avenir,* présente ainsi le symbole de l'école critique : « Son dogme est la foi au divin et à la grande participation que l'homme y a » [3]. La morale se livre, comme une évidence, à travers l'instinct même de l'homme : « Il ne faut faire dépendre la morale d'aucun système. Fiez-vous à celui qui la porte dans les besoins de sa nature » [4]. Proclamer cette indépendance de la morale vis-à-vis des systèmes philosophiques, affirmer qu'elle garde valeur dans tout contexte et malgré toute objection, c'est preuve de foi sans doute — n'est-ce pas aussi prudence, besoin de sauvegarder une valeur sur laquelle peut-être on sent ou craint une menace ? La foi de Renan semble traversée d'inquiétudes et de fissures. Ainsi, à la fin de ce même article où il l'affirme, n'en montre-t-il pas la possible précarité ? Avant de bénir le « Père céleste » de s'être dérobé à l'appauvrissante lumière des idées claires et distinctes, Renan, parmi tous les possibles qu'énumère son interrogation, lance celui de la morale-illusion : « Est-ce là une bienfaisante illusion que ta pitié a savamment combinée (...) ? Est-ce le désespoir qui a raison, et

---

1. *E.M.C.,* II, p. 13.
2. *S.P.,* IV, p. 708.
3. *F.P.,* I, p. 704.
4. *Ibid.*

la vérité serait-elle triste » [5] ? La fragilité possible de l'instinct moral était entr'aperçue dès l'*Avenir de la science,* mais dans la perspective où il serait beau d'être dupé, c'est-à-dire où l'acte moral garde son sens, au moins comme sacrifice à l'invisible. L'article de 1860, *La métaphysique et son avenir* nous semble déjà déplacer sensiblement le problème : il ne s'agit point d'offrande à l'indivisible comme dans l'*Avenir de la science,* ni de cette adhésion à la nature qui nous exploite, comme le suggéreront les *Dialogues.* Déjà se fait jour, en 1860, le pressentiment d'une morale-leurre, d'une vérité triste jusqu'au désespoir, d'une perspective où la morale ne serait plus sacrifice mais néant, absurdité. La morale ne représenterait pas alors une ruse de la nature qui, selon l'hypothèse des *Dialogues,* nous pousse à « conniver à la politique de l'Eternel » [6], mais l'illusion pure, masque du vide. Sans doute n'est-ce là encore qu'une note isolée, incertaine (puisque les *Dialogues* parviendront malgré tout à sauver, onze ans plus tard, la certitude du progrès et de la transcendance), mais elle garde valeur de préfiguration. Cette tentation du pessimisme intégral, nous la découvrons dans l'*Eglise chrétienne ;* évoquant les rêves millénaristes, Renan voit cette chimère se confondre avec l'éternel besoin de justice, et toute la revendication humaine se perd pour lui dans la même naïveté que la foi chrétienne du IIe siècle : « Il ne faut pas demander la logique aux solutions que l'homme imagine pour sortir de l'intolérable destinée qui lui est échue. Invinciblement porté à croire au juste, et jeté dans un monde qui est l'injustice même (...), il imagine des chimères dont il rirait chez un enfant pour ne pas avouer que Dieu a pu se moquer de sa création jusqu'à lui imposer le fardeau du devoir sans compensation » [7]. Sans doute ce pessimisme ne sera pas sans retour, mais il semble bien qu'après les *Dialogues philosophiques* le dogme moral perde en fermeté ; ce n'est plus l'absolue nécessité de l'impératif catégorique, du devoir prouvant Dieu. Dans la Préface des *Dialogues,* composée en 1876, apparaît la désespérante image de « l'ombre d'une ombre » [8], inconsistante projection de nos rêves, de nos souvenirs, de nos illusions, seul aliment de toute vie intérieure. On sent se dérober le fondement de la morale et s'affaiblir souterrainement la foi au divin. « Faire le bien pour que Dieu, s'il existe, soit content de nous, paraîtra à quelques-uns une formule un peu creuse » [9].

Le pressentiment du vide, le processus d'abolition et d'angoisse ne cessera de gagner, à travers les images d'évanescence et de vaporisation. Ainsi dans la *Réponse au discours de réception de Cher-*

---

5. *F.P.,* I, p. 174.
6. *D.P.,* I, p. 580.
7. *E.C.,* V, p. 466-467.
8. *D.P.,* I, p. 557.
9. *Ibid*

buliez (le 25 mai 1882) : « Nous vivons d'une ombre, Monsieur, du parfum d'un vase vide ; après nous, on vivra de l'ombre d'une ombre ; je crains par moments que ce ne soit un peu léger » [10]. Renan, dans les *Apôtres,* mettait en garde l'esprit critique, dans ses légitimes libertés, contre « la diminution de vertu qui menacerait nos sociétés si le christianisme venait à s'affaiblir » [11]. Cet avertissement supposait que la doctrine chrétienne avait, quoique de façon imaginative et populaire, rencontré une face du vrai idéal. Au contraire, la Préface des *Dialogues,* la *Réponse à Cherbuliez* découvrent les jeux de miroir de l'illusion, l'illusion chrétienne s'affaiblissant encore en illusion idéaliste. Certes, Renan parie toujours pour la vertu, mais c'est là pure gageure personnelle. Ce qui, d'après les *Conférences d'Angleterre,* lui fait croire que la vertu a raison contre l'égoïsme, ce n'est plus la nécessité du postulat moral, c'est un « je ne sais quoi », qui se dissout dans la subjectivité pure du désir et du sentiment. « Je ne sais quoi m'assure que celui qui, sans bien savoir pourquoi, par simple noblesse de nature, a pris pour lui dans ce monde le lot, essentiellement improductif, de bien faire, a été le vrai sage » [12]. Cette déliquescence du postulat n'atteint évidemment pas, en Renan, la pratique morale. Notre propos n'est certes pas de juger l'individu selon les insipides prétentions d'une surenchère moralisante, mais d'essayer de dégager le sens d'une gageure, qui fait coexister la moralité avec le doute sur le sens absolu de la morale. Renan dut penser à lui-même, en portant ce jugement sur la vie de Spinoza : « Il sentait que l'opinion ne passe jamais à un homme deux hardiesses à la fois ; étant libre penseur, il se regarda comme obligé de vivre en saint » [13].

Peut-être une certaine opinion, soucieuse d'efficacité pratique, pourrait-elle faire à Renan le reproche qu'adresse Libéralis au prêtre de Némi, l'idéaliste et novateur Antistius : « Les gens de ta sorte se croient en règle avec la société quand, après avoir détruit dans la conscience humaine les mobiles ordinaires du bien, ils croient pouvoir se rendre le témoignage de n'avoir laissé aux hommes que de bons exemples de vie » [14]. Détruire les mobiles ordinaires du bien — ainsi Libéralis pourrait-il traduire la démarche de Renan dans le deuxième article sur Amiel, qui consacre la déroute du principe moral, en multipliant les raisons d'être et les formes du bien, en noyant le devoir dans le pluralisme des voies du « salut » individuel : « Amiel se demande avec inquiétude : « Qu'est-ce qui sauve ? » Eh ! mon Dieu ! c'est ce qui donne à chacun sa raison de vivre. Le moyen de salut n'est pas le même pour tous. Pour l'un, c'est la vertu ; pour l'autre, l'ardeur du

---

10. *D.C.,* I, p. 786.
11. *Ap.,* IV, p. 469.
12. *C.A.,* VII, p. 605.
13. *N.E.H.R.,* VII, p. 1037.
14. *Dr. P.,* III, p. 576.

vrai ; pour un autre, l'amour de l'art ; pour d'autres, la curiosité,
l'ambition, le voyage, le luxe, les femmes, la richesse — au plus bas
degré, la morphine et l'alcool » [15]. Le bien, le vrai, le beau, trouvent
place, remarquons-le, dans cette énumération, mais absolument trans-
formés du seul fait qu'ils se situent parmi d'autres — non plus isolés
dans la triade qui représentait, dans *Saint Paul* [16] par exemple, la catégorie de l'idéal, mêlés au contraire à l'infinie variété des mobiles,
l'alcool devenait aussi, à sa manière et dans son ordre, révélation
salvatrice. Ici s'affirme et s'éclaircit l'intuition ancienne en Renan,
perceptible dès les *Cahiers de jeunesse* [17], du relativisme universel, des
insuffisances d'un manichéisme simpliste ; c'est l'intime union des
principes qui, selon les *Essais de morale et de critique,* les rend indis-
sociables [18], fondant ensemble bien et mal, beau et laid, raison et folie
en « des nuances aussi indiscernables que celles du cou de la co-
lombe » [19].

Sans doute, les *Dialogues philosophiques* entrevoyaient la possibilité
du pur mirage moral, dans l'effort de l'homme travaillant pour la
seule « illusion de bien faire » [20], mais cette plongée dans le vide n'était
que d'un instant, la morale retrouvant pleine réalité à travers l'affirmation des fins obscures de l'univers [21]. Au contraire, en 1884, le
Deuxième article sur Amiel maintient le principe moral, mais comme
un choix intime et aventureux, généreuse folie qui voit et accepte
le risque : « Nous mettons notre noblesse en cette affirmation obstinée ; nous faisons bien : il y faut tenir, même contre l'évidence. Mais
il y a presque autant de chances pour que tout le contraire soit vrai.
Il se peut que ces voix intérieures proviennent d'illusions honnêtes,
entretenues par l'habitude (...), que le monde ne soit qu'une amusante
féerie, dont aucun dieu ne se soucie » [22]. Remarquons toutefois qu'au
moment même où Renan fait basculer, non la volonté morale personnelle, mais le dogme moral, il affirme comme malgré lui le besoin
qu'il éprouve de ce dogme, de ce point de référence universelle : ainsi,
il parle bien d'illusions, mais « d'illusions honnêtes ». Si vraiment le
principe moral est illusoire, l'illusion n'est ni honnête ni malhonnête,
elle n'est que vide soufflé. Parler d'illusions honnêtes, n'est-ce pas
restituer à travers la trahison du langage, ce principe moral que l'on
frappe de nullité ? Les illusions honnêtes ne sont en fait qu'illusions
d'honnêteté, entretenues comme telles par l'habitude de penser selon
la référence morale. Oté le fondement dogmatique de la morale,

---

15. *F.D.,* II, p. 1153.
16. *S.P.,* IV, p. 1088.
17. Voir *C.J.,* IX, p. 437.
18. Voir *E.M.C.,* II, p. 132.
19. *S.E.J.,* II, p. 758.
20. *D.P.,* I, p. 572.
21. *D.P.,* I, p. 581.
22. *F.D.,* II, p. 1159.

Renan garde néanmoins, non seulement la moralité dans les actes (qui ne se trouve pas ici en question) mais un mode de pensée façonné par la référence à un absolu. Nous découvrons, dans cette persistance des mécanismes idéalistes, le phénomène qu'analyse, dans ces équivalences physiologiques, la lucidité désabusée de la Préface des *Dialogues* : « Nous sommes comme ces animaux à qui les physiologistes enlèvent le cerveau et qui n'en continuent pas moins certaines fonctions de la vie par l'effet du pli contracté » [23]. Ainsi s'installe l'hypothèse du vide, de la « vérité triste » à peine entr'aperçue en 1860 [24]. C'est dans la Préface des *Feuilles détachées* qu'elle s'exprime, consacrant l'échec de l'idéalisme dans son effort dogmatique : « Sachons attendre ; il n'y a peut-être rien au bout ; ou bien, qui sait si la vérité n'est pas triste ? Ne soyons pas si pressés de la connaître » [25].

L'héroïque contre-sagesse de l'*Avenir de la science* s'écroulera-t-elle avec ses fondements ? Le sacrifice à l'invisible deviendra-t-il sacrifice au vide ? Renan maintient pour lui les exigences de l'idéalisme, même privées de leur répondant objectif, mais, comme Prospero dans l'*Eau de Jouvence,* il ne se sent plus le droit de les présenter comme absolues, ni même peut-être de les offrir au choix des autres : « La vertu est une gageure, une satisfaction personnelle, qu'on peut embrasser comme un généreux parti ; mais la conseiller à autrui, qui l'oserait » [26] ? Le mot de Saint Augustin : « *Domine, si error est, a te decepti sumus* » hante toute cette pensée morale, ou du moins ouvre et clôt cette œuvre, puisque nous en trouvons le souvenir et dans l'*Avenir de la science* [27] et dans les *Feuilles détachées*. En 1848, c'est l'exaltation, l'enthousiasme au sein même de la pensée critique, et la fondant. En 1884, c'est la retombée, la survie esthétique d'une vérité d'abord sentie comme universelle, qui ne trouve maintenant sa sauvegarde que dans sa beauté, la foi se transmuant en lucidité mêlée d'ironie : « Le mot de Saint Augustin (...) *reste* très beau, très conforme au sentiment moderne » [28]. L'être dupé se consolait autrefois, s'enivrait même de son immortalité dans le dieu futur. Mais si tout est vide, ou si l'hypothèse du vide semble aussi probable que d'autres, toute dogmatique s'effondre, l'homme n'a plus qu'à dégager les débris, organiser le sauvetage; accepter le bonheur, — non plus la contre-sagesse de l'*Avenir de la science,* mais l'art de vivre.

La réflexion de Renan, dans la ruine du symbole idéaliste, se retourne sur elle-même, accepte — pour les autres, du moins — le calcul, les prudentes hésitations de la voie moyenne : « Ce qui semble

23. *D.P.*, I, p. 557.
24. *F.P.*, I, p. 714.
25. *F.D.*, II, p. 941.
26. *Dr. P.*, III, p. 481.
27. *A.S.*, III, p. 1084.
28. *F.D.*, II, p. 1160.

de la sorte conseillé, c'est une sagesse à deux tranchants, prête également aux deux éventualités du dilemme... » [29]. Quelle conversion intérieure opère en Renan la probabilité du néant ! De l'*Avenir de la science,* qui consacrait l'irréductibilité absolue de la perfection au bonheur, aux articles de 1884 sur Amiel, la révolution est totale : la liquéfaction de l'idéalisme force au repli de la perfection sur le bonheur : « A mesure que les espérances d'outre-tombe disparaissent, il faut habituer les êtres passagers à regarder la vie comme supportable ; sans cela ils se révolteront ; on ne maintiendra plus l'homme en repos que par le bonheur » [30]. Il ne s'agit plus comme en 1848 d'élever l'homme, de lui « donner droit à la noble souffrance » [31], de lui faire « respirer Dieu » [32]. Renan ne peut plus maintenant que chercher un calmant pour le peuple, remplacer l'ancienne religion, qui l'enchantait et l'endormait, par un autre opium : le plaisir, les jeux et les chants... « Sur le pont d'Avignon, c'est là que l'on danse... ». Ce refrain populaire parcourt le drame de l'*Eau de Jouvence* ; le dernier mot de la sagesse, selon les termes mêmes de Prospero, ne serait-il pas de « s'étourdir » [33] ? Cet idéal en vaut un autre : car dans la faillite de la transcendance, l'individualisme reprend tous ses droits, l'égoïsme, le droit au bonheur trouvent un sens. Le peuple n'a devant lui que deux voies, que deux chants : ou l'inoffensive griserie des rondes, ou la Révolution, le pont d'Avignon, ou la Carmagnole. Les deux airs qui alternent dans l'*Eau de Jouvence* symbolisent les deux voies de « salut » populaire, dans la déroute des valeurs idéales.

Pourquoi Renan maintient-il son choix personnel, sa gageure d'idéalisme ? Il affirme un besoin presque organique de morale autour de lui. Les *Cahiers de jeunesse* révélaient déjà cette tendance [34], ce besoin d'une atmosphère, autour de lui, où la vertu ait un sens, soit prouvée par son évidence même. « Il me faut de la morale en moi et autour de moi » [35]. C'est la même exigence qu'exprime à la fin de sa vie la Préface des *Feuilles détachées* : « J'ai besoin de droiture autour de moi » [36]. Cette nécessité se double d'un choix esthétique, la morale se confondant avec un privilège, et signifiant une certaine qualité de race. Obstinée, mais sans aveuglement, fidèle, mais lucide, la vertu se pose alors en maîtrise suprême, en acte d'ironie. « Nous devons la vertu à l'Eternel ; mais nous avons droit d'y joindre, comme reprise personnelle, l'ironie. Par là, nous rendons à qui de droit plaisanterie

---

29. *F.D.,* II, p. 1159.
30. *F.D.,* II, p. 1153.
31. *A.S.,* III, p. 987.
32. *Ibid.*
33. *Dr. P.,* III, p. 482.
34. *C.J.,* IX, p. 810, 825.
35. *C.J.,* p. 810 ; voir aussi p. 825.
36. *F.D.,* II, p. 939.

pour plaisanterie ; nous jouons le tour qu'on nous a joué »[37]. L'Eternel — seul le mot donne à la notion un simulacre de substance. Que
représente ici le Dieu dont nous ne voulons pas être la dupe, et à qui
nous rendons son bon tour, puisque (contrairement à son homonyme
des *Dialogues* qui nous dupait, au moins, pour se parfaire) il nous joue
tout simplement le tour de ne pas exister, ou se satisfait d'une existence si hypothétique ! A travers les automatismes verbaux où se mêlent
souvenirs et malice, nous apercevons, semble-t-il, Renan, non point
face à l'idée divine, mais seul avec lui-même, et fort de son ironie.
La maîtrise propre à cette ironie, c'est qu'elle n'attend réponse de
personne (elle s'adresse à peine à Dieu qui existe si peu), elle porte
toute sa valeur en elle-même, et suffit à donner sens à une vie, à un
choix moral. La « reprise personnelle » est en réalité conquête totale,
preuve de cette « gentilhommerie »[38] intellectuelle qui fut toujours la
tentation de Renan. La vertu s'absorbe ici tout entière dans l'ironie,
acte de maître, seigneurie intellectuelle. « La moralité doit être réser-
vée pour ceux qui ont une mission comme nous. Celui qui occupe
un rang à part dans l'humanité doit s'imposer, en retour de ses pri-
vilèges, des devoirs austères (...). Mais les pauvres gens, les gens
ordinaires, allez donc ! Ils sont pauvres et vous voulez que, par-dessus
le marché, ils soient vertueux »[39] ! On s'étonne d'entendre Prospero
présenter sa « mission » comme fondement de son devoir-privilège. Ce
terme semble faire nécessairement partie du vocabulaire d'un savant
tel que le définissait Renan en 1848, mais pour Prospero, l'avenir de
la science et de l'humanité est tout autre, c'est la probable découverte
du néant : « Dans l'hypothèse, qui devient de plus en plus probable,
où l'univers n'est qu'une tautologie dans laquelle la somme de mouvement se retrouve exactement dans la balance finale, sans perte ni
gain, tâchons que la plaisanterie ait été douce »[40]. Dans un monde
qui ne se définit plus par le progrès, qui ne représente plus le devenir
de Dieu et ne fonde plus objectivement la morale, quelle est la « mission » de l'homme vertueux ? Ainsi Prospero affirme sa vocation, en
termes de transcendance quasi mystique, au moment même où il lui
dénie presque totalement son fondement scientifique et moral : « Qui
sait si le dernier résultat du grand effort qui se fait en ce moment pour
percer l'infini n'est pas que tout est vide »[41]. Nous ne voulons pas signifier que, dans l'hypothèse du néant, la science et la morale perdent tout
sens, mais qu'elles représentent alors un fait, une façon d'être, nullement une « mission ». Ainsi, à travers le personnage de Prospero,
Renan maintient les vocables de l'*Avenir de la science,* alors qu'il est

---

37. *F.D.,* II, p. 1160.
38. *Dr. P.,* III, p. 482.
39. *Dr. P.,* III, p. 478.
40. *Dr. P.,* III, p. 480.
41. *Dr. P.,* III, p. 481.

parvenu déjà à l'hypothèse d'une « vérité triste », bien voisine de son dernier bilan, l'*Examen de conscience philosophique,* qui ne sauvegarde Dieu qu'entre bien d'autres possibles[42].

Le terme dont nous discutons la validité dans un passage précis de l'*Eau de Jouvence* (acte III, scène 2)[43] ne peut-il nous donner, dans son impropriété apparente, accès à un certain état de la pensée de Renan ? Prospero affirme sa « mission » tout en présentant l'hypothèse du vide. Cette mission n'a plus de raison d'être hors d'elle-même, dans la découverte ou le perfectionnement d'un devenir divin ; mais, cet absolu qui lui échappe du dehors, ne le retrouve-t-elle pas en elle seule ? Nous touchons au paradoxe d'une mission qui trouve sa fin en elle-même. La vocation de Prospero serait alors d'être ce qu'il est, d'affirmer supérieurement, non par référence à la garantie divine et idéale, mais en lui, dans sa vie de penseur, un autre ordre que celui des « gens ordinaires »[44]. L'absolu, affirmé dans l'*Avenir de la science* comme répondant objectif de la science et de la morale, s'introduit maintenant en elles et ne subsiste que par cette conversion. C'est comme un Dieu qui n'existerait que par son prêtre, le prêtre étant tout à fait conscient de l'absence ou de l'évanescence de son Dieu, mais le reconvertissant, en quelque sorte, en lui-même. Sa « mission » serait alors non pas de représenter un absolu, mais d'être lui-même une sorte d'absolu. N'est-ce pas le sens de l'affirmation de Renan dans l'*Eau de Jouvence* : « Il faut toujours prendre le parti le plus vertueux, sans être sûr que la vertu soit autre chose qu'un mot »[45]. Si la vertu n'est qu'un mot, cela signifie que Dieu, les grands êtres métaphysiques qui pourraient la fonder, n'existent pas. Mais l'homme vertueux existe et devient une manière d'absolu, fondamentalement différent de ces « pauvres gens »[46] qui ont, eux, droit au plaisir, et sur qui tombe l'orgueilleuse pitié de Prospero. L'ironie n'est donc que par figure rhétorique tour joué à l'Eternel ; dans son expression la plus haute, ne représente-t-elle pas cette suprême partie que l'on joue seul avec soi-même, conscient du vide pour recréer, à travers soi, une inattaquable plénitude ? L'absolu de Prospero, c'est Prospero.

Ainsi la ruine du dogme moral, qui suscite le désarroi par le pressentiment du vide, parvient aussi à consacrer, dans sa maîtrise et son isolement, l'être supérieur. Ce maintien de la morale en dépit de l'évidence se transforme en jouissance d'orgueil. De cette tendance intérieure, le personnage de Metius, dans le *Prêtre de Némi,* donne une image à la fois excessive et déviée, cyniquement caricaturale : « Le noble seul a droit à l'intelligence et à la vertu. Le peuple a le droit

42. *F.D.,* II, p. 1169.
43. *Dr. P.,* III, p. 478.
44. *Ibid.*
45. *Dr. P.,* III, p. 482.
46. *Dr. P.,* III, p. 478.

d'être immoral » [47]. Mais s'il s'agissait ici d'une noblesse autre qu'héréditaire et sociale, ces formules — à quelque outrance près — ne trahiraient pas, nous semble-t-il, la pensée de Renan à l'époque des *Drames philosophiques*.

Renan sauvegarde donc morale et idéalisme malgré la faillite du principe qui les fonde. Dans cette nouvelle perspective, la morale se charge d'un tout autre sens. Si la première conversion de Renan avait été de séparer les formes religieuses du sentiment religieux, la seconde consiste, non pas à nier l'idée du devoir, mais à la faire passer, de la solide nécessité du monde objectif, aux rêves et aux choix de la subjectivité. « S'abandonner, suivant les heures, à la confiance, au scepticisme, à l'optimisme, à l'ironie, voilà le moyen d'être sûr qu'au moins par moments on a été dans le vrai » [48], affirme-t-il en 1884 dans le *Deuxième article sur Amiel*. Ainsi la revendication idéaliste, la postulation morale, l'impératif catégorique, restent possibles, mais, dans l'infinie fluctuation des contraires, perdent leur consistance. Ainsi, lorsqu'en 1887, dans la Préface au tome premier de l'*Histoire du peuple d'Israël,* Renan proclame « le raisonnement de Kant (...) aussi vrai que jamais » [49], ne saurions-nous nous empêcher de replacer semblable affirmation dans la perspective de 1884, celle de la mouvance plus que de la nécessité. Sans doute, le cri de justice d'Israël réveille-t-il en Renan le besoin d'un garant pour la morale ; sans doute l'attente messianique des Juifs, assez forte pour susciter le Messie, a-t-elle pouvoir de réanimer optimisme et confiance. Peut-être aussi s'est-il créé en lui une sorte de réflexe d'idéalisme moral, ce que la Préface des *Dialogues* appelle « le pli contracté » [50]. Renan dans les *Souvenirs* analyse la survivance de la morale à la foi chrétienne. « Telle est la force de l'habitude. Le vide fait quelquefois le même effet que le plein (...). La poule à qui l'on a arraché le cerveau continue néanmoins, sous l'effet de certains excitants, à se gratter le nez » [51]. Ne pourrait-on supposer que le même processus règle le passage de la morale objective à la morale subjective ? L'objet frappé de néant ou d'incertitude, l'attitude du sujet demeure et concentre en elle toute la réalité qui s'extériorisait autrefois dans l'objet.

L'*Examen de conscience philosophique* achèvera la dérisoire prétention du devoir à postuler Dieu : « Gardons-nous de croire que nos postulats soient la mesure de la réalité. La nature n'est pas obligée de se plier à nos petites convenances. A cette déclaration de l'homme : « Je ne peux être vertueux sans telle ou telle chimère », l'Eternel est en droit de répondre : Tant pis pour vous » [52].

---

47. *Dr. P.,* III, p. 591.
48. *F.D.,* II, p. 1159.
49. *H.P.I.,* VI, p. 26-27.
50. *D.P.,* II, p. 557.
51. *S.E.J.,* II, p. 592.
52. *F.D.,* II, p. 1179.

CHAPITRE IV

LE MONDE SPECTACLE ET LE DIEU HYPOTHESE

A travers les réflexions du Prieur des Chartreux, la fin du drame *Caliban* semble révéler que les valeurs les moins illusoires restent celles de contemplation, non de Dieu, mais du monde. Le choix de ce personnage, de ce religieux (qui sait regarder le monde justement parce qu'il l'a quitté), semble souligner la reconversion spéculative du prêtre en penseur, en même temps que l'orientation nouvelle de la contemplation : « Le monde, que j'ai bien fait de quitter, est une illusion éternelle, une comédie composée d'actes sans fin »[1]. Dès l'*Avenir de la science*, Renan, citant Cicéron, définissait le philosophe comme spectateur dans l'univers[2], mais le spectacle gardait alors un sens à découvrir, il présentait un au-delà des apparences. Pour l'auteur des *Drames philosophiques*, il porte au contraire son sens en lui-même, ou plutôt ne trouve sens que dans le regard qui se porte sur lui. Léolin de Bretagne définit ainsi sa fonction dans le monde : « regarder et jouir »[3]. La contemplation de l'univers devient une sorte de raison d'être, de justification de l'homme, de la philosophie, du monde même. Les *Dialogues* définissent la sympathie du penseur aux choses : « Pour moi, je goûte l'univers par cette sorte de sentiment général qui fait que nous sommes tristes dans une ville triste, gais dans une ville gaie »[4]. Ce circuit indéfini de vie et de sensibilité de l'être aux choses, qui évoque de prime abord l'universel émoi franciscain, donnant à tout un sourire ou une larme[5] en figure au contraire le plus direct opposé : car ce n'est point ici, comme en François d'Assise, « accès de charmante folie, perpétuelle ivresse d'amour divin »[6] ;

---

1. *Dr. P.*, III, p. 433.
2. Voir *A.S.*, III, p. 852-853.
3. *Dr. P.*, III, p. 492.
4. *D.P.*, I, p. 625.
5. *N.E.H.R.*, VI, p. 923.
6. *N.E.H.R.*, VI, p. 920.

ou plutôt le dieu s'est déplacé, s'absorbant tout entier dans la conscience réflexive du philosophe, qui seule donne sens aux choses : « Je jouis des voluptés du voluptueux, des débauches du débauché (...), par une sorte de sympathie douce, je me figure que je suis leur conscience (...), je défie avec cela le malheur de m'atteindre : je porte avec moi le parterre charmant de la variété de mes pensées »[7]. Le spectacle s'intériorise et prend par là son inattaquable valeur, dans une vérité quintessenciée de l'univers, née du regard et de la conscience du philosophe. C'est, pour finir, cette pensée qui devient à elle-même son propre spectacle. Par là le penseur n'atteint-il pas à un statut « divin » — (usons de ce mot comme d'une analogie métaphorique, quand il s'agit d'une conception qui tend à en évacuer le contenu) — puisque la contemplation de l'univers à travers ses pensées devient une forme de contemplation de lui-même ? Ne pourrait-on le définir par les vers du mystique chrétien qu'il cite à propos d'un toujours possible, après tout, Dieu de l'avenir :

« *Illic secum habitans in penetralibus*
Se rex ipse suo contuitu beat »[8].

Aussi, peu importe que le monde ait en lui-même un sens ou non, puisqu'il s'authentifie nécessairement dans le regard du philosophe. Le spectacle reste valeur sûre, aussi l'idéaliste se console-t-il d'avoir pu être victime d'illusions, que son regard reconvertit en réalités d'un autre ordre : « Combien je serais ingrat de me plaindre du sort ! Pendant soixante-quatre ans, j'aurai contemplé le plus admirable spectacle, l'univers (...). Ce spectacle, je l'ai contemplé dans une assez bonne stalle, avec des accoudoirs et des escabelles selon mes goûts (...), je suis content. J'ai cru à mon heure (illusion peut-être) danser avec Krichna ; j'ai bâti des ponts aux dieux en détresse (...). Vive l'Eternel ! La lumière est bonne »[9] !

La correspondance du penseur et du dieu se trouvait suggérée dans l'*Avenir de la science*, Renan définissant le philosophe, selon la conception de l'Antiquité, comme « Jupiter sur le mont Ida, le spectateur dans le monde »[10], mais le contemplateur affirmait l'ordre transcendantal et dépassait ainsi la tentation de s'absorber en lui-même. Ainsi les *Essais de morale et de critique* évoquent en Augustin Thierry « une de ces grandes âmes (...) qui ont l'air de se consoler de tout pourvu que l'univers reste livré à leur contemplation. Mais au fond (...) c'est là le plus haut degré de désintéressement et le plus beau triomphe de l'âme humaine (...), l'oubli de soi pour l'idéal »[11]. Peut-être la tentation

---

7. *D.P.*, I, p. 625.
8. *F.D.*, II, p. 1176.
9. *F.D.*, II, p. 1043.
10. *A.S.*, III, p. 852.
11. *E.M.C.*, II, p. 107.

de trouver son sens en soi-même était-elle déjà obscurément éprouvée, puisque Renan manifeste le besoin de la nier, de la diriger dans un sens idéal ; quoi qu'il en soit, il la maîtrise ou veut la maîtriser, et fonder la contemplation sur un absolu qui la dépasse. Dans les *Dialogues* [12], au contraire, et les *Feuilles détachées*, nous retrouvons l'idée première mais coupée à la racine, subsistant seule et par elle-même, faisant du spectacle sa propre fin.

Révolution, religion, tout prend sens maintenant, moins dans la saisie directe de la sensibilité vécue, que dans le spectacle, l'expérience. Lorsque, dans l'*Avenir de la science,* Renan évoquait son effort à recréer en lui, par la réflexion, les faits qui durent se produire spontanément dans la conscience primitive des apôtres et des martyrs, c'est bien une expérience qu'il tentait, mais elle rencontrait l'intime sympathie, et surtout elle visait à la découverte du brut, du « divin ». A la ruine des idées transcendantales survit la curiosité, et l'on perçoit cette appétence des choses, cette façon d'aller à elles uniquement « pour voir », par exemple dans l'article sur *La méthode expérimentale en religion :* tandis qu'un millionnaire consacrerait une partie de sa fortune à « exercer la virtuosité religieuse de l'Asie (...), l'observateur impartial aurait de bien belles occasions de rire et de pleurer sur l'incurable sottise de l'espèce humaine et son inépuisable bonté » [13]. Certes, la part de gageure et de charge est ici visible, mais cette outrance même garde son sens, et découvre bien ce point de vue d'observation, essentielle en soi, et dont l'article sur les expériences religieuses présente le cas limite, presque la caricature. Renan se reprendra — ainsi en recevant J. Claretie à l'Académie française — à exprimer le besoin ou la tentation de croire et de souffrir avec les fanatiques [14], mais c'est au contraire un instinct de pure curiosité qui le pousse, dans les *Nouvelles études d'histoire religieuse* à chercher quels dons, quelles races, peuvent créer les martyrs. Il prend, par rapport à eux, tout le recul de la critique et même de la dérision. Dès les *Cahiers de jeunesse* s'exprime cette mise en garde contre soi-même, cette crainte de « donner prise par quelque côté au ridicule » [15] ; son idéal se façonne alors sur le modèle du « Gœthe olympien qui rit de tout » [16], et par là échappe au rire. D'après les *Nouvelles études d'histoire religieuse,* la faculté critique semble liée au tempérament, à l'honnêteté foncière de « nos races » [17] occidentales, dont la plus sûre sauvegarde est le sens du ridicule : loin de nous l'idée « d'imiter les hautes parties qui réussissent à Antioche, à Chalcis » [18] ; s'il nous

---

12. *D.P.,* I, p. 625.
13. *N.E.H.R.,* VII, p. 723.
14. *F.D.,* II, p. 1080.
15. *C.J.,* IX, p. 228.
16. *C.J.,* IX, p. 256.
17. *N.E.H.R.,* VII, p. 724.
18. *Ibid.*

prenait fantaisie d'essayer, « nous nous imaginerions qu'on rit de nous »[19].

Les phénomènes d'exaltation religieuse ne sont plus alors, comme pour l'auteur de l'*Avenir de la science,* l'expression d'une activité spontanée, créatrice dans ses excès, mais des cas analysables qui peuvent non seulement être observés, mais « presque reproduits à volonté »[20]. Christine de Stommeln n'est qu'un objet d'étude, sa seule raison d'être consiste à enrichir « les annales de l'hallucination »[21]. C'est assez dire qu'elle n'existe qu'aux yeux du critique, qui, de tout, fait spectacle ou objet d'analyse.

Dans un raffinement du regard, la faculté critique peut devenir à elle-même son propre spectacle ; cette tendance à la distanciation s'affirme dans l'entreprise de faire dialoguer les différentes faces de soi-même, et plus encore dans la multiplicité éclatée des drames. Le jeune Renan, au contraire, rêvait un poème, une épopée de l'humanité[22] ; tout se centrait alors pour lui sur ce nœud essentiel de la genèse du divin à travers l'homme. Dans les *Dialogues,* dans les *Drames,* ce n'est plus le dieu, ni l'humanité qui forment centre, mais le centre qui s'abolit dans la libération multiple et contradictoire de tous les possibles, réfléchis dans la conscience de Renan. Voir est la fin suprême, et se regarder voir. La propension critique qui désespérait Patrice et tuait, selon lui, la jouissance, s'est muée en jouissance. Patrice souffrait de ne pouvoir échapper à lui-même[23] ; Renan vieilli se délecte d'une multiplication à l'infini de son propre reflet, qui transpose d'une certaine manière le rêve des dix ou dix mille vies, et l'affranchit du principe de contradiction. « S'abandonner, selon les heures, à la confiance, au scepticisme, à l'optimisme, à l'ironie »[24], tel est peut-être, selon le *Deuxième article sur Amiel,* la seule approche possible du vrai. La fiction dramatique, remplaçant la succession par la simultanéité, traduit sans doute un désir de saisie globale, une et multiple à la fois, des contradictoires.

La faculté critique se suffit donc ainsi à elle-même et, se raffinant au point de se prendre pour objet, fournit au penseur jouissance, maîtrise et jusqu'à l'illusion d'une quasi divinité.

Renan a-t-il été traversé du pressentiment de son propre devenir, lorsque, en 1848, posant pour la nier l'hypothèse d'un univers sans signification en dehors de lui-même, il affirmait comme ultime valeur la science, jouissance et curiosité ? « Chercher, discuter, regarder, *spéculer* en un mot, aura toujours été la plus douce chose, quoi qu'il

---

19. *Ibid.*
20. *N.E.H.R.,* VII, p. 936.
21. *Ibid.*
22. *C.J.,* IX, p. 181.
23. *F.I.R.,* IX, p. 1545.
24. *F.D.,* II, p. 1169.

en soit de la réalité » [25]. Mais la science passe alors d'un ordre à un autre, en changeant de fin ; impuissante à livrer le dernier mot des choses, ou plutôt découvrant le possible néant, l'absence même d'un dernier mot, elle donne saveur et douceur à la vie. N'est-ce pas à une sorte d'épicurisme par la science qu'est parvenu Renan, à travers la contemplation de l'univers spectacle ? Morale, science, révolution, germes autrefois de possibles dogmes, tentatives pour s'approprier l'absolu, changent de sens, et libèrent moins de ferveur que de délectation.

Parvenu au point de lucidité désabusée dont témoignent les deux articles sur Amiel, et, au delà encore, l'*Examen de conscience philosophique,* Renan maintient, comme vraisemblable, dans l'univers, la présence d'une intention générale bienveillante [26], et comme une hypothèse entre mille, celle d'un Dieu juste [27]. Mais ces possibles se surimpriment maintenant sur un fond de doute universel : « Sur cette matière, on parie, on tire à la courte paille ; en réalité, on ne sait rien » [28]. La conception finale de Dieu, raison inconsciente des choses, fournit à Renan une sorte de preuve, ou du moins de possibilité négative de Dieu : si vraiment la raison du monde n'a pas plus de conscience que « l'huître à perles » [29], le fait que l'homme ne la perçoive pas ne suffit pas à infirmer l'hypothèse de son existence ; nier absolument Dieu parce qu'il ne se manifeste pas dans le monde moral, cela implique le présupposé d'un Dieu conscient, c'est-à-dire à l'image de l'homme. Les vieux sages du *Livre de Job* avaient quelque excuse à tomber dans l'anthropomorphisme, qu'un autre degré de science nous interdit ; mais peut-on vivre sans la chimère du Dieu conscient ? « Une connaissance plus étendue de l'univers et surtout l'habitude de distinguer entre la raison consciente et la raison inconsciente ont à peu près supprimé pour nous, en laissant à la place une effroyable plaie béante, le problème qui tourmentait ces vieux sages. Il n'y a pas eu guérison, il y a eu extirpation, et l'extirpation sera peut-être mortelle pour l'humanité » [30]. Aussi Renan maintient-il la religion, selon les termes de la Préface des *Feuilles détachées,* « comme la possibilité de rêver » [31]. Cette religion, Renan ne la définit évidemment pas comme dogme, et même ne lui prête aucune forme arrêtée, aucun degré précis de certitude, ni de probabilité. Il se borne à ne pas la nier absolument, et cela lui confère un semblant d'être, elle demeure comme « la catégorie de l'inconnu » [32]. La religion reste pour lui le rêve, dont il ressent

25. *A.S.,* III, p. 1087.
26. *F.D.,* II, p. 1155.
27. *F.D.,* II, p. 1170.
28. *F.D.,* II, p. 1158.
29. *F.D.,* II, p. 1181.
30. *H.P.I.,* VI, p. 707.
31. *F.D.,* II, p. 945.
32. *F.D.,* II, p. 945.

le besoin, la nécessaire chimère qu'il éprouve comme telle. L'éternelle exigence de l'homme, même quand il en sent la dérision, reste de pouvoir dire « mon Dieu ».

Au point de rencontre de la lucidité et du rêve, s'établit l'équivoque séjour du « comme si », tel que le présente l'*Examen de conscience philosophique :* « L'attitude la plus logique du penseur devant la religion est de faire comme si elle était vraie. Il faut agir comme si Dieu et l'âme existaient » [33].

La signification de cette attitude est double — à la fois scientifique et affective : elle respecte l'exigence de la science par son refus d'affirmer ; le savant se contente de faire entrer Dieu dans la catégorie des hypothèses et symboles, « telles que l'éther, les fluides caloriques, nerveux » [34], de grouper sous un nom un ensemble de phénomènes dont la nature et le sens lui échappent. A vrai dire, pareille conception, malgré les apparences, ne court-elle pas l'aventure, médiocrement scientifique, d'une fausse association ? Car si l'électricité échappe à l'analyse, les phénomènes électriques, eux, se livrent à l'observation. Peut-on en dire autant du *nisus* divin ? Renan prête beaucoup à Dieu, semble-t-il, et sa démarche reste moins scientifique dans sa réalité que dans sa prétention. C'est l'affectivité qui, à travers l'enveloppe pseudo-scientifique, trouve ici sauvegarde. Le détour du « comme si » donne bonne conscience à l'illusion, dans une réalité qu'il lui assure et lui dénie à la fois. Il permet d'éviter « l'extirpation » [35], ou de la rendre moins douloureuse.

Dans les *Cahiers de jeunesse,* Renan traduisait le besoin, pour le penseur, « d'une petite vie bien jolie et bien simple », « une mère, une sœur » [36], un monde clos, mais portant sa certitude intérieure, sorte de cellule primitive où l'illusion du bien soit réalité. Cette illusion, il lui faut la reconstruire maintenant, précaire et pourtant nécessaire, non plus sur les ruines de la foi, mais sur les insuffisances de la philosophie. Les systèmes n'aboutissent-ils pas à se disputer « la priorité de l'erreur » [37] ? La seule sauvegarde semble donc de ne pas nier le rêve, tout en en reconnaissant la fragilité. La seule erreur des croyants, c'est, au fond, de croire, au lieu de consentir à reconnaître qu'ils rêvent ; mais ont-ils tort de rêver ?

Les religions ne sont donc que concrétions de rêves nécessaires. Le prêtre de Némi le reconnaît, dans son provisoire échec à substituer le divin au dieu personnel et consolateur : « L'humanité veut un dieu à la fois fini et infini, réel et idéal ; elle aime l'idéal ; mais elle veut que

---

33. *F.D.,* II, p. 1177.
34. *Ibid.*
35. Voir *H.P.I.,* VI, p. 707.
36. *C.J.,* IX, p. 263.
37. *F.D.,* II, p. 941.

l'idéal soit personnifié ; elle veut un Dieu-homme ; elle se satisfera » [38].
Mais cette satisfaction devient faute, du moins erreur, quand elle croit
à sa propre réalité objective. « Un dieu se fait avec nos pleurs ». Cette
formule de la Sibylle, dans *le Prêtre de Némi* [39] et des femmes dans
la Double prière [40] est vraie selon Renan, moins dans son sens positif,
que comme témoignage en nous d'un désir, d'un besoin. Renan ne
semble plus maintenant aussi éloigné qu'en 1850 de Feuerbach et de
cette nouvelle critique hégélienne, à laquelle il reprochait, dans les
Etudes d'histoire religieuse [41], de taxer d'illusion toute forme d'approche du transcendantal. Selon Feuerbach, « l'essence des dieux n'est pas
autre chose que l'essence des vœux (...). Qui n'a pas de désir n'a pas
non plus de dieu (...).. Ce sont les larmes du cœur qui, en s'évaporant
dans le ciel de la fantaisie, forment l'image nuageuse de la divinité » [42].
Un dieu se fait avec nos pleurs... Elle n'est que buée de larmes, pour
Feuerbach, la nébuleuse image du Dieu. Les personnages de Renan,
eux, postulent la vérité de cette image. A la différence de la Sibylle et
des femmes, Renan aperçoit en ce Dieu l'exigence de l'illusion et du
rêve ; à la différence de Feuerbach, il prête au rêve, à l'illusion, une
nécessité, une sorte de réalité. Le Dieu est vrai comme rêve, et, comme
rêve, nécessaire. Pour Renan, le rêve qui se reconnaît comme tel ne
se détruit pas, il ne détruit en lui que le contenu positif, mais garde
toute sa nécessité psychologique et thérapeutique. L'Eglise romaine
elle-même, si elle renonçait à la revendication du dépôt de foi, pour
reconnaître sa puissante valeur d'enchantement, ne serait-elle pas
alors en possession des paroles de vérité ?

> « Figurons-nous que quelque jour, elle se mette à nous dire :
> « Mes enfants, tout n'est ici-bas que symbole et songe (...).
> Venez en mon sein, où l'on trouve l'oubli. Pour qui veut des
> fétiches, j'ai des fétiches ; à qui veut les œuvres, j'offre les
> œuvres ; pour qui veut l'enivrement du cœur, j'ai le lait de mes
> mamelles, qui enivre. A qui veut l'amour, j'en surabonde ; à
> qui veut l'ironie, j'en verse à pleins bords. Venez tous ; le temps
> des tristesses dogmatiques est passé. J'aurai de la musique et
> de l'encens pour vos funérailles, des fleurs pour vos mariages,
> l'accueil joyeux de mes cloches pour vos nouveau-nés ». Eh
> bien ! si elle disait cela, notre embarras serait extrême. Mais
> elle ne le dira pas » [43].

---

38. *Dr. P.*, III, p. 559.
39. *Dr. P.*, III, p. 605.
40. *F.D.*, II, p. 979.
41. *E.H.R.*, VII, p. 293-294.
42. Feuerbach, cité par J. Vacherot, *La religion*, p. 68.
43. *C.A.*, VII, p. 678.

Renan craint « l'enchanteresse » [44] face à laquelle il ne cesse de se durcir au cours des dernières années ; peut-être craint-il une toujours possible défaillance, compromettant la beauté du « dénouement » [45] ? C'est en dehors d'elle qu'il façonne sa propre illusion. D.G. Charlton cite une lettre (non datée) de Renan à G. Séailles, où s'exprime le besoin, pour l'homme, de la construction idéale, qui se suffit dans un ordre d'illusoire vérité : « Etre assez puissant pour se créer un rêve où l'on vive à l'abri des turpitudes ambiantes, tel est, en définitive, je crois, le but de tout effort humain » [46]. Telle qu'elle s'exprime dans l'*Examen de conscience philosophique* [47], la démarche de Renan pour faire « comme si Dieu existait », dans son apparente justification scientifique, révèle surtout en lui l'intime nécessité du rêve et sa fonction vitale.

---

44. *Ibid.*
45. *Dr. P.*, III, p. 510.
46. Cité par D.G. Charlton, *Positivist thought...*, p. 124.
47. *F.D.*, II, p. 1177.

CHAPITRE V

LE RENANISME, RENIEMENT OU FIDELITE A SOI-MEME ?

Le trait qu'Amiel définit pour le condamner, en Renan vieillissant, comme « l'épicuréisme de l'imagination »[1], ne pourrait-il résulter de la tentative manquée d'approcher la transcendance, de « s'approprier Dieu »[2] ? Privé de son espoir fondamental, le penseur se plaît à ce qu'il eût, en 1848, méprisé comme un pur néant ; comme l'Ecclésiaste il jouit de ce qu'il sait vanité. Trouver du goût aux choses, rendues à leur seule réalité, éphémère et souvent inconsistante, cette nouvelle attitude se révèle à travers un apologue que la Préface des *Feuilles détachées* développe avec la grâce d'un fabliau : « Le Moyen Age avait (...) des vues remarquablement philosophiques. Les bêtes, en un sens, étaient alors mieux traitées que les hommes (...). On raconte que des religieuses avaient formé une biche à être dévote à la Vierge (...). Les biches n'ayant pas d'âme immortelle et ne pouvant, par conséquent, entrer dans le Paradis, les religieuses tenaient beaucoup à ce que leur petite protégée eût, ici-bas, les douceurs qu'elle avait méritées (...). Comme la biche des religieuses, habituons-nous, faute de mieux, à nous contenter de petites friandises ; tâchons d'y trouver du goût »[3]. Est-ce un reniement que ce tardif accueil à la jouissance ? Renan prône maintenant la gaieté, « cette religion, facile en apparence, en réalité la plus difficile de toutes »[4]. Cet accent nouveau était sensible, déjà, à un certain éloignement de Marc-Aurèle, avec qui Renan communie pourtant par l'abnégation morale, survivant au sentiment de l'universelle vanité. Mais le stoïcisme connut mal ce correctif de toute philosophie qu'est devenu pour Renan le sourire : « Marc ne comprit parfaitement que le devoir. Ce qui lui manqua, ce fut, à sa naissance, le baiser d'une fée, une chose très philosophique à sa manière, je veux dire l'art de céder à la nature, la gaieté qui apprend

---

1. Amiel, *Journal intime*, II, p. 123 ; voir *F.D.*, II, p. 1159.
2. *Dr. P.*, III, p. 560.
3. *F.D.*, II, p. 945-946.
4. *F.D.*, II, p. 946.

que l'*abstine et sustine* n'est pas tout, et que la vie doit aussi pouvoir se résumer en sourire et jouir » [5]. Il n'est pas jusqu'à la « théologie » de Béranger, en laquelle l'auteur des *Questions contemporaines* découvrait l'avilissement de l'esprit français, la marque de son incurable médiocrité religieuse [6], qui ne reçoive sa réhabilitation, dans une conférence prononcée en 1888 pour la propagation de la langue française : « Apprenez à toutes les nations à rire en français. C'est la chose du monde la plus philosophique et la plus saine. Les chansons françaises sont bonnes aussi. J'ai médit autrefois du dieu des bonnes gens ; mon Dieu ! que j'avais tort ! C'est un dieu qui n'est pas méchant, qui n'a jamais fait de mal » [7]. Et quelle étrange disproportion font éclater, entre effort et divertissement, ses conseils à la jeunesse, tels qu'ils s'expriment dans la Préface des *Feuilles détachées* : « Amusez-vous, puisque vous avez vingt ans ; travaillez aussi » [8].

Bien des éléments composent ce tardif appel à la gaieté, au divertissement même : le sentiment de l'universelle vanité, qui anéantit philosophie et transcendance, l'effort avec son objet ; le refus de priver autrui de ce que l'on a soi-même ignoré : « Soyons austères, pour nous-mêmes ; mais n'appauvrissons pas la vie » [9] ; mais aussi, dans cette existence réalisée selon le rêve intérieur, le bonheur du chef-d'œuvre accompli, non pas satisfaction, mais irradiante joie d'orgueil : « N'est pas gai qui veut. Il faut pour cela (...) être content de sa vie. Ma vie a été ce que je voulais, ce que je concevais comme le meilleur » [10]. Aussi la gaieté reste-t-elle pour Renan une valeur neuve, acquise et méritée, elle n'a pas connu l'usure du divertissement, mais s'affirme comme une découverte de vieillesse. De plus — mouvement inverse qui complète et enrichit le sens du précédent — Renan ne s'y porte pas directement, mais à travers toute l'élaboration subtile du désenchantement. L'angoisse de la fin parcourt cette gaieté, par exemple, lorsque, dans l'abandon familier du langage, face à l'Association des étudiants, il se laisse aller au regret de n'avoir pas chanté autrefois « le *gaudeamus* des clercs du Moyen Age :

« Post jucundam juventutem
Post molestam senectutem
Nos habebit humus » [11].

Ne représente-t-il pas la réplique de ce Cohélet qu'il évoque et reconstruit selon le jeu des analogies secrètes : « Cohélet, comme nous, fait de la tristesse avec de la joie et de la joie avec de la tristesse ; il

---

5. *M.-A.*, V, p. 746.
6. *Q.C.*, II, p. 309 *sq.*
7. *F.D.*, II, p. 1091.
8. *F.D.*, II, p. 941.
9. *F.D.*, II, p. 946.
10. *Ibid.*
11. *D.C.*, I, p. 864.

ne conclut pas, il se débat entre des contradictoires ; il aime la vie, tout en en voyant la vanité (...). Oh ! la bonne condition pour conquérir les joies de la vie que de les proclamer vaines » [12] !

Le pessimisme finit par devenir condition de la jouissance car il prévient la déception, il jouit du simulacre comme tel ; les douceurs de la vie, à travers l'écran de la vieillesse et de la mort, trouvent, dans leur précarité même, une saveur qui les rend plus subtiles et plus précieuses. Ainsi, toujours sans pathos, l'ascèse de la jouissance traverse le vide, et Renan s'enchante du morceau de l'Ecclésiaste sur la vieillesse, « sorte de joujou funèbre qu'on dirait ciselé par Bainville ou Théophile Gautier » [13]. Le pessimisme auquel Cohélet confère sa plus fine expression semble à Renan d'accent très moderne, il fonde plus qu'il ne détruit ; ou plutôt la destruction de tout finalisme sert de garantie à la bonté, au bonheur, car elle suppose « un sentiment profond de la vérité suprême : *Nil expedit* » [14]. Par là, elle sauvegarde la vie même et lui donne un sens en dehors de toute chimère : « Comme tous les pessimistes de talent, Cohélet aime la vie ; l'idée du suicide qui traverse un moment l'esprit de Job, ne lui vient jamais à la pensée » [15]. Cette tentation, Renan ne l'a jamais éprouvée non plus, elle se confond souvent à ses yeux, à l'époque des *Cahiers de jeunesse,* avec une certaine affectation wertherienne et la grandiloquence des poncifs romantiques. Proche déjà du Cohélet, il sait dès lors transmuer la tristesse en joie par le divertissement de l'étude et de l'analyse : « ... il y a tant de plaisir à décrire tout cela qu'on cesse de souffrir ce qu'on souffre en le décrivant » [16].

Pourtant, l'*Avenir de la science* présente un cas limite, où le suicide paraîtrait légitime révolte : « S'il était vrai que l'humanité fût constituée de telle sorte qu'il n'y eût rien à faire pour le bien général (...) rien ne pourrait décider les belles âmes à supporter la vie. Si le monde était fait comme cela, il faudrait maudire Dieu et puis se suicider » [17]. Cette affirmation se situe dans un contexte politique et social en son sens immédiat, mais dans la perspective de mystique idéaliste « de la vraie religion, de la seule chose véritable et sainte » [18], qui fait tendre l'homme vers la perfection, non vers le bonheur. Or, cette déroute de la « vraie religion », ne marque-t-elle pas les dernières années de Renan ? Non seulement l'entreprise de « faire respirer Dieu » [19] aux humbles a tourné court, mais surtout Dieu s'est volatilisé, ne laissant

---

12. *N.E.H.R.,* VII, p. 565.
13. *Ecc.,* VII, p. 562
14. *Ecc.,* VII, p. 563.
15. *Ecc.,* VII, p. 545.
16. *C.J.,* IX, p. 228.
17. *A.S.,* III, p. 988.
18. *A.S.,* III, p. 987.
19. *Ibid.*

après lui que ce « parfum d'un vase vide »²⁰ qu'évoque la *Réponse au discours de V. Cherbuliez*. La révolte n'est que l'envers d'une foi passionnée dans ses blasphèmes, elle convient à Job, non au Cohélet ; à l'auteur des *Pensées de 1848,* non au Renan vieilli de l'*Etude sur l'Ecclésiaste* ; elle ne peut survivre à l'espoir d'un symbole, d'une dogmatique : « Bien plus religieux au fond, l'auteur de Job est autrement hardi dans son langage. Cohélet n'a plus même la force de s'indigner contre Dieu. C'est si inutile »²¹ ! Révolte, pensée du suicide, perdent tout sens, et le recours à l'épicurisme ne semble qu'une sorte de survie par l'abandon. Si le monde n'est que spectacle — cauchemar ou féerie — la jouissance demeure, seul résidu d'un absolu qui a perdu tout sens. Le suicide se transpose alors en démission.

Ainsi ce que l'on a baptisé du nom de renanisme ne se définit pas en soi, et surtout ne suffit pas à définir Renan ; il s'agit là d'un moment de Renan, d'un aboutissant, d'une retombée nécessaire de la passion en jouissance, quand le monde a perdu son sens transcendantal (ou que la transcendance n'est plus qu'un rêve, improbable hypothèse). C'est le sentiment du vide fondamental qui révèle à Renan la douceur des vanités. En se relâchant en lui, les mobiles fondamentaux de la vie ont permis la libération des riens, dans leur saveur enfin découverte.

C'est alors que Renan trouve, pour évoquer la religion, « ce demi-ton insaisissable qui n'est au fond qu'indifférence et légèreté »²², marque infaillible, aux yeux de l'auteur de l'*Avenir de la science,* d'esprit superficiel et de critique mesquine. Son intimité vécue avec sa religion d'autrefois devient familiarité insistante, et qui se veut telle aux yeux du public. L'espèce d'équivoque jalousie que lui inspire le livre de messe, son désir de se survivre sous forme de missel, « entre des longs doigts effilés d'une main finement gantée »²³, l'émoi que suscite en l'Ange Gabriel la vue des paroissiennes de Sainte-Clotilde²⁴, les plaisanteries dont la vallée de Josaphat fait souvent les frais²⁵, autant de coquetteries d'un « vieux maître » que l'on sent se regarder vivre, face à un public si indulgent pour lui²⁶. Ses actions de grâces vont à la fois au «Père céleste »²⁷ et à ce public ; et ce penseur qui, selon les notes intimes, « accepta le monde par indifférence »²⁸ ne manque de saluer, après son numéro : « ce fils de paysans et de pauvres marins, couvert du triple ridicule d'échappé de séminaire, de clerc défro-

---

20. *D.C.,* I, p. 986.
21. *Ecc.,* VII, p. 540.
22. *A.S.,* III, p. 762.
23. *N.E.H.R.,* VII, p. 721.
24. *Dr. P.,* III, p. 707.
25. *F.D.,* II, p. 1094.
26. *F.D.,* II, p. 951.
27. *F.D.,* II, p. 952.
28. Psichari, *Renan d'après lui-même,* p. 128.

qué, de cuistre endurci, on l'a tout d'abord accueilli, écouté, choyé
même » [29]. Renan a découvert les joies du talent, mais en même
temps accepté la loi de l'offre et de la demande. L'image du dilettante
a été en grande partie le reflet de ce qu'un public désirait qu'il fût.
Sans doute, il existait en lui, dès sa jeunesse, un souci du « δοϰεῖν » [30],
un besoin de se fixer en spectacle, qui l'inquiète parfois et qu'il
exorcise par le rire [31], ou exagère par le scrupule. Ainsi H. Psichari
cite les fragments de confessions écrites, sans date, pendant des vacances passées au séminaire : « Je me demande toutefois à moi-même
si j'écrirais ces confessions si je savais sûrement que personne ne
dût les lire (...). Nous ne vivons jamais tout seuls : ainsi, par exemple,
personne ne pense à moi peut-être au monde, si ce n'est ma bonne
mère là-bas, en Bretagne. Eh bien ! je me figure qu'il y a un monde
à me regarder (...), vanité ! vanité » [32] ! Dans les *Souvenirs* encore,
ce n'est pas sans quelque réticence que Renan se laisse aller à de
« périlleux abandons » [33] et accepte le statut métaphysique du comé-
dien : « Damne-toi pourvu que tu m'amuses » [34], mais son scrupule
même, son hésitation à trahir l'idéal sulpicien de silence devient aussi
sujet, aliment de ce mal littéraire que, si souvent — contrepartie
d'une tendance intime ? — Renan a condamné [35]. Il a cru découvrir
un genre, un type : Renan, semble-t-il parfois, s'amuse à « faire du
Renan ». La plaisanterie biblique, l'idée que du fond de l'Enfer, il
importunera l'Eternel de ses placets, pour lui prouver combien sa
part est grande dans la faute de l'homme [36], voilà, travesti en ironie
« renanienne », le problème de Job et du jeune Renan, trahis par
Dieu. N'est-ce pas la dégénérescence brillante d'un esprit qui vit de
ses propres miettes, la liquidation de l'angoisse en facile ironie ?
Après avoir affronté ces problèmes « non avec le laisser-aller du spéculatif, mais avec la fièvre de celui qui lutte pour la vie » [37], il a
trouvé le chemin de Damas du désenchantement, révélation à sa manière ; ne permet-elle pas la réhabilitation de la vie parisienne, « bon
fourneau pour brûler ce surplus de vie que n'absorbent pas la philosophie et la science » [38], et l'épanouissement du penseur mondain,
dessiné par J. de Goncourt, esquissé déjà par Baudelaire ? Si l'*Art
romantique* définissait Renan dans une analogie avec Leconte de Lisle,

29. *S.E.J.*, II, p. 905.
30. *C.J.*, IX, p. 310.
31. *C.J.*, IX, p. 361.
32. H. Psichari, *Renan d'après lui-même*, p. 156-157.
33. *S.E.J.*, II, p. 897.
34. *Ibid*.
35. *An.*, IV, p. 1198-1199 ; voir aussi IV, p. 1311-1313, *F.D.*, II, p. 1075 et
suiv.
36. *F.D.*, II, p. 1094.
37. *S.E.J.*, II, p. 752.
38. *F.D.*, II, p. 1069.

à travers « une ardente, mais impartiale curiosité des religions » et la recherche des « manières diverses suivant lesquelles l'homme a, jusqu'à présent, adoré Dieu et cherché le beau »[39], une note de *Mon cœur mis à nu,* rageuse en sa brièveté, le fustige parmi « les jolis grands hommes du jour »[40].

Renan n'a-t-il pas épuisé toute la substance du jeune homme qui vivait ardemment de sa souffrance même ? « Je (ne) m'ennuie jamais, moi. Souffrir, souvent, mais m'ennuyer, jamais »[41], écrit-il dans la section *Moi-même* des *Cahiers de jeunesse.* Cet ennui, peut-être le connut-il, comme Marc-Aurèle, en ses dernières années : « Sa sagesse était absolue, c'est-à-dire que son ennui était sans bornes »[42]. Recomposant sa vie de séminariste à travers ses souvenirs, il projette sur elle cet ennui que les *Cahiers* démentent, et teinte le personnage des reflets du narrateur, quand il évoque une « inoculation d'ennui tellement forte en [sa] jeunesse qu'[il] y est devenu réfractaire pour le reste de [sa] vie »[43].

Renan se laisse-t-il prendre au jeu de l'artiste face à son public, au mirage de son propre reflet ? Jamais de façon absolue. Si le Cohélet lui révèle la saveur des vanités dans leur néant même, il se retrouve et sans doute se dépeint à travers la bonté de Marc-Aurèle, universelle, mais faite surtout de dédain : « Ainsi, à force d'analyser la vie, il la dissout, il la rend peu différente de la mort. Il arrive à la parfaite bonté, à l'absolue indulgence, à l'indifférence tempérée par la pitié et le dédain (...). La plus solide bonté est celle qui se fonde sur le parfait ennui, sur la vue claire de ce fait que tout en ce monde est frivole et sans fond réel »[44].

Quand Renan, pour le plaisir de ses contemporains, se plaît à la caricature de lui-même — « curé de campagne »[45], « curé manqué » — il leur offre une approche particulière de Dieu, une approche sceptique sinon négatrice, pseudo-philosophie mondaine qui n'est pas la sienne, mais à laquelle, dans une sorte de méprisante charité, il a donné sa marque. C'est dans ces dernières années surtout que se révèle toute sa malléabilité, ce besoin — évoqué dans les *Cahiers* comme force ou comme faiblesse — de se conformer à l'image qu'on avait de lui, sorte de mimétisme moral, choc en retour de l'opinion sur lui, qui lui faisait tirer son être de son paraître : « L'homme veut à toute force être ce que l'on croit qu'il est. Que de fois j'ai éprouvé cela ! Telle opinion que je savais que tel autre avait de moi,

---

39 *L'Art romantique, Œuvres complètes,* p. 1116.
40. *Journal intime, Œuvres complètes,* p. 1213.
41. *C.J.,* IX, p. 250.
42. *M.-A.,* V, p. 1036.
43. *S.E.J.,* II, p. 894.
44. *M.-A.,* V, p. 1047-1048.
45. *F.D.,* II, p. 996.

était un feu qui me brûlait pour être ce qu'il pensait (...). Un poids terrible me portait à être ce que je croyais que l'on pensait de moi, quand même je croyais que ce n'était pas moi » [46]. Cette façon de se plier aux hommes ne traduit-elle pas le besoin de se faire entendre, d'exister pour eux, et peut-être de les prendre dans une sorte d'enveloppante conquête à reculons ?

Les concessions de Renan à une certaine gloire consacrent la dérision de son premier mobile — exigence de justice, postulation d'orgueil — l'immortalité : « L'homme a sur la mort des idées si enfantines qu'il se figure moins mort quand on ne l'enterre que cinq cents ans après » [47]. L'impatiente question des *Cahiers* — « Serons-nous objet d'érudition » ? — reçoit la réponse désabusée du vieillard : « Dans mille ans, on ne réimprimera peut-être que les deux plus vieux livres de l'humanité, Homère et la Bible. Je me trompe : pour l'ennui des générations futures, on imprimera aussi des morceaux choisis par les professeurs de belles-lettres d'alors, en vue des examens. Là, il y aura peut-être quelques demi-pages de nous, accompagnées d'une traduction interlinéaire en volapük » [48] ; dans la Préface des *Feuilles détachées*, Renan s'effraie de ne plus voir la mort dans une perspective infinie, dans son résultat d'immortalité, mais du point de vue de la terre, l'homme se considérant « comme le héros endormi de la fête. Ah ! mon Dieu » [49] !

Pourquoi Renan, s'il est comme ce Marc-Aurèle qu'il façonne en résignation et lucidité, sceptique et « plus que sceptique » [50], parle-t-il à ses contemporains le langage d'une spiritualité équivoque, leur restituant, malgré tout, à travers ce que G. Séailles appelle le « blasphème sacerdotal » [51], un peu de ce dieu qu'il leur enlève ? Ce n'est pas là seulement, semble-t-il, effort pour masquer, à ses propres yeux, le vide ; une de ses notes intimes témoigne en lui d'une claire conscience de la ruine de ses symboles successifs : « Mes étapes : catholicisme, philosophie spiritualiste, rejetées l'une après l'autre (...). J'ai réussi, quoique rejetant le spiritualisme de l'âme, à garder toute ma vie le langage du spiritualisme, âme etc. Perpétuelle transposition » [52]. Pourquoi cette transposition ? Quel est le sens de ce langage ? En même temps que, par la vertu du « comme si », Renan préservait en lui la part du rêve, il évitait de tomber dans l'erreur qu'il prête à Antistius : le prêtre de Némi livre aux hommes des vérités qu'ils ne peuvent porter, un langage qu'ils ne peuvent entendre. « Une vérité

46. *C.J.*, IX, p. 154.
47. *F.D.*, II, p. 947.
48. *F.D.*, II, p. 1077.
49. *F.D.*, II, p. 948.
50. *M.-A.*, V, p. 1048.
51. Séailles, *E. Renan*, p. 303.
52. H. Psichari, *Renan d'après lui-même*, p. 274-275.

n'est bonne que pour celui qui l'a trouvée » [53], voilà la tardive découverte d'Antistius. Une innovation galopante est forcément faussée,
corruptrice : ainsi l'idéalisme d'Antistius trouve une traduction caricaturale dans le prosaïque bon sens de Leporinus et le cynisme de
Ganeo [54], il éveille jusqu'à la rancœur des victimes qu'il délivre [55] ;
c'est tout un agencement de l'humain, à un moment donné, qu'il dé-
règle. On peut aider au progrès de l'esprit, non le forcer ; avancer, non
anticiper. Autant Renan est soucieux de sa vie par influence, autant il
éprouve le sentiment que cette influence n'a de sens qu'authentique,
c'est-à-dire intimement provoquée par l'adhésion libre [56]. Que peut
signifier, pour les victimes du sacrifice rituel, de se voir libérer au nom
d'un idéalisme qu'elles ne peuvent concevoir ? Sans doute, un observateur moderne s'étonne-t-il de ne pas voir en elles un sursaut de l'élémentaire instinct de conservation, mais ces hommes « contents de
mourir » [57], représentent sans doute l'esprit même des sociétés archaïques, fondées sur « l'oracle obscur, à la fois absurde et divin » [58] !
Ils trouvent leur raison d'être et peut-être une sombre exaltation dans
leur destin de victime, dont les frustre une religion de l'humanité,
prématurée, donc incompréhensible. La victoire d'Antistius ne se
dessinera qu'à travers ses échecs éternels [59], car toute expérience, que
ce soit celle de Dieu ou celle du vide, ne peut se faire que dans le
temps et par lui. Renan a dépouillé la naïveté d'Antistius, il parle aux
hommes le langage ambigu qu'ils aiment, qui élude toujours le désarroi, en offrant, à travers le vide, le simulacre de Dieu.

Le renanisme peut donc apparaître à la fois comme démission et
achèvement ; abandon qui suit nécessairement la ruine dogmatique,
il tourne vers les riens d'autrefois, — souci du public, ivresse du
talent — la primitive tentation de Renan, telle qu'elle s'exprimait en
1846 dans une lettre à l'Abbé Cognat, celle de « caresser (sa) petite
pensée » [60]. Sans doute l'objet en était-il alors Dieu, le nouvel idéal
moral, mais la formule traduit, dès 1846, moins la transcendance de la
fin que la délectation pure du jeu intellectuel. A travers le renanisme,
Renan nous semble donc se détruire et s'achever. Lorsque G. Séailles [61]
citant Renan au tribunal de Renan même, rappelle l'éloge de Lamennais, dans les *Essais de morale et de critique* — « Il ne tomba jamais
dans la dérision de soi-même où la vanité et l'adulation d'un public

---

53. *Dr. P.*, III, p. 584.
54. *Dr. P.*, III, p. 581.
55. *Dr. P.*, III, p. 555.
56. Voir *Ap.*, IV, p. 464.
57. *Dr. P.*, III, p. 554.
58. *Dr. P.*, III, p. 540.
59. *Dr. P.*, III, p. 529.
60. *S.E.J.*, Appendice, II, p. 928.
61. *E. Renan*, p. 293.

frivole ont amené tant d'âmes d'abord favorisées » [62] — on se sent frappé d'abord de la justesse du trait, de l'exactitude du retour. N'est-ce pas là, pourtant, une évidence illusoire, faussée par la symétrie même qui semble lui donner valeur ? Car Renan ne s'est pas, semble-t-il, abusé sur le sens de sa gloire, elle consacrait au contraire, à ses yeux, la ruine de ses visées, elle monnayait de façon qu'il sentait lui-même dérisoire le rêve d'immortalité ; comme celle de Marc-Aurèle, sa bienveillance se fondait sur l'ennui, se nuançait de mépris, de tristesse (parvenu au terme de sa vie, ne livre-t-il pas dans ses notes intimes : « J'ai eu un tel mépris de mes contemporains ! ») [63]. Sans doute traversé de divers axes de lecture, l'article Lamennais, qui peut sembler, avant la lettre, procès du renanisme, peut fournir aussi, d'une certaine manière, justification anticipée au renanisme, considéré dans son sens inaperçu de dédain : « Le dédain est une fine et délicieuse volupté qu'on savoure à soi seul ; il est discret, car il se suffit » [64]. N'est-ce pas là, en définitive, le trait qui, dans le renanisme, porte l'authentique marque de Renan ?

---

62. *E.M.C.*, II, p. 144-145.
63. H. Psichari, *Renan d'après lui-même*, p. 142.
64. *E.M.C.*, II, p. 138.

CHAPITRE VI

RATIONALISME ET POINTS D'ATTACHE DU REVE.
VERS LA FEMINITE RELIGIEUSE

Ce n'est pas parce qu'il présente en Prospero un savant que Renan
« rationalise ». Au contraire, c'est là le véritable point de flexion où la
science devient rêve total, obsession quasi mythique de puissance,
dans toutes ses implications. Aussi, lorsque Bachelard reproche à Renan de n'avoir pas senti que « l'eau de jouvence est une puissance
onirique » [1], l'objection nous semble-t-elle rester en porte-à-faux :
sans doute Renan maintient-il, même dans l'évocation des rêves —
nous l'avons montré à propos de Léolin de Bretagne — la trace du
réel, sans doute aussi son eau de jouvence répète-t-elle le schéma de la
distillation — mais n'est-elle pas aussi tout autre chose, de même que
le rêve de Léolin n'est pas vision photographique ? Ce sont moins
les éléments du drame de Renan qui plongent dans l'onirisme, que
son principe même ; Bachelard cherche *l'eau* dans le drame de Renan,
et ses attributions imaginaires ; il ne les trouve pas. Serait-il plus heureux avec le feu ? A peine. Mais l'élément magique, dans l'*Eau de
Jouvence*, ce n'est ni le feu, ni l'eau en elle-même (Dieu nous garde
« d'ophéliser » Prospero !) ; c'est bien plutôt la volonté de saisir la
vie, l'antique fascination des forces élémentaires, c'est la transformation mythique de la science en force alchimiste et magicienne. Et
Prospero n'est pas pour autant un Docteur Faust. Pourquoi ? Dès 1848,
Renan avait, par anticipation, suggéré une réponse. Evoquant, dans
l'*Avenir de la science*, les instincts « féminins » de l'homme, instincts
dont « le physiologiste aurait peut-être autant à s'occuper que le psychologue » [2], il reprend en une longue note l'analyse de cette « féminité » : « Certaines faiblesses des plus fiers rationalistes ne s'expliquent
que par là. Il vient des moments de dégel, où tout ce couvre d'humi-
dité (...). J'ai souvent songé que ce type (haute fierté intellectuelle jointe

1. *L'eau et les rêves*, p. 201.
2. *A.S.*, III, p. 768.

aux faiblesses les plus féminines) pourrait servir de sujet à un roman psychologique. *Faust* ne correspond qu'à une partie de ce que j'imagine. Les anciens, par une de ces distinctions que bannit notre physique (...) et qui pourtant avaient tant de vérité, distinguaient chaleur sèche et chaleur humide. Cette distinction est juste, du moins en psychologie »[3]. Ainsi se trouve préfiguré l'envahissement par l'humide, répondant imaginaire d'une certaine féminité. Ainsi l'eau de jouvence retrouve bien les sources psychologiques de Renan, pour figurer son élément, non son prétexte. En même temps, elle introduit dans l'image du savant ce qui n'est pas le rationalisme — « la chaleur humide » —, ce qui alanguit et distend. De l'*Avenir de la science* à l'*Eau de Jouvence* s'est installée la rêverie liquide, signe d'un « dégel » du rationalisme, selon les termes de 1848. Dès lors, Renan, par avance, nous aide à mieux comprendre Prospero. Eau de la vie, eau de la mort, eau de jouvence qui embellit la fin (mais aussi cette dérision des eaux du Rhône où s'engloutira un cadavre), tout le climat psychologique de l'univers liquide représente, dans le savant, ce qui n'est plus seulement le savant. Prospero, grâce à l'eau de mort, immobilise sa vie totale en destin de maîtrise. Prospero, dans les eaux du fleuve, finit noyé comme un dément ou un sorcier (« Nous dirons au peuple que dans un accès de furie, il s'est noyé »[4]), l'analogue d'une assomption, en même temps qu'une fin de légende. Dans l'*Eau de Jouvence,* c'est la science elle-même qui devient lieu privilégié du rêve, et il est remarquable que, dès 1848, Renan ait suggéré par les images humides, liquides, le possible infléchissement imaginaire de la science.

Il n'est pas rare, chez Renan, que l'imaginaire se déplace, si l'on peut dire, se révèle contrairement à l'attente : ainsi dans l'*Eau de Jouvence,* c'est essentiellement la science qui devient postulation de l'imaginaire, l'eau restant la nappe psychologique (féminité, instinct) attestant le fléchissement du rationalisme qu'elle inonde de rêve. Ainsi sont maintenus les pouvoirs magiques de l'eau, et transfigurés les pouvoirs de la science. Magie « psychologique », féminité de l'eau, science devenue magicienne se trouvent donc ici réconciliées.

Au contraire, dans le drame du *Prêtre de Némi,* qui, faisant revivre les antiques coutumes du Latium, semblerait pouvoir immédiatement plonger dans l'imaginaire, c'est le rationalisme qui s'installe d'abord : pour Renan, la vieille coutume exigeant que le nouveau prêtre de Diane ne soit consacré que par le meurtre de son prédécesseur, est frappée de caducité, parce qu'elle est moralement intolérable. De là le personnage d'Antistius, conscience idéaliste, rationaliste, (pré)renanienne, qui juge les actes selon l'ordre éthique et refuse le sang. Son drame devient un épisode de sens moral, une interprétation moderne des données antiques, dont tout le contenu sacré se trouve rejeté.

---

3. *A.S.,* III, p. 1127, n. 22.
4. *Dr. P.,* III, p. 50.

Impertinence et « hideux sourire » à part, Renan paraît se placer ici
d'un point de vue voltairien, par la réduction anachronique de l'antiquité latine aux données modernes du progrès moral. Dégagé de tout
cadre mythique, de tout contexte de mentalité archaïque, Antistius se
voit posé en adepte de la religion naturelle : « Coupe sacrée de Némi,
tu auras toujours des adorateurs » [5] ! et sa contemplation devant le
lac s'achève en un discours de type kantien : « Impossible de sortir
de ce triple postulat de la vie morale : Dieu, justice, immortalité » [6].
Cette discordance entre l'atmosphère mythique des anciennes religions et l'interprétation renanienne nous sera rendue plus sensible
par une comparaison (sur le point précis des rites antiques), entre Ballanche et Renan. A propos des meurtres rituels, Ballanche tente de
saisir leur raison d'être dans un monde autre, leur corrélation avec des
lois qui nous échappent, leur lien avec le monde « cosmogonique ».
Ainsi dans *Orphée* : « Evandre est un meurtrier car tout auteur d'un
ordre de choses, dans la langue du peuple primitif, est un *meurtrier.*
Ce *meurtrier* fut même un parricide car, dans cette même langue, un
dynaste, un fondateur de dynastie, est un *parricide* » [7]. Plus loin, c'est
par l'image du prêtre de Némi qu'il illustre cette idée-force du monde
primitif : « Le prêtre de la Diane farouche ne peut être remplacé que
par son meurtrier » [8] ; loi qui se dégage, de façon insistante et presque
oraculaire, des paroles de la Sibylle à Orphée : « L'initié est tenu de
tuer son initiateur (...). Cruel emblème ! C'est la mort qui produit la
vie » [9]. Ainsi Ballanche saisit le sens initiatique du meurtre rituel, qui
consacre, par l'acte de force et par le sang, l'instauration d'un nouvel
ordre — alors que l'Antistius de Renan voudrait instaurer un idéalisme
moral, qui représente justement le pouvoir de penser hors des images
rituelles. Il n'a pas voulu tuer, il a voulu innover sans recours au
sacrement instaurateur, le refus du « sacré » étant justement la véritable innovation. Remarquons-le : ce prêtre se désolidarise du « sacré »
pour construire ce qu'on peut appeler une « religion » idéaliste, foi en
l'avenir du monde, lié au progrès moral, postulation de justice et
d'immortalité de l'homme dans le tout. En somme, Renan habille à
l'antique une conception éthique qui se veut absolue : la morale de
Kant, projetée sur l'histoire légendaire d'Albe la Longue, n'est plus
pensée comme un anachronisme, car par elle, Renan affirme toucher
à une vérité d'essence intemporelle (bien qu'appelée à s'éclaircir, à
se développer au cours des âges). Les postulats de la vie morale apparaissent ainsi comme un au-delà de l'histoire, de même que les personnages sont définis comme appartenant à une humanité permanente,

---

5. *Dr. P.*, III, p. 553.
6 *Ibid.*, p. 575.
7 *O.C.*, t. 4, p. 63.
8. *Ibid.*, p. 93.
9. *Orphée*, *O.C.*, t. 4, p. 183.

essentielle, fixée en art : « habillés comme les Romains de Mantegna
(...) pour éviter tout soupçon de couleur locale » [10]. Renan a donc bien,
semble-t-il, aménagé selon les présupposés du rationalisme et de l'idéalisme moral, les données antiques, dont l'élément légendaire s'est totalement évaporé. N'a-t-il pas su, comme Ballanche évoquant les Sibylles
des anciens jours, « errer sur les bords des lacs symboliques » [11] ? Mais
une fois le sacré dénaturé en religion idéaliste, Renan retrouve sa propre
lancée imaginaire, ses propres mythes intérieurs : le lien de la femme
et du prêtre, la signification amoureuse de la vierge consacrée ;
Renan n'a pas rencontré le sens mythique des rites d'Albe la Longue,
soit, mais, à travers le circuit idéaliste et au delà, il a retrouvé une
autre image mythique — la sienne — l'imagination amoureuse religieuse qui donne son sens au couple Carmenta-Antistius et le situe
dans un réseau de symboles analogues, centrés sur l'équivalence de
l'amour et de la religion. Nous tenterons d'en analyser le sens [12].
Bornons-nous pour l'instant à souligner que si Renan interprète rationnellement, idéalement, les données archaïques, primitives (alchimistes,
magiciens, prêtres de l'Antiquité...), cette interprétation n'épuise pas
pour lui le sens du mythe, qu'il ne retrouve pas « cosmogoniquement »
à la façon de Ballanche, mais qu'il transforme et reconstruit psychologiquement, par la mise au jour de ses propres images obsessionnelles.
Ainsi, nous l'avons remarqué, Renan élimine, à travers son interprétation d'Antistius, tout le côté sacré, rituel, des religions antiques, pour
tenter l'édification d'une « religion » autre, fondée sur le triple
postulat de la vie morale. C'est donc au nom de sa *religion* qu'il
vide le personnage du prêtre de tout contenu sacré ; mais son *imagination religieuse* lui fait réinstaller un mythe autre (son mythe personnel,
ses images fondamentales) et peut-être un autre sacré : la signification
érotisée de la prêtresse, l'expression religieuse de l'amour.

Ainsi, sur les éléments les plus fondamentaux de ce qui, en 1848,
s'affirmait comme le substrat d'une religion nouvelle (l'ordre de la
science, et l'éthique idéaliste), nous pouvons voir se dessiner les points
d'attache du rêve, qui remodèle les données apparemment les plus
stables : la science, tout envahie de l'élément « humide », « eau de
jouvence » d'une féminité ambiante et multiple, enrichie du souvenir
et déjà traversée des images religieuses ; l'idéalisme d'Antistius, le
prêtre novateur (encore un essai de foi critique !) rencontrant, sans
le partager ni le comprendre, le rêve passionné de sa sibylle ; toujours
le rêve part de la féminité, et de la féminité religieuse. Mais cette
religion dont s'entoure l'image de la femme n'est pas un rêve mystique d'absolu, elle est un élément de la féminité (doublement féminine
d'être religieuse) ; Célestine et Euphémie dans l'*Eau de Jouvence,*

---

10. *Dr. P.,* III, p. 531.
11. *Orphée, O.C.,* t. 4, p. 181.
12. Cf. *infra,* Part. IV, chap. 8.

aussi bien que la prêtresse convulsée du Latium (quoique dans des tonalités opposées), ne sont religieuses, si l'on peut dire, que dans et par un homme : le penseur, le prêtre, Prospero, Antistius. Elles ne représentent nullement la femme médiatrice en rapport avec un Dieu ineffable, elles ne sont pas, comme Hélène de George Sand, filles de la lyre. « O Dieu ! ô toi dont la vie n'a ni commencement ni fin, toi dont l'amour n'a pas de bornes, c'est toi seul que je puis aimer ! » [13]. Si Hélène exprime l'extase et représente la médiation entre l'amour total et les hommes, fussent-ils « supérieurs » comme Albertus (fussent-ils même à demi-divins comme l'Esprit de la Lyre), c'est autour de la figure d'un homme, sacralisée par la pensée, la science, le sacerdoce, que se cristallise pour Renan le rêve de la féminité religieuse. C'est le penseur, le prêtre, l'être séparé qui devient « dieu » à sa manière (en tout cas intermédiaire divin), et qui accomplit pour la femme la figure de l'idéal. Mais c'est alors que la femme accomplit — ou peut accomplir — une médiation d'un autre ordre : en mettant le penseur en contact avec ses souvenirs, son passé, les rêves de sa jouvence dormante (ainsi les deux jeunes religieuses évoquent pour Prospero l'amante d'autrefois, elle-même figurée comme une « petite sœur » qu'on aurait eue dans son enfance) [14].

On perçoit donc dès à présent que le point de fléchissement de la religion par la science et l'idéalisme, est en même temps le point d'attache du rêve et de l'imagination religieuse. On entrevoit déjà comment la femme, lieu du rêve, devient aussi lieu idéal, de rencontre et d'opposition, entre religion, imagination religieuse : si la femme s'absorbe dans l'adoration de l'homme entouré d'un halo sacral (pensée ou sacerdoce idéal reconstruisant pour Renan la religion) elle lui offre en même temps, à travers le symbole de la virginité consacrée, le reflet d'un divin dont il a déplacé le sens, mais dont il ne peut ni ne veut effacer les images.

Point donc de filles du feu, ni de filles de la *lyre*. Ce dernier emblème, si typique de l'exaltation romantique, ne se rencontre guère chez Renan. A l'instrument mythique de la dilatation, il préfère l'orgue, voix sacrée, solitaire et totale, rendant grâces à la fin de *Caliban* à « l'éternelle raison » des choses qui se fait jour « par les moyens les plus opposés en apparence » [15]. La lyre, selon Hugo, devient « immense » par la vocation même du Satyre à dire l'immensité ; elle exprime dans l'Orphée de Ballanche, l'accès à la vie immortelle, dans l'Ahasvérus de Quinet, la réconciliation de l'homme et du monde pour les temps à venir, dans le drame de G. Sand, l'union extatique avec le divin. Instrument du bond dans l'absolu, de la régénération, de la palingénésie. Or l'imagination de Renan n'est point palingéné-

13. *Les sept cordes de la lyre* (acte V, sc. 3), p. 187.
Dr. P., III, p. 515.
15. *Dr. P.*, III, p. 433.

sique ; bien plutôt engloutissement en soi, regard plongeant en soi-même, sorte de narcissisme à coloration mystique découvrant, dans la féminité religieuse, un reflet de sa propre « divinité » idéale, en même temps que la charge émotionnelle du sacré d'autrefois.

Morcelée, fragmentaire, une note manuscrite de Renan à la fin de sa vie révèle la crainte d'un affaissement, d'un retour des croyances — qui se voit enfin conjuré par l'imagination religieuse, contrepartie inversée de l'ancienne religion :

« Ne crain[s] que reprise des croyan[ces] religi[euses]
jeune fille amenée pour l'aider à mourir (vieillar[d])
jeune religieu[se]. La voir seulement (vierge des derniers jours
Abirag) » [16].

On reconnaît ici, sans doute, certains éléments du schéma final de l'*Eau de Jouvence,* mais surtout les obsessions mêmes de Renan. Pour ce David mourant, dans la royauté menacée de la science, de la philosophie, de la pensée conquérante, l'imagination religieuse, recevant de la religion d'autrefois les symboles dont elle renverse le sens, ne fut-elle pas aussi la « vierge des derniers jours » ?

---

16. *N.A.F.,* 14 200, n° 334.

CHAPITRE VII

THEOLOGIE DE L'AMOUR, AMOUR ET SACERDOCE,
AMOUR ET COMMUNION

L'aventure de l'absolu connaît-elle en Renan un ultime achèvement ? Séquelle d'un invincible idéalisme, le besoin d'infini se survit
dans la volupté. L'amour semble bien ce dernier précipité auquel aboutissent idéal et jouissance. Bien des indignations ont flétri cette nouvelle apothéose, surtout dans les années immédiatement postérieures
à la mort de Renan [1] ; la critique, alors privée des écrits de jeunesse,
était tentée de voir, non pas un aboutissement, mais une éclosion
monstrueuse et soudaine dans la Préface de l'*Abbesse de Jouarre* :
« Quand on se verrait en face d'une mort subite et certaine, la nature
seule parlerait (...). Cette sécurité de conscience, fondée sur l'assurance que l'amour n'aurait aucun lendemain, amènerait des sentiments
qui mettraient l'infini en quelques heures (...). Le monde boirait à
pleine coupe et sans arrière-pensée un aphrodisiaque puissant qui le
ferait mourir de plaisir. Le dernier soupir serait comme un baiser de
sympathie adressé à l'univers et peut-être à quelque chose au delà » [2].
Certes, la jeunesse de Renan ne connut, ou ne nomma point, l'ivresse
sensuelle ; mais, sans aucune imagination précise d' « aphrodisiaque »
ou de frénésie, Ernest et Patrice ne représentent-ils pas en lui l'excès
de vague amour, tel qu'il se déverse aussi en certains fragments des
Cahiers [3] ? « Suffoquements d'amour », « pléthore de sympathie »,
« moments d'un très doux affaissement » [4], tout cet appel de l'instinct,
de l'irrationnel, subsiste en Patrice, le trop critique, face analysante et
comme durcie d'Ernest. La Préface d'*Ernest et Béatrix* traduit l'effervescence intime, le besoin d'une fiction pour nommer, en l'idéalisant,
un amour pur de tout objet : « Dieu sait pourtant tout ce qui remue
au fond de mon cœur ! Mon état à cet égard est étrange. J'aime en

---

1. Voir par ex. G. Séailles, *E. Renan*, p. 312.
2. *Dr. P.*, III, p. 612.
3. *C.J.*, IX, p. 245.
4 *F.I.R.*, IX, p. 1519.

général. Je me suis fait une Béatrix, je la vois, je l'adore » [5]. Renan, à travers le double romanesque d'Ernest, projette son rêve de sensualité mystique, exaltée par le renoncement, et s'exprimant par lui. L'implicite référence à Dante témoigne bien de cette élaboration idéaliste, dans sa nécessité ; sans elle l'amour ne serait pas ; Renan vit, avant même de l'analyser, ce qui sera toujours une vérité de sa vie intérieure : l'équivalence, en une intime analogie, de la pudeur et de la volupté. Le mythe d'une Béatrix, dont, selon les notes intimes, il rêve d'être « l'époux-sœur » [6], n'exprime-t-il pas une sensualité épurée qui se déguise en mysticisme et se trompe sur elle-même ? L'historien des origines du christianisme saura discerner l'aberration des sens dans l'hallucination des martyrs des premiers siècles, comme chez les artistes de l'école lyonnaise, « ces poètes, ces peintres, ces penseurs, tous originaux, tous idéalistes, s'imaginant ne peindre que l'âme, en réalité dupes du corps » [7]. Encore, dès 1848, l'erreur n'est-elle pas entière ; l'illusion semble traversée d'éclairs, puisque Patrice reconnaît l'intime compénétration des impressions religieuses et des « instincts les plus intimes de (sa) nature » [8]. Pour Ernest, « Béatrix était l'idéal, Béatrix était Dieu » [9] ; sans doute ce n'est point là, du moins pas directement, une définition de Dieu par l'amour ; Béatrix, belle de sa claustration future, représente l'amour dans la mesure même où elle l'exclut et le transpose ; selon les notes intimes, « elle veut être religieuse ; tant mieux, elle ne sera pas profanée » [10]. Béatrix ne représente l'amour que parce qu'elle est immédiate référence au supra-sensible. L'intime démarche de Renan ne va pas, semble-t-il, de Dieu à l'amour, mais de l'amour à Dieu. L'attrait de Béatrix ne restitue pas seulement la médiévale fascination de la dame inaccessible ; ce qui l'isole, ce n'est pas véritablement un statut légal, le vœu dans son sens de formalisme religieux, mais toute une façon d'être, tout un choix moral : « Je ne veux pas être heureuse, disait-elle, c'est trop vulgaire » [11]. L'amour se définit ici comme renoncement, lui seul pouvant sauvegarder le rêve intérieur où pudeur et volupté se nourrissent l'une de l'autre. Ernest vit ce besoin d'amour, Patrice le vit et l'analyse à la fois, découvrant intuitivement dans le christianisme « les voluptueuses métamorphoses » d'un instinct [12].

Cette « énergique révulsion de la faculté d'aimer » [13] qui représente, selon l'historien de *Saint Paul*, l'intime essence du christia-

---

5. *F.I.R.*, IX, p. 1500.
6. H. Psichari, *Renan d'après lui-même*, p. 134.
7. *E.C.*, V, p. 673-674.
8. *F.I.R.*, IX, p. 1529.
9. *F.I.R.*, IX, p. 1513.
10. H. Psichari, *Renan d'après lui-même*, p. 134.
11. *F.I.R.*, IX, p. 1512.
12. *F.I.R.*, IX, p. 1520.
13. *S.P.*, IV, p. 894.

nisme, *Fragments intimes* et *Cahiers* nous la découvrent en Renan. Ce n'est donc pas l'inexplicable nouveauté d'une plante sans racines que l'épanouissement final d'une théologie où l'acte d'amour représente la plus parfaite des prières [14].

L'identité de l'amour et de la religion, telle qu'elle s'exprime dans la Préface de l'*Abbesse de Jouarre*, n'est pourtant pas simple résurgence du rêve d'*Ernest et de Béatrix*, vieux maintenant de quarante ans. Au renoncement se substitue l'acte, mais qui, d'une certaine façon, refuse le bonheur tout en le rédimant et l'intensifiant par une mort immédiate. La mort devient ainsi en elle-même un au-delà, au-delà d'intensité et non d'éternité. Ernest, dans sa foi au Dieu de l'avenir, dépassait instinctivement la mort et l'individualisme, dans l'intuition de l'universelle résultante : « Nos individualités se retrouveront-elles un jour quand Dieu sera parfait et l'unité accomplie ? Cela n'est guère probable... » [15]. Aux yeux de Béatrix, il s'absorbe dans le Christ, par une sorte de mystérieuse consubstantialité, et devient « Lui » [16]. Renan vieilli donne au contraire approfondissement immédiat par l'amour à la mort même, substitut ou du moins anticipation d'un improbable royaume de Dieu [17]. Si le rêve d'Ernest, à travers l'image de Béatrix, s'achevait en idéal, il semble que, dans l'*Abbesse de Jouarre*, l'idéal trouve son achèvement dans l'amour, seule valeur finale, rencontrant dans le mysticisme non sa justification, mais un réseau d'images et de correspondances : « C'est ce qui arrivait aux martyrs de la primitive Eglise chrétienne. La dernière nuit qu'ils passaient ensemble dans la prison donnait lieu à des scènes que les rigoristes désapprouvaient » [18]. La religion n'est plus, comme en Béatrix, l'ordre de l'idéalisme transcendant, du *Noli me tangere*, mais celui des « funèbres embrassements » [19], à la fois dilatation de l'être et concentration d'intensité de l'absolu en instant. C'est bien dans cette visée d'amour que Renan, pour la première fois, accepte la mort et même s'en exalte. Ernest « proteste contre la mort » [20] avant de l'admettre dans la perspective d'une contribution à l'avenir de Dieu [21]. L'auteur de l'*Abbesse de Jouarre*, pour qui se sont dissipés ou estompés les arrière-plans divins, la saisit comme la seule libération possible : libération de l'instinct refoulé, spasme, seule vérité d'un infini qu'elle met « en quelques heures » [22].

---

14. *Dr. P.*, III, p. 612.
15. *F.I.R.*, IX, p. 1515.
16. *F.I.R.*, IX, p. 1516.
17. *Dr. P.*, III, p. 613.
18. *Ibid.*
19. *Ibid.*
20. *F.I.R.*, IX, p. 1508.
21. *F.I.R.*, IX, p. 1514.
22. *Dr. P.*, III, p. 612.

S'il est un trait que Renan vieilli ne présente ou du moins n'avoue plus, c'est la timidité face à l'amour, la gaucherie d'Ernest, séminariste en rupture : « Veux-tu que je te dise, cher ami, pourquoi Béatrix m'est si chère ? C'est qu'elle n'est pas embarrassée avec moi. Je suis gauche, timide, maladroit (...). Je suis dans des transes, dans des embarras. Je me cache et pourtant je voudrait qu'elle vît au travers » [23]. Aux yeux du jeune Renan, Ernest ne pouvait s'idéaliser pleinement en image d'amour que par la mort, s'achever en vision, à travers les transpositions du mysticisme et l'ambivalence d'une fusion avec le Christ [24]. Patrice ne rêvait que la compassion d'une femme, et souffrait de se voir interdire le bonheur d'être plaint [25]. La consécration religieuse, comme la faculté critique, sont lourdes à porter, et finissent par constituer, au regard du sentiment, une espèce de tare. Au contraire, pour Renan vieilli, ce qu'Ernest et Patrice sentaient, comme l'envers d'une supériorité certes, mais enfin comme une disgrâce, se convertit en primauté, en droit absolu. C'est ainsi que se dessine, à travers l'image du prêtre de Némi, une conception nouvelle de l'être consacré par l'état sacerdotal ou la prééminence du penseur : loin de rêver la pitié, le sourire ou l'amour, ils suscitent l'amour, mais sans le rendre, car ils échappent à ce plan de l'échange, de la réciprocité. « Que vient faire une femme dans la vie de celui qui a pour mission de sauver ou de civiliser l'humanité ? Les missionnaires divins, comme Orphée, doivent être aimés plus qu'ils n'aiment. Mais il est permis aux femmes de baiser la frange de leur robe et de laver leurs pieds » [26]. Le souvenir de Madeleine, cette image tendre d'amour prosterné, traverse l'évocation, mais altérée et durcie à travers la revendication du prêtre. Si Carmenta aime le divin en Antistius, n'aime le divin qu'en Antistius, le prêtre s'enivre d'avoir anéanti en lui tout besoin d'intermédiaire ; il ne voit pas l'amour de sa Sibylle, il n'aperçoit Carmenta que dans la mesure où elle sert le divin, à travers l'avenir de Rome, la loi de l'éternel progrès. Carmenta ne vit pas de l'œuvre, elle la subit comme une charge, la maudit comme une imposture. Mais l'œuvre prend vie et sens pour elle par la parole et le baiser d'Antistius : « Sœur dans le devoir et le martyre, je t'aime » [28]. La charge devient alors élection et l'imposture vérité. C'est à travers l'amour que l'idéal du prêtre se transfuse en elle, puisqu'elle le venge, et prophétise, après sa mort, selon son esprit. Mais cette parole et ce baiser d'Antistius, qu'étaient-ils ? un leurre, ou une charité. Antistius n'aime Carmenta que dans la fraternité idéale de l'œuvre (dans le Christ, selon la transposition chrétienne), mais reçoit un élan

23. *F.I.R.*, IX, p. 1508.
24. *F.I.R.*, IX, p. 1516.
25. *F.I.R.*, IX, p. 1555.
26. *Dr. P.*, III, p. 564.
27. *Dr. P.*, III, p. 566.
28. *Ibid.*

d'amour-adoration qui, de sa part, reste sans réponse. Carmenta elle-même n'existe pas pour Antistius, qui la laisse vivre d'un généreux malentendu. Cette image durcie du prêtre, symbolique de celle du penseur, semble traverser les dernières années de Renan : ce thème parcourt les *Souvenirs d'enfance et de jeunesse*, à travers l'épisode du broyeur de lin, — que désirait-elle, cette pauvre fille « née droite et bonne » [29], sinon d'exister pour le vicaire, être admise dans sa pensée ? — et l'étrange manifestation d'orgueil de ce prêtre qui, sauvé pendant la Révolution par une de ses paroissiennes (la propre grand-mère de Renan) ne lui accorde, en retour, pas un mot, pas un regard. Pareille conduite semble fasciner Renan, dans la mesure où il la sent propre à susciter et exalter l'élan, par cela même qu'elle le refuse, le heurte, ou plutôt l'ignore. Repris dans ce contexte, le mot de Jésus, « Femme, qu'y a-t-il de commun entre toi et moi ? » [30], consacre en supériorité dure les timidités d'Ernest ou de Patrice, le malaise d'autrefois.

L'homme supérieur se trouve comme déifié par son symbole et par son être propre : il est aimé bien plus qu'il n'aime ; la primauté critique et spéculative du penseur, sa faculté d'abstraction ne sont pas l'envers d'un appauvrissement intime, au contraire ; l'avant-propos de l'*Abbesse de Jouarre* (dans la vingt et unième édition) l'affirme en termes décisifs jusqu'à la provocation : « N'ayant jamais profané l'amour, j'ai plus de droit que personne à en parler » [31]. Le désarroi de Patrice — « Jamais, jamais une femme ne m'aimera » [32] — se convertit donc en surenchère de force et de droit. La femme, envisagée autrefois dans une certaine supériorité d'instinctive finesse, se situe maintenant de façon presque définitive dans l'élémentaire, « sirop exquis » [33], « fontaine d'eau fraîche » [34], « coupe de lait » [35]. Les deux jeunes religieuses qui, laissant flotter leurs longs cheveux, embaument de volupté la fin de Prospero, remplissent une fonction, une charge. Elles sont élevées — « très bien élevées par leur abbesse » [36] — pour le rafraîchissement du penseur. Certes, Euphémie et Célestine ont rejeté leur voile et leur caractère sacré se dilue en féminité, en charme qui s'ignore. Mais, ce charme, Renan le saisit plus subtilement à travers l'image de la religieuse ; le rappel, si allégé et transposé soit-il, de la règle, de la claustration, de la vie monastique, apparaît comme un condiment nécessaire à la volupté. Le symbole de la religieuse s'est curieusement transformé depuis les *Fragments*

29. *S.E.J.*, II, p. 739.
30. *S.E.J.*, II, p. 774.
31. *Dr. P.*, III, p. 617.
32. *F.I.R.*, IX, p. 1559.
33. *Dr. P.*, III, p. 514.
34. *Dr. P.*, III, p. 515.
35. *Ibid.*
36. *Dr. P.*, III, p. 513.

intimes : Béatrix, destinée au cloître, « était l'idéal, était Dieu » [37]. A travers l'*Eau de jouvence,* au contraire, la religieuse concentre en elle une sorte de féminité adorante, l'adoration se déplaçant de Dieu au penseur, lui-même ainsi divinisé. « La petite chienne, qui se tord aux pieds de son maître » [38], voilà, exprimée dans le registre du frétillement animal, la vocation d'adoration de la femme, à travers un rêve d'amour qui semble se confondre avec un rêve de force.

Dans les affres d'une pensée critique qui, selon les termes de Patrice, connut « la lutte du saint contre le vrai, du beau contre le bien, du vrai contre lui-même » [39], le jeune Renan a pu regretter de n'être pas « une pauvre petite religieuse, toute simple et pure, priant, aimant, et ne pensant pas » [40]. Au terme de sa vie, le rêve se décentre : il ne s'agit plus de se confondre avec un idéal féminin de foi simple, mais de se fixer au delà, de s'éloigner, de dominer : « Mon rêve... la situation de la religieuse qui m'aurait cédé. Elle serait pénitente toute sa vie et pourtant très respectée » [41]. Tel est l'aveu des notes intimes, dans sa brutale spontanéité. S'est déplacée aussi l'adoration de la religieuse ; c'est bien là tout le trajet intérieur de Renan, des fragments intimes aux drames : le sacré change de sens ; le penseur finissant par absorber le divin, c'est la faute même qui grandit et idéalise la religieuse. Les notes intimes livrent cette confidence : « [L']inoculation [de la] piété et [de l']instinct sexuel se firent en moi en même temps » [42]. Le sacré devient pour finir raffinement de sensualité, exaltation de l'essence féminine. Pourquoi d'Arcy n'a-t-il jamais tenté d'arracher l'Abbesse de Jouarre à des liens artificiels pour elle comme pour lui (ni l'un ni l'autre n'attachant foi au contenu positif des dogmes religieux) ? C'est que ce vœu, cet interdit sur elle, était son être, l'achevait en beauté : « Sans partager les anciennes croyances, j'aurais cru commettre un sacrilège, non seulement en la détournant de ses devoirs, mais en concevant même l'idée qu'elle pût en être détournée. C'eût été détruire de mes mains ma propre idole » [43]. Tout l'être de celle qu'il aime est dans la religieuse, dans l'abbesse ; il avoue cet enchantement du regard devant sa beauté relevée « par le minimum de costume religieux qu'elle portait dans le monde » [44]. La simplification symbolique qui, dans le jeu du blanc et du noir, ignore ou absorbe l'éparpillement des couleurs, signifie pour Renan la concentration du désir, et masque, les exprimant par là de façon plus intense, « les rêves de la chair amoureuse et voilée » [45]. Dans cette fusion presque

37. *F.I.R.*, IX, p. 1513.
38. *Dr. P.*, III, **p. 515.**
39. *F.I.R.*, IX, p. 1518.
40. *C.J.*, IX, p. 195.
41. H. Psichari, *Renan d'après lui-même*, p. 138.
42. *Ibid.*, p. 133.
43. *Dr. P.*, III, p. 628.
44. *Ibid.*

obsessionnelle avec le sensuel, le sacré se transpose jusqu'à ne plus représenter, semble-t-il parfois, qu'une sorte de fétichisme amoureux : ainsi Emma Kosilis, lorsqu'à ses années de réclusion succède la dilatation amoureuse, garde, « au fond de son alcôve (...) sa discipline de religieuse » [46]. A travers l'image de la discipline s'installe cette présence de la chair qui, macérée ou comblée, finit par fonder pour Renan l'équivalence de l'amour et de la religion. L'amour, dans les *Fragments intimes,* se sublimait en mysticité ; par un mouvement inverse, il sert maintenant de déversoir au sentiment de l'infini.

Face au problème qui hante ses dernières années, rien ne semble plus irriter Renan que l'ironique et facile frivolité de ce « bon pays de France », indulgent à la « polissonnerie » [47]. En 1848, Renan éprouvait un sentiment analogue, dans l'ordre des idées religieuses : il déplorait que la France, ignorant la pensée libre et la vraie religion, ne connût rien entre l'orthodoxie et Voltaire. De même méconnaissent l'amour, et les hypocrites et les libertins [48] ; face à l'intime secret de la nature, rien de plus déplacé, selon Renan, que le sourire. Ce sourire, sa sensibilité délicate et rétractile le redoutait déjà lorsqu'il présentait, en 1860, son *Etude sur le Cantique des cantiques.* Il se défendait alors de compter parmi ceux « qui regardent l'amour comme le plus élevé des principes de la moralité humaine » [49]. Pour lui, en 1860, il ne le considère que comme un « principe secondaire de noblesse mais le plus efficace pour ceux auxquels le devoir paraît trop abstrait » [50], inférieur sans conteste à la vertu et au génie. Mais si l'avenir de la science se rétrécit, si la vertu n'est plus qu'une hypothèse ? Alors le principe autrefois jugé secondaire envahit le champ de la conscience et s'amplifie de la déroute des autres. Dès 1860, Renan se plaisait à un certain enivrement de sensualité mystique, et de ce beau « *Vulnerasti cor meum* », « faux philologiquement, mais vrai religieusement » [51]. Il ne nous semble pas indifférent de souligner, qu'en se référant à Niebuhr, donc à travers l'écran de la citation, du témoignage extérieur, il n'en terminait pas moins son étude de 1860 sur l'exaltation « du plus profond et du plus fort des sentiments de l'humanité » [52]. Dépouillé de ses timidités, épanoui en conviction personnelle, en théorie de l'univers, ce jugement fait toute la substance de l'Avant-Propos de l'*Abbesse de Jouarre* (dans la vingt et unième édition) : « Je n'ai pas cru que la philosophie pût expliquer le monde sans tenir compte de ce qui est l'âme du monde. J'ai voulu que mon

45. *F.D.,* II, p. 956.
46. *F.D.,* II, p. 967.
47. *F.D.,* II, p. 959.
48. Voir *Dr. P.,* III, p. 617.
49. *C.C.,* VII, p. 494.
50. *C.C.,* VII, p. 495.
51. *C.C.,* VII, p. 493.
52. *C.C.,* VII, p. 495.

œuvre fût l'image de l'univers ; j'ai dû y faire une place à l'amour »[53]. Renan éprouve le besoin d'un substitut du mysticisme ; pour lui comme pour Ernest, l'exigence première est de « toucher Dieu »[54], ce Dieu qui s'est dérobé à travers la critique, la morale même peut-être, et dont l'amour fournit la dernière équivalence. « Le baiser de sympathie » ainsi adressé « à l'univers et peut-être à quelque chose au delà »[55], n'est pas pour Renan simple métaphore, mais se charge d'un sens quasi sacramentel. L'image de la communion, souvent latente, se superpose par deux fois au moins, de façon très nette, à celle de l'amour : dans le conte *Emma Kosilis*, évoquant le crime contre l'amour que représente la littérature parisienne, il y voit la profanation même du sacrement : « on traîne l'hostie sainte dans la boue »[56]. L'amour est ici pensé à partir de la communion (à travers l'image médiévale et presque archétypique de profanation de l'hostie). A l'inverse, évoquant dans la Préface des *Feuilles détachées* l'intime lien entre amour et pureté, il pense la communion à partir de l'amour, et la définit dès l'abord non en termes d'efficacité mais de goût, de saveur : « Les Jansénistes pensaient très justement que l'abus de la communion en enlève le goût, en diminue la saveur. On en peut dire autant de l'amour »[57]. Le sacrement n'apparaît ici qu'en second, à travers toute une contamination amoureuse, savoureuse, qui gagne jusqu'au corps christique. L'interpénétration des deux éléments semble achevée, quoique de façon plus trouble, dans la *Confession de Fellicula* : la pécheresse qui ne peut connaître le véritable amour (par la communion) reçoit la vision consolatrice de Jésus, perçoit l'image future de sa fille buvant à « la coupe de l'amour », la coupe eucharistique[58]. A vrai dire, si nous touchons ici à cette équivalence, c'est à travers les déviations du séducteur Markos, et les fantaisies nerveuses de ses faibles victimes. Mais, l'assimilation de Jésus à Adonis, risquée, sans doute, par le « fils de la gnose », Renan ne la prend-il pas, en partie du moins, à son compte ? « On fait des religions, des philosophies où on ne dit pas un mot de l'amour. Adonis est une forme du dieu suprême. Comme Christos, il est mort jeune, les femmes le pleurent au printemps »[59]. L'aberration du gnostique ne fait que donner corps à l'intuition, de teinte nervalienne, qui traverse la Dédicace de la *Vie de Jésus*[60], comme la vision de Fellicula achève la fusion de la religion et de l'amour, dans une consécration eucharistique.

53. *Dr. P.*, III, p. 617.
54. *F.I.R.*, IX, p. 1507.
55. *Dr. P.*, III, p. 612.
56. *F.D.*, II, p. 970.
57. *F.D.*, II, p. 951.
58. *F.I.R.*, IX, p. 1575.
59. *F.I.R.*, IX, p. 1577.
60. *V.J.*, IV, p. 12.

Dans la ruine ou l'ébranlement des premiers principes, l'amour, autrefois effusion de tendre mysticité, devient, pour finir, seul substitut possible au divin, et s'élabore dans la fusion du sensuel et du sacré. Le rêve d'absolu se nuance par là même, divinisant l'éphémère, préférant à l'éternité son humaine et pathétique équivalence : l'intensité. Cette religion de l'instant, cette théologie nouvelle du « fleurir, aimer, mourir » [61], s'incarne dans les figures féminines d'Imperia et de Brunissende, trouvant l'absolu dans le beau, représentant par là même « des portions élevées de l'humanité » [62] : « De ce qu'une chose est éphémère, ce n'est pas une raison pour qu'elle soit vanité. Tout est éphémère, mais l'éphémère est quelquefois divin » [63]. Ainsi l'amour devient pour Renan le seul moyen de résoudre « le difficile problème de s'approprier Dieu » [64]. Le rêve de s'approprier Dieu, le mirage de force, peut-on l'apercevoir dans le vieillard désenchanté qui semble n'avoir plus de souffle pour la contre-sagesse de l'*Avenir de la science* et qui, faisant, selon la Préface des *Feuilles détachées* « contre mauvaise fortune bon cœur » [65], définit, dans la stéréotypie banale de la formule, un état de morale moyenne un peu contrainte ? Pourtant, dans l'irruption du rêve d'amour, on aperçoit, semble-t-il, les métamorphoses, plus que l'abandon, de l'ancien mirage. La position de l'ancien clerc est devenue, à travers l'image d'Antistius ou de Prospero, celle du maître, qui reçoit sans la rendre l'adoration amoureuse et concentre en lui une sorte de divinité. Sans doute pourrait-on, contre l'idée de cette volonté de puissance, alléguer une sensibilité que Renan, depuis les notes intimes les plus anciennes (ainsi celles du temps de la pension Crouzet : « J'ai de la femme dans le cœur » [66]), jusqu'à la Préface des *Feuilles détachées,* qualifie de féminine : « Dans ma manière de sentir, je suis femme aux trois quarts » [67]. Mais l'image de la femme s'associe immédiatement pour lui à celle du prêtre, et se définit par le dédain : « Il y a dans ma gaucherie du dédain de prêtre et du dédain de femme » [68]. De plus, selon le témoignage de la même Préface, « en Bretagne, les femmes sont supérieures aux hommes, grondent les hommes, les traitent avec hauteur » [69]. A travers la Bretagne tout intime de ses hantises personnelles, la femme se colore donc pour lui de force, de primauté, dans la supériorité et le dédain. L'étrange composé de femme et de prêtre, en même temps qu'il exalte toutes les nuances de l'amour, dans son lien avec la religion, ne représente donc nullement une démission de la force.

---

61. *Dr. P.,* III, p. 392.
62. *Dr. P.,* III, p. 514.
63. *Dr. P.,* III, p. 392.
64. *Dr. P.,* III, p. 560.
65. *F.D.,* II, p. 952.
66. H. Psichari, *Renan d'après lui-même,* p. 83.
67. *F.D.,* II, p. 950.
68. *Ibid.*
69. *Ibid.*

CHAPITRE VIII

LA RELIGION, METAPHORE DE L'AMOUR [1]

Il semble qu'en Renan, la religion de son enfance se soit transformée de deux façons essentielles : c'est, d'une part, le substitut conscient, philosophiquement élaboré, de l'idéalisme, dont nous avons commenté le nécessaire échec ; de l'autre, toute la résurgence de l'imaginaire, à laquelle la volonté n'a point de part, mais qui résulte plutôt d'une habitude organique, immémoriale mémoire du corps. Ces deux éléments se contrebalancent, le second moins marqué quand le premier se croit plus fort : ainsi, tant que Renan a cru à la possible rénovation idéaliste, dans la *Vie de Jésus* par exemple, il reste maître de l'imaginaire, il ne connaît point encore l'envahissement de ce sensualisme religieux qui fait le sens de ses œuvres dernières. Nous avons tenté de souligner comment l'enchantement chrétien s'accompagne, dans les *Conférences d'Angleterre,* d'un raidissement contre l'Eglise. C'est la faillite philosophique qui libère le rêve chrétien, mais le rêve chrétien est, en un sens, le contraire même d'un quelconque retour à la religion. Si bien que religion et imagination religieuse, si proches en leur couleur, s'opposent en leur dynamisme et leur signification ; à la visée dogmatique (qu'à travers les substituts de la religion poursuivait l'*Avenir de la science*) succède la force de magie de l'image. Celle-ci s'affirme souveraine dans son irréelle vérité de symbole et de songe. On croit assister, devant la mort et le pressentiment du néant, aux onctions d'huile des gnostiques. L'imagination religieuse n'offre-t-elle pas à Renan ce qui fut refusé, en sa prison, à l'abbesse de Jouarre, « ces calmants de la dernière heure (...) qui font qu'on arrive au moment où l'ombre s'épaissit, comme enivré par ce vin de myrrhe que les femmes de Jérusalem préparaient autrefois pour adoucir les derniers

---

1. Ce dernier chapitre étant consacré à la construction imaginaire (et non rationnelle ou conceptuelle) nous avons étudié les textes selon un ordre autre que strictement chronologique : ainsi la place faite à l'*Antéchrist* — (œuvre antérieure aux *Drames,* étudié dans ce chapitre après les *Drames*) — place que notre étude tentera de justifier.

moments des suppliciés » [1 bis]. Mais Renan connaît et définit l'enivrement comme tel, il n'y cède qu'en le maîtrisant, et le maîtrise en coulant, sous le rêve chrétien, une réalité qui l'innerve et le revitalise ; l'amour, attestant le « lien ombilical » [2] qui unit l'être à l'univers, envahit l'imagination religieuse, et, transfigurant le secret biologique, donne sa dernière chance à Dieu.

Renan, dès l'époque de *Patrice* et de l'*Avenir de la science,* apercevait l'implication érotique de la religion [3], dans la psychologie féminine, dans la dramatisation d'instincts élémentaires que présenta le Moyen Age, à travers lollards et flagellants... Une note de l'*Avenir de la science* cite Michelet (*Du prêtre, de la femme, de la famille*), *Volupté* de Sainte-Beuve et un extrait de *la Pucelle.* Il serait facile, mais peut-être inexact, de souligner un aspect pré-freudien de Renan. Sans doute s'est-il présenté, dans les *Nouvelles études d'histoire religieuse,* comme un analyste, un observateur des faits de psycho-pathologie. Ainsi, l'essai *Une idylle monacale au XIIIᵉ siècle* présente, en Christine de Stommeln, un « cas » clinique. L'article sur *La méthode expérimentale en religion* traduit, poussée à sa limite caricaturale, l'exigence scientifique : renouveler l'expérience religieuse, en recréer les conditions, en exaspérant le besoin de croire et d'aimer, en usant de toutes les virtualités érotiques du sang et de la contagion du martyre. Pourtant, Renan ne se borne pas, comme Freud, à étudier « l'avenir d'une illusion ». Son univers mental est plus complexe, car ces formes qu'il examine n'ont pas fini de trouver en lui un répondant. Cette religion, il l'analyse, sans cesser pourtant de la consommer ; aussi trouverons-nous moins en l'auteur de l'*Abbesse de Jouarre* un théoricien du sens érotique de la religion qu'un homme pour qui l'amour prend nécessairement figure et affabulation religieuses. Michelet, Sainte-Beuve, Voltaire, cités en 1848, malgré des différences d'accent essentielles, présentent une réflexion qui va de la religion à l'amour, la religion masquant ou exaltant, ou dénaturant l'amour. Pour Renan, au contraire, la question se pose selon l'axe inverse, non pas de la religion à l'amour, mais de l'amour à la religion. Tout notre effort sera d'élucider en lui l'apport figuratif nécessaire de la religion à l'amour, la dramatisation religieuse essentielle à l'amour. Nous tenterons de retrouver la création et le sens d'un mécanisme associatif, qui fait de la religion la métaphore nécessaire de l'amour.

Nous avons tenté de montrer, en Ernest et Béatrix, tout l'élan de sublimation religieuse, aboutissant au rêve de « l'époux-sœur » [4]. Ernest voit celle qu'il aime à l'ombre du pilier qui cache, de la religion qui interdit. Une brusque échappée s'ouvre pourtant sur l'instinct pur, dans

---

1 bis. *Dr. P.,* III, p. 637.
2. *F.D.,* II, p. 952.
3. *A.S.,* III, p. 1126, n. 21.
4. H. Psichari, *Renan d'après lui-même,* p. 134.

la hardiesse d'un instant : « Entre le ciel et nous, il n'y a que ta
volonté et la largeur de cette table » [5]. Cette percée dans l'élémentaire
s'auréole de « ciel » ; bien avant l'*Abbesse de Jouarre*, Ernest rêve
de jouir « par anticipation du royaume de Dieu » [6] et saisit l'identité
de l'amour et de la religion. Mais l'appel direct ne peut avoir d'écho,
car les êtres perdent jusqu'à leur vérité intime dans leur transfiguration
idéale ; pour Ernest, Béatrix était Dieu, pour Béatrix, Ernest, mort,
se confond avec le Christ. De l'époux-sœur à la sœur épouse, des fragments intimes aux lettres à Henriette, de la fabulation romanesque à
la vie, n'est-ce point l'imagination religieuse qui a modelé le personnage solidaire ? Nous n'avons nullement l'intention de fouiller une
réalité biographique, de suivre G. Monod parlant de « Mademoiselle
Renan » [7], et la « Passion de la sœur » [8], si intensément évoquée par
J. Pommier, n'est pas non plus notre objet. Notre recherche est celle
de la formation du personnage solidaire. Renan, nous semble-t-il, se
complète et s'achève lui-même dans une union qui est en même temps
distance, et que la figure de la sœur, dans sa valeur métaphorique et
ses résonances religieuses, pourrait bien signifier. Nous nous fonderons sur une lettre adressée du Mont-Cassin à Henriette, le 17 janvier
1850 : « J'ai beaucoup pensé à toi en visitant la grotte où Saint Benoît
avait son entrevue annuelle avec sa sœur, Sainte Scolastique (...). La
soif est le but ; au lieu de se précipiter sur la coupe pour la satisfaire,
il vaut mieux l'entretenir. Heureux Saint Benoît ! Il voyait sa sœur une
fois tous les ans, et il voyait à toute heure le toit qui l'abritait et
sous lequel elle pensait à lui » [9]. Ce texte superpose divers éléments :
la figure, un élément de la vie monastique médiévale ; une interprétation de la distance, le drame de la séparation d'Henriette et de son
frère se traduisant paradoxalement, à travers Benoît et Scolastique,
en bonheur, en bénédiction ; enfin ce bonheur ne s'explique pleinement
que dans un univers de passion amoureuse, où vraiment « la soif est le
but ». Les trois étages du symbole se succèdent donc dans la rupture :
de la vie monastique de Scolastique et Benoît au lien seulement fraternel, celui-ci s'achevant dans un monde tout autre, celui de l'amour.
A travers le moine, puis le frère, s'est libéré l'élan amoureux. Ce qui
l'indique, c'est le sens nouveau pris, à travers l'image, par la distance,
maintenant bénie. Nous sommes loin des chants amébées de l'amitié
fraternelle, déplorant, tout au long d'une correspondance intime, l'exil
de la sœur et la tristesse des séparations. La lettre du 17 janvier 1850
nous arrache à la réalité anecdotique, biographique, pour nous jeter
en pleine vérité de l'imaginaire. La preuve même de la rupture entre

---

5. *F.I.R.*, IX, p. 1512.
6. *D.P.*, III, p. 613.
7. *Les maîtres de l'histoire, Renan, Taine, Michelet*, p. 17.
8. *C. renaniens*, n° 4, voir p. 43.
9. *L.F.*, IX, p. 1259-1260. Voir Appendice II.

ces deux niveaux, Henriette nous la fournit à son insu et malgré elle : elle ne comprend pas cet étrange symbole, et, même, si l'on en juge d'après la suite de la correspondance, en reçoit une blessure. Renan se disculpe en une lettre du 6 août 1850 : « Oui, je maintiens qu'il est des instincts qu'il est plus doux d'amuser que de satisfaire (...). Mais cela ne peut s'appliquer qu'aux affections par accès, de celles que l'on nomme généralement passions, (...) la réflexion que je t'avais communiquée ne peut en aucune manière nous être appliquée (...). C'est par une association d'idées inexacte qu'elle m'est venue à propos d'un frère et d'une sœur » [10]. Si Henriette n'a pas compris, Renan n'a pas compris non plus, ou plutôt, quand il veut expliquer son instinctive symbolique, il la fausse et, se déchiffrant mal, se dérobe en invoquant l'inexactitude de l'association. Ce qui a fait le chagrin d'Henriette fait maintenant la maladresse de Renan : elle d'abord, lui ensuite, elle nécessairement, lui dans un effort de justification, veulent traduire l'image archétypique de l'union parfaite en réalité biographique. Archétype et biographie ne coïncident pas. Renan — les retouches qu'apporte à sa pensée la lettre du 6 avril le prouvent — avait directement substitué un sentiment d'amour-passion à l'affection fraternelle. Mais ce saut d'un ordre à l'autre est révélateur d'une inconsciente préoccupation, il remodèle le réel en tout autre, et cet ordre amoureux rêvé s'exprime spontanément dans le double symbole fraternel et monastique. Nous insistons sur notre point de vue, qui n'est nullement biographique. Nous ne sommes point Mgr Plantier, pour déceler en « l'âme pure » [11] d'Henriette on ne sait quel obscur secret, et avons peu de compétence pour hasarder quelque janséniste théorie du péché caché. L'image de Benoît et Scolastique nous paraît, pour toute la vie intérieure de Renan, à la fois amoureuse et religieuse, une sorte de référence matricielle. Que nous livre-t-elle ? le besoin du personnage solidaire, le lien dans la distance, la traduction immédiatement religieuse de l'amour. Toute la correspondance de Renan et d'Henriette, toute la réalité biographique, n'a fait, nous semble-t-il, que côtoyer analogiquement la vérité imaginaire, obsessionnelle. C'est pourquoi Henriette ne pouvait comprendre l'apologue monastique, et s'est trompée, en voulant faire coïncider ce réseau de l'imaginaire avec les rapports d'affection, même intense. Elle a littéralement traduit que son frère ne désirait la voir que de loin en loin — alors qu'il n'était point question d'elle, dans sa réalité, mais de la figure nécessaire, rêvée, à laquelle cette réalité ne faisait que donner support.

Le frère se confond, dans ce champ de l'imaginaire, avec le moine, le saint ; la sœur avec la religieuse, qui « pense à lui » sans le voir, pour laquelle il devient une sorte de dieu caché, absorbant à la fois l'amour qu'il inspire et le secret qu'il condense. Ce que le jeune Renan

10. *L.F.*, IX, p. 1277.
11. *V.J.*, IV, Dédicace.

appelait « l'époux-sœur » nous semble accéder à une réalité plus dur-cie, qui se fige, en supériorité. Car l'image de Benoît et Scolastique n'installe, entre les deux époux de ces noces figuratives, aucune réci-procité, aucun échange vrai : le rapport est celui du surplomb, la sœur-épouse-religieuse habitant « un autre monastère sur une des collines latérales de la montagne » [12], sans autre raison d'être que de faire monter vers l'invisible une adoration que rien ne lui renvoie. Nous avons maintes fois commenté les déclarations de Renan vieilli dans ses notes intimes, telles que les livre H. Psichari : « dans mon enfance, j'ai aimé les religieuses... ». Il nous semble toutefois qu'un texte comme celui de la lettre du Mont Cassin permet d'accéder à un autre degré de compréhension : ce n'est pas encore Renan achevé, l'œuvre ayant fait son œuvre, qui se pose vis-à-vis de lui-même et tente de s'analyser dans la distance. Non, c'est ici un homme de vingt-sept ans (point encore ce passionné exclusif des femmes en deuil, des femmes de croix), et même capable parfois d'entraînement de jeu-nesse — ainsi dans cette lettre à sa mère où se traduit la joie du regard devant « les jolies Romaines qui garnissaient les fenêtres et les balcons en costume d'été » [13] ; de la façon la moins préméditée qui soit, sans volonté aucune d'analyse, d'une démarche si spontanée qu'il ne la comprend point lui-même et finit par la dire inexacte, il substitue l'amour à l'affection, libère tout le sens amoureux de la religieuse, en même temps que l'aimé, superposé au frère, à lui-même, s'achève en l'austère figure du père de l'ascétisme médiéval. L'erreur d'Henriette fut de traduire l'apologue de façon littérale, anecdoti-que ; mais cette littéralité lui cachait-elle tout à fait l'essentiel, la place du je en Renan, l'absence du véritable échange ?

La lettre du 17 janvier 1850 nous paraît fixer en Renan les linéa-ments d'un dessin jusque-là en train de se faire ; ainsi Patrice nous avait révélé l'angoisse de ne pouvoir être aimé jointe au sentiment de son génie. « Douce enfant que tu m'es supérieure » [14], écrit-il à Cécile ; mais l'attendrissement même, la pitié, replacent cette « supériorité » en sa sphère, inférieure par essence. Le Dieu du culte parfait n'est, pas plus pour Patrice que pour le jeune Renan, de ceux pour qui l'on doit se rendre semblable à des petits enfants. L'ordre renanien est autre, et Patrice veut éloigner de Cécile, mais revendique pour lui-même, « les souffrances réservées à celui (...) qui a cessé d'être enfant » [15]. Le malaise profond de Patrice — ne pouvoir être aimé, ni même plaint — s'est donc, à travers l'image souveraine de Saint Benoît, aboli, recon-verti même en plénitude. C'est ici que se découvre l'intérêt, pour la constitution du réseau obsessionnel, du personnage de la sœur ou

12. *L.F.*, IX, p. 1260.
13. *L.F.*, IX, p. 1279.
14. *F.I.R.*, IX, p. 1518.
15. *F.I.R.*, IX, p. 1519.

plutôt, oserons-nous dire, du matériel affectif qu'elle représente. Patrice croit qu'aucune femme ne l'aimera ; le jeune Renan aussi. « Je suis ainsi fait, écrit-il à Henriette en février 1850, que très difficilement une autre femme que toi m'aimera » [16]. « Une autre femme que toi » : la formule accomplit un passage, Renan recourant spontanément au donné familial mais en le marquant d'un sens autre — du seul fait qu'il met en parallèle sa sœur avec les autres femmes, qui ne sont point ses sœurs. Renan s'est replié sur l'affection de la sœur pour combler une faille, pour nier une lacune ; de ce fait même, la sœur n'est plus la sœur, mais une image intermédiaire qui permet la libération d'autres possibles (Henriette ne l'a pu comprendre, et c'est surtout après février 1850 que ses lettres au « bien-aimé » exhalent la passion) [17]. L'orientation même de l'amour reste, mais en sens inverse, celle qui régissait l'apologue monastique (« aucune femme ne m'aimera » suppose toujours, même en la niant, la direction de l'amour, de l'adorante à l'adoré). Barrès écrit en ses *Cahiers* : « Mariage de frère et sœur. Quelque chose en reste dans Antigone, dans Lucile et René, dans Renan et sa sœur » [18]. Ce fut là peut-être le mirage d'Henriette, qui ne lut pas dans la lettre de février 1850 qu'elle était moins l'unique aimée que l'unique à aimer.

Pourquoi Patrice, le jeune Renan, conçoivent-ils la supériorité critique comme détournant nécessairement l'amour ou la simple compassion ? Ce n'est point ici la banale (ou devenue telle) aventure du héros incompris : « Cette femme sent trop bien que je lui suis supérieur ; elle se défie de moi, je devinerais peut-être son secret ; je déjouerais ce système d'instincts et d'illusions qui fait sa vie. Son secret, la femme aime qu'on le devine, mais non pas qu'on l'analyse : cette froide main lui fait peur ; elle s'écrie comme si on devait la violer. Ainsi donc, c'en est fait, jamais, jamais, une femme ne m'aimera » [19]. S'il ne peut être aimé, c'est parce que la femme refuse une analyse qui est en fait une violence. L'apparent romantisme, la plainte du mal aimé, masquent donc l'agression critique (dont Renan suggère lui-même l'analogue en viol), et celle-ci tourne en mélancolie parce qu'elle ne peut réussir (la femme se dérobe) et même, en un certain sens, ne veut pas réussir (car la possibilité même du sentiment serait alors tuée, la femme n'étant plus qu'une chose usée, sans secret). Quand Patrice module son lamento : « Etre plaint par une femme est une si douce chose... » [20], souvenons-nous qu'au fond de l'apparente élégie, et la rendant possible, demeure l'instinctif besoin d'agresser par l'analyse, de posséder en dominant.

16. *L.F.*, IX, p. 1273.
17. Voir surtout *L.F.*, IX, p. 1287, 1292-1293, 1301...
18. T. XIV, p. 15.
19. *F.I.R.*, IX, p. 1559.
20. *F.I.R.* IX, p. 1555.

Les figures féminines évoquées par le jeune Renan — Ernest ou Patrice — n'ont point de visage (il faut attendre jusqu'aux souvenirs pour que Renan revoie les visages aimés dans l'adolescence, et dont, selon la confidence du vieillard, l'homme rêve toute sa vie). Ainsi, dans *Patrice*, l'apparition d'une jeune Italienne reste une promesse, une ébauche, dans le flou d'un réel heureusement inachevé : « La distance est trop grande, ou mes yeux sont trop faibles pour que j'aie pu savoir si elle est belle. Mais il y a dans l'ombre d'une femme simplement vêtue, dans sa taille, dans son corselet, dans ses cheveux, une vénusté que l'on complète idéalement par la grâce des traits de son visage » [21]. C'est tout le contraire de l'anticipation du « elle est belle » à la façon du Don Juan de Mozart. Renan semble se complaire en ce flou qui, maintenant la distance, laisse vivre le mystère. En même temps, modelant par et selon le rêve l'image qu'offre le réel, il s'installe dans la zone ambiguë où il résout le mystère sans le résoudre ; en « complétant idéalement » le contour, il n'analyse pas, sans doute, mais plutôt c'est lui qui suscite et fait exister cette femme ; il aime en elle, à travers cette sorte d'absence essentielle, ce dont il la complète, et cette démarche même par laquelle il la complète. Le demi-jour est l'atmosphère idéale de cet amour qui devine et recrée. C'est le contraire même de l'évidence, de l'éblouissement ; la présence est plus pleine ici de se doubler d'absence. C'est l'intervention créatrice du jeune Renan qui suscite, pour finir, la femme, dans l'idéale réalité de son visage même. Besoin d'approche et de distance, d'analyse et de mystère, s'harmonisent en cette élaboration, mais celle-ci n'est possible qu'à partir d'une ébauche et ne vit que d'inachevé. On saisit mieux par là ce que Renan appellera dans ses lettres à sa fiancée « le nuage d'abstraction » [22] dans lequel il vit. L'abstrait n'est pas le désincarné, mais le reconstruit. L'abstraction représente la faculté de condenser la quintessence, d'agir sur le donné immédiat, donc de supprimer l'immédiateté même, pour ne retrouver la réalité première que maîtrisée et rendue plus subtile. Accommodée sans doute aux circonstances, la lettre à Cornélie évoquera les détours de cette pensée amoureuse, de cette arrière-pensée amoureuse, qui s'attache à la femme dans la mesure où celle-ci se prête à l'élaboration. L'amour n'est pas ici appel direct et nu. L'image de Benoît et de Scolastique nous semble, pour la première fois, abolir le malaise que Patrice liait à la « supériorité » et consacrer en même temps, au travers de la fable fraternelle et religieuse, le jeu complexe de la présence et de l'absence, la nécessité de la distance dans l'amour. L'image relais de la sœur a permis de fixer le personnage solidaire, que la religieuse enrichit d'une double virtualité, érotique et sacrée, dans l'adoration qu'elle fait monter vers le « saint ». A l'insu de Renan se noue ici un faisceau de relations et de significations essentielles, déce-

---

21. *F.I.R.*, IX, p. 1555.
22. *Lettres de famille*, IX, p. 1375.

lables aussi dans la *Vie de Jésus,* présentes jusqu'à l'obsession dans
les *Drames* et certaines pages des *Feuilles détachées.* Ainsi se trouvent
préfigurés les groupes Jésus et Madeleine, Prospero et le double personnage Célestine-Euphémie, Antistius et Carmenta. Ces variations
sur le motif premier présentent une constante, l'incomplet ou le faux
échange isolant dans sa supériorité l'homme — « dieu », prêtre ou
savant — qui reçoit l'amour. De tous l'on peut dire ce que Renan, à
son insu, exprimait par l'épisode de Benoît et Scolastique, ce qu'il dit
explicitement de Jésus : « Il fut plus aimé qu'il n'aima » [23]. Paradoxalement, c'est autour de Jésus et de Madeleine que l'on perçoit le moins
le halo sacré. Le « dieu » est vraiment ici homme et libre, d'une
aimable liberté. Quand Renan évoque, par analogie anticipatrice, les
Sainte Claire, les Madame de Chantal qui s'attachèrent à lui, ce n'est
point vraiment un contexte clérical, mais tout un cercle de fascination
féminine qu'il suggère. Madeleine n'est qu'amour, sans aucun poids
de consécration, et Jésus, le contraire même de l'ascétisme : « Le sentiment extrêmement délicat qu'on remarque en lui pour les femmes
ne se sépara point du dévouement sans bornes qu'il avait pour son
idée... » [24]. « Il avait avec elles ces manières réservées qui rendent
possible une fort douce union d'idées entre les deux sexes » [25]. Peut-
être est-ce le groupe qui entrevoit le mieux l'échange, la relation la
plus communicative et la plus libre, sorte d'amour d'avant le cloître
et le sacré. Le côté magique se concentre au contraire en Antistius,
prêtre de Némi ; aussi l'élan de la Sibylle, sans retour et même sans
signification pour lui, se double-t-il en elle d'un accent de désespoir
convulsif, de révolte contre « l'imposture », qui lui interdit l'amour.
C'est à travers le faux amour d'un faux baiser, à travers le simulacre
de l'échange, qu'elle accepte son propre personnage, sa charge de
sacré, et régénère sa fonction prophétique [26]. Entre Prospero et les
deux jeunes religieuses qui doivent adoucir sa fin en volupté, point
de rapport, semble-t-il d'abord, sinon instrumental, en tout cas point
d'équivalence. Le savant a reconverti le sacré en pouvoir spirituel, et
se plaît pour finir à l'esthétique plongée dans l'élémentaire. Pourtant,
Célestine et Euphémie lui font redécouvrir une trace perdue, réveillant
en lui un autre lui-même : « Quand j'étais étudiant à Parme, j'eus une
maîtresse très belle et très vertueuse. Arnaud, me disait-elle, quand je
serai mort, tu iras pour moi à la Portioncule d'Assise » [27]. Les jeunes
religieuses refaçonnent pour lui un rêve de féminité simple qui, immédiatement, se double de religion instinctive illusoirement enfantine.
Célestine, Euphémie, tout comme l'aimée d'autrefois, semblent se fon-

23. *V.J.,* IV, p. 131.
24. *V.J.,* IV, p. 131.
25. *V.J.,* IV, p. 180.
26. Voir *Dr. P.,* III, p. 566.
27. *Dr. P.,* III, p. 515.

dre en une image d'enfance : « Je ne pense à elle que comme à une petite sœur qu'on a eue dans son enfance... »[28]. A travers ce nouveau nœud de relations, et le souvenir qui recrée son enfance, la « sœur » devient « petite sœur », l'image silencieuse de Scolastique se multiplie en une double et même triple évocation à travers la mémoire. L'apologue premier se voit féminisé, reproduit et même nié en miniatures et en facettes. Mais la figure masculine s'isole d'une façon plus visible, quoique moins saisissante, sa supériorité étant dite et non suggérée ; le « saint » s'est-il véritablement laïcisé ? Sans doute, par sa conversion en savant, mais cette conversion est, pour Renan, celle du sacré lui-même. L'élément religieux se voit maintenant uniquement reporté du côté de la femme, de l'élémentaire, de l'amour-instinct. L'image archétypique de Benoît et Scolastique s'est pulvérisée ; Prospero savant reprend et assume la supériorité du « saint » ; la sœur disparaît d'abord comme telle, mais subsiste comme religieuse en se dédoublant, à travers Célestine et Euphémie, qui changent en féminité amoureuse et désirante l'image d'abord ascétique ; enfin le lien du couple frère-sœur se reconstruit symboliquement, à l'occasion de Célestine et Euphémie, par le souvenir de la maîtresse perdue, dans une enfance reconstruite qui maintient, à travers toutes les variations et déviations, le nécessaire mirage de la pureté. La recluse adorait en silence, la Sibylle venge le prêtre et meurt pour lui, les jeunes religieuses endorment Prospero dans la beauté et l'illusion de la transparence, Madeleine ressuscite Jésus. Si l'amour de la religieuse et de ses analogues a consacré la force de l'homme (saint ou savant), l'amour de la femme a fait le dieu. Comparée à la fable monastique, et à ses multiples reflets dans les *Drames,* l'image de Madeleine et de Jésus nous semble la moins religieuse, la moins chargée d'arrière-pensée, presque la plus naturaliste. Elle correspond, remarquons-le, au moment de la foi idéale, qui s'accompagne d'une sorte de creux dans le sacré, du recul de l'imagination religieuse comme telle. Renan, à travers Jésus et Madeleine, libère à la fois son rêve symbolique et l'envers critique de ce rêve : l'envers (Madeleine hallucinée) ne saurait faire oublier le symbole (Madeleine reine des idéalistes). Apparu presque fortuitement en 1850 au détour d'une correspondance intime, le dessin de l'imaginaire préfigurait l'identité de l'amour et de la religion, telle que la signifient les *Drames,* où l'amour de la femme passe par le sacré pour rencontrer en l'homme l'image ou la transposition du prêtre.

Ce n'est point que Renan tente une étude psychologique du prêtre, telle que la présente Michelet (*Du prêtre, de la femme, de la famille*). Sans doute une note de l'*Avenir de la science* loue-t-elle en cet ouvrage « une peinture si vive et si originale des faits les plus délicats et les plus indescriptibles »[29]. Mais si Renan rencontre Michelet, c'est

28. *Dr. P.,* III, p. 515.
29. *A.S.,* III, p. 1126, n. 21.

moins, nous semble-t-il, dans l'approche du prêtre, que dans celle de l'attrait du sacré sur la femme, du lien qui s'établit pour elle entre amour et religion. La vision d'enchantement qu'ouvre Michelet sur Saint François de Sales (« Rien de plus pur, rien de plus chaste, mais aussi, pourquoi ne le dirions-nous pas, rien de plus ardent ») [30] dut trouver un écho en Renan, mais elle n'est qu'un épisode, et n'installe qu'un repos en cette étude de psychologie générale où le prêtre est dépeint comme « l'envieux naturel du mariage » [31], usurpant sur la femme une furtive mais toute-puissante royauté. « Les femmes suivent volontiers les forts. Comment se fait-il donc ici qu'elles aient suivi les faibles ? Cet art ténébreux, qui est celui de surprendre la volonté, de la fasciner, de l'assouplir, de l'anéantir, je l'ai cherché en ce volume » [32], déclare l'Avant-Propos de 1845. Telle n'est pas la visée de Renan : sa hantise ne fut jamais d'étudier le jésuite, fût-ce pour le démasquer. A l'analyse « psychologique » et polémique de Michelet, s'oppose en l'auteur des *Drames,* une rencontre comme naturelle de l'amour et de la figuration religieuse. Il n'analyse pas le prêtre pour lui-même, mais comme objet immédiat d'adoration, et jamais ne présente celle-ci comme usurpée ; car ce n'est point l'ensemble des prêtres, leur politique ou leur stratégie de confessionnal qui importe ici, c'est un être (le vicaire dans *La fille du Broyeur de lin,* le prêtre reconnaissant à peine celle qui lui sauva la vie, dans un autre épisode des *Souvenirs)* en qui se condensent pour la femme l'amour et le sacré, l'un n'étant qu'une face de l'autre. Lorsque Michelet lance à la cohorte des confesseurs et prédicateurs, « Ah ! vous êtes secs et durs ! » [33], il définit en eux « l'esprit de mort » [34], et son corollaire, l'esprit de cruauté : « Les prisons monastiques furent toujours les plus cruelles. Une vie systématiquement négative, une vie de mort, développe dans l'homme les instincts hostiles à la vie ; qui souffre, fait volontiers souffrir » [35]. Renan a, dans les *Essais de morale et de critique,* évoqué les grands séminaires d'où l'on sort « un peu dur » [36] ; mais il ne s'attarde pas à définir la psychologie du prêtre, dans son sens corporatif et ses prolongements politiques. L'être consacré, c'est, à travers Antistius et l'affabulation antique, à travers Prospero et le mythe scientifique, à travers les images qui traversent les *Souvenirs,* celui que façonne et choisit l'amour ou l'admiration de la femme. La sécheresse peut se muer alors en force, la dureté se transfigure : « Revoir celui qu'elle avait vu officier de nuit chez elle, dans de si tragiques circonstances, lui faisait battre le cœur. L'orgueil sacerdotal, peut-être le sentiment du de-

---

30. P. 59.
31. P. 4.
32. P. 8
33. P. 17.
34. P. 5.
35. P. 21 (Préf. de 1845).
36. *E.M.C.,* II, p. 114.

voir, inspirèrent au prêtre une étrange conduite. Il la reconnut à peine
(...). Ma mère ne sut jamais si, dans le sentiment qui lui resta de ce
jour, le froissement ou l'admiration l'emportèrent » [37]. A la différence
de Michelet, Renan a rencontré cette figure, dans la répétition ou la
transposition, de façon obsessionnelle, selon l'agencement obscur de
l'imaginaire.

Renan présente ce monde et l'envers de ce monde ; ainsi le Pape
dans l'*Eau de Jouvence* définit le contraire même de Prospero, un
pouvoir spirituel périmé, triste sclérose du sacré. Prospero mourra
comme les « saints d'Irlande », ces « solitaires étranges qui mouraient
quand ils voulaient, à l'heure qu'ils avaient fixée » [38], réinstallant, dans
le pouvoir spirituel du savant, la vertu magique qui a fini d'abandonner une religion décomposée. Entre le Pape, incarnation d'une fausse
force, vieillard malade qui poursuit le rêve d'amour à travers l'aléatoire et honteux secours de la médecine, et Prospero, qu'une mort
volontaire, harmonieuse, récompense de sa jeunesse chaste [39], Renan
inscrit toute la démarche d'un étrange personnage féminin, qui n'est
point la religieuse, mais la courtisane ; la comtesse Brunissende, qui
gouverne, par sa beauté, l'église universelle, suit en effet les étapes
d'une initiation. Ce personnage surprend d'abord, car il se trouve en
perpétuel décalage avec les affirmations de Renan sur la femme,
immédiatement religieuse par ses instincts (sa physiologie même). Si
bien que Brunissende nous apparaît d'abord comme un argument de
Renan, plus que comme une émanation spontanée de l'imaginaire.
En ce temps fantaisiste du drame, qui brouille à dessein dix-huitième
siècle et Moyen Age, est-elle une aïeule, une fille, une réplique féminine de Talleyrand ? Annonce-t-elle ou suit-elle une trace ? « Dans
notre famille, nous avons pour principe de reculer jusqu'au dernier
moment les formalités nécessaires au salut » [40]. Il est remarquable que
le durcissement final de Renan, dans son côté cynique, s'incarne en
une femme — supérieurement « libérée » sans doute ? — qui se
proclame « la maîtresse du Vicaire de Jésus-Christ » [41]. Brunissende
n'est-elle qu'un argument polémique, tout le côté voltairien (tel du
moins que le décrivaient les *Cahiers de jeunesse*) apparu dans le vieux
Renan, la joyeuse et totale libération de l'anticléricalisme ? Cette femme qui côtoie sans cesse les choses de l'Eglise, qui se félicite de voir
les indulgences bien vendues et le capital de Saint Pierre inépuisable,
qui propose par conséquent de soutenir ou rallumer le « sentiment
religieux » en faisant des peintures bien horribles de l'Enfer, peut
apparaître, non pas comme une incarnation, mais plutôt comme un

---

37. *S.E.J.*, II, p. 774.
38. *Dr. P.*, III, p. 520.
39. *Dr. P.*, III, p. 520.
40. *Dr. P.*, III, p. 466.
41. *Dr. P.*, III, p. 466.

placage, représentant — paradoxalement à travers la femme — l'âge
analytique, une espèce de XVIIIᵉ siècle, celui que, dans son poème de
jeunesse sur les évolutions déifiques de Pan, Renan présentait comme
ayant « ri pendant cinquante ans du déjeuner d'Ezéchiel » [42]. Cinquante
ans ; peu de choses pour un avatar de l'idéal — mais une transition
nécessaire. Brunissende, par bien des côtés, atteste un repli de Renan
sur Voltaire (dans la simplification qu'en présentait sa jeunesse) ; si
Brunissende n'écrase pas l'infâme, c'est qu'elle vit de lui ; mais reconnaître cela, n'est-ce pas, d'une manière plus subtile, l'écraser ? Le
jeune Ernest analysait ainsi, face à l'aimée, son instinctif mouvement
rétractile : « Je devance pour l'affection, mais il faut que je sois de-
vancé pour l'expression extérieure » [43]. Cette ombrageuse pudeur, celle
d'Ernest, puis peut-être du vieux Prospero, n'est-elle pas trahie d'être
décelée par la femme, qui la formule hardiment et la met en système ?
Ce n'est plus, comme en Patrice, l'homme qui analyse ; en Brunissende,
la femme débride le secret du penseur. Elle doit incarner à la fois
l'affranchissement, et la permanence des instincts de finesse. Cela
donne : « C'est un très grand homme, quoi qu'il ne m'ait pas une seule
fois regardée (...). Les hommes de la sorte ont un défaut et un ridicule.
Au fond, ils aiment les femmes, mais ils ne le leur disent jamais. Ils
voudraient que les femmes leur sautassent au cou... » [44]. Si la maîtresse
du Pape, en ses franches allures, démonte le secret du penseur, elle
présente elle-même tout l'inverse de la figure féminine telle que l'évoque Patrice : celle-ci a peur de se voir analysée, recule et crie devant la
« froide main » qui tue en elle son secret ; Brunissende, au contraire,
propose à Prospero d'écrire pour les femmes : « Arnaud, ne sauriez-
vous pas écrire un livre pour nous ? » [45]. Ecrire pour les femmes
suppose la connaissance des femmes, et Brunissende, les posant en
objet de sollicitude pour le penseur, les pose par là-même en
objet d'étude, et même peut-être (si nous suivons la métaphore lancée
par Patrice, de l'agression critique, de l'analyse analogue du viol), en
objet tout court. Brunissende est en un sens la grande preuve du génie
de Prospero, de sa totale maîtrise : c'est la femme que Renan reconstruit dans l'affirmation d'une prétendue victoire de l'homme. Parvenu
à ce point d'arrivée, le penseur reconstitue la distance en refusant ce
livre ; ce refus camouflé en espoir et délai (« d'autres le feront »),
Prospero le consacre comme définitif par l'annonce de sa mort, qui représente en fait sa victoire : « Moi, je suis vieux (...). Je peux mourir
quand je veux, c'est là ma jouvence » [46]. Ainsi, tout en argumentant, à
travers Brunissende et Prospero, pour une sorte de libération de la

42. *F.I.R.*, IX, p. 1499.
43. *F.I.R.*, IX, p. 1508.
44. *Dr. P.*, III, p. 501-502.
45. *Dr. P.*, III, p. 510.
46. *Dr. P.*, III, p. 510.

femme, Renan recrée en fait l'isolement, la consécration du penseur, en maîtrise magico-religieuse sur la mort, et l'échange demandé cette fois par la femme se trouve, en dépit des apparences, refusé avec toutes ses implications.

Si Prospero, maître de sa mort, absorbe en lui le sacré, tout le résidu religieux serait-il, en Brunissende, caricatural ou renversé ? Antithèse de la religieuse, elle ignore le voile, le pilier, la prière, qui, pour Ernest, pour Patrice, dérobent la beauté en libérant le rêve. Elle est au contraire irradiation souveraine et sans écran, et toute une scène de l'*Eau de Jouvence* (III, 1) s'applique un peu laborieusement à traduire, à transcrire, à blasonner sa beauté. Plus de visage à recréer, de « vénusté » idéale à transposer, comme en la jeune Italienne qu'évoquait Patrice, de la taille au visage [47]. Brunissende, à qui Prospero mourant (après avoir reçu des deux jeunes religieuses l'offrande d'une féminité immédiate, équivoquant à la fois sur la religion, l'enfance, et le lien sororal) demande sa « main à serrer », nous semble pour lui moins une femme aimée qu'une figure complément de sa maîtrise. Elle ne communique avec lui qu'à l'instant même de sa mort, et cette communion met en cause la signification de tout son être. Initiation de Brunissende, la mort de Prospero l'introduit à un univers qui nie le sien, mais dont apparaissent en même temps le sens et l'urgence, celui de la chasteté. Tandis que, dans l'effroi d'une annonce de mort qui pour elle signifie laideur et souillure, elle interroge Waltherus, son amant, « celui-ci lit un passage du Saint Graal, celui où il est dit que Perceval, s'étant voué à la recherche du vase divin, se voua par là-même à la chasteté... » [48]. Nous voici donc, par Brunissende, ramenés à la hantise centrale, à un au-delà de Brunissende, qui se dépasse elle-même, son désarroi se transmuant en intime intelligence de la mort de Prospero, dont elle délivre le sens mystique : « Ne troublons plus ses rêves. Il a la récompense de sa jeunesse chaste... » [49]. Au travers et au delà d'une facile allégorie anticléricale, Brunissende ne pourrait-elle composer l'ébauche d'une correspondance féminine de Parsifal ?

Dans cet univers de l'image amoureuse-religieuse, la femme ne peut-elle représenter que la figure seconde et solidaire ? N'existe-t-elle que dans son rapport au personnage masculin, détenteur du sacré dans son essence ou ses transpositions ? Non, sans doute, puisque l'Abbesse de Jouarre connaît avec d'Arcy la réciprocité parfaite dans l'amour, puis absorbe en elle seule toute la transposition du sacré, toute la reconversion charnelle de la religion. Bien plus nettement encore, en *Emma Kosilis* se parachève toute la signification d'amour de la religieuse, cet amour ne tirant son sens que de lui-même, non du point de

47. *F.I.R.*, IX, p. 1555.
48. *Dr. P.*, III, p. 510, 511.
49. *Dr. P.*, III, p. 520.

fixation qu'il s'est choisi (dans ce dernier cas, un homme médiocre). Est-ce l'aboutissement de l'imaginaire, que cette mise en avant de la femme, de la religieuse, dans son double sens érotique et sacré, à travers le dernier en date des *Drames,* et le conte tardif qui ouvre les *Feuilles détachées* ? A vrai dire, dans la hantise de Renan, la femme, la religieuse, image unique et tonique, semble avoir préexisté à l'idée même du couple. Ainsi, H. Psichari souligne [50] que, dès 1845, Renan annotait la vie de Sainte Catherine de Sienne — non certes en vue de quelque utilisation directe mais selon les constantes d'un goût, d'une préoccupation intime, qui ressurgiront plus tard, et dont *Patrice,* dès la jeunesse de Renan, nous renvoie l'écho :

> « Il faudrait parler la langue des anges pour expliquer tous les mystères que recèle l'acte le plus simple de la vie féminine. On me donnerait le choix d'avoir été Alexandre, Newton ou Sainte Catherine de Sienne que je préférerais le sort de la vierge de Fonte Branda. Cette pauvre fille d'un teinturier, qui ne savait ni lire ni écrire, cette Circé chrétienne du XIVᵉ siècle, qui changeait le cœur de tous ceux qui la voyaient, qui admonestait le pape et les évêques, avait atteint du premier coup et par le seul instinct de sa puissante nature le but que nous poursuivons avec tant d'efforts. J'ai lu autrefois une histoire dont mon âme fut parfumée durant plusieurs mois. Une jeune fille était belle, et on la croyait irréprochable. Un jour, elle a disparu ; on entre dans sa chambre ; elle était étendue sur son lit, revêtue d'une robe blanche, et ses bras croisés sur sa poitrine serraient une croix. On ne reconnut sa faute que quand on vint l'ensevelir... » [51].

Nous discernons dans ce passage un double glissement, déterminant trois niveaux, dont la superposition révèle une syntaxe signifiante : de l'acte le plus simple de la vie féminine à la Circé chrétienne admonestant les docteurs, puis de celle-ci à la jeune fille qui revêt sa robe blanche pour mourir, c'est bien la continuité d'un monde féminin, mais sans autre cohérence apparente. L'acte le plus simple (traduit aussitôt par le symbole de la religion féminine toute puissante) échappe donc au quotidien, et se transfigure en force d'énergie agissant d'instinct, atteignant du premier coup le but impossible à la critique, reconvertissant le maléfice en miracle ; la Circé chrétienne achève la concentration féminine du pouvoir. Cette conquête par l'instinct est l'équivalent féminin de la conquête par la force (Alexandre) et par la science (Newton). L'acte « simple » se définit aussitôt ici comme l'élan spontané dans son jaillissement, sorte de violence faite aux choses par une image-force ou une idée fixe. Cette héroïsation de la femme est une héroïsation de l'instinct, et suscite en Renan la passion pour cette

---

50. *Renan d'après lui-même,* p. 139.
51. *F.I.R.,* IX, p. 1554-1555.

possible réplique de son être intime, non critique, et par là-même souveraine. Femme, instinct, se fondent en un symbole religieux qui ne signifie ni abandon ni faiblesse, mais engage et unifie la pensée de Renan dans l'ordre de l'énergie. De Catherine à la jeune fille qui meurt dans sa robe blanche, dans le rachat de la « faute » d'amour, quel est le lien, sinon la consécration suprême de l'héroïsme en beauté, la jeune inconnue achevant esthétiquement l'image de la force féminine ? De même que Catherine, sans le recours de la critique, s'affirme en réformateur religieux, la jeune fille, d'instinct, régénère, par sa mort, sa faute et sa vie en chef-d'œuvre. Cet extrait de *Patrice* consacre dans une mise en actes religieuse, et par la fusion de deux images d'abord opposées, la formation d'une essence féminine unique, où la faute devient comme nécessaire, pour inquiéter et remodeler l'héroïsme par l'amour, régénérer l'amour par la mort, et fondre le tout dans l'infaillible vocation de la vie œuvre d'art. Plus élaborée que l'une et que l'autre figure, l'Abbesse de Jouarre sortira pourtant de ce brassage, unissant en elle le symbole religieux, la référence à Catherine qu'accentue le contexte des prisons (Catherine religieuse consola les prisonniers) et la faute qui, en même temps, menace et exaspère en elle la postulation de maîtrise esthétique. La pensée de Patrice, de jalon en jalon (énergie féminine immédiatement pensée comme religieuse, faute d'amour, régénération) reconstruit la femme selon un réseau d'exigences qui nous éloigne de « l'acte le plus simple » — ou plutôt transfigure cette simplicité en un absolu de la force et de l'art. Cependant, même quand la femme est affirmée supérieure dans cette double forme de l'instinct, sa vraie supériorité ne s'achève pour Renan que dans sa réfraction en lui-même, admiration ou bénédiction qui seules lui donnent valeur. « Sois bénie et bienheureuse, âme sublime... » [52]. L'ordre féminin de la force s'achevant en art, tel qu'il s'exprime dans *Patrice,* ne consacre, en la femme même, qu'un double possible et inversé de Renan. Alexandre, Newton, Catherine, l'étrange ou sacrilège « tiercé » révèle moins l'incohérence que l'unité de la tentation fondamentale : celle de la puissance à travers l'action conquérante, la science ou l'instinct religieux. En même temps transparaissent tous les les arrière-fonds magiques de la religion, qui prend ici son symbole de Circé, antique sorcellerie jamais tout à fait morte, maléfice qui se convertit sans disparaître. Circé la magicienne donne figure à la puissance de l'instinct religieux, Circé l'amoureuse permet peut-être la surimpression des deux images féminines, la vierge Catherine et la jeune inconnue qui ne retrouve que par la mort une virginité idéale. Patrice nous livre donc les virtualités inquiétantes de l'enchantement chrétien, et en même temps, à travers la faute, le lien absolu de la religion et de l'amour. Remarquons-le, c'est par la faute que l'amour s'inscrit irréductiblement dans la religion, et cette faute est **pourtant**

---

52. *F.I.R.,* IX, p. 1555.

conçue comme nécessaire à l'achèvement religieux. C'est pourquoi l'évocation de Catherine se prolonge immédiatement d'une autre figure ; religion, chasteté (« robe blanche ») témoignent moins d'une permanence que d'un retour, et supposent donc la brisure. Celle-ci constitue, en l'abbesse de Jouarre, l'essence même de la religieuse. Un fait peut étonner : pas un mot, pas un souvenir exprimé de la « Circé chrétienne », dans la Préface de l'*Abbesse de Jouarre,* ni l'Avant-Propos de la vingt et unième édition, qui se mettent au contraire sous le patronage de Platon et d'Aspasie, Renan se confondant avec le « vieux maître » dans sa délectation « à dérouter la pruderie des esprits étroits » [53]. C'est comme si le motif de Renan s'était métamorphosé, laissant en lui une voie, une trace qu'il emprunte sans la reconnaître, du moins sans la nommer. Une certaine tonalité grecque, classique et non plus fabuleuse, la beauté qu'irradie la seule image d'Aspasie, ne s'associent-elles pas plutôt à Brunissende, brillante hétaïre aussi, antithèse de Catherine ? (La vierge ramena le Pape d'Avignon à Rome ; c'est d'Avignon que la comtesse Brunissende gouverne l'Eglise et son chef). Cette différence de ton, aux deux moments extrêmes d'une pensée qui a pourtant profondément gardé sa couleur, sa cohérence, tient sans doute à la distance que Renan vieilli prend par rapport à lui ; il se voit comme un « vieux maître » philosophant sur l'amour ; Platon s'ensuit, et Aspasie ; c'en est donc fait apparemment de Catherine, qui soulevait de passion le jeune Patrice. Pourtant, avec ses prolongements associatifs et contradictoires, la même image ordonne le réseau de l'amour et de la religion ; l'*Abbesse de Jouarre* développe sans doute et complique un schéma, mais répond toujours à un même et très ancien ébranlement intérieur.

Pourquoi le personnage de l'abbesse ? Pour créer la possibilité de la faute, non seulement au sens de la morale ou de la règle sociale, mais peut-être aussi comme transgression d'un sacré. L'interdit religieux entoure la femme d'un halo. Au fond, Julie ne représente vraiment la religieuse que dans la faute, quand elle manque à son vœu. Auparavant son statut n'avait, pour l'abbesse de Jouarre, aucun sens proprement religieux, il n'était que la figure d'un ordre aristocratique. Comme Carmenta, c'est par la loi de sa naissance illustre, non par l'appel d'une vocation, qu'elle se trouve liée au « vœu d'insanité sacrée » [54]. Tout son être se charge de sacré dans la transgression, réalisée ou simplement imaginée. Arracher l'abbesse de Jouarre à des liens qu'il sentait, comme elle, artificiels, c'eût été, de l'aveu de d'Arcy, « détruire de (ses) mains sa propre idole » [55]. Ce vocable à lui seul est assez significatif de la reconstruction du sacré qui, pour le libre penseur même, s'opère instantanément dans la tentative qui prétendrait

---

53. *Dr. P.,* III, p. 618.
54. *Dr. P.,* III, p. 566.
55. *Dr. P.,* III, p. 628.

le nier ou le détruire. Elle est « idole » par l'interdit qui l'éloigne et la rend inaccessible. Cette consécration reste irréductible, et la philolophie des lumières, en Julie comme en d'Arcy, ne peut rien contre elle. Julie, qui n'est abbesse que par vocation sociale, s'enchaîne irrévocablement au sacré quand, par la faute, elle le transgresse. Pourtant, Julie ne sent pas la faute comme telle : « Non, je n'ai pas péché » [56]. Nous irons jusqu'à dire que, sans la faute et la transgression qui le prolongent et lui donnent, au seuil de la mort, au sein du sacré, un accent d'éternité, l'acte d'amour ne représenterait que vie banale, « normale » (ce bonheur que Béatrix refusait comme « trop vulgaire »). A travers le drame de l'*Abbesse de Jouarre,* l'amour ne devient aventure, révélation, que parce qu'il est transgression ; il participe alors du sacré qu'il transgresse et devient comme impersonnel et absolu, « baiser de sympathie adressé à l'univers et peut-être à quelque chose au delà » [57] ; alors se trouve réalisée, à travers la chair, une appropriation de l'infini, cette dilatation que le chaste héros d'*Ernest et Béatrix* nommait et sentait déjà de façon expansive et spasmodique : « Oh Dieu ! je te touche » [58]. La mort de Julie et de d'Arcy eût sauvegardé l'épopée de ce que la Préface nomme l' « idéalisme », achevant, dans l'amour, la conquête de Dieu. La survie des deux héros les eût ramenés aux modalités banales de l'existence, et de façon bien piètre ; la mainmise sur l'infini, l'anticipation du Royaume de Dieu, aurait-elle pu s'achever en légalisation ?... (celle-ci se fera, à travers les rebondissements menant au mariage de l'abbesse, mais elle sera rendue possible alors par le temps, dans un total changement d'éclairage). La mort de l'un et la survie de l'autre détermine une troisième zone, sorte de décalage, d'anomalie qui change le sens ou du moins la portée de l'acte, qui réinstalle la présence et même la légitimité d'une morale. Lorsque Julie affirme avoir « dédaigné les formes extérieures par excès d'idéalisme » [59], elle reconnaît implicitement le sophisme qui lui faisait dire d'abord, lors de sa confession à l'abbé Clément : « j'étais morte quand j'ai péché » [60]. Le sens de sa vie sera d'expier cette violence faite au temps, cette façon de brusquer la mort, de l'anticiper pour goûter l'amour et légitimer à travers lui la transgression du sacré. D'Arcy mort, c'est cet amour même qui se transforme en sacrement, et qui jette sur l'ancienne abbesse un nouvel interdit : « Ne cherchez plus à me voir. Je suis sacrée à ma manière. J'expie. Adieu, adieu ! » [61]. L'amour tel que l'expriment Julie et d'Arcy ne peut avoir de sens que par la mort, et c'est là qu'il reconstitue une forme nouvelle de sacré.

56. *Dr. P.,* III, p. 655.
57. *Dr. P.,* III, p. 612.
58. *F.I.R.,* IX, p. 1507.
59. *Dr. P.,* III, p. 652.
60. *Dr. P.,* III, p. 655.
61. *Dr. P.,* III, p. 669.

Consacrant l'horreur du quotidien, de la durée vide, avec son caractère d'utilisation, de répétition et d'usure, il élimine toute idée de mariage et de vie. Remarquons-le, Julie passe de l'état de religieuse à celui de mère, sans que jamais d'Arcy ni elle-même aient souhaité de vivre en époux : « La vie, grand Dieu ! comment pourrions-nous la supporter désormais ! Fi de l'amour qui n'aurait plus le condiment de la mort » [62]. Ce qui, même en l'acte d'amour, subsiste, en Julie, de la religieuse, c'est, nous semble-t-il, cette fondamentale horreur de vivre, cette élimination a priori de l'image d'épouse. Dans la faute persiste une sorte de contre-sacré, et le passage de la vie monastique à la maternité dessine, de façon chaotique, une image inversée de vierge-mère. L'idée de la mort et de la dernière nuit a fait transgresser à Julie et d'Arcy le sacré religieux ; cette transgression, loin de l'abolir, l'affirme et le double, d'Arcy disparu, d'un autre ordre de sacré (le lien d'amour avec un mort, avec la mort).

Pourquoi la vocation de mort, liée en l'Abbesse de Jouarre à l'authenticité même de l'amour, débouche-t-elle sur la vie, sur le devoir moral, et même, sur les convenances sociales ? Renan, qui avait, à travers Julie, retrouvé un double état du sacré (le sacré de transgression qui aboutit à l'amour, lui-même générateur, à travers la mort, d'un nouveau sacré) s'effraie-t-il tout à coup de ce monde de la transgression, du sacrilège, qui reconstruit, à travers l'amour, le « tout autre » ? Le lien de l'amour et de la mort donne l'impression de recréer un mystère initiatique, de relayer le sacramentel religieux qui sépare et isole. La reprise régulière de la vie ne peut que couvrir ce mystère qu'elle n'efface point : au terme du drame, le mariage de Julie n'est qu'une fausse fin : « nous serons (...) toujours un peu comme ces initiés antiques qui, après avoir assisté aux visions terribles de certains mystères, pouvaient bien continuer de vivre, mais ne riaient plus » [63]. Une notation analogue traverse les *Souvenirs,* dans un contexte différent, à propos du Bonhomme Système et du rêve révolutionnaire « si ardent que ceux qui l'avaient traversé ne purent désormais rentrer dans la vie » [64]. Dans les deux cas, l'impression de paroxysme projette l'être dans un absolu, un « tout autre », et frappe d'inanité le réel. Révolution, amour (celui-ci vécu dans les prisons de la Terreur) dégagent pour Renan l'orageux ferment d'une sacralisation nouvelle. La prison de l'abbesse n'est pas simple décor, emplacement banal de quelque mélodrame, mais une atmosphère, la limite sacrée de l'espace clos, la détermination d'un monde autre, dans une qualité de lieu, de temps, colorés par la mort. La délimitation du temps et de l'espace resserre et condense la substance des êtres, leur fait délivrer en un geste, un mot, le sens de toute une vie : « Là-bas ce petit prêtre se console

62. *Dr. P.,* III, p. 642.
63. *Dr. P.,* III, p. 677-678.
64. *S.E.J.,* II, p. 778.

avec son Christ... » [65]. Sans doute, la proximité de l'ancien collège
du Plessis, le souvenir de Turgot, ont suggéré à Renan le cadre et
les éléments de son drame. Mais cette signification de l'espace, cette
prison, existaient déjà dans *Ernest et Béatrix,* sans les mêmes circonstances accidentelles. Il y a donc bien un sens du lieu même, de ce
lieu de la clôture propre à devenir lieu de l'expansion (dans l'infini,
la prière ou l'amour, ou la folie érotique). Dans l'*Abbesse de Jouarre,*
le cachot dont on ne sort que pour aller au tribunal révolutionnaire
ou à la mort s'ouvre sur la vie. Pourquoi Julie doit-elle vivre ? La
question nous semble essentielle car elle situe, selon nous, Renan
face au sacré, au sacré issu du « mal » — et dans une attitude de
fuite. L'appendice qui fait suite au drame nous livre Renan dans ses
réticences face à lui-même, face à ce qu'il a d'abord osé dans son
personnage : « Je crois avoir eu raison, dans l'œuvre idéaliste, de
prolonger la vie de l'abbesse, pour maintenir la conception supérieure
de la vie envisagée comme un devoir et montrer l'expiation, par l'amour
maternel, d'une faute commise contre les règles nécessaires de la société » [66]. Ce retour en force de ce qu'il définit lui-même comme la
morale sociale est donc, selon Renan, lié au dessein idéaliste. Le
prolongement de cette vie, dans la perspective idéale, serait donc nécessaire à l'expiation. Or quelle était la faute de l'abbesse, sinon une
trop subtile élaboration d'idéalisme ? Car elle n'a point péché par
faiblesse, et bien qu'elle déclare après la faute « la chair est faible » [67],
elle garde l'orgueil, face à d'Arcy, de refuser cette excuse banalement
féminine : « Que je voudrais être de ces femmes qui, pressées, ont une
réponse. Ayez des égards pour ma faiblesse (...). Non, je ne suis pas
faible » [68]. Il ne nous semble pas indifférent de remarquer que l'argument de la faiblesse est pour Renan une sorte de caricature morale
et religieuse, une fausse féminité intimement liée à une fausse religion
— l'une et l'autre préfabriquées, vendables, rentables (ainsi dans le
Prêtre de Némi : « une vieille drôlesse de soixante-dix ans qui s'est
vendue à tout le monde et qui crie : Garantissez-moi contre ma faiblesse. Voilà le pontificat ») [69]. Julie, au contraire, a choisi la force,
et sa faiblesse est justement la volonté trop tendue de choisir la force.
Comment prétendre lui imposer une expiation dans une perspective
« idéaliste », puisque sa faute n'est qu'idéalisme convulsif et dévié,
visée négatrice de la chair qui s'est trompée sur elle-même, et a rencontré, en cette déviation, l'amour charnel, reconstituant un sacré
nouveau. L'œuvre suit le glissement de l'idéalisme à l'amour, l'appendice prétend régénérer le devoir au nom de l'idéalisme. De l'œuvre

---

65. *Dr. P.,* III, p. 624.
66. *Dr.* P., III, p. 682.
67. *Dr. P.,* III, p. 652.
68. *Dr. P.,* III, p. 638.
69. *Dr. P.,* III, p. 602.

à l'appendice critique, Renan brouille les pistes et l'acception des mots. N'avait-il pas, à travers Julie et d'Arcy, subi l'attrait de la déviation érotique de l'idéalisme ? Lui qui avait tant aseptisé le Cantique des Cantiques qu'on n'y sentait plus de parfums, les retrouve en son drame, à travers les exhalaisons amoureuses. « Pénétré de ton parfum, chère amie, je vais m'endormir rassasié de vie » [70]. Pourquoi donc invoquer l'idéalisme (nécessairement prolongé ici en amour) alors qu'on ne peut vouloir d'expiation pour Julie qu'au nom de la morale ? Pourquoi laisser supposer une identité entre idéalisme et morale — et même ici règles de la société ? Renan a besoin de faire concorder ces éléments, de convertir en faute le sacré nouveau (dont il a pourtant entrevu la séduction à travers transgression, amour et mort) et de régénérer cette faute, ce mal, en bien : de là tout le second versant du drame, que l'on peut concevoir comme une confiscation morale et sociale du sacré de transgression. Non certes, la prison selon Renan ne saurait être la prison selon Sade : c'est une prison traversée, ouverte, le mal se transmuant en bien, le sacré religieux en laïque, le sacré de l'amour-transgression en mariage convenable, socialement nécessaire, et historiquement significatif de progrès. Alors que d'Arcy s'est évanoui dans la nuit infinie, perdu en ce Dieu dont il donnait la formule, si nébuleuse en son apparence positive, la « réalité des choses » [71], l'abbesse représente, en Renan, la tendance individualiste, finalement victorieuse : sa faute, son châtiment, son enfant, son mariage, reconstruisent une réalité individuelle et bornée, cela même dont s'effrayait son amour pour d'Arcy : une vie. Après la projection dans le « tout autre », l'amour et la mort, Renan éprouve le besoin du retour à l'individu, dans la sécurité retrouvée, avec les assises finalement nécessaires des convenances sociales plus encore que de la morale. Point de scandale ! Respectons les bienséances mondaines, les nécessités historiques : l'irrégularité est gommée, l'ancienne abbesse mariée religieusement — « un mariage où l'église n'interviendrait pas serait de ma part un acte de haute inconvenance » [71 bis] — et, disons-le aussi, la Révolution se voit, en la personne de La Fresnais, décapée de sa roture et mariée dans le grand monde ! Tout cela grâce au *deus ex machina* représenté ici par un jeune général, image de la République, de ses armées glorieuses, et venu à point pour régénérer « le vieil honneur » [72] aristocratique. Vraiment, l'on a beau se dire que les vœux de l'ancienne abbesse n'étaient que fidélité à une tradition nationale, on s'étonne du motif qui justifie son mariage : « refaire la France » [73], et l'aveu d'amour sous la forme : « Je suis

---

70. *Dr. P.*, III, p. 642.
71. *Dr. P.*, III, p. 634.
71 *bis Dr. P.*, III, p. 674.
72. *Dr. P.*, III, p. 675.
73. *Dr. P.*, III, p. 678.

fière de vous comme de mes ancêtres » n'est qu'une grandiloquente faute de ton. Il nous semble que cet époux n'est pas le vrai, qu'il est l'époux du contrat, alors que l'autre était, d'une certaine manière, celui du sacrement. Le personnage religieux de l'abbesse, toutes les chances du sacré meurent avec ce mariage « résurrection », dont toutes les assises, société ou avenir de la France, paraissent surajoutées. Ce mariage unit surtout Ancien Régime et Révolution, au rythme du « Concordat qui sonne » [74]. Il aboutit à la négation de ce qui concentrait toute l'authenticité du drame, conçu d'abord comme dialogue et échange de la « dernière nuit » [75]. Nous pensons donc qu'en Renan une imagination érotique à couleur religieuse a entrevu les envers et les analogues du sacré, dans un univers de la transgression, de l'amour fou, du mal peut-être. Mais Renan n'est pas Baudelaire ; loin de faire, du mal ou du péché, la source et le fond de l'amour, il s'évertue à désinfecter celui-ci jusqu'à transformer, selon son expression même, lors de l'inauguration de la statue de Brizeux en 1888, « les fleurs du mal » en « fleurs du bien » [76]. Ce qui a bifurqué dans l'*Abbesse de Jouarre,* c'est la tentation qui eût pu faire aboutir Renan à une nouvelle forme de sacré.

A la fin du drame, il semble que le personnage de la mère n'ait eu de sens que par l'expiation qu'il suppose, en imposant à Julie la vie et l'humiliation. Il trouve sa place dans un système de fautes et de peines, dans le schéma de la justice distributive et du devoir moral ; l'idéalisme recomposé de la fin, c'est la concordance avec le devoir, et plus encore peut-être avec la morale sociale (en effet, même dans la perspective du péché et de l'expiation, en quoi le mariage final est-il un élément de régénération morale ?). Toute la montée du drame au contraire (et la nuit d'amour qui n'est telle que parce qu'elle est crue « dernière nuit »)   répondent au fantasme que Renan vieilli livre à ses notes intimes : « mon rêve... la situation de la religieuse qui m'aurait cédé » [77]. Cette présence de la chair, insidieuse et irréfutable, s'installe à travers l'idéalisme, qui la nie : « Dans une telle situation, le corps, qui va être supplicié tout à l'heure, n'existe déjà plus » [78]. Toute la reconversion charnelle de l'idéalisme, et donc tout le fondement du drame résident en cette anticipation, en ce « déjà » ; c'est la négation brusquée de la vie, la négation du corps, qui aboutissent au charnel. Et l'amour même, puisqu'il ne peut trouver son accomplissement que dans la mort, et se définit comme refus de vivre, se croit négation de la chair. A travers cette vision dramatique de la « dernière nuit », Renan s'installe dans un ordre qui, niant la chair, l'exalte par

---

74. *Dr. P.,* III, p. 676.
75. *Dr. P.,* III, p. 611.
76. *F.D.,* II, p. 985.
77. H. Psichari, *Renan d'après lui-même,* p. 138.
78. *Dr. P.,* III, p. 613.

là-même, dans un monde qui n'est pas sans analogie avec les imaginations gnostiques (ainsi, celle de Basilide, dont le raffinement métaphysique finit par regarder comme indifférente « la simple et bonne
morale » car « l'homme devenu parfait par la gnose peut tout se
permettre ») [79]. Par le drame de l'*Abbesse de Jouarre,* Renan a entrevu,
à travers la chair et la transgression, un « sacré » autre, mais la fascination est suivie de recul, et s'achève dans le repli sur « les règles
nécessaires de la société ». L'étrange circuit à travers l'idéalisme charnel n'aboutit donc qu'au banal, sans noyer pourtant l'obsession fondamentale. Celle-ci charge, au début du drame, le lieu, le temps, la
mort, d'un sens de concentration absolu et presque contradictoire :
car l'amour exalté par Renan dans la Préface comme instinct vital,
lien avec l'univers (avec Dieu), ne trouve sa véritable expansion que
par la mort, dilatation à la fois funèbre et divine de la vie.

L'aventure de Julie n'est qu'une survie (les hésitations de Renan
l'attestent, et la suggestion de deux autres dénouements, l'un par la
mort de l'abbesse, l'autre par son acceptation de « ce qu'il y a de
plus saint dans la nature » [80]. Renan, il est vrai, répondait par là aux
scrupules de metteurs en scène italiens, « votre drame, lui écrivaient-ils,
ne peut finir par une idylle ». Au delà de l'incohérence scénique,
l'idylle traduit, en Renan, la faille, le refus final de la transgression).
Si, dans l'*Abbesse de Jouarre,* la mort pouvait seule consacrer le lien
de l'amour et de la religion, c'est au contraire la vie, qui, dans *Emma
Kosilis,* figure cette identité : le rappel de la vie monastique, à travers
l'image de la discipline, suspendue au fond de l'alcôve, ne contribue
qu'à unifier le passé, le présent et l'avenir d'Emma dans l'ordre de
la chair. Soulignons d'abord que pour Emma, la réclusion était déjà
une sorte de mise en branle du rêve d'amour, sorte de rêve parallèle,
mais non uniquement contemplatif ; ou plutôt la contemplation est
ici avant tout un risque, un choix et un pari : « Il y a peu de fortes
vies (...) à la base desquelles ne se trouve le *secretum meum mihi* des
grands solitaires et des grands hommes. L'amour de la solitude vient
d'ordinaire d'une pensée intérieure qui dévore tout autour d'elle (...).
Vivre entre soi et Dieu est la condition pour agir sur les hommes et
les dompter » [81]. La contemplation se définit par sa virtualité dynamique et conquérante, installant l'équivalence réclusion-force-triomphe.
La vie religieuse est donc, dès le départ, autre chose qu'elle-même, la
nécessaire enveloppe de cet élément autre et essentiel. Ce n'est pas à
dire que la religion soit un moyen, vulgairement défini dans son sens
d'efficacité immédiate. C'est plutôt que la concentration amoureuse,
religieuse, idéale, dégage, pour ceux qui osent, la force absolue. Le
couvent n'est point ici refuge à l'amour transi, mais l'espace où se

---

79. *E.C.,* V, p. 483.
80. *Dr. P.,* III, p. 683.
81. *F.D.,* II, p. 954.

dessinent, dans le silence, les possibles et les risques. « Elle avait accepté de franc jeu la chance d'une réclusion éternelle. Comme dans toutes les batailles, il y allait de la vie. Il n'y a de récompense que pour ceux qui osent. Le bonheur est comme la gloire. Pour l'obtenir, il faut jouer gros jeu » [82]. La vie religieuse ne se définit plus alors comme inaction mais comme grand foyer d'énergie immobile : comme une quête, mais sur place et en dedans ; c'est, au sens plein, une aventure, sans la prétendue marche en avant de l'extériorité. Toute l'histoire d'Emma Kosilis nous semble la parabole de la visée même de Renan, telle que la traduit, dans l'essai sur la *Poésie des races celtiques*, son évocation de la race bretonne : « Elle s'est fatiguée à prendre ses songes pour des réalités, à courir après ses splendides visions » [83]. En Emma, à travers la vie religieuse, la puissance imaginative a forcé le songe à être, elle a fini par installer la vision dans le réel. L'atmosphère du conte breton recèle autre chose que la dramatisation d'une idylle : la puissance du secret, de la solitude, de la contemplation (ici en la vie religieuse) qui forcent l'idéal à devenir réel. Le conte installe à la fois, par la symbolique religieuse, un héroïsme et une magie, le risque accepté par la novice Emma transpose le fondement des « fortes vies », le point de départ des « grands hommes ».

L'amour et la religion dessinent donc, en l'abbesse de Jouarre et en Emma, deux formes d'héroïsme féminin, l'une dans sa revendication affirmative, l'autre dans une sorte d'apparent assoupissement. Par rapport à la figure initiale qui, selon nous, ouvrait la trajectoire de l'imaginaire, celle de Benoît et de Scolastique, assistons-nous à une mise en avant de la femme, de la religieuse, sur l'homme supérieur, sur tout analogue du « saint » ? Voué à un homme médiocre, l'amour d'Emma Kosilis représente le cas limite d'une pensée obsédante qui ne trouve son sens qu'en elle-même. Mais bien plutôt, sans doute, l'être supérieur s'est-il, au long des métamorphoses de la féminité religieuse, transposé aussi, pour finir, non plus dans une incarnation figurative, mais dans la seule présence et la seule maîtrise du regard de Renan, qui, à travers les êtres et leurs rapports, donne vie à son propre rêve.

Si, selon un dessin qui renverse le schéma de l'*Abbesse de Jouarre*, la vie et non la mort achève, dans *Emma Kosilis*, la fusion de l'amour et de la religion, quelle qualité de vie s'installe ici, au delà de la rupture religieuse ? L'aventure d'Emma illustre cette course après la vision qu'évoque l'essai sur la *Poésie des races celtiques*, mais cette course et cette vision se fixent, s'immobilisent en un point, pause à la fois du mouvement et du temps, qui, avant et après la crise, semblent, de façon différente, s'arrêter pour Emma : avant la crise, c'est-à-dire le moment où, Emilien devenu veuf, elle voit clair en elle en découvrant

82. *F.D.*, II, p. 969.
83. *E.M.C.*, II, p. 258.

« cette possibilité qu'elle n'avait jamais nettement entrevue mais qui (...) avait été le mobile secret de sa vie inconsciente »[84], la régularité de la vie monastique, « calme béat »[85], met en sommeil le temps ; fausse léthargie car ce repos, c'est, nous l'avons vu, l'épreuve acceptée, le risque de vie ou de mort ; après la crise et l'accès à l'amour, le repos « béat » se change en béatitude, qui, elle aussi, est faux sommeil et négation du temps : l'amour n'a rien ici d'une passion à l'italienne, mais s'installe en un immense calme : « La vie d'Emma (...) fut celle du paradis, une jouissance infinie sans oscillation et sans ralentissement. La passion a des inégalités, mais la volupté n'a pas d'orages. Le bonheur d'Emma, depuis sa victoire, fut ainsi comme une pleine mer sans flux ni reflux où elle flottait « endormie »[86]. Ce sommeil signifie, à travers une sorte d'absolu charnel, la plénitude d'être, l'infini possédé, une forme d'éternité. *Quod habent desiderant*, cette définition du bonheur des élus par Saint Augustin, Renan la donne ici de la volupté[87], qui, renversant le monde de la passion avec sa dialectique orageuse où l'avoir tue le désir, installe celui de la volupté qui, se nourrissant d'elle-même, retournant à elle-même, engage une sorte de mouvement circulaire, statut divin où le mouvement s'achève en immobilité. Le drame de l'*Abbesse de Jouarre* laissait apercevoir deux états du temps : la dernière nuit, consacrée en éternité, par l'amour et la mort, mais aussi l'éparpillement temporel, car l'éternité se dégradait ensuite en durée, par la survie et le mariage de Julie. Les deux niveaux du temps restaient distincts et de sens opposé, comme les deux images de l'époux. Le conte d'Emma Kosilis, dira-t-on, est un vrai conte (ils se marièrent et eurent beaucoup d'enfants), il s'inscrit dans la durée par là-même ; mais l'essentiel nous semble que cette trame temporelle du conte (impliquée en effet par la relation au passé simple et la mention des huit enfants « ils les élevèrent bien : leurs fils furent de très honnêtes gens »[88]) se double d'un intemporel absolu, océanique, dans lequel la mort même, donc la durée et l'arrêt de la durée, ont perdu presque tout sens : « La mort même n'exista presque pas pour elle »[89]. Ainsi, l'être d'Emma s'enveloppe d'une étoffe autre, sorte de temps mystique unissant la mort et la vie. Le lieu même de cette vie reconstruisait le « *secretum meum mihi* », espace de l'imaginaire ou de l'extase : non plus le cachot de l'abbesse de Jouarre, resserrement du cloître même, qui va se nier en s'ouvrant à l'air libre, mais le lieu à la fois clos et ouvert, manoir retiré, petits jardins coupés de murs, dont Renan suggère la virtualité double et simultanée de « sépulcre » et de « paradis ». Le conte d'*Emma Kosilis*,

---

84. *F.D.*, II, p. 964.
85. *F.D.*, II, p. 962.
86. *F.D.*, II, p. 968.
87. *F.D.*, II, p. 968.
88. *F.D.*, II, p. 968.
89. *F.D.*, II, p. 968.

fait apparaître une sorte d'extase charnelle, qui est comme une face inversée du mariage mystique. Toute l'imagination religieuse d'Emma aboutit à la célébration de son « triomphe »[90] : ainsi sa retraite annuelle au couvent des Ursulines n'est qune sorte de répétition cérémonielle, mystère où elle reprend, en une figuration intérieure, mais aussi extérieure et corporelle, la phase décisive de sa vie amoureuse : elle joue pour elle-même son propre drame, dans une fable religieuse qui n'est pas mensonge, mais dont tout le sens est de lui restituer la lutte « de sa chair pour conserver son amour »[91]. Un ensemble de rites se perpétue en elle, répétition de gestes de la vie religieuse (port du cilice à certains jours...) mais qui deviennent, par cette reprise, rituel intime, cérémonie de la chair. L'extase vécue d'Emma aurait pu figurer, dans l'ordre de l'amour, l'analogue de ce que les mystiques appellent la vie en Dieu : son apparent assoupissement, l'immobilité de la volupté se rechargeant d'elle-même, auraient pu évoquer cet état où, selon Madame Guyon, l'être n'a plus rien à lui, ni volonté, ni désir : « L'âme a maintenant Dieu pour âme, il est désormais son principe de vie, lui est un et identique »[92]. Mais une énergique reprise personnelle, au sein même de la béatitude, cette figuration cyclique et mystique de soi et du triomphe de l'amour « par un excès d'héroïque volonté très longtemps prolongé »[93], nous éloignent du dépouillement, de l'abandon de soi, de la mort et de la vie en Dieu. La volupté, à travers la religion, comme la religion, à travers la volupté, rendent Emma à elle-même, et dans sa double traduction, charnelle et religieuse, le rêve livre, à travers Emma, Renan et sa tentation de la force. Le drame, comme le conte, révèlent l'équivoque plénitude de l'idéalisme qui n'est point ici l'éthéré, mais qui, par la négation ou la macération de la chair, en manifeste au contraire la présence et la primauté : la certitude de la mort imminente dégage, selon les termes de Renan dans la Préface de l'*Abbesse de Jouarre*, « un aphrodisiaque puissant »[94]. La vie amoureuse, dans *Emma Kosilis*, inscrit l'idéal dans le charnel ; à la fois anesthésie, assoupissement à l'extérieur et ouverture à l'imaginaire, l'amour est la « morphine idéaliste injectée sous la chair »[95]. Le circuit sémantique par la drogue (aphrodisiaque ou morphine) semblerait indiquer la conquête de quelque paradis artificiel — mais en Renan, toute idée d'artifice s'élimine pour ouvrir au contraire l'espace de l'authentique, affirmé dans l'ordre de la chair et dessiné par l'imaginaire. Bien que l'*Abbesse de Jouarre* exalte, en l'union charnelle, la dilatation de l'être, l'amour nous paraît plus intellectualisé, plus élaboré en ce drame que dans le conte d'*E. Kosilis* — D'Arcy et après lui

---

90. *F.D.*, II, p. 967.
91. *F.D.*, II, p. 967.
92. *Les Torrents*, cité par Michelet, *Du prêtre...*, p. 129.
93. *F.D.*, II, p. 969.
94. *Dr. P.*, III, p. 612.
95. *F.D.*, II, p. 968.

l'abbesse développent une théorie de l'amour, lien avec le monde, principe de fusion avec Dieu. Il semble que ce soit là une dernière retenue, une dernière réticence, un dernier effort de justification de Renan. Dans *E. Kosilis,* Renan accepte ou évoque directement le mariage vécu, et même tout l'ébranlement nerveux de l'émoi érotique (sans aucun arrière-fond de justification eschatologique) jusque dans ses délires : « il arrive quelquefois que cette nacre féminine donne aux hommes d'étranges accès nerveux. On a trouvé des jeunes filles assassinées sans avoir été violées. Il y eut autrefois des cas de pareils assassinats sans motifs, commis sur de jeunes prêtres » [96]. Cet attrait de l'image virginale déterminant ce que Renan nomme en ce contexte « de actes de folie », définit la nécessaire rencontre, volontiers religieuse, de la pudeur et de l'éros, ce qui, pour le Néron de l'*Antéchrist,* compose le philtre de l'esthétique chrétienne. La religion n'est plus ici une justification (à travers la transfiguration du spasme en prière) mais elle est immédiatement sentie comme un attrait, une émanation érotique.

D'*Ernest et Béatrix* au conte d'*Emma Kosilis,* n'est-ce pas l'idée du mariage et l'imagination du couple qui lentement progressent, de la transposition spiritualisée à la réalité vécue ? Pour Béatrix devenue religieuse, la communion avec Ernest mort, s'achève en noces mystiques par le souvenir : « Tu es sans doute au sein du Christ (...). Viens en songe faire refleurir mon âme macérée par le cloître. Apparais, ô doux visage, et viens verser dans la pauvre âme de ta sœur un avant-goût des joies du ciel » [97]. Le Christ est lointainement présent, évoqué comme arrière-fond de l'image d'Ernest qu'il absorbe « sans doute » ; pourtant, remarquons-le, ce n'est pas dans le Christ, ni dans l'image d'un au-delà de béatitude, que se réalise l'union avec l'aimé, mais dans le songe désiré dès ici-bas, et le bonheur anticipé qu'irradierait la vision du « doux visage ». Le bonheur de cette vision n'est pas imaginé comme un prolongement de la vie religieuse, mais comme une rupture bénie, une régénérescence pour la « pauvre âme » qui demande à renaître, à « refleurir » ; la mysticité transpose ici des éléments autres, qu'elle résorbe incomplètement ; car la vie religieuse semble ressentie comme porteuse de mort, de dessèchement, elle offre à l'amour un langage analogique plutôt qu'une équivalence, elle installe la douce équivoque du nom de sœur. C'est dans l'*Abbesse de Jouarre* que l'amour idéaliste se charge, pour la première fois, d'un sens charnel, l'union se transfigurant en « sacrement » dans la mort, et brusquant par l'acte, au lieu de l'entrevoir par le songe, l'avènement du « Royaume de Dieu ». Ce n'est point l'antithèse, mais l'achèvement du rêve de Béatrix, que cette métamorphose charnelle de l'idéalisme ; l'imagination s'est « accointée » peu à peu à la chair par laquelle le songe a envahi le réel et le

---

96. *F.D.,* II, p. 255.
97. *F.I.R.,* IX, p. 1516.

présent. La fusion du couple ainsi osée pour la première fois, Renan la récuse pourtant, et se replie sur un jugement de valeur qui l'institue en faute. Une sorte de retouche morale du premier couple (l'abbesse-d'Arcy) s'achève par la constitution du second couple : Julie-La Fresnais ; mais cette dernière union, légitime, est nommée plus que vécue, et se situe tout à fait en dehors de l'authentique champ de l'imaginaire où religion et amour composent subtilement leur équivalence. Le drame fait donc apparaître à la fois la spontanéité de Renan, puis son retour en censure, l'une aboutissant à un vrai couple (illégitime), l'autre à un couple légitime (mais faux). Ce qui décèle, selon nous, en Renan, la peur de l'illégitime, c'est l'effacement qui se fait, en l'abbesse même, de la figure de d'Arcy : de cet époux dans la mort, elle garde, il est vrai, une sorte de marque, et se compare aux initiés antiques, pour toujours séparés. Son aventure traduit-elle pourtant ce processus de séparation ? Acceptant mariage, convenances, donc retour à la norme, c'est un mot de convenance aussi qu'elle destine à la mémoire de d'Arcy : « Je suis convaincue de n'être pas infidèle à l'homme grand et bon qui a été mon époux d'une nuit. Vous accepterez que son image ait la première place dans le sanctuaire de mes souvenirs »[98]. L'appellation même d'époux d'une nuit resserre presque injurieusement dans le temps ce qui se voulait main-mise sur l'infini à travers la mort. L'infini se remet maintenant à la mesure temporelle, la « dernière nuit » a perdu son poids d'éternité. Le souvenir même s'est vidé, appauvri en chaleur, il se traduit, comme officiellement, par cette banale image de « première place », et s'assimile à un devoir, à l'entretien un peu froid d'un culte, au bon état d'un laraire. Comparons cette qualité de mémoire à celle que développe Béatrix pour Ernest : le « doux visage » évoqué y installait immédiatement la présence retrouvée par le songe. C'est, semble-t-il, que d'Arcy fait peur : ce que Renan tente d'atténuer à travers lui, c'est sa propre imagination de l'union charnelle. Il est aisé de nous objecter la Préface, l'amour régénéré comme lien de l'homme et de l'univers ; nous voulons justement montrer que, dans l'*Abbesse de Jouarre*, l'acte d'amour n'est pas encore accepté comme tel : il a besoin, d'abord, de tout l'étai des présupposés philosophiques ; ensuite, d'une « expiation » et d'une reprise de sens moral. Toutes les proclamations de Renan dans la Préface sont donc, en un sens, des audaces (elles justifient l'amour charnel), mais en même temps des timidités (puisqu'elles supposent les justifications nécessaires). C'est seulement dans *Emma Kosilis* que l'obsession amoureuse est là, justifiée par elle-même et par la tension des forces intimes qu'elle suppose. Il n'y est plus question de joies du ciel, rêvées ou anticipées, puisque l'amour suffit à instaurer la béatitude, ici vécue, dont la religion ne fait que remémorer la conquête. La vie d'Emma est au sens propre un « paradis », puisqu'elle a déplacé le ciel, en a

---

98. *Dr. P.*, III, p. 678.

renversé le sens, puisque, forçant l'idéal à être, elle a réalisé, dans le présent de la chair, le rêve spiritualisé de Béatrix. Le monde imaginaire de Renan s'est alors totalement renversé, la vie charnelle acceptée afflue et noie jusqu'à la religion, qui la figure en lui offrant ses fétiches et ses rites. Dans ce mouvement de rotation totale, seul le pivot est resté le même : la force d'une idée fixe, la tension absolue de tout l'être intérieur, font d'Emma une héroïne et même un objet de culte. L'amour d'Emilien pour elle devint « une sorte de culte religieux (...). Cette résolution de fer « hors lui, nul ne me verra » prouvée par le fait le plus indéniable, quoique dépassant fort sa propre nature, l'étonnait, le domptait, lui inspirait une sorte de crainte, comme quelque chose de mystérieux » [99]. Alors nous apercevons qu'en son change total le monde de Renan est resté fondamentalement le même, du moins dans le dynamisme qui lui donne la vie ; car la force intime absolue, héroïsme ou sainteté de l'être, « dompte » le monde, force l'adoration en installant la ferveur dans la distance : Emma, la religieuse rendue à l'amour, reçoit alors, dans la distance, la consécration même reçue, dans le lointain symbole de Benoît et de Scolastique, par le père de l'ascétisme chrétien. A travers Emma et toute l'imagination de l'amour, l'union charnelle n'a aboli la distance que pour la reconstituer sur un mode autre, mais toujours en culte. En Emma Kosilis le bonheur charnel vécu ne fait que donner preuve à la force de l'idée fixe, à la valeur opératoire de l'obsession et du secret. Par là, d'une certaine façon, l'imagination même du couple reconstruit la solitude et la distance, puisque Emilien ne peut comprendre Emma, et cette « crainte » vague qu'il ressent devant elle comme devant un mystère prouve en elle l'être unique et finalement séparé. Toute la démarche évolutive de l'imagination qui, en Béatrix, refuse l'union pour la postuler en Emma, ne suppose-t-elle pas d'un bout à l'autre la présence d'un fondement unique : le *secretum meum mihi* des grands solitaires ?

Le circuit menant à la chair n'a donc pas aboli la souterraine revendication de la distance. Sans doute Renan s'est, depuis *Ernest et Béatrix,* et plus encore depuis l'*Abbesse de Jouarre,* ouvert, à la fin de sa vie, à l'imagination de l'amour vécu ; mais le mariage même réinstalle la distance. Celle-ci, décelable en Emma Kosilis, reste d'ailleurs parfois difficile à reconnaître sous les travestis dont elle s'affuble, la miniature qui peut la déguiser parfois en figure mièvrement scandaleuse, ou du moins d'aloi douteux. Nous pensons à ce projet de conte qui, selon Barrès, occupa le vieux Renan : « Un très saint homme, dans le mariage, n'approchait de son épouse qu'à la faveur d'une petite fenêtre pratiquée dans sa chemise et vis-à-vis une petite fenêtre analogue. Sa femme lui brodait cette petite fenêtre et il fut bien plus heureux » [100]... Episode, avouons-le, d'apparence fort scabreusement

---

99. *F.D.,* II, p. 967
100. Barrès, *Mes cahiers,* t. XIII, p. 145.

prudhommesque ! Pourtant, ne livre-t-il pas, en son affaissement, tout le matériel imaginaire ancien ? Le très saint homme, l'image quasi monastique de la lucarne, qui seule permet la communication, la broderie même (cette approche féminine dans la distance, et qui représentait déjà, pour la fille du Broyeur de lin, le lien possible avec le prêtre...). Cette fable de vieillesse demande à être lue selon le devenir des structures anciennes, maintenues à travers la liquéfaction d'une pensée vieillie. Il n'est pas question pour nous de la faire figurer dans quelque enfer de la mythologie renanienne. Ce qu'elle permettrait de distinguer en Renan n'est pas, en effet, une quelconque perversion sénile, mais plutôt le reste d'un dessin fondamental, l'éparpillement des données premières (la religion et la chair, la fusion et distance), dans une imagination finissante qui, ne les ordonnant plus, les livre dans leur aspect matériel immédiat, petit même jusqu'au saugrenu, qui compose ici le scabreux.

Le secret qui renvoie l'être au fond de son intimité ne l'y dissout pas. L'étrange récit projeté selon Barrès se centre encore autour du « très saint homme », c'est-à-dire d'une figure à virtualité de grandeur. L'héroïsme dans la conquête de l'amour, tel que l'évoquent les *Feuilles détachées* à travers Emma, s'il trouve sa plénitude dans une perpétuelle célébration intime, exclut du même coup toute manifestation au dehors. Il s'achève, pour Emma, en béatitude dans la saisie de lui-même, et pour Renan, en contemplation de cette saisie : « Les hommes ne sauront jamais rien de ces exemples extraordinaires de force morale dont se réjouit l'Eternel, ce jaloux témoin des âmes, qui garde pour lui les plus beaux spectacles. Le tempérament mélancolique, le dirai-je ? est un peu le tempérament de l'Eternel. La *délectatio morosa* du Moyen Age est, en un sens, la formule suprême de l'univers »[101]. C'est le statut dernier de Renan qui se définit ici, prolongeant la distance par la distance : l'héroïsme d'Emma consacrait son unicité, et donc, dans l'union même, une sorte d'isolement. Cet héroïsme à la fois triomphant et enseveli, l'Eternel seul le voit dans une nouvelle distance — celle-là même qu'établit, entre le monde et lui, le regard de Renan — Par une sorte de jeu à double registre, Renan est ici symboliquement à la fois dans le personnage qui construit son héroïsme, par l'idée obsessionnelle créatrice, et le Dieu de la saisie d'un drame qui échappe à tout autre regard. « Vivre entre soi et Dieu » définit, pour l'auteur des *Feuilles détachées,* le fondement de toute grande vie : cette oscillation entre soi et Dieu n'étant pour finir qu'un partage entre soi et soi-même, un éternel retour de soi à soi.

Si, partant d'*Ernest et Béatrix* pour arriver aux *Feuilles détachées*, nous suivons non plus l'imagination de l'amour, mais celle de la vie et de la rupture religieuse, dans ses rapports avec l'amour, peut-être approcherons-nous mieux le foyer de cette pensée intime, le *secretum*

---

101. *F.D.*, II, p. 954.

meum mihi. Pour Béatrix, l'amour et la vocation religieuse coïncident ; destinée au couvent, elle ne sera point « profanée » selon le mot d'Ernest [102] ; la vie contemplative inscrit l'amour dans l'ordre du supra-sensible. Dans l'*Abbesse de Jouarre,* l'amour précède l'entrée dans la vie religieuse, sans pourtant la contredire, car elle s'inscrit dans tout un destin social, sorte de vocation aristocratique. Accepté malgré l'amour, le couvent ne le sublime pas en spiritualité, mais le situe plutôt dans une sphère d'élévation morale et de maîtrise. La rupture du vœu de l'abbesse vient de l'amour, mais seulement dans la certitude de la mort, qui semble ôter son sens à l'idée même de vœu. Ainsi, en ce drame, amour et religion sont tous deux anciens (celle-ci figurant seulement la nécessité d'un ordre aristocratique), et la mort imminente rend l'abbesse à l'amour, qui trouve, dans la rupture, son accomplissement en acte. Enfin, dans *Emma Kosilis,* l'amour préexiste à la vie religieuse, mais en même temps détermine cette entrée au couvent qui signifie attente inconsciente, mise en branle de l'obsession intérieure, volonté de n'exister que pour elle ; si bien que, rompant avec la vie du cloître, Emma ne fait que retourner à quelque chose de fondamental et de premier, dont la religion n'était que la figure, elle retourne à elle-même. Nous ne faisons en aucune façon une étude biographique. C'est parce que ces images de la religieuse sont liées à Renan, non par un rapport anecdotique décelable, mais par une forme intérieure, une disposition de l'imaginaire, qu'elles nous sollicitent. Ce qui, des premiers aux derniers écrits, nous semble cheminer pour s'affirmer en Emma, c'est, à travers la rupture, le retour à soi-même. Au départ, la vie religieuse est sentie comme première ; à la fin, elle n'est que figure d'un rêve qui lui préexiste. On peut ainsi lire Renan, au fil de son œuvre, dans une sorte d'écriture historiée et de déchiffrement de lui-même : pour lui comme pour Emma, la rupture fut peut-être une continuité, le retour à l'élément premier, profond, obsessionnel. Ce *secretum meum* n'était point pour le jeune Renan l'amour, mais plutôt cette volonté tendue, besoin d'énergie et d'édification de son moi (dont l'amour d'Emma reçoit sa couleur héroïque). Le conte qui ouvre les *Feuilles détachées* nous livre donc un sens de la rupture (sentie comme retour passionné à soi), mais en même temps nous montre combien l'image de la rupture s'est métamorphosée en Renan depuis sa propre crise : ce qui était en lui rêve du grand par la saisie philosophique, héroïsme de la spéculation libre, sa vieillesse le lui restitue, le lui figure par l'héroïsme de l'amour. Monde fascinant de l'imaginaire, avec ses appels intérieurs, son système de miroirs et d'échos, qui dessine l'identité par la métamorphose.

L'identité finale perçue par Renan entre la chair et la religion ordonne tout un monde, avec sa cohérence, car l'imaginaire a sa rigueur.

---

102. H. Psichari, *Renan d'après lui-même,* p. 134.

A travers la faute de l'abbesse se constitue l'amour sacrement, et la religion, dans *Emma Kosilis,* prête comme nécessairement ses symboles à une messe de la chair victorieuse. Renan parvient ainsi à un monde tout autre, qui pourrait reconstruire, à travers l'amour, une sorte de sacré. On ne découvre pourtant en Renan ni exaltation de la « nature », ni sacré de la transgression. Rien de comparable en effet à la sanctification romantique de la chair, dans son immédiateté instinctive. Renan ne célèbre pas à la façon de Hugo « le sacre de la femme », car en l'amour s'installe pour lui, nécessaire, une sorte d'arrière-pensée, qui fait aussitôt, de la femme, la religieuse, et restitue ainsi le lien d'enfance entre l'éveil de la piété et celui de l'instinct sexuel [102]. Mais, à travers l'image archétypique de la religieuse « qui (lui) aurait cédé » [103], ce n'est pas non plus l'établissement d'un ordre de la transgression. Nous avons vu comment, du moins dans l'enveloppe extérieure du drame et du récit, dans les faits mêmes et l'intrigue, Renan efface la faute, ou du moins la transgression évidente et nommable du dehors : la rupture de l'abbesse coïncide avec l'effondrement d'un monde qui ôte tout sens à son engagement ; Emma, de son côté, n'a point prononcé de vœux définitifs ; ici s'affirme un besoin de régularité, au moins à l'extérieur des êtres. Plus profondément, Julie par l'expiation, Emma par l'héroïsme même de sa postulation amoureuse, installent toute une éthique au cœur même de l'amour. « Ma vieille donnée cornélienne, le devoir avant l'amour, je l'ai toujours gardée » [104], affirme Renan à la fin de sa vie ; seulement, en Emma, le dynamisme interne trouvait sa raison d'être dans l'amour, qui définit, à travers la tension intime absolue, un nouveau devoir, né de l'obsession intérieure. Mais enfin, même contestable et minée de l'intérieur, cette référence « cornélienne », ce primat affirmé du devoir, témoigne d'une volonté de ne pas transgresser ; si pour Renan l'amour n'est pas sacre immédiat de la femme (mais plutôt faute et par là-même sublimation de la religieuse), il n'est pas non plus fleur du mal ; Renan se situe aussi loin de Hugo que de Baudelaire, du sacré de la nature que de celui du mal. La religion, zone des équivalences, permet à la nature de se quintessencier, cependant que la faute se régénère ; à la contamination religieuse de l'amour répond l'invasion de la religion par l'érotique. Ainsi la religieuse, dont Renan rêve la possession, serait à la fois toujours pénitente et très respectée [105], l'acte d'amour n'entraînant ni une justification immédiate par l'instinct, ni le sentiment d'une faute, mais comme un surplus de densité vitale et charnelle, moralement régénéré par l'expiation. Rien de plus éloigné, on le voit,

---

102 *bis.* Voir *Renan d'après lui-même,* p. 133.
103. *Ibid.,* p. 138.
104. *Ibid.,* p. 133.
105. H. Psichari, *Renan d'après lui-même,* p. 138.

de l'univers baudelairien, où l'obsession du mal irrémédiable ne peut que se délivrer et se confirmer à la fois par la conscience :

« Soulagement et gloire uniques
La conscience dans le Mal » ! [106]

Chez Renan, au contraire, l'amalgame de l'amour et de la religion revendique la garantie cornélienne, refusant tout analogue du péché et toute possibilité d'un sacré-souillure. Renan a assez affirmé en ses articles sur Amiel, son horreur de l'idée métaphysique du mal ; raffinant par avance sur la *Fin de Satan* et la conquérante affirmation de Hugo, il a (dès avant 1855 et son étude sur la Tentation du Christ selon Ary Scheffer) [107], subtilement suggéré la conversion du vieil Ahriman. Nous aboutissons donc à cet enchaînement : l'amour ne prend figure pour Renan qu'à travers la religieuse, et celle-ci pour finir ne trouve sens que par l'amour ; mais cet amour n'est point faute, ou se résorbe comme faute et ne projette pas sur la religieuse le sacré inversé de la profanation. La régénération morale, le contrôle « cornélien » de Renan suffisent-ils à expliquer que l'apparition de la chair dans l'image religieuse ne se traduise pas en souillure ? Relisons la confidence de Renan, telle que la livre H. Psichari d'après des notes intimes ; il n'y évoque point la faute de la religieuse, la religieuse qui aurait cédé, mais « la religieuse qui m' (lui) aurait cédé ». Essentiel nous paraît cet affleurement du moi, qui suffit à l'affirmation souveraine d'une présence. La religieuse n'existe pas comme centre, mais bien plutôt comme personnage solidaire d'un moi supérieur (seule Emma concentrait en une figure féminine tout l'héroïsme et tout le secret, l'idée-fixe, l'idée-force). Si le moi reste supérieur et premier dans le rapport qui s'affirme en termes de puissance, la religieuse n'est point profanée, mais valorisée par l'amour ; elle n'existe que par ce lien, et trouve en cet amour une coloration de grandeur (plus que l'expiation d'une faute au sens banal, cela nous paraîtrait expliquer le « respect » qui l'entourerait). En quel sens serait-elle « pénitente » ? En s'installant dans le souvenir de sa faute, elle s'installerait surtout dans celui de son amour ; elle se cloîtrerait, en quelque sorte, dans ce souvenir, et le « moi » supérieur, le grand homme, serait le dieu caché dont elle partagerait le secret. Sous cette dernière forme, le rêve de Renan nous semble une version de vieillesse de l'apologue premier, du couple monacal et fraternel Scolastique-Benoît. Au terme de sa vie, Renan a accepté l'union dans l'amour, mais retrouve, à travers l'intimité amoureuse, les linéaments du dessin d'autrefois. La religieuse n'est point ici profanée, mais cloîtrée dans un grand secret, qui suffit à nier l'idée même de faute. Nous ne pensons pas que le sommaire processus de la faute et de l'expiation, de la reprise morale, puisse

---

106. *Fleurs du Mal*, LXXXIV.
107. VII, p. 296 et suiv.

suffire à définir le lien de l'amour et du « devoir » selon Renan. Sa formule dangereusement claire et tranchée, « le devoir avant l'amour », simplifie, plus qu'elle ne l'analyse, une réalité à multiples fonds. Plus peut-être que le devoir au sens moral, c'est un autre impératif de la conscience qui s'affirme en lui, la volonté de se construire selon son obsession fondamentale, la vocation de grandeur. S'il retrouve Corneille, c'est bien par la tentation du sublime, et l'affirmation passionnée du moi, source première et dernière des valeurs.

Ainsi, le monde renanien de l'amour, à travers la religieuse, nous a paru pouvoir basculer dans le sens du sacré de profanation. Mais l'affirmation morale maintenue fait obstacle à la transgression, et surtout, si l'on tient compte de l'image presque constamment référentielle qui unit en Renan le moi souverain au personnage solidaire de la religieuse, l'amour peut-il s'accompagner de profanation ? Bien plutôt, englobant et la féminité et la religion dans son univers et sa postulation propres, il les achève en sublime, et pour la religieuse, il reconstruit et régénère le cloître même par le secret qui la grandit, puisque lui-même et lui seul le partage. Si l'amour ne peut ici profaner la religieuse, ce n'est point parce que la chair serait sanctifiée en son élan même ; c'est parce que toute religion, c'est-à-dire toute virtualité de grandeur idéale, se trouve transférée en ce moi souverain, d'où ne peut émaner de souillure. Si d'autre part, pour ce sujet premier, l'amour emprunte nécessairement sa figure de l'abbesse, de la recluse, ou de la novice, c'est peut-être parce que l'emblématique religieuse compose en la femme tout un bouquet de symboles privilégiés, qui l'arrachent à l'immédiateté naturelle, la mettent en concordance métaphorique avec l'être supérieur, le moi rêvé de Renan, qui ne cède à la nature qu'en la contrariant, ou l'élaborant, et par là (au moins illusoirement), s'en rend maître. La possession de la religieuse ne serait-elle pas pour finir la métaphore d'une maîtrise sur la nature, la féminité même se ployant et se pliant jusqu'à s'exalter en un nouveau symbole, négateur de nature ?

Si l'idée de souillure n'a pas de sens pour Renan, sa pensée ne peut aboutir à la création d'un univers du mal qui reconstruirait le sacré, le « tout autre », dans sa puissance de dépaysement. Dilué dans l'affirmation morale, régénéré par son amalgame avec le moi supérieur, le mal, qui faisait le sens et le suc de l'amour pour Baudelaire, disparaît-il tout à fait du monde imaginaire de Renan ? Jamais en tout cas il ne semble avoir entendu, dans sa formulation d'humour, la mise en garde lancée dans les *Petits poèmes en prose* : « (...) n'oubliez jamais (...) que la plus belle des ruses du diable est de vous persuader qu'il n'existe pas » [107 bis].

Faisant revivre le mythe de l'Antéchrist, l'image de la Bête dans la conscience chrétienne du premier siècle, et le support historique du

---

107 bis. *Petits poèmes en prose*, XXIV, Pléiade, p. 320.

personnage de Néron, Renan affirme savourer « la jouissance incomparable qu'on éprouve à voir se dérouler le spectacle de l'humanité » [108]. Délectation de la saisie de l'histoire, sans doute, dans sa réalité et aussi sa transfiguration mythique ou satanique, à travers Suétone, mais surtout l'Apocalypse. L'auteur des *Origines du christianisme* rencontre nécessairement, en Néron, la Bête des terreurs chrétiennes, le pôle religieux négatif, l'envers de Jésus, le mal. Pourtant, l'Introduction nous livre une remarque, qui s'harmonise difficilement avec l'ensemble, et paraît dessiner, sous les évocations apocalyptiques, la possibilité d'une piste autre. Renan y évoque, non pas Néron ni la première époque chrétienne, mais une des images légendaires de l'Antéchrist :

> « Selon une légende rabbinique, il y avait à Rome, durant ce long deuil de la beauté qu'on appelle le Moyen Age, une statue antique conservée en un lieu secret, et si belle que les Romains venaient de nuit la baiser furtivement. Le fruit de ces embrassements profanes, fut, dit-on l'Antéchrist. Ce fils de la statue de marbre est bien certainement au moins un fils de l'Italie. Toutes les grandes protestations de la conscience humaine contre les excès du christianisme sont venues autrefois de cette terre ; de là encore elles viendront dans l'avenir » [109].

Ce n'est donc plus une évocation de la vision chrétienne centrée sur Néron, mais, à travers d'autres sources et d'autres temps, une mise en perspective mythologique de la fable même de l'Antéchrist. Alors que la vision apocalyptique développée en tout l'ouvrage, concentre en Néron le mal, celle-ci, au contraire, suggère en l'Antéchrist fabuleux une renaissance du beau, par l'Italie, et contre les excès du christianisme. Le lien ainsi établi entre l'Italie, l'Antéchrist, le beau, la Renaissance et l'idée même de toute renaissance, révèle une tentation profonde de Renan, peu apparente dans ce dessin général de l'œuvre qui reste centrée sur la vision chrétienne de Néron, l'Antéchrist conçu comme la Bête. Nous tenterons pourtant de ne pas perdre le souvenir de ce prélude de ton décalé, qui lance, avant la grande orchestration apocalyptique, la possibilité d'un motif autre (le lien, affirmé dans l'Introduction, entre l'Antéchrist et les revendications de la conscience est essentiel : à la date de 1873, la religion des martyrs de l'amphithéâtre est dès longtemps conquérante, et plus que jamais romaine depuis le dogme de l'infaillibilité pontificale). La disproportion ainsi créée entre passé et présent change, en l'inscrivant dans son aventure historique, le symbolisme même du nom de l'Antéchrist. Affirmée d'emblée, cette postulation moderne se résorbe pourtant, au sein même de l'œuvre, dans le déploiement de la grande geste chrétienne. A côté

---

108. *Ant.*, IV, p. 1123.
109. *Ibid.*

du motif central, ce qui demeure dans cette œuvre et rencontre notre effort pour saisir le sens d'une certaine imagination religieuse, c'est le lien de l'Antéchrist avec l'Italie, avec le beau, avec l'art.

Issu de la fable et de l'histoire, le Néron renanien ne peut-il se définir par son approche du beau, en son double personnage d'acteur, mais aussi d'artiste, et paradoxalement de débauché ? Riche de prolongements contradictoires, cette figure semble solliciter Renan dans la mesure surtout où elle présente l'hyperbole vivante de l'acteur, du montreur de lui-même, du souverain jouant au chorège, du « chorège souverain » [110] et se laissant prendre peut-être, à travers un simple déplacement d'accent, à l'illusion d'une divinité simulée, donc acquise. Cette expansion narcissique de soi-même renvoie Renan à sa propre idée-force, au besoin d'être, et rencontre la tentation qui fut celle de ses dernières années, celle de l'art dans son sens public et social, dans sa relation à autrui. Néron est d'abord défini par l'exaspération du *morbus litterarius* : « Comme le César était fort lettré, sa folie fut principalement littéraire » [111] ; et d'évoquer tout le jeu par lequel s'offre aux autres et à lui-même l' « histrion impérial », orgie à laquelle nous convie le chapitre VI, festin occulte aussi qu'à travers la saisie historique Renan s'est donné à lui-même. Sans doute ce qu'on appelle l'honnête homme, comme ce qu'on appelle l'homme de goût, ne sont pas en Renan à court d'indignation face au « monstre », au « singe », au « cabotin dilettante » [112] et à son faux pathétique. Mais tout ce chapitre VI semble dominé par l'ambivalence du romantisme — un appel ancien en Renan ! Ainsi, Néron fut un monstre, mais « non un monstre vulgaire » [112 bis] ; il fut, par certains côtés, un véritable « artiste », égaré par l'ivresse de son art, un Byron, victime de sa chimère... » [113]. La musique le laisse « perdu dans ce qu'il entendait, haletant, enivré » [114]. Les contradictions de son personnage produisent en Renan ce qui n'est peut-être pas simple mécanisme verbal, ni goût pour l'insolite : l'apparition du terme d' « hircocerf » [115] — qui le définira lui-même dans les *Souvenirs* [116] et qui, dans l'*Eau de Jouvence*, désignera son double, Prospero [117]. Les débauches de Néron sont surtout des débauches d'artiste, et le goût des tableaux vivants de l'arène ou de l'amphithéâtre achève et pervertit tout à la fois sa recherche d'un beau palpitant, nouveau, subtilement dévoyé. *Patrice* et les écrits de jeunesse révèlent que, pour le jeune Renan, l'émotion

---

110. *Ant.*, IV, p. 1203.
111. *Ant.*, IV, p. 1198.
112. *Ant.*, IV, p. 1198, 1199 et suiv.
112 bis. *Ant.*, IV, p. 1205.
113. *Ant.*, IV, p. 1205-1206.
114. *Ant.*, IV, p. 1206.
115. *Ant.*, IV, p. 1205.
116. *S.E.J.*, II, p. 750.
117. *Dr. P.*, III, p. 450.

esthétique naissait, à Rome et même en la superstitieuse Naples, de la vue de l'authentique, de la religion spontanée. Renan à cinquante ans, opère, à travers son personnage de Néron, et sa contemplation jouisseuse de l'histoire, un retour à l'Italie, une saisie nouvelle du beau. Le rapport entre art et religion ne va-t-il pas s'inverser, ou s'enrichir d'une direction nouvelle : les tableaux vivants dont se délecte le vice subtil du Néron renanien ne dégageront-ils pas une certaine essence de religion que nous pourrions tenter de définir ? Renan s'est globalement déchargé, au cours du chapitre VI, de toutes ses forces de condamnation morale. Sa bonne action est faite et le laisse libre pour l'insinuation en lui, à travers la magie de l'esthétique chrétienne, d'un Néron qu'il ne condamne plus. Le niveau du jugement moral est dépassé, et même la vertu, la pudeur, n'ont plus de sens que par l'image qu'elles donnent, l'ébranlement érotique et nerveux qu'elles provoquent. Néron devient alors « le jeune débauché sur qui les semblants de la pudeur exerçaient une illusion toute puissante » [118]. Renan se plaît à suggérer l'analogie secrète entre la qualité d'émotion esthétique, érotique de Néron et la sensibilité féminine chrétienne : « Le jour où Acté déposa le cadavre sanglant de Néron dans la sépulture des Domitius, elle pleura sans doute sur la profanation des dons naturels connus d'elle seule ; le même jour, plus d'une chrétienne, on peut le croire, pria pour lui » [119]. Le blâme moral s'est ici totalement renié, transmué en émotion autre, secrète, difficilement saisissable : Néron n'est plus profanateur, il recevra lui-même profanation de la mort. Cette mort, évoquée par anticipation, semble le laver par avance, régénérant en lui l'artiste, victime de sa chimère. L'extrait que nous venons de citer (la possible prière de chrétiennes) se situe au chapitre VI. De quel œil ferions-nous une lecture rétrospective de ces lignes, après avoir vu, au chapitre VII, le « jeu monstrueux » de Néron ? Faut-il qu'en Renan le lien de l'amour et de la religion soit solide ! Car enfin, si dans l'ordre de l'écrit les prières de la chrétienne précèdent l'assouvissement de la Bête, elles le suivent en fait. Il suffit de faire deux lectures du chapitre VI (la seconde suivant celle du chapitre VII), pour sentir en Renan le décalage et la rupture, la superposition de deux états, de deux zones d'imagination différentes. Partout l'affleurement du moi intime surgit en cette évocation de Néron, qui cependant reste, pour l'historien, le César de Suétone et la Bête de l'Apocalypse. L'émotion proprement sensuelle s'allie presque toujours en Renan à quelque élément de sublimation (la force, l'héroïsme, l' « idéalisme » à travers la chair), mais se délivre sans détour en Néron, devant l'image offerte de la pudicité violée. Renan, qui n'a jamais exprimé pour elle seule cette fascination érotique, se délivre, à travers Néron, de lui-même. Il ne s'agit évidemment pas de découvrir en lui un foyer

---

118. *Ant.*, IV, p. 1204.
119. *Ant.*, IV, p. 1206.

de frénésie sensuelle : nous ne prétendons pas l'assimiler à la Bête surgissant du fond de la *cavea* ! Notre idée est la suivante : Renan se situe, face à son personnage, dans les chapitres VI et VII, en un rapport très équivoque : il rejette Néron dans l'altérité et l'infâmie quand il assume sa « bestialité », mais le façonne selon ses images intérieures quand il découvre « en ces femmes pures, près d'être déchirées (...) un charme qu'il n'avait pas connu jusque-là » [120]. Renan reconstruit l'artiste de la quintessence érotique selon des analogies secrètes, mais rejette, avec scandale, la sensualité agissante. Il se révolte devant celle-ci, mais s'abandonne à celle-là, pourtant de même nature, mais plus enveloppée, donc plus apte à se transmuer poétiquement, « religieusement ». Car, si l'on excepte la mise en scène grossièrement fabulatrice (Néron affublé d'une peau de bête...), toute la consommation dernière qui révolte Renan, n'est-elle pas l'aboutissement même de l'émoi d'artiste tel qu'il le présente en Néron ? Nous voulons dire que le regard du Néron renanien est déjà viol, que toute l'imagination amoureuse, religieuse, de Renan atteint en ce regard son paroxysme, mais que cette violence se dérobe à elle-même en des images élaborées, illusoirement purifiées. C'est en comparant aux spectacles de l'*Antéchrist* l'atmosphère d'un conte chrétien à la façon de *Myrrha,* de Jules Lemaître, par exemple, que l'on peut percevoir la charge et la qualité d'érotisme que dégage, pour Renan, la chasteté, à travers les symboles et le drame religieux.

Tout le conte de Jules Lemaître, avec sa dramatisation en épisodes précis et successifs, est centré sur la jeune chrétienne (les premiers émois de Myrrha ; son désir d'offrir sa vie pour Néron ; sa mort, sa volonté d'être vue de lui...), Néron lui-même n'offrant matière qu'à une vue simpliste de parade outrancière, et d'amour grossier... La jeune martyre marchant droit vers lui (« Il faudra bien qu'il me voie, et ce sera près de lui que mon âme s'exhalera pour sauver la sienne » [121]), ne suscite qu'un déclic élémentaire. « Une courte flamme s'alluma sous ses paupières lourdes... ». Vraiment, la Bête de l'Apocalypse devient ici le loup selon Charles Perrault ! Le récit de J. Lemaître est bien dans l'esprit de toutes ses évocations « en marge des vieux livres » : référence purement culturelle, qui peut se porter de la Grèce à Rome, aux premiers temps du christianisme ; émois de la jeune Myrrha ou de la jeune Camille, ou de Nausicaa. L'élégance et même l'attrait du conte, la couleur locale, une aimable et parfois agaçante psychologie pseudo-racinienne, s'adaptent avec une trop facile aisance à tous temps, à tous lieux, du moins dans les limites d'une culture. Humanités et mondanité ; chaque récit dessine autour de lui son atmosphère folklorique, ici le vieil évêque Calliste ou la bonne Mammea, ou l'homme du peuple qui trouve Néron « bel homme » ! Cette virtuosité de surface révèle

---

120. *Ant.,* IV, p. 1228.
121.*Myrrha,* p. 39.

par contraste ce que l'imagination religieuse de Renan porte en elle d'authentique et de vital. La référence de Renan ne se fait vraiment qu'à lui-même, à ce tréfonds où la religion s'exhale en érotisme, où celui-ci, de façon immédiate, se figure religieusement. Les martyres évoquées dans l'*Antéchrist* ne désirent pas être vues de Néron, ne marchent pas vers Néron, ne voient pas Néron. Il n'existe pas pour elles. Elles ont, dans l'arène, reconstruit la solitude et le secret de leur idée-force, elles sont seules avec ce secret (ainsi cette image du Christ que l'hallucination figurera plus tard pour Blandine et ses compagnes). Ce qui suscite l'émoi du Néron renanien, c'est bien, semble-t-il, ce quelque chose, émané de la martyre *à son insu,* comme la forme la plus insaisissable du désir, en ce moment où elle oublie absolument de voir et de se savoir vue, et où la féminité même s'exhale à l'état pur, dans son offrande à l'invisible. Etat d'amour total et impersonnel, qui isole la martyre dans sa participation à un secret, à un mystère, à un sacré. C'est cela même qui suscite l'émoi de Néron (de Renan ?), la force d'attraction d'un amour qui est un secret, et que forcera la brisure du regard. Point ici de jeu de « paupières lourdes ». Le regard s'infiltre pour se rendre spectateur et maître d'un amour qui reste au delà, pour s'y introduire par une violence savante et sublimée en art : « Sa passion pour Acté et pour Poppée prouve qu'il était capable de sensations délicates, (...) l'image de l'aïeule de Cymodocée se réfracta comme l'héroïne d'un camée antique, au foyer de son émeraude » [122].

Néron acteur ou artiste se définit selon les oscillations de Renan, sa double position d'approche ou de recul devant son personnage : tantôt « cabotin » [123] comme au début du chapitre VI, et pauvre imitateur d'un art déclamatoire ; tantôt « connaisseur » [124], « très sensible, chez les femmes, au charme qui résulte d'une certaine piété associée à la coquetterie » [125]. Lorsque Renan dessine la Bête, telle que l'imagina la conscience chrétienne du temps, à travers l'Apocalypse, il y a là plus qu'un effet de transfiguration légendaire, ou de grossissement épique : car la Bête, dans sa frénésie, finit par se confondre pour Renan avec la chrétienne qu'elle outrage :

« La vierge chrétienne qui, attachée au poteau, a subi les hideux embrassements de la Bête, portera cette image avec elle dans l'éternité » [126].

C'est seulement par hypothèse (Renan le dit, et le retour au texte latin le confirme), que l'on peut appliquer aux chrétiens un passage de Suétone sur la lubricité de Néron [127] ; au delà de la conjecture histo-

---

122. *Ant.,* IV, p. 1232.
123. *Ant.,* IV, p. 1200.
124. *Ant.,* IV, p. 1227.
125. *Ant.,* IV, p. 1204.
126. *Ant.,* IV, p. 1231.
127. Suétone, *Vies des douze Césars,* Néron, ch. XXIX, p. 128.

rique, Renan semble reconstituer toute l'ambivalence du sacré-souillure : à voir l'image de l'Antéchrist se souder à celle de la martyre, on se prend à les unir inséparablement dans une atmosphère commune, dans cette vibration érotique du lieu même « pendant qu'une musique d'airain vibrait dans l'air ondulé par une buée de sang »[128]. On croirait accéder à un mode de pensée analogue à celui que Schopenhauer développe dans *Le monde comme volonté et comme représentation,* victime et bourreau n'étant plus que deux faces de l'Un fondamental. Mais nous savons, depuis les *Dialogues*[129], l'antipathie de Renan pour une pensée qui abolit l'individu. Renan n'irait donc pas jusqu'à cette conclusion, que pourtant son réseau d'images ici suggère. Peut-être existe-t-il en lui, signe de division intérieure, un désaccord entre le choix philosophique, son articulation logique en discours, et le filon secret de l'imaginaire ?

Remodelant les données de l'historien latin, et fixant le déchaînement de Néron d'abord sur les chrétiens, puis sur la jeune martyre, Renan a complété la mythologie chrétienne par l'introduction du mal, et celle surtout d'un lien, dénoncé par l'image comme indissoluble, entre l'amour et le mal. Renan n'est pas devenu Baudelaire, tout son être moral et conscient se révolte devant « l'infâme », mais son imagination, loin de laver la souillure, la rend indélébile, la fixe « pour l'éternité ». N'a-t-il pas, d'abord dans l'émanation d'une beauté nouvelle, puis dans l'image à tout jamais profanatrice, atteint une sorte de « tout autre », un ordre où le sacré se reconstitue par la séparation, puis par la souillure ? Alors que, dans les *Drames,* l'image de la possible souillure reste toujours éliminée, estompée, retouchée selon des présupposés autres que le seul appel charnel, toute cette agression du regard de Néron sur la chair chrétienne, cette fusion finale des deux images de la vierge et de la Bête, installent une sorte d'identité entre le drame religieux et le drame érotique. Renan, qui a neutralisé Satan, presque excusé Judas, n'exorcise pas l'Antéchrist. Toute la figuration mythique de Néron opérée par l'Apocalypse, se confond en lui avec une tentation autre, selon cette ligne de l'imagination amoureuse-religieuse qui, partie de la spiritualisation de l'amour dans le lien de pudeur et de volupté, s'achève en consécration profanatrice. Celle-ci, soulignons-le, n'est jamais avouée ni reconnue. Au contraire, elle se traduit par son envers : « plus d'une chrétienne (...) pria pour lui »[130]. Le lien avoué ou suggéré entre les deux figures est celui du pardon, du rachat, de la purification. Le lien dévoilé par l'image est celui des « hideux embrassements », du contact profanateur, installant le sacrilège, et par là-même le sacré.

---

128. *Ant.,* IV, p. 1227.
129. *D.P.,* I, p. 578-579.
130. *Ant.,* IV, p. 1206.

L'aventure de l'Antéchrist, au travers et au delà du personnage de Néron, se confond avec celle du beau : « fils de la statue de marbre » d'après les légendes rabbiniques, il représente pour Renan la renaissance de cette forme de beauté italienne et classique qu'avait dédaignée le Moyen Age, c'est-à-dire l'antithèse même de ce qu'instaura la légende chrétienne ; l'Antéchrist, sous la figure de Néron, comprit le beau d'où allait sortir au contraire l'idéal médiéval, la fascination de la pudeur, « le philtre d'amour de l'esthétique chrétienne » [131]. Néron sentit cet appel de beauté avant tout parrainage et tout modèle. La figure de l'Antéchrist s'associe donc intimement au dynamisme même qui suscite le beau, esthétique de la Renaissance ou esthétique chrétienne. Dans l'un et l'autre cas, il s'allie à une imagination de l'étreinte, fantastique assez factice de la statue, qui préfigure mal quelque Vénus d'Isle, fusion plus saisissante, parce qu'elle institue la souillure, de la vierge et du profanateur. Si la première évocation trouvait son point de départ en la statue antique, la seconde y rencontre son achèvement : « Ce fut une heure comptée au ciel que celle où la chasteté chrétienne, jusque-là soigneusement cachée, apparut au grand jour, et posa, comme en un atelier de sculpteur, dans l'attitude d'une vierge qui va mourir » [132]. Cette formulation dernière projette entièrement Renan du côté du spectateur, du côté du regard même de Néron : tout s'achève pour lui dans la consommation totale par le regard, et c'est bien aux yeux de Néron « connaisseur » que la vierge est objet d'art. L'emploi du verbe « poser » peut sembler inadéquat car, si la grande découverte de Néron « en ses débauches d'artiste » [133] est de pressentir la volupté de la pudeur, c'est bien que la vierge est pudeur, ce qui exclut la pose. Dans cette absence même de pose, elle *est* art sans le savoir, pour le regard qui la parcourt, l'immobilise, et lui donne le sens d'une sculpture : le regard de Néron l'a transformée en spectacle.

Le monde qui s'offre à nous superpose ici les regards : si la chrétienne devient possibilité de statue ou tableau, ébauche idéale pour l'artiste, c'est sous le regard de Néron regardé par Renan. Protégé par l'illusion de la saisie historique, par les parois et les écrans, Renan goûte les prémices esthétiques d'un paroxysme érotique qu'il condamne, mais qu'il consacre malgré lui en une image définitive de souillure.

Néron le profanateur devient, par là-même, une sorte d'herméneute : le rêve chrétien ne dégage ses ferments, ne se découvre au monde et à lui-même, que par la violence de la Bête, à laquelle préludait le regard de l'artiste : « Eclose sous les yeux de Néron, l'esthétique des disciples de Jésus, qui s'ignorait jusque-là, dut la révélation de sa magie

---

131. *Ant.*, IV, p. 1232.
132. *Ant.*, IV, p. 1232.
133. *Ant.*, IV, p. 1232.

au crime qui, déchirant sa robe, lui ravit sa virginité » [134]. C'est comme si, pour finir, la martyre n'était elle-même que profanée, de même que la religieuse n'est elle-même que séduite. Cette seconde vision, qui dominera l'univers imaginaire de Renan dans l'*Abbesse de Jouarre* et *Emma Kosilis,* se trouve, avons-nous vu, retouchée idéalement, censurée. Aussi avons-nous choisi de terminer notre étude de l'imaginaire par le monde néronien : paradoxalement, c'est à travers le jeu des équivalences et des analogies que Renan délivre de façon plus immédiate un dessin de l'érotisme, qui, à travers les symboles religieux, reconstitue, par la souillure même, cet ordre du sacré qu'élimine finalement l'*Abbesse de Jouarre* et que le conte d'*Emma Kosilis* infléchit dans un autre sens, reconstruisant dans l'amour la vocation même des grands solitaires, rêve de force et force du rêve.

Pourquoi avoir distingué, en Renan, religion et imagination religieuse ? Nous avons appelé religion, à l'exemple de Renan lui-même, tous les équivalents, tous les substituts de l'ancienne foi recherchés dès les *Cahiers de jeunesse,* le fondement même de la démarche idéaliste, ce quelque chose à poursuivre dont la passion s'affirme dans l'essai sur l'*Avenir religieux des sociétés modernes* [135].

Toujours plus nettement depuis les *Dialogues* la recherche s'est vidée de son contenu dogmatique, objectif, et tout son sens s'est porté en son seul mouvement. Nous avons cru saisir, dans la métamorphose (l'effritement ?) des anciennes valeurs, une poussée de l'imaginaire, l'irrépressible retour de la saveur chrétienne (sans aucune implication de foi), comme une résurgence organique, délivrée à travers symboles et images obsessionnelles, en l'identité de la religion et de l'amour. Religion, imagination religieuse, apparaîtraient alors comme un système de vases communicants, la seconde trouvant plénitude dans la dépression de la première : ainsi, le lien de Madeleine à Jésus (dans un climat tout féminin de délicatesse nerveuse à possibles prolongements d'hallucination, mais aussi et surtout dans l'irradiation absolue de son sens idéaliste) nous a paru moins chargé d'arrière-pensée magique ou sacrée que celui qui unit Carmenta à Antistius par exemple. La « religion » idéaliste du *Noli me tangere,* de la spontanéité individuelle, de l'amour postulant son objet, diffère profondément de cet imaginaire, qui, d'instinct, habille ses obsessions intimes, son rêve charnel, de symboles religieux. Nous ne pensons pas toutefois que cet imaginaire apparaisse seulement après coup, dans la déroute de l'effort idéaliste. L'image matricielle de Scolastique et de Benoît, condensant jusqu'à la durcir l'équivoque spiritualité d'Ernest et de Patrice, ne révélait-elle pas, dès la jeunesse, la présence de l'amour dans sa symbolique religieuse, et aussi, déjà, dans la vocation de solitude et de force ? Il serait donc inexact de penser qu'en Renan, l'ima-

---

134. *Ant.,* IV, p. 1232.
135. *Q.C.,* I, p. 234.

gination religieuse signale seulement le temps de l'après coup et le lieu du refuge. Sans doute, elle construit le lieu de l'utopie, mais celui-ci est depuis longtemps confondu avec le lieu du désir. L'imagination religieuse qui affleure dans la jeunesse, au moment où s'organise le champ des forces idéalistes et scientifiques, afflue quand, dans l'échec pressenti (quoique jamais affirmé), les présupposés philosophiques se distendent jusqu'à s'abolir. Renan qui, avec tant d'insistance, a maintenu, à travers toutes les transpositions, le nom même de religion, n'a au contraire jamais défini l'imagination religieuse, si puissante en lui qu'elle n'était même pas véritable objet d'analyse. Même quand il l'approche en son discours, il lui arrive de dévier aussitôt, de glisser comme malgré lui sur ce qu'elle a de central, justement parce qu'elle est en lui immédiatement agissante. Il a nommé, à la fin de sa vie, le lien entre l'amour et la religion, mais l'a d'abord immédiatement vécu par l'imaginaire. Celui-ci, contenu au début d'une vie qui se construisait comme philosophique, se logeait alors dans quelque apologue furtif ou quelque fragment intime, et ne proliféra que dans la déroute des premières valeurs, trouvant alors sa place naturelle dans la dramatisation ou le conte. Toute cette part de lui-même reste construite, mais d'une construction autre, que déterminent à la fois l'exigence esthétique — ultime maîtrise — et la solidarité interne des images, la rigueur des appels intérieurs. « Forêt de symboles qui l'observent... » et qu'il n'observe point toujours, mais qu'il délivre. Dans le premier article sur Amiel, est sensible le mouvement par lequel, croyant toucher au sens même, en lui, de l'imagination religieuse, il s'en écarte : « Ceux qui, comme moi, ont reçu une éducation catholique, en ont gardé de profonds vestiges. Mais ces vestiges ne sont pas des dogmes, ce sont des rêves. Une fois ce grand rideau de drap d'or, bariolé de soie, d'indienne et de calicot, par lequel le catholicisme nous masque la vue du monde, une fois, dis-je, ce rideau déchiré, on voit l'univers en sa splendeur infinie (...). Autre chose est de sourire de la légende de tel saint mythologique ; autre chose de garder l'empreinte de ces terribles mystères » [136].

Ce texte qui annonce de « profonds vestiges », sorte d'archéologie de l'imaginaire, du « rêve », finit, nous semble-t-il, par les oblitérer : l'image de la déchirure du drap bariolé, qui consacre la défaite du dogme, n'affirme-t-elle pas aussi, dans une certaine mesure, la pauvreté du rêve, dans la bizarre bigarrure de l'or et du calicot ? Partie de la permanence des vestiges, la réflexion se concentre surtout sur l'évacuation du contenu dogmatique, et affirme plus celle-ci que la pérennité du rêve. Le rêve se dissout dans l'équivalence amusée que lui prête ici Renan, « sourire de la légende de tel saint mythologique ». L'enchantement parcouru d'ironie, c'est bien là en effet l'atmosphère

---

136. *F.D.*, II, p. 1147.

d'un conte, celui de Saint Renan par exemple, mais le fond même de l'imagination religieuse est ailleurs : si la science balaie le dogme, si l'humour nuance la légende, il existe, irréductible peut-être à l'analyse, un foyer où la chair et la religion s'associent, ou plutôt se figurent l'une l'autre, toutes deux, semble-t-il, élémentaires. C'est par là, selon nous, que Renan offre le libre foisonnement de son univers imaginaire, une séduction autre que celle de sa cadence ou de son « style ». Il s'agit moins de réussite littéraire que d'une concrétion poétique absolue, œuvre inconsciente, peut-être, dont la religion est la matière première, et où « le désir taille en pleine étoffe » [137]. Sans vouloir éclairer Renan d'un jour surréaliste, il nous semble possible d'emprunter ici à Breton le mot qui définit l'action créatrice et magique du rêve. Et sans doute, si Breton n'avait projeté sur Renan le facile schéma d'un « positivisme » préfabriqué, il se serait épargné la joie facile des anathèmes, des « connais pas », des « ne pas lire ».

A la zone magique de l'imagination religieuse, échappe en Renan toute la direction critique, celle de l'article sur la *Méthode expérimentale en matière de religion,* ou l'évocation d'une idylle monacale au XIIIᵉ siècle dans les *Nouvelles études d'histoire religieuse.* Renan est alors plus décisivement ironique et clinicien qu'A. France même : M.C. Bancquart analyse rigoureusement le phénoménisme francien, définissant toute religion comme la création de « femmes malades » [138]. « Du rêve, on est près de passer à l'hallucination. Au moment même où France admet le christianisme, il en fait une activité compensatrice pour les sens, et — quels que soient les prestiges dont il la revêt — un pis-aller » [139]. Renan critique, avec Christine de Stommeln, se porte décidément au *cas* médicalement discernable, qu'il appauvrit même de son atmosphère équivoque. Ce n'est plus, comme en la « vision sainte » de Madeleine, l'association, finalement sauvée en idéalisme, de « l'âme passionnée » et des « nerfs délicats » [140]. Ce ne sont pas non plus « les femmes aux longs désirs » selon A. France. C'est la véritable aberration psycho-pathologique, avec son obsessionnelle illusion du toucher, du contact répugnant, de la déviation érotique. On pourrait croire ici Renan désenvoûté du rêve chrétien ; il distingue avec netteté les illusions et les excès de tout point de vue partiel (Christine sur la sellette du médecin, ou les autels des dévôts...), mais se prend à faire l'aumône d'une sympathie vaguement apitoyée à la mélancolique héroïne d'un amour qui ne peut se frayer la voie qu'à travers la maladie nerveuse : « petite fleur dans la terre à demi gelée de Norvège (...), rayon de soleil dans les régions polaires (...), sourire de l'âme dans les siècles les plus tristes, vérité des sentiments au milieu des plus bizarres illu-

---

137. A. Breton, *Les vases communicants.*
138. A. France, cité par M.C. Bancquart, *A. France polémiste,* p. 60.
139. M.C. Bancquart, p. 60.
140. *Ap.,* IV, p. 478.

sions » [141]. C'est la déviation maladive précise de l'extase et des illusions des sens qui se fait jour ici, bien plus que le charme, ailleurs immédiat, de l'image religieuse, pourtant aperçue un instant dans sa séduction : « Son vêtement religieux composé d'un grand voile qui la drapait de la tête aux pieds, lui donnait beaucoup de charme » [142]. Mais l'ensemble de l'article dessine tout l'envers médical des noces mystiques, et, dans cette contamination pathologique, Catherine de Sienne change aussi de sens [143]. C'est le développement d'une ancienne note de l'*Avenir de la science,* classant l'instinct religieux dans la même catégorie que l'instinct sexuel [144]. Cet effort révèle la tentative de maîtriser par la science le phénomène religieux, comme l'essai sur la méthode expérimentale s'amuse de l'idée de le reproduire.

De ce monde, Renan se fait donc ici le clinicien. Pourtant, ne s'est-il pas pris lui-même à une équivalence de l'amour et de l'image religieuse ? Cependant, toujours celle-ci était reconstruite en « idéalisme », même à travers la chair, et c'est par là qu'elle exclut les déviations les plus apparentes dont s'amuse le critique ; l'imagination religieuse en l'abbesse de Jouarre, en Emma Kosilis, dans les martyres du temps de Néron, reçoit aussi sa forme de ce que Renan appelle religion, et qui pour finir reste surtout idéalisme esthétique. Dans cette idylle monacale, ce qui suscite surtout l'éloignement de Renan, ce qui engage toute son attitude critique, c'est moins le lien amour-religion que la forme qu'il revêt, naïvement matérielle, ingénument choquante. Sa faute, c'est de laisser peu d'espoir à l'échappatoire idéaliste. « Le plus choquant de ces épisodes est sûrement celui qui amena pour la neuvième fois Pierre de Dace à Stommeln. Aucune plume ne voudrait plus transcrire ces pages... » [145]. Nous ferons mieux comprendre notre pensée en comparant deux formes d'imagination, celle de Renan et celle d'A. France, à travers la figure de Catherine de Sienne : « Circé chrétienne » pour le jeune Patrice, elle laissera sa marque, sinon son nom, à l'Abbesse de Jouarre dans la première partie du drame, celle où Julie reçoit, en la « dernière nuit », l'amour sacrement. Renan a paradoxalement, à travers la chair, idéalisé l'amour, qui ne se délivre que parce que la chair va s'anéantir dans la mort imminente. C'est la maîtrise esthétique et l'illusion de la chair vaincue qui nous éloigne ici des noces mystiques au sens que leur prête l'article sur Christine de Stommeln. Renan ne dévoile pas non plus le « mystère du sang », transfusion vitale, échange organique à symbolisme sexuel immédiat, tel que l'évoque A. France, à propos de Sainte Catherine consolant un condamné à mort : ... « elle s'agenouilla près de lui.

141. *N.E.H.R.,* VII, p. 961.
142. *N.E.H.R.,* VII, p. 940.
143. *N.E.H.R.,* VII, p. 938.
144. *A.S.,* III, p. 1126, n. 21.
145. *N.E.H.R.,* VII, p. 943.

Quand il eut dit trois fois avec ferveur « Jésus, Catherine ! » le bourreau abattit son épée, et la vierge reçut dans ses mains la tête coupée.
Alors, il lui sembla que tout le sang de la victime se répandait en
elle, et remplissait ses veines d'un flot doux comme le lait encore
chaud... » [146]. Chez Renan, tant qu'il s'agit de Catherine, tout le
contenu d'érotisme est sublimé et suggéré, puis quand cette image passe,
sans être nommée, dans l'*Abbesse de Jouarre,* l'aspect des noces mystiques est gommé, au profit du lien sacré entre l'amour et la mort.
Renan élabore en idéalisme le langage des sens, ou du moins le détourne de toute traduction charnelle « choquante », ou trop immédiate.
Ce baptême du sang selon A. France n'est que fable érotique, dont
l'imagination de Renan offre les prémisses, ou le sens, jamais le développement conscient et voulu en tableaux. Car le sens va pour lui au
delà de l'attitude et d'une gestuelle observée du dehors ; il ne s'agit
pas vraiment pour Renan de susciter, à travers le charme des saintes
en extase, ou en prière, un émoi érotique, mais de concentrer, dans
l'être séparé qu'est la religieuse, l'essence même de l'amour. A. France
nous semble se placer davantage du point de vue de l'art, alors que
Renan intègre à lui-même, absorbe dans son réseau d'images, l'être
qu'il suscite. *Prise de voile,* d'A. France, montre en la novice on ne
sait quelle prêtresse d'amour, dans une atmosphère capiteuse de
moiteur et de parfums, dans une accumulation quasi liturgique d'essences rares (« anémone mystique », etc.). Tout le tableau développe,
du dehors, la signification sensuelle de la religion ; ce sens, Renan le
saisit directement, puisque la religieuse lui offre à lui-même toute une
authenticité, tout un paroxysme d'amour, à travers cette opposition
du blanc et du noir, qui, dans le vêtement monastique, dégagent l'équivalent même d'une nudité, « les rêves de la chair amoureuse et voilée » [147]. La religieuse est pour lui, immédiatement, une sorte de quintessence amoureuse, de métaphore, nullement un prétexte à images,
même subtiles ou séduisantes, comme celles que dessine A. France
de Thaïs courtisane, de Thaïs lassée puis repentie, extatique et sainte.
De même, nous sentons combien l'imagination religieuse est consubstantielle à Renan, si nous comparons sa conception du solitaire à
celle d'A. France. Qu'est-ce dans *Thaïs* que le solitaire, sinon la proie
désignée à la tentation, le prétexte à mettre en scène le grand malentendu des religions et des miracles, la ruine de l'ascétisme, nécessairement miné par orgueil et luxure ? Le solitaire selon Renan, au contraire,
n'est jamais prétexte, mais premier, et le mot tentation n'a pas de sens
pour lui, pas le sens monacal, du moins, car il n'est ni Saint
Antoine, ni l'abbé Paphnuce. Il incarne le rêve de force à travers les figures successives de l'idéalisme (Benoît, Antistius,
Prospero...) et la chasteté n'est point épreuve, ni lieu de la

---

146. *Le puits de Ste Claire,* p. 255.
147. *F.D.,* II, p. 956.

perversion, mais plutôt maîtrise. La colonne de Siméon Stylite, qui faisait rêver le jeune auteur de l'*Avenir de la science,* est signe d'isolement et de force (et non point, comme le suggère le vieux Cotta devant l'étrange piédestal de Paphnuce, symbole phallique). Pour A. France, les solitaires ne sont tels que pour donner matière à la tentation : le vrai personnage, c'est elle, à travers les pantomimes érotiques des hérésiarques, les arguments du Docteur Subtil. Le vrai sujet, c'est le désir. Pour Renan, entre le solitaire et la religieuse, se joue un drame vraiment ascétique et dépouillé, le rêve d'amour se confondant avec celui de la force et s'achevant dans la solitude. Tout est pour Renan dans le rapport à lui de cette image et de ce couple qui, paradoxalement, consacre le sens et la force du rêve et de la solitude.

Comparons le couple monacal Christine de Stommeln, Pierre de Dace à ceux que livre l'imaginaire ; nous remarquons que l'idylle médiévale se caractérise par le détail précis et concret des épreuves de la béguine, ou des marques divines infligées à sa chair [148], fleurs dans les croix ou croix dans les fleurs... Cette surabondance de notations matérielles atteste à la fois l'aberration des sens et un goût, dévôt plus que religieux, pour les stigmates, les marques évidentes, sorte d'équivalent des reliques, l'opposé même de l'idéalisme. Autour de la béguine, s'installe une atmosphère de dévotion petite, sorte de réalisme monacal au treizième siècle, chronique mesquine de l'hallucination vécue. Tout ce côté minutieux dans l'extraordinaire, le catalogue et la description des stigmates, noie l'hallucination même dans le quotidien. De son côté Pierre de Dace avec ses madrigaux pieux ou symboliques, ne dépasse pas l'ordre du touchant, et donne aussi dans tout un côté familier, toute une intimité domestique gênante. Ce n'est qu'un moine, ce n'est pas un solitaire. Il aime et soupire. Tout ce petit monde échappe au dessin de relations que révèlent les images rêvées par Renan, grandies par l'idéalisme, le rêve d'infini et de force. Si bien que, attirant Renan comme « une fleur étrange » [149], l'idylle monacale ne rejoint qu'en apparence son propre rêve intérieur, l'amour-sacrement pour l'Abbesse de Jouarre, la force du rêve en Emma la religieuse, la fervente montée d'amour vers Saint Benoît ou Antistius, la maîtrise du solitaire en Prospero... Le rêve d'amour contribue à exalter encore la solitude, car le saint, le sage, l'homme supérieur, est aimé bien plus qu'il n'aime.

Même quand Renan se plaît à tracer des figures légendaires, comme celle de son saint patronymique, il les dote d'abord et surtout de cette force concentrée, absolue, des solitaires. Ce ne sont pas seulement les dieux d'un terroir, ni même les émanations de la nature. Comparons, à Saint Renan, le Saint Satyre d'Anatole France : l'antique

---

148. *N.E.H.R.,* VII, p. 943.
149. *N.E.H.R.,* VII, p. 708.

« capripède » dont la vie, coulant « riante, douce et cachée à travers tous les âges de la terre » [150], atteste que le grand Pan n'est pas mort, bien que le commun des dieux sente les atteintes de l'âge et que les nymphes d'autrefois connaissent la décrépitude. L'instant d'amour, seul, les ranime en leur beauté, et leur nudité blanche s'élève, la nuit, au-dessus du tombeau de Saint Satyre, qui doit à un pieux contresens sa sépulture et sa conversion. Rêve de paganisme charnel, riant, sceptique. Rien de tel en Saint Renan, qui représente avant tout un noyau de force élémentaire, irréductible ; en Ossian et Saint Patrice qui, dans les aventures ou les rêves de la navigation lointaine, construisent le *secretum meum mihi,* qui sera aussi en d'autres figures celui de la spéculation ou de l'amour. Les solitaires amassent en eux la force, leur tentation est celle, avant tout, du sublime, qui contribue à donner son dynamisme et son sens à l'imagination religieuse de Renan. L'échec philosophique de l'idéalisme (comme effort pour fonder la foi critique) s'accompagne de la vraie victoire idéaliste en Renan, l'exigence esthétique qui modèle l'imaginaire même, et façonne le solitaire selon l'antique rêve de grandeur. Religion, imagination religieuse, se combinent donc étroitement en ce qui compose pour Renan la fascination de toujours : la force et l'idée intérieure, le pouvoir spirituel fondé sur le secret, reconversion de la magique puissance des brahmanes et des *richis,* qui revivent authentiquement dans le solitaire.

Dans des notes manuscrites datant de ses dernières années, Renan, hanté des images de la féminité, évite ce qui fut parfois maladresse dans les œuvres achevées : le développement théorique appuyé, ce que l'on pourrait appeler le poncif dans la hardiesse. Nous pensons au morceau de bravoure sur tous les « emplois » de la femme, auquel la voix du cardinal Philippe, dans l'*Eau de Jouvence,* prête avec quelque facilité le double accent du sacré et du scandale, tous deux à vrai dire fort émoussés par l'amplification rhétorique : « Pour moi, je la trouve admirable dans tous ses emplois, depuis la fille de joie des quais de Marseille, héritière de l'obscénité primitive (...) jusqu'à la mère vénérable de la primitive tribu aryenne, à laquelle nous devons le sérieux séculaire qui nous a valu le droit de prendre maintenant quelques licences » [151]. Idée ou argument qui se répète, comme une justification personnelle de Renan, dans l'Avant-Propos de l'*Abbesse de Jouarre* [152], et dont les manuscrits attestent la permanence : « Et vous, chères sœurs, car vers vous je me sens très attiré en ma vieillesse. Ayant dû par devoir être chaste, je vous ai plus aimées » [153]. Ces notes intimes ne présentent que le point de départ de la pensée, tantôt bribes et tantôt fusées, d'apparence parfois contradictoire ; affirmation d'une

---

150. *Le puits de Ste Claire,* p. 39.
151. *Dr. P.,* III, p. 514.
152. *Dr. P.,* III, p. 617.
153. N.A.F., 14200, n° 362.

spécificité féminine, dans la réticence puis la surenchère de la galan-
terie misogyne, ainsi : « femme, création à part, fait tout de même
beaucoup d'honneur à l'Eternel, grand artiste comme il est toujours » [154] ; ou au contraire (dans la même série de remarques), réduction de la femme à un élément de l'homme : « La femme n'est pas un
être à part ; c'est un organe de l'homme, manchon de génération, ne
pas l'assimiler à l'homme (mythe de la Genèse, vérité profonde) » [155].
N'est-ce pas en effet le mythe biblique qui nous permet d'accéder à
une mentalité où la femme, création à part (née d'un acte plasmateur
de Dieu) n'est pourtant point dès le principe un être indépendant,
puisqu'elle est issue de l'homme ? Et sur ce point du moins, — presque
sur ce seul point — l'historien d'Israël préfère, à la rédaction élohiste
(« Dieu les créa mâle et femelle ») le texte de la tradition jéhoviste :
« Et Jahvé bâtit en femme la côte qu'il avait prise de l'homme ». Voici
son commentaire : « Les récits de la création de la femme, de la tentation, de la pudeur naissant avec la faute, sont les mythes les plus
philosophiques qu'il y ait dans aucune religion » [156].

Création de Dieu, sans doute, la femme n'est en fait qu' « une côte
bâtie en femme » ! « La respecter » [157], insistent cependant les notes
intimes, qui livrent aussi le sens de ce respect : « femmes, mains
jointes » [158]. Le respect, comme l'attrait et à travers lui, atteste la
séduction de l'imagination religieuse, mais nullement dans le sens où
elle délivrerait de faciles sujets pour tableaux de genre ! Il témoigne
de la toute-puissance de la pudeur, elle-même fort ambiguë (préser-
vant de la faute, mais aussi, contradictoirement, « naissant avec la
faute ») et s'affirme sans rapport avec un quelconque code de convenances ni même une forme de rigorisme moral. Ce « respect » se
confond avec un rêve d'intimité, avec l'amour qui n'est vraiment lui-
même qu'entouré de secret — non pas clandestinité, mais infini. Très
éloigné des mises en œuvre sentimentales d'un certain romantisme,
l'amour ignore ici l'effusion, ou du moins le phrasé : nature reflet
d'états d'âme, « beaux lieux » lamartiniens ou « sentiers amoureux » à
la façon de Musset, rien de plus étranger à Renan. Plus que le sentiment, l'amour figure le sens sacré de l'acte générateur qui trouve sa
correspondance dans l'infini, à la fois expansion pure et concentration
autour d'un silence. Les notes de Renan livrent le point de départ
d'une étrange fabulation animale, bestiaire de l'amour secret et sacré :

« Eléphant, girafe, mourront de pudeur
Espaces infinis pour la génération

---

154. *Ibid.*, n° 282.
155. *Ibid.*, n° 359.
156. *H.P.I.*, VI, p. 532-533.
157. N.A.F. 14200, n° 282.
158. *Ibid.*, n° 310.

Il leur faut l'infini pour leurs secrets
Enlacement de ces deux longs cous » [159].

Ces visions d'amour au désert, quel réflexe profondément « humaniste » les effaça, en Renan, de toute expression consciente et voulue, de tout texte achevé ? Romantiques par leur sens double d'expansion et de mystère, elles révèlent une couleur d'imagination très proche de celle de Michelet, évoquant dans *La Mer* le « baiser terrible et suspect » [160] des requins, et surtout les solitaires embrassements des baleines : « L'amour, chez eux soumis à des conditions difficiles, veut un lieu de profonde paix. Ainsi que le noble éléphant, qui craint les yeux profanes, la baleine n'aime qu'au désert » [161] — Michelet, il est vrai, se plaît à développer en féerie les images dépaysantes (« lustres et girandoles » (...), « miroirs fantastiques » des glaces) ; le « désert », remarquons-le, est chez lui métaphorique (équivalent de l'Océan) et référentiel. Renan au contraire semble aller sans intermédiaire au cœur d'un désert qui est moins un paysage, et même une métaphore, qu'une essence, « l'infini » plus que l'étendue, décalque pur du secret. Michelet, dans toute son évocation des espèces marines, en souligne la fécondité, au sein des « épaisses, grasses et visqueuses ondes où la vie fermente dans le levain de la vie » [162] ; il s'attache au pathétique de la maternité animale, s'inquiète de la survie procréatrice. Rien de tel chez Renan : il semble que le sens de l'être soit plus pour lui dans sa dilatation amoureuse que dans sa fonction reproductrice. Aussi allie-t-il spontanément vie, amour, mort en un instant unique, intemporel : « Moment de plénitude de vie (volupté) puis très vite mort » [163]. Loi intime de la distension, cette association met en formule l'univers de Renan au temps de l'*Abbesse de Jouarre*. Vision humanisée, ennoblie en drame et argument philosophique, l'œuvre exorcise les « longs cous » des girafes — tentation fugitive et saisissante de ce nouveau Père du désert ! Mais le sens de la fiction demeure, avec le drame de la « dernière nuit », où la mort amplifie et raréfie encore les espaces désertiques : « Il leur faut l'infini pour leurs secrets ».

---

159. *Ibid.*, n° 369.
160. P. 231.
161. P. 241.
162. P. 103.
163. N.A.F. 14200, n° 321.

CONCLUSION

Le rêve de jeunesse, prolongé par les spéculations de la maturité telles qu'elles s'expriment dans les *Dialogues,* n'est-il pas, en Renan, main-mise sur l'avenir, à travers l'œuvre et le souvenir de Dieu ? En contribuant au devenir divin, l'homme s'enracinait en Dieu même, le marquait de sa trace. Puis, les « certitudes » se perdant à travers le flou des hypothèses, le divin même se déplace, l'univers est moins alors genèse de Dieu que spectacle, et c'est le penseur qui, fort de la distance critique qu'il sait garder entre le monde et lui, se charge d'une sorte de divinité, dont il éprouve à la fois la précarité et la délectation. La recherche d'une dogmatique a donc débouché sur le vide, ou sur la possibilité du vide, et l'absolu, à travers l'exaltation de l'amour, connaît un étrange et dernier recyclage. Ce rêve nous semble participer d'une volonté d'abord quasi prométhéenne, dans la mesure même où il la déguise, car le penseur est aimé bien plus qu'il n'aime, et trouve sa raison d'être dans l'adoration qui, montant vers lui, consacre sa force. N'est-ce pas là aussi, peut-être, le sens caché de cet aveu, dont l'humour des *Souvenirs* tempère l'agressivité, qu'il change en sourire : « Je serais assez aise d'avoir le droit de vie et de mort, pour ne pas en user, et j'aimerais fort à posséder des esclaves, pour être extrêmement doux avec eux et m'en faire adorer » [1] ?

Renan, « prêtre manqué » [2] selon l'allégorie des *Souvenirs,* accepte de voir sa vie comme une messe sans desservant, « un éternel « *Introibo ad altare Dei* » et personne pour répondre : « *Ad Deum qui laetificat juventutem meam* » [3] ; mais le Dieu, autant que l'enfant de chœur, et plus fondamentalement, semble s'être dérobé à sa messe. Il « se la répond à lui-même » [4], mais n'est-ce pas à lui-même aussi qu'il l'adresse ? Cet éloge tout traversé de critique et d'exaspération qu'il formulait à propos de V. Hugo, au lendemain de sa mort : « Il était comme un dieu qui serait en même temps son prêtre à lui-même » [5], ne pourrait-il

---

1. *S.E.J.*, II, p. 900.
2. *S.E.J.*, II, p. 800.
3. *S.E.J.*, II, p. 800.
4. *Ibid.*
5. *F.D.*, II, p. 1100.

pas rendre compte de sa propre attitude finale ? L'œuvre véritable dont il s'exalte, son ultime création, son absolu dernier, n'est-ce pas cette vie eurythmique dont le souci l'occupe dès l'*Avenir de la science*[6] et jusqu'aux notes intimes[7] ? Une orgueilleuse fidélité à soi-même, à un choix esthétique premier, ne serait-il pas le principe de l'idéalisme renanien, tel qu'il s'exprime à travers l'*Abbesse de Jouarre* : « J'ai mon orgueil ; voulez-vous donc que je me présente devant la mort amoindrie à mes propres yeux »[8] ? L' « abbesse incrédule », qui laissait « à un personnel inférieur le soin de croire pour elle »[9] mais qui, pour ne briser ce chef-d'œuvre, sa vie, entendait rester fidèle à son vœu, nous semble la pure expression de l'univers intérieur renanien.

La religion n'est pour Renan que réseau de correspondances, de songes et de figures ; comme telle pourtant, elle semble lui rester nécessaire, consubstantielle : ne demeure-t-elle pas pour lui ce que l'église restait pour l'abbesse de Jouarre, dans l'absolu naufrage de la foi : « Que de fois je vous ai entendue dire que l'Eglise, malgré ses décrépitudes, était encore le petit monde où vous aimiez la réalité, le cadran dont les aiguilles marquaient pour vous les heures de nuit et de jour »[10]. « Brillante sépulture de la foi perdue »[11], c'est ainsi que Renan, selon les notes prises à la fin de sa vie par Cornélie Renan, définit son œuvre. Semblable formule évoque à la fois la rupture et la nostalgie. Cette interminable mise au tombeau de la foi par l'œuvre critique, rend à la religion un simulacre de vie, de consistance. En même temps qu'il la nie, Renan existe et se meut à travers elle. Aussi, malgré l'ébranlement de ses symboles successifs, n'a-t-il jamais renoncé à « la catégorie de l'inconnu », à « la possibilité de rêver »[12], à « Dieu le Père »[13], au moins comme pure hypothèse ; Renan ne sera jamais un théoricien de la mort de Dieu.

L'ensevelissement d'une foi morte, d'un monde perdu, c'est aussi le projet d'un penseur moderne, R. Rubenstein, qui, dans l'*Imagination religieuse*, s'interroge sur le sens que peut garder pour nous l'Agadah rabbinique : « Nous ne devons pas permettre que la disparition irrémédiable de ce monde diminue la conscience que nous avons de sa valeur et de l'ampleur des problèmes que créent pour nous cette disparition et la destruction du monde mythique du christianisme qui lui était comparable. D'une certaine manière, c'est un article nécrologique que j'ai écrit sur le monde de l'Agadah. Chacun des mots que

---

6. *A.S.*, III, p. 869-871.
7. H. Psichari, *Renan d'après lui-même*, p. 88-89.
8. *Dr. P.*, III, p. 638.
9. *Dr. P.*, III, p. 674.
10. *Dr. P.*, III, p. 676.
11. H. Psichari, *Renan d'après lui-même*, p. 276.
12. *F.D.*, II, p. 945.
13. *F.D.*, II, p. 949.

j'ai prononcés à sa louange n'est qu'un clou de plus à son cercueil » [14]. L'accent de Rubenstein apparaît comme beaucoup plus définitif que celui de Renan ; le vide s'est pour lui substitué au monde perdu, au Dieu mort. Pour Renan, qui n'a pas, comme Rubenstein, connu l'expérience d'Auschwitz, Job n'est pas parti en fumée, ni son problème, et la hantise d'un jour final de justice reste en lui comme un vieux rêve, qui se connaît pour tel, mais ne peut s'abolir tout à fait. L'idée de mort et d'ensevelissement s'accompagne chez Renan de tant de transpositions et de survies compensatoires, qu'à travers la sépulture même qu'il donne à la foi comme dogme, il la ressuscite comme mythe.

Que faudrait-il pour que Renan affirme Dieu, comme ce rabbin de Mayence qui, mourant dans les supplices, s'accusait de crimes imaginaires pour justifier la Providence [15] ? ou pour qu'il la nie hardiment, comme R. Rubenstein après Auschwitz ? Affirmer Dieu, le nier, ne sont peut-être pas, après tout, deux attitudes contraires ; elle s'opposent dans leur contenu positif, leur refroidissement en formules, mais peuvent naître toutes deux d'une même origine : le déchirement intérieur, le tragique. Elles ne proviennent pas d'une visée spéculative, mais d'une passion. Renan le sent bien, au moins pour la première d'entre elles : « Nous n'avons jamais été dans une de ces situations tragiques où Dieu est en quelque sorte le confident et le consolateur nécessaire » [16]. En appeler à Dieu reste sa tentation ; le postuler n'est plus pour lui nécessité. Renan éprouve sa propre existence comme vécue sans déchirement et l'absence de tragique explique sans doute qu'il ne nie pas plus qu'il n'affirme, et se contente pour finir d'un Dieu possible, sauvegarde du rêve.

Cette absence de tragique, n'est-ce pas une projection que Renan vieilli fait, sur sa vie entière, d'un dernier état de lui-même ? Car la crise de la jeunesse — le Nephtali de 1846 — fut senti comme lutte et déchirement ; Renan alors affirmait Dieu, et d'une affirmation péremptoire, à travers une forme renouvelée. Renan vieilli ne semble plus avoir conscience de la tragédie d'autrefois, qui s'éloigne et disparaît dans une sorte d'anesthésie finale : c'est qu'il a surmonté le déchirement, en le prenant comme objet de sa pensée, de son étude. En spéculant sur le vide laissé en lui, sur la béance de Dieu, il a comblé ce vide. Le tragique s'est converti en histoire du tragique, s'est évaporé en tant que tel. La crise s'est résolue dans l'histoire de la crise. Ainsi s'est trouvée pleinement vérifiée la furtive intuition des *Cahiers de jeunesse* : « On cesse de souffrir ce qu'on souffre en le décrivant » [17]. La faillite des efforts pour créer un nouveau symbole et « s'approprier

---

14. *L'imagination religieuse*, p. 313.
15. *Ecc.*, VII, p. 544.
16. *F.D.*, II, p. 949.
17. *C.J.*, IX, p. 228.

Dieu » [18], a donné par contre-coup valeur, aux yeux de Renan, à son aventure propre, en dehors de tout objectif, dans la pure contemplation d'elle-même. La passion retombe alors en curiosité, la quête ardente en promenade, le tragique en ironie, en douceur aussi d'avoir sauvé les restes, en délectation qui, mêlée de lassitude, jouit d'elle-même sans aveuglement. Ainsi ce que l'on a appelé renanisme naquit d'un déplacement d'accent, de la retombée d'une passion, et non pas d'on ne sait quelle sénile dégénérescence. Une certaine façon de représenter Renan dégénérant en dilettante, n'est-elle pas l'analogue de ces mauvaises fins que l'Eglise se plaisait à faire aux dissidents ? Renan est-il resté fidèle à lui-même, de la contre-sagesse de l'*Avenir de la science* à la prudence du pari multiple des *Feuilles détachées* ? Son principe de cohérence n'est-il pas sa faculté critique même, qui, génératrice de la crise, sut aussi la surmonter, l'abolir dans une lecture distanciée d'elle-même ? Le lot final de l'ancien clerc semble bien l'ironie, dernière conversion de la vérité et de la force, « prise de possession de l'univers » [19]. La critique semble donc bien ici la lance qui frappe et qui guérit, elle détermina et résolut la crise d'une pensée religieuse, et permit peut-être, au terme d'un trajet intérieur qui porta Renan de Job au Cohélet, la domestication du tragique.

Mais celle-ci même n'est-elle pas un leurre ? Au déchirement premier correspondait la recherche, donc la postulation d'un sens, d'une vérité existante et accessible, d'un dernier mot du monde, d'un Dieu. Dans la rupture même, point de tragique pur, celui-ci ne se fondant que sur la découverte du vide, seule « vérité triste ». Ainsi la domestication ne serait-elle pas plutôt la vraie preuve, et la vraie porteuse d'un tragique de l'absurde, larvé mais présent, dans le *Nil expedit* qu'assume Marc-Aurèle, attestant la fin du sens, ou du moins sa mise en veilleuse ? L'évaporation du premier mobile s'accompagne en Renan de la fin d'une aventure, sorte d'affaissement qui seul peut-être l'induisit au « péché » littéraire. Dans la survie en dilettantisme d'un être de passion — comme Jean « fils de la foudre » — un élément demeure, inentamé, de l'anvien rêve : à travers l'identité de l'amour et de la religion et par la symbolique religieuse, peut se célébrer encore l'intime liturgie du secret et de la force.

Claudel a cru voir en Renan un disciple et peut-être une réincarnation de Judas ; il affirmait ainsi sans doute le scandale qu'offrait à ses yeux cette « amitié » avec Jésus, et, en même temps, la fin de Renan lui semblait — variation sur le *crepuit medius* des bons doctrinaires ! — une sorte de pendaison : suspens, oscillation au bout de son fil philosophique. *Judas autem laqueo se suspendit.* Les *Figures et Paraboles* développent cette prosopopée du prétendu Judas-Renan : « Je ne

---

18. *Dr. P.*, III, p. 560.
19. *Dr. P.*, III, p. 475.

dépends plus que de mon propre poids, sans en perdre une once (...). A droite, à gauche, il n'y a plus d'obstacle, je suis libre, tout m'est ouvert, j'ai intégré cette position hautement philosophique qu'est le suspens (...). Personne n'estimera qu'enfin libéré du sol, j'aie payé trop cher le privilège d'osciller » [20]. La caricature et la polémique livrent ici, selon nous, le contraire même de la démarche de Renan, dont l'oscillation finale s'affirmera bien en règle de vie (ainsi dans le second article sur Amiel), mais seulement dans la ruine des motifs de vivre, d'abord sentis comme seuls authentiques. La vie même dans toutes ses virtualités devient alors unique valeur, savoureuse et précaire. Le besoin, en Claudel, de condenser sur Judas la haine et le mépris, de honnir celui que tant de siècles catholiques ont nommé le déicide, nous plonge dans une sorte de manichéisme, la seule erreur que, de son propre aveu, Renan n'ait point professée [21]. La légende celtique, douce au réprouvé, offre une poétique référence à la bienveillance universelle du philosophe : « Ils ont eu pitié même de Judas, écrit Renan des anciens Celtes. Saint Brandan le rencontra sur un rocher au milieu des mers polaires ; il passe là un jour par semaine à se rafraîchir des feux de l'enfer ; un drap qu'il avait donné en aumône à un lépreux est suspendu devant lui et tempère ses souffrances » [22].

Le goût des légendes, de l'ancienne hagiographie, s'associe, en Renan, à l'attrait de toutes les formes de solitude, transfigurée en sainteté ou en héroïsme (non pas l'*acedia* du moine) : l'aventure en Saint Brandan, la spéculation en Saint Patrice, en Ossian la nostalgie de la force guerrière : « Ma main ne peut plus tenir l'épée ni mon bras manier la lance. Parmi les clercs se prolonge ma triste dernière heure, et ce sont des psaumes qui tiennent maintenant la place des chants de victoire » [23]. Renan a, du guerrier au clerc, transféré la force, non sans rêver pour l'analogue du clerc, comme dans la troisième partie des *Dialogues,* une puissance directe, armée, savante. Cet instinct semble en lui à la fois irrépressible et ambigu, voilé souvent sous des images autres. Le rêve exaspéré de science se confond pour Théoctiste avec un rêve de puissance concentrée en quelques-uns, et Nietzsche dénonce ici une « contradiction » qui lui paraît frapper Renan d'un irrémissible décadentisme : « Il voudrait unir étroitement la science et la noblesse ; mais la science fait partie de la démocratie, cela est palpable » [24]. Une fois dessiné l'ancien rêve de religion idéale par la science et la philosophie, c'est l'instinct religieux dans son identité avec l'amour, et toute son emblématique imaginaire, qui consacre la sau-

20. P. 208.
21. Voir par ex. *F.D.*, Préface, II, p. 948.
22. *E.M.C.*, II, p. 264.
23. *E.M.C.*, II, p. 288.
24. *Le crépuscule des idoles*, p. 139.

vegarde d'une dernière maîtrise, esthétique, à travers la permanence d'un réseau de symboles. Le don de méditation et, malgré des ancêtres gascons tardivement revendiqués, le don de tristesse, définissent, selon Péguy, l'être intime de Renan : « A défaut du don des larmes, il garda profondément, sous toutes les apparences, à travers tant d'insincérités, on pourrait presque dire à travers toutes les insincérités, sous toutes les mondanités, il garda éternellement ce don originel et métaphysique de tristesse » [25]. N'est-ce pas dans les Psaumes que la « tristesse religieuse de nos races » [26] a trouvé, selon l'historien d'Israël, sa parfaite expression ? Gardons-nous cependant de voir en cette mélancolie native quelque résonance proprement chrétienne : la tristesse « de nos races » répond surtout, en Renan, à la postulation de l'impossible, à l'aventure intérieure, figurée par les pérégrinations des anciens Kymris ; « cette race veut l'infini, elle en a soif, elle le poursuit à tout prix, au delà de la tombe, au delà de l'enfer » [27]. La tristesse ne compose nullement ici la figure de « souffrance » qui dans le christianisme répugnait tant à Nietzsche, elle se vide surtout de tout sentiment d'humilité ; ce n'est point « l'homme de douleurs » préfiguré déjà par le prophète Osée [28] et façonné par l'idéal chrétien. C'est l'absorption de tout l'être en une idée intérieure, le désir du grand, l'orgueil qui porte à la fois la joie de sa maîtrise, et la tristesse de se savoir une fin. Cette tristesse est « religieuse », dans le sens où, pour Renan, elle imprime sur l'être une marque ; reconstituant une sorte de sacré qui l'isole, elle consacre sa rupture avec le monde de l'utile, et par là trouve son symbole, encore en 1891, pour l'historien du peuple d'Israël, dans le prêtre et la formule de l'ordination : « Celui qui a dit une fois *Dominus pars haereditatis meae* n'est plus un homme comme les autres ; que le laïque s'en gare ! » [29]. L'être et l'aventure de Renan nous paraissent se condenser en une formule qui les nie et les traverse toutes : le *secretum meum mihi* du prophète, dont le conte d'*Emma Kosilis,* et peut-être toute la vie de Renan, reste la mise en œuvre.

Pour achever le portrait de celui en qui nous avons cru découvrir l'image même du grand solitaire (la solitude n'étant ici qu'une forme particulièrement intense de la relation à autrui, du besoin d'agir sur le monde et de le dominer), nous nous proposons de l'interroger dans son antipathie — à prime abord paradoxale — pour les solitaires de Port-Royal. Religion, imagination religieuse, ne peuvent, selon Renan, trouver leur symbole en Port-Royal, trop peu critique pour l'une, trop correct pour l'autre. L'éloge même qu'il prononce en août 1860 tire son sens surtout de ses réticences et laisse apparaître en

25. *Œ. en prose*, p. 1004.
26. *H.P.I.*, VI, p. 1077.
27. *E.M.C.*, II, p. 259.
28. Voir *H.P.I.*, VI, p. 626 et suiv.
29. *H.P.I.*, VI, p. 1019.

contre-jour son propre idéal : « Il est des sujets plus attrayants pour l'imagination, et certes, l'histoire des ordres religieux au Moyen Age, le mouvement franciscain par exemple, offriraient des tableaux autrement colorés. Il en est de plus grandioses et certes la Réforme du XVIe siècle a atteint dans l'hisotire du monde des proportions auxquelles l'œuvre obscure des Arnauld et des Lemaître ne saurait prétendre... » [30]. « Cadre réduit », Port-Royal ne se peut confondre avec le champ de forces que dessine cet extrait, et où Renan vit se jouer toute sa vie intérieure : par l'imagination religieuse, en sa symbiose avec François d'Assise, interprété en pur idéalisme, exaltant, par la pauvreté, le beau, la jouissance même ; par la religion, l'effort de rénovation critique, selon l'ancienne association des *Cahiers de jeunesse* : « Luther a été comme moi » [31]. N'ont-ils point eu quelque excellence, aux yeux mêmes de Renan, ces solitaires en qui il affirme résolument ne point voir ses « ancêtres » [32] ? L'on se prend à juger assez mince l'éloge qu'il leur accorde, « l'absence de toute arrière-pensée littéraire » [33], et qui trouvera son écho dans les *Feuilles détachées*. Mais ce mérite se charge ici d'une valeur éthique absolue : « Que l'ancienne morale avait du bon en littérature ! Vieux maîtres de Port-Royal, qui pensiez que, quand on a une supériorité, on doit chercher avant tout à la cacher... » [34]. L'antipathie se double donc d'une affinité secrète, et de l'intime reconnaissance d'une supériorité : ils surent, eux, ne jamais être comédiens, et gardent l'attrait de l'authentique aux yeux de celui qui, malgré d' « heureuses fautes », connut toujours la nostalgie d'une orgueilleuse et souveraine solitude.

Solitude qui ne doit rien à une mystique du dépouillement, comme dans les états de « vie en Dieu » selon Madame Guyon ; qui ne doit rien non plus à Port-Royal. Les vertus de renoncement moral, et l'idée d'inanité de l'homme, sont foncièrement étrangères à Renan. Des *Pensées,* il pratiqua, en sa jeunesse, les éditions antérieures à la mise à jour suscitée en 1842 par V. Cousin. Comment sa passion d'individualisme eût-elle perçu le fragment 469 : « donc, je ne suis pas nécessaire » [35] ?

La figure de Jésus, non pas signe quasi algébrique d'un phénomène moral, mais présence et unicité de la « personne », fixa intensément,

---

30. *N.E.H.R.,* VII, p. 996.
31. *C.J.,* IX, p. 66.
32. *N.E.H.R.,* VII, p. 999.
33. *Ibid.,* p. 1010.
34. *F.D.,* II, p. 1074.
35. Pascal, *Pensées,* éd. Brunschwig, fr. 469. Nous ne suggérons évidemment pas que Renan se crut appelé à l'existence par un décret nominatif de l'Eternel — mais il aimait tant à souligner les enchaînements de causes menant à lui, à son achèvement, ou encore les mouvements partant de lui ! Lieu de rencontres, non de hasards, mais de chaînes causales (voir *C.J.,* IX, p. 1122) ou bizarrement mystico-alimentaires (« brin de confiture » le nourrissant, vin qu'un vigneron a pressé pour lui, etc.) ; il

par la critique même, la religion idéaliste autour d'une affirmation (et d'une nécessité) de l'individu. Jésus, attestant pour Renan l'inentamable valeur de l'ordre éthique en ses incarnations les plus hautes, le sauvegardait ainsi lui-même ; en même temps, le magique halo d'imagination religieuse dont l'avènement d'une religion autre (« idéaliste ») ne pouvait suffire à dépouiller Jésus, favorisait le jeu des passages et transpositions, installant l'illusion de la permanence dans l'acte même de la rupture — l'imagination religieuse aidait alors, pour Renan, au changement de religion.

Quand et comment se produisit la mue inverse ? Plus que toute autre notion, peut-être, c'est celle de vie, de devenir, qui favorisa ce passage : d'abord sentie comme approche scientifique des origines de l'homme, mais aussi de sa fin (par le devenir du monde et donc l'avenir de Dieu), elle délivra la plénitude de ses virtualités dynamiques en se muant en valeur, dans les Rêves, moment essentiel d'une pensée où l'élément charnel installe sa présence en Dieu, avant de s'affirmer ou de s'avouer en l'homme. Si Renan exégète religieux refusa le mythisme pur (même aménagé par Strauss) pour maintenir *du* vrai dans une histoire qui échappe à nos prises, c'est, paradoxalement, à partir de l'idée de science que se développa en lui le mythe, entendu cette fois comme fantastique projection. Son point de départ (l'effort premier de saisie par la raison) lui semblait-il autoriser ici le rêve, senti d'abord, moins comme excroissance et fable, que comme développement, croissance de l'idée scientifique ? Des Rêves à l'*Eau de Jouvence* se déploie la zone obscure où le dessin des lignes de forces, le rapport religion, imagination religieuse, se renverse définitivement. Rêve d'expansion totale et charnelle, la science s'achève alors et se renie en champ imaginaire, préfigurant l'équivalence finale de l'amour et de Dieu, et sa figuration érotico-religieuse.

Toute tentative pour situer Renan selon l'axe religieux (fût-ce dans sa rotation avec l'imaginaire) ne peut qu'aller à l'encontre de deux fanatismes opposés : passion doctrinale de ceux que Péguy nomme les « modernes », qui inaugurèrent à Tréguier le monument du saint patron de l'anticléricalisme :

« Ils pensaient naïvement, et grossièrement, que leur inventeur-fondateur était — disons le mot — un défroqué qui avait gardé quelques plis de son froc (...), non seulement un défroqué, mais il restait le prince et l'ordonnateur, l'ordinateur des défroqués, le premier de tous, le premier en date et le premier en dignité, l'inventeur du genre,

---

se percevait en ce sens comme essentiellement étranger au fortuit — et donc, nécessaire. C'est selon un enchaînement analogue qu'il envisage la finale création du parfait, chaque type de formes inférieures absorbées dans une forme supérieure, ainsi jusqu'à Dieu (I, p. 604). Il reprend, à la fois pour l'individu et pour Dieu, l'épopée d'accroissement par absorption, que Michelet voit se dérouler, dans la *Mer,* de l'une à l'autre des espèces marines, selon la loi organique du progrès.

et, en même temps, du même genre, la plus grande illustration, le plus illustre exemple, car il serait enfin Renan le fondateur, l'initiateur, l'instaurateur, *instauratio magna,* celui qui le premier fit la plus grande opération laïque » [36]. Mais aussi, et non moins violente s'oppose à toute idée d'un lien entre Renan et la religion la houle claudélienne, et toute une mentalité selon laquelle seule « l'intrusion » du Christ en Ernest Psichari laisse entrevoir, peut-être, l'ultime rédemption de « Judas » :

« C'est de toi précisément, ô ennemi de mon Père, que j'avais besoin, et pas seulement de ton âme mais de ton sang.

C'est de toi précisément, ô ennemi de mon Père, que j'avais besoin, et tu m'as combattu assez lomptemps.

Pleure, tu n'auras jamais assez de larmes pour comprendre à quel point tu m'étais indispensable !

Et le mal fait à d'autres que moi, c'est assez, tout le monde sait qu'il fut considérable » [37].

Incompréhension totale et sans fissure, dont rendent compte les analogies dans lesquelles Claudel emprisonne Renan : le Judas suspendu à son fil ou explosant de corruption — celui que l'Hymne de la Pentecôte, fidèle à la manie bizarrement viscérale des vieilles malédictions, montre « crevant par le milieu du ventre » [38], et l'animal traditionnellement impur, qui, selon Jean Guitton, demeurait pour Claudel emblématique de Renan : « il appelait Renan « cochon » comme les vantaux des cathédrales représentent Saint Marc en lion et Saint Mathieu en veau » [39]. Cette lecture historiée de l'injure, qui, du moins, tente de replacer Renan, par le symbolisme animal de l'iconographie religieuse, dans son milieu imaginaire primitif, nous semble en fait une charité de J. Guitton à Claudel ; quel évangéliste, quel docteur ou pasteur, se vit jamais attribuer pour symbole l'animal que le Nouveau Testament connaît comme lieu de l'immonde, refuge des démons vaincus par l'exorciste ! Ajoutons que Renan apparaissait à Claudel « vautré avec un excès de chair et de peau, des yeux vides et des sourcils roux » [40]. Surabondante figuration charnelle, achevée par la note démoniaque du « roux », couleur moins réelle que symbolique — (« Je ne vous dis pas qu'il avait les sourcils roux, je vous dis que je les ai vus *roux.* Renan m'avait fait du mal » [41]) — anathème enfin, de la communication impossible.

---

36. Péguy, 5ᵉ Cahier de la 8ᵉ série, 2 déc. 1906, p. 1043.
37. *Œuvres poétiques,* p. 849.
38. *Ibid.,* p. 395.
39. *Journal,* p. 82.
40. *Ibid.*
41. *Ibid.*

De ce « Défroqué en chef » — ou encore de ce « Satan », de ce « Judas », nous avons à coup sûr tenté une autre lecture. La religion pour lui se retourna totalement sur son axe : définie d'abord comme matrice du « croire », à travers la science, comme dynamisme et fondement de l'adhésion au vrai, elle s'achève dans l'invasion des symboles, en pure figuration de l'imaginaire. Ne reste-t-elle pas pourtant, à travers cette rotation même, la première et la dernière référence ? L'aventure de Renan est moins celle d'une linéarité que d'une inversion. Religion en imagination religieuse, science même (au moins à travers Prospero) en affabulation magique, légende (d'abord amalgame de vrai et de fiction) en atmosphère légendaire, eau, puissante encore, de la Jouvence, en eau de l'onirique engloutissant ville d'Is et souvenirs — tous les mots-forces ont changé de sens, consacrant peut-être ainsi l'échec d'une idéologie (l'impuissance ontologique de l'idéalisme) mais surtout la singulière concrétion de l'imaginaire qui, plus qu'aucun effet de prose poétique, nous semble l'intime création de Renan, son chef-d'œuvre.

Peut-être Renan fut-il aspiré par le mouvement même qui définit pour lui la haute critique : ni confesseur, ni martyr, ni prophète, il désira passionnément se couler, en historien, en psychologue, et par le paradoxe d'une élaboration réfléchie, au sein même du spontané qui fit les prophètes, les confesseurs et les martyrs. Mais, en contrepartie, pourquoi ce désir d'entrer par la réflexion dans le monde irrationnel de l'entraînement total, sinon peut-être pour en vivre encore, au second degré, à travers les garanties critiques de l'histoire, de l'exégèse, de la psychologie ? S'il désira posséder, par la maîtrise intellectuelle, le sens du phénomène religieux, conçu comme objet de science, il authentifiait aussi par là, l'élaborant à un second niveau, le charme immémorial de sa « primitivité ». Ces états spontanés auxquels il s'induisit par la réflexion, pour les comprendre, à leur tour le comprirent, l'englobèrent, dans la floraison de leurs symboles qui, religieux, s'inversèrent, s'achevèrent érotiquement. L'histoire de Renan est moins peut-être celle d'une marche, d'un échec, ou d'un suspens, que celle d'un renversement par l'imaginaire, — passage de l'autre côté du miroir.

APPENDICES

APPENDICE N° I

Renan et l'idée de race - L'Islam

Toute religion est-elle également apte, selon l'historien-biographe de Jésus, à s'épurer en philosophie, à dégager les ferments de l'idéalisme ? Renan, dans sa découverte du « Cinquième Evangile », cadre même de la vie de Jésus, note que Jérusalem n'a sans doute pas beaucoup changé depuis le Christ, mis à part l'aspect « sordide et repoussant » que l'islamisme imprime partout en Terre Sainte. « Un des traits les plus étranges de Renan, souligne Jean Gaulmier, est son injuste sévérité contre l'Islam. Elle s'explique, sans s'excuser, par l'état d'esprit de l'Europe de 1860 en face des événements sanglants de Syrie » (édition de la *Vie de Jésus*, p. 503).

Des notes manuscrites, citées par H. Psichari, liées au voyage de Jérusalem et contemporaines de l'élaboration de la *Vie de Jésus*, manifestent en Renan le déclic le plus élémentaire : « Moi, le plus doux des hommes, moi qui me reproche de ne pas haïr assez le mal, d'avoir pour lui des complaisances, je suis sans pitié pour l'Islam. A l'islamisme, je souhaite la mort avec ignominie. Je voudrais le souffleter. Oui, il faut christianiser l'Orient, mais non au profit des chrétiens d'Orient, au profit du christianisme d'Occident » (*Renan d'après lui-même*, p. 213-214).

En 1883 encore, dans une Conférence prononcée à la Sorbonne le 29 mars, *L'islamisme et la science*, Renan définira l'Islam comme antiscientifique par nature et par vocation, et le ton apparemment objectif de son exposé camoufle mal son mépris quasi fanatique pour le « fanatisme » de l'Islam : « Toute personne un peu instruite des choses de notre temps voit clairement l'infériorité actuelle des pays musulmans, la décadence des Etats gouvernés par l'Islam, la nullité intellectuelle des races qui tiennent uniquement de cette religion leur culture et leur éducation. Tous ceux qui ont été en Orient ou en Afrique sont frappés de ce qu'a de fatalement borné l'esprit d'un vrai croyant, de cette espèce de cercle de fer qui entoure sa tête, la rend absolument fermée à la science, incapable de rien apprendre ni de s'ouvrir à aucune idée nouvelle. A partir de son initiation religieuse, l'enfant musulman, jusque-là quelquefois assez éveillé, devient tout à coup fanatique, plein d'une sotte fierté de posséder ce qu'il croit la vérité absolue, heureux comme d'un privilège de ce qui fait son infériorité. Ce fol orgueil est le vice radical du musulman » (I, 946).

Il est bon de le rappeler, Renan a ouvert son argumentation par une redéfinition du concept de race, dont il tente d'atténuer la rigueur, évacuant ainsi, semble-t-il, toute possibilité d'apparition d'un strict déterminisme : « Le fait de la race, capital à l'origine, va toujours perdant de son importance » (I, 945). La même formule se rencontre, plus de vingt-cinq ans avant cette époque, dans la lettre où Renan exprime à la fois éloges et réticences à l'auteur de l'*Essai sur l'Inégalité des races humaines* (Lettre à Gobineau, 26 juin 1856, X, p. 203...). Les rapports de Renan et de Gobineau en 1855 et 1856 ont été mis en lumière par Jean Gaulmier, *Gobineau et sa fortune littéraire*, p. 35.

Jean Gaulmier, débarrassant la pensée de Gobineau des interprétations excessives ou erronées qui la faussaient en théorie du racisme, montre définitivement que la race figure pour Gobineau une sorte de valeur imaginaire et compensatoire : « pour fuir un présent qui l'indigne et un avenir lourd de catastrophes qu'il juge inévitable, son imagination escalade les millénaires et cherche un refuge, dans le char des Aryans primitifs ou sur l'esquif des pirates norvégiens » (*Spectre de Gobineau*, p. 85).

Renan en 1856 marque vis-à-vis de Gobineau une réticence : la race n'existe plus à l'état pur (du moins en France). Mais cette idée de la disparition historique des races n'est-elle pas l'idée même de Gobineau (qui ne la limite pas à la France) ?

Renan, face à Gobineau, se présente comme atténuant l'importance de l'idée de race ; après 1870, il l'évacuera presque totalement, semble-t-il, lui préférant l'idée moins déterminante de nation (voir, en 1882, *Qu'est-ce qu'une nation*, II, p. 887).

Pourtant, encore en 1883, Renan prête un rôle effectif à la race, dans son lien avec la religion et la science, — ou plutôt dans son lien avec la religion, *dans la mesure où* celle-ci peut se transmuer en science — voir I, p. 946-961, et toute la Conférence sur l'*Islamisme et la science*.

On sait de reste qu'après 1870, l'idée de race tendit pour Renan à s'humaniser en idée de nation « conscience morale » (I, p. 906).

Sur quoi débouche pourtant semblable exorde ? Sur le fanatisme de l'Islam. Le jeune Renan, du temps de la crise, n'éprouva-t-il pas aussi le catholicisme comme une « barre de fer » ? L'Islam constitue-t-il donc la seule religion dogmatique ? C'est ce que lui objecte, en toute justice, le cheik Gemmal Edine (voir I, p. 961). Contre-objection de Renan : « Si je n'ai pas insisté davantage sur ce point, c'est que, à vrai dire, mes opinions à cet égard sont assez connues » (I, p. 963). Sans doute, mais il n'a jamais parlé de « souffleter » le catholicisme, et, dans les *Dialogues,* les moines « chantant les Psaumes » préfigurent la vie totalement absorbée dans le savoir idéal (I, p. 624). Renan répond donc par une fausse évidence qui escamote la question. Il se tire d'affaire en faisant l'éloge individuel du cheik Gemmal Eddine. Individuel, à vrai dire, ou racial ? Le cheik est « un Afghan entièrement dégagé des préjugés de l'Islam : il appartient à ces races énergiques du haut Iran, voisin de l'Inde, où l'esprit aryen vit encore si énergique sous la couche superficielle de l'islamique officiel. Il est la meilleure preuve de ce grand axiome que nous avons souvent proclamé, savoir que les religions valent ce que valent les races qui les professent » (I, p. 961).

Donc, parti d'une affirmation de dilution progressive des races, de déperdition du sens de cette notion, le raisonnement la reconstruit sans que même Renan aperçoive sa volte-face, qu'il traduit par la triomphale logique d'un *Quod erat demonstrandum* ! On voit bien pourquoi Renan n'a pas « insisté » sur les aspects analogues du christianisme et de l'islamisme : le christianisme est senti par lui comme religion, mais comme religion liée à une race, modelée par l'Occident, et par là-même unique (en ce sens, ne peut-on aller jusqu'à dire qu'elle est « nous », comme Jésus est « moi » ?).

N'est-il pas possible d'apercevoir chez Renan un lien religion-race-science et idéalisme, la « race » pouvant constituer le relais de la religion à ses substituts idéaux, c'est-à-dire de la religion à la rupture avec la religion et à ses métamorphoses ? L'islamisme ainsi que les religions orientales et le christianisme différeraient alors pour lui en ce que le second porte en lui sa faculté de rupture, de métamorphose, et cette faculté elle-même, en dernière analyse, viendrait pour Renan de la « race ».

On pourrait suivre cette piste tout au long de l'œuvre de Renan (elle ne se perd pas après 1871, époque où il reconvertit pourtant la race en nation). Ainsi : 15 octobre 1860, *L'avenir religieux des sociétés modernes* (I, p. 242) : « L'Orient n'a jamais rien produit d'aussi bon que nous. Qu'y a-t-il de juif dans notre christianisme germanique et celtique... » ; en 1873, dans l'*Antéchrist* : « Marc-Aurèle, le représentant le plus glorieux de notre race, ne le cède à personne en vertu, et cependant il ne sut pas ce que c'est que le fanatisme. Cela ne s'est jamais vu en Orient ; notre race seule est capable de réaliser la vertu sans la foi, d'unir le doute à l'espérance » ; en 1884, dans la *Préface des Nouvelles études religieuses* (VII, p. 719-720) : « (...) l'excellente philosophie morale dont on fait honneur au christianisme, n'est-ce pas nous qui, de notre vieux fonds de bonté et de dévouement instinctif, la lui avons prêtée ? ».

Le 24 décembre 1889, dans un *Discours prononcé aux funérailles d'Ernest Havet* (II, p. 1129) : « Tout ce qu'il y a de meilleur dans le Christianisme, nous l'y avons mis, et voilà pourquoi le Christianisme nous tient si fort à cœur, voilà pourquoi il ne faut pas le détruire. Le Christianisme, en un sens, est bien notre œuvre (...). Le Christianisme, c'est nous-mêmes, et ce que nous aimons le plus en lui, c'est nous. Nos vertes et froides fontaines, nos forêts de chênes, nos rochers y ont collaboré. Dans l'ordre des choses de l'âme, notre charité, notre amour des hommes, notre sentiment délicat de la femme, le suave et subtil mysticisme d'un saint Bernard ou d'un François d'Assise, viennent bien plutôt de nos ancêtres, païens peut-être, que de l'égoïste David, ou de l'exterminateur Jéhu, ou du fanatique Esdras, ou du strict observateur Néhémie ». Fait remarquable : Jésus est absent de cette rétrospective « chrétienne » ! ou plutôt il est comme scindé, en une partie juive (David), et une autre, occidentale, authentique, François d'Assise. Dans son article d'août 1866 sur François d'Assise, Renan appelait l'Ombrie « cette Galilée de l'Italie » (VII, p. 923), c'est un réflexe en lui d'associer Jésus à François d'Assise, peut-être même de saisir le premier à travers le second (réflexe qui peut sembler plus racial que « séraphique »).

APPENDICE N° II

Daphné, d'Alfred de Vigny : *à propos d'un nouvel « arianisme »*

L'interrogation religieuse, en Vigny, fait tout le fond d'une singulière composition, *Daphné,* centrée sur la figure (historico-mythique) de Julien l'Apostat. C'est par prudence, sans doute, que Vigny ne publia jamais cette fable philosophique — allusive mais dangereuse transposition des soubresauts catholiques après 1830. Mais un curieux rapport d'intimité le liait aussi à cette œuvre, source secrète où s'alimentent, de 1832 à 1861, le *Journal d'un Poète* et divers écrits intimes. « Je ne puis, écrit Vigny le 18 mai 1833, vaincre la sympathie que j'ai toujours eue pour Julien. Si la métempsychose existe, j'ai été cet homme » (Pléiade, t. II, p. 769). Vigny explique l'apostasie de son héros à deux moments de son évolution : Julien adolescent renie le christianisme quand celui-ci, à travers la voix même de ses évêques, se fait arien, se vidant ainsi de la divinité de Jésus : « Où est mon Dieu ? Où est mon Dieu ? Qu'avez-vous fait du Dieu ? » (p. 817). Moment essentiel, du point de vue de Vigny, qui note dans son *Journal,* en 1852 : « Julien fut grand à mes yeux parce qu'il défendit la foi en un monde surnaturel et mystique, sans laquelle il n'y a pas de religion et la terre retombe dans le matérialisme... Julien dut se dire : Plutôt le paganisme qu'un Dieu dont les serviteurs disent : C'est un homme et un philosophe » (p. 1289). Si d'autre part Julien empereur tente de détruire le principe chrétien, c'est que (Vigny préfigurant ici les fulgurations de Nietzsche) il le conçoit comme amollissant : « Julien pousse l'idée chrétienne jusqu'au dépérissement de l'espèce et à l'anéantissement de la vitalité dans l'Empire et dans les individus » (*Journal d'un poète,* Année 1837, p. 1071). Si Julien rejette le christianisme (énervé/énervant), celui-ci se voit paradoxalement réinterprété par Libanius, philosophe et païen, figure complémentaire de celle de l'Apostat, et garantie de la négation philosophique d'un certain surnaturel. Selon ce personnage, autre double de Vigny, seul est éternel « le trésor de la morale », que les nations civilisées, usées par les subtilités éristiques et doctrinales, ne peuvent plus sauvegarder. Libanius a longtemps espéré une régénération de l'empire, soit par un retour des masses à leur « foi ancienne, c'est-à-dire à un polythéisme véritable, et non refabriqué ; soit par l'accès de plusieurs à la vraie philosophie, qui sait concevoir Dieu sans le secours des symboles ». Mais « la santé de l'âme est détruite dans les nations connues (...) il va périr, ce trésor (la morale), si nous ne le passons bien conservé à des mains plus sûres que celles des peuples sophistes... Ici Libianus soupira profondément, et, après nous avoir regardés avec douleur : Il faut bien, dit-il, le passer aux Barbares » (p. 841). Le philosophe païen qui représente pourtant, par rapport au christianisme, l'antériorité et le maintien de la négation philosophique, apporte aussi la preuve, ou du moins pose la nécessité historique, d'une mission qui est *du même coup* celle de la doctrine chrétienne et celle des Barbares. Jeunes et sans arrière-pensée critique, ceux-ci peuvent seuls, par leur adhésion véritable à un culte (fût-il grossier) relayer dans l'affirmation du spirituel les vieilles nations civilisatrices. On voit se dessiner ainsi l'ambivalence romantique du Barbare avili/régénérateur. L'apologue de *Daphné* pose donc, à deux niveaux, non pas certes une affirmation dogmatique, mais la nécessité d'une foi, conçue comme dynamisme vital ; au premier niveau, par la revendication de l'adolescent brisé par l' « hérésie » arienne, négatrice de divinité — de là l'apostasie de Julien ; au second plan, par l'adhésion du philosophe Libanius, non au contenu d'un *credo,* mais à la spantanéité d'une croyance ; — de là le blâme philosophique sur l'apostasie de Julien. Vigny s'est plu à déplacer le sens de la défaite de Julien, et la parole fabuleuse « Tu l'emportes, Galiléen ! » (p. 843) jaillit alors au terme de la *disputatio* philosophique, qui justifie paradoxalement les formes de foi authentifiées par leur dynamisme.

A travers cette vision du polythéisme au IIIᵉ siècle, Vigny dessine l'imbroglio métaphysique et religieux du XIXᵉ siècle en sa première partie : voici les retombées d'une certaine hypocrisie catholique : les temps modernes nient le divin, mais refusent de reconnaître cette négation. Moins de deux décennies, et Renan aura ce courage. Strauss l'a déjà — et Lamennais. La scène finale de *Daphné,* marquant un retour de l'apologue antique à la réalité contemporaine (saisie selon le double regard de Stello et du Docteur Noir) évoque le peuple devenu négateur, avec ses nouveaux mages : « Ce qu'ils virent de plus lugubre, ce fut un prêtre qui vint et les suivit en disant : (...) J'écrirai pour vous une Apocalypse saint-simonienne qui sera une œuvre de haine » (p. 856). Pour Vigny, c'est par l'apostasie mennaisienne que « TOUT EST CONSOMME » (p. 857). On lit dans le *Journal d'un Poète* : « Le Christianisme en est donc au point où en était le polythéisme en 300. Or, l'homme qui représente le mieux ce mouvement au IIIᵉ siècle, c'est Julien ; (...) (de nos jours) il prendrait assurément le corps de quelque prêtre ayant l'esprit de Strauss et de Lamennais » (p. 1225).

La *Vie de Jésus* de Renan est encore à naître... Mais en cette année 1844, trois ans seulement avant la composition du poème *Le Mont des Oliviers,* célébrant le Jésus-homme, Vigny ne se dirige-t-il pas aussi du côté d'un certain « arianisme », décidément conquérant ?

L'intensité de l'interrogation religieuse, le sentiment du spontané semblent dessiner certaines correspondances entre Vigny et Renan. Si, pour Renan, Julien entre dans la catégorie des conversions, pour lui toujours philosophiquement pauvres car elles supposent de l'intérêt prêté à un contenu, la figure de l'Apostat joue pour Vigny selon deux mouvements contraires, mais toujours pour affirmer un dynamisme créateur. Ainsi se trouve valorisé le concept du spontané, concept cousinien, ou plutôt de vulgarisation cousinienne, que Renan, comme l'auteur de *Daphné*, applique d'emblée aux phénomènes de la conscience religieuse — et, de notre point de vue, c'est bien là l'essentiel.

APPENDICE N° III

Variations autour d'une image médiévale

Dom Luigi Tosti, dans la *Vie de Saint Benoît,* cite Saint Grégoire, évoquant les rencontres du solitaire et de sa sœur Scholastique. Renan connut-il cette version de la légende, lui qui en 1850 visita l'abbaye du Mont Cassin : « Sa sœur, nommée Scholastique, consacrée à Dieu dès le temps de son enfance, avait coutume de lui rendre visite une fois l'an ; l'homme de Dieu allait au-devant d'elle, et ils se rejoignaient dans une propriété du monastère qui en était peu éloignée. Un jour, elle y vint selon l'usage et son vénérable frère descendit vers elle avec ses disciples. Ils passèrent toute la journée en pieux entretiens, entre-mêlés de louanges de Dieu. Vers le soir (...) comme ils étaient encore à table et que la nuit s'avançait, Scholastique dit à son frère : « Je t'en prie, ne me quitte pas cette nuit, afin que nous puissions parler des joies du ciel jusqu'à demain matin. Que dis-tu là, ma sœur, répondit Benoît ; à aucun prix, je ne puis demeurer hors du monastère ».

Le ciel était si serein qu'on ne voyait pas le moindre nuage. Sur le refus de son frère, la sainte femme mit sa tête entre ses mains jointes sur la table et pria Dieu. A l'instant même où elle relevait la tête, le tonnerre se fit entendre et un orage violent éclata : la pluie, la foudre, les éclairs furent tels que ni Benoît ni aucun des frères qui l'accompa-gnaient ne purent mettre les pieds hors du toit qui les abritait. La sainte femme, en inclinant le front sur ses mains, avait versé des torrents de larmes, au point que la table en était inondée et en même temps, une pluie torrentielle succédait à la sérénité du ciel (...). L'hom-me de Dieu, se voyant alors dans l'impossibilité de braver ce tonnerre, ces éclairs et cette pluie battante, pour regagner son monastère, s'en plaignit à Scholastique : « Que Dieu te pardonne, ma sœur, lui dit-il, mais qu'as-tu donc fait ? — Eh bien ! lui répondit-elle, je t'ai prié et tu ne m'as pas écoutée ; alors j'ai prié Dieu et il m'écoute. Sors maintenant, si tu le peux ; abandonne-moi et retourne à ton monas-tère ». Il se résigna bien malgré lui à rester. Et il se fit ainsi qu'ils passèrent le reste de la nuit en conversation spirituelle » (p. 231).

On voit combien la légende chez Renan se dépouille en symbole, et combien celui-ci s'éloigne de l'esprit spirituel de l'enfance, que Claudel a tenté de faire revivre dans *Corona Benignitatis Anni Dei, Sainte Scholastique* (*Œuvres poétiques,* Pléiade, p. 387) (mais à vrai dire, en lénifiant considérablement l'image du saint, « Benoît pur comme un enfant, qui cause avec sa sœur Scholastique », alors que toute l'interprétation de Renan prolonge les visions monacales de rigidité, d'ascétisme interprétées en supériorité idéale).

BIBLIOGRAPHIE

I. — ŒUVRES DE RENAN

a) *Imprimés.*

RENAN (Ernest), *Œuvres complètes,* Edition définitive établie par Henriette Psichari, Paris, Calmann-Lévy, 1947-1961, 10 vol.

RENAN (Ernest) et BERTHELOT (Marcellin), *Correspondance 1847-1892,* 2ᵉ éd., Paris, Calmann-Lévy, 1898.

RENAN (Ernest), *Essai psychologique sur Jésus-Christ,* Paris, La Connaissance, 1921.

— *Mélanges religieux et historiques,* Paris, Calmann-Lévy, 1904.

— *Mission de Phénicie dirigée par M. Ernest Renan,* Paris, Imprimerie impériale, 1864.

— *Souvenirs d'enfance et de jeunesse,* texte établi et présenté par J. Pommier, Paris, Armand Colin (Bibliothèque de Cluny), 1959.

— *Vie de Jésus* (1ʳᵉ éd.), Paris, Michel-Lévy frères, 1863.

— *Vie de Jésus,* Edition populaire, cent-vingt-et-unième édition, Paris, Calmann-Lévy, s.d.

— *Vie de Jésus,* éd. établie, présentée et annotée par Jean Gaulmier, Paris, Gallimard (Collection Folio), 1974.

— *Voyages, Italie* (1849), *Norvège* (1870), p.p. Mme Noémi Renan, Paris, Ed. Montaigne, 1927.

— Compte rendu de deux conférences de Charles Duveyrier sur « La Civilisation et la Démocratie française », *Journal des débats,* 19 août 1865.

b) *Manuscrits, ouvrages annotés.*

Notes mêlées : philosophie, littérature, personnel, N. a. fr. 11478 bis.
Papiers Renan, vol. XXXIII, *Dialogues Philosophiques,* N. a. fr., 14194.
Papiers Renan, vol. XXXIX, *Notes de la fin de sa vie,* I, N. a. fr. 14200.

PASCAL, *Pensées de M. Pascal sur la religion,* Amsterdam, Wetstein, 1709, N. a. fr. 11547 29.

BOSSUET, *Connaissance de Dieu et de soi-même,* Lyon, Paris, Librairie catholique Périsse Frères, 1841, N. a. fr. 11547 30.

KINKER (J.), *Essai d'une exposition succincte de la critique de la Raison-Pure,* trad. du hollandais par J. le F., Amsterdam, 1801, N. a. fr. 11547 41.

VALLA (le P. Joseph), *Institutionum philosophicarum census* (...), Parisiis, apud Mequignon juniorem, 1828, 3 t. en 1 vol., N. a. fr. 11547 44.

II. — BIBLIOGRAPHIES

a) Bibliographies générales.

THIEME (Hugo P.), *Bibliographie de la Littérature française de 1800 à 1930*, Paris, Droz, 1933, 3 vol. Compléments : 1930-1939, par S. Dreher et M. Rolli, Genève Droz, Lille, Giard, 1948. 1940-1949, par M.L. Drevet, Genève, Droz, Lille, Giard, 1954.

TALVART (Hector) et PLACE (Joseph), *Bibliographie des auteurs modernes de langue française* (1801-1927), Paris, 1928-1973, 20 vol. parus jusqu'à MONT).

KLAPP (Otto), *Bibliographie der französischen literatur-wissenschaft* (*Bibliographie d'histoire littéraire française*), Frankfurt am Main, Vittorio Klostermann, 1956-1973, 12 vol. parus.

RANCŒUR (René), *Bibliographie de la littérature française moderne*, Paris, A. Colin, volumes annuels depuis 1963.

b) Bibliographies renaniennes, inventaires.

GIRARD (Henri) et MONCEL (Henri), *Bibliographie des œuvres d'Ernest Renan*, Paris, P.U.F., 1923.

OMONT (Henri), Inventaire des *Nouvelles acquisitions du Département des Manuscrits pendant les années* 1918-1920, Paris, 1921 (Cote B.N., Département des Manuscrits : US. FR. F. 7 ; feuilles dactylographiées intercalées entre les p. 22 et 23).

Bibliothèque Nationale, Catalogue manuscrit des *Papiers Renan*, N. a. Fr. 14162-14217 (B.N., Département des Manuscrits : Bureau 58-18-).

Catalogue de la Bibliothèque de M. Ernest Renan, Paris, Calmann Lévy, 1895.

III. — OUVRAGES ANTERIEURS A RENAN OU PARUS DE SON VIVANT (JUSQU'EN 1892).

ACKERMAN (Louise), *Poésies. Premières poésies. Poésies philosophiques*, Paris, A. Lemerre, 1874.
— *Pensées d'une solitaire*, Paris, A. Lemerre, 1882.

AMIEL (Henri-Frédéric), *Fragments d'un journal intime*, précédés d'une étude par Edouard Schérer, Paris, Fischbacher, 1922, 2 vol.

BALLANCHE (Pierre-Simon), *Œuvres*, Paris, J. Barbezat, 1830, 4 vol.
— *La vision d'Hébal*, Genève, Lille, Droz-Minard, 1964.

BARRES (Maurice), *Huit jours chez Monsieur Renan*, Paris, Pauvert (coll. « Libertés »), 1965.

BAUDELAIRE (Charles), *Œuvres*, Paris, Gallimard (Bibliothèque de la Pléiade, 1), 1951.

BAUTAIN (Abbé Louis-Eugène-Marie), *De l'enseignement de la philosophie en France au XIXᵉ siècle*, Strasbourg, Février, Paris, Dérivaux, 1833.

BAUTAIN (Abbé Louis-Eugène-Marie), *Philosophie du christianisme. Correspondance religieuse de L. Bautain*, p.p. l'abbé H. de Bonnechose, Paris-Strasbourg, Février-Dérivaux, 1835, 2 t. en 1 vol.

CABET (Etienne), *Le vrai Christianisme suivant Jésus-Christ*, Paris, Bureau du Populaire, Avril 1846.

CARLYLE (Thomas), *Les héros, le culte des héros et l'héroïque dans l'histoire*, trad. par J-B-J. Izoulet-Loubatières, Paris, Armand Colin, 1888.

CARO (Elme-Marie), *L'idée de Dieu et ses nouveaux critiques*, 2e éd., Paris, Hachette, 1864.

CHALLEMEL-LACOUR (P.), : « Un boudhiste contemporain en Allemagne : Arthur Schopenhauer », *Revue des Deux Mondes*, 15 mars 1870, p. 296-382.

CHATEAUBRIAND (François-René, vicomte de), *Œuvres complètes*, Paris, Desrez-Lefèvre, 1836, 5 vol.

COMTE (Auguste), *Cours de philosophie positive*, 3e éd., Paris, Baillière et fils, 1869, 6 vol.

— *Système de politique positive*, t. I, Librairie scientifique industrielle de L. Mathias, Paris, 1851 ; t. II-IV, éd. Carilian-Gœury et Dalmont, 1852-1854.

— *Catéchisme positiviste*, Paris, Garnier-Flammarion, 1966.

— *Œuvres choisies*, Introduction d'Henri Gouhier, Paris, Aubier-Montaigne, 1943.

CONSTANT (Benjamin), *De la religion*, Paris, Pichon et Didier, 1830.

COUSIN (Victor), *Cours de l'histoire de la philosophie moderne*, Première série, nlle éd., Paris, Didier-Ladrange, 1846, 5 vol. (cours de 1815-1818).

— *Cours de l'histoire de la philosophie moderne*, Deuxième série, nlle éd., Paris, Didier-Ladrange, 1847, 3 vol. (cours de 1818-1829).

— *Cours de philosophie professé à la Faculté des Lettres pendant l'année* 1818, publlié avec son autorisation et d'après les meilleures rédactions de ce cours par Adolphe Garnier, Paris, Hachette, 1836.

— *Fragments philosophiques*, Paris, Ladrange-Didier, 1847, 4 vol.

— *Fragments de philosophie contemporaine*, nlle éd., Paris, Didier, 1855 (1ʳ éd., 1826).

— *Leçons sur la philosophie de Kant*, Paris, Ladrange, 1842.

— *Manuel de l'histoire de la philosophie*, traduit de l'allemand de Tennemann, Paris, Sautelet et Cie, Pichon et Didier, 1829, 2 vol.

— *Philosophie moderne*, Première série, nlle éd., Paris, Ladrange-Didier, 1846.

DIDEROT (Denis), *Le Neveu de Rameau*, éd., J. Fabre, Genève, Droz, 1963.

— *Œuvres esthétiques*, p.p. Paul Vernière, Paris, Garnier Frères, 1959.

DUPANLOUP (Mgr. Félix-Antoine-Philibert), *Avertissement à la jeunesse et aux pères de famille*, par M. l'Evêque d'Orléans, 2ᵉ éd., Paris, Douniol, Orléans, Blanchard, 1863.

— *Eléments de la rhétorique sacrée ou préceptes et modèles de la véritable éloquence chrétienne, recueillis des œuvres de Fénelon*, Paris, Poussielgue-Rusand, 1841.

— *Journal intime de Mgr. Dupanloup, évêque d'Orléans*. Extraits recueillis et publiés par L. Blanchereau, Paris, Ancienne maison Charles Douniol, P. Téqui Libr-éditeur, 1902.

DUPUIS (Charles-François), *Origine de tous les cultes ou religion universelle*, Paris, H. Agasse, an III (1795), 4 vol.

DUVEYRIER (Charles), *La civilisation et la démocratie française*. Deux conférences suivies d'un projet de fondation d'institut de progrès social, Paris, Aux bureaux de l'Encyclopédie, 1865.

ENFANTIN (Barthélémy-Prosper), *Science de l'homme. Physiologie religieuse*, Paris, Leipzig, Victor Masson, 1858.

— *La Vie éternelle passée, présente, future*, Paris, Dentu, 1861.

EWERBECK (Hermann), *Qu'est-ce que la religion d'après la nouvelle philosophie allemande* (trad. de textes de L. Feuerbach, *L'essence de la religion ; L'essence de la foi d'après Luther ; Réponse à un théologien ; L'essence du Christianisme*), Paris, Ladrange-Garnier, 1850.

FAURIEL (Claude-Charles), *Dante et les origines de la langue et de la littérature italiennes*, Paris, Durand, 1854, 2 vol.

FEUERBACH (Ludwig), *La religion. Mort. Immortalité. Religion*, trad. de l'allemand par Joseph Roy, Paris, A. Lacroix, Verboeckhoven et Cie, 1864.

GOBINEAU (Arthur de), *Essai sur l'Inégalité des races humaines*, 2e éd., Paris, Firmin-Didot et Cie, 1884, 2 vol.

— *Les religions et les philosophies dans l'Asie centrale*, Paris, Crès et Cie, 1923, 2 vol.

GOETHE, *Faust et le second Faust*, trad. de Gérard de Nerval, Paris, Garnier, 1969.

GUIZOT (François-Pierre-Guillaume), *Méditations sur l'essence de la religion chrétienne*, Paris, Michel-Lévy frères, 1864.

HARTMANN (Eduard von), *Philosophie de l'inconscient*, trad. par D. Nolen, Paris, Germer-Baillière, 1877, 2 vol. (1re éd. allemande, 1869).

— *La religion de l'avenir*, 3e éd., Paris, Germer-Baillière, 1881.

HEGEL (Georg-Wilhelm-Friedrich), *Leçons sur la philosophie de l'histoire*, trad. par J. Gibelin, Paris, Vrin, 1970.

— *Phénoménologie de l'esprit*, trad. de Jean Hyppolite, Paris, Aubier-Montaigne, 1939, 2 vol.

HERDER (Johann Gottfried von), *Histoire de la poésie des Hébreux*, trad. par Mme de Carlowitz, Paris, Didier, 1845.

— *Idées sur la philosophie de l'histoire de l'Humanité*, trad. d'E. Quinet, Paris, Levrault, 1834, 3 vol.

JOUFFROY (Théodore), « Comment les dogmes finissent. 1823 » (*Globe*, 24 mai 1825), dans *Mélanges philosophiques*, Paris, Hachette, 1860.

JANET (Paul), *Philosophie contemporaine*, Paris, Calmann-Lévy, 1879.

— *Les problèmes du XIXe siècle*, Paris, Michel Lévy, 1873.

JAVARY (Auguste), *De l'idée de progrès*, Paris, Ladrange, 1851.

JOURDAIN (Amédée), *Réfutation rationnelle de la Vie de Jésus*, Amiens, Lenoel Herouart, 1864.

JOURDAIN (Charles), *La philosophie de Saint Thomas d'Aquin*, Paris, Hachette, 1858, 2 vol.

— *Excursions historiques et philosophiques à travers le Moyen Age*, Paris, Firmin Didot, 1888.

KANT (Emmanuel), *Pensées successives sur la théodicée et la religion*, Paris, Vrin, 1931.

LAMENNAIS (Félicité Robert de), *Mélanges catholiques extraits de l'Avenir*, publiés par l'Agence générale pour la défense de la liberté religieuse, Au bureau rue Jacob, 20, à Paris, 1831, 2 vol.

— *De la religion*, Paris, Pagnerre, 1841.

LARROQUE (Patrice), *Examen critique des doctrines de la religion chrétienne*, Paris, Librairie étrangère de Bohné et Schultz, 1860, 2 vol.

LEMAITRE (Jules), *Myrrha*, Paris, Boivin et Cie, s.d.

LENORMANT (François), *Les origines de l'histoire d'après la Bible et les traditions des peuples orientaux*, Paris, Maisonneuve et Cie, 2 vol., 1880-1882.

LEROUX (Pierre), *Du Christianisme et de son origine démocratique*, Boussac, Imprimerie de Pierre Leroux, 1848.

— *De l'humanité, de son principe et de son avenir, où se trouve exposée la vraie définition de la religion, et où l'on explique le sens, la suite et l'enchaînement du Mosaïsme et du Christianisme*, Paris, Perrotin, 1840, 2 vol.

— *Job, drame en cinq actes, avec prologue et épilogue par le prophète Isaïe retrouvé, rétabli dans son intégrité et traduit littéralement sur le texte Hébreu*, Paris, Dentu, 1866.

— *De la ploutocratie ou du gouvernement des riches*, nlle éd., Boussac, Imprimerie de Pierre Leroux, 1848..

— *Réfutation de l'éclectisme*, nlle éd., Paris, Ch. Gosselin, 1841.

— *D'une religion nationale ou du culte*, nlle éd., Boussac, Imprimerie de Pierre Leroux, 1846.

LITTRE (Emile), *La Science au point de vue philosophique*, Paris, Didier, 1873.

LOWTH (Robert), *Leçons sur la poésie sacrée des Hébreux*, trad. pour la première fois en français par M. Sicard, 2e éd., Avignon, Seguin Aîné, 1839, 2 vol.

MARET (Mgr. Henri-Louis-Charles), *Essai sur le panthéisme dans les sociétés modernes*, 2e éd., Paris, O. Fulgence, 1841.

— *Théodicée chrétienne ou comparaison de la notion chrétienne avec la notion rationaliste de Dieu*, Paris, Méquignon Junior et Leroux, 1844.

MICHELET (Jules), *Œuvres complètes*, Paris, Flammarion, s.d. (1898), 40 vol.

— *Journal*, Texte intégral, p.p. Paul Viallaneix, Paris, Gallimard, 1959.

— *Mémoires de Luther écrits par lui-même*, traduits et mis en ordre par Michelet, Paris, Hachette, 1837.

— *La mer*, Paris, Hachette, 1861.

— *Du prêtre, de la femme, de la famille*, Paris, Hachette-Paulin, 1845.

— *La sorcière*, présentation de Robert Mandrou, Paris, Julliard (Collection « Littérature »), 1964.

MICHON (Abbé J.H.), *Leçon préliminaire à M. Renan sur la Vie de Jésus*, Paris, Dentu, 1863.

MIGNET (François), *Histoire de la Révolution française*, 4e éd., Paris, Didot, 1827.

MONTALEMBERT (Charles-René Forbes, cte de), *Histoire de Sainte Elisabeth de Hongrie, duchesse de Thuringe 1207-1231*, 3e éd., Paris, Debécourt, 1841.

NEWMAN (John Henry, cardinal), *Œuvres philosophiques*, trad. de Jankelevitch, Préface et notes de M. Nédoncelle, Paris, Montaigne, 1945.

NIETZSCHE (Friedrich), *Le crépuscule des idoles, l'Antéchrist*, Paris, Mercure de France, 1952.

— *Par-delà le bien et le mal. La généalogie de la morale, Œuvres philosophiques complètes*, Paris, Gallimard, t. 7, 1971.

NODIER (Charles), *Œuvres*, réimpression de l'éd. de Paris, 1832-1837, Genève, Slatkine reprints, 1968, 12 vol.

NOGET-LACOUDRE (A.), *Institutiones philosophicae in seminario Bajocensi habitae 1839-1840*, Paris, Méquignon et J. Leroux, Edito tertia, 1844, 3 vol.

OZANAM (Frédéric), *Œuvres complètes*, Paris, Lecoffre et Cie, 1855, 8 vol.

PASCAL (Blaise), *Pensées et opuscules*, p.p. Léon Brunschvicg, Paris, Hachette, s.d.

PELADAN (Adrien), *Histoire de Jésus-Christ d'après la science*, Paris, Baucher et Cie, 1866.

Penseurs grecs avant Socrate (les), de Thalès de Milet à Prodicos, traduction, introduction... par J. Voilquin, Paris, Garnier Frères, s.d.

PLUMEREL (M.), *De l'enseignement philosophique de M. l'Abbé Bautain*, Paris, Gaume, 1833.

PROUDHON (Pierre-Joseph), *Césarisme et christianisme*, Paris, C. Marpon et E. Flammarion, 1883, 2 vol.

— *De la création de l'ordre dans l'humanité*, Paris, M. Rivière, 1927.

— *Les Evangiles annotés par Proudhon*, Paris, Librairie Internationale Lacroix, Verboekhoven éditeurs, 1866.

— *Jésus et les origines du christianisme*, Paris, G. Havard fils, 1896.

— *La Philosophie du progrès. La Justice poursuivie par l'Eglise, Œuvres complètes*, p. sous la direction de M.C. Bouglé et M.H. Moysset, Paris, Librairie M. Rivière, 1923, t. 15.

QUINET (Edgar), *Œuvres complètes*, Paris, Germer-Baillière, s.d. (1857-1875), 26 vol.

REGHELLINI DE SCHIO, *Examen du Mosaïsme et du Christianisme*, Paris, A la librairie orientale de Prosper Dondey-Dupré, 1834, 3 vol.

REGNY (Abbé Eugène de), *L'abbé Bautain. Sa vie et ses œuvres. Mémoires par l'abbé de Régny*, Paris, Bray et Retaux, 1884.

ROUSSEAU (Jean-Jacques), *Œuvres complètes*, éd. publiée sous la direction de B. Gagnebin et M. Raymond, t. III (*Du Contrat social. Ecrits politiques*), t. IV (*Emile. Education. Morale. Botanique*), Paris, Gallimard (Bibliothèque de la Pléiade, 169, 208), 1964, 1969.

SAINTE-BEUVE (Charles-Augustin), *Nouveaux Lundis*, 3e éd., Paris, M. Lévy, 1870, 13 vol.

SAINT-SIMON (Claude-Henri de Rouvroy, Comte de), *Œuvres*, réimpression de l'éd. de Paris, E. Dentu, 1868-1876, Paris, Anthropos, 1966, 6 vol.

SAISSET (Emile), *Essai de philosophie religieuse*, 3e éd., Paris, Charpentier, 1862, 2 vol.

SAND (George), *Dernières pages*, Paris, Calmann-Lévy, 1877.

— *Lelia*, Paris, Garnier, 1960 (texte de 1833).

— *Lettres d'un voyageur*, Paris, Calmann-Lévy, 1834.

— *Les sept cordes de la lyre*, Introd. par René Bourgeois, Paris, Flammarion (Nouvelle Bibliothèque romantique), 1973.

— *Spiridion*, Paris, Calmann-Lévy, 1897 (1re éd. 1839).

SCHELLING (Friedrich-Wilhelm-Joseph von) *Bruno*, trad. de l'allemand par C. Husson, Paris, Ladrange, 1845.

— *Jugement de M. de Schelling sur la philosophie de M. Cousin*, trad. par J. Willm, Paris et Strasbourg, Levrault, 1835.

SCHLEIERMACHER (Friedrich Daniel Ernst), *Discours sur la religion* (1799), Paris, éd. Aubier-Montaigne, 1944.

SCHOPENHAUER (Arthur), *Le monde comme représentation et comme volonté*, trad. par A. Burdeau, 8e éd., Paris, P.U.F., 1942, 3 vol.

SOURY (Jules), *Jésus et les Evangiles*, 2e éd., Paris, Charpentier, 1878.

— *Théories naturalistes du monde et de la vie dans l'Antiquité*, Paris, Charpentier, 1881.

SPINOZA (Baruch), *Ethique*, trad. avec notice et notes par Charles Appuhn, Paris, Garnier frères, 1934, 2 vol.

— *Traité théologico-politique*, trad. et notes par Charles Appuhn, Paris, Garnier-Flammarion, 1965.

STAEL (Germaine Necker, baronne de), *De l'Allemagne*, Nouvelle éd. (...) par la comtesse Jean de Pange..., Paris, Hachette, 1958-1960, 5 vol.

STEWART (Dugald), *Esquisses de philosophie morale*, trad. par Jouffroy, Paris, éd. Johanneau, 1841.

STRAUSS (David-Friedrich), *Vie de Jésus ou examen critique de son histcire*, trad. par Littré, Paris, Ladrange, 1839-1840, 2 vol.

— *Nouvelle vie de Jésus*, trad. par A. Nefftzer et Ch. Dollfus, Paris, Hetzel et Lacroix, s.d. (1864), 2 vol.

— *Voltaire, Six conférences*, trad. de l'allemand sur la 3e éd. par Louis Narval, Paris, Reinwald, 1876.

THIERRY (Augustin), *Histoire de la conquête de l'Angleterre par les Normands*, 4e éd., Paris, Librairie Just Tessier, 1836, 4 t. en 2 vol.

THIERS (Adolphe), *Histoire de la Révolution française*, 8e éd., Paris, Au Bureau des publications illustrées, 1839, 4 vol.

TOSTI (Dom Luigi), *Histoire de Boniface VIII et de son siècle*, avec des notes et des pièces justificatives, trad. de l'abbé Marie-Duclos, Paris, Vivès, 1854, 2 vol.

— *Saint Benoît. Son action religieuse et sociale*, traduit de l'Italien par le chanoine Labis, Paris, Desclée de Brouwer et Cie, 1897.

VACHEROT (Etienne), *La religion*, Paris, Chamerot et Lauwereyns, 1869.

VALLA (Le Père Joseph), *Institutiones philosophicae*, Paris, Mequignon, 1819, 3 vol.

VEUILLOT (Louis), *La vie de Notre-Seigneur Jésus-Christ*, Paris, Bruxelles, Lyon, Librairie catholique de Périsse frères, Régis Ruffet et Cie, 1864.

VIGNY (Alfred de), *Œuvres complètes*, Bibliothèque de la Pléiade, Paris, Gallimard, 1948, 2 vol.

WALLON (Henri), *La Vie de Jésus et son nouvel historien*, Paris, Hachette, 1864.

WISEMAN (Nicolas, Cardinal), *Discours sur les rapports entre la science et la religion révélée*, prononcés à Rome pour faire suite à la *Raison du Christianisme*, publiée par M. de Genoude, Paris, Sapia, 1837, 2 vol.

IV. — *ETUDES SUR RENAN, OU TEXTES SE RAPPORTANT A LUI.*

ALBALAT (Antoine), *La Vie de Jésus d'Ernest Renan*, Paris, Malfère, 1933.

ALFARIC (Prosper), *Les manuscrits de la Vie de Jésus d'Ernest Renan*, Publications de la Faculté des Lettres de Strasbourg, Les Belles-Lettres, 1933.

ALLIER (Raoul), *La philosophie d'Ernest Renan*, Paris, Alcan, 1895.

BANCQUART (Marie-Claire), « Renan et Barrès », *Bulletin des Etudes renaniennes*, n° 18, 1er trimestre 1974, p. 7-13.

BARRES (Maurice), *L'œuvre de Maurice Barrès*, Paris, Club de l'Honnête homme, 1965-1969, 20 vol.

BERTHELOT (Philippe), « Louis Ménard », *Revue de Paris*, Juin 1901, p. 572-590.

BOURGET (Paul), *Essais de psychologie contemporaine*, Paris, Lemerre, 1883.

BRUNEAU (Jean), « Renan » dans *Littérature française*, sous la direction de A. Adam, G. Lerminier, E. Morot-Sir, Paris, Larousse, 1968, t. II, p. 120-123.

BRUNETIERE (Ferdinand), *Cinq lettres sur Ernest Renan*, Paris, Perrin, 1910.

BRUNSCHWICG (Léon), « Sur la philosophie d'Ernest Renan », *Ecrits philosophiques*, Paris, P.U.F., 1951-1958, 3 vol., t. II, p. 183-196 (art. paru dans la *Revue de Métaphysique et de morale*, 1893, n° 1, p. 86-97).

Cahiers renaniens, publiés sous les auspices de la Société des Etudes renaniennes.

n° 1. Un témoignage sur E. Renan. Les *Souvenirs* de L.F.A. Maury, présentés par J. Pommier, Paris, Nizet, 1971.

n° 2. Travaux et jours d'un séminariste en vacances (Bretagne 1845), Textes présentés par J. Pommier, Paris, Nizet, 1972.

n° 3. Etudes Philosophiques (Issy, Saint-Sulpice). De l'Ecosse à V. Cousin, présentées par J. Pommier, Paris, Nizet, 1972.

n° 4. Un Itinéraire Spirituel. Du Séminaire à la « Prière sur l'Acropole », par Jean Pommier, Paris, Nizet, 1972.

n° 5. Deux écrits d'E. Renan sur les Sibylles et Virgile, et le Talmud, présentés par J. Pommier, avec une étude de l'éditeur sur les « Conférences » de N. Wiseman, Paris, Nizet, 1972.

n° 6. La « Vie de Jésus » et ses mystères. Le cas Winer ou une source occulte de Renan. Appendice : grec ou latin ? par Jean Pommier, Paris, Nizet, 1973.

n° 7. Regards sur la Littérature Evangéllique, par Jean Pommier, Paris, Nizet, 1973.

CHADBOURNE (Richard H.), *Ernest Renan as an essayist*, Cornell University Press, 1957.

— *Ernest Renan*, New York, Twayne Publishers Inc., 1968.

CHAIX-RUY (Jules), *Renan*, Paris, Vitte, 1956.

CHASSE (Charles), « Les sources de l'Abbesse de Jouarre », *Revue d'Histoire Littéraire de la France*, 1964, p. 267-278.

CIGOJ LEBEN (Breda), *Ernest Renan et sa sœur Henriette*, Ljubljana, chez l'auteur-éditeur, 1971.

CLAUDEL (Paul), *Œuvres en prose*, Paris, Gallimard (Bibliothèque de la Pléiade 179), 1965.

— *Œuvre poétique*, Paris, Gallimard (Bibliothèque de la Pléiade), 1967.

DARMSTETER (Mary), *La vie d'Ernest Renan*, Paris, C. Lévy, 1898.

DUBREUIL (Léon), *Rosmapamon. La vieillesse bretonne d'Ernest Renan*, Paris, Collection Sainte Beuve Ariane, 1945.

DUSSAUD (René), *L'Œuvre scientifique d'Ernest Renan*, Paris, Librairie orientaliste Paul Geuthner, 1951.

Ernest Renan, Catalogue de l'exposition Renan à la Bibliothèque Nationale, Paris, Bibliothèque Nationale, 1974.

Etudes renaniennes. Bulletin, éd. par la Société des Etudes renaniennes, directeur de Publication, Corrie Siohan, n° trimestriels depuis 1971 (a remplacé : *Société des études renaniennes. Bulletin*, 1970-1971).

FAGUET (Emile), *Politiques et moralistes du XIXe siècle*, Paris, Boivin, 1900.

FRAISSE (Simone), « Péguy et Renan », *Revue d'Histoire Littéraire de la France*, 1973, p. 264-280.

FRANCE (Anatole), *Œuvres*, Paris, Calmann-Lévy, 1909-1914, 25 vol.

— *Sur la pierre Blanche*, Paris, Calmann-Lévy, s.d.

GALAND (René M.), *L'âme celtique de Renan*, Paris, P.U.F., 1959.

GAULMIER (Jean), « Note sur le voyage de Renan en Syrie (1865) », *Bulletin d'Etudes orientales*, t. XXV, 1972, p. 229-237.

— « Lamennais vu par Renan », *Bulletin des Etudes renaniennes*, Numéro spécial consacré aux journées celtiques de Tréguier, 22 et 23 juillet 1972, n° 15, 2e trimestre 1973, p. 8-10.

— « Ernest Renan symbole de la pensée libérale », *Bulletin des Etudes renaniennes*, n° 21, 4e trimestre 1974, p. 10-14.

— « Vie d'Ernest Renan par l'image », *Bulletin des Etudes renaniennes*, n° 22, 1er trimestre 1975, p. 11-15.

GIDE (André), *Journal* 1889-1939, Paris, Gallimard (Bibliothèque de la Pléiade 54), 1965.

— *Journal* 1939-1949. *Souvenirs*, Paris, Gallimard (Bibliothèque de la Pléiade), 1954.

GIRARD (Henri), « La jeunesse de Renan et la critique contemporaine », *Revue de l'Histoire des Religions*, CX, 1934, p. 166-236.

GONCOURT (Edmond et Jules de), *Journal. Mémoire de la vie littéraire*, texte établi et annoté par R. Ricatte, Paris, Fasquelle, Flammarion, 1956, 4 vol.

GORE (Keith), *L'idée de progrès dans la pensée de Renan*, Paris, Nizet, 1970.

GUEHENNO (Jean), *Caliban et Prospero*, Paris, Gallimard, 1969.

— « Renan et la Bretagne », *Bulletin des Etudes renaniennes*, Numéro spécial consacré aux journées celtiques de Tréguier, 22 et 23 juillet 1972, n° 15, 2e trimestre 1973, p. 11-15.

GUISAN (Gilbert), *Ernest Renan et l'art d'écrire*, Université de Lausanne, Publications de la Faculté des Lettres, XVI, Genève, Droz, 1962.

GUITTON (Jean), *Journal. Etudes et rencontres* (1952-1955), Paris, Plon, 1959.

— *Œuvres complètes. Critique religieuse*, Paris, Desclée de Brouwer (Bibliothèque européenne), 1968.

LASSERRE (Pierre), *Renan et nous*, Paris, Grasset, 1923.

— *La jeunesse d'Ernest Renan. Histoire de la crise religieuse au XIXe siècle*, Paris, Garnier, 1925, 2 vol.

— T. III, *l'Initiation philosophique d'Ernest Renan*, Paris, Calmann-Lévy, 1932.

LEFRANC (Abel), « Ernest Renan en Italie », *Nouvelle Revue critique*, 1938.

LE GUILLOU (Louis), « L'humanisme de Renan », *Bulletin des Etudes renaniennes*, Numéro spécial consacré aux journées celtiques de Tréguier, 22 et 23 juillet 1972, n° 15, 2e trimestre 1973, p. 39-42.

MASSIS (Henri), « Renan ou le romantisme de l'intelligence », dans *Jugements*, t. I, Paris, Plon, 1923, p. 1-141.

MILLEPIERRES (François), *La vie d'Ernest Renan, sage d'Occident*, Paris, Marcel Rivière et Cie, 1961.

Monde (le), 26 septembre 1970 ; n° spécial du « Monde des Livres » sur Renan.

MONOD (Gabriel), *Les maîtres de l'histoire, Renan, Taine, Michelet*, Paris, Calmann-Lévy, s.d.

PAGANELLI (Don Sauveur), *Ernest Renan. Essai*, Uzès, H. Péladan, 1966.

PARIGOT (Hippolyte), *Renan. L'égoïsme intellectuel*, Paris, Flammarion, 1909.

PEGUY (Charles), *Œuvres en prose*, 1898-1908, Paris, Gallimard (Bibliothèque de la Pléiade 140). 1959.

PEYRE (Henri), « Renan et Lamartine », *Essais en l'honneur d'Albert Feuillerat, Yale Romanic Studies*, XXII, 1943, p. 216-229.

— *Renan*, Paris, Presses Universitaires de France (Collection SUP « Philosophes »), 1969.

— « Renan et la Grèce », *Bulletin des Etudes renaniennes*, n° 13, 4e trimestre 1972, p. 9-14.

PINTARD (René), « Renan devant son passé. Les Souvenirs d'enfance », *Mélanges Fritz Neubert*, Berlin, Duncker et Humblot, 1956, p. 331-346.

POMMIER (Jean), « Ernest Renan, essai de biographie intellectuelle ». *Revue des Cours et Conférences*, 15 et 30 décembre 1922, p. 68-79, 161-168 ; 15 et 30 janvier 1923, 15 février 1923, p. 260-274, 327-341, 423-437.

POMMIER (Jean), *Renan d'après des documents inédits*, Paris, Perrin, 1923.

— « Dialogue de Renan et de Pascal dans l'au-delà », *La Revue mondiale*, 15 juillet 1923, p. 166-176.

— « Comment fut composée la Prière sur l'Acropole », *Revue de Paris*, 15 septembre 1923, p. 437-447.

— *La pensée religieuse de Renan*, Paris, Rieder, 1925.

— *Renan et Strasbourg*, Paris, Alcan, 1926.

— « Ernest Renan et les Psaumes », *Actes du Ve Congrès international d'histoire des religions à Lund*, 27-29 août 1929, Lund, C.W.K. Gleerup, p. 314-316.

— *Ernest Renan. Travaux de jeunesse*, 1843-1844, Paris, Belles-Lettres, 1931.

— *La jeunesse cléricale d'Ernest Renan. Saint-Sulpice. I*, Paris, Belles-Lettres, 1933.

— « Les lectures de Renan au séminaire d'après un « recueil » inédit », *Revue d'Histoire Littéraire de la France*, 1934, p. 87-105.

— « Quelques vues sur la formation intellectuelle de Renan », *Bulletin de la Faculté des Lettres de Strasbourg*, décembre 1934, p. 37-41 ; février 1935, p. 109-115.

— « L'initiation d'Ernest Renan aux lettres allemandes », *Revue de Littérature Comparée*, 1935, p. 246-278.

— « Discours prononcé sur la place de Tréguier devant la statue de Renan au nom du collège de France », dans *Inauguration du Musée Renan*, le 20 juillet 1947 à Tréguier, Paris, Calmann-Lévy, 1948, p. 19-27.

— « Le Cimetière marin de Renan », *Revue d'Histoire Littéraire de la France*, 1949, p. 157-160.

— « La genèse de la *Vie de Jésus*, Etapes d'une pensée critique », *Revue d'Histoire Littéraire de la France*, 1964, p. 249-260.

— « Renan moraliste et dilettante », *Revue d'Histoire Littéraire de la France*, 1964, p. 261-266.

— « Le Jésus de Renan », *Bulletin du Cercle Ernest Renan*, n° 126, mai 1966, p. 17-19.

— « Autour de la *Vie de Jésus* : Ernest Renan et l'art religieux de son temps », *Studi in onore di Italo Siciliano*, Firenze, L. Olschki, 1966, p. 1017-1030.

— *L'Univers poétique et musical d'Ernest Renan*, Archives des Lettres modernes, 1966, n° 66, p. 192-193, Paris, Minard, 1966.

— « L'agonie et la mort de Jésus selon Renan », *Dialogues avec le passé. Etudes et portraits littéraires*, Paris, Nizet, 1967, p. 223-229.

— « Aux sources de la pensée esthétique de Renan », *Humanisme actif, Mélanges d'art et de littérature offerts à Julien Cain,* Paris, 1968, t. I, p. 217-231.

— Voir : *Cahiers renaniens.*

PSICHARI (Henriette), *Renan d'après lui-même,* Paris, Plon, 1937.

— *Renan et la guerre de 1870,* Paris, Albin Michel, 1947.

— *La Prière sur l'Acropole et ses mystères,* Paris, éditions du C.N.R.S., 1956.

RENARD (Jules), *Journal,* 1887-1910, Paris, Gallimard (Bibliothèque de la Pléiade 145), 1960.

SAULNIER (Verdun L.), « Vigny et Renan : centenaire de deux maîtres et d'une rencontre manquée », *Revue d'Histoire Littéraire de la France,* 1964, p. 177-181.

SEAILLES (Gabriel), *Ernest Renan. Essai de biographie psychologique,* Paris, Didier, 1895.

SOMAN (Mariette), *La formation philosophique d'Ernest Renan jusqu'à l'Avenir de la science,* Paris, Larose, 1914.

SOREL (Georges), *Le système historique de Renan,* 3 t. en 1 vol., Paris, 1905-1906, Slatkine reprints, 1971.

VIALLANEIX (Paul), « Au temps des « Mages » : Michelet et Renan », *Bulletin des des Etudes renaniennes,* n° 22, 1er trimestre 1975, p. 3-10.

VIE (Louis), *Renan, la guerre de 1870 et la « Réforme » de la France,* Paris, Bloud et Gay, 1949.

VIER (Jacques), « Quelques aspects de l'ironie renanienne », *Bulletin des Etudes renaniennes,* Numéro spécial consacré aux journées celtiques de Tréguier, 22 et 23 juillet 1972, n° 15, 2e trimestre 1973, p. 43-49.

— « Ernest Renan ou l'exercice du pouvoir spirituel », *Bulletin des Etudes renaniennes,* n° 17, 4e trimestre 1973, p. 4-12.

WARDMAN (Harold William), *Ernest Renan. A critical biography,* Londres, At the Athlone Press, 1964.

WEILLER (Maurice), *Pour connaître la pensée de Renan,* Grenoble, Bordas, 1945.

V. — *OUVRAGES GENERAUX, PHILOSOPHIE, RELIGION.*

ARVON (Henri), *Ludwig Feuerbach ou la transformation du sacré,* Paris, P.U.F., 1957.

BACHELARD (Gaston), *L'eau et les rêves. Essai sur l'imagination de la matière,* Paris, José Corti, 1942.

— *L'air et les songes. Essai sur l'imagination du mouvement,* Paris, José Corti, 1943.

— *La formation de l'esprit scientifique,* Paris, Vrin, 1967.

— *La poétique de l'espace,* 3e éd., Paris, P.U.F., 1961.

— *La psychanalyse du feu,* Paris, Gallimard (Collection Idées), 1949.

BANCQUART (Marie-Claire), *Anatole France polémiste,* Paris, Nizet, 1962.

BARBITT (Irving), *The masters of modern French criticism,* New York, Farrar Strauss and C°, 1912.

BARTH (Karl), *La théologie évangélique au XIXe siècle,* Genève, Labor et Fides, 1957.

BARTHEL (Pierre), *Interprétation du langage mythique et théologie biblique*, Leiden, Brill, 1963.

BARTHES (Roland), *Essais critiques*, Paris, Le Seuil (Coll. « Tel quel »), 1963.

— *Michelet par lui-même*, Paris, Le Seuil (coll. « Ecrivains de toujours »), 1965.

BATAILLE (Georges), *L'érotisme*, Paris, Editions de Minuit, coll. 10/18.

— *Théorie de la religion*, Paris, Idées/Gallimard, 1973.

BAUDOUIN (Charles), *Psychanalyse du symbole religieux*, Paris, Arthème Fayard, 1957.

BEGUIN (Albert), *L'âme romantique et le rêve*, Paris, José Corti, 1960.

BENICHOU (Paul), *Le sacre de l'écrivain, 1750-1830, Essai sur l'avènement d'un pouvoir spirituel laïque dans la France moderne*, Paris, José Corti, 1973.

BONNEFOY (Georges), *La pensée religieuse et morale d'Alfred de Vigny*, Paris, Hachette, 1944.

BOUILLARD (Henri), *Karl Barth. Genèse et évolution de la théologie dialectique*, Paris, Aubier, 1957.

BOWMAN (Frank Paul), *Le Christ romantique*, Genève, Droz (Histoire des idées et critique littéraire, vol. 134), 1973.

BOYER DE SAINTE SUZANNE (Roger de), *Alfred Loisy entre la foi et l'incroyance*, Paris, Editions du Centurion, 1968.

BREHIER (Emile), *Les idées philosophiques et religieuses de Philon d'Alexandrie*, Paris, Librairie A. Picard, 1907.

— *Schelling*, Paris, Félix Alcan, 1912.

BREMOND (Henri), *Histoire littéraire du sentiment religieux en France depuis la fin des guerres de religion jusqu'à nos jours*, Paris, Bloud et Gay, 1923-1936. 12 vol.

BUENZOD (Janine), *La formation de la pensée de Gobineau et l'Essai sur l'inégalité des races humaines*, Paris, Nizet, 1967.

BULTMANN (Rudolf), *Jésus. Mythologie et démythologisation*, Paris, Le Seuil, 1968.

CAILLOIS (Roger), *L'homme et le sacré*, Paris, Gallimard, 1950.

CELLIER (Léon), *L'épopée humanitaire et les grands mythes romantiques*, Paris, S.E.D.E.S., 1971.

CHARLTON (Donald Geoffrey), *Positivist thought in France during the Second Empire*, Oxford, At the Clarendon Press, 1959.

La Commune de 1871, Colloque de Paris, mai 1971, Paris, Editions ouvrières, 1972.

CORNUZ (Jean-Louis), *Jules Michelet. Un aspect de la pensée religieuse au XIXᵉ siècle*, Genève, Droz, 1955.

COUCHOUD (Paul-Louis), *Jésus, le dieu fait homme*, Paris, Rieder, 1937.

DERRE (Jean-René), *Le renouvellement de la pensée religieuse en France de 1824 à 1834. Essai sur les origines et la signification du Mennaisisme*, Paris, Klincksieck, 1962.

DERRIDA (Jacques), *De la grammatologie*, Paris, Ed. de Minuit, 1967.

DU BOS (Charles), *Approximations*, Paris, Fayard, 1965.

DUMAS (André), *Une théologie de la réalité, Dretrich Bonhoeffer*, Genève, Labor et Fides, 1968.

ELIADE (Mircea) *Traité d'histoire des religions*, Paris, Payot, 1970.

EVANS (David Owen), *Le socialisme romantique. Pierre Leroux et ses contemporains*, Paris, Marcel Rivière, 1948.

FLOTTES (Pierre), *La pensée politique et sociale d'Alfred de Vigny*, documents inédits, Strasbourg, 1926.

FOUCAULT (Michel), *Les mots et les choses*, Paris, Gallimard, 1966.

GARAUDY (Roger), *Les sources françaises du socialisme scientifique*, Paris, Ed. Hier et aujourd'hui, 1948.

GAULMIER (Jean), *Gobineau et sa fortune littéraire*, Saint-Médard-en-Jalles, Ducros (Coll. « Tels qu'en eux-mêmes »), 1971.

— *L'idéologue Volney (1757-1820). Contribution à l'histoire de l'orientalisme en France*, Beyrouth, 1951.

GERARD (Alice), *La Révolution française, mythes et interprétations (1789-1970)*, Paris, Flammarion, 1970.

GOUHIER (Henri), *La jeunesse d'Auguste Comte et la formation du positivisme*, Paris, Vrin, 1933-1941, 3 vol.

— *La philosophie de Malebranche et son expérience religieuse*, Paris, Vrin, 1926.

GUEHENNO (Jean), *L'Evangile éternel. Etude sur Michelet*, Paris, Grasset, 1927.

GUEROULT (Martial), *Spinoza. Dieu. Ethique I*, Paris, Aubier, 1968.

GUIGNEBERT (Charles), *Le problème de Jésus*, Paris, Flammarion, 1914.

HARNACK (Adolf von), *L'essence du Christianisme*, Paris, Fischbacher, 1902.

HARRIS (Ethel), *Lamartine et le peuple*, Paris, Librairie universitaire J. Gamber, 1932.

HUNT (Herbert J.), *Le socialisme et le romantisme en France. Etude de la presse socialiste de 1830 à 1848*, Oxford, At the Clarendon Press, 1935.

HYPPOLITE (Jean), *Introduction à la philosophie de l'histoire de Hegel*, Paris, Marcel Rivière, 1948.

— *Logique et existence*, Paris, P.U.F., 1953.

JANET (Paul), *Victor Cousin et son œuvre*, 3e édition, Paris, Alcan, 1893.

JUDEN (Brian), *Traditions orphiques et tendances mystiques dans le romantisme français, 1800-1855*, Paris, Klincksieck, 1971.

JUNG (Carl Gustav), *Psychologie et religion*, Paris, Buchet-Chastel, 1958.
— *Réponse à Job*, Paris, Buchet-Chastel, 1964.

KOYRE (Alexandre), *La philosophie de Jacob Boehme*, Paris, Vrin, 1929.

LACROIX (Jean), *La sociologie d'Auguste Comte*, Paris, P.U.F., 1956.

LEBRETON (Jules) et ZEILLER (Jacques), *Histoire de l'Eglise*, Paris, Bloud et Gay, 1938.

LE GUILLOU (Louis), *L'évolution de la pensée religieuse de Félicité Lamennais*, Paris, Armand Colin, 1966.

— *Les discussions critiques. Journal de la Crise mennaisienne*, Paris, Armand Colin, 1967.

LEJEUNE (Philippe), *L'autobiographie en France*, Paris, A. Colin (Coll. U2), 1970.

LEVY (Albert), *David-Frédéric Strauss. La vie et l'œuvre*, Paris, Alcan, 1910.

LIDSKY (Paul), *Les écrivains contre la Commune*, Paris, Maspéro, 1968.

LODS (Adolphe), *Les prophètes d'Israël et les débuts du judaïsme*, Paris, Albin Michel, 1969.

LOISY (Alfred), *Choses passées*, Paris, E. Nourry, 1913.

— *L'Evangile et l'Eglise*, 5e éd. augmentée d'une Préface nouvelle de Loisy, Paris, E. Nourry, 1929.

— *Jésus et la tradition évangélique*, Paris, E. Nourry, 1910.

— *La religion*, Paris, E. Nourry, 1917.

— *Religion et humanité*, Paris, E. Nourry, 1926.

LUBAC (Henri de), *Le drame de l'humanisme athée*, Paris, éd. Spes, 1945.

LUKACKS (Georges), *Le roman historique*, Paris, Payot, 1972.

MALET (André), *Le traité théologico-politique de Spinoza et la pensée biblique*, Paris, Belles-Lettres, 1966.

MARLE (René), *Bultmann et la foi chrétienne*, Paris, Aubier-Montaigne, 1967.

MATHERON (Alexandre), *Le Christ et le salut des ignorants chez Spinoza*, Paris, Aubier-Montaigne, 1971.

MATHIEZ (Albert), *Les origines des cultes révolutionnaires*, 1789-1792, Paris, Librairie Georges Bellais, 1904.

« MICHELET », Numéro spécial d'*Europe*, nov.-déc. 1973 .

MISRAHI (Robert), *Spinoza*, Paris, Seghers (Coll. « Philosophes de tous les temps »), 1964.

NEDONCELLE (Maurice), *La philosophie religieuse de John Henry Newman*, Strasbourg, 1946.

OTTO (Rudolf), *Le sacré*, Paris, Payot, 1969.

PAPAIOANNOU (Kostas), *Hegel*, Paris, Seghers (« Philosophes de tous les temps »), 1962.

POMEAU (René), *La religion de Voltaire*, 2e éd., Paris, Nizet, 1969.

POMMIER (Jean), *Les écrivains devant la Révolution de* 1848, Lamartine, Hugo, Lamennais, George Sand, Michelet, Béranger, Paris, P.U.F., 1948.

— *George Sand et le rêve monastique. Spiridion*, Paris, Nizet, 1966.

POULAT (Emile), *Histoire, dogme et critique dans la crise moderniste*, Paris, Castermann, 1962.

POUPARD (Paul), *Un essai de philosophie chrétienne au XIXe siècle, l'Abbé Louis Bautain*, Tournai, Desclée et Cie, 1961.

PUTTER (Irving), *The pessimism of Leconte de Lisle. Sources and evolution*, University of California Press, Berkeley and Los Angeles, 1954.

REINACH (Salomon), *Cultes, mythes et religions*, Paris, Leroux, 1905.

REIZOV (Boris), *L'historiographie romantique française*, 1815-1830, Ed. en langues étrangères, Moscou, s.d.

ROOS (Jacques), *Les idées philosophiques de V. Hugo. Ballanche et V. Hugo*, Paris, Nizet, 1958.

ROSSET (Clément), *Logique du pire*, Paris, P.U.F., 1971.

ROUCHE (Max), *La philosophie de l'histoire de Herder*, Paris, Belles-Lettres, 1940.

RUBENSTEIN (Richard L.), *After Auschwitz*, Indianapolis, New York, The Bobbs-Merrill Company Inc., 1966.

— *L'imagination religieuse. Théologie juive et psychanalyse*, Paris, Gallimard (Les Essais, CLIV), 1971.

SAGE (Pierre), *Le « bon prêtre » dans la littérature française, d'Amadis de Gaule au Génie du Christianisme*, Genève/Lille, Droz/Giard, 1951.

SOREL (Georges), *Les illusions du progrès,* 5ᵉ éd., Paris, Rivière, 1947 (1ʳ éd. 1908).
— *Réflexions sur la violence,* Paris, Marcel Rivière, 1930.
— *La ruine du monde antique,* Paris, Marcel Rivière, 1925.

TERNOIS (René), *Zola et son temps,* Paris, les Belles lettres, 1961.

TRONCHON (Henri), *Ernest Renan et l'étranger,* Paris, Boivin, 1928.

TUZET (Hélène), *Le cosmos et l'imagination,* Paris, José Corti, 1965.

VALLOIS (Maximilien), *La formation de l'influence kantienne en France,* Paris, P.U.F., 1924.

VAN DER LEEUW (G.), *La religion dans son essence et ses manifestations. Phéno-ménologie de la religion,* Paris, Payot, 1970.

VIALLANEIX (Paul), *La voie royale. Essai sur l'idée de peuple dans l'œuvre de Michelet,* Paris, Delagrave, 1959.

INDEX NOMINUM

SOMMAIRE ANALYTIQUE

L'objet de notre étude n'est pas exactement la religion de Renan (la substitution temporaire du Dieu de l'avenir — science et idéalisme — à celui de la foi, puis l'affaiblissement de ces substituts mêmes) mais le rapport de Renan à la religion : rupture, transpositions philosophiques, maîtrise intellectuelle du fait religieux, catharsis émotionnelle à travers l'étude psychologique du spontané, résurgence enfin de l'imaginaire religieux dans des significations nouvelles... Nous chercherons comment les variantes scientifiques ou idéalistes de Dieu (la « religion » affirmée de l'*Avenir de la Science*), purent, au terme d'un cheminement philosophique marqué de l'influence des théories du devenir, et surtout de l'intime passion des origines, du spontané et des valeurs de vie, aboutir au rêve d'un Dieu organisme (dans les *Dialogues*), puis (avec et après les *Drames*), à l'invasion par l'imagination amoureuse et ses emblèmes religieux — ceux-ci n'attestant aucun retour de « foi » mais déversant au contraire le scepticisme sur tout ce qui n'est pas symbole et songe. L'investissement psychologique fondamental de Renan par une religion à laquelle dès longtemps il a cessé de croire, se laisse apercevoir et dans les efforts de transposition, de rénovation « religieuse » (par la science conçue comme idéale, transcendante), et dans l'imagination religieuse de l'amour. Religion, imagination religieuse, deux vases communicants dont nous tenterons d'observer les échanges, en suivant l'évolution historique d'une pensée, mais aussi l'intime et changeante unité d'un complexe réseau imaginaire.

A partir de 1842 — année de philosophie à Issy — lointaine genèse d'une crise. Recherche des preuves d'une vérité unique et rationnellement accessible. La philosophie, attendue comme pourvoyeuse de certitudes se donne comme valeur nouvelle, dans sa fonction de remise en cause. Premières approches de Kant (1842) (28). Premières inquiétudes intellectuelles, première répercussion sur le sens de l'engagement religieux (lettre à Liart, 3 mai 1842). Ambiguïté de l'appui pascalien (32).

Tonsure (déc. 1843). Ordres mineurs. Incertitudes. Les premiers mécanismes internes du « comme si » (faire comme si le christianisme était le vrai ; il est possible ou il n'est pas impossible qu'il soit vrai) (35). Conception du prêtre (38).

L'Hébreu et les *Psaumes* (1844) ; intérêt psychologique des manifestations religieuses, le spontané, le pneumatique, la faculté poétique en l'homme (39).

Décalage temporel entre la fissure intellectuelle et la rupture religieuse. Rôle de la sœur : non seulement aide matérielle ou morale, mais sens quasi mythique. Envoûtement à distance. Passage d'une « mère » à l'autre (40).

Les soubassements de la pensée renanienne : sous l'*Avenir de la Science*, les *Cahiers de jeunesse* ; sous les *Cahiers de jeunesse*, la correspondance intime ; sorte de palimpseste mental.

Crise ou changement de carrière ?

Pourquoi Renan a-t-il tant tardé à sortir de l'Eglise (46) ?

rence entre principe et précepte, doctrine et endoctrinement. L'ordre de la conquête scientifique. Savoir et Pouvoir. « L'éréthisme et l'intelligence ». Science acte de prise, d'emprise, sur le monde, sur Dieu (103).

Peu de traces ponctuelles d'une influence de Saint-Simon sur Renan — mais communication possible de la pensée saint-simonienne par Augustin Thierry (105) ? L'arbre à « crocs de fer » symbolique de la science (107).

Une exigence fondamentale : se survivre. Le génie postule l'immortalité. Conception sélective de l'immortalité, contraire aux thèses platoniciennes et chrétiennes. Besoin de briser l'égalité devant la mort, jugée révoltante (110).

Vérité de l'idéalisme sentie comme un choix, comme une nécessité subjective. Il *faut* à Renan que l'idéalisme soit le vrai (*Cahiers de jeunesse*). Intuition d'une certaine précarité de la certitude philosophique, au moment même où il en affirme l'excellence. Définition de la philosophie comme l'absolu, mais réintégration dans l'absolu des fissures du peut-être, de la subjectivité en partie reconnue comme telle. Refus du bonheur au nom du beau. Opposition de la perfection et du bonheur. Finalité de l'homme et du monde dans l'achèvement de la résultante supérieure, « Dieu » (117).

Une valeur ambiguë, la force.

La science, premier substitut du divin ; initiation à Dieu, c'est-à-dire au sens du monde. Définition de la science non par la curiosité, ni par la recherche d'applications pratiques, mais par sa fin idéale : sa capacité de libérer une sorte de « dogme » (non scolastique), c'est-à-dire de fonder scientifiquement l'acte du croire. Un dogme n'est arbitraire que par son vieillissement, par l'inadéquation, dans un groupe humain, entre l'état des croyances et l'état de la science ; cet écart entraîne l'odieuse contrainte du dogme imposé. Mais, une fois le savoir parfait, il viendra « un siècle dogmatique par la science ». (*A. S.*, III, 1082). Renan, tolérant par son sens de l'historique, mais fondamentalement intolérant dans le sens où, croyant à la possibilité future du savoir total, il affirme le droit, le devoir de cette science à s'imposer ; intolérance non effective, puisque désamorcée par son rejet aux confins du savoir et de la perfection, mais qui (dans ce sens et dans ce sens seulement), restera en Renan une sollicitation constante. Le savoir absolu aurait droit et devoir de transposer l'Inquisition (125).

Le prêtre et le savant. La science transpose un rêve de force (127).

Religion, science : deux approches du problème divin par le spontané et le réfléchi. Religion, préfiguration et non négation de la science. Définition du saint par la force, l'énergie du spontané, la vitalité à l'état brut (128). Les monstres psychologiques (130).

Le spontané, centre de Dieu et de l'homme. La haute critique, intelligence du spontané. Intérêt scientifique du phénomène religieux, livrant à la science, c'est-à-dire au réfléchi, les intimes ressorts du spontané (133).

Importance du problème des origines dès les *Cahiers de jeunesse* et dans l'*Avenir de la science*. Le divin : le *nisus* vital. Influence des théories vitalistes de Herder, connues à travers la traduction de Quinet. Le Dieu de Renan, non substance, mais principe vital. Animadversion de Renan pour Voltaire. Interprétation renanienne des thèses allemandes sur le XVIIIᵉ siècle français (135).

Allemagne et haute critique selon Renan : redécouverte du spontané au sein du réfléchi. La science est religieuse si elle redécouvre le spontané, point de jonction de Dieu et de l'homme (139).

Le peuple accèdera-t-il à ce culte des parfaits ? La « brutalité » (la révolution) aidera-t-elle à sa promotion ? Renan se pose en rénovateur religieux. La révolution peut-elle dégager une « doctrine » idéale pour l'humanité ? En 1848, double mouvement de recul et de fascination devant « ce qui s'agite ». Besoin de calme en Renan senti par lui comme une tare. Le mythe révolutionnaire à la naissance et au terme de la pensée de Renan (*Ernest et Béatrix*, *l'Abbesse de Jouarre*) (144).

Révolution porteuse d'énergie. Le mythe du peuple chez Renan. Nécessité de lui faire « respirer Dieu ». Renan ne pense pas selon des critères de lutte des classes. Il ne s'agit pas pour lui de classes mais d'esprit, d'état idéal de l'humain : la révolution, résultat de l'action des avancés et du freinage des timides, ne consacre pas la victoire d'un parti mais un progrès de l'humain. Comment les « dogmes » se forment. Conception mystique de la révolution qui explique certaines ambiguïtés pratiques : Renan, intérieurement favorable aux insurgés de juin 1848 et heureux de l'échec de l'insurrection. Tout dogme doit mûrir. Raison d'être providentielle des révolutions. Renan et *Jocelyn* (148).

Le révolutionnaire, l'inspiré : concentration d'énergie. Renan exerce par procuration sa « petite verdeur ». L'histoire déborde le cadre du légalisme moral. Vertu : énergie primitive. Exaltation romantique du Barbare (152).

Morale authentique : production spontanée des riches natures, approche du beau, du grand, de l'entraînant : François d'Assise et non l'honnête Channing. Morale : réalisation pour chacun de son type idéal. Morale esthétique (161).

Problème central : celui du fondement de la morale, de la légitimité objective de « l'instinct » moral. Renan affirme cette valeur objective, tranchant par là des incertitudes qui demeurent latentes (il serait beau d'être dupe de Dieu...) (166).

Morale esthétique ne signifie pas préciosité, mais appel du grand, de l'original, du sublime. Discrédit de la soumission, de l'obéissance. Ascétisme, christianisme, justifiés par leur énergie authentique.

Renan, à travers la triple visée de la science, la révolution, la morale, affirme en 1848 son choix fondamental, son option idéaliste. Affirmation d'un absolu — mais aussi interrogation souterraine sur cet absolu.

Averroès (1851) évoque, dans le renouvellement de l'espèce, « l'humanité vivante et permanente » (cf. P. Leroux). L'*Etude sur le poème de Job* donne voix à la protestation de l'homme moral, centrant la valeur humaine en individus-figures ; en même temps, elle incite à « franchir » les problèmes que l'on ne peut résoudre, elle ouvre les promesses de l'infini » à l'homme juste et à tous ses analogues idéalistes. En 1866, P. Leroux, à partir de la figure de Job, pousse à l'extrême l'opposition entre sa conception de l'humanité et les vues de Renan. Le P. Leroux de 1866, égaré, acritique, prophétique, n'a-t-il pas pourtant une intuition juste (dans ses outrances) de la tendance individualiste de Renan dans ses vues de l'humain ?

Influence de Strauss. Aucune forme individuelle n'épuise le divin. Tout homme est ou peut être, à sa mesure, Fils de Dieu. La divinité de Jésus, humaine, concentre l'image idéale de l'homme.

Jésus, être de chair, objet d'amour. Le « charme », influx conducteur d'amour et de puissance. Jésus et François d'Assise (190).

Le spontané en Jésus : sentiment direct de sa filiation idéale ; l'idéalisme de Jésus s'achève dans la saisie globale du tout, la fusion syncrétique de tous en un : l'eucharistie, métaphore du syncrétisme vécu.

Vie de Jésus par-delà sa vie terrestre et sa conscience. Il n'y a pas de mystère de Jésus (au sens pascalien). Le vrai mystère est celui du spontané. Aucune différence de substance entre Jésus et nous, mais phénomène pneumatique de l'inspiration, lié aux époques primitives.

La mort de Jésus selon Rousseau et selon Renan (195).

Renan et Proudhon : le Jésus idéaliste et le Jésus justicier (196).

Jésus issu d'un sol (opposition Judée-Galilée) mais en même temps redessiné selon l'élaboration idéaliste, individualiste (la « grande âme »).

Jésus rénovateur mais non libertaire. Pauvreté : sainteté, non pas droit à être nanti. Pauvreté mythique sans rapport avec la réalité sociale du prolétariat.

Volupté au centre du Jésus renanien, ressuscité par l'amour, par une affirmation de femme.

Le mythisme de Strauss, sans nier l'existence historique du Galiléen, lui refuse une sorte d'individualité psychologique, puisque Jésus, dans cette perspective, représente l'incarnation des archétypes messianiques de l'attente traditionnelle des Juifs. C'est pourquoi Renan, au « mythe » ainsi entendu, préfère la « légende », non au sens où il entendra ce mot dans les *Souvenirs*, mais comme amalgame de vrai et de fiction, permettant de maintenir *du* vrai dans l'image de l'homme Jésus. Légende, un surplus de réalité vécue par rapport au mythisme archétypique.

Souci de Renan : sauver en Jésus la personne. Son attitude vis-à-vis de Strauss pourrait être motivée par la revendication de l'individualisme. Parenté de Renan avec Quinet (*Le Christianisme et la Révolution française*). Inspiration et folie ; pour Renan, inspiration : un au-delà de l'humain qui reste humain. Différence entre l'inspiré (voisin du fou) de Renan, et le fou, malade pathologiquement analysable de Soury (204).

Différence entre la légende selon Renan et le flamboiement légendaire à la façon de Quinet (*Merlin l'Enchanteur, Ahasvérus*), et l'allégorie selon Vigny (207).

Paradoxalement, pour Renan en 1863, la légende représente la rémanence au moins possible d'une parcelle de réalité, de vrai vécu.

Antithèse de l'idéalisme et de l'action. Ambiguïté dans la hargne (intermittente) de Renan contre Paul. Paul, antipathique à Renan comme missionnaire d'une foi, l'attire comme héros d'une aventure. Revanche en Renan du désir d'action, de conquête ?

Vue raciale de Paul, incarnation de l'Orient. Jésus modelé au contraire selon une sensibilité occidentale. Dans l'*Histoire des origines du Christianisme*, conception occidentale et aryenne de Jésus et du fait chrétien.

La faute suprême de Paul aux yeux de Renan : n'avoir pas été un artiste en morale. Jésus, artiste de l'ironie, du détachement. Evolution du concept d'ironie de la *Vie de Jésus* à *Saint Paul* : dans la *Vie de Jésus*, ironie au sens traditionnel ou socratique. Dans *Saint Paul*, ironie scepticisme essentiel. A travers la foi monolithique de Paul se dessine, par contre-coup, l'image d'un Jésus fondamentalement sceptique, détaché de son œuvre et en cela « galant homme ».

Dissociation du christianisme et de l'Eglise. Le véritable apport du christianisme : le sentiment de fraternité dépouillé de l'accessoire (famille, patrie).

Points de contact du socialisme et du christianisme ; naissance dans la « corruption » des grandes villes, ferment du spontané. Importance de la loi sur les *Collegia* dans l'empire romain, de la loi sur les associations dans les temps modernes. Malgré le « poids de plomb » des revendications matérielles, le socialisme peut-il libérer une nouvelle doctrine idéale ?

Primat de la spéculation sur l'acte charitable, de Spinoza sur Saint Vincent de Paul. Reconversion philosophique de la contemplation religieuse.

Renan et Spinoza. Spinoza, philosophe religieux selon Renan. Rencontres et divergences.

Jésus homme, ami et semblable. Evacuation du sacré. Illusoire analogie de Renan et de Luther.

Rationalisation du « numineux ». Gêne de Renan devant le Jésus thaumaturge.

Opposition de saisie entre Renan (*Vie de Jésus*, 1863) et Michelet (*Bible de l'Humanité*, 1864). Renan : idéalisation de type moral. Michelet : à travers Jésus, plongée dans le milieu vital, le monde-femme ; sacralisation de la femme dans sa fonction organique de mère (242).

De l'histoire des « idées Jésus » à la biographie de Jésus. Passage qui répond à la revendication individualiste de Renan. Jésus, individu-figure, non vraiment subsumé par le groupe. Les ambiguïtés de l'étude de milieu (251). Sens de l'édition populaire de la *Vie de Jésus* (255).

Néron, à la fois envers noir de Jésus et figure du regard renanien (257).

Jésus, individu repère, individu relais.

Evacuation du « noyau » religieux, maintien des « enveloppes » : Jésus, foyer de la conception idéaliste et de l'aura religieuse, centre de rupture et de permanence ; opposition, complémentarité et rotation de religion, imagination religieuse.

Ambiguïté du « positivisme » de Renan. La philosophie du devenir lui permet de réintroduire Dieu au sein d'une prétendue expérence. Jamais Renan n'a, comme Auguste Comte, remplacé Dieu par l'humanité dans sa réalité sociale.

A. Comte : formes religieuses, bien plus que sentiment religieux.

Renan : sentiment religieux dépouillé des formes religieuses.

Renan a-t-il renoncé au Dieu transcendantal ? Ou a-t-il passé de l'âge théologique à l'âge métaphysique ?

Jésus, dans les *Dialogues*, existence sans conscience : abolition de la personne, ou effort désespéré de Renan pour la sauver ? Renan et Hartmann. Dieu et le besoin d'ineffable. Le sentiment moderne de Dieu ne trouve sa profondeur que dans le doute. La perfection porte en elle une tare : l'impossibilité d'aller au-delà. Opposition de l'esthétique des Grecs et de l'esthétique moderne, nourrie des aspirations du christianisme. Définition du romantisme de Renan dans son opposition à celui des « Chatterton-singes » (291).

Le devenir de Dieu. Equivalence de Dieu et de la nature. Selon les *Dialogues*, universelle finalité contre laquelle la révolte de l'individu est un crime. Schopenhauer interprété par Renan (297).

L'évolution déifique, inscrivant en elle l'acte de ceux qui ont contribué à « faire Dieu » scellera l'éternelle inégalité des êtres. Eternelle révolte de Renan devant la mort du juste. Face à Dieu, reprise de Renan par la lucidité, l'ironie. L'auteur des *Dialogues* accepte d'être dupe, non dupé (299).

Dieu devenir universel de l'universel spontané. Dieu est mais surtout il sera. Dieu, instinct de vie, ne saurait commencer par la majesté puisque l'embryon est déjà théophanie (304).

Le Dieu des *Dialogues*, surimpression de la mystique chrétienne et du panthéisme présocratique. Unité mystique et globale. Dieu immense organisme, sensible, sensuel, transfiguration du secret biologique. Survivance métaphorique — parallèle et paradoxale — du Dieu de l'expérience intime, du Père. Le rêve de l'infini monte vers l'imagination de l'élective et sélective résurrection.

Affirmant sa prépondérance scientifique dès 1863 (lettre à M. Berthelot), l'idée de vie inonde, dans les *Rêves*, la catégorie du divin. Dieu, agglomérat total aboutissant à un seul être, jouissant par tous. Dieu, masse vivante et nerveuse, « bouche », « gosier », « émission de vie » (313).

Rapports entre les *dévas* (savants, surhommes) ; dont la puissance génératrice est cérébralement investie, et le Dieu total, qui unit « pôle qui pense, pôle qui jouit ». L'appel sensuel est vu à travers Dieu avant de l'être à travers l'homme (comme il le sera dans les *Drames*). Est-ce une inconsciente tentative de l'introduire, de le désinfecter en le déifiant (314) ? Fantastique de la science et de Dieu. Inflation (à résonances religieuses) de la notion de vie. Une notion scientifique devient valeur.

Retour exaspéré de l'idée de force (explicable en partie par l'époque de la composition des Dialogues, 1871). Sens d'un éventuel « suicide » de Dieu, d'après les notes manuscrites (317).

Affaiblissement progressif des images de « divinité » idéaliste (Jésus) au profit du Dieu corps. Le divin érotisé. Renan et le P. Enfantin (*Physiologie religieuse*). Tentation analogue de globalité mais divergences (324).

Transfiguration fantastique de la science. L'inflation progressive de la valeur de vie fait éclater le symbole idéaliste, libérant une liturgie de l'exaltation vitale. Dilatation de la valeur de vie, à travers laquelle s'introduira l'imagination amoureuse à symboles religieux. Prospero unit science et halo magique, mais aussi les deux aspects (religieux, érotique) de l'imaginaire renanien. *L'Eau de Jouvence*, carrefour des thèmes et des postulations.

Renan a-t-il connu la tentation du néant ? Rappel d'une note de l'*Avenir de la Science* sur la « grande mer ». Mystico-nihilisme de la Prière sur l'Acropole ? Reprise humaniste de Renan. Renan et Hartmann, sens de leur appréciation différente de l'esthétique grecque. Pourquoi la Prière de Renan est-elle si « lumineuse » (339). Renan et R. L. Rubenstein ; comment se défait un prêtre, comment se fait un rabbin (341). Ambiguïté de la notion renanienne d'humanité dans ses rapports avec le progrès, avec Dieu. Renan, Comte, Loisy (347). Renan et la transcendance. Lien entre le postulat de la transcendance (dans l'*Histoire des langues sémitiques*), la notion de race, et celle de personne.

Appréciation de Karl Barth sur l'idéalisme subjectiviste.

Le Temps selon Newman et selon Renan (373).

La perception du temps par Renan : des *cahiers de jeunesse* aux *Souvenirs*, puis aux *Feuilles détachées*.

L'hypothèse du vide ébranle la foi au progrès idéal et ruine la vocation transcendantale de la science. La Préface de l'*Avenir de la science* revient à la « curiosité ».

Le progrès social reste un demi-progrès, équivoque. L'évolution de Caliban signifie à la fois progrès (éducation de la « bête ») et échec (la vraie valeur de Caliban est en fait de protéger Prospero, mais celui-ci ne peut aller au bout du rêve scientifique). Le savant peut accepter la « brute » (la démocratie) mais c'est la fin du rêve de pouvoir spirituel par la science. Elle ne sera pas inquiétée — mais n'organisera pas Dieu (384).

La révolution trouve son sens final dans son aspect entraînant, poésie de l'élémentaire. Ruine des visées transcendantales.

Morale, bienfaisante illusion ? Pressentiment du vide et de la vérité triste. Ce qui, dans l'*Eau de Jouvence*, affirme la vertu contre l'égoïsme, ce n'est plus la nécessité du postulat moral, mais la subjectivité pure. La morale, choix (et sentie comme telle). Survie esthétique d'une vérité autrefois affirmée comme universelle. Ébranlement des bases objectives du devoir (articles sur Amiel, *Feuilles détachées*). L'être supérieur (Prospero, Renan) trouve son absolu dans une orgueilleuse gageure à être ce qu'il est (399).

Contemplation de l'univers, raison d'être du philosophe (fin de *Caliban*).

S'agit-il de contempler Dieu ? Le Dieu s'est progressivement déplacé, s'absorbant dans la conscience réflexive du philosophe, qui seule donne sens aux choses. Par un raffinement du regard, la faculté critique finit par devenir à elle-même son propre spectacle. Quasi-divinité du philosophe-spectateur (*Feuilles détachées*).

Permanence en Renan du Dieu-hypothèse. La religion, catégorie de l'inconnu. Rêve reconnu comme tel, mais comme tel, nécessaire (*Feuilles détachées*, Préface).

Ce qu'Amiel appelle « l'épicuréisme de l'imagination » n'est que la retombée nécessaire de la passion en jouissance quand le monde a perdu son sens transcendantal (*Etude sur l'Ecclésiaste* et articles sur Amiel).

Renan vieilli accepte la « littérature » (*Souvenirs*). Dégénérescence, ou continuité d'un courant perceptible dès les *Cahiers de jeunesse* ? Malléabilité de Renan, besoin d'être ce qu'on croit qu'il est. Sens de ce mimétisme moral (414).

Le dédain, fondement inaperçu du renanisme, marque authentique de Renan.

L'*Eau de Jouvence*, à la fois interprétation rationaliste de l'alchimie et plongée dans l'imaginaire. Installation de la rêverie liquide, dégel du rationalisme. Introduction de ce que l'*Avenir de la science* présentait comme manquant à Faust, la « chaleur humide » (419).

Dans le *Prêtre de Némi*, tendance à l'habillage moral et rationnel du mythe (différence entre Renan et Ballanche) mais aussi apparition décisive et convulsive de la féminité consacrée. La femme devient lieu idéal de rencontre et d'opposition entre religion, imagination religieuse. L'imagination reçoit de la religion les symboles dont elle inverse le sens érotiquement. Imagination religieuse, « vierge des derniers jours » pour Renan ?

Dernier recyclage du Dieu de Renan. Equation finale amour, religion. Résurgence du rêve de jeunesse, mais inversé : dans *Ernest et Béatrix*, amour idéalisé en mysticisme. Dans l'*Abbesse de Jouarre*, l'amour sert de déversoir au sentiment de l'infini.

Evolution de l'image du prêtre, du penseur. Dans *Ernest et Béatrix*, embarras, infériorité d'Ernest devant l'amour. Dans l'*Eau de Jouvence*, le *Prêtre de Némi* : droit du penseur à être aimé. Supériorité face à la femme. Antistius est aimé, n'aime pas. Le baiser d'Antistius à Carmenta, charité, volontaire et orgueilleux malentendu. Exaltation de l'orgueil sacerdotal (et de ses variantes analogiques). La religieuse, symbole de féminité adorante. (*Eau de jouvence, Prêtre de Némi*.) (428)

Fusion abessionnelle du sensuel et du sacré dans *Emma Kosilis*. Amour dernier substitut du mysticisme : communion avec l'univers et son secret. Valeur quasi sacramentelle de l'acte d'amour (*Feuilles détachées*. Préface de l'*Abbesse de Jouarre*) (431).

La femme et le prêtre en Renan. Retour inattendu du vieux rêve de force.

Un réseau d'images et son unité. L'image archétypique du frère et de la sœur, Scholastique et Benoît, ébranlement premier d'une série de variantes ? (436)

Circé et son envers chrétien, Catherine de Sienne (446) : la féminité sentie comme concentration de force.

Sens et primauté de la virginité consacrée.

La religieuse n'est elle-même que dans la « faute ». Les deux « mariages » de l'*Abbesse de Jouarre* (amour « sacrement » et mort — amour contrat, mariage et vie). Julie et la création d'un sacré de transgression confisqué au profit de l'idéalisme moral. Le dénouement élimine et conjure le sacré de la transgression (452).

Emma Kolisis. Primauté de l'image féminine. Sens d'une rupture religieuse. Reconstruction par le rêve d'amour du *Secretum meum mihi* des grands solitaires, mais énergique reprise personnelle du personnage renanien (460). Différence avec l'abandon mystique, la vie en Dieu selon Madame Guyon.

Le « mal », la « souillure » le sacré de la transgression par l'érotisme n'apparaissent pleinement que dans l'*Antéchrist* : la vierge chrétienne marquée « pour l'éternité ». Néron profanateur et herméneute (471).

Instinct religieux, instinct sexuel, équivalence entrevue dans l'*Avenir de la science*, mise en œuvre et transfigurée dans l'*Antéchrist* et dans les *Drames* ; ne se transforme en étude psycho-pathologique que dans *Nouvelles Etudes d'histoire religieuse* (Une idylle monacale au XIIIe s.) (475).

Variations sur la femme. Interprétation de la Genèse par l'historien du peuple d'Israël. Un bestiaire inédit de l'amour secret, sacré.

Le rêve de jeunesse de Renan : une main-mise sur l'avenir par la contribution au savoir total, à « Dieu ». Ruine progressive de l'espoir « dogmatique » qui finit par déboucher sur la « vérité triste ». Déplacement du divin. Univers, non plus genèse de Dieu, mais spectacle. Le philosophe spectateur se charge d'une sorte de divinité, dont il ressent à la fois la précarité et la délectation.

Le dernier absolu de Renan, c'est lui-même, sa vie chef-d'œuvre. Symbole de son univers intérieur : l'abbesse de Jouarre, incrédule, mais fidèle à son vœu par attachement à un choix esthétique essentiel et premier (autre face d'une destination aristocratique).

Renan n'est pas un théoricien de la mort de Dieu. Parallèle et opposition avec un penseur moderne, R. L. Rubenstein. Absence de tragique en Renan : le déchirement de la crise première s'est évaporé en histoire de la crise. Mais l'aventure spirituelle de Renan (conjuration d'une crise) n'aboutit-elle pas à un tragique plus pur et plus nu, par le pressentiment de la vérité triste (celle-ci pouvant être l'absence même de vérité, l'absurde) ?

Renan grand solitaire. Les paradoxes de la solitude (son sens d'action, de force [488]). Force et permanence, malgré les abandons apparents, du *secretum meum mihi*. L'amour, dernière équivalence de Dieu, reconstruit le secret, et, dans une certaine mesure, le sacré.

Certaines lectures de Renan, de sens opposé, restent pareillement unilatérales : la « dévotion » (ou contre-dévotion) des combistes, comme l'incompréhension absolue de Claudel (491).

Le jeune Renan se voulut réformateur religieux par la science idéale. Par la haute critique, et la maîtrise intellectuelle du phénomène religieux, par la spontanéité reconstruite au sein du réfléchi, il consacra la rupture (avec la foi) mais aussi la continuité d'un lien avec la religion, lien qui accédait à un plan d'authenticité scientifique, et sauvegardait l'intime familiarité par l'imaginaire. Par l'histoire, l'exégèse, la psychologie, il réalisa à la fois la rupture et la postulation de permanence.

La dilatation de l'idée de vie, valorisée dans le corps de Dieu, libérant l'appel charnel premier, put aider à l'inversion définitive des symboles religieux en symboles érotiques. A travers l'imagination religieuse, la religion devint métaphore de l'amour. On peut donc approcher Renan selon l'axe rotatif de la religion et l'imagination religieuse, lire son aventure non seulement selon une linéarité conceptuelle, mais aussi selon une inversion imaginaire, et comme un passage de l'autre côté du miroir.

BIBLIOTHÈQUE FRANÇAISE ET ROMANE

publiée par le

Centre de Philologie et de Littératures romanes
de l'Université des Sciences Humaines de Strasbourg

Directeur : Georges STRAKA
Série C : ÉTUDES LITTÉRAIRES

41. — *L'inscription du corps, pour une sémiotique du portrait balzacien*, par Bernard VANNIER, 1972, 198 p. (épuisé).

42. — *« L'Avenir » de La Mennais, son rôle dans la presse de son temps*, par Ruth L. WHITE, 1974, 240 p.

43. — *Histoire d'une amitié : Pierre Leroux et George Sand, d'après une correspondance inédite (104 lettres de 1836 à 1866)*, texte établi, présenté et commenté par Jean-Pierre LACASSAGNE, 1974, 368 p.

44. — *La fantaisie de Victor Hugo, tome I (1802-1851)*, par Jean-Bertrand BARRÈRE, 1974, 447 p.

45. — *La fantaisie de Victor Hugo, tome III (Thèmes et motifs)*, par Jean-Bertrand BARRÈRE, 1974, 298 p.

46. — *Henri Bosco et la poétique du sacré*, par Jean-Pierre CAUVIN, 1974, 293 p.

47. — *Littérature française et pensée hindoue des origines à 1950*, par Jean BIES, 1974, 683 p.

48. — *Approches des Lumières, Mélanges offerts à Jean Fabre*, 1974, 604 p.

49. — *La crise de conscience catholique dans la littérature et la pensée françaises à la fin du XIXᵉ siècle*, par Robert BESSEDE, 1975, 639 p.

50. — *Paul Claudel en Italie, avec la correspondance Paul Claudel-Piero Jahier*, publiée par Henri GIORDAN, 1975, 168 p.

51. — *Le Théâtre national en France de 1800 à 1830*, par Michel JONES, 1975, 169 p.

52. — *Grimoires de Saint-Simon, nouveaux inédits établis, présentés et annotés*, par Yves COIRAULT, 1975, 320 p.

53. — *Mythes et réalités : enquête sur le roman et les mémoires (1660-1700)*, par Marie-Thérèse HIPP, 1975.

54. — *Une lecture de Camus : la valeur des éléments descriptifs dans l'œuvre romanesque*, par Paul A. FORTIER, 1976.

55. — *Les thèmes amoureux dans la poésie française, 1570-1600*, par Gisèle MATHIEU-CASTELLANI, 1975, 524 p.

56. — *« Adolphe » et Constant, une étude psychocritique*, par Han VERHOEFF, 1976, 136 p.

57. — *Mythes, merveilleux et Légendes dans la poésie française de 1840 à 1860*, par Anny DETALLE, 1976, 350 p.

58. — *L'Expression métaphorique dans la « Comédie Humaine »*, par Lucienne FRAPPIER-MAZUR, 1976, 380 p.

59. — *L'Univers poétique de Max Jacob*, par René PLANTIER, 1976, 432 p.

60. — *L'histoire de l'esprit humain dans la pensée française, de Fontenelle à Condorcet*, par Jean DAGEN, 1977, 720 p.

61. — *La Rochefoucauld, augustinisme et littérature*, par Jean LAFOND, 1977, 280 p.

62. — *Les oraisons funèbres de Henri IV*, par Jacques HENNEQUIN, 1977.

63. — *L'inspiration biblique dans la poésie religieuse d'Agrippa d'Aubigné*, par Marguerite SOULIÉ, 1977.

TABLE DES MATIÈRES

ACHEVÉ D'IMPRIMER PAR
LES PRESSES DU PALAIS-ROYAL
65, RUE SAINTE-ANNE, PARIS
4e TRIMESTRE 1977
No D'IMPRESSION 5049
GROUPEMENT ÉCONOMIQUE FRANCE-GUTENBERG

6/